FACHBUCHREIHE
für wirtschaftliche Bildung

Fokus Einzelhandel 2025

Kaufmann/Kauffrau im Einzelhandel

Debus Geimer Hauck Meißner Roik Sauthoff-Böttcher Scholz

3. Ausbildungsjahr

2. Auflage

VERLAG EUROPA-LEHRMITTEL
Nourney, Vollmer GmbH & Co. KG
Düsseldorfer Straße 23
42781 Haan-Gruiten

Europa-Nr.: 91734

Autorinnen/Autoren

Martin Debus	45659 Recklinghausen
Philipp Geimer	79379 Müllheim
Michael Hauck	96450 Coburg
Patrick Meißner	40591 Düsseldorf
Katherina Roik	68239 Mannheim
Stefan Sauthoff-Böttcher	26605 Aurich
Annika Scholz	45665 Recklinghausen

Verlagslektorat

Anke Hahn

Externes Lektorat: Stefan Sauthoff-Böttcher

2. Auflage 2025

Druck 5 4 3 2 1

Alle Drucke derselben Auflage sind parallel einsetzbar, da sie bis auf die Behebung von Druckfehlern identisch sind.

ISBN 978-3-7585-9389-5

Bei Fragen zur Produktsicherheit wenden Sie sich bitte an produktsicherheit@europa-lehrmittel.de.

Umschlag, Satz: tiff.any GmbH & Co. KG, 10999 Berlin
Umschlagkonzept: tiff.any GmbH & Co. KG, 10999 Berlin
Umschlagfoto: © Nomad_Soul – stock.adobe.com
Druck: Firmengruppe APPL, aprinta druck GmbH, 86650 Wemding

Vorwort

Fokus Einzelhandel 2025 ist als modernes Komplettprogramm konzipiert. Der vorliegende 3. Band ist ein neu entwickeltes Lehr- und Lernbuch für die Ausbildung im **Einzelhandel**. Es richtet sich an

- Lehrende und Lernende in der Ausbildung zum Kaufmann/zur Kauffrau im Einzelhandel/während einer Umschulungsmaßnahme
- Dozent/-innen und Teilnehmer/-innen während betrieblicher Fortbildungsmaßnahmen/zur Einarbeitung in Einzelhandelsthemen und -aufgaben

Das Programm **Fokus Einzelhandel 2025** wurde auf Basis der zuletzt 2017 geänderten Lehrplan- und Ausbildungsordnungsvorgaben neu erstellt und ist konsequent auf die aktuell geltenden Regelwerke für die Ausbildung ausgerichtet.

Umfassendes Europa-Ausbildungsprogramm

Fokus Einzelhandel 2025 ist ein umfassendes Ausbildungsprogramm bestehend aus drei **Informationsbänden**, welche komplett die Inhalte des Lehrplans der drei Ausbildungsjahre für die **Kaufleute im Einzelhandel (Band 1 bis 3)** und der zwei Ausbildungsjahre für die Verkäufer/Verkäuferinnen (Band 1 und 2) abdecken, sowie drei begleitenden **Arbeitsbüchern** mit didaktisch aufbereiteten und variationsreichen **Lernsituationen**.

Der vorliegende **Band 3** umfasst die Lernfelder 11 bis 14 des Rahmenlehrplans im 3. Ausbildungsjahr.

Im Lernfeldgedanken entwickelt – von Grund auf!

Die **Informationsbände** und Lösungsbände werden durch ein auf jeden Band abgestimmtes **Arbeitsbuch mit Lernsituationen**, Kompetenzbögen, Zusatzmaterialien und Lösungsbänden ergänzt. Ausgehend von den Anforderungen der Lernsituationen im Arbeitsbuch durchlaufen die Lernenden Situationen aus dem Unternehmensalltag im Einzelhandel.

Die Unterrichtswerke des Programms **Fokus Einzelhandel 2025** verfolgen gezielt eine Didaktik, die **Handlungs- und Kompetenzorientierung** zugrunde legt und Lernende zu **selbstständigem Analysieren, Planen, Durchführen, Kontrollieren und Beurteilen** von Arbeitsaufgaben unter Berücksichtigung aller Kompetenzdimensionen führt. Hierbei wird die **berufliche Wirklichkeit** als Ganzes mit ihren ökonomischen, rechtlichen und sozialen Aspekten erfasst.

Ihr Feedback ist uns wichtig

Wenn Sie mithelfen möchten, dieses Buch für die nachfolgende Auflage zu verbessern, schreiben Sie uns unter lektorat@europa-lehrmittel.de. Gerne nehmen wir Ihre Hinweise und Verbesserungsvorschläge auf.

Sommer 2025 — Autoren, Autorinnen und Verlag

Lernfeld 11: Geschäftsprozesse erfolgsorientiert steuern

Lernfeld 14: Ein Einzelhandelsunternehmen leiten und entwickeln

Geschäftsprozesse erfolgsorientiert steuern

1. Warenbewegungen erfassen und Bestandsveränderungen dokumentieren
2. Umsatzsteuer
3. Anlagegüter beschaffen und abschreiben
4. Kosten- und Leistungsrechnung
5. Kurzfristige Erfolgsrechnung (KER)
6. Kennzahlen zur Beurteilung des unternehmerischen Erfolgs

LF 11

1 Warenbewegungen erfassen und Bestandsveränderungen dokumentieren

1.1 Einkauf und Verkauf von Waren

Der Einkauf und Verkauf von Waren ist die zentrale Aufgabe eines Handelsunternehmens. Dabei erzielt das Unternehmen Umsätze, durch die es bestrebt ist, möglichst hohe Gewinne zu erwirtschaften. Dies geschieht, indem Waren zu Einstandspreisen beschafft und zu Nettoverkaufspreisen abgesetzt werden. Mithilfe der Preiskalkulation versucht der Einzelhandelsbetrieb, die Aufwendungen, die mit dem Verkauf der Waren zusammenhängen, auf den Kunden zu übertragen. Dabei schlägt er auf den Einstandspreis die Handlungskosten sowie den Gewinn auf. Durch den Nettoverkaufspreis erzielt er den gewünschten Ertrag.

Beispiel: *Die Baumarkt KG hat einen Posten Akku-Heckenscheren der Marke „Forst“ vom Lieferer Großhandel Mayer KG zu einem Bezugspreis von 30,00 EUR bezogen. Der Nettoverkaufspreis beträgt 41,25 EUR.*

Lieferer → Einkauf zu Bezugs-/Einstandspreisen → Einzelhandel → Verkauf zu Nettoverkaufspreisen → Kunden

Preiskalkulation

Bezugs-/Einstandspreis
+ Handlungskosten
+ Gewinn
= Nettoverkaufspreis

Einkauf zu Bezugs-/Einstandspreisen → **Aufwand**

Werteverzehr beim Einkauf durch Warenbezugskosten (Listenpreis, Versand + Transport, Verpackung, Zölle usw.) = 30,00 EUR

Verkauf zu Nettoverkaufspreisen → **Ertrag**

Wertezuwachs durch den Erlös beim Warenverkauf = 41,25 EUR

Die verschiedenen Einkaufs- und Verkaufspreise dürfen nicht auf einem Konto gebucht werden, da der Betrag für den Wareneingang niedriger wäre als der Betrag für den Warenausgang und dadurch das einen falschen oder sogar negativen Schlussbestand ausweisen würde. Diese Situation spiegelt jedoch nicht den tatsächlichen Warenbestand im Unternehmen wider. Deshalb werden unterschiedliche Konten geführt, ein Konto für den Wareneinkauf und ein Konto für den Warenverkauf. LF 8, Kap. 5.2

Beispiel: *Das Warenkonto der Baumarkt KG weist einen Anfangsbestand von 1.000,00 EUR aus. Das Unternehmen kauft Waren für 6.000,00 EUR und verkauft diese gleich wieder im Wert von 17.500,00 EUR. Damit müsste im Haben ein negativer Schlussbestand von –10.500,00 EUR ausgewiesen werden. Der Schlussbestand müsste jedoch weiterhin die vorigen 1.000,00 EUR ausweisen, da diese Waren weiterhin auf Lager sind.*

S	Waren		H
AB	1.000,00	Warenverkäufe	
Warenverkäufe zu Einstandspreisen	6.000,00	zu Verkaufspreisen	17.500,00
		SB	~~–10.500,00~~
	17.500,00		**17.500,00**

1.2 Erfassung von Warenbewegungen auf Konten

Der Wareneinkauf sichert den Bestand an Waren, die verkauft werden sollen. Deshalb ist jedes Einzelhandelsunternehmen bestrebt, einen Bestand vorrätig zu haben, den es im Laufe des Jahres möglichst verkauft, dann wieder auffüllt und einlagert. Alle Warenbewegungen, also der Wareneinkauf, der Warenverkauf sowie die Warenlagerung werden im Rahmen der Buchführung auf mindestens drei Konten gebucht:

- Bestandskonto: „Warenbestand bzw. Waren",
- Aufwandskonto: „Aufwendungen für Waren",
- Ertragskonto: „Umsatzerlöse für Waren"

> Das Konto Warenbestand erfasst den Jahresanfangs- und Jahresschlussbestand.
>
> Merke

Bestandskonto Warenbestand

Der Wareneinkauf stellt eine Erhöhung des Warenbestandes dar und wird auf das Konto Warenbestand gebucht.

Der Schlussbestand des Kontos Warenbestand entspricht immer dem Inventurbestand der Ware. Der Warenbestand, der bei der Inventur ermittelt wird, ist zu Bezugs-/Einstandspreisen zu bewerten. Stimmen Soll-Warenbestand der Buchführung und der ermittelte Ist-Warenbestand bei der Inventur nicht überein, so spricht man von Inventurdifferenz. LF 8, Kap. 4.3

Aufwands- und Ertragskonto

Während des Einkaufs und Verkaufs von Waren erfolgt im Unternehmen selbst ein Werteverzehr im Sinne des Wareneinsatzes. Auf diese Weise werden die Warenabgänge zwischen der Einlagerung und dem Verkauf in der Buchführung erfasst. Dieser Wareneinsatz wird auf dem Konto Aufwendungen für Waren im Soll erfasst.

Merke: Beim Wareneinsatz handelt es sich um die Summe verkaufter Waren, bewertet zu Einstandspreisen.

Formel

Wareneinsatz = verkaufte Ware · Bezugs-/Einstandspreis

Der Warenverkauf soll Umsätze erzielen und sichert somit den Weiterbestand des Unternehmens. Zusätzlich erzielt der Unternehmer dabei Gewinne. Der Warenverkauf stellt eine Verringerung des Bestandes dar, die Erlöse werden auf dem Konto Umsatzerlöse für Waren im Haben verbucht.

Bei den Buchungen des Warenverkehrs sind somit folgende Bestands- und Erfolgskonten beteiligt.

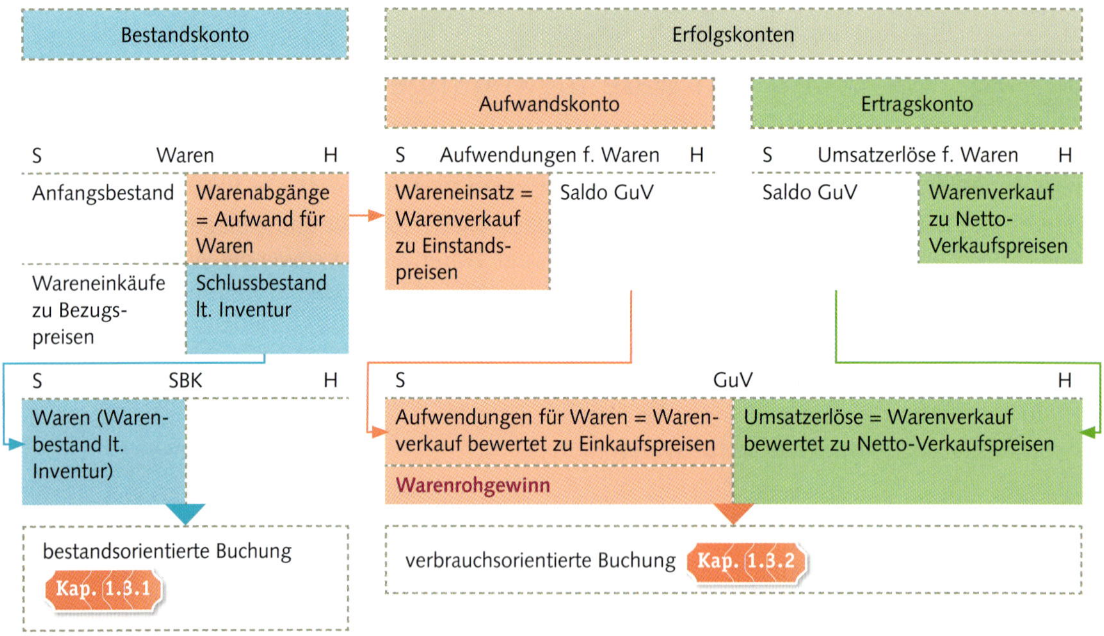

1.3 Buchen des Wareneingangs und Warenausgangs

Der Wareneingang kann mithilfe zweier unterschiedlicher Methoden gebucht werden. Dafür stehen dem Händler die bestandsorientierte Methode und die verbrauchsorientierte Methode zur Verfügung, auf die im Folgenden eingegangen wird.

Welche der Methoden der Einzelhändler wählt, hängt davon ab, ob er die Ware schnell wiederverkaufen kann oder die Ware längere Zeit im Lager verbleibt. Ein Baumarkt mit einem großen Lager wird seine Bestände aufstocken, um beispielsweise Mengenrabatte auszunutzen oder saisonale Vorratskäufe zu machen. In diesem Fall wird sich das Unternehmen für die bestandsorientierte Methode entscheiden. Ein Lebensmittelhändler, der den Verkaufsraum als Lager nutzt und dessen Waren verderblich sind, wird die verbrauchsorientierte Methode wählen, da die Waren nicht lange im Unternehmen verbleiben sollen.

1.3.1 Bestandsorientierte Buchung

Bei der bestandsorientierten Methode werden alle Wareneinkäufe im Laufe eines Geschäftsjahres auf das Konto Waren (bzw. Warenbestand) gebucht. Diese werden zu Einstandspreisen bewertet und als Lagerbestand behandelt. Gleichzeitig entnimmt der Händler aber auch Waren aus seinem Lager. Die Warenverkäufe können hier nicht erfasst werden, da sie zu Verkaufspreisen bewertet werden. Am Ende des Geschäftsjahres wird der Schlussbestand laut Inventur ermittelt, daraus ergibt sich als Saldo der Wareneinsatz über das Jahr hinweg. Der Wareneinsatz (= Aufwendungen für Waren) stellt jegliche Warenabgänge (z. B Verkauf, Verderb, Verlust usw.) im Laufe des Jahres dar. Diese Warenabgänge führen zu Differenzen auf dem Warenkonto und werden auf dem Konto Aufwendungen für Waren erfasst.

Die Warenverkäufe werden auf dem Konto Umsatzerlöse für Waren zu Verkaufspreisen bewertet. Um die Vorgänge buchhalterisch zu erfassen, sind folgende Schritte auszuführen, die anhand eines Beispiels dargestellt werden:

Beispiel: *Die Baumarkt KG bestellt im März 160 Pflanzgefäße zu einem Einkaufspreis von 1,80 EUR pro Stück auf Ziel. Bis zum Monat Dezember sind sie bereits zu einem Verkaufspreis von 4,99 EUR verkauft worden. Zu Jahresbeginn ist ein Anfangsbestand von 2.000,00 EUR vorhanden gewesen.*

Schritt 1: Buchung beim Wareneinkauf (Bewertung zu Einkaufspreisen)

Wareneinkauf = 160 Stück · 1,80 EUR = 288,00 EUR

Buchung im Grundbuch:

Buchungssatz	Beträge in EUR Soll	Haben
Waren	288,00	
an Verbindlichkeiten aLL		288,00

Buchung im Hauptbuch:

S	Waren		H
AB	2.000,00		
Verb.	288,00		

S	Verbindlichkeiten aLL		H
		AB	1.300,00
		Waren	288,00

Schritt 2: Buchung beim Warenverkauf (Bewertung zu Verkaufspreisen)

Warenverkauf: 160 Stück · 4,99 EUR = 798,40 EUR

Buchung im Grundbuch:

Buchungssatz	Beträge in EUR Soll	Haben
Kasse	798,40	
an Umsatzerlöse für Waren		798,40

Buchung im Hauptbuch:

S	Kasse		H
AB	830,00		
UE	798,40		

S	Umsatzerlöse für Waren		H
		Kasse	798,40

Schritt 3: Ermittlung der Aufwendungen für Waren (mathematisch)

Im Laufe des Jahres werden bei der bestandsorientierten Methode keine Warenabgänge im Konto Waren verbucht. Sie ergeben sich am Ende des Jahres als Differenz (= Saldo) aus dem Anfangsbestand und Schlussbestand laut Inventur.

Anfangsbestand der Waren	2.000,00 EUR
+ Zugänge	288,00 EUR
– Schlussbestand laut Inventur	2.000,00 EUR
= Aufwendungen für Waren (= Wareneinsatz)	288,00 EUR

(160 Pflanzgefäße, bewertet zum Einstandspreis; 160 Stück · 1,80 EUR = 288,00 EUR)

Schritt 4: Abschluss der Konten

Beim Abschluss der Konten am Jahresende wird zunächst das Konto Waren abgeschlossen und der ermittelte Saldo auf das Konto Aufwendungen für Waren übertragen.

Buchung im Grundbuch:

Buchungssatz	Beträge in EUR	
	Soll	**Haben**
Aufwendungen für Waren an Waren	288,00	 288,00

Im Anschluss werden die Erfolgskonten Umsatzerlöse für Waren und Aufwendungen für Waren über das Konto GuV abgeschlossen. Die Differenz der beiden Konten wird als Warenrohgewinn oder Warenrohverlust bezeichnet.

S	Waren		H
AB	2.000,00	Saldo (AfW)	288,00
Verb.	288,00	SBK	2.000,00
Σ	**2.288,00**	Σ	**2.288,00**

S	Aufwendungen für Waren		H
Waren	288,00	Saldo = GuV	288,00
Σ	**288,00**	Σ	**288,00**

S	Umsatzerlöse für Waren		H
Saldo GuV	798,40	Kasse	798,40
Σ	**798,40**	Σ	**798,40**

S	SBK		H
Waren	2.000,00		

S	GuV		H
AfW	288,00	UE	798,40
Warenrohgewinn = 510,40			

Tipp

Der Warenrohgewinn bzw. Warenrohverlust lässt sich auch mathematisch ermitteln:

Umsatzerlöse durch Warenverkauf (Nettoverkaufserlös)
– Aufwendungen für Waren (= Wareneinsatz)

= Warenrohgewinn/Warenrohverlust

Merke

Rohgewinn ≠ Reingewinn (Gewinn nach Abzug aller weiteren angefallenen Aufwendungen)

1.3.2 Verbrauchsorientierte Buchung

Bei der verbrauchsorientierten Methode werden die Wareneinkäufe gleich auf das Konto Aufwendungen für Waren gebucht. Auf dem Konto Waren wird das ganze Jahr lediglich der Anfangsbestand abgebildet. Beim Abschluss der Konten wird der Saldo des Kontos Aufwendungen für Waren auf das Konto Waren gebucht. Stimmen die Werte mit der mathematischen Ermittlung nicht überein, dann handelt es sich um Inventurdifferenzen, die beispielsweise durch Diebstahl, fehlerhafte Zählungen oder Verderb von Waren entstehen können.

Schritt 1: Buchung beim Wareneinkauf (Bewertung der Pflanzgefäße zu Einkaufspreisen)

Buchung im Grundbuch:

Buchungssatz	Beträge in EUR Soll	Haben
Aufwendungen für Waren	288,00	
an Verbindlichkeiten aLL		288,00

Buchung im Hauptbuch:

S	Aufwendungen für Waren	H
Verb.	288,00	

S	Verbindlichkeiten aLL	H
	AB	1.300,00
	Waren	288,00

Schritt 2: Buchung beim Warenverkauf (Bewertung zu Verkaufspreisen)

Buchung im Grundbuch:

Buchungssatz	Beträge in EUR Soll	Haben
Kasse	798,40	
an Umsatzerlöse für Waren		798,40

Buchung im Hauptbuch:

S	Kasse	H
AB	830,00	
UE	798,40	

S	Umsatzerlöse für Waren	H
	Kasse	798,40

Schritt 3: Abschluss der Konten

Beim Abschluss der Konten am Jahresende wird zunächst das Konto Aufwendungen für Waren abgeschlossen. Anschließend wird der ermittelte Saldo auf dem Konto Waren und in der GuV erfasst. Dabei ist zu beachten, dass der Saldo des Kontos Aufwendungen für Waren sowohl im Haben (= Bestandsmehrung) als auch im Soll (= Bestandsminderung) stehen kann, dies ist abhängig davon, wie viele Waren im Laufe des Geschäftsjahres verkauft wurden. Die beiden Alternativen werden im Folgenden dargestellt.

Bestandsminderung

Wird innerhalb einer Zeitperiode mehr Ware verkauft, als ursprünglich eingekauft wurde, vermindert sich der Warenschlussbestand. In diesem Fall liegt eine Bestandsminderung vor.

So wirkt sich die Bestandsminderung allgemein auf die Buchungen aus:

S	Waren	H
Anfangsbestand	Aufwendungen für Waren	
	SBK: Endbestand	

S	Aufwendungen für Waren	H
Wareneinkäufe	Saldo des Kontos „Aufwendungen für Waren" an GuV	
Warenbestandsminderung		

Beispiel: *Die Baumarkt KG hat 200 Akku-Schrauber der Marke „Nikita" zum Bezugspreis von 20,00 EUR (netto) gekauft. Der Warenanfangsbestand beträgt 250 Stück zum gleichen Preis. Bis Jahresende werden 300 Akku-Schrauber dieser Marke zu 30,00 EUR verkauft. Wie ist diese Bestandsminderung zu buchen?*

Anfangsbestand	Endbestand	Bestands-minderung
250 Stück zu 20,00 EUR	150 Stück zu 20,00 EUR	100 Stück zu 20,00 EUR
5.000,00 EUR	3.000,00 EUR	2.000,00 EUR

Kontendarstellung:

S	Aufwendungen für Waren		H
Kasse	4.000,00	GuV	6.000,00
Waren	2.000,00		
	6.000,00		**6.000,00**

S	Umsatzerlöse für Waren		H
GuV	9.000,00	Kasse	9.000,00
	9.000,00		**9.000,00**

S	Waren		H
AB	5.000,00	A.f.W.	2.000,00
		SBK	3.000,00
	5.000,00		**5.000,00**

S	GuV	H
Aufw. f. W. 6.000,00	Umsatzerlöse 9.000,00
(Wareneinsatz)	(Nettoverkaufserlöse)

Rohgewinn 3.000,00

Das Konto Aufwendungen für Waren zeigt, dass zusätzlich zu den Wareneinkäufen (4.000,00 EUR) auch die Entnahme von Waren aus dem Lager als Bestandsminderung von 2.000,00 EUR als Aufwand erfasst wird. Damit ergibt sich ein Wareneinsatz von 6.000,00 EUR. Der Rohgewinn beträgt 3.000,00 EUR.

Merke

Bestandsmehrung/
Bestandsminderung
= Anfangsbestand
− Schlussbestand

Bestandsmehrung

Wird innerhalb einer Zeitperiode weniger Ware verkauft, als ursprünglich eingekauft wurde, vermehrt sich der Warenbestand. In diesem Fall liegt eine Bestandsmehrung vor.

So wirkt sich die Bestandsmehrung allgemein auf die Buchungen aus:

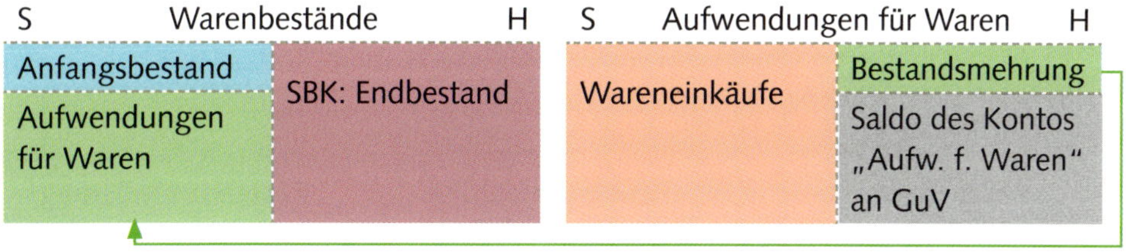

Beispiel: *Die Baumarkt KG hat einen Posten (800 Stück) Stichsägen der Marke „Nikita“ vom einem Lieferer zum Bezugspreis von 20,00 EUR (netto) bezogen. Der Warenanfangsbestand beträgt 500 Stück zum gleichen Preis. Bis Jahresende werden 700 Stichsägen dieser Marke zu 30,00 EUR verkauft. Wie ist diese Bestandsmehrung zu buchen?*

Anfangsbestand	Endbestand	Bestandsmehrung
500 Stück zu 20,00 EUR	600 Stück zu 20,00 EUR	100 Stück zu 20,00 EUR
10.000,00 EUR	12.000,00 EUR	2.000,00 EUR

Kontendarstellung:

S	Aufwendungen für Waren		H
Kasse	16.000,00	Waren	2.000,00
		GuV	14.000,00
	16.000,00		**16.000,00**

S	Umsatzerlöse für Waren		H
GuV	21.000,00	Kasse	21.000,00
	21.000,00		**21.000,00**

S	Warenbestände		H
AB	10.000,00	SBK	12.000,00
A.f.W.	2.000,00		
	12.000,00		**12.000,00**

S	GuV	H
Aufw. f. W. 14.000,00		Umsatzerlöse 21.000,00
(Wareneinsatz)		(Nettoverkaufserlöse)

→ Rohgewinn 7.000,00 ←

Das Konto Aufwendungen für Waren zeigt, dass der beim Wareneinkauf gebuchte Aufwand (16.000,00 EUR) um den Betrag der Bestandsmehrung (2.000,00 EUR) angepasst wurde. Tatsächlich ist nur ein Wareneinsatz von 14.000,00 EUR entstanden. Der Rohgewinn beträgt 7.000,00 EUR.

Bestandsveränderungen auf dem Konto Aufwendungen für Waren

Keine Bestandsveränderung	Bestandsmehrung	Bestandsminderung
= es wurden im Laufe des Jahres genauso viele Waren verkauft wie eingekauft	= es wurden im Laufe des Jahres weniger Waren verkauft als eingekauft	= es wurden im Laufe des Jahres mehr Waren verkauft als eingekauft
	Saldo im Haben	Saldo im Soll

Kap. 1.3.1

Der Fall ohne Bestandsveränderungen wurde im Kapitel 1.3.1 beschrieben.

Merke

Wareneinsatz = Wareneinkauf + Bestandsminderung

Wareneinsatz = Wareneinkauf – Bestandsmehrung

Aufgaben

1. Erklären Sie den Begriff Wareneinsatz.
2. Worin unterscheiden sich die bestandsorientierte und die verbrauchsorientierte Buchungsmethode.
3. Der Conry OHG stehen folgende Daten zur Verfügung:

Warenanfangsbestand	110.000,00 EUR
Wareneinkäufe	270.000,00 EUR
Warenverkäufe	385.000,00 EUR
Warenschlussbestand laut Inventur	81.000,00 EUR

   Berechnen Sie den Wareneinsatz und den Rohgewinn.
4. Beschreiben Sie jeweils, wie ein Warenrohgewinn und ein Warenrohverlust zustande kommen.
5. Die Baumarkt KG kauft 20 Bilderrahmen zu einem Einkaufspreis von 8,00 EUR pro Stück und bezahlt die Ware beim Empfang in bar. Die Rahmen werden in den folgenden Wochen zu jeweils 25,00 EUR verkauft. Alle Kunden haben per Giro-Card bezahlt.

   Buchen Sie den Wareneinkauf (bestandsorientiert) sowie den Warenverkauf.

2 Umsatzsteuer

2.1 Rechtliche Grundlagen der Umsatzsteuer

Die Umsatzsteuer, umgangssprachlich auch als Mehrwertsteuer bezeichnet, ist eine Gemeinschaftssteuer von Bund, Ländern und Gemeinden, die zu den bedeutendsten Einnahmequellen des Staates gehört. Ihr Anteil am gesamten Steueraufkommen in der Bundesrepublik Deutschland beträgt etwa ein Drittel.

Die Mehrwertsteuer ist umgangssprachlich und heißt steuerrechtlich Umsatzsteuer.

Merke

In der Bundesrepublik Deutschland unterliegen alle Geschäftsvorfälle, die mit dem Einkauf und Verkauf von Waren und Dienstleistungen zu tun haben, der Umsatzsteuer gemäß § 1 Abs. 1 UStG (Umsatzsteuergesetz). Bisher wurden alle Geschäftsvorfälle aus Gründen der Vereinfachung ohne Umsatzsteuer gebucht.

Umsatzsteuergesetz

Steuerpflichtig ist jeder Einzelhändler, der im Rahmen seines Unternehmens Lieferungen und sonstige Leistungen im Inland gegen Entgelt ausführt. Er wird Steuerschuldner genannt, da er die eingenommene Umsatzsteuer an das Finanzamt abführen muss. Die Umsatzsteuer trägt dabei der Endverbraucher, er ist somit der Steuerträger.

Wird von steuerbaren Umsätzen gesprochen, müssen folgende Merkmale erfüllt sein:

- Ein Unternehmen muss beteiligt sein.
- Es muss sich um eine Lieferung oder Leistung handeln.
- Diese muss gegen Entgelt erfolgen.
- Sie muss im Inland ausgeführt werden.

Steuersätze

Die Höhe des aktuellen Regelsteuersatzes beträgt derzeit 19 % (Stand 2021). Einige Umsätze werden mit ermäßigtem Steuersatz von 7 % besteuert oder sind von der Steuer befreit. Während der Corona-Pandemie wurde zur Belebung der Wirtschaft der Regelsteuersatz im Jahr 2020 auf 16 % herabgesetzt, der ermäßigte auf 5 %.

Beispiele für ausgewählte Produkte und ihren Steuersatz:

	Steuersatz 19 %	Steuersatz 7 %	Steuerbefreite Umsätze
Auswahl an Waren und Dienstleistungen	Mineralwasser, Saft, Wein und Bier, Hummer und Kaviar, Babynahrung, Medikamente, Schuhe, technische Geräte, Bürobedarf u. v. m.	Milch und -erzeugnisse, Grundnahrungsmittel, Fisch und Fleisch, Tiernahrung, Bücher und Zeitschriften, Öffentlicher Nahverkehr, Theaterkarten, Kino, Gemüse, Blumen u. v. m.	Zinsen, Versicherungen, Grundstücke, ärztliche Behandlungen, private Geschäfte

Beispiel: *Das Sortiment der Baumarkt KG soll um einen hochwertigen Parkettboden erweitert werden. Ein Nettoverkaufspreis von 66,38 EUR/m² wird ermittelt.*

Nettoverkaufspreis + Umsatzsteuer 19 % = Bruttoverkaufspreis
66,39 EUR + 12,61 EUR = 79,00 EUR

Die Bemessungsgrundlage für die Umsatzsteuer ist der Nettoverkaufspreis.
Merke

2.2 Grundlagen der Umsatzsteuersystematik

Wie die Besteuerung von Waren funktioniert und weshalb sich der Begriff „Mehrwertsteuer" etabliert hat, erfordert zunächst einmal eine Betrachtung des Produktionsverlaufs auf den verschiedenen Stufen der Verarbeitung (= Produktionsstufen). Der Prozess, der hinter der Gewinnung einer Ware und deren Weiterverarbeitung bis zum Endkunden stattfindet, wird auch Wertschöpfungskette genannt und spielt eine große Rolle bei der Besteuerungssystematik.

2.2.1 Prozess der Wertschöpfungskette bei der Umsatzsteuer

Für die Berechnung der Besteuerung von Waren und Dienstleistungen und der Belastung der einzelnen Produktionsstufen ist es notwendig, einen Blick auf die Wertschöpfungskette und die damit zusammenhängende Wertschöpfung zu werfen. Unter Wertschöpfung versteht man den Mehrwert, den ein Produkt auf jeder Stufe des Produktionsprozesses gewinnt.

Die Umsatzsteuer wird vom Unternehmen beim Verkauf als Umsatzsteuer behandelt und beim Einkauf als Vorsteuer.
Merke

Um den Prozess der Umsatzsteuererhebung und die entsprechenden Zahlungen an das Finanzamt zur verstehen, sollen die Fragen „Wie funktioniert die Besteuerung des Konsums?" bzw. „Wie hoch ist die Steuerschuld der einzelnen Unternehmen?" anhand eines Schaubildes verdeutlicht werden:

Dabei muss der Unternehmer die Umsatzsteuer aus seiner Sicht unterschiedlich betrachten. Verkauft er Waren, so muss er eine Umsatzsteuer (USt) einnehmen, die er an das Finanzamt abführen muss. Kauft er die Waren jedoch ein, betrachtet er die Umsatzsteuer als eine im Vorfeld bereits bezahlte Steuer, die er als Vorsteuer (VSt) behandelt und später von der zu zahlenden Umsatzsteuerlast abziehen kann.

Dies geschieht, damit die Waren nicht doppelt und dreifach besteuert werden und der Endverbraucher mit mehr als 19 % belastet wird.

Beispiel: *Ein Kunde kauft für seinen kleinen Eingangsbereich im Haus bei der Baumarkt KG Fertigparkett Eiche natur geölt im Wert von 119,00 EUR. Im Betrag enthalten sind 19,00 EUR Umsatzsteuer. Wie es zu diesem Betrag kommt, wird im folgenden Schaubild dargestellt.*

ER = Eingangsrechnung
AR = Ausgangsrechnung
Merke

LF 8, Kap. 4.1

„Wie funktioniert die Besteuerung des Konsums?"

→ Eingangsrechnung → Ausgangsrechnung

	Rechnung	Rechnung	Rechnung	Rechnung
Nettobetrag	12,50 €	25,00 €	50,00 €	100,00 €
+ 19 % USt	2,38 €	4,75 €	9,50 €	19,00 €
Bruttobetrag	14,88 €	29,75 €	59,50 €	119,00 €
Wertschöpfung	12,50 €	12,50 €	25,00 €	50,00 €

Rohstoffgewinnung (Holzfäller GbR)	Rohstoffverarbeitung (Irion Sägewerk GmbH)	Parkettherstellung (Naturboden OHG)	Handel (Baumarkt) (Baumarkt KG)	Privatkunde (Verbraucher)

„Wie hoch ist die Steuerschuld der einzelnen Unternehmen?"

USt 2,38 €		USt 4,75 €		USt 9,50 €		USt 19,00 €		USt = Umsatzsteuer
– VSt 0,00 €		– VSt 2,38 €		– VSt 4,75 €		– VSt 9,50 €		VSt = Vorsteuer
Zahllast 2,38 €	+	Zahllast 2,37 €	+	Zahllast 4,75 €	+	Zahllast 9,50 €	=	Zahllast = 19,00 €

Das Finanzamt erhält aufsummiert insgesamt 19,00 EUR von den Unternehmen. Die Zahllast der einzelnen Unternehmen an das Finanzamt ist abhängig von der gezahlten Umsatzsteuer und einem möglichen Vorsteuerabzug.

Finanzamt: 19,00 €

Kap. 2.5

Zahllast = Umsatzsteuer – Vorsteuer
Merke

Die Belastung durch die Umsatzsteuer trägt zum Schluss vollständig der Endverbraucher als Steuerträger, die einzelnen Unternehmen als Steuerschuldner führen lediglich ihre Anteile der Umsatzsteuer an das Finanzamt ab, bereinigt um den Betrag der bereits bezahlten Vorsteuer. Die Vorsteuer und Umsatzsteuer haben damit keine Auswirkung auf den Erfolg des Unternehmens. Sie werden als durchlaufende Posten bezeichnet.

2.2.2 Vorsteuer beim Einkauf von Waren

Der Einzelhändler ist beim Kauf von Waren ebenso wie der Endverbraucher verpflichtet, die Umsatzsteuer zu entrichten. Aus der Perspektive des Händlers handelt es sich jedoch beim Einkauf um die Vorsteuer, da er diese von der gezahlten Umsatzsteuer, die seine Kunden an ihn entrichten, wieder abziehen darf. Bei der Vorsteuer handelt es sich damit um eine Forderung gegenüber dem Finanzamt.

Beispiel: *Die Baumarkt KG erhält eine Eingangsrechnung von der Irion Tischlerei GmbH. Diese enthält neben dem Rechnungsbetrag und dem Nettoverkaufspreis die ausgewiesene Umsatzsteuer, die bezahlt werden muss. Hierbei handelt es sich für die Baumarkt KG um die Vorsteuer.*

Eingangsrechnung

Auf Rechnungen wird **immer** der Begriff Umsatzsteuer benutzt, da der Aussteller der Rechnung der Verkäufer ist. Erst in der Buchführung des Empfängers und damit des Käufers wird diese als Vorsteuer betrachtet und gebucht.

Merke

Irion Sägewerk GmbH
Inh. Martina Kranich

Irion Sägewerk GmbH, Heidengasse 2, 78607 Talheim

Baumarkt KG
Aachener Str. 15
40223 Düsseldorf

RECHNUNG

Lieferdatum: 02.04.20..
Rechnungsdatum: 08.04.20..

Kunden-Nr.	Rechnungs-Nr.	Bestellnummer
35689	5608–01	1450054
Bei Zahlung bitte angeben		

Pos.	**Artikel-Nr.**	**Artikelbezeichnung**	**Gesamtpreis in EUR**
1	5478962	Eichenholzplatte (5 × 1.200 × 180 cm)	70,00
2	5286189	Eichenholz (8 × 8 × 240 cm)	30,00
		Total EUR ohne USt.	100,00
		USt.-Betrag (19 %)	19,00
		Total EUR inkl. USt	**119,00**

Zahlungsbedingungen 7 Tage/3 % Skonto/30 Tage Ziel
Lieferbedingungen frei Haus

Mit freundlichen Grüßen
Irion Sägewerk GmbH

i. A. *B. Maier*
Bernhard Maier

2.2.3 Umsatzsteuer beim Verkauf von Waren

Beim Verkauf von Waren ist der Einzelhändler verpflichtet, die Umsatzsteuer zu erheben. Diese muss gesondert in der Ausgangsrechnung ausgewiesen werden. Aus der Perspektive des Händlers handelt es sich dabei um die Umsatzsteuer, die eine Verbindlichkeit gegenüber dem Finanzamt darstellt.

Umsatzsteuer = Verbindlichkeit gegenüber dem Finanzamt

Vorsteuer = Forderung gegenüber dem Finanzamt

Merke

Beispiel: *Die Baumarkt KG verkauft und liefert die Waren an Frau Karin Ehringer und fügt der Sendung eine Ausgangsrechnung bei. Neben den Nettoverkaufspreisen und dem Rechnungsbetrag weist die Rechnung die Umsatzsteuer aus.*

Tipp

Eine Ausnahme stellen die Kleinbetragsrechnungen dar. Dabei handelt es sich um Rechnungen unter 250,00 EUR. Dabei ist keine Anschrift des Rechnungsempfängers erforderlich. Hier genügt es, wenn der Warenwert und die Umsatzsteuer in einem Betrag ausgewiesen werden und ein Hinweis auf den entsprechenden Steuersatz vorhanden ist.

Ausgangsrechnung

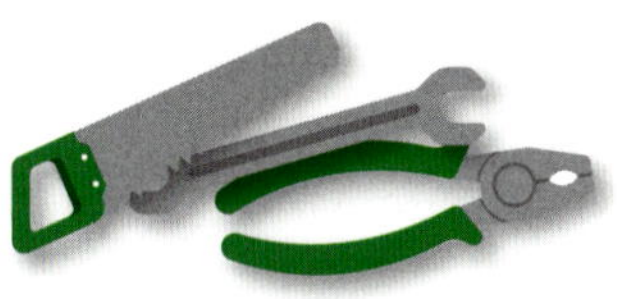

Baumarkt KG

Baumarkt KG, Aachener Str. 15, 40223 Düsseldorf

Karin Ehringer
Möhringer Str. 114
68532 Mannheim

Aachener Str. 15
40223 Düsseldorf
Telefon: 02 11 - 65 70 10
Telefax: 02 11 - 65 70 00
www.baumarkt-kg.de

Ihre Bestellung
16.04.20..

Lieferdatum
22.04.20..

RECHNUNG/AUFTRAGSBESTÄTIGUNG

Bei Zahlung/Rücksendung/Gutschrift unbedingt angeben

Kundennummer	Rechnungs-Nr.	Datum
22347	5789	26.04.20..

Artikel-Nr.	Anzahl in Stück	Artikelbezeichnung	Einzelpreis in EUR	Gesamtpreis in EUR
10102	1	Eichenholzplatte (5 × 1.200 × 180 cm)	210,00	210,00
10300	2	Eichenholz (8 × 8 × 240 cm)	90,00	180,00
		Total EUR ohne USt.		390,00
		USt. Betrag (19 %)		74,10
		Total EUR inkl. USt		**464,10**

Zahlung- und Erfüllungsort sowie Gerichtsstand ist Düsseldorf
Zahlungsbedingungen: 7 Tage/3 % Skonto/30 Tage Ziel.

Mit freundlichen Grüßen
Baumarkt KG

i. A. *K. Müller*
Klaus Müller

2.3 Buchen der Vorsteuer beim Einkauf

Die bei der Warenbeschaffung anfallende Vorsteuer wird auf den Eingangsrechnungen als Umsatzsteuer ausgewiesen und entspricht einer Forderung gegenüber dem Finanzamt. In der Bilanz gehören Forderungen zum Umlaufvermögen, somit ist das Konto Vorsteuer ein Aktivkonto.

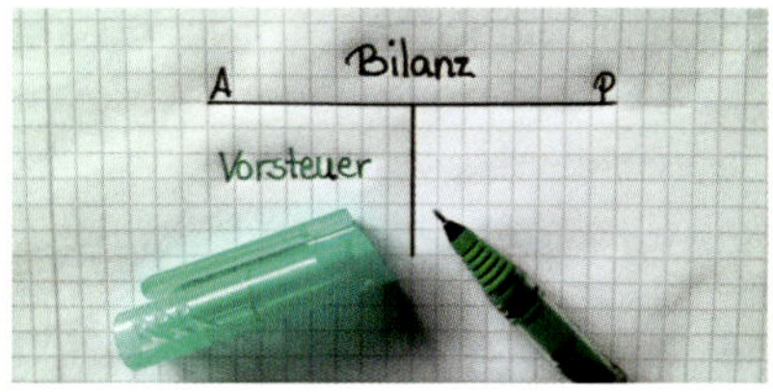

Geschäftsfall: *Die Baumarkt KG bestellt vier Paletten Parkettboden im Wert von insgesamt 4.000,00 EUR (netto) auf Ziel.*

Buchung im Grundbuch:

Buchungssatz	Beträge in EUR Soll	Haben
Aufwendungen für Waren	4.000,00	
Vorsteuer	760,00	
an Verbindlichkeiten aLL		4.760,00

Buchung im Hauptbuch:

S	Aufwendungen für Waren		H
Verb.	4.000,00		

S	Vorsteuer		H
Verb.	760,00		

S	Verbindlichkeiten a. LL		H
		AfW/ VSt	4.760,00

2.4 Buchen der Umsatzsteuer beim Verkauf

Beim Verkauf von Waren wird die Umsatzsteuer auf der Ausgangsrechnung ausgewiesen und entspricht einer Verbindlichkeit gegenüber dem Finanzamt. Somit ist das Konto Umsatzsteuer ein Passivkonto.

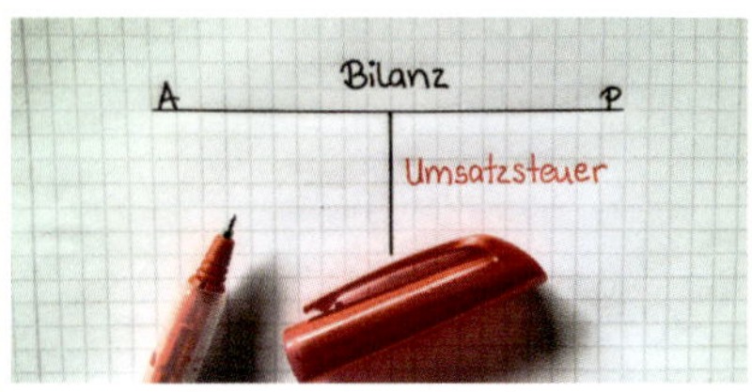

Geschäftsfall: *Ein Kunde bezahlt 10 Pakete Parkettboden im Wert von insgesamt 790,00 EUR inkl. Umsatzsteuer per Banküberweisung.*

Buchung im Grundbuch:

Buchungssatz	Beträge in EUR Soll	Haben
Bank	790,00	
an Umsatzerlöse f. W.		663,87
Umsatzsteuer		126,13

Buchung im Hauptbuch:

S	Umsatzerlöse für Waren		H
		Bank	663,87

S	Umsatzsteuer		H
		Bank	126,13

S	Bank		H
		UE/ USt	790,00

Ermittlung und Buchung der Tageslosung

© Robert Kneschke – stock.adobe.com

Eine Besonderheit stellt die Buchung der Tageslosung dar. Dabei handelt es sich um die Summe aller Bareinnahmen eines Tages. Noch immer wird im Einzelhandel ein Großteil der Einkäufe in bar bezahlt.

Die Ermittlung der Tageslosung kann auf unterschiedliche Weise erfolgen:

Das Einzelhandelsunternehmen kann mit Hilfe des Warenwirtschaftssystems am Ende des Tages einen Kassenabschnitt erstellen, der an die Stelle der Ausgangsrechnung tritt. Dabei werden auf dem Kassenabschnitt sowohl die Umsatzerlöse für die verkauften Waren und Dienstleistungen als auch die entsprechende Umsatzsteuer auf den Gesamtbetrag ausgewiesen, die im Anschluss verbucht werden müssen.

© industrieblick - stock.adobe.com

Steht dem Einzelhändler kein Warenwirtschaftssystem zur Verfügung, so muss er die Summe aller auf den Kassenzetteln befindlichen Umsatzsteuerbeträge bilden und die Umsatzsteuer rechnerisch ermitteln. Da es sich in diesen Fällen meistens um Kleinbetragsrechnungen handelt, muss die Umsatzsteuer nur durch den Satz ausgewiesen werden.

Beispiel: *In der Kasse der Baumarkt KG liegen am Ende des Tages drei Kassenbons für Waren, die in bar bezahlt wurden.*

Baumarkt KG
Aachener Straße 15
40223 Düsseldorf

		EUR
LED-Wandleuchte Sparkle	1×	69,00
Nettosumme		57,98
Umsatzsteuer 19 %		11,02
Summe		**69,00**
1 Artikel		
Bar	EUR	100,00
Zurück	EUR	31,00

02.05.20.. 15:02 Uhr
Unsere Öffnungszeiten
Mo – Sa: 8:00 – 20:00 Uhr
VIELEN DANK
FÜR IHREN EINKAUF
Steuernummer: 84 624 84227
Umsatzsteuer-ID: DE090156171

Baumarkt KG
Aachener Straße 15
40223 Düsseldorf

		EUR
SPAX Universalschraube 4×50		8,39
Nettosumme		7,05
Umsatzsteuer 19 %		1,34
Summe		**8,39**
1 Artikel		
Bar	EUR	20,00
Zurück	EUR	11,61

02.05.20.. 9:27 Uhr
Unsere Öffnungszeiten
Mo – Sa: 8:00 – 20:00 Uhr
VIELEN DANK
FÜR IHREN EINKAUF
Steuernummer: 84 624 84227
Umsatzsteuer-ID: DE090156171

Baumarkt KG
Aachener Straße 15
40223 Düsseldorf

		EUR
Wandfarbe Innenraum, weiß, 10 l	1×	34,95
Nettosumme		29,37
Umsatzsteuer 19 %		5,58
Summe		**34,95**
1 Artikel		
Bar	EUR	50,00
Zurück	EUR	15,05

02.05.20.. 18:03 Uhr
Unsere Öffnungszeiten
Mo – Sa: 8:00 – 20:00 Uhr
VIELEN DANK
FÜR IHREN EINKAUF
Steuernummer: 84 624 84227
Umsatzsteuer-ID: DE090156171

Berechnung der Tageslosung und der Umsatzsteuer

Summe der Kassenbons (Tageslosung)

69,00 EUR
\+ 8,39 EUR
\+ 34,95 EUR
= 112,34 EUR
(Bruttowert 119 %)

Umsatzsteuer

119 % – 112,34 EUR (Tageslosung)
19 % – x EUR (Umsatzsteuer)

$$x = \frac{112{,}34 \text{ EUR} \cdot 19}{119} = 19{,}94 \text{ EUR}$$

Nettowert 100 %

112,34 EUR (Tageslosung)
– 19,94 EUR (Umsatzsteuer)
= 92,40 EUR (Umsatzerlöse für Waren)

Buchung im Grundbuch:

Buchungssatz	Beträge in EUR Soll	Haben
Kasse	112,34	
an Umsatzerlöse		92,40
Umsatzsteuer		19,94

Buchung im Hauptbuch:

S	Umsatzerlöse		H
		Kasse	92,40

S	Umsatzsteuer		H
		Kasse	19,94

S	Kasse		H
		UE/ USt	112,34

2.5 Ermittlung und Passivierung der Zahllast

Der Einzelhandel ist verpflichtet, die Umsatzsteuer bis spätestens zum 10. des Kalendermonats an das Finanzamt abzuführen. Dafür wird die eingenommene Umsatzsteuer aller Ausgangsrechnungen aufsummiert. Da jedoch beim Einkauf von Waren und Dienstleistungen bereits ein Teil der Umsatzsteuer in Form der Vorsteuer an andere Händler entrichtet wurde, darf diese von der eingenommenen Umsatzsteuer abgezogen werden. Vorsteuerabzugsberechtigt ist ein Einzelhandelsunternehmen für alle erworbenen Güter und Dienstleistungen, die den betrieblichen Bereich betreffen. Da es seine Waren in der Regel zu höheren Preisen verkauft, als sie eingekauft werden, entsteht meist eine Schuld gegenüber dem Finanzamt. Diese Differenz wird als Zahllast bezeichnet.

Für die Ermittlung der Zahllast stehen zwei Methoden zur Verfügung: Kap. 2.2.1

Ermittlung der Zahllast – rechnerisch

Für die Berechnung der Zahllast gilt folgende Formel:

Umsatzsteuer – Vorsteuer = Zahllast

Formel

Beispiel: *Die Baumarkt KG ermittelt am Ende des Monats Mai die erhaltene Umsatzsteuer in Höhe von 7.567,00 EUR. Zusätzlich ergibt sich aus den Eingangsrechnungen eine bereits bezahlte Vorsteuer in Höhe von 3.897,00 EUR.*

Umsatzsteuer	*7.567,00 EUR*
– Vorsteuer	*3.297,00 EUR*
= Zahllast	*4.270,00 EUR*

Ermittlung der Zahllast – buchhalterisch

Um die Zahllast buchhalterisch zu ermitteln, sind drei Schritte notwendig:

Schritt 1: Abschluss des Vorsteuerkontos

Schritt 2: Die Buchung der Vorsteuer (Saldo) auf das Umsatzsteuerkonto

Schritt 3: Ermittlung des Saldos (= Zahllast) auf dem Umsatzsteuerkonto

Beispiel: *Die Baumarkt KG hat die notwendigen Informationen aus der Buchhaltung angefordert, um sicherzugehen, dass kein Fehler bei der Berechnung entstanden ist.*

Buchung im Hauptbuch:

S	Vorsteuer		H
Summe	3.297,00	USt	3.297,00

S	Umsatzsteuer		H
VSt	3.297,00	Summe	7.567,00
Saldo = Zahllast	4.270,00		

S	Bank		H
AB	14.130,00	USt	4.270,00

Daraus ergeben sich für die Ermittlung und Überweisung folgende Buchungssätze:

Buchung im Grundbuch (Ermittlung der Zahllast):

Buchungssatz	Beträge in EUR: Soll	Haben
Umsatzsteuer	3.927,00	
an Vorsteuer		3.927,00

Buchung im Grundbuch (Überweisung der Zahllast):

Buchungssatz	Beträge in EUR	
	Soll	**Haben**
Umsatzsteuer an Bank	4.270,00	 4.270,00

Passivierung der Zahllast

Ist beim Jahresabschluss am Ende des Geschäftsjahres die Zahllast an das Finanzamt noch nicht abgeführt worden, muss diese in der Bilanz erfasst werden. Dieser Vorgang wird auch Passivierung genannt, da er in der Schlussbilanz auf der Passivseite als Verbindlichkeit gegenüber dem Finanzamt aufgenommen wird.

> Passivierung = Konto wird auf Passivseite der Bilanz erfasst.
>
> Merke

Buchung im Hauptbuch:

S	Vorsteuer		H
Summe	3.297,00	USt	3.297,00

S	Umsatzsteuer		H
VSt	3.297,00	Summe	7.567,00
Zahllast = Verb. ggü. FA	4.270,00		

S	SBK		H
		USt	4.270,00

Buchung im Grundbuch (Ermittlung der Zahllast):

Buchungssatz	Beträge in EUR	
	Soll	**Haben**
Umsatzsteuer an Vorsteuer	3.927,00	 3.927,00

Buchung im Grundbuch (Passivierung der Zahllast):

Buchungssatz	Beträge in EUR	
	Soll	**Haben**
Umsatzsteuer an SBK	4.270,00	 4.270,00

2.6 Ermittlung und Aktivierung des Vorsteuerüberhangs

Von einem Vorsteuerüberhang spricht man, wenn die in einer Abrechnungsperiode ermittelte Vorsteuer höher ist als die Umsatzsteuer. In diesem Fall hat das Unternehmen eine Forderung gegenüber dem Finanzamt.

Ursachen für die Entstehung eines Vorsteuerüberhangs:

1. Vorratskäufe aufgrund von Saisonwaren, Sonderangeboten oder Preissteigerungen
2. Investitionen in eine neue Lagerhalle, Erneuerung der Ladeneinrichtung oder der Kauf neuer Fahrzeuge
3. Sonderveranstaltungen wie Neueröffnung oder ein 50-jähriges Jubiläum

Der Vorsteuerüberhang kann vom Finanzamt ausgezahlt oder in den Folgemonaten mit den entstehenden Zahllasten verrechnet werden.

Ermittlung des Vorsteuerüberhangs – buchhalterisch

Wie bei der Zahllast, sind auch hier wieder drei Schritte notwendig:

Schritt 1: Abschluss des Umsatzsteuerkontos
Schritt 2: Buchung der Umsatzsteuer (Saldo) auf das Vorsteuerkonto
Schritt 3: Ermittlung des Saldos (= Vorsteuerüberhang) auf dem Vorsteuerkonto

Beispiel: *Die Baumarkt KG hat im Monat Juni erneut die notwendigen Informationen aus der Buchhaltung angefordert.*

Buchung im Hauptbuch:

S	Vorsteuer		H
Summe	2.300,00	USt	840,00
		Saldo (Vorsteuerüberhang = Forderung ggü. FA)	1.460,00

S	Umsatzsteuer		H
VSt	840,00	Summe	840,00

S	Bank		H
AB	14.130,00		
VSt	1.460,00		

Buchung im Grundbuch (Ermittlung des Vorsteuerüberhangs):

Buchungssatz	Beträge in EUR Soll	Haben
Umsatzsteuer an Vorsteuer	840,00	 840,00

Buchung im Grundbuch (Überweisung durch das Finanzamt):

Buchungssatz	Beträge in EUR Soll	Haben
Bank an Vorsteuer	1.460,00	 1.460,00

Aktivierung des Vorsteuerüberhangs

Beim Jahresabschluss muss ein möglicher Vorsteuerüberhang in der Bilanz erfasst werden. Dieser Vorgang wird auch Aktivierung genannt, da er in der Schlussbilanz auf der Aktivseite als Forderung gegenüber dem Finanzamt aufgenommen wird.

> Aktivierung = Konto wird auf der Aktivseite der Bilanz erfasst.
>
> Merke

Aus Gründen der Übersichtlichkeit werden im Folgenden lediglich die Buchungen im Grundbuch dargestellt.

Buchung im Grundbuch (Ermittlung der Zahllast):

Buchungssatz	Beträge in EUR Soll	Haben
Umsatzsteuer an Vorsteuer	840,00	 840,00

Buchung im Grundbuch (Aktivierung des Vorsteuerüberhangs):

Buchungssatz	Beträge in EUR Soll	Haben
SBK an Vorsteuer	1.460,00	 1.460,00

Aufgaben

1. Entscheiden Sie, welche der folgenden Geschäftsvorfälle umsatzsteuerpflichtig sind:
   a) Vermietung einer Wohnung
   b) Kauf von Waren auf Ziel
   c) Verkauf von Briefmarken
   d) Zahlung der Darlehenszinsen an die Bank
   e) Zahlung der Gehälter per Banküberweisung
   f) Kauf einer Lagerhalle
   g) Kauf von Arbeitskleidung für Mitarbeiter
   h) Kauf von Prüfungsbüchern für Auszubildende
2. Bilden Sie die Buchungssätze für die folgenden Geschäftsvorfälle:
   a) Kauf eines neuen Lkw im Wert von 22.000,00 EUR (netto) auf Ziel
   b) Wir verkaufen Waren in Höhe von 530,00 EUR inkl. USt in bar.
   c) Wir überweisen 3.400,00 EUR Miete für unsere Lagerhalle.
   d) Wir erhalten die Rechnung für das Buch „Einzelhandel 2025“ in Höhe von 23,70 EUR (brutto).
   e) Wir erhalten von einer Kfz-Werkstatt die Rechnung für die Reparatur unseres Lkws in Höhe von 2.793,20 EUR zzgl. 19 % Ust.
3. Beschreiben Sie den Unterschied zwischen der Vorsteuer und der Umsatzsteuer.
4. In den Medien wird ganz heftig über eine Erhöhung der Umsatzsteuer gestritten. Die Position der Einzelhändler ist strikt dagegen:
   a) Beschreiben Sie, wie sich die Umsatzsteuer auf das Einzelhandelsunternehmen auswirkt.
   b) Erklären Sie, weshalb die Einzelhändler dennoch strikt gegen eine Erhöhung sind.
5. Der Baumarkt KG legt am 22.08.20.. die Tageslosung in Höhe von 2.133,74 EUR vor. Bilden Sie den Buchungssatz für den Geschäftsvorfall und berechnen Sie alle notwendigen Beträge.
6. Bei der Wohn-Schatz GmbH werden am 31.08.20.. folgende Kontostände ausgewiesen:

S	Vorsteuer	H
Summe 11.000,00		

S	Umsatzsteuer	H
		Summe 27.000,00

   a) Ermitteln Sie die Zahllast.
   b) Bilden Sie den Buchungssatz für die Überweisung der Zahllast am 07.09.20..

3 Anlagegüter beschaffen und abschreiben

Eine gelungene Auswahl an Waren reicht nicht aus, um ein erfolgreiches Einzelhandelsunternehmen zu führen. Es ist notwendig, das Warensortiment in den entsprechenden Räumlichkeiten unterzubringen und den Kunden in ansprechenden Regalen zu präsentieren. Darüber hinaus werden beispielsweise auch ein leistungsfähiges Kassensystem, eine entsprechende Büroausstattung, Lagerkapazitäten, Fahrzeuge und vieles mehr benötigt. Diese Betriebsmittel werden in der Bilanz im Anlagevermögen erfasst. Es steht dem Unternehmen langfristig zur Verfügung und ist nicht für den Verkauf gedacht. Es setzt sich aus folgenden drei Bereichen zusammen:

- Immaterielle Vermögensgegenstände
- Sachanlagen
- Finanzanlagen.

Beispiel: *Die Baumarkt KG führt in der Baumaschinenabteilung die Premiummarke Magenta Plus, deren Geräte eine besondere Exklusivität und Funktionalität aufweisen. Die Lizenz zum Verkauf dieser Produktreihe verursacht Kosten und muss bilanziert werden. Auch die für das Warenwirtschaftssystem angeschaffte EDV-Software von S&P gehört zu den immateriellen Vermögensgegenständen.*

Anlagevermögen

Immaterielle Vermögensgegenstände	**Sachanlagen**	**Finanzanlagen**
• Konzessionen • Lizenzen • Rechte	• Grundstücke • Gebäude • BGA • Fuhrpark • Technische Anlagen und Maschinen • EDV-Anlagen	• Beteiligungen • Wertpapiere (z. B. Aktien)

Im weiteren Verlauf des Kapitels werden die Sachanlagen genauer betrachtet.

3.1 Beschaffung von Anlagegütern

Die Anlagegüter müssen bei ihrer Anschaffung auf aktiven Bestandskonten erfasst werden, und zwar mit ihrem Anschaffungswert. Bei der Anschaffung fällt in der Regel nicht nur der Kaufpreis des Wirtschaftsgutes an, sondern es ergeben sich auch mögliche Anschaffungsnebenkosten:

- **beim Maschinenkauf:** Kosten für Transport, Montage und Fundamentierung, Transportversicherung, TÜV-Abnahme u. Ä.
- **beim Grundstücks- oder Gebäudekauf:** Grunderwerbsteuer, Erschließungs-, Notar- und Maklerkosten u. Ä.
- **beim Fahrzeugkauf:** durch Zusatzausstattungen, Kosten für die Überführung und Zulassung, Nummernschilder u. Ä.

Anschaffungsnebenkosten fallen beim Kauf der Anlage nur einmalig an. Sie sind Aufwendungen, die den Vermögensgegenstand in einen betriebsbereiten Zustand versetzen. Zusammen mit dem Kaufpreis bilden sie die Anschaffungskosten. Nicht zu den Anschaffungskosten zählen die Kosten für die Geldbeschaffung (Gebühren und Zinsen) und die Vorsteuer (auf der Eingangsrechnung). Anschaffungspreisminderungen (z. B. Rabatt und Skonto) sind von den Anschaffungskosten abzuziehen.

Anschaffungs**neben**kosten fallen nur **einmalig** bei der Beschaffung an.

Merke

Gemäß Steuer- und Handelsrecht sind die Anschaffungskosten auf entsprechenden Bestandskonten zu aktivieren (in der Bilanz zu erfassen).

§ HGB § 255 Bewertungsmaßstäbe Fassung vom 29. Mai 2009

(1) Anschaffungskosten sind die Aufwendungen, die geleistet werden, um einen Vermögensgegenstand zu erwerben und ihn in einen betriebsbereiten Zustand zu versetzen, soweit sie dem Vermögensgegenstand einzeln zugeordnet werden können. Zu den Anschaffungskosten gehören auch die Nebenkosten sowie die nachträglichen Anschaffungskosten. Anschaffungspreisminderungen sind abzusetzen.

3.1.1 Berechnung der Anschaffungskosten

Für die Berechnung der Anschaffungskosten gilt folgendes Schema:

Ermittlung der Anschaffungskosten	
	Kaufpreis des Anlagegutes (Listeneinkaufspreis, netto)
–	Anschaffungspreisminderungen (z. B. Rabatt, Skonto, Bonus)
+	Anschaffungsnebenkosten (z. B. Transport- und Montagekosten)
=	**Anschaffungskosten (= Anschaffungswert, netto)**

Beispiel: *Die Baumarkt KG erhält nach Bestellung einer mobilen Sägemaschine für die eigene Werkstatt folgende Rechnung:*

Berechnung der Anschaffungskosten:

	Listeneinkaufspreis	*43.000,00 EUR*
–	*Anschaffungspreisminderung (Kundenrabatt 5 %)*	*2.150,00 EUR*
+	*Anschaffungsnebenkosten (Transport)*	*1.600,00 EUR*
=	*Anschaffungskosten*	*42.450,00 EUR*

HEINRICH GEORG GMBH
Maschinenfabik
Mechanische Fertigung

Maschinenfabrik Heinrich Georg GmbH · Postfach 1240 · D-57203 Kreuztal

Baumarkt KG
Aachener Straße 15
40223 Düsseldorf

Rechnungsdatum: 14.01.20..
Lieferdatum: 10.01.20..

RECHNUNG Nr. 00253465/XP

Ihr Zeichen	Unser Zeichen	Sachbearbeiter	Telefon
DR 3/10	HG 13	Frau Schlund	+49 (0)2732-779-0

Artikel-Nr.	**Bezeichnung**	**Menge**	**Preis**
X236	Sägemaschine (mobil)	1	43.000,00 EUR
	– Kundenrabatt 5 %		– 2.150,00 EUR
	+ Transportkosten		1.600,00 EUR
	Gesamtpreis (netto)		42.450,00 EUR
	+ 19 % USt		8.065,50 EUR
	Gesamtpreis (brutto)		**50.515,50 EUR**

Zahlungsbedingungen: 2 % Skonto innerhalb 14 Tagen, 30 Tage Ziel

Mit freundlichen Grüßen

i. A.

Meyer

Sitz der Gesellschaft
Kreuztal

Registergericht
HRB 34

USt-IdNr.:
DE2364367432

3.1.2 Buchung der Anschaffungskosten

Die Anschaffungskosten für die Sägemaschine in Höhe von 42.450,00 EUR werden auf das Bestandskonto „Maschinen" gebucht und erscheinen im Anschluss auch mit diesem Wert in der Bilanz.

Buchung im Grundbuch (Eingang der Rechnung):

Buchungssatz	Beträge in EUR Soll	Haben
Maschinen	42.450,00	
Vorsteuer	8.065,50	
an Verbindlichkeiten aLL		50.515,50

Buchung im Hauptbuch:

S	Maschinen	H
Verb. 42.450,00		

S	Vorsteuer	H
Verb. 8.065,50		

S	Verbindlichkeiten aLL	H
		Maschinen/VSt 50.515,50

Buchung im Grundbuch (Zahlung der Rechnung):

Buchungssatz	Beträge in EUR Soll	Haben
Verbindlichkeiten aLL	50.515,50	
an Bank		50.515,50

Erfassung der Sägemaschine in der Schlussbilanz:

Aktiva	Schlussbilanz	Passiva
A) Anlagevermögen		
Maschinen		
Sägemaschine	42.250,00	

3.2 Abschreibung von Anlagevermögen

Werden Anlagegüter genutzt, verlieren sie in der Regel im Verlauf der Nutzungsdauer an Wert. Die Wertminderung des Anlagevermögens durch Abnutzung wird in der Buchführung als Abschreibung erfasst. Diese Anlagegüter werden auch als abnutzbare Anlagegüter bezeichnet. Der Grund und Boden nutzt sich über die Jahre hinweg nicht ab, er gehört zu den nicht abnutzbaren Anlagegütern.

Abschreibungen werden als Aufwendungen behandelt, da der Wertverlust des Anlagevermögens eine Auswirkung auf den Erfolg hat und damit den Gewinn eines Unternehmens mindert. Gleichzeitig wird das Unternehmen der Forderung nach der Bilanzwahrheit gerecht, weil der Wert des Anlagevermögens jährlich an den tatsächlichen Wert angepasst wird.

Beispiel: *Ein Lkw der Baumarkt KG hat bei der Anschaffung 90.000,00 EUR (zuzügl. 19 % Umsatzsteuer) gekostet. Durch die Nutzung für Auslieferungsfahrten verliert der Lkw an Wert. Diesen Wertverlust muss die Baumarkt KG als Geldbetrag ermitteln (Abschreibung). Nach fünf Jahren hat sich der Wert des Lkw durch verschiedene Ursachen stark vermindert.*

Wert des *Lkw* beim Kauf

Wert des *Lkw* nach 5 Jahren

Für die Wertminderung gibt es unterschiedliche Ursachen:

- Verschleiß durch Gebrauch: Ein *Lkw* fährt jährlich 40.000 km und nutzt sich dabei ab.
- natürlicher Verschleiß durch Witterungseinflüsse: Der *Lkw* bekommt durch die Witterung und äußere Einflüsse Lack- und Rostschäden.
- Verschleiß durch Katastrophen: Das Firmenfahrzeug wird durch ein Feuer zerstört.
- technischer Verschleiß durch Fortschritt: Ein veraltetes Navigationsgerät muss ersetzt werden, ein „Toter-Winkel-Assistent" muss nachgerüstet werden.
- veränderter Bedarf: Da sich das Design des Firmen-Logos der Baumarkt KG verändert hat, muss die Werbung auf dem *Lkw* neu gestaltet werden.

Für ein Unternehmen hat die Abschreibung des Anlagevermögens positive Folgen. Einerseits schmälern Abschreibungen den Gewinn, weshalb das Unternehmen für die Dauer der Nutzung weniger gewinnabhängige Steuern bezahlen muss, andererseits dient die Abschreibung zur Refinanzierung neuer Anlagen. Sie werden bei der Kalkulation den Handlungskosten zugerechnet, dadurch fließen sie über die Preise zurück in das Unternehmen.

Da sie als Aufwand zwar den Gewinn mindern, das Geld jedoch im Unternehmen verbleibt, kann es zum Kauf neuer Anlagen genutzt werden.

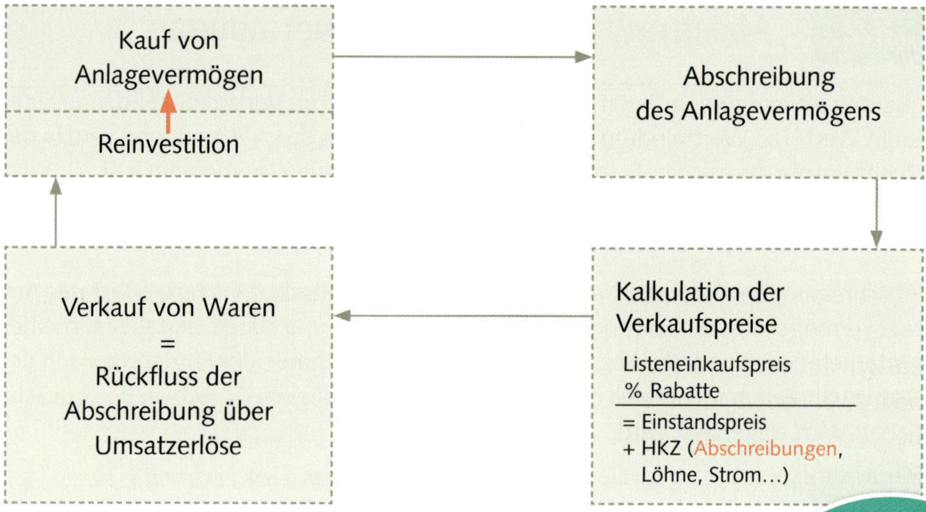

Durch Abschreibungen werden die Anschaffungskosten auf die Jahre der Nutzung (= betriebsgewöhnliche Nutzungsdauer) verteilt. Damit hier keine Willkür herrscht, stellt das Bundesfinanzministerium für die angemessene Beurteilung der Nutzungsdauer AfA-Tabellen (AfA = Absetzung für Abnutzung) zur Verfügung. Die Begriffe Abschreibungen und AfA bedeuten das Gleiche. Der Unterschied ergibt sich aus dem Handelsrecht und dem Steuerrecht.

> handelsrechtlich = Abschreibung
>
> steuerrechtlich = Absetzung für Abnutzung („AfA")
>
> **Merke**

Auszug aus der AfA-Tabelle für die allgemein verwendbaren Anlagegüter (AfA-Tabelle „AV"):

Anlagegüter	Nutzungsdauer in Jahren
Lastkraftwagen	9
Sägen aller Art, • stationär • mobil	 14 8
Büromöbel	13
Verkaufstheken	10
Sonst. Büroausstattung	
Stahlschränke	14
Panzerschränke, Tresore	23

Quelle: https://www.bundesfinanzministerium.de/Web/DE/Themen/Steuern/Steuerverwaltungu-Steuerrecht/Betriebspruefung/AfA_Tabellen/afa_tabellen.html (Stand: 01.10.2021)

Beispiel: *Aus der AfA-Tabelle des Bundesfinanzministeriums wird ersichtlich, dass die Nutzungsdauer eines Lkw laut AfA-Tabelle 9 Jahre beträgt. Wie sind die Abschreibungsbeträge für diesen Zeitraum zu berechnen?*

Die Berechnung der Abschreibungsbeträge erfolgt in der Regel nach der linearen Abschreibungsmethode, möglicherweise auch nach der degressiven Abschreibungsmethode, sofern die gesetzlichen Bedingungen dafür erfüllt sind.

3.2.1 Lineare Abschreibung

Bei der linearen Abschreibung werden jährlich gleichbleibende Beträge abgeschrieben. Ausgehend von den Anschaffungskosten (netto) bleiben der Abschreibungsbetrag und der Abschreibungssatz jedes Jahr konstant. Die Berechnung des Abschreibungsbetrages erfolgt, indem die Anschaffungskosten (netto) durch die vorgegebene Nutzungsdauer geteilt werden.

Formel

$$\text{Abschreibungs}\textbf{betrag (in EUR)} = \frac{\text{Anschaffungskosten (netto)}}{\text{Nutzungsdauer (Jahre)}}$$

$$\text{Abschreibungs}\textbf{satz (in \%)} = \frac{100}{\text{Nutzungsdauer (Jahre)}}$$

Bei der linearen Methode ist das Anlagegut am Ende der Nutzungsdauer vollständig abgeschrieben. Bei weiterer Nutzung bleibt es in der Buchführung mit einem symbolischen Erinnerungswert von 1,00 EUR stehen.

Beispiel: *Der in 3.1.1 angeschaffte Lkw hat laut AfA-Tabelle eine Nutzungsdauer von 9 Jahren, um die erforderliche Abschreibung für das Jahr zu berechnen, werden die Anschaffungskosten (netto) des Lkw der Baumarkt KG durch die Nutzungsjahre geteilt. Es ergibt sich:*

Abschreibungsbetrag: $\frac{\text{90.000,00 EUR}}{\text{9 Jahre}}$ *= 10.000,00 EUR jährlich.*

Der Abschreibungssatz beträgt: $\frac{100}{9}$ *= 11,11 % jährlich.*

3.2.2 Degressive Abschreibung

Die degressive Abschreibung wird jährlich als gleichbleibender Prozentsatz vom jeweiligen Restwert (Buchwert) des Anlagevermögens berechnet. Da der Buchwert jedes Jahr sinkt, werden auch die Abschreibungsbeträge jährlich geringer.

Bei dieser Methode wäre das Anlagegut am Ende der Nutzungsdauer nicht voll abgeschrieben, deshalb erfolgt nach einigen Jahren i. d. R. ein Wechsel von der degressiven zur linearen Methode. Um Steuern zu sparen, bietet sich dieser Wechsel am besten zu dem Zeitpunkt an, sobald der lineare Abschreibungsbetrag größer ist als der degressive Abschreibungsbetrag.

Die Methode der degressiven Abschreibung wurde zum 01. Januar 2011 für alle neuen beweglichen Wirtschaftsgüter des Anlagevermögens abgeschafft. Infolge des „Zweiten Corona-Steuerhilfegesetzes" der Bundesregierung ist die zeitbegrenzte Neueinführung einer degressiven Abschreibung beschlossen worden und zwar in Höhe von 25 %, aber höchstens dem 2,5-fachen der linearen Abschreibung. Sie gilt für bewegliche Wirtschaftsgüter des Anlagevermögens, die in den Jahren 2020 und 2021 angeschafft oder hergestellt wurden.

> Die abgeschaffte degressive Abschreibung wurde aufgrund der „Corona-Hilfsmaßnahmen" für die in 2020 und 2021 erworbenen beweglichen Wirtschaftsgüter wieder eingeführt.
>
> **Merke**

Die degressive Abschreibung ist insbesondere für Wirtschaftsgüter sinnvoll, die in den ersten Jahren zwar intensiv genutzt werden, jedoch sehr schnell an Wert verlieren. Durch die Geltendmachung höherer Abschreibungsbeträge zu Beginn der Nutzung können so höhere Verluste vermieden werden, zumal diese Abschreibungen eher den tatsächlichen Wertminderungen entsprechen.

3.2.3 Berechnung und Buchung der Abschreibung

Durch Abschreibungen werden die Anschaffungskosten vermindert. Der so in der Bilanz verbleibende Restwert wird als Buchwert bezeichnet. Beim Buchwert handelt es sich um den Betrag, mit dem das Anlagegut nach Abzug der Abschreibung im Folgejahr in der Bilanz erfasst wird. Abschreibungen mindern als Aufwand den Gewinn in der GuV-Rechnung. Dies wirkt sich für das Einzelhandelsunternehmen steuermindernd aus.

Beispiel: *Die Anfang 2021 an die Baumarkt KG gelieferte Säge im Wert von 42.450,00 EUR soll am Ende des Jahres abgeschrieben werden. Laut AfA-Tabelle beträgt die Nutzungsdauer der Maschine 8 Jahre. Die Baumarkt KG erstellt zusätzlich einen Abschreibungsplan für die gesamte Nutzungsdauer. Sowohl eine lineare als auch eine degressive Abschreibung ist möglich.*

Berechnung der Abschreibung

Lineare Abschreibung

$$\text{Abschreibungsbetrag} = \frac{\text{Anschaffungskosten}}{\text{Nutzungsdauer}} = \frac{42.450{,}00 \text{ EUR}}{8 \text{ Jahre}} = 5.306{,}25 \text{ EUR}$$

$$\text{Abschreibungssatz} = \frac{100\,\%}{\text{Nutzungsdauer}} = \frac{100\,\%}{8} = 12{,}5\,\%$$

Degressive Abschreibung

Das 2,5-Fache des linearen Satzes, höchstens jedoch 25 % – aber

linearer Satz 12,5 % · 2,5 = ~~31,25 %~~

Abschreibungssatz = 25 % (maximal)

Abschreibungsbetrag:

$$= \frac{\text{Buchwert (Restwert)} \cdot 25\,\%}{100\,\%}$$

Abschreibungsplan

Lineare Abschreibung 12,5 %	Ermittlung des Restwerts	Degressive Abschreibung 25 %
42.450,00	Anschaffungswert	42.450,00
5.306,25	– AfA Ende 2021 (1. Jahr)	10.612,50
37.143,75	= Buchwert (Restwert)	31.837,50
5.306,25	– AfA Ende 2022 (2. Jahr)	7.959,38
31.837,50	= Buchwert (Restwert) 2020	23.878,12
5.306,25	– AfA Ende 2023 (3. Jahr)	5.969,53
26.531,25	= Buchwert (Restwert) 2023	17.908,60
5.306,25	– AfA Ende 2024 (4. Jahr) — Wechsel von degressiv zu linear!	3.581,72
21.225,00	= Buchwert (Restwert) 2024	14.326,88
5.306,25	– AfA Ende 2025 (5. Jahr)	3.581,72
15.918,75	= Buchwert (Restwert) 2025	10.745,16
5.306,25	– AfA Ende 2026 (6. Jahr)	3.581,72
10.612,50	= Buchwert (Restwert) 2026	7.163,44
5.306,25	– AfA Ende 2027 (7. Jahr)	3.581,72
5.306,25	= Buchwert (Restwert) 2027	3.581,72
5.306,25	– AfA Ende 2028 (8. Jahr)	3.581,72
1,00	= Buchwert (Erinnerungswert) 2028	1,00

Buchung der Abschreibung (Lineare Abschreibung)

Abschreibungen sind Wertminderungen von Anlagegütern, die buchhalterisch erfasst werden. Sie stellen einen Aufwand dar und werden auf dem Konto Abschreibungen für Sachanlagen vermerkt, weshalb sie auf der Sollseite der GuV abzuschließen sind. Im Haben des entsprechenden Bestandskontos werden sie als Minderung des Anlagevermögens gebucht. Der um den Abschreibungsbetrag korrigierte Wert wird in die Schlussbilanz übernommen.

Abschreibungen

- **in der GuV-Rechnung:** Aufwandserhöhung
- **in der Bilanz:** Wertminderung des Anlagevermögens

Beispiel: *Abschreibung einer Säge der Baumarkt KG*

Buchung im Grundbuch:

Buchungssatz	Beträge in EUR Soll	Haben
Abschreibungen auf Sachanlagen an Maschinen	5.306,25	 5.306,25

Buchung im Hauptbuch:

S	Maschinen		H
AB	0,00	AfA	5.306,25
Verb.	42.450,00	SBK	37.143,75
	42.450,00		**42.450,00**

S	Abschreibungen auf Sachanlagen		H
Maschinen	5.306,25	GuV	5.306,25
	5.306,25		**5.306,25**

S	SBK		H
Maschinen	37.143,75		

S	GuV		H
AfA	5.306,25		

3.3 Geringwertige Wirtschaftsgüter (GWG)

Geringwertige Wirtschaftsgüter (GWG) sind gemäß § 6 Abs. (2) und (2a) des Einkommensteuergesetzes (EStG) abnutzbare und bewegliche Wirtschaftsgüter des Anlagevermögens, die ausschließlich zur selbstständigen Nutzung geeignet sind und einen bestimmten festgelegten Betrag nicht überschreiten dürfen.

GWG müssen i. d. R. nicht als einzelne Posten in der Bilanz ausgewiesen und die Anschaffungskosten nicht über mehrere Nutzungsjahre verteilt werden. Sie können im Anschaffungsjahr in der GuV-Rechnung als Aufwendungen gebucht werden.

Sind die Voraussetzungen erfüllt, gelten bei der Abschreibung dieser Güter Sonderregelungen und Wahlmöglichkeiten.

Typische Beispiele von GWG im Einzelhandel sind Schreibtische und -stühle, Regale, Computersoftware, Notebooks, Multifunktionsgeräte (Drucker mit Kopier-/Faxfunktion), nicht aber Drucker, Monitor, externe Datenspeicher oder Ersatzteile für Maschinen, weil diese nicht selbstständig nutzbar sind.

Das Einkommensteuergesetz gibt dem Einzelhändler unterschiedliche Möglichkeiten beim Umgang mit geringwertigen Wirtschaftsgütern vor. Grundlage für die Bewertung sind die Anschaffungskosten.

Anschaffungskosten bei GWG und die Wahlmöglichkeiten bei der Abschreibungsmethode

Anschaffungswert		Abschreibung
Anschaffungswert (netto) bis 250,00 EUR	Wahlmöglichkeit	**Sofortige Abschreibung** in voller Höhe als Betriebsausgabe gemäß § 6 Abs. 2a S.4 EStG keine Aufzeichnungspflicht im gesonderten Verzeichnis, nur buchmäßige Erfassung des Zugangs des Wirtschaftsgutes
		Regelabschreibung über die Nutzungsdauer gemäß AfA-Tabelle (§ 7 EStG)
Anschaffungswert (netto) 250,01 bis 800,00 EUR	Wahlmöglichkeit	**Sofortabschreibung** in voller Höhe im Jahr der Anschaffung (§ 6 Abs. 2 EStG) Aufzeichnungspflicht: buchmäßige Erfassung des Zugangs der GWG in einem Verzeichnis (mit Kaufpreis, Tag des Kaufs und Bezeichnung), sofern die Angaben nicht aus der Buchführung ersichtlich sind.
		Sammelabschreibung (Poolabschreibung) gemäß § 6 Abs. 2 S. 1 – 3 EStG GWG dürfen alternativ im Jahr der Anschaffung zu einem Sammelposten (Pool) zusammengefasst werden und dann linear mit 20 % (5 Jahre) abgeschrieben werden, auch wenn das Gut bereits vor der Laufzeit aus dem Vermögen ausscheidet.
		Regelabschreibung über die Nutzungsdauer gemäß AfA-Tabelle (§ 7 EStG)
Anschaffungswert (netto) 250,01 bis 1.000,00 EUR	Wahlmöglichkeit	**Sammelabschreibung** (Poolabschreibung) gemäß § 6 Abs. 2a S. 1 – 3 EStG Keine Aufzeichnungspflicht GWG müssen im Jahr der Anschaffung zu einem Sammelposten (Pool) zusammengefasst werden und dann linear mit 20 % (5 Jahre) abgeschrieben werden.
		Regelabschreibung über die Nutzungsdauer gemäß AfA-Tabelle (§ 7 EStG)
beim Anschaffungswert (netto) ab 1000,01 EUR gilt		**Aktivierung und Abschreibung** über die betriebsübliche Nutzungsdauer (§ 7 EStG)

Jeder Händler hat ein Wahlrecht bei der Bewertung der geringwertigen Wirtschaftsgüter. Damit steht es ihm frei, ein Sammelkonto anzulegen und eine Poolabschreibung vorzunehmen oder die Güter als Aufwendungen zu behandeln. Diese Wahl muss er jedoch zu Beginn eines Geschäftsjahres treffen und auf alle Güter im Wirtschaftsjahr einheitlich anwenden.

Entscheidet sich ein Unternehmer für geringwertige Wirtschaftsgüter mit Nettoanschaffungskosten bis 800 für den Sofortabzug, sind die Anschaffungskosten entweder direkt auf ein Aufwandskonto oder auf das Konto „GWG" zu buchen, der Wert dieses GWG-Kontos wird am Ende des Jahres in voller Höhe abgeschrieben. Entscheidet sich der Unternehmer für die Sammelpostenabschreibung, wird für jedes Geschäftsjahr ein eigenes Sammelposten-Konto angelegt (z. B. Sammelposten 2021; ab 2022 neues Konto Sammelposten 2022 usw.)

Werden Güter als Aufwendungen behandelt, entsteht eine „Verbrauchsfiktion". Dabei wird davon ausgegangen, dass die Güter noch im selben Jahr verbraucht werden.

Verschiedene Abschreibungsmöglichkeiten von GWG im Überblick

Beispiel: *Die Baumarkt KG kauft für das Außenbüro ein neues Regal zum Nettoanschaffungswert von 240,00 EUR, außerdem einen neuen Schreibtisch von 680,00 EUR und einen neuen Chefsessel zum Nettoanschaffungswert für 975,00 EUR.*

Abschreibungsmöglichkeit 1

GWG Anschaffungswert	Abschreibungsverfahren	AfA-Betrag	Gesamtsumme der Abschreibung der drei Wirtschaftsgüter
Regal 240,00 EUR	Sofortabschreibung	240,00 EUR	240,00 EUR
Schreibtisch 680,00 EUR	Sofortabschreibung	680,00 EUR	+ 680,00 EUR
Chefsessel 975,00 EUR	Abschreibung nach Nutzungsdauer (13 Jahre)	975,00 ÷ 13 = 75,00 EUR	+ 75,00 EUR
AfA-Betrag für das erste Jahr			995,00 EUR
AfA-Betrag für 12 Folgejahre			75,00 EUR
Hinweis: bei dieser Abschreibungsmöglichkeit wird die Poolabschreibung nicht genutzt.			

Abschreibungsmöglichkeit 2

GWG Anschaffungswert	Abschreibungsverfahren	AfA-Betrag	Gesamtsumme der Abschreibung der drei Wirtschaftsgüter
Regal 240,00 EUR	Sofortabschreibung	240,00 EUR	240,00 EUR
Schreibtisch 680,00 EUR	Poolabschreibung	680,00 + 975,00 = 1.655,00; AfA-Betrag: 1.655,00 ÷ 5 = 331,00 EUR/Jahr	+ 331,00 EUR
Chefsessel 975,00 EUR	Poolabschreibung		
AfA-Betrag für das erste Jahr			571,00 EUR
AfA-Betrag für 4 Folgejahre			331,00 EUR

Hinweis: Hier wird die Poolabschreibung für Wirtschaftsgüter zwischen 250,01 und 1.000,00 EUR genutzt.

Welche Regelung der Unternehmer bevorzugt, hängt von seiner Ertragslage und der Gewinnerwartung der Folgejahre ab. Ist ein höherer Gewinn insbesondere im nächsten Jahr zu erwarten, wäre ein höherer Abschreibungswert vorteilhaft. Bei geringer Gewinnerwartung ist er bestrebt, das Anlagevermögen höher anzusetzen und den Abschreibungswert zu senken.

Erfassung und Buchung von GWG als Aufwand

Geschäftsvorfall: *Die Baumarkt KG kauft einen Bürostuhl für 340,00 EUR (netto) und eine Schreibtischauflage für 59,50 EUR (brutto) in bar ein.*

Die Schreibtischauflage wird als Aufwand erfasst, da sie den Wert von 250,00 EUR netto nicht überschreitet. Die Buchung erfolgt über das Konto Büromaterial. Am Ende des Jahres sind deshalb keine Abschreibungen notwendig.

Buchung im Grundbuch:

Buchungssatz	Beträge in EUR Soll	Haben
Büromaterial	50,00	
Vorsteuer	9,50	
an Kasse		59,50

Erfassung und Buchung des Bürostuhls auf dem Sammelkonto

Für das Jahr 2021 wurde bereits ein Sammelkonto GWG 2021 angelegt. Dieses wird um den Bürostuhl erweitert.

Buchung im Grundbuch (Kauf des Bürostuhls):

Buchungssatz	Beträge in EUR Soll	Haben
Sammelposten GWG 2021	340,00	
Vorsteuer	64,60	
an Verbindlichkeiten		404,60

Buchung im Hauptbuch:

S	Sammelposten GWG 2021	H
Schreibtisch	680,00	
Chefsessel	975,00	
Bürostuhl	340,00	

Ermittlung des Abschreibungsbetrages für Sammelposten GWG 2021:
680,00 + 975,00 + 340,00 = 1.995,00 EUR

$$\text{Abschreibungsbetrag} = \frac{1.995{,}00 \text{ EUR}}{5 \text{ Jahre}} = 399{,}00 \text{ EUR}$$

Buchung im Grundbuch (Abschreibung auf Sammelposten):

Buchungssatz	Beträge in EUR Soll	Haben
Abschreibungen auf GWG	399,00	
an Sammelposten GWG 2021		399,00

Aufgaben

1. Entscheiden Sie, welche der folgenden Begriffe zu den Anschaffungsnebenkosten gehören:
   a) Transportkosten
   b) Kfz-Versicherung
   c) Kfz-Steuer
   d) Grundsteuer
   e) Grunderwerbsteuer
   f) Einbau eines Navigationssystems in einen Neuwagen
   g) Umbau der Lagerhalle beim Kauf
2. Beschreiben Sie den Kreislauf der Abschreibung.
3. Die Anschaffungskosten eines Lkw belaufen sich auf 120.000,00 EUR. Die Nutzungsdauer beträgt 8 Jahre.
   a) Ermitteln Sie bei linearer Abschreibung den Abschreibungsbetrag und -satz.
   b) Erstellen Sie einen Abschreibungsplan für die ersten 3 Jahre.
   c) Erstellen Sie die Buchungssätze für den Barkauf des Lkw und die Abschreibung am Ende des ersten Jahres.
4. Vergleichen Sie die Gewinnauswirkung bei der linearen und degressiven Abschreibungsmethode im ersten Jahr der Anschaffung.
5. Erklären Sie die Voraussetzungen für die steuerliche Anerkennung als GWG.
6. Entscheiden Sie auf welche Art und Weise die folgenden Gegenstände (Nettobeträge) abgeschrieben werden können. Geben Sie eine kurze Begründung.

a) Tablet für 700,00 EUR

b) Taschenrechner für 39,00 EUR

c) Großraumdrucker für 950,00 EUR

4 Kosten- und Leistungsrechnung

Die wesentliche Aufgabe der Geschäftsführung eines Einzelhandelsunternehmens ist es, die gesetzten unternehmerischen Ziele zu ermitteln und zu realisieren. Das betriebliche Rechnungswesen ist dabei das Herzstück des Unternehmens. Es leistet einen wesentlichen Beitrag, indem es die Planung, Steuerung und Kontrolle des unternehmerischen Geschehens begleitet.

Es erfasst alle Vorgänge in den Funktionsbereichen eines Unternehmens wertmäßig bzw. dokumentiert sie, bereitet sie auf und wertet sie aus. Die dabei gewonnenen Ergebnisse dienen der Information über den Ist-Zustand, der Überprüfung der getroffenen Maßnahmen und der Planung zukünftiger Entscheidungen.

Die verschiedenen Teilbereiche des Rechnungswesens verfolgen unterschiedliche Zielsetzungen. Zu unterscheiden sind insbesondere die Finanzbuchhaltung, häufig auch Geschäftsbuchführung oder kaufmännische Buchführung genannt, als externes Rechnungswesen und die Kosten- und Leistungsrechnung (KLR) als internes Rechnungswesen.

4.1 Grundlagen der Kosten- und Leistungsrechnung

Die beiden o. g. Aufgabenbereiche des Rechnungswesens unterscheiden sich in Bezug auf die Adressaten. Die Finanzbuchhaltung als Teilgebiet des externen Rechnungswesens erfüllt dabei zahlreiche gesetzliche Vorgaben und muss die lückenlose Aufzeichnung aller Geschäftsvorfälle einer Rechnungsperiode anhand verschiedenster Belege sicherstellen. Sie verschafft dem Unternehmer, aber auch anderen Adressaten (z. B. Finanzamt, Eigentümern bzw. Gesellschaftern, Banken und Kapitalgebern sowie den Kunden und Mitarbeitern) Einblick in die Vermögens- und Ertragslage des Einzelhandelsunternehmens.

Die Kosten- und Leistungsrechnung als Teil des internen Rechnungswesens ist eine rein innerbetriebliche Angelegenheit und nicht an gesetzliche Vorgaben gebunden. Sie ist eine wichtige Informationsquelle für die Unternehmensleitung und beinhaltet die Überwachung, Aufbereitung, Bereitstellung und Dokumentation der betrieblichen Zahlen. Sie bereinigt das Unternehmensergebnis um betriebsfremde, periodenfremde und außerordentliche Geschäftsfälle und ermittelt so das Betriebsergebnis. Mithilfe der KLR lassen sich auch die Wirtschaftlichkeit und Rentabilität des betrieblichen Leistungsprozesses überwachen.

Im Folgenden werden die wesentlichen Aufgaben der KLR erläutert.

4.1.1 Zweikreissystem des Industriekontenrahmens

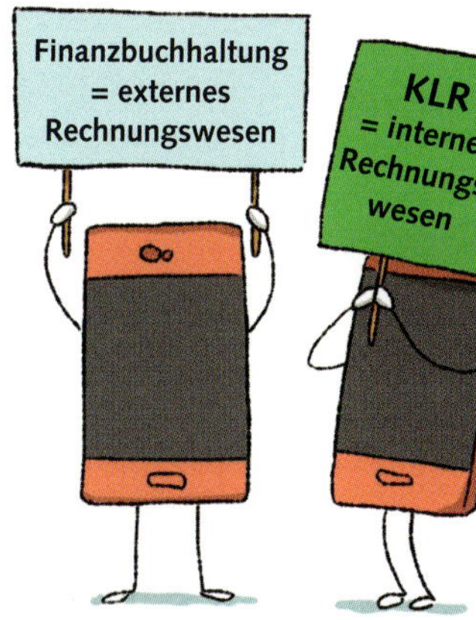

Die Finanzbuchführung und die Kosten- und Leistungsrechnung (KLR) sind die Hauptbereiche des betrieblichen Rechnungswesens in einem Unternehmen. Der Industriekontenrahmen verlangt eine Trennung der beiden Bereiche in zwei geschlossene Rechnungskreise.

Die Verbindung zwischen den beiden Rechnungskreisen stellt die Abgrenzungsrechnung dar. Sie ist eine Art Filter für den benötigten Datenfluss aus der Finanzbuchführung.

Rechnungskreis I	Abgrenzungsrechnung	Rechnungskreis II
Finanzbuchhaltung (Geschäftsbuchführung) **unternehmensbezogen** = Unternehmensergebnis (Gesamtergebnis)	filtert nicht betriebsbezogene Aufwendungen und Erträge heraus	Kosten- und Leistungsrechnung (KLR) **betriebsbezogen** = Betriebsergebnis
Externes Rechnungswesen	**= Neutrales Ergebnis**	**Internes Rechnungswesen**

© Katharina Roik

Die bisher behandelte Geschäftsbuchführung (Rechnungskreis I) ist extern ausgerichtet und damit auf das gesamte Unternehmen bezogen. Sie erfasst alle Geschäftsvorfälle im Unternehmen und zeigt die Beziehungen des Händlers zur Umwelt auf, z. B. zu Lieferanten, Kunden, Kapitalgebern und dem Staat. Sie berücksichtigt handels- und steuerrechtliche Regeln (HGB, Einkommenssteuergesetz, Abgabenordnung) und wahrt das Recht der Außenstehenden auf Information.

Beispiele für unternehmensbezogene Geschäftsvorfälle:

1. *Die Baumarkt KG hat zu Beginn des Jahres Aktien eines Automobilherstellers gekauft. Durch einen Skandal sinkt der Wert der Aktie. Sie wird mit Verlust verkauft. Das Unternehmensergebnis sinkt.*
2. *Durch den heißen Sommer hat die Baumarkt KG hohe Umsatzerlöse durch den Verkauf von Sonnenschirmen und Swimmingpools erzielt. Das Unternehmensergebnis steigt.*

Die Kosten- und Leistungsrechnung (Rechnungskreis II) ist intern ausgerichtet und damit betriebsbezogen. Sie erfasst nur Geschäftsvorgänge, die mit der eigentlichen betrieblichen Tätigkeit zu tun haben, also dem Betriebszweck dienen. Im Handel ist dies der Ein- und Verkauf von Waren. Die KLR unterliegt im Gegensatz zur Finanzbuchführung keinerlei gesetzlichen Vorschriften. Sie ist deshalb auch nicht für Außenstehende gedacht. Ihr Ziel ist die Ermittlung aller anfallenden Kosten zur Kostenanalyse und Preiskalkulation. Sie wird im Gegensatz zur Finanzbuchführung zumeist tabellarisch durchgeführt.

Merke

Gesamtergebnis = Erträge – Aufwendungen wird im Abschlusskonto GuV erfasst.

Beispiele für betriebsbezogene Geschäftsvorfälle:

1. *Der Verkauf der Aktien hat keinen Betriebsverlust zur Folge, da der Betriebszweck der Baumarkt KG nicht der Aktienhandel ist. Das Betriebsergebnis wird sich nicht verändern.*
2. *Der Verkauf von Waren ist die tatsächliche Aufgabe der Baumarkt KG, deshalb wird durch die Umsatzerlöse auch das Betriebsergebnis steigen.*

Merke

Betriebsergebnis = Leistungen – Kosten wird in einer Tabelle ermittelt.

Hinweis

Der Bereich zwischen den Rechnungskreisen wird als Abgrenzungsrechnung bezeichnet und ist als ein Prozess zu verstehen, bei dem die Geschäftsvorfälle, die nicht dem direkten Betriebszweck dienen und dennoch im Unternehmen stattfinden, herausgefiltert und aussortiert werden. Die genauen Bedingungen für den Filterprozess werden im Folgenden erläutert. Die Zusammenfassung aller gefilterten Geschäftsvorfälle spiegelt sich im neutralen Ergebnis wieder. So wird für das Einzelhandelsunternehmen auf einen Blick deutlich, welche Aufwendungen und Erträge keinen direkten Zusammenhang mit seiner beabsichtigten Tätigkeit (Ein- und Verkauf von Waren und Dienstleistungen) zu tun haben, sich aber unter Umständen dennoch positiv oder negativ auf sein Unternehmensergebnis auswirken können.

4.1.2 Aufgaben der Kosten- und Leistungsrechnung

Die Kosten- und Leistungsrechnung übernimmt eine wesentliche Aufgabe bei der Steuerung eines Handelsbetriebes. Dabei werden die Aufwendungen und Erträge, die mit dem betrieblichen Leistungsprozess zusammenhängen, betrachtet. Durch die Gegenüberstellung der betrieblichen Aufwendungen (= Kosten) und der betrieblichen Erträge (= Leistungen) lässt sich nicht nur der Betriebsgewinn oder Betriebsverlust darstellen. Die Kosten- und Leistungsrechnung umfasst noch viele weitere Aufgaben und gibt Antworten auf Fragen, die sich der Einzelhandelsunternehmer stellt.

Aufgaben der Kosten- und Leistungsrechnung bzw. Fragen der Unternehmensleitung:

1. Berechnung des Betriebsergebnisses
   Erwirtschaftet mein Betrieb Gewinne oder Verluste?
2. Erfassung, Verteilung und Zurechnung von Kosten und Leistungen
   In welchen Bereichen sind welche Kosten angefallen? Welche Produkte sind von den jeweiligen Kosten überhaupt betroffen?
3. Ermittlung der Selbstkosten als Grundlage für die Preiskalkulation
   Welche Kosten verursacht das Produkt, die durch den Preis gedeckt werden sollen?
4. Bereitstellung von Informationen für Produktionsentscheidungen
   Soll ein Produkt aus dem Verkauf genommen werden? Soll das Sortiment bereinigt werden?
5. Kontrolle der Wirtschaftlichkeit
   Ist mein Betrieb noch wettbewerbsfähig im Vergleich zu anderen oder muss ich beispielsweise meine Selbstkosten senken bzw. die Preise erhöhen?

Die Finanzbuchführung ist nicht in der Lage, all diese Fragen zu beantworten, da sie auf das gesamte Unternehmen ausgerichtet ist. Die Kosten- und Leistungsrechnung hingegen konzentriert sich ausschließlich auf die betrieblichen Prozesse und übernimmt die Aufgabe, die anfallenden Kosten (Personal, Energie, Miete ...) den einzelnen Produkten verursachergerecht zuzuordnen, sodass sich damit auch marktgerechte Preise berechnen lassen.

Beispiel: *Der Holzzuschnitt der Baumarkt KG verfügt über Säge- und Kantenleim-Maschinen, die viel Strom verbrauchen. Die hier verursachten Stromkosten müssen also über die Selbstkosten auf die Produkte verteilt werden. Würden die Stromkosten über alle Produkte verteilt werden, dann müsste der Farbeimer, der in der Abteilung Tapeten und Farben angeboten wird, ebenfalls die Kosten des Holzzuschnitts tragen und würde damit teurer werden, als er tatsächlich ist. Hier hilft die Kosten- und Leistungsrechnung dem Unternehmen, die Stromkosten nach dem Verursachungsprinzip zuzuordnen, also werden die Stromkosten nur den Holzpreisen zugerechnet.*

4.1.3 Grundbegriffe der Kosten- und Leistungsrechnung

Bevor der Einzelhandelsbetrieb die Kosten- und Leistungsrechnung durchführen kann, muss er zunächst einmal klären, welche Informationen er benötigt. Dabei nutzt der Händler die Informationen aus der Finanzbuchführung, da er diese verpflichtend führen muss und sich somit viel Arbeit und Zeitaufwand bei der Ermittlung der notwendigen Zahlen ersparen kann. Für die Kosten- und Leistungsrechnung ist es notwendig, einige Begriffe streng voneinander zu trennen.

Begriffspaare des Wertflusses im Unternehmen

Auszahlung
= Abfluss liquider Mittel aus dem Unternehmen
Beispiel: *Bezahlung eines Kurierfahrers aus der Kasse*

Einzahlung
= Zufluss liquider Mittel in das Unternehmen
Beispiel: *Verkauf eines Lagerregals in bar*

Ausgabe
= umfasst die Auszahlung sowie den Abgang von Buchgeld
Beispiel: *Tilgung eines Kredites per Banküberweisung*

Einnahme
= umfasst die Einzahlung sowie den Zugang von Buchgeld
Beispiel: *Kunde überweist den Rechnungsbetrag auf unser Bankkonto*

Aufwand
= gesamter Werteverzehr eines Geschäftsjahres
Beispiel: *Sanierung einer vermieteten Lagerhalle*

↔ fließen in die GuV ein

Ertrag
= gesamter Wertzuwachs eines Geschäftsjahres
Beispiel: *Verkauf von Wertpapieren und Zinserträge aus Geldanlagen*

Kosten
= durch die betriebliche Leistung verursachter Werteverzehr in einer Periode
Beispiel: *Zahlung der Januargehälter an die Mitarbeiter am 30.01.*

↔ sind Bestandteil der KLR

Leistung
= nur durch die betriebliche Leistung verursachter Wertezuwachs in einer Periode
Beispiel: *Umsatzerlöse aus dem Verkauf von fertigen Erzeugnissen*

Für den Einzelhändler sind vor allem die Aufwendungen und Erträge aus der Finanzbuchführung von Interesse. Dabei benötigt er jedoch nicht alle Informationen aus der GuV, deshalb muss er die betrieblichen Aufwendungen (= Kosten) und Erträge (= Leistungen), die eindeutig dem Betriebszweck dienen und in der vorgesehenen Periode angefallen sind, von anderen unterscheiden können. Sie werden neutrale Aufwendungen und Erträge genannt, da sie außerordentlich, betriebs- oder periodenfremd sind. Die folgenden Kriterien helfen dem Händler, die entsprechende sachliche Abgrenzung vorzunehmen.

Abgrenzung der Kosten und Leistungen zu den neutralen Aufwendungen und Erträgen

Aufwendungen

Betriebliche Aufwendungen = Kosten
Erträge, die dem Betriebszweck dienen
Beispiel: *Einkauf von Waren, Löhne und Gehälter, Strom, Einkauf des Kassensystems, Miete für die Verkaufsräume*

Neutrale Aufwendungen		
betriebsfremd	**periodenfremd**	**außerordentlich**
Aufwand hat nichts mit der eigentlichen Tätigkeit des Betriebes zu tun	Aufwand, der in einem anderen Geschäftsjahr verursacht wurde	Aufwand, der außergewöhnlich hoch ist oder nur selten anfällt
Beispiel: *Verluste aus dem Verkauf von Wertpapieren, Spenden*	Beispiel: *Gewerbesteuernachzahlung, Vorauszahlung von Löhnen und Gehältern*	Beispiel: *Außerplanmäßige Abschreibung eines Pkw nach Totalschaden, Abfindungen nach Entlassungen*

Nur was mit dem **Betriebszweck** zusammenhängt, gehört in die KLR.

Merke

Gleiches gilt für die Erträge, die der Händler zu berücksichtigen hat.

Erträge

Betriebliche Erträge = Leistungen
Aufwendungen, die dem Betriebszweck dienen
Beispiel: *Umsatzerlöse durch den Verkauf von Waren*

Neutrale Erträge		
betriebsfremd	**periodenfremd**	**außerordentlich**
Ertrag hat nichts mit der eigentlichen Tätigkeit des Betriebes zu tun	Ertrag, der in einem anderen Geschäftsjahr verursacht wurde	Ertrag, der außergewöhnlich hoch ist oder nur selten anfällt
Beispiel: *Gewinne durch Geldanlagen, Erbschaft*	Beispiel: *Steuerrückerstattung aus dem Vorjahr*	Beispiel: *Gewinn aus dem Verkauf einer Lagerhalle, Steuererlass*

Abgrenzung der Ergebnisse aus den Rechnungskreisen

Unternehmensergebnis	–	neutrales Ergebnis	=	Betriebsergebnis
= Erträge – Aufwendungen		= neutrale Erträge – neutrale Aufwendungen		= Leistungen – Kosten

Der Grund für diese Einteilung ist die Ermittlung der im Unternehmen angefallenen Ergebnisse. Das Unternehmensergebnis gibt die gesamten Verluste oder Gewinne an, die ein Unternehmen im Laufe eines Geschäftsjahres mit seinen Tätigkeiten erwirtschaftet hat. Dabei werden im Konto GuV die Erträge um die Aufwendungen verringert. Das Betriebsergebnis wird ermittelt, indem die Kosten den Leistungen in der KLR gegenübergestellt werden. Das neutrale Ergebnis ergibt sich aus der Differenz der beiden Ergebnisse und spiegelt wider, welche Gewinne oder Verluste das Unternehmen mit Tätigkeiten erwirtschaftet hat, die nichts mit der eigentlichen betrieblichen Tätigkeit zu tun haben. Diese Werte sind entscheidend für die Kalkulation der Preise und der Konkurrenzfähigkeit auf dem Markt.

Beispiel 1: *Ein Händler hat neben dem Warenhandel riskant in Aktien investiert, die jedoch im Laufe des Jahres extrem an Wert verloren haben. Dies führt dazu, dass sich ein Unternehmensverlust von 150.000,00 EUR ergibt. Er überlegt, seinen Laden zu schließen. Das Betriebsergebnis weist jedoch einen Betriebsgewinn aus. Der Unternehmer würde einen Fehler machen, wenn der Laden geschlossen würde, da er mit seiner ursprünglichen Absicht, Waren zu verkaufen, erfolgreich ist.*

Beispiel 2: *Ein Lottogewinn fließt im Laufe des Jahres in das Einzelhandelsunternehmen ein. Am Ende des Geschäftsjahres weist das Unternehmen einen Unternehmensgewinn aus, gleichzeitig hat der Unternehmer Probleme mit dem Warenverkauf und damit einen Betriebsverlust gemacht. Würde der Unternehmer den Lottogewinn in die Entscheidungsfindung einbeziehen und würde er den Laden weiterhin so führen wie bisher, würde er in den nächsten Jahren mit seiner eigentlichen Tätigkeit „pleite“ gehen.*

Die Zusammenhänge der einzelnen Begriffe, die für die Kosten- und Leistungsrechnung entscheidend sind, lassen sich im folgenden Schaubild übersichtlich darstellen.

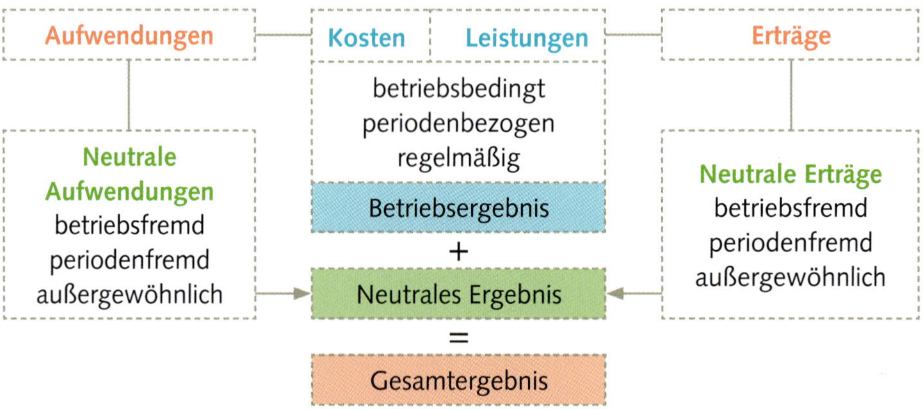

Das Schaubild lässt sich bei der Abgrenzungsrechnung in 4.1.4 sehr gut als Prüfschema für die einzelnen Aufwands- und Ertragsarten verwenden.

Tipp

Kap. 4.1.4

Kalkulatorische Kosten

Zusätzlich zu den in der Finanzbuchführung verfügbaren Kosten müssen auch die kalkulatorischen Kosten berücksichtigt werden. Diese fallen ausschließlich in der Kosten- und Leistungsrechnung an. Ihnen steht in der Finanzbuchführung kein Aufwand gegenüber. Sie werden unterschieden nach den Zusatzkosten, denen in der Finanzbuchführung kein Aufwand gegenübersteht, und den Anderskosten, denen ein Aufwand in anderer Höhe gegenübersteht.

Kalkulatorische Kosten werden in der Finanzbuchhaltung als Kosten verstanden, denen **kein Aufwand** oder ein **Aufwand in anderer Höhe** gegenübersteht.

Merke

Durch die Vorgaben des Gesetzgebers, wie beispielsweise der AfA-Tabelle, hat ein Unternehmer keinen Spielraum bei der Abschreibung des Anlagevermögens. In der Realität sind die gegebenen Werte jedoch oft nicht umsetzbar. Durch die kalkulatorischen Kosten besteht die Möglichkeit, die tatsächlichen Werte wie z. B. eine abweichende Nutzungsdauer und einen höheren Wiederbeschaffungswert (= Anderskosten) bei der Preisgestaltung zu berücksichtigen. Ebenfalls darf der Unternehmer laut Gesetzgeber keine Buchung ohne Belege vornehmen, so beispielsweise auch nicht seine Arbeitsleistung (= Zusatzkosten) verbuchen, sofern ihm das Unternehmen gehört und er keine Gehaltsabrechnung bekommt. Der Einzelhandelsunternehmer lebt von seinen Gewinnen, die er jedoch auch erwirtschaften muss.

Kalkulatorische Kosten lassen sich den Waren oder Dienstleistungen nicht direkt zuordnen, müssen aber in der Preiskalkulation berücksichtigt werden.

Merke

Die kalkulatorischen Kosten werden bei der Preiskalkulation in den Selbstkosten berücksichtigt, der Unternehmer sichert sich dabei in verschiedenen Fällen dafür ab, dass die benötigten Geldmittel im Unternehmen vorhanden sind.

Anderskosten

	Finanzbuchführung	KLR
kalkulatorische Abschreibungen	Sachanlagen werden mit ihren Anschaffungskosten bewertet und nach den gesetzlichen Vorgaben (i. d. R. linear) abgeschrieben. Die Nutzungsdauer richtet sich nach der AfA-Tabelle. bilanzielle Abschreibung $= \frac{\text{Anschaffungskosten}}{\text{Nutzungsdauer (laut AfA)}}$	Sachanlagen können mit dem Wiederbeschaffungswert bewertet werden. Es besteht die Möglichkeit, sie nach der tatsächlichen Nutzungsdauer zu bewerten. Dies entscheidet jedes Unternehmen intern. kalkulatorische Abschreibung $= \frac{\text{Wiederbeschaffungskosten}}{\text{tatsächliche Nutzungsdauer}}$

Beispiel kalkulatorische Abschreibungen: *Der Unternehmer schreibt seinen Lkw nach den gesetzlichen Vorschriften ab. Er weiß jedoch, dass er in einigen Jahren einen neuen Lkw benötigen wird. Da er bereits jetzt auf Umweltschutz setzt und einen Elektro-Lkw kaufen möchte, ist ihm bewusst, dass dieser bei der Wiederbeschaffung wesentlich teurer sein wird. Deshalb rechnet er bei der Kalkulation mit dem Wiederbeschaffungswert des Elektro-Lkw und nimmt den in Zukunft benötigten Betrag über die Preise ein.*

Zusatzkosten

	Finanzbuchführung	KLR
kalkulatorischer Unternehmerlohn	Die Arbeitsleistung der Gesellschafter von Personengesellschaften (OHG, KG) wird in der Finanzbuchführung nicht erfasst. Sie bekommen keine regulären Gehälter bezahlt, sondern leben von den Gewinnen.	Durch den kalkulatorischen Unternehmerlohn sichert der Personengesellschafter, dass ein bestimmter Betrag für die Entlohnung seiner Arbeit über die Preise zurückfließt.
kalkulatorische Zinsen	Ausschließlich Fremdkapitalzinsen werden in der Finanzbuchführung erfasst.	In der KLR kann der Unternehmer entgangene Zinsen für die Anlage seines Eigenkapitals erheben. Es besteht die Möglichkeit, dass er das eingebrachte Eigenkapital an anderer Stelle (z. B. Bank) hätte gewinnbringender anlegen können.
kalkulatorische Miete	Ist das Gebäude oder die Lagerhalle Eigentum des Unternehmens, wird keine Miete erhoben und gebucht.	Die in das Unternehmen eingebrachten Räumlichkeiten könnten an andere Personen vermietet werden. Der Unternehmer kann sich diese entgangenen Erträge aus Vermietungen somit zurückholen.

Beispiel kalkulatorischer Unternehmerlohn: *Da der Einzelhändler seinen Betrieb als OHG führt, zahlt er sich selbst kein Gehalt, sondern lebt von den Gewinnen. Diese benötigt er jedoch gleichzeitig für Investitionen. Er rechnet also im Vorfeld einen kalkulatorischen Unternehmerlohn für sich ein, den er über die Preise zusätzlich als Bezahlung seiner Arbeitskraft erhält. Die restlichen Gewinne kann er weiterhin dafür nutzen, seinen Betrieb voranzubringen.*

Merke

Die Kurzformel für die kalkulatorischen Kosten lautet: „KaWAMUZ". Mit diesem Akronym lassen sich die einzelnen Teile besser einprägen. Es setzt sich aus den Anfangsbuchstaben von **Ka**lkulatorischen **W**agnissen, **A**bschreibungen, **M**iete, **U**nternehmerlohn und **Z**insen zusammen.

Kalkulatorische Kosten – „KaWAMUZ"
Kalkulatorische **W**agnisse
Kalkulatorische **A**bschreibungen
Kalkulatorische **M**iete
Kalkulatorischer **U**nternehmerlohn
Kalkulatorische **Z**insen

4.1.4 Abgrenzungsrechnung mithilfe der Ergebnistabelle

Bei der Abgrenzungsrechnung hat der Unternehmer ein Hilfsmittel zur Hand. Er nutzt die Ergebnistabelle, um die neutralen Aufwendungen und Erträge von den Kosten und Leistungen abzugrenzen. Mit einer Ergebnistabelle ist es dem Händler möglich, übersichtlich und sauber die benötigten Informationen aus der Finanzbuchführung für die KLR zu gewinnen.

Der Aufbau einer Ergebnistabelle spiegelt das Zweikreissystem des Industriekontenrahmens wider. Der linke Teil der Tabelle entspricht dem Rechnungskreis I (1), also der Finanzbuchführung (2). Hier werden alle Aufwands- und Ertragskonten aus der GuV aufgenommen. Auf der rechten Seite wird der Rechnungskreis II (3) abgebildet. Dieser widmet sich der Kosten- und Leistungsrechnung und ist deshalb unterteilt in die sachliche Abgrenzung (4) und die Kosten- und Leistungsrechnung (5).

Kap. 4.1.1

Rechnungskreis I (1)			**Rechnungskreis II** (3)			
Finanzbuchhaltung (2)			**sachliche Abgrenzung** (4)		**Kosten- und Leistungsrechnung** (5)	
Konten	Aufwand	Ertrag	neutraler Aufwand	neutraler Ertrag	Kosten	Leistungen

Unternehmensergebnis/Gesamtergebnis (6) = neutrales Ergebnis (7) + Betriebsergebnis (8)

Zusätzlich ermöglicht die Tabelle eine übersichtliche Darstellung der jeweiligen Ergebnisse. Das Unternehmensergebnis (6) wird im Rechnungskreis I aus der Gegenüberstellung der Aufwendungen und Erträge ausgewiesen. Aus den Spalten der sachlichen Abgrenzung lässt sich das neutrale Ergebnis (7) ermitteln. Die entsprechenden Spalten der Kosten- und Leistungsrechnung schließen mit dem Betriebsergebnis (8) ab.

Schlussendlich bietet die Ergebnistabelle gleichzeitig auch die Möglichkeit, die Ergebnisse auf ihre Richtigkeit zu prüfen.

Beispiel: *Dem Rechnungswesen der Baumarkt KG steht am Ende des Jahres folgende GuV zur Verfügung. Die Geschäftsführung benötigt dringend die Ergebnisse der Ergebnistabelle sowie deren Beurteilung.*

Gewinn- und Verlustkonto der Baumarkt KG

S		H	
Aufwendungen für Waren	510.000,00	Umsatzerlöse für Waren	1.080.000,00
Gehälter	150.000,00	Mieterträge	30.000,00
Abschreibungen auf SA	75.000,00	Erträge aus Wertpapieren	20.000,00
Mietaufwendungen	35.000,00		
Aufwendungen für Büromaterial	16.000,00		
Eigenkapital (Gewinn)	344.000,00		
	1.130.000,00		**1.130.000,00**

Zusätzlich liegt dem Unternehmen ein Bescheid über eine Gewerbesteuernachzahlung in Höhe von 60.000,00 EUR vor.

Die vorliegenden Daten werden in einer Ergebnistabelle eingetragen.

Ergebnistabelle der Baumarkt KG:

Rechnungskreis I			Rechnungskreis II			
Finanzbuchhaltung			sachliche Abgrenzung		Kosten- und Leistungsrechnung	
Konten	**Aufwand**	**Ertrag**	**neutraler Aufwand**	**neutraler Ertrag**	**Kosten**	**Leistungen**
Umsatzerlöse		1.080.000,00				1.080.000,00
Mieterträge		30.000,00		30.000,00		
Erträge aus Wertpapieren		20.000,00		20.000,00		
Aufwendungen für Waren	510.000,00				510.000,00	
Gehälter	150.000,00				150.000,00	
Abschreibungen auf SA	75.000,00				75.000,00	
Mietaufwendungen	35.000,00				35.000,00	
Aufwendungen für Büromaterial	16.000,00				16.000,00	
Gewerbesteuernachzahlung	60.000,00		60.000,00			
Summe	846.000,00	1.130.000,00	60.000,00	50.000,00	786.000,00	1.080.000,00
Ergebnis (Saldo)	284.000,00			10.000,00	294.000,00	
	1.130.000,00	1.130.000,00	60.000,00	60.000,00	1.080.000,00	1.080.000,00
	positives Unternehmensergebnis		negatives neutrales Ergebnis		positives Betriebsergebnis	

Rechenprobe: 284.000,00 = – 10.000,00 + 294.000,00

Die Ergebnistabelle lässt sich schrittweise lösen:

Schritt 1: Die Informationen aus der Finanzbuchhaltung (hier: GuV und Gewerbesteuernachzahlung) werden in die Spalten des Rechnungskreises I als Aufwendungen und Erträge übertragen.

Schritt 2: Anschließend werden nacheinander die Aufwendungen und Erträge aus dem Rechnungskreis I in die Spalten des Rechnungskreises II übertragen. Dabei gilt Folgendes:

- Erträge, die betriebsbedingt und zweckgebunden sind, werden in die Spalte Leistungen übertragen (= Umsatzerlöse).
- Erträge, die betriebsfremd, periodenfremd oder außerordentlich sind, werden in die Spalte neutrale Erträge übertragen (= Mieterträge, Erträge aus Wertpapieren).
- Aufwendungen, die betriebsbedingt und zweckgebunden sind, werden in die Spalte Kosten übertragen (= Aufwendungen für Waren, Gehälter, Abschreibungen auf SA, Mietaufwendungen, Aufwendungen für Büromaterial).
- Aufwendungen, die betriebsfremd, periodenfremd oder außerordentlich sind, werden in die Spalte neutrale Aufwendungen übertragen (= Gewerbesteuernachzahlung).

Schritt 3: Sind alle Werte abgegrenzt, werden die Summen der Spalten gebildet.

Schritt 4: Aus den Summen ergeben sich in den Spalten der Finanzbuchführung (Unternehmensergebnis 284.000,00), der sachlichen Abgrenzung (neutrales Ergebnis – 10.000,00) und der Kosten- und Leistungsrechnung (Betriebsergebnis 294.000,00) die Salden. Sie entsprechen den jeweiligen Ergebnissen.

> Zusätzlich ist es möglich, eine **Rechenprobe** durchzuführen. Stimmen die einzelnen Ergebnisse durch Addieren oder Subtrahieren nicht überein, dann sind beim Addieren der Spalten oder bei der Abgrenzung Fehler aufgetreten.

Tipp

Beurteilung: Das Unternehmensergebnis der Baumarkt KG ist insgesamt positiv ausgefallen. Zudem kann die Geschäftsführung sehen, dass das Betriebsergebnis höher ausfällt als das Unternehmensergebnis. Das Unternehmen macht also mit dem eigentlichen Betriebszweck einen Betriebsgewinn. Dieser wird bei der Gesamtbetrachtung jedoch durch die neutralen Aufwendungen und Erträge insgesamt geschmälert.

Aufgaben

1. Erklären Sie den Unterschied zwischen dem internen und externen Rechnungswesen.
2. Welche Aufgaben erfüllt die Kosten- und Leistungsrechnung?
3. Erklären Sie den Unterschied zwischen den Begriffspaaren Aufwand und Kosten sowie Ertrag und Leistung.
4. Geben Sie bei den folgenden Aufwands- und Ertragsarten an, ob es sich um neutrale Aufwendungen und Erträge oder um Kosten und Leistungen handelt.
   a) Gehaltszahlungen
   b) Verluste durch Brandschäden
   c) Verkauf eines Anlagegutes über dem Buchwert
   d) Steuererstattung für das vergangene Jahr
   e) Umsatzerlöse für Handelswaren
5. Erklären Sie den Begriff „kalkulatorische Kosten“ anhand konkreter Beispiele.

4.2 Vollkostenrechnung

Bei der Vollkostenrechnung werden die gesamten Kosten einer Periode auf die Kostenträger verteilt, um aussagekräftige Werte für die Preiskalkulation zu gewinnen. Bei einem Kostenträger handelt es sich hier um einen Artikel oder eine Warengruppe, die der Händler in seinem Sortiment hat. Bevor die Preise jedoch kalkuliert werden können, müssen die Kosten in mehreren Stufen verursachergerecht auf die Kostenträger verteilt werden. Für eine möglichst genaue Zuordnung ist die Vollkostenrechnung in drei Bereiche gegliedert.

Aufgabenbereiche der Vollkostenrechnung

Kostenartenrechnung	Kostenstellenrechnung	Kostenträgerrechnung
„Welche Kosten sind entstanden?" Kap. 4.2.1	„Wo sind die Kosten entstanden?" Kap. 4.2.2	„Wer trägt die Kosten?" (Artikel/ Warengruppe) Kap. 4.2.3

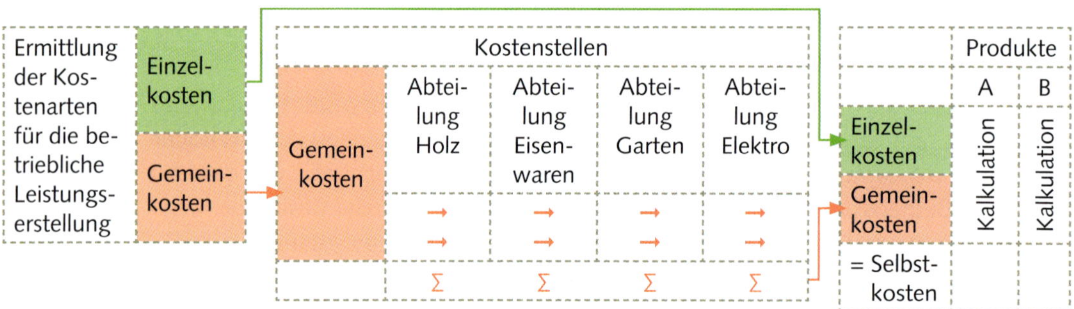

4.2.1 Kostenartenrechnung

Die Kostenartenrechnung beschäftigt sich mit der Frage, welche Kosten in einer bestimmten Periode entstanden sind, um sie später den weiteren Aufgabenbereichen zuordnen zu können. Dabei muss bereits berücksichtigt werden, von welchen Kostenträgern die Kosten verursacht wurden. Es sind zwei Möglichkeiten der Einteilung zu unterscheiden, die für die Kosten- und Leistungsrechnung von Bedeutung sind. Zum einen erfolgt die Einteilung nach der Zurechenbarkeit der Kosten auf die Kostenträger, die für die Vollkostenrechnung von Bedeutung ist, und zum anderen nach der Abhängigkeit von der Absatzmenge, die für die spätere Teilkostenrechnung benötigt wird.

Kap. 4.3

Die Einteilung der Kosten ermöglicht dem Unternehmen eine präzisere Kostenanalyse und damit auch eine bessere Kostenkontrolle, mit dem Ziel, die Kosten bei Bedarf an den entsprechenden Stellen zu senken.

Einteilung der Kosten nach der Zurechenbarkeit

Im Laufe eines Geschäftsjahres fallen in einem Unternehmen viele unterschiedliche Kosten an. Dazu gehören Kosten, die den Artikeln direkt zugerechnet werden können, wie beispielsweise Aufwendungen für Waren, Bezugskosten oder aber auch Kosten, die für mehrere oder alle Artikel gleichzeitig anfallen, wie Energiekosten, Bürokosten oder Versicherungen und Steuern. Damit das Einzelhandelsunternehmen Entscheidungen bezüglich seines Sortiments treffen kann, muss es vor allem wissen, welche Kosten jede einzelne Warengruppe oder jeder Artikel verursacht. Deshalb ist es zunächst wichtig, eine Gliederung der Kosten nach ihrer Zurechenbarkeit vorzunehmen. Diese Gliederung erfolgt danach, ob die Kosten den einzelnen Produkten direkt (= Einzelkosten) zugeteilt werden können oder nicht (= Gemeinkosten). Gemeinkosten können dem einzelnen Kostenträger nicht unmittelbar zugerechnet werden, weil sie während einer Rechnungsperiode für alle Kostenträger gemeinsam anfallen.

Einzelkosten	Gemeinkosten
Einzelkosten können den Kostenträgern direkt zugeordnet werden. **Beispiele:** • *Aufwendungen für Waren* • *Verpackung und Versand* • *Strom, wenn einzelne Stromzähler angebracht werden* • *Verkaufsprovisionen* • *Werbekosten für ein einzelnes Produkt*	Gemeinkosten können den Kostenträgern nicht direkt zugeordnet werden. **Beispiele:** • *Miete für Lager und Verkaufsräume* • *Personalkosten (Löhne und Gehälter)* • *Versicherungen* • *Abschreibungen auf Sachanlagen* • *Energiekosten (Strom und Heizung)*
Die Zurechnung der Einzelkosten kann durch Belege erfolgen.	Die Zurechnung der Gemeinkosten erfolgt mit Hilfe besonderer Verteilungsverfahren. Aus der Warenkalkulation sind diese auch bekannt als Handlungskosten.

LF 9, Kap. 3.1

Einteilung der Kosten nach ihrer Abhängigkeit von der Absatzmenge

Betrachtet man die Einzel- und Gemeinkosten, die in einem Einzelhandelsunternehmen anfallen, unter dem Aspekt, ob sie sich bei unterschiedlichen Absatzmengen verändern oder nicht, so lassen sie sich in zwei Bereiche einteilen.

Zum einen gibt es Kosten, die sich ändern, sobald die Absatzmenge variiert (= variable Kosten), zum anderen bleiben eine Vielzahl von Kosten gleich, unabhängig, ob die Absatzmenge steigt oder sinkt, sie sind von diesen Veränderungen unberührt (= fixe Kosten).

variable Kosten

Variable Kosten verändern sich in Abhängigkeit von der Absatzmenge.

Beispiele:

- *Aufwendungen für Waren*
- *Rabatte*
- *Versicherungen für Lagerbestände*
- *Personalkosten für Überstunden (Sonderaktionen)*
- *Verkäuferprovisionen*
- *Energieverbrauch*

Mit jedem verkauften Artikel steigen die variablen Kosten.

fixe Kosten

Fixe Kosten verändern sich nicht bei der Änderung der Absatzmenge, da sie davon unabhängig sind.

Beispiele:

- *Gehälter*
- *Löhne für Reinigungspersonal*
- *Miete für Lager und Verkaufsräume*
- *Versicherungen (Gebäudeversicherung, Kfz-Versicherung)*
- *Betriebs- und Geschäftsausstattung*

Fixkosten bleiben konstant, obwohl sich die Absatzmenge ändert. Sie werden auch Kosten der Betriebsbereitschaft genannt, weil sie auch dann entstehen, wenn das Unternehmen nichts verkauft.

Kap. 4.4.1

Die Einteilung in fixe und variable Kosten spielt eine wichtige Rolle bei der Deckungsbeitragsrechnung und wird in Kapitel 4.4.1 genauer behandelt.

Externe und interne Kosten

Eine Besonderheit stellt die Betrachtung der externen Kosten dar. Im Gegensatz zu den bisher behandelten betrieblichen Kosten (= interne Kosten) eines Unternehmens handelt es sich bei den externen Kosten um volkswirtschaftliche Kosten. Diese finden jedoch nur selten direkten Einzug in die Preiskalkulation. Für die Entscheidungen der Unternehmen sind sie dennoch sehr wichtig.

Unter externen Kosten werden Kosten verstanden, die nicht direkt von den verursachenden Unternehmen getragen werden, sondern der Gesellschaft auferlegt werden. Ein Beispiel hierfür sind Umweltkosten oder soziale Kosten, die einzelne Betriebe verursachen.

Beispiele:
- *Kosten aufgrund von Gesundheitsschäden am Arbeitsplatz (Lärm, Gerüche, Hitze) werden durch die Krankenversicherungen, also durch die Beiträge der Mitglieder getragen.*
- *Kosten für die Entsorgung von Einwegflaschen oder ihr Recycling werden von der Allgemeinheit getragen, jedoch nicht vom einzelnen Unternehmen.*
- *Kosten für Klimabelastung, die aufgrund langer Transportwege entstehen, vermindern die Umweltqualität.*

Tatsächlich finden nur wenige Teile dieser genannten Kosten in Form von staatlichen Regelungen (Ökosteuern, Strafen, Verschmutzungsrechte) Einzug in die Preise der Unternehmen.

Unternehmen, die ihr Image nicht gefährden wollen, müssen die Rahmenbedingungen so gestalten, dass möglichst wenig externe Kosten entstehen. Ein nachhaltiges Handeln erfordert teilweise höhere interne Kosten, die die Unternehmen berücksichtigen müssen. Die Beeinflussung und Förderung der Nachhaltigkeit kann beispielsweise durch eine angepasste Auswahl des Warensortiments erfolgen, dadurch wird das ökologische Image des Einzelhandelsunternehmens positiv beeinflusst.

Beispiele:
- *energiesparendes Heizen*
- *wiederverwertbare Obst- und Gemüsebeutel aus Baumwolle*
- *überflüssiges Verpackungsmaterial vermeiden und als Sondermüll entsorgen*

4.2.2 Kostenstellenrechnung

Die Kostenstellenrechnung beschäftigt sich mit der Frage, wo die Gemeinkosten entstanden sind und wer sie zu verantworten hat. Denn diese sind den Kostenträgern nicht direkt zurechenbar. Aus diesem Grund wird das Unternehmen nach Warengruppen, nach Auftragsgebern und nach Verantwortungsbereichen aufgeteilt, so können die Gemeinkosten über diesen Umweg den entsprechenden Bereichen (= Kostenstellen) zugeordnet werden.

Kostenstellen

Eine Kostenstelle ist ein Teilbereich (= Verantwortungsbereich) des Unternehmens, an dem die Gemeinkosten entstehen und erfasst werden. Sie wird räumlich, organisatorisch und verantwortungsmäßig abgegrenzt.

Die Bildung der Kostenstellen als Verantwortungsbereich kann nach unterschiedlichen Kriterien erfolgen. Dabei ist es wichtig, nicht zu viele Kostenstellen zu bilden, um die Übersicht zu bewahren.

Bildung der Kostenstellen nach …

… Sortimentsbereichen
- Textilien
- Elektrowaren
- Spielwaren
- Lebensmittel

… Aufgabenbereichen
- Einkauf
- Verkauf
- Lager
- Verwaltung

… Verkaufsstellen
- Zentrale
- Filiale A
- Filiale B
- Filiale C

Beispiel: *Die Bildung von Kostenstellen erfolgt in Einzelhandelsunternehmen meist nach Sortimentsbereichen bzw. Warengruppen. Im Baumarkt sind das z. B. Holz, Elektro, Eisenwaren, Baustoffe, Sanitär, Gartenbedarf usw., im Supermarkt u. a. folgende Warengruppen:*

Die Aufgabe der Kostenstellenrechnung besteht darin, die Gemeinkosten den Bereichen im Unternehmen zuzuordnen, in denen sie verursacht wurden. Diese verursachungsgerechte Verrechnung der Gemeinkosten ist vor allem in Handelsbetrieben wichtig, bei denen die Waren die einzelnen Kostenstellen unterschiedlich beanspruchen. So wird in einem Supermarkt in der Tiefkühlabteilung mehr Strom verbraucht als bei den Hygieneartikeln.

LF 8, Kap. 5.4
LF 9, Kap. 3.1

Die Kostenstellenrechnung ermöglicht dem Händler, die Entwicklung der Gemeinkosten in den einzelnen Bereichen zu kontrollieren und bei Bedarf gezielte Kostensenkungsmaßnahmen zu ergreifen. Zudem lassen sich durch die Kostenstellenrechnung die Handlungskostenzuschlagssätze (HKZ) ermitteln, die für die Preiskalkulation benötigt werden.

Betriebsabrechnungsbogen (BAB)

Ein Hilfsmittel zur Aufteilung der entsprechenden Gemeinkosten auf die einzelnen Verantwortungsbereiche ist der Betriebsabrechnungsbogen (BAB). Dabei werden die ermittelten Gemeinkosten in einer Tabelle auf die einzelnen Kostenstellen verteilt. Ist eine eindeutige Zuordnung der Kosten auf eine oder mehrere Kostenstellen nicht möglich, können unterschiedliche Verteilungsschlüssel zur Hilfe herangezogen werden. Können keine eindeutigen Werte zur Verteilung herangezogen werden, dann bildet das Unternehmen Durchschnitte oder schätzt die Werte.

Die eindeutige Verteilung lässt sich vornehmen mit Hilfe von:

- Belegen
- Lohn- und Gehaltslisten
- Zählerständen

Ist die Zuordnung jedoch nicht direkt möglich, greift der Unternehmer zu Verteilungsschlüsseln wie:

- Anzahl der Mitarbeiter
- Quadratmeter (qm)
- Liter
- Kilowattstunden (kWh)
- nach Anteilen (z. B. jeweils ¼)

Beispiel mit Lösungsschritten: *Der Baumarkt KG liegen folgende Informationen aus der Buchführung vor. Die Handlungskostenzuschlagssätze für die Preiskalkulation müssen berechnet werden.*

Betriebsabrechnungsbogen der Baumarkt KG:

1

	Kostenarten (Gemeinkosten)	Betrag in EUR	Verteilungsschlüssel	Kostenstellen			
				Holz	Sanitär	Elektro	Eisenwaren
	Löhne und Gehälter	300.000,00	laut Gehaltsliste (Gehaltsabrechnung)	150.000,00	40.000,00	70.000,00	40.000,00
	Miete	60.000,00	nach Fläche	30.000,00	12.000,00	6.000,00	12.000,00
	Stromkosten	16.000,00	nach Kilowattstunden	8.000,00	1.000,00	5.000,00	2.000,00
	Abschreibungen auf Sachanlagen	21.000,00	3:2:1:1	9.000,00	6.000,00	3.000,00	3.000,00
	Werbung	12.000,00	1:2:2:1	2.000,00	4.000,00	4.000,00	2.000,00
3	Summe Gemeinkosten (= Handlungskosten)	409.000,00		199.000,00	63.000,00	88.000,00	59.000,00
	Wareneinsatz	1.810.000,00		924.000,00	386.000,00	322.000,00	178.000,00
4	Handlungskostenzuschlagssatz	!		21,53 %	16,32 %	27,33 %	33,14 %

2

Verteilungsschlüssel:

	Holz	Sanitär	Elektro	Eisenwaren
Miete	**500 qm**	**200 qm**	**100 qm**	**200 qm**
Stromkosten	**40.000 kWh**	**5.000 kWh**	**25.000 kWh**	**10.000 kWh**

Arbeitsschritte zur Erstellung eines BAB:

Schritt 1: Die Gemeinkostenarten aus der Kostenartenrechnung werden in die ersten Spalten des BAB übernommen.

Schritt 2: Die Beträge der Gemeinkosten werden möglichst verursachergerecht auf die Kostenstellen verteilt.

Hinweis

Verteilung über einen Verteilungsschlüssel
Lassen sich die Gemeinkosten nicht unmittelbar einer Kostenstelle zurechnen, so muss eine Verteilung über Verteilungsschlüssel vorgenommen werden.

Die Berechnungen werden beispielhaft für den Sortimentsbereich Holz dargestellt:

Miete (Holz)

Miete gesamt = 60.000,00 EUR
Fläche gesamt = 1.000 qm

$$\text{Miete pro qm} = \frac{60.000{,}00 \text{ EUR}}{1.000 \text{ qm}} = 60{,}00 \text{ EUR/qm}$$

Miete (Holz) = 500 qm · 60,00 EUR/qm = 30.000,00 EUR

Miete (Sanitär, Elektro, Eisenwaren) werden entsprechend berechnet.

Strom (Holz)

Strom gesamt = 16.000,00 EUR
Kilowattstunden gesamt = 80.000 kWh

$$\text{Strom pro kWh} = \frac{16.000{,}00 \text{ EUR}}{80.000 \text{ kWh}} = 0{,}20 \text{ EUR/kWh}$$

Strom (Holz) = 40.000 kWh · 0,20 EUR/kWh = 8.000,00 EUR

Strom (Sanitär, Elektro, Eisenwaren) werden entsprechend berechnet.

Abschreibungen auf Sachanlagen (Holz)

Abschreibungen gesamt = 21.000,00 EUR
Anteile gesamt = 7 Anteile

$$\text{Abschreibungen anteilig} = \frac{21.000{,}00 \text{ EUR}}{7 \text{ Anteile}} = 3.000{,}00 \text{ EUR/Anteil}$$

Abschreibungen (Holz) = 3 · 3.000,00 EUR pro Anteil = 9.000,00 EUR

Abschreibungen (Sanitär, Elektro, Eisenwaren) werden entsprechend berechnet.

Werbung (Holz)

Werbung gesamt = 12.000,00 EUR
Anteile gesamt = 6 Anteile

$$\text{Werbung anteilig} = \frac{12.000{,}00 \text{ EUR}}{6 \text{ Anteile}} = 2.000{,}00 \text{ EUR/Anteil}$$

Werbung (Holz) = 1 · 2.000,00 EUR pro Anteil = 2.000,00 EUR

Werbung (Sanitär, Elektro, Eisenwaren) werden entsprechend berechnet.

Schritt 3: Es muss die Summe der Gemeinkosten insgesamt (Summe Spalte 2) ermittelt werden sowie die Summen der einzelnen Kostenstellen in den jeweiligen Spalten Holz, Sanitär, Elektro und Eisenwaren.

Schritt 4: Mit den gegebenen Informationen, welcher Wareneinsatz im Einzelnen angefallen ist, wird der Handlungskostenzuschlagssatz (HKZ) für jede Kostenstelle ausgerechnet.

Berechnung des Handlungskostenzuschlagssatzes (HKZ):

$$\text{HKZ (in \%)} = \frac{\text{Summe der Gemeinkosten (Handlungskosten)} \cdot 100}{\text{Wareneinsatz}}$$

$$\text{HKZ (Holz)} = \frac{199.000 \cdot 100}{924.000} = 21{,}53\ \%$$

Entsprechend werden die HKZ für Sanitär, Elektro bzw. Eisenwaren jeweils mit den in der Tabelle ermittelten Handlungskosten berechnet und dort eingetragen.

Bewertung der Ergebnisse: Würde der Unternehmer den Handlungskostenzuschlagssatz für die gesamten Kosten ausrechnen, so bekäme er einen Durchschnittswert, der über oder unter den Zuschlagssätzen in den einzelnen Abteilungen liegt. Damit würden die Preise der einzelnen Artikel zu hoch oder zu niedrig angesetzt werden und damit die Kosten tragen, die in anderen Abteilungen verursacht werden. Im schlimmsten Fall wäre er nicht mehr konkurrenzfähig.

4.2.3 Kostenträgerrechnung

Kap. 4.2

Die Kostenträgerrechnung beschäftigt sich damit, wer die Kosten im Unternehmen trägt. Als Kostenträger können einzelne Artikel oder Warengruppen gelten. Das Sortiment eines Einzelhandelsbetriebes umfasst in der Regel sehr viele Artikel, deshalb wäre eine direkte Zuordnung der Kosten nicht möglich. Zur Vereinfachung greift die Kostenträgerrechnung auf Informationen aus der Kostenarten- und der Kostenstellenrechnung zurück.

Die Aufgaben der Kostenträgerrechnung sind:

LF 9, Kap. 3

- Kalkulation der Verkaufspreise
- Erfolgsermittlung für einzelne Kostenträger
- Lieferung preispolitischer und sortimentspolitischer Informationen

Der Ablauf der Kalkulation wurde im LF 9 ausführlich behandelt, deshalb wird er hier nur der Vollständigkeit wegen erwähnt. Die Erfolgsermittlung für die einzelnen Kostenträger wird im folgenden Kapitel detailliert ausgeführt.

4.2.4 Kosten- und Kalkulationskontrolle

Die Kosten- und Leistungsrechnung liefert dem Einzelhandelsunternehmen durch die Ergebnisse der Kostenstellen und Kostenträgerrechnung wichtige Informationen, die der Unternehmer kontrollieren und bei der Zukunftsplanung berücksichtigen muss, um seinen Betrieb wirtschaftlich zu führen.

Eine regelmäßige Kosten- und Kalkulationskontrolle ist dabei unumgänglich. Dafür stehen dem Einzelhändler unterschiedliche Auswertungsmethoden zur Verfügung.

Zeitvergleich

Beim Zeitvergleich werden die Kosten der aktuellen Rechnungsperiode mit den Kosten der vorhergehenden Perioden verglichen. Entstehen dabei positive oder negative Abweichungen, kann der Unternehmer an der entsprechenden Stelle eine Abweichungsanalyse veranlassen. Ergeben sich aus der Analyse die Ursachen für die Abweichung, können für die betroffene Stelle Kostensenkungsmaßnahmen ergriffen werden.

Beispiel: *In der Kostenstelle Sanitär stellt die Baumarkt KG einen Anstieg der Stromkosten um 7,3 % im Vergleich zum letzten Jahr fest. Ein Anstieg durch Strompreiserhöhungen konnte ausgeschlossen werden. Nach Kontrollen hat sich herausgestellt, dass die Mitarbeiter nach Feierabend öfters vergessen, den Whirlpool und die Spiegelbeleuchtung auszuschalten. Ein Hauptschalter wird installiert, damit dies in Zukunft nicht mehr passiert.*

Betriebsvergleich

Der Betriebsvergleich wird im Anschluss an die Rechnungsperiode durchgeführt. Das Einzelhandelsunternehmen hat die Möglichkeit, sich mit anderen Betrieben der Branche oder auch mit Filialen innerhalb des eigenen Unternehmens durchzuführen. Bei dieser Methode können neben den Kosten auch die Umsätze oder betrieblichen Kennzahlen miteinander verglichen werden.

LF 8, Kap. 6.2

Beispiel: *Die Baumarkt KG stellt am Ende des Geschäftsjahres fest, dass ihr Umsatz unter dem Branchendurchschnitt liegt, die Umsatzrentabilität aber dennoch über dem Durchschnitt. Bei näherer Betrachtung erwirtschaftet die Baumarkt KG höhere Gewinne als der Branchendurchschnitt, was auf geringere Kosten zurückzuführen ist. Dennoch erkennt sie, dass auf dem Markt noch Potenzial für höhere Umsätze vorhanden ist.*

	Baumarkt KG	Branchendurchschnitt
Umsatz	8.000.000,00	9.000.000,00
Gewinn	1.000.000,00	900.000,00
Umsatzrentabilität	12,5 %	10 %

Soll-Ist-Vergleich

Eine weitere Methode der Kostenkontrolle ist der Soll-Ist-Vergleich, auch unter dem Begriff Plan-Ist-Vergleich bekannt.

Ein Unternehmen ist zukunftsorientiert und damit darauf bedacht, auf mögliche Veränderungen auf dem Markt zu reagieren und diese in der Preiskalkulation (Vorkalkulation) zu berücksichtigen. Daher ist eine sehr genaue Planung notwendig. Mit Hilfe der Kostenstellenrechnung ist es möglich, bereits im Vorfeld einen Kostenrahmen beispielsweise für Energie- oder Personalkosten vorzugeben, damit die Verkaufspreise nicht zu stark schwanken und die Konkurrenzfähigkeit auf dem Markt erhalten bleibt.

Diese Werte werden auf Basis von Vergangenheitswerten oder der zukünftigen Erwartungen, etwa Stromerhöhungen, festgelegt. Die bei der Vorkalkulation bestimmten Planwerte werden auch Sollwerte genannt, da sie vom Unternehmen erwartet und dadurch bereits in den Preisen berücksichtigt werden. Diese voraussichtlich anfallenden Kosten werden mit den tatsächlich angefallenen Kosten (Ist-Kosten) verglichen. Entstehen dabei Abweichungen, erfolgt eine Abweichungsanalyse, die Informationen für mögliche Kostensenkungsmaßnahmen bietet oder aber auch dazu führt, dass die Planwerte neu berechnet werden müssen. Jeder Händler kann die Zeiträume selbst bestimmen. Soll-Ist-Vergleiche können monatlich, quartalsmäßig oder erst nach Abschluss der Rechnungsperiode durchgeführt werden.

Beispiel:

Handlungskosten der Kostenstelle „Holz“

Handlungskosten	Planwerte in EUR	Ist-Werte in EUR	Abweichung in EUR	Abweichung in %
Personalkosten	301.600,00	322.600,00	21.000,00	6,96
Abschreibungen	17.000,00	9.000,00	– 8.000,00	– 47,06
Miete	34.250,00	38.250,00	4.000,00	11,68
Energie	6.200,00	5.100,00	– 1.100,00	– 17,74
Müllentsorgung	3.000,00	3.000,00	0,00	0
Versicherungen	1.200,00	1.900,00	700,00	58,33
Werbung/Deko	17.750,00	21.750,00	4.000,00	22,53
Gewerbesteuer	2.800,00	1.800,00	– 1.000,00	– 35,71
Summe der Handlungskosten	383.800,00	403.400,00	19.600,00	

Wareneinsatz	965.000,00 EUR	1.330.000,00 EUR		
HKZ	39,77 %	30,33 %	Folge: Abweichung der Handlungskostenzuschlagssätze	

Die Abweichungen der einzelnen Handlungskosten bewirken schlussendlich eine Abweichung der Handlungskostenzuschlagssätze, die für die Nachkalkulation von großer Bedeutung sind. Beim Soll-Ist-Vergleich kann das Unternehmen anschließend gezielte Kostensenkungsmaßnahmen für die einzelnen Bereiche der Handlungskosten ergreifen.

Merke

Abweichung in EUR = Ist-Kosten – Plankosten

$$\text{Abweichung in \%} = \frac{\text{Abweichung in EUR} \cdot 100\,\%}{\text{Planwert in EUR}}$$

Nachkalkulation

Während der Soll-Ist-Vergleich dem Unternehmer ermöglicht, eine Kostenkontrolle bei den einzelnen Kostenstellen vorzunehmen, bietet die Nachkalkulation die Möglichkeit, Abweichungen bei der Angebotskalkulation (Warenkalkulation) darzustellen. Dabei werden nach Ablauf der Rechnungsperiode die Planwerte (Vorkalkulation) mit den Istwerten verglichen. Mit Hilfe der Plankosten und des Planumsatzes werden die entsprechenden Plan-Handlungskostenzuschlagssätze und Plan-Gewinnzuschläge ermittelt und den tatsächlich entstandenen Ist-Handlungskostenzuschlagssätzen und Ist-Gewinnzuschlägen gegenübergestellt. Ziel dabei ist es, eine Kostenüberdeckung oder Kostenunterdeckung zu ermitteln.

Kostenüberdeckung	Die geplanten Kosten liegen über den tatsächlich entstandenen Kosten, somit hat das Unternehmen zusätzliches Geld übrig.
Plan-Handlungskostenzuschlagssatz > Ist-Handlungskostenzuschlagssatz	
Kostenunterdeckung	Die geplanten Kosten liegen unter den tatsächlich entstandenen Kosten, somit hat das Unternehmen zu wenig Geld über den Verkauf eingenommen.
Plan-Handlungskostenzuschlagssatz < Ist-Handlungskostenzuschlagssatz	

Beispiel: *Folgende Informationen aus der Abteilung Holz stehen der Baumarkt KG zur Verfügung:*

	Vorkalkulation (Plan-Kalkulation)		Nachkalkulation (Ist-Kalkulation)	
	in EUR	in %	in EUR	in %
Wareneinsatz	965.000,00		1.330.000,00	
+ Handlungskosten*	**383.800,00**	**39,77**	**403.400,00**	**30,33**
= Selbstkosten	1.348.800,00		1.733.400,00	
+ Gewinn	148.368,00	11,0	164.673,00	9,5
= Umsatzerlöse (netto)	1.497.168,00		1.898.073,00	

* Werte aus dem Soll-Ist-Vergleich

Ermittlung Kostenabweichung:
Plan-Handlungskostenzuschlagssätze > Ist-Handlungskostenzuschlagssätze → 39,77 % < 30,33 %
Kostenüberdeckung = 39,77 % – 30,33 % = 9,44 %

Merke

Berechnung des Gewinnzuschlags:

$$\frac{\text{Gewinn in EUR} \cdot 100\,\%}{\text{Selbstkosten in EUR}}$$

Bei der Nachkalkulation ergibt sich eine Kostenüberdeckung von 9,44 %. Dies bedeutet, dass der geplante HKZ höher ist als der tatsächlich entstandene HKZ. Das Unternehmen nimmt damit mehr Geld über die Preise ein, als es tatsächlich an Kosten tragen muss. Der Unternehmer kann die Handlungskostenzuschlagssätze auch in Zukunft beibehalten und im Zuge dessen Rabattaktionen für seine Kunden anbieten oder alternativ die Zuschlagssätze verringern und damit die Preise senken, um zusätzliche Kunden zu gewinnen.

Im Falle einer Kostenunterdeckung müsste das Unternehmen nach den Ursachen forschen und notwendige Kostensenkungsmaßnahmen ergreifen oder die Preise erhöhen.

Ziel der Kostensenkungsmaßnahmen in einem Unternehmen ist vor allem die Kostenreduzierung und damit verbunden die Steigerung der Gewinne bei gleichbleibenden Umsatzerlösen. Dabei lassen sich die Kosten an unterschiedlichen Stellen einsparen, beispielsweise beim Personal, bei den Lagerkosten, bei den Waren selbst oder in der Verwaltung. Jede Maßnahme, die ergriffen wird, hat sowohl positive als auch negative Folgen für das Unternehmen und sollte genau durchdacht werden.

Im Folgenden werden einige Kostensenkungsmaßnahmen und ihre Folgen beispielhaft dargestellt:

Bereich	Maßnahme	Mögliche Folgen
Waren Warenbeschaffung	• regelmäßige Angebotsvergleiche mit Nachverhandlungen • Bestellungen bündeln • neue Bezugsquellen suchen • auf wenige Lieferanten beschränken	+ Senkung der Einkaufspreise + Senkung der Bezugskosten + höhere Rabatte/Boni – hohe Kapitalbindung – höhere Lagerkosten – Verderbrisiko steigt
Lagerhaltung	• Senkung des Melde- und Sicherheitsbestands • Kürzere Lieferzeiten (Just-in-time) • Fremd- statt Eigenlagerung	+ Senkung der Lagerkosten + verbesserte Umschlaghäufigkeit + geringere Kapitalbindung – höhere Bezugskosten – Verkaufsbereitschaft sinkt – Kundenverlust – Lieferengpässe durch Stau oder Unfälle – höhere Umweltkosten
Warenpräsentation	• Abschaffung von Bedientheken und Umstellung auf Selbstbedienung • Regalbestückung durch Fremdfirmen • Verkaufsfläche optimieren	+ Senkung der Personalkosten + zusätzlicher Platz für Waren – Kundenverlust möglich

Bereich	Maßnahme	Mögliche Folgen
Waren Waren- verkauf	• Sortiment optimieren • Verringerung der Werbemaßnahmen • Aufwendige Dekoration vermeiden/ verringern • Öffnungszeiten verkürzen • Warensicherungsmaßnahmen erhöhen	+ Kostensenkung + Senkung der Personalkosten – Verärgerung der Kunden – weniger Kundenaufmerksamkeit – Kundenverlust – Umsatzrückgang + Senkung der Inventurdifferenzen (Kostenersparnis)
Personal	• Personalabbau • Ausgliederung bestimmter Aufgabenbereiche (z. B. Rackjobbing)	+ Kostensenkung – höhere Belastung des Personals – weniger Service/Beratung – Kundenverlust
Betriebs- mittel	• technische Mittel auf ihre Kosten prüfen und ggf. verringern • WWS und Kassensysteme erneuern • auf SB-Kassen umstellen	+ Senkung der Personalkosten +/– Kosten für Instandhaltung und Wartung + Verringerung von Inventurdifferenzen – Gefahr von Diebstählen an SB-Kassen

Aufgaben

1. Beschreiben Sie die drei Aufgabenbereiche der Vollkostenrechnung.
2. Erklären Sie den Unterschied zwischen Einzel- und Gemeinkosten.
3. Ordnen Sie die folgenden Kostenarten den Einzel- oder Gemeinkosten zu:
   a) Stromverbrauch des Betriebes
   b) Bezugskosten für die Lieferung von Gartenscheren
   c) Provision für das Verkaufspersonal
   d) Kfz-Steuer für den eigenen Lkw
   e) Miete für die Lagerhalle
   f) Entsorgungskosten für Verpackungsmaterial
   g) Werbekosten für das neue Gartenhaus Deluxe 23
4. Erläutern Sie die Begriffe „fixe“ und „variable“ Kosten. Nennen Sie jeweils drei Beispiele.
5. Erläutern Sie den Grund, weshalb ein Soll-Ist-Vergleich durchgeführt wird.
6. Erklären Sie die Begriffe „Kostenüberdeckung“ und „Kostenunterdeckung“.
7. Legen Sie an zwei Beispielen dar, wie Personalkosten eingespart werden können, und führen Sie aus, welche Nachteile dabei entstehen können.

4.3 Teilkostenrechnung

Bei der bisher behandelten Vollkostenrechnung werden alle angefallenen Kosten mit Hilfe der Kalkulation auf die Kostenträger verteilt. Dabei muss der Unternehmer langfristig darauf achten, dass diese Kosten über die Verkaufspreise wieder eingeholt werden. Nur dann kann gewährleistet werden, dass das Unternehmen wirtschaftlich arbeitet. Im Idealfall trägt dann jedes Produkt die Kosten, die es verursacht hat. Deshalb stellt sich der Einzelhändler bei der Preiskalkulation die Frage, welchen Betrag er für die Ware einnehmen muss, um alle im Unternehmen anfallenden Kosten (Einzel- und Gemeinkosten) zu decken. Die verursachungsgerechte Zuordnung greift jedoch nur bei den Einzelkosten. Die Verteilung der Gemeinkosten erfolgt oft nach Schätzwerten oder nach dem Durchschnittsprinzip. Ebenso werden die Verteilungsschlüssel oft beliebig gebildet. Kap. 4.2.2

4.3.1 Kritik an der Vollkostenrechnung

Der oben beschriebene Idealfall der Preisgestaltung infolge einer Vollkostenrechnung ist nur selten gegeben. Das Einzelhandelsunternehmen ist zwar angehalten, grundsätzlich auf seine Wirtschaftlichkeit zu achten, aber es gibt aufgrund des starken Wettbewerbs immer wieder Situationen, die eine marktorientierte Preisgestaltung bedingen. Das bedeutet, es wird zeitweise auf bestimmte Kosten verzichtet, die die Vollkostenrechnung ermittelt hatte.

Darüber hinaus gibt es weitere Kritikpunkte an der Vollkostenrechnung, deren Ziel die Ermittlung aller anfallenden Kosten zur Kostenanalyse und Preiskalkulation ist:

- Die Vollkostenrechnung berücksichtigt nicht gezielt die Absatzmengen, sondern vorrangig die Kosten bei der Beschaffung und ist damit unflexibel bei der Preis- und Sortimentsgestaltung.
- Die Zuschlagssätze beziehen sich auf bestimmte Absatzmengen, ändert sich jedoch die Absatzmenge, verteilen sich bestimmte Kosten (z. B. Miete) auf mehr Produkte.
- Die Vollkostenrechnung ist nicht für Produkte geeignet, die bereits zu einem bestimmten Preis auf dem Markt angeboten werden, da der Händler in diesem Fall bei der Sortimentsgestaltung vom Absatzmarkt selbst sehr eingeschränkt wäre.
- Die Verrechnungssätze (Handlungskostenzuschlagssätze) sind problematisch, da es bei manchen Kosten keinen Zusammenhang zwischen dem Kostenträger und den eigentlichen Kosten gibt. Deutlich wird dies bei den Verwaltungskosten.

Ausgehend von der Annahme, dass alle Kosten gedeckt sein müssen, sieht die reale Situation auf dem Markt oft ganz anders aus. Werden beispielsweise neue Produkte eingeführt, finden Aktionen statt. Gerät der Händler in einen Preiskampf mit der Konkurrenz, so ist es unter Umständen nicht mehr möglich, einen Preis zu verlangen, der tatsächlich auch alle Kosten decken kann. Aus diesem Grund müssen Unternehmen zumindest kurzfristig auf einen Teil ihrer Kosten verzichten, um auf dem Markt bestehen zu können.

Abhilfe bei diesem Problem schafft die Teilkostenrechnung in Form der Deckungsbeitragsrechnung, bei der nur ein Teil der Kosten einer Periode auf die Kostenträger verteilt wird, um konkurrenzfähig zu bleiben.

4.3.2 Grundlagen der Deckungsbeitragsrechnung

Die Aufgabe der Deckungsbeitragsrechnung ist es vor allem, dem Unternehmen bei preis- und sortimentspolitischen Entscheidungen eine Hilfestellung zu bieten. Sie ist damit kein Ersatz, aber dafür eine sinnvolle Ergänzung zur Vollkostenrechnung, wenn diese an ihre Grenzen stößt. Stellt sich dem Händler in bestimmten Situationen also die Frage, wie weit er den Preis senken kann, ohne Verluste zu erleiden, dann ist es zunächst notwendig, die Betrachtung der Kosten in variable und fixe Kosten zu unterteilen.

Kap. 4.2.1

Für die Deckungsbeitragsrechnung sind zunächst nur die variablen Kosten von Bedeutung, da sie einem Produkt nach dem Verursachungsprinzip zugerechnet werden können. Sie ändern sich also in Abhängigkeit von der abgesetzten Menge. Deshalb müssen sie durch die erzielten Verkaufserlöse vorrangig gedeckt werden.

Die fixen Kosten sichern zwar die Betriebsbereitschaft eines Handelsbetriebes, fallen jedoch unabhängig von der verkauften Menge in gleichbleibender Höhe an, deshalb können sie bei kurzfristigen Entscheidungen vernachlässigt werden.

Die Deckungsbeitragsrechnung verzichtet also auf die fixen Kosten und berücksichtigt nur die direkt verursachten variablen Kosten bei der Festlegung der Warenpreise. Sie werden deshalb auch als direkte Kosten bezeichnet.

Was nach dem Abzug der variablen Kosten vom Verkaufspreis übrig bleibt, kann dazu genutzt werden, die fixen Kosten zu decken. Dieser Betrag wird Deckungsbeitrag genannt. Sind die Fixkosten auch gedeckt, erwirtschaftet das Unternehmen einen Reingewinn. Dieser stellt das Betriebsergebnis dar.

Um also den Deckungsbeitrag eines Artikels oder einer Warengruppe zu ermitteln, werden die auf dem Markt gegebenen oder erhofften Verkaufspreise um die variablen Kosten gekürzt und geben damit den Betrag an, der zur Deckung der fixen Kosten übrigbleibt.

Merke: Der Deckungsbeitrag zeigt, wie viel ein Artikel oder eine Warengruppe zur Deckung der fixen Kosten beiträgt.

Tipp

Schema der Deckungsbeitragsrechnung:

Verkaufspreis (netto)
– Wareneinsatz
= Rohgewinn
– variable Kosten
= Deckungsbeitrag
– fixe Kosten
= Betriebsergebnis (Reingewinn)

Deckungsbeiträge können je Stück oder aber auch für eine gesamte Periode ermittelt werden. Die Stückrechnung beschäftigt sich mit den Deckungsbeiträgen einzelner Artikel, um festzustellen, ob diese einen positiven oder negativen Deckungsbeitrag haben. Die Periodenrechnung ermittelt die Summe der Deckungsbeiträge einzelner Artikel oder Artikelgruppen je Rechnungsperiode (= Monat, Quartal, Jahr) und stellt diese den fixen Kosten des Unternehmens gegenüber, um das Betriebsergebnis zu ermitteln.

Der Wareneinsatz ist zwar ein Teil der variablen Kosten, wird jedoch zur Ermittlung des Rohgewinns als Zwischenschritt eingefügt.

Merke

Deckungsbeitragsrechnung als Stückrechnung

Beispiel: *Die Baumarkt KG verkauft in der Abteilung Elektrowaren unter anderem Bohrmaschinen, Schrauber, Schleifmaschinen und Kreissägen. Folgende Informationen liegen dem Unternehmen bezüglich der Stückdeckungsbeiträge vor:*

	Bohrmaschine	Fräse	Schleifmaschine	Handkreissäge
Verkaufspreis in EUR (netto)	99,00	119,00	219,00	179,00
– Wareneinsatz	34,00	101,00	157,00	81,00
= Rohgewinn	65,00	18,00	62,00	98,00
– variable Kosten	26,00	22,00	43,00	38,00
= Deckungsbeitrag (db)	39,00	– 4,00	19,00	60,00

Beurteilung: *Werden die einzelnen Artikel betrachtet, so ist festzustellen, dass nicht alle angebotenen Produkte in der Elektrowarenabteilung einen positiven Deckungsbeitrag leisten. Bei der Fräse würde mit jedem verkauften Artikel der Verlust steigen, während alle anderen ihren Beitrag zur Deckung der fixen Kosten beitragen. Der Unternehmer kann anhand der Werte entscheiden, ob er einen Artikel weiterhin anbieten möchte oder aber aus dem Sortiment nimmt und gegebenenfalls durch einen anderen ersetzt.*

Deckungsbeitragsrechnung als Periodenrechnung

Beispiel: *Für den Monat Mai liegen der Baumarkt KG folgende zusätzliche Informationen vor:*

	Bohrmaschine	Fräse	Schleifmaschine	Handkreissäge
Absatzmenge in Stück	145	23	317	84
fixe Kosten der Abteilung Elektrowaren	7.336,00			

	Bohrmaschine	Fräse	Schleifmaschine	Handkreissäge	gesamt
Umsatzerlöse	14.355,00	2.737,00	69.423,00	15.036,00	–
– Wareneinsatz	4.930,00	2.323,00	49.769,00	6.804,00	–
= Rohgewinn	9.425,00	414,00	19.654,00	8.232,00	–
– variable Kosten	3.770,00	506,00	13.631,00	3.192,00	–
= Deckungsbeitrag (DB)	5.655,00	– 92,00	6.023,00	5.040,00	16.626,00
– fixe Kosten					7.336,00
= Betriebsergebnis der Abteilung Elektrowaren					**9.290,00**

Beurteilung: *Werden die Absatzmengen der einzelnen Artikel pro Periode hinzugezogen, so wird deutlich, dass sich die Beiträge der einzelnen Produkte zur Deckung der fixen Kosten im Vergleich zur einzelnen Betrachtung bei der Stückrechnung ändern. Durch die hohen Absatzmengen trägt die Schleifmaschine am meisten zur Deckung der fixen Kosten bei. Aus diesem Grund ist es wichtig, bei der Teilkostenrechnung alle Informationen zu berücksichtigen, die zur Verfügung stehen.*

Mit den ermittelten Informationen ist der Unternehmer nun in der Lage, sortiments- und preispolitische Entscheidungen zu treffen.

4.3.3 Preispolitische Entscheidungen auf Basis der Deckungsbeitragsrechnung

Der Preis eines Artikels ist einer der entscheidenden Indikatoren, ob Kunden einen Artikel bei einem Unternehmen kaufen oder zu einem anderen Händler gehen. Folgende Situation kommt häufig auf dem Absatzmarkt vor: bringt ein Konkurrent das gleiche oder ein ähnliches Produkt auf den Markt, entsteht oft ein Kampf um die Kunden. Dieser wird in der Regel über den Preis ausgefochten. Für den Händler ist es nun wichtig, einen Grenzpreis zu ermitteln, bei dem er zumindest kurzfristig noch auf dem Markt auftreten kann, ohne Verluste zu machen.

Bei diesem Grenzpreis handelt es sich um die kurzfristige (absolute) Preisuntergrenze, zu der ein Artikel auf dem Markt angeboten werden kann. Dabei ist von Bedeutung, dass zumindest die variablen Kosten, die der Artikel verursacht, gedeckt werden müssen. Der Deckungsbeitrag fällt hier vollständig weg. Er wird von anderen Artikeln und Warengruppen übernommen. Dies ist jedoch nur kurzfristig möglich. Langfristig muss ein Artikel auch dazu beitragen, die fixen Kosten zu decken, um positive Betriebsergebnisse zu erwirtschaften.

Der Preiskampf mit Konkurrenten ist nur einer der Gründe für preispolitische Entscheidungen. So können beispielsweise auch die Preise für Aktionen und verkaufsfördernde Maßnahmen errechnet werden, ebenso kann ein Unternehmer bei der Einführung eines neuen Artikels ermitteln, zu welchem Preis dies geschehen müsste. Dabei sind zwei Preisuntergrenzen relevant:

Kurzfristige (absolute) Preisuntergrenze
Kurzfristig müssen nur die variablen Kosten gedeckt werden. Der Deckungsbeitrag entfällt dabei. Die Deckung der fixen Kosten wird dann von anderen Artikeln oder Warengruppen übernommen.

kurzfristige Preisuntergrenze = variable Kosten
Deckungsbeitrag = 0,00 EUR

Formel

Langfristige Preisuntergrenze
Langfristig müssen alle Kosten gedeckt sein, das heißt sowohl die variablen als auch die fixen Kosten. Nur dann kann ein Unternehmen Gewinne erwirtschaften.

$$\text{langfristige Preisuntergrenze} = \text{variable Kosten} + \frac{\text{fixe Kosten}}{\text{abgesetzte Menge}}$$

Formel

Beispiel: *Betrachtet die Baumarkt KG die Waren in der Elektroabteilung, so müsste die kurzfristige Preisuntergrenze für die Bohrmaschine den variablen Kosten entsprechen. Diese setzen sich zusammen aus dem Wareneinsatz und den variablen Kosten:*

Kurzfristige Preisuntergrenze = Wareneinsatz + variable Kosten
= 34,00 EUR + 26,00 EUR
= 60,00 EUR

Wird die Bohrmaschine zu 60,00 EUR das Stück angeboten, fällt der Deckungsbeitrag weg.

Deckungsbeitrag = Umsatzerlöse – variable Kosten
= 60,00 EUR – 60,00 EUR
= 0,00 EUR

Grundsätzlich ist es auch möglich, dass der Einzelhändler Waren unter der kurzfristigen Preisuntergrenze verkauft. Kann er dieser Situation nicht ausweichen, ist eine Mischkalkulation notwendig.

Kap. 4.3.6

4.3.4 Sortimentspolitische Entscheidungen auf Basis der Deckungsbeitragsrechnung

Eine Grundlage für sortimentspolitische Entscheidungen ist der Deckungsbeitrag.

Merke

Auf dem Absatzmarkt ist jedes Unternehmen ständig bestrebt, ein aktuelles Sortiment anzubieten. Dazu gehört eine ständige Kontrolle der im Sortiment bestehenden Artikel, aber auch die Voraussicht, nicht gelistete und neue Artikel in das Sortiment aufzunehmen. Nur so ist es möglich, die Veränderung auf dem Absatzmarkt und im ständigen Wettbewerb zu nutzen und das Betriebsergebnis zu steigern. Hierfür ist ein positiver Deckungsbeitrag eine entscheidende Größe.

Darüber hinaus kann der Händler bei Sortimentskontrollen entscheiden, ob er Produkte mit einem hohen Deckungsbeitrag fördert oder diejenigen, die einen negativen Deckungsbeitrag haben und dadurch Verluste einbringen, aus dem Sortiment nimmt. Dabei wird durch Erweiterung oder Bereinigung das Sortiment an die entsprechende Nachfragesituation auf dem Absatzmarkt angepasst. All diese sortimentspolitischen Entscheidungen ermöglichen es dem Unternehmen, die Gewinnsituation zu verbessern.

- Umsatzerlöse > variable Kosten → Deckungsbeitrag positiv
- Umsatzerlöse = variable Kosten → Deckungsbeitrag = null
- Umsatzerlöse < variable Kosten → Deckungsbeitrag negativ

Eine Sortimentsbereinigung ist durchzuführen, wenn das Einzelhandelsunternehmen feststellt, dass ein Artikel einen negativen Deckungsbeitrag ausweist, denn mit jedem weiter verkauften Artikel steigt der Verlust. Durch eine solche Bereinigung wird zwar das Sortiment kleiner, gleichzeitig bietet sich jedoch die Möglichkeit, andere vorteilhaftere Produkte aufzunehmen.

Beispiel: *Die Baumarkt KG stellt bei der Analyse der Deckungsbeiträge fest, dass die Fräse einen negativen Deckungsbeitrag von 4,00 EUR pro Stück aufweist. Belässt sie das Produkt weiterhin im Sortiment, so entsteht mit jedem weiteren verkauften Artikel ein weiterer Verlust. Im Monat Mai entstanden bereits Verluste von 92,00 EUR.*

Eine Sortimentserweiterung findet statt, wenn der Einzelhändler einen neuen Artikel oder eine neue Produktgruppe in sein Sortiment aufnehmen möchte. Dabei wird er vor allem darauf achten, dass der Artikel einen positiven Deckungsbeitrag aufweist.

Alternativ kann ein bestehendes Sortiment auch ergänzt werden. Die Erweiterung einer bereits bestehenden Warengruppe durch zusätzliche Artikel oder Sorten bewirkt eine Vertiefung des Sortiments.

LF 12, Kap. 4.1

Beispiel: *Die Baumarkt KG hat die Fräse aus ihrem Sortiment entfernt. Da sie jedoch anhand der Zahlen eine positive Nachfrage nach Fräsen feststellen kann und die nachfragenden Kunden nicht verlieren möchte, holt sie sich Angebote von anderen Herstellern ein, um eine neue Fräse in das Sortiment aufzunehmen. Dabei muss sie zunächst prüfen, welches der Angebote einen positiven Deckungsbeitrag einbringen würde und weiterhin die Wünsche der Kunden erfüllen kann.*

Bei sortimentspolitischen Entscheidungen geht es jedoch nicht immer nur darum, das Sortiment zu bereinigen oder zu erweitern. So ist es beispielsweise auch wichtig, Artikel zu fördern, die einen positiven Deckungsbeitrag haben, jedoch nur geringe Absatzzahlen aufweisen. Dies kann durch erhöhte Werbemaßnahmen oder Sonderaktionen erfolgen. Bei den Werbemaßnahmen würden kurzfristig die fixen Kosten steigen, während bei den Sonderaktionen der Deckungsbeitrag durch einen geringeren Erlös sinkt. Beide Fälle haben also unter Umständen eine kurzfristige negative Auswirkung auf das Betriebsergebnis, können jedoch durch die höheren Absatzzahlen sogar zu einer Zunahme dessen führen.

Beispiel: *Im Sortiment der Baumarkt KG befindet sich die Handkreissäge der Marke Magenta plus, diese weist einen hohen Deckungsbeitrag auf. Um die Absatzzahlen zu steigern, werden zusätzliche Werbemaßnahmen durch Werbung und Vorführungen auf der Verkaufsfläche beschlossen.*

4.3.5 Gewinnschwelle (Break-even-Point)

Weiterhin lässt sich mithilfe der Deckungsbeitragsrechnung die Gewinnschwelle oder der Break-even-Point (= kritischer Punkt) ermitteln. Das ist der Punkt, an dem das Unternehmen mit jedem weiteren verkauften Artikel einen Gewinn in Höhe der jeweiligen Deckungsbeiträge pro Stück erzielt, da die fixen Kosten ab diesem bestimmten Punkt gedeckt sind.

An der Gewinnschwelle erwirtschaftet das Unternehmen Umsatzerlöse, die die gesamten Kosten decken. Es macht dabei jedoch keine Gewinne. Bewegt sich also das Unternehmen unterhalb des Break-even-Points (siehe Grafik S. 85), so befindet es sich in der Verlustzone, da nicht alle Kosten gedeckt werden können. Ab dem ersten verkauften Produkt oberhalb des Break-even-Points kommt der Unternehmer in die Gewinnzone und erwirtschaftet dann mit jedem weiteren Artikel Gewinne.

Der Einzelhändler ist in diesem Fall in der Lage, die kritische Menge rechnerisch und grafisch zu ermitteln, die er mindestens verkaufen muss, um sämtliche Kosten zu decken und anschließend gewinnorientiert zu arbeiten.

Bei der Berechnung der kritischen Menge müssen also die Erlöse gleich den Kosten sein. Dies lässt sich in einer Gleichung darstellen:

Formel

Berechnung des Break-even-Points:

Gesamterlöse (netto) = Gesamtkosten

$e \cdot x = K_f + k_v \cdot x$

oder alternativ

$$\frac{\text{fixe Kosten } (K_f)}{\text{Deckungsbeitrag je Stück (db)}}$$

Beispiel: *Die Baumarkt KG möchte ein neues Lasermessgerät ins Sortiment aufnehmen, dabei stellt sich die Frage, wie viele Stück sie verkaufen müsste, um mit diesem Artikel Gewinne zu erzielen.*

Folgende Informationen liegen der Baumarkt KG vor:

Fixe Kosten:	*7.500,00 EUR*
Variable Kosten je Stück:	*85,00 EUR*
Erlös je Stück (netto):	*100,00 EUR*
Absatzmenge:	*?*

Gesamterlöse = Gesamtkosten

$100{,}00 \cdot x = 7.500{,}00 + 85{,}00 \cdot x - 85{,}00$

$15{,}00 \cdot x = 7.500{,}00 \quad | \div 15{,}00$

$x = 500$ *Stück*

Alternativ lässt sich die Menge mit dem Stückdeckungsbeitrag (db = 15,00 EUR) berechnen:

$$x = \frac{\text{fixe Kosten } (K_f)}{\text{Deckungsbeitrag je Stück (db)}}$$

$$x = \frac{7.500{,}00}{15{,}00}$$

$x = 500$ *Stück*

Grafisch lässt sich der Break-even-Point in einem Koordinatensystem als Schnittpunkt zwischen der Gesamterlösgeraden und der Gesamtkostengeraden darstellen:

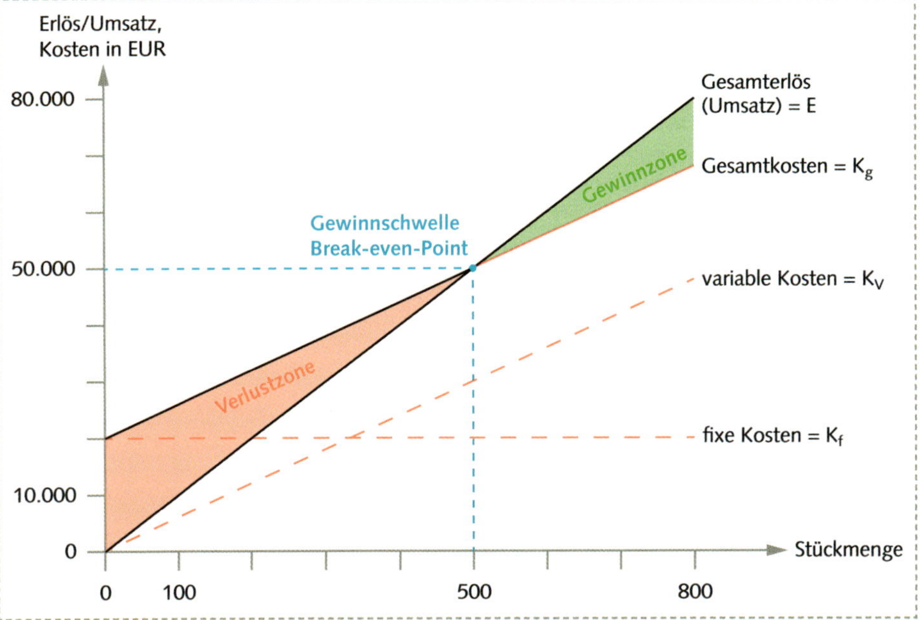

Beispiel: *Beim Lasermessgerät schneidet die Erlösgerade die Kostengerade bei einer kritischen Menge (= Break-even-Point) von 500 Stück. Bei einer Absatzmenge ab 501 Stück erzielt das Unternehmen mehr Erlöse, als Kosten entstehen, und macht damit Gewinne (= Gewinnzone). Verkauft das Unternehmen zwischen 0 und 499 Stück, so macht es Verluste (= Verlustzone), da die Erlöse nicht ausreichen, um die Kosten zu decken.*

4.3.6 Mischkalkulation

Im Einzelhandel entstehen oft Situationen, die einen Unternehmer dazu zwingen, seine Artikel sehr billig zu verkaufen. Dabei kann es sich um einen Preiskampf mit einem Konkurrenten handeln, möglicherweise möchte der Einzelhändler auch seine Lagerbestände reduzieren oder aber einfach nur neue Kunden anlocken. In diesen Situationen muss er unter Umständen seine Preise so weit senken, dass die Artikel oder Artikelgruppen sogar unter dem Einstandspreis oder den Selbstkosten verkauft werden und dadurch auch keine Gewinne erzielt werden können.

Damit der Einzelhändler jedoch langfristig keine Verluste erleidet, die seinem Unternehmen schaden könnten, kalkuliert er die Preise anderer Artikel durch ihre Zuschlagssätze zum Ausgleich höher. In diesem Fall wird von einer Mischkalkulation gesprochen, die auch Ausgleichskalkulation genannt wird.

Einige Artikel werden besonders niedrig kalkuliert oder sogar unter dem Einstandspreis verkauft. Diese Artikel werden Ausgleichsnehmer genannt. Es handelt sich dabei um Waren, bei denen die Kunden umfangreiche Informationen über die Preise oder die Qualität besitzen. Besonders geeignet sind dafür beispielsweise Markenartikel aus dem Lebensmittelbereich des täglichen Bedarfs, Kosmetika und Reinigungsmittel. Gerade diese Bereiche eignen sich als Lockmittel für Kunden, zudem lässt sich so ein positives Preisimage aufbauen. Durch ein positives Preisimage kann der Einzelhandelsbetrieb zusätzlich auch einen hohen Grad an Kundenbindung erreichen.

Andere Artikel werden wiederum höher kalkuliert, wie zum Beispiel Premiumartikel im Lebensmittelbereich, Designerkleidung oder modische Accessoires, diese dienen als Ausgleichsträger. Sie werden mit einem höheren Kalkulationsaufschlag berechnet, um die geringeren Einnahmen bei den Ausgleichsnehmern aufzufangen und somit dem Unternehmer seinen Gewinn zu sichern.

Aufgaben

1. Nehmen Sie kritisch Stellung zu der Aussage: „Die Vollkostenrechnung unterliegt Aussagegrenzen und kennt Situationen, in denen sie keine brauchbaren Informationen liefern kann."
2. Geben Sie bei den folgenden Kosten an, ob es sich um variable oder fixe Kosten handelt.
   a) Lohn für die Reinigungskraft
   b) Versicherung für Lagerbestände
   c) Versandkosten für Onlinebestellungen
   d) Miete für die Geschäftsräume
   e) Abschreibungen für den Lieferwagen
   f) 20 % Rabatt für eine Sonderaktion auf Sommerartikel
3. Prüfen Sie, ob die folgenden Aussagen wahr oder falsch sind, und stellen Sie die falschen Aussagen richtig.
   a) Fixe Kosten werden dem Artikel verursachungsgerecht zugerechnet.
   b) Der Deckungsbeitrag dient dazu, die Gemeinkosten zu decken, sind diese gedeckt, erwirtschaftet der Betrieb Gewinne.
   c) Der Deckungsbeitrag sinkt, wenn bei gleichbleibenden Erlösen die variablen Kosten steigen.
   d) Der Deckungsbeitrag steigt, wenn bei gleichbleibenden Erlösen die variablen Kosten steigen.
   e) Ist der Deckungsbeitrag gleich null, so spricht man von der absoluten Preisuntergrenze.
4. Erklären Sie die Bedeutung der kurzfristigen Preisuntergrenze für einen Einzelhändler.
5. Beschreiben Sie den Grundgedanken der Mischkalkulation und nennen Sie jeweils geeignete Beispiele aus Ihrer Branche für Ausgleichsnehmer und Ausgleichsträger.

5 Kurzfristige Erfolgsrechnung (KER)

5.1 Grundlagen

Die kurzfristige Erfolgsrechnung ist eines der wichtigsten innerbetrieblichen Kontrollinstrumente im Einzelhandel. Sie ermöglicht im Gegensatz zur Finanzbuchführung die Ermittlung des Erfolgs für kürzere Abrechnungszeiträume (meist monatlich, aber auch pro Quartal oder halbjährlich), um sich einen schnellen Überblick über die Situation des Unternehmens zu verschaffen. Damit verfügt der Einzelhandel über ein Analyseverfahren, das ihm jederzeit Werte liefert, mit denen er auch im Verlauf des Geschäftsjahres flexibel in seiner Entscheidungsfindung ist. Mit diesem Verfahren kann das Ziel, Gewinne zu erwirtschaften oder Kosten einzusparen, dauerhaft überprüft werden.

Die Ergebnisermittlung findet anhand der Gegenüberstellung von Kosten und Leistungen statt, weshalb die kurzfristige Ergebnisrechnung auch Betriebsergebnisrechnung genannt wird. Dabei wird ein vorläufiges Betriebsergebnis zu einem entsprechenden Zeitpunkt ermittelt, was dem Einzelhandel eine schnelle und flexible Reaktion auf dem Markt ermöglicht.

Nachteile der GuV-Rechnung gegenüber der KER

Diese Flexibilität auf das sich ständig ändernde Markt- und Wettbewerbsgeschehen wäre durch die Informationen aus der Finanzbuchführung mithilfe der GuV-Rechnung nicht möglich, und zwar aus folgenden Gründen:

- Die jährliche Abrechnungsperiode in der Finanzbuchführung ist für eine kurzfristige Analyse ungeeignet. Die Ergebnisse, anhand derer der Erfolg des Unternehmens beeinflusst werden könnte, werden zu spät ermittelt.
- Die Gliederung weist Umsätze und Aufwendungen nur pauschal aus, diese sind dabei nicht nach Waren oder Warengruppen unterschieden. Dadurch kann nicht genau bestimmt werden, an welcher Stelle optimiert werden muss. LF 8, Kap. 5.4
- Die Informationen, die die GuV-Rechnung anhand der Erträge und Aufwendungen liefert, sind ungeeignet, da sie sowohl neutrale Erträge als auch neutrale Aufwendungen enthalten, die jedoch für die Ermittlung des Betriebsergebnisses ungeeignet sind. Kap. 4.1.3

- Gleichzeitig fehlen in der GuV-Rechnung die Zusatz- und Anderskosten, die betriebsrelevant sind und in die Kalkulation der Preise einfließen. Die GuV-Rechnung folgt bilanz- und steuerpolitischen Zielen.
- Kap. 4.2.4 Zuletzt fehlen bei der Finanzbuchführung die Planwerte, weshalb ein Soll-Ist-Vergleich nicht möglich ist.

Bestandteile der KER

Im Einzelhandel werden eine Vielzahl von Zahlen und Daten benötigt, um den Erfolg des Unternehmens beurteilen zu können. Die kurzfristige Erfolgsrechnung liefert dabei wichtige Informationen zu folgenden Kennziffern:

- zum Absatz und Umsatz einzelner Artikel oder Warengruppen
- zur Eingangskalkulation bzw. zur erreichten Kalkulation
- zu Preisänderungen
- zur Handelsspanne je Artikel und zum Rohgewinn
- zum Wareneingang und Wareneinsatz
- zu den Lagerbeständen zum Lagerumschlag.

LF 6, Kap. 1.7
LF 7, Kap. 1.2
LF 8, Kap. 6.1

Das Warenwirtschaftssystem (WWS) liefert dem Händler hierfür die benötigten Daten. Dabei kann die Datenerfassung nach sachlichen Gesichtspunkten (Artikel, Warengruppen) oder aber auch nach räumlichen (Abteilungen, Filialen) erfolgen und in EUR, in entsprechenden Mengeneinheiten oder in Prozent zu einer Bezugsgröße ausgewiesen werden.

Verfahren der KER zur Ermittlung des Rohgewinns

Das Ziel der kurzfristigen Erfolgsrechnung ist die laufende Kontrolle und Steuerung des Betriebserfolgs, der unter anderem durch den Warenbestand, den Absatz oder die gewünschte Lagerumschlaghäufigkeit erreicht wird.

Dies erfolgt durch die tabellarische Zusammenstellung von aktuellen Daten. Dadurch wird die kurzfristige Erfolgsrechnung zu einem Alarm- und Vorwarnsystem, um Schwachstellen rechtzeitig erkennen und um schnell auf Veränderungen reagieren zu können.

Für den Einzelhandel sind dabei zwei Verfahren entwickelt worden, bei denen jeweils der Rohgewinn einer Warengruppe ermittelt wird.

Formel

Rohgewinn = Nettoumsatz – Wareneinsatz

Verkaufswerteverfahren	Einstandswerteverfahren
Hierbei bildet der Verkaufswert (= Umsatz) die Grundlage. Dabei werden Wareneingänge, eventuelle Preisänderungen sowie die Lagerbestände zu Verkaufswerten kalkuliert. Bei dieser Methode wird der Rohertrag in % (= Handelsspanne) und in EUR ermittelt, zusätzlich ist keine körperliche Inventur notwendig.	Alle relevanten Werte werden bei diesem Verfahren zu Einstandspreisen erfasst. Dies geschieht auch für den Umsatz, der mit einer geschätzten Spanne abgewertet wird. Als Hilfestellung dienen hier die Kalkulation sowie die Vorjahreswerte. Der Rohgewinn ist dabei also nur ein Näherungswert. Auch Preisreduzierungen werden nicht berücksichtigt.
Diese Methode ist besonders für Betriebe geeignet, die mit fest ausgezeichneten Preisen arbeiten.	Diese Methode ist für Betriebe geeignet, bei denen der Händler nicht mit festen Preisen aufgrund von Mengenrabatten oder Staffelpreisen arbeiten kann.

Die kurzfristige Erfolgsrechnung ist für das Einzelhandelsunternehmen jedoch nur sinnvoll, wenn die Möglichkeit gegeben ist, die ermittelten Werte zu vergleichen. Nur anhand dieser Vergleichswerte kann der tatsächliche Erfolg der unternehmerischen Tätigkeit gemessen werden. Ohne eine Gegenüberstellung der errechneten Werte mit den bereits vorhandenen Werten aus unterschiedlichen Bereichen, weiß das Unternehmen nicht, ob der ermittelte Erfolg auf Dauer positiv oder negativ ist. Ein Vergleich kann im Verlauf der Zeit (Vorjahresvergleich, Monatsvergleich) stattfinden oder als Soll-Ist-Vergleich mit Planzahlen erstellt werden. Zuletzt kann auch ein Branchenvergleich stattfinden. In jedem dieser Fälle ist der Händler in der Lage, besser für die Zukunft zu planen und entsprechende strategische Maßnahmen zu ergreifen.

5.2 Ermittlung und Auswertung der kurzfristigen Erfolgsrechnung

Die Ermittlung und Auswertung der Daten für die kurzfristige Erfolgsrechnung basiert auf den Daten des WWS. Die KER ist als Instrument der Kontrolle und Steuerung des Warenbestandes jedoch nur dann möglich, wenn das Unternehmen mit Hilfe des WWS eine artikelgenaue Erfassung der Ware, die Warenbewegungen und die Aufbereitung der Daten gewährleisten kann.

Beispiel: *Aus dem WWS der Baumarkt KG wird für das erste Quartal folgendes Datenmaterial für die Warengruppe Elektrowerkzeuge zur Verfügung gestellt.*

Auszug WWS „Kurzfristige Erfolgsrechnung" der Baumarkt KG; Warengruppe Elektrowerkzeuge

Monat	Vorjahresumsatz in EUR	Umsatz ②		Preisänderungen ③		Wareneingang ④		
		Menge	VW in EUR	VW in EUR	in % vom Umsatz	Menge	EW in EUR	VW in EUR
Inventur						337	32.730,10	58.112,70
Jan.	18.782,00	141	19.241,20	2.173,50	11,30	94	7.561,30	9.003,60
Feb.	7.812,00	85	8.143,35	171,40	2,10	139	21.475,00	32.156,40
März	8.435,00	98	9.128,10	540,00	5,92	81	4.367,90	8.003,70

Das Einzelhandelsunternehmen wird in die Lage versetzt, anhand der zur Verfügung gestellten Informationen die Entwicklung des Unternehmens im Verlauf eines Jahres oder einer bestimmten Zeitperiode zu beobachten und bei Gefahren einzugreifen.

Erklärung/ Ermittlung	Auswertung	Bedeutung für die Baumarkt KG
Anfangsbestand laut Inventur und Lagerbestand ①		
Der Anfangsbestand wurde durch die Inventur im Vorjahr ermittelt und für das neue Jahr übernommen. Die Berechnung des Lagerbestandes für den ersten Monat erfolgt nach folgendem Schema: Übernahme des Anfangsbestandes laut Inventur + Wareneingang des ersten Monats – Wareneinsatz	–	Die Lagerbestände der Baumarkt KG haben sich im Januar verringert (= Bestandsminderung), was darauf hindeutet, dass mehr Waren verkauft als eingekauft wurden (ggf. haben Lieferprobleme bei Elektrowerkzeugen bestanden.) Im Februar hat sich der Lagerbestand wiederum erhöht (= Bestandsmehrung), was auf einen höheren Wareneingang als Warenausgang zurückzuführen ist.

Lagerbestand ❶			Rohgewinn ❺		durchschnittlicher Lagerbestand	Lagerumschlagshäufigkeit
Menge	EW in EUR	VW in EUR	in %	in EUR	❻	❼
337	32.730,10	63.112,70				
	27.435,68	45.701,60	33,2	6.385,48	54.407,15	0,35
	43.269,06	69.543,25	32,5	8.887,21	59.452,52	0,46
	41.846,30	67.878,85	33,5	12.224,65	61.559,10	0,59

EW = Einkaufswerte VW = Verkaufswerte

Erklärung/ Ermittlung	Auswertung	Bedeutung für die Baumarkt KG
Umsatzerlöse ❷		
Die Umsatzerlöse für die jeweiligen Monate werden aus dem Warenwirtschaftssystem übernommen. = Absatzmenge (Stück) · Verkaufspreis (EUR)	Eine Veränderung beim Umsatzerlös kann auf eine veränderte Nachfrage oder auf Preisänderungen hinweisen.	Die Umsatzerlöse im Januar haben sich im Vergleich zu den beiden anderen Monaten mehr als verdoppelt. Dies kann beispielsweise auf erwartete Preiserhöhungen oder eine erhöhte Nachfrage hindeuten, z. B aufgrund eines gestiegenen Heimwerkerbedarfs oder sog. „Hamsterkäufe“.
Preisänderungen ❸		
Die Preisänderungen werden in EUR und Prozent vom jeweiligen Monatsumsatz berechnet.	Negative und positive Preisänderungen können den Umsatz erhöhen oder senken.	Die Preissteigerung um 11,30 % im ersten Monat des Jahres könnte auf die Lieferengpässe und die plötzlich stark angestiegenen Containerpreise bei der Fracht zurückzuführen sein.

Erklärung/ Ermittlung	Auswertung	Bedeutung für die Baumarkt KG
Preisänderungen ③		
Dabei kann es sich um Preisreduzierungen oder um Preiserhöhungen handeln.	Sie haben jedoch in jedem Fall eine Auswirkung auf die Handelsspanne bei unveränderter Kostenstruktur. Preissenkung = geringere Handelsspanne Preiserhöhung = höhere Handelsspanne	Die Begründung liegt nahe, da sich bei der Baumarkt KG die Handelsspanne (= Rohgewinn in %) kaum verändert hat, deshalb muss auch eine Kostensteigung eingetreten sein, auf die die Preiserhöhung zurückzuführen ist.
Wareneingang ④		
Beim Wareneingang handelt es sich um die monatlichen Wareneinkäufe. Diese Information wird dem Warenwirtschaftssystem entnommen.	Wird der Wareneingang in Relation zum Wareneinsatz gesetzt, kann der Einzelhändler ermitteln, ob sich sein Lagerbestand erhöht oder verringert hat. Wareneingang > Wareneinsatz → Bestandsmehrung Wareneingang < Wareneinsatz → Bestandsminderung	
Wareneinsatz		
Beim Wareneinsatz handelt es sich um die monatlichen Warenverkäufe. Der Wareneinsatz in EUR wird berechnet: Wareneinsatz = Umsatz – Rohgewinn oder Anfangsbestand + Wareneinkauf – Warenendbestand = Wareneinsatz	Kann der Einzelhändler ermitteln, welchen prozentualen Anteil der Wareneinsatz am jeweiligen Umsatz hat, so wäre er in der Lage, erforderliche Kostensenkungsmaßnahmen einzuleiten, falls dieser zu hoch ist.	Für den Monat Januar gilt: Umsatz 19.241,20 – Rohgewinn 6.385,48 = Wareneinsatz 12.855,72 Wareneinsatz (in %): $\frac{12.855,72 \cdot 100}{19.241,20}$ = 66,81 % Nun kann die Baumarkt KG, den Wert mit anderen Unternehmen vergleichen.

Erklärung/ Ermittlung	Auswertung	Bedeutung für die Baumarkt KG
Wareneinsatz		
Der Wareneinsatz (in %) wird ebenfalls errechnet und gibt an, welchen prozentualen Anteil die Warenkosten am Umsatz betragen.		Sie kann ermitteln, ob noch Potential besteht, um die Kosten für die Waren zu senken, wenn sie beispielsweise Lieferanten wechselt oder aufgrund der Werte in erneute Verhandlungen mit den bestehenden Lieferanten tritt.
Rohgewinn 5		
Der Rohgewinn und die Handelsspanne sind für den Handel besonders wichtige Kennziffern. Die Handelsspanne sagt etwas über den Erfolg der geschäftlichen Tätigkeit aus. Rohgewinn in EUR = Umsatzerlöse – Wareneinsatz Rohgewinn in % (Handelsspanne) $= \frac{\text{Rohgewinn in EUR} \cdot 100}{\text{Umsatzerlöse}}$	Je höher Rohgewinn und Handelsspanne eines Unternehmens sind, umso positiver ist das. Fallen die Werte zu niedrig aus, kann das Unternehmen durch unterschiedliche Maßnahmen gegenlenken. Ebenso kann dieser Wert im Vergleich zu den Vorjahren oder anderen Unternehmen auch als Zielsetzung für die Zukunft genutzt werden. Eine Steigerung ist in jedem Fall erstrebenswert, da der Betrieb dadurch rentabler wird.	Möchte die Baumarkt KG den Rohgewinn steigern, kann sie folgende Maßnahmen ergreifen: • Die Werbemaßnahmen erhöhen, um ihre Waren bekannter zu machen oder mehr Aufmerksamkeit im Vergleich zur Konkurrenz auf sich zu ziehen. • Verhandlungen mit den Lieferanten anbahnen, um durch Rabatte oder Preissenkungen mehr Rohgewinne bei gleichbleibenden Umsätzen zu erlangen. • Einen neuen und günstigeren Lieferanten suchen.
durchschnittlicher Lagerbestand 6		
Der durchschnittliche Lagerbestand gibt an, wie hoch der durchschnittliche Vorrat an Waren (bezogen auf eine bestimmte Zeitspanne) im Lager ist. durchschnittlicher Lagerbestand $= \frac{\text{Anfangsbestand} + \text{n Endbestände}}{(2 + n)}$	Anhand des durchschnittlichen Lagerbestands wird zum einen ersichtlich, wie hoch die Kapitalbindung im Unternehmen ist, zum anderen wird auch die Verkaufsbereitschaft des Unternehmens deutlich. Zusätzlich ist dieser Wert unentbehrlich für die Berechnung der Lagerumschlaghäufigkeit.	Ein zu hoher durchschnittlicher Lagerbestand muss die Baumarkt KG zu Kostensenkungen veranlassen, um die Rohgewinne zu steigern. So kann das Lager verkleinert werden, um Lagerkosten zu sparen. Die Kapitalbindung im Unternehmen sinkt ebenfalls. Dabei ist allerdings auf die Verkaufsbereitschaft zu achten.

LF 7, Kap. 3.7

Erklärung/ Ermittlung	Auswertung	Bedeutung für die Baumarkt KG
Lagerumschlagshäufigkeit 7		
Die Lagerumschlaghäufigkeit gibt an, wie oft der Lagerbestand im Unternehmen in einem bestimmten Zeitraum verkauft, also umgesetzt, wurde. Im Beispiel betrifft der Zeitraum jeweils den entsprechenden Monat. Lagerumschlagshäufigkeit $= \frac{\text{Wareneinsatz}}{\text{durchschnittlicher Lagerbestand}}$	Die Veränderung der Lagerumschlaghäufigkeit hat eine hohe Aussagekraft. Sie dient zur Beobachtung der durchschnittlichen Kapitalbildung. Daraus kann auch auf die Rentabilität eines Unternehmens geschlossen werden. Reduzierung = negativ, da die Kapitalbindung zunimmt; Erhöhung = positiv, da Lagerdauer verkürzt wird, dadurch sinken auch die Lagerkosten.	Für eine Verkleinerung der gelagerten Menge an Elektrowerkzeugen und damit auch reduzierter Kosten spricht die Analyse der Lagerumschlagshäufigkeit. Sie ist bei der Baumarkt KG sehr niedrig und ist dringend zu erhöhen. Branchenvergleichszahlen liefern hierbei nähere Informationen dazu, welchen Wert die Baumarkt KG anstreben sollte.

Fazit: Auf der Grundlage der ermittelten Daten aus der kurzfristigen Erfolgsrechnung kann die Geschäftsleitung der Baumarkt KG mithilfe von kurzfristigen Kontrollen den Erfolg des Unternehmens prüfen und gegebenenfalls schnell bei der zukünftigen Planung und Steuerung eingreifen.

Die regelmäßige Analyse der Warenbestände, Umsätze, Lagerbestände und der damit verbundenen Kennziffern mithilfe des WWS ermöglicht der Geschäftsführung der Baumarkt KG eine fortlaufende Anpassung ihrer Entscheidungen. Dies ist sowohl intern im Vergleich einzelner Perioden möglich als auch im Branchenvergleich, um sich beispielsweise an eine veränderte Marktsituation (neue Konkurrenten, Lieferengpässe usw.) anzupassen. Einige Handlungsinstrumente wie Werbemaßnahmen oder Verhandlungen mit Lieferanten wurden bereits in der Tabelle erwähnt. Denkbar wäre jedoch auch die Bereinigung des Sortiments oder eine Sortimentsanpassung bei den Elektrowerkzeugen. Ebenfalls besteht die Möglichkeit, bereits bestellte Artikel, die noch vorhanden sind, zu stornieren.

Aufgaben

1. Erklären Sie die Bedeutung des WWS für die kurzfristige Erfolgsrechnung. Nennen Sie Informationen, die aus dem WWS bezogen werden können.
2. Erklären Sie, weshalb ein Einzelhändler die kurzfristige Erfolgsrechnung regelmäßig durchzuführen sollte.
3. Begründen Sie, weshalb die Zahlen der kurzfristigen Erfolgsrechnung nur sinnvoll sind, wenn ein Vergleichswert gegeben ist.
4. Erklären Sie, welche Maßnahmen der Einzelhändler für die Erhöhung der Lagerumschlaghäufigkeit ergreifen kann.

6 Kennzahlen zur Beurteilung des unternehmerischen Erfolgs

Betriebliche Kennzahlen sind für ein Unternehmen von großer Bedeutung. Sie dienen der Beurteilung der Ertragslage und ermöglichen dem Einzelhandel festzustellen, wie effizient gearbeitet wird. Zudem veranschaulichen sie betriebliche Zusammenhänge und machen die finanzielle Situation (= Bilanzkennzahlen) und die unternehmerische Leistung (= Erfolgskennzahlen) sichtbar. In den meisten Fällen orientieren sie sich am Gewinn eines Unternehmens oder am Unternehmenswert.

Erfolgskennzahlen sind Verhältniszahlen.

Merke

Anhand der ermittelten Kennzahlen ist der Einzelhandel in der Lage:

- seine betriebliche Leistung zu kontrollieren
  Beispiel: *Wirtschaftlichkeit/Umsatzrentabilität als Indikator für Kostenkontrolle*
- Vergleiche mit anderen Branchen oder Zeitvergleiche zu erstellen
  Beispiel: *Vergleich der Rentabilität/Wirtschaftlichkeit mit Konkurrenten*
- die Planung für die zukünftige Entwicklung vorzunehmen
  Beispiel: *Potenzial für Steigerungen der Produktivität/Umsatzrentabilität*

Bilanz- und Erfolgskennzahlen werden in der Regel als relative Zahlen angegeben, da sie dadurch eine bessere Vergleichsmöglichkeit im Verlauf der Zeit oder aber auch mit anderen Unternehmen der Branche bieten.

Die Informationen zu den Kennzahlen erhält der Einzelhandelsbetrieb aus der Bilanz und der Gewinn- und Verlustrechnung.

LF 8, Kap. 5.4
LF 8, Kap. 6.2

6.1 Bilanzkennzahlen

Der Begriff Bilanzkennzahlen weist darauf hin, dass die Informationen, die daraus gewonnen werden, aus der Bilanz stammen und sich ihre Aussagekraft bei der Analyse auf diesen Bereich bezieht. Für die weitern Berechnungen in diesem Kapitel wird die folgende Bilanz der Baumarkt KG zugrunde gelegt.

Beispiel: *Bilanz der Baumarkt KG*

Aktiv (A)	Schlussbilanz der Baumarkt KG zum 31.12.. in EUR		**Passiv (P)**
I. Anlagevermögen		**I. Eigenkapital**	866.500,00
Grundstücke und Gebäude	1.800.000,00	**II. Verbindlichkeiten**	
		Hypothek	300.000,00
Fuhrpark	45.000,00	Verb. ggü. Kreditinstituten	850.000,00
BGA	50.000,00	Verb. aus LuL	80.000,00
II. Umlaufvermögen			
Waren	100.800,00		
Forderungen aus LuL	56.500,00		
Kasse	12.200,00		
Bank	32.000,00		
	2.096.500,00		**2.096.500,00**

6.1.1 Kapitalstrukturkennzahlen

Als Kapitalstruktur wird die Zusammensetzung des Kapitals eines Unternehmens bezeichnet. Kapitalstrukturkennzahlen lassen sich aus der Passivseite einer Bilanz ablesen. Sie sind Kennzahlen zur Analyse der Kapitalstruktur eines Unternehmens und verdeutlichen, inwieweit ein Unternehmen durch Eigenkapital und/oder Fremdkapital (Schulden) finanziert ist.

Kapitalstrukturkennzahlen können entscheidend sein für die Gewährung und die Laufzeit von Unternehmenskrediten, außerdem sind sie ein Indikator (= Anzeichen) für eine Überschuldung oder eine drohende Zahlungsunfähigkeit eines Unternehmens und damit die Gefahr einer Insolvenz.

Eigenkapitalquote

LF 8, Kap. 3.1

Die Eigenkapitalquote gibt den prozentualen Anteil des Eigenkapitals im Verhältnis zum Gesamtkapital an. Eine hohe Eigenkapitalquote bedeutet, dass das Unternehmen vergleichsweise unabhängig ist von anderen Fremdkapitalgebern und eine gute Bonität aufweist. Ein solches Unternehmen gilt für die Banken als kreditwürdig und hat es leichter, auf dem Kapitalmarkt neue Gelder für Investitionen zu beschaffen. Eine Grundregel besagt, dass ein Unternehmen mindestens 30 % seiner Investitionen mit dem eigenen Kapital finanzieren sollte.

Formel

$$\text{Eigenkapitalquote (in \%)} = \frac{\text{Eigenkapital} \cdot 100}{\text{Gesamtkapital}}$$

Beispiel: *Berechnung der Eigenkapitalquote der Baumarkt KG, basierend auf den Zahlen der Bilanz:*

Eigenkapitalquote: $\frac{866.500,00 \cdot 100}{2.096.500,00} = 41,33\,\%$

Beurteilung: *Die Baumarkt KG finanziert sich zu mehr als 40 % über das Eigenkapital. Damit wäre sie beispielweise in der Lage, einen Verlust im kommenden Jahr aus eigenen Mitteln abzufangen und damit nicht ihre Existenz zu gefährden.*

Im deutschen Branchenvergleich liegt die Baumarkt KG sogar als mittelständisches Unternehmen über dem Durchschnitt.

Durchschnittliche Eigenkapitalquoten von mittelständischen Unternehmen in Deutschland nach Beschäftigtengrößenklassen von 2006 bis 2019

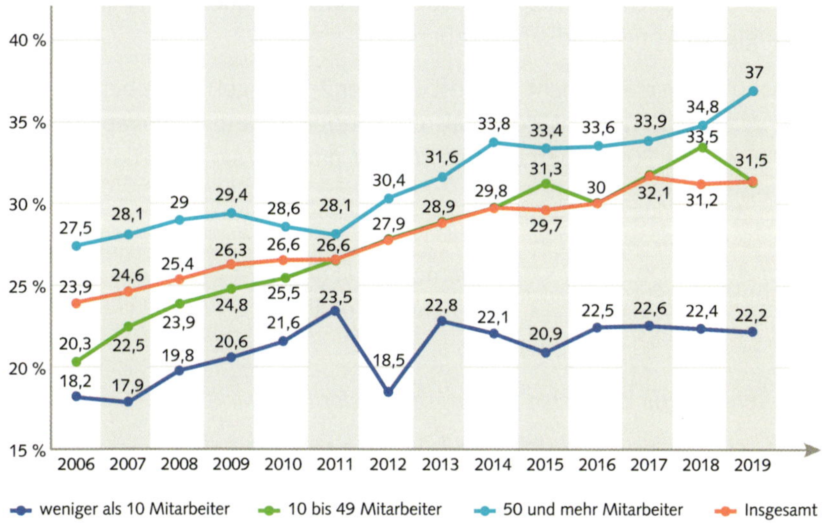

Quelle: https://de.statista.com/statistik/daten/studie/150148/umfrage/durchschnittliche-eigenkapitalquote-im-deutschen-mittelstand/#professional

Fremdkapitalquote

Die Fremdkapitalquote gibt den prozentualen Anteil des Fremdkapitals im Verhältnis zum Gesamtkapital an und ist damit das Gegenstück zur Eigenkapitalquote. Eine zu hohe Fremdkapitalquote weist auf eine drohende Überschuldungsgefahr oder ein hohes Risiko der Zahlungsunfähigkeit hin. Je höher diese ausfällt, umso abhängiger ist das Unternehmen von seinen Fremdkapitalgebern. Eine übliche Faustregel besagt, dass die Fremdkapitalquote nicht mehr als das Doppelte der Eigenkapitalquote betragen sollte, also nicht mehr als 67 % der Bilanzsumme betragen.

Formel

$$\text{Fremdkapitalquote (in \%)} = \frac{\text{Fremdkapital} \cdot 100}{\text{Gesamtkapital}}$$

Beispiel: *Berechnung der Fremdkapitalquote der Baumarkt KG:*

$$\textit{Fremdkapitalquote:}\ \frac{1.230.000{,}00 \cdot 100}{2.096.500{,}00} = 58{,}67\,\%$$

Beurteilung: *Die Fremdkapitalquote der Baumarkt KG ist nicht zu hoch, sie liegt mit knapp 59 % sogar unter der Faustregel.*

Verschuldungsgrad

Der Verschuldungsgrad bezeichnet das Verhältnis von Fremdkapital zum Eigenkapital und wird als eine Alternative oder ergänzende Kennzahl zur Fremdkapitalquote betrachtet. Je höher der Verschuldungsgrad, umso höher ist die Gefahr der Zahlungsunfähigkeit oder Überschuldung des Unternehmens. Das Unternehmen befindet sich dann, wie auch bei entsprechender Fremdkapitalquote, in einer zunehmenden Abhängigkeit von Fremdkapitalgebern.

Beim Verschuldungsgrad spricht man oft von der 2 : 1-Regel. Diese besagt, dass der Grad der Verschuldung nicht höher als das Doppelte vom Eigenkapital betragen bzw. nicht mehr als 200 % betragen sollte. Nur dann ist ein Unternehmen noch in der Lage, effizient zu arbeiten.

Formel

$$\text{Verschuldungsgrad (in \%)} = \frac{\text{Fremdkapital} \cdot 100}{\text{Eigenkapital}}$$

Beispiel: *Berechnung des Verschuldungsgrads der Baumarkt KG:*

$$\textit{Verschuldungsgrad:}\ \frac{1.230.000{,}00 \cdot 100}{866.500{,}00} = 141{,}95\,\%$$

Beurteilung: *Die Baumarkt KG erreicht einen Verschuldungsgrad, der unter der 2:1-Regel bzw. unter 200 % liegt. Damit arbeitet sie nachhaltig mit den ihr zur Verfügung stehenden Mitteln.*

6.1.2 Liquidität

Die Liquidität weist die Zahlungsbereitschaft eines Unternehmens aus. Sie sagt demnach etwas über die Fähigkeit eines Unternehmers aus, seinen kurzfristigen Zahlungsverpflichtungen fristgerecht nachzukommen. Dabei liegt das Augenmerk vor allem auf dem Umlaufvermögen, da es dem Einzelhändler relativ schnell zur Verfügung steht, um seine Schulden zu begleichen. Es lassen sich verschiedene Grade der Liquidität berechnen, indem schrittweise weitere Posten des

Umlaufvermögens zur Begleichung der Schulden hinzugezogen werden. Im Folgenden soll jedoch nur der erste Grad behandelt werden. Dieser wird auch Barliquidität genannt und gibt an, wie viel Prozent der kurzfristigen Verbindlichkeiten sofort mit Barmitteln (= Kasse und Bank) beglichen werden könnten.

Weist ein Unternehmen eine hohe Liquidität aus, so gilt es für Banken und Lieferanten als kreditwürdig. Zusätzlich kann es beispielsweise problemlos die Skonti nutzen und dadurch Kosten einsparen.

Die Barliquidität eines Unternehmens sollte zwischen 5 % und 10 % liegen, um kurzfristige Verbindlichkeiten schnell und rechtzeitig bezahlen zu können.

$$\text{Barliquidität (in \%)} = \frac{\text{flüssige Mittel (Kasse + Bank)} \cdot 100}{\text{kurzfristige Verbindlichkeiten}}$$

Formel

Beispiel: *Berechnung der Barliquidität der Baumarkt KG:*

$$\textit{Barliquidität: } \frac{44.200{,}00 \cdot 100}{80.000{,}00} = 55{,}25\,\%$$

Beurteilung: *Die Baumarkt KG ist bezüglich der Liquidität sehr gut aufgestellt, sie könnte die Hälfte der kurzfristigen Verbindlichkeiten auf einmal bezahlen und liegt weit über den auf dem Markt empfohlenen Werten von 5 % bis 10 %.*

6.2 Erfolgskennzahlen

Die Erfolgskennzahlen werden aus der GuV abgeleitet und ergänzen die Möglichkeiten zur Analyse des Unternehmens. Anknüpfend an die oben aufgeführte Bilanz wird die folgende GuV der Baumarkt KG für die weiteren Berechnungen zugrunde gelegt.

LF 8, Kap. 5.4

Beispiel: *GuV der Baumarkt KG*

S	Gewinn- und Verlustkonto		H
Aufwendungen für Waren	380.000,00	Umsatzerlöse für Waren	830.000,00
Aufwendungen für Personal	210.000,00	sonstige Erträge	24.000,00
Aufwendungen für Miete	150.000,00		
Aufwendungen für Zinsen	11.000,00		
Gewinn	103.000,00		
	854.000,00		**854.000,00**

6.2.1 Rentabilität

Die Rentabilität ist eine Messgröße für die Ertragskraft eines Unternehmens. Legt der Einzelhandelsunternehmer sein Geld in seinem Unternehmen an, statt es in anderer Form anzulegen, erwartet er von dieser Anlageform eine entsprechende

Rendite. Ob dies der Fall ist, lässt sich anhand der Rentabilitätskennziffern berechnen. Sie können auf das eingesetzte Kapital oder den Umsatz bezogen werden. Bei der Rentabilität handelt es sich um eine Erfolgskennziffer, da die Berechnung und Analyse anhand der gegebenen Werte aus der Gewinn- und Verlustrechnung erfolgt.

Eigenkapitalrentabilität

Die Eigenkapitalrentabilität wird auch Unternehmerrentabilität genannt. Sie zeigt, wie sich das investierte Eigenkapital für die Unternehmer verzinst hat. Damit ist ein Investor in der Lage, einen Vergleich zu anderen Anlagemöglichkeiten durchzuführen.

Formel

$$\text{Eigenkapitalrentabilität (in \%)} = \frac{\text{Gewinn} \cdot 100}{\text{Eigenkapital}}$$

Beispiel: *Berechnung der Eigenkapitalrentabilität der Baumarkt KG:*

Eigenkapitalrentabilität: $\frac{103.000,00 \cdot 100}{366.500,00} = 28,10\,\%$

Beurteilung: *Die Verzinsung des Eigenkapitals bei der Baumarkt KG ist hervorragend. Für die Eigenkapitalgeber gäbe es im Vergleich zu Banken, Aktienmärkten oder Immobilienfonds auf dem Kapitalmarkt keine Möglichkeiten, ihr Geld so gewinnbringend anzulegen.*

Gesamtkapitalrentabilität

Die Gesamtkapitalrentabilität wird auch Unternehmensrentabilität genannt. Sie zeigt, wie effektiv das Unternehmen sein Kapital einsetzt und wie sich das investierte Gesamtkapital dadurch verzinst hat. Zusätzlich gibt sie Auskunft darüber, ob es sich gelohnt hat, zusätzliches Fremdkapital für Investitionen aufzunehmen. Der Einsatz von Fremdkapital wird sich immer dann für ein Unternehmen lohnen, wenn die Gesamtkapitalrentabilität größer ist als der Zinssatz für das Fremdkapital. Dies bedeutet für das Unternehmen, dass es nicht nur Gewinne gemacht hat, sondern auch die zusätzlichen Kosten für das Fremdkapital mit den erwirtschafteten Mitteln decken kann. Bei der Berechnung müssen deshalb die Fremdkapitalzinsen hinzuaddiert werden, da sie bereits im Vorfeld als Aufwand den Gewinn in der GuV gemindert haben.

Formel

$$\text{Gesamtkapitalrentabilität (in \%)} = \frac{(\text{Gewinn} + \text{Fremdkapitalzinsen}) \cdot 100}{\text{Gesamtkapital}}$$

Beispiel: *Berechnung der Gesamtkapitalrentabilität der Baumarkt KG:*

Gesamtkapitalrentabilität: $\frac{(103.000,00 + 11.000,00) \cdot 100}{1.096.500,00} = 10,40\,\%$

Beurteilung: *Sofern der Zinssatz für das aufgenommene Kapital unter 10,40 % gelegen hat, hat sich die Aufnahme des Fremdkapitals für die Baumarkt KG gelohnt. Denn durch die zusätzliche Investition hat sie eine höhere Rendite erwirtschaftet im Vergleich zu den Kosten, die dadurch entstanden sind.*

Gleichzeitig ist es durchaus sinnvoll für das Unternehmen, bei Bedarf noch weiteres Fremdkapital aufzunehmen, sofern der Prozentwert unter der Gesamtkapitalrentabilität liegt. Wenn der Verdienst des Unternehmers durch den Einsatz von Fremdkapital steigt, hat dies wiederum eine positive Auswirkung auf die Eigenkapitalrentabilität. Diese steigt dann durch höhere Gewinne ebenfalls.

Umsatzrentabilität

Die Umsatzrentabilität gibt den prozentualen Anteil des Gewinns am Umsatz an. Der Einzelhändler kann dabei sehen, wie viel Prozent Gewinn er je 100,00 EUR Umsatz erwirtschaftet hat.

$$\text{Umsatzrentabilität (in \%)} = \frac{\text{Gewinn} \cdot 100}{\text{Umsatzerlöse für Waren}}$$

Formel

Beispiel: *Berechnung der Umsatzrentabilität der Baumarkt KG:*

$$\text{Umsatzrentabilität: } \frac{103.000{,}00 \cdot 100}{830.000{,}00} = 12{,}41\ \%$$

Beurteilung: *Die Baumarkt KG erwirtschaftet mit je 100,00 EUR Umsatz einen Gewinn von 12,41 EUR.*

LF 8, Kap. 6.2

6.2.2 Wirtschaftlichkeit

Die Wirtschaftlichkeit eines Einzelhandelsbetriebes lässt sich feststellen, indem die Leistungen den Kosten gegenübergestellt werden. Sie zeigt, inwiefern die erzielten Leistungen (= Umsatzerlöse für Waren) die entstandenen Kosten (= betriebliche Aufwendungen) decken.

Dabei gilt folgende Regel:

- Wirtschaftlichkeit > 1 dann macht der Betrieb Gewinne
- Wirtschaftlichkeit < 1 dann macht der Betrieb Verluste

$$\text{Wirtschaftlichkeit} = \frac{\text{Leistungen (Umsatzerlöse für Waren)}}{\text{Kosten (= betriebliche Aufwendungen)}}$$

Formel

Beispiel: *Berechnung der Wirtschaftlichkeit der Baumarkt KG:*

$$\text{Wirtschaftlichkeit: } \frac{830.000{,}00}{751.000{,}00} = 1{,}1$$

Beurteilung: *Die Baumarkt KG erwirtschaftet Gewinne. Ihre Leistungen betragen das 1,1-Fache ihres Aufwands.*

6.2.3 Cashflow

Der Cashflow (= Rückfluss) ist eine Kennzahl, mit der die Zahlungsfähigkeit eines Unternehmens beurteilt werden kann. Sie zeigt den in einer Geschäftsperiode erzielten Einzahlungsüberschuss, der dem Unternehmen für Investitionen, Tilgung von Krediten oder als Liquidität zur Verfügung steht. Der Cashflow gibt an, in welchem Ausmaß ein Unternehmen finanzielle Mittel aus eigener Kraft erwirtschaftet hat und wie es um die Finanzkraft des Unternehmens bestellt ist.

Vereinfacht ist dies die Differenz zwischen zahlungswirksamen Erträgen (= Umsatzerlöse) und zahlungswirksamen Aufwendungen (= Miete, Personalkosten usw.) und entspricht demnach dem Rückfluss von liquiden Mitteln in das Unternehmen. Bei einem anhaltend negativen Cashflow besteht Insolvenzgefahr.

Formel

Cashflow = Umsatzerlöse – zahlungswirksame Aufwendungen

Beispiel: *Berechnung des Cashflows der Baumarkt KG:*

Cashflow = 830.000,00 – 751.000,00 = 79.000,00 EUR

Beurteilung: *Durch den Verkauf von Waren sind 79.000,00 EUR an die Baumarkt KG zurückgeflossen, die sie jetzt für weitere Zwecke nutzen kann.*

6.2.4 Produktivität

Die Produktivität gibt das Verhältnis zwischen Ausbringungsmenge (= Output) und der Einsatzmenge eines Produktionsfaktors (= Input) an. Für einen Einzelhandelsbetrieb bedeutet dies das Verhältnis aus den erzielten Umsätzen (= Ausbringungsmenge) zu den dafür benötigten Produktionsfaktoren (= Einsatzmenge).

Die Einsatzmenge kann auf verschiedene Faktoren bezogen werden, die jeweils eine Art der Produktivität angeben:

Produktionsfaktor als Einsatzmenge	Art der Produktivität
Anzahl der Arbeitsstunden	= Arbeitsproduktivität
Anzahl der Mitarbeiter	= Personalproduktivität
Geschäftsfläche in qm	= Flächenproduktivität
Anzahl der Kunden	= Kundenproduktivität

Für die Berechnung der unterschiedlichen Produktivitätsarten werden die entsprechenden Werte in die folgende Formel eingesetzt:

$$\text{Produktivität} = \frac{\text{Ausbringungsmenge (= Output)}}{\text{Einsatzmenge (= Input)}}$$

Formel

Wie im LF 8, Kapitel 6.2.2 nachzulesen ist, kann sich der Input auf die Anzahl der Arbeitsstunden oder Mitarbeiter, auf die Verkaufsfläche oder auf die Anzahl der Kunden beziehen.

LF 8, Kap. 6.2

Um den Erfolg eines Unternehmens beurteilen zu können, sind Kennzahlen unerlässlich. Dabei darf sich ein Unternehmen nicht nur auf einzelne Werte verlassen, sondern muss diese immer im Zusammenhang betrachten. So kann die Produktivität steigen, während die Umsatzrentabilität sinkt, was beispielsweise am Verhältnis der steigenden Kosten zu den Umsatzerlösen oder aber auch an Sonderaktionen liegen kann, bei denen der Gewinn aufgrund von Rabatten sinkt.

Zusammenfassend lässt sich an Kennzahlen die Entwicklung eines Unternehmens beobachten; nur so können seine Schwächen und Stärken analysiert und Probleme rechtzeitig erkannt werden. Hierzu ist es besonders wichtig, sich einen Überblick über die Kennzahlen zu verschaffen. Dies gilt nicht nur für die Beurteilung der eigenen Entwicklung, sondern auch für den Vergleich mit anderen Unternehmen. Die Zahlen lassen sich übersichtlich in Diagrammen bzw. Betriebsstatistiken darstellen.

LF 8, Kap. 7

Aufgaben

1. Begründen Sie, warum die Kennzahlen für den Erfolg eines Einzelhandelsbetriebes bedeutsam sind.
2. Erklären Sie den Unterschied zwischen den Bilanz- und den Erfolgskennzahlen.
3. Prüfen Sie, ob die folgenden Aussagen wahr oder falsch sind, und stellen Sie die falschen Aussagen richtig:
   a) Der Verschuldungsgrad zeigt das Verhältnis von Fremdkapital zum Gesamtkapital.
   b) Die Liquidität zeigt die Zahlungsbereitschaft eines Unternehmens.
   c) Wenn der Zinssatz für Fremdkapital günstiger als die Eigenkapitalrentabilität ist, dann lohnt es sich für das Unternehmen, Kredite aufzunehmen.
   d) Liegt die Wirtschaftlichkeit unter dem Wert 1, dann macht das Unternehmen Gewinne.
   e) Die Produktivität gibt das Verhältnis zwischen der Einsatzmenge eines Produktionsfaktors und der Ausbringungsmenge an.
4. Welche Personengruppen haben Interesse an den Bilanz- und den Erfolgskennzahlen?

Mit Marketingkonzepten Kunden gewinnen und binden

1. Grundlagen der Marketingarbeit kennenlernen
2. Die eigene Marktsituation untersuchen
3. Marketing planen
4. Marketinginstrumente im Einzelhandel erfolgreich einsetzen
5. E-Commerce als Mittel der Kundenbindung einsetzen

© magele-picture – stock.adobe.com

© Andrey Popov – stock.adobe.com

LF 12

1 Grundlagen der Marketingarbeit kennenlernen

Je mehr Menschen den gleichen Begriff verwenden, desto unschärfer wird er. Die Filialleiterin eines Mediafachmarktes plant eine Verkaufsförderungsaktion und delegiert die Umsetzung an das Marketing. Der Betriebsinhaber eines Kaufhauses spricht davon, über Gutscheinaktionen mehr Marketing zu machen. Die Teamleiterin im Verkauf ermahnt die Kollegen, bei der Beratung doch mehr an das Marketing zu denken.

Um die Bedeutung von Marketing besser zu erfassen, lohnt es sich, einige Facetten der Marketingarbeit im Lauf der Zeit einzufangen. Dabei muss man zwischen der Geschichte des Begriffs und der Handelspraxis unterscheiden.

1.1 Entwicklungslinien

Die Praxis des Marketings gibt es schon seit Jahrtausenden. Der englische Begriff taucht aber erst im 16. Jahrhundert auf. Man versteht darunter die Geschäftstransaktionen des Kaufens und Verkaufens auf einem Markt. Marketing wird dann zunehmend in den 1920er Jahren an den US-amerikanischen Business Schools als Lehrfach und Teildisziplin des Managements (Unternehmensführung) aufgenommen. In Deutschland geschieht dies nach dem 2. Weltkrieg. Zunächst wird noch von Absatzwirtschaft gesprochen.

Die Marketingwissenschaft hat die Zielrichtung des Marketings in ein idealtypisches Phasenschema gefasst:

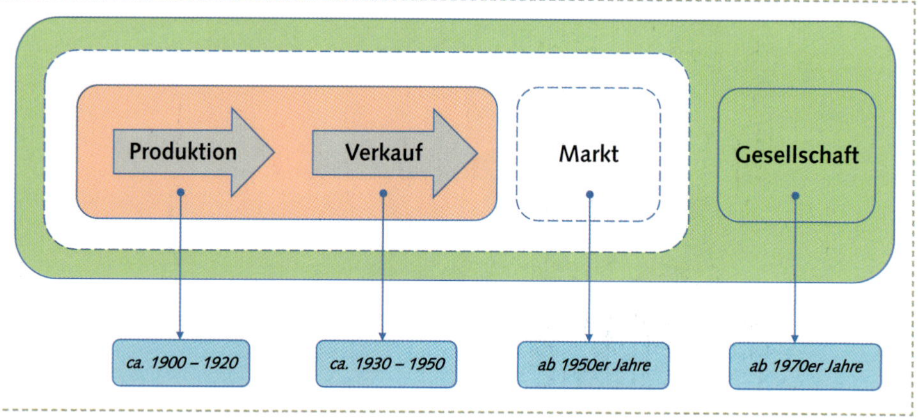

© Michael Hauck

Historische Schwerpunkte der Marketingidee

Zeit	Schwerpunktsetzung	Erläuterung
1900 – 1920	Beginn der Massenproduktion	Die Nachfrage übersteigt noch das Angebot. Handelswaren verkaufen sich noch problemlos. Die Produzenten haben die Marktmacht. Es herrscht daher ein Verkäufermarkt vor.
1930 – 1950	Reaktion auf Sättigung/ Störungen des Marktes	Die Konkurrenz wird größer und die Preise sinken. Die Kaufkraft der Konsumenten sinkt durch Krisen (Weltwirtschaftskrise, 2. Weltkrieg, Rationalisierungen, Entlassungen). Produzierte Güter werden durch verstärkte Werbung und besseren Außendienst abgesetzt.
ab 1950er Jahre	Bedürfnisse der Marktteilnehmer	Es genügt nicht, Waren günstig zu produzieren und geschickt zu verkaufen. Es sind die Waren zu produzieren, die auch wirklich auf dem Markt nachgefragt werden. Die langfristige Bindung des Kunden erlangt in den 1990er Jahren eine zunehmende Bedeutung unter dem Begriff „Customer-Relationship-Management". Dazu gehören u. a. besserer Kundenservice, intensiver Kundenkontakt und gegenseitiges Vertrauen. Das ist eine Herausforderung, weil Kundenbedürfnisse in Zeiten der Globalisierung immer differenzierter und schnelllebiger werden.
ab 1970er Jahre	Societal Marketing/ gesamtgesellschaftliche Verantwortung	Das Marketing von Unternehmen muss gesellschaftlich verantwortungsbewusst betrieben werden. Es sind die Interessen sämtlicher Anspruchsgruppen (Stakeholder) mit zu berücksichtigen, z. B. der Arbeitnehmer, Kapitalgeber, Lieferanten, des Staates oder Umwelt- bzw. Menschenrechtsgruppen.

Quelle: In Anlehnung an Thommen, Jean-Paul; Achleitner, Ann-Kristin: Allgemeine Betriebswirtschaftslehre. Umfassende Einführung aus managementtheoretischer Sicht, Wiesbaden, Gabler, 5. Auflage, 2006, S. 123 – 125.

Modernes Marketing stellt den Markt, das Wettbewerbsumfeld, die Bedürfnisse des Kunden und anderer Stakeholder (Interessenträger) in den Mittelpunkt. Es geht nicht darum, den Verkauf existierender Produkte zu fördern, sondern auf die Bedürfnisse der Kundschaft abgestimmte Produkte zu entwickeln und zu verkaufen.

Nicht nur die Unternehmensleitung, jeder Mitarbeiter oder Mitarbeiterin muss sich im Tagesgeschäft fragen, welchen Mehrwert man für die Kunden schafft.

Marketing ist mehr als Warenabsatz. Es ist eine ganzheitliche Unternehmensaufgabe. Sie zieht sich durch alle Funktionsbereiche des Handelsunternehmens.

Merke

1.1.1 Das Warenhaus der Sinne und Einkaufen als Erlebnis

Ohne schon von Marketing zu sprechen, ist in der Praxis bereits Mitte des vorletzten Jahrhunderts begonnen worden, Kundenbedürfnisse bewusst anzusprechen. In dieser Zeit der Industrialisierung entwickeln sich neue Betriebsformen, wie etwa das Warenhaus. Hochwertige Güter werden zu einem einheitlichen Preis verkauft. Das war damals eine Neuheit, denn jeder Kunde hatte bis dahin mit vielen kleinen Händlern seinen Preis mühsam individuell aushandeln müssen.

So hat der französische Unternehmer Aristide Boucicaut (1810 – 1877) mit seinem Warenhaus Le Bon Marché einen damals modernen, glitzernden Konsumtempel in Paris erschaffen. Stoffe und Kleidung werden psychologisch geschickt präsentiert und finden unter den wohlhabenden Bürgerinnen reißenden Absatz. Diese optische Verkaufsförderung durch „Fascination Points" kann heute als Visual Merchandising bezeichnet werden.

© Selitbul – stock.adobe.com

Quelle: Geschichtliche Entwicklung von 1.1.1 – 1.1.3 in Anlehnung an Ahlert, Dieter; Kenning, Peter; Brock, Christian: Handelsmarketing. Grundlagen der marktorientierten Führung von Handelsbetrieben, Berlin, Springer Gabler, 3. Auflage, 2020, S. 6 – 17.

Buch

„Auch in die Seidenabteilung war die Menge gekommen, man drängte sich vor allem vor der Innendekoration … Im Hintergrund der Halle war eine der dünnen gusseisernen Säulen, die das Glasdach trugen, gleichsam in ein Geriesel von Stoffen gehüllt, ein wallender Wasserfall, der sich von oben herab, immer breiter werdend, bis auf den Parkettboden ergoss. Da sprudelten zunächst helle Atlasse und zartfarbene Seiden hervor … in den Perlmuttertönen von Quellwasser; die leichten Seiden, durchsichtig wie Kristall, nilgrün, indischhimmelblau, dijonröschenrot, donaublau. Dann folgten kräftigere Gewebe …, warme Farbtöne, die in stärker schwellenden Wogen dahinrollten. Und unten schliefen wie in einem großen flachen Becken die schweren [mit Metallfäden durchwirkten Gewebe] …, die mit ihren schillernden Flecken einen reglosen See bildeten, darin die Spiegelungen von Himmel und Landschaft zu schwanken schienen."
Quelle: Aus dem Roman von Emile Zola, Das Paradies der Damen, 1884, Berlin, edition ebersbach, S. 135 – 136, übersetzt von Hilda Westphal.

Neben dem Festpreissystem verfolgt Boucicaut eine knapp kalkulierte Preispolitik. Die Lieferung kann auch bequem frei Haus erfolgen. Mit Sonderaktionen, Luftballons an Kinder, Privatkonzerten oder einer Bibliotheksecke sind zahlreiche Facetten einer modernen Servicepolitik bereits vorzufinden. Gleichzeitig wird auch ein Versandhandel gegründet und so ein weiterer Vertriebskanal geöffnet.

Das Warenhaus mit breitem, teils gehobenem Sortiment, einem umfangreichen Service sowie festen Preisen kann auch kurze Zeit später in Deutschland Fuß fassen, mit Kaufhof (1879), Karstadt (1881), Hertie (1882) und Wertheim (1890).

1.1.2 Das Handelsmarketing entwickelt sich

Neue Vertriebsstrukturen entwickeln sich Anfang des 20. Jahrhunderts, einige Unternehmen erweitern gezielt das Vertriebsnetz und investieren in den Versandhandel per Katalog. Beispiele dafür sind Bader, Baur, Wenz oder Quelle, die sich in den 1920er Jahren als Universalversender entwickeln. Aber auch Spezialversender mit engem Sortiment treten schon in Erscheinung (z. B. Conrad Electronic).

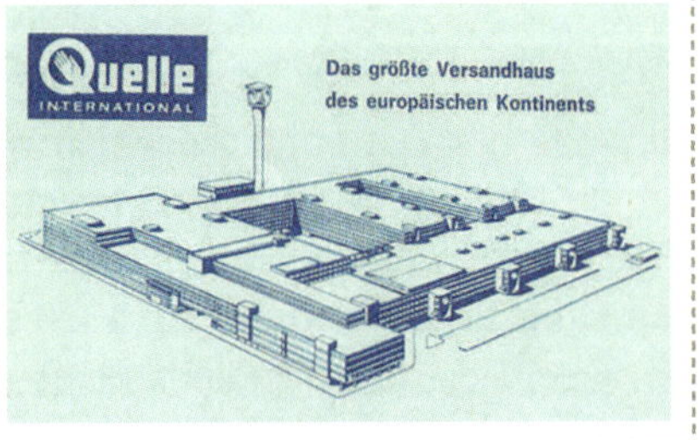

Einkaufsgenossenschaften (EDEKA) und freiwillige Handelsketten selbstständiger Kaufleute (SPAR) verfügen damals in Deutschland über das größte Einzelhandelsfilialnetz und können so in der Warendistribution rasch ihre Kunden erreichen („Kaufmann um die Ecke", „Tante Emma"). Ein Grund für den Zusammenschluss liegt wohl auch in der Bündelung der Kräfte, um dem Druck der Konkurrenz standzuhalten oder um Bezugsvorteile im gemeinschaftlichen Einkauf zu erzielen.

ab 1911 | ab 1922 | ab 1947 | ab 1952 | ab 1965 | ab 1972 | aktuell

LF 6, Kap. 1.5

Fachgeschäfte mit zentraler Organisation und ausgedehntem Filialnetz (Spezialfilialisten) verkaufen zunächst Kaffee und andere Kolonialwaren, später dann Lebensmittel. Dazu gehören z. B. Kaiser's und Tengelmann, die in den 1920er Jahren schon stark wachsen. Mit der Einführung einer eigenen Handelsmarke (Betriebstypenmarke) können sie sich von den Markenherstellern abheben, Kunden binden und so durch eine geschickte Markenpolitik ein weiteres Element des Marketings erfolgreich einsetzen.

In den 1950er Jahren entstehen die ersten Tchibo-Filialen, ab den 1970er Jahren verstärkt auch die Depots des ehemaligen Konkurrenten Eduscho, wobei die Kunden über ein einheitliches Shop-in-Shop-Konzept (Kaffee-Depot) bzw. ein eigenes Filialnetz gezielt angesprochen werden. Neben Kaffee werden Gebrauchsgüter des täglichen Bedarfs im Sortiment angeboten, um Zusatzverkäufe zu generieren (Cross-Selling).

Nach dem Zweiten Weltkrieg schlägt die eigentliche Geburtsstunde des Handelsmarketings. Der wirtschaftliche Wohlstand (Wirtschaftswunder) sorgt für volle Regale und kaufkräftige Kundschaft. Immer häufiger müssen jedoch diese in der Überflussgesellschaft bewusst umworben werden. Der Markt wandelt sich endgültig vom Verkäufermarkt zum Käufermarkt. Kunden haben nun die Wahl zwischen vielen

Produkten. Der Handel betreibt seit dieser Zeit zunehmend eigenständige Marketingpolitik und hat sich weitgehend von den Vorstellungen der Hersteller gelöst. Er ist näher am Kunden und vermittelt als Gate-Keeper zwischen diesen und den Herstellern.

© dpa/ AP

Im Laufe der Zeit entwickeln sich weitere Betriebsformen und Absatzkonzepte im Lebensmitteinzelhandel, insbesondere Supermärkte und Discounter. Ab 1974 dürfen die Hersteller den Händlern keine Preise mehr vorschreiben (Wegfall der vertikalen Preisbindung), der Einzelhandel kann nun Preise autonom festsetzen. Ein Trendsetter ist damals ALDI (Albrecht Diskont), mit einer veränderten Sortiments- und Preispolitik. Die Ware des schmalen Sortiments wird knapp kalkuliert, auf aufwendige Warenpräsentation und Serviceleistungen wird verzichtet.

Wegweisend für den Supermarkt ist die aus den USA seit den 1950er Jahren übernommene Verkaufsform der Selbstbedienung (u.a. Piggly Wiggly). Ladenlayout, Kundenführung und Warenplatzierung folgen nicht rein ökonomischer Zweckmäßigkeit, sondern auch verkaufspsychologischen Regeln, was Impulskäufe und Aktionsplatzierungen zulässt.

1.1.3 Marketingkommunikation und Geschäftsmodelle im Wandel der Zeit

© dpa/ Raimund Kutter

Bereits mit dem Buchdruck (ca. 1450) konnten sich politische Botschaften durch Printmedien über weite Strecken einer breiten Öffentlichkeit erschließen. Im 19. Jahrhundert greifen Unternehmen diese Neuerungen für ihre Kommunikationspolitik auf. 1854 erfindet Ernst Litfaß die nach ihm benannte Litfaß-Säule, ein neues Medium der Außenwerbung, beklebt mit bunten Plakaten, um die zunehmende Wildplakatierung in Berlin zu vermeiden. Etwa zur gleichen Zeit sind Zeitungsannoncen in der kommerziellen Printwerbung nicht mehr aus dem Alltag wegzudenken, nicht zuletzt, weil nun die Pressefreiheit garantiert wird.

Mit dem ersten Fernsehwerbespot über das Waschmittel PERSIL im Jahr 1956 erreicht das Fernsehen als alltagstaugliches Medium erstmals das Massenpublikum mit einer kommerziellen Werbebotschaft. Seither sind audiovisuelle Medien für die Werbewirtschaft unverzichtbar, um Verbraucher bewusst zu informieren, zu unterhalten, aber auch indirekt zu beeinflussen.

Mit der Öffnung des World Wide Web für die Wirtschaft (1995) wird auch dieses Medium als Vertriebs- und Kommunikationskanal für die Marketingarbeit im Handel genutzt. Seit dem Dot-Com-Boom 2000 setzen auch Suchmaschinenbetreiber auf ein werbefinanziertes Geschäftsmodell. Kunden sind nicht mehr die User, sondern die Unternehmen, die für Werbung bezahlen müssen.

Im Handel entwickeln sich zuerst einfache Geschäftsmodelle des E-Commerce, etwa der Aufbau einer rein informativen Webpräsenz (Corporate Website), die in zunehmendem Maße um Funktionen eines echten Webshops ergänzt und an ein Warenwirtschaftssystem (ERP-Software) angebunden wird.

2007 wird das erste Smartphone eingeführt. Onlineshopping wird in zunehmendem Umfang mit sozialen Medien (Instagram, Facebook, YouTube, Tiktok) verknüpft. Kunden teilen ihre Einkaufserfahrungen über soziale Medien und kaufen nach den Empfehlungen von Netzwerkfreunden. Der Such- und Kaufentscheidungsprozess („Customer Journey") verändert sich. Die ubiquitäre (überall verbreitete) Echtzeitkommunikation – online und ohne Medienbrüche – erlaubt es nun, Kundengruppen gezielt in jeder Lebenslage über Direktmarketing bzw. Conversational Commerce anzusprechen.

Kap. 5.2 – 5.3

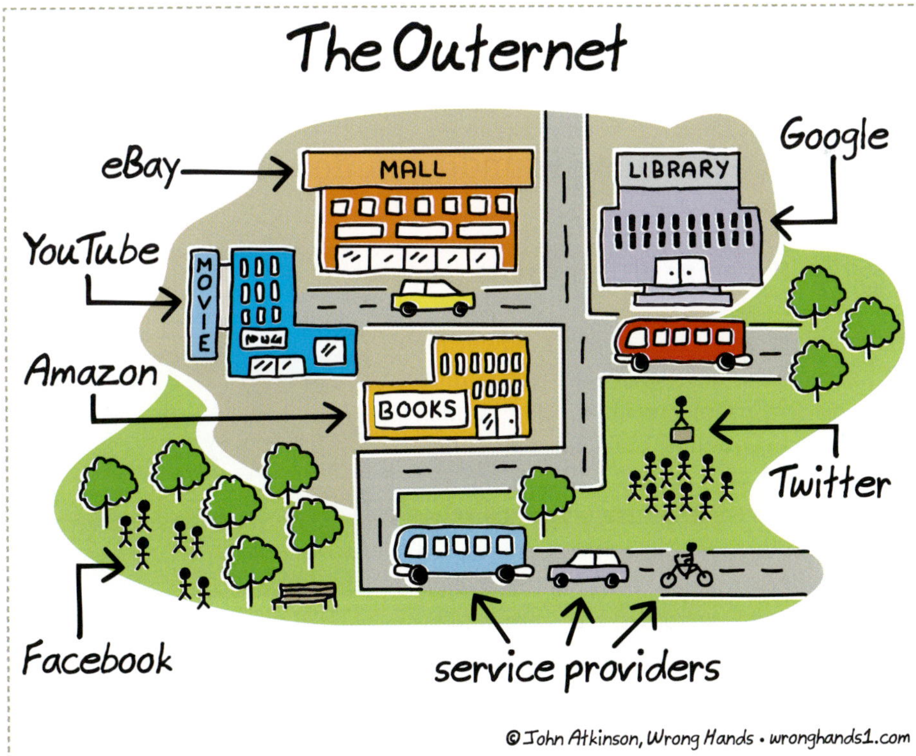

Viele Leistungen und Produkte verschwinden im Netz.

Mächtige Handelsplattformen (z. B. Amazon Marketplace) stellen virtuelle Marktplätze bereit, auf dem viele Anbieter und Nachfrager Zugang haben. Der Marktplatz ist übersichtlich organisiert (Markttransparenz). Er vermindert so die Transaktionskosten, den richtigen Geschäftspartner zu finden. Mit diesem Konzept ist Temu erfolgreich. Das ist ein riesiger Online-Marktplatz, der im Wege des d2c-Vertriebskonzepts (direct to consumer) viele Hersteller und Endkunden kostengünstig zusammenbringt, und den Einzelhandel damit umgeht.

Handelsplattformen verdienen im E-Business durch Transaktionsgebühren und Werbeeinnahmen, gleichzeitig sammeln sie Informationen über Nutzer, deren Click-Verhalten (Clickstream-Analyse) und den Inhalt der User (z. B. Produktempfehlungen, Kauferfahrungen, User Generated Content). Dies ist wichtig für die Marktforschung, die passgenaue Werbung und für Suchmaschinen, deren Algorithmus diesen Inhalt für Trefferlisten (z. B. PageRank) auswertet. Datenextraktion (Datenabschöpfung) und Datenanalyse bzw. der Verkauf der Ergebnisse sind also Kern des Geschäftsmodells.

© SurfsUp – shutterstock.com

In jüngster Zeit wird auch kritisch über den sogenannten Plattformkapitalismus diskutiert. Je größer die Plattform ist, umso mehr Nutzen haben alle beteiligten Partner davon. Man spricht von positiven Netzwerkeffekten. Gleichzeitig aber ist ein Monopol in der Netzwerkinfrastruktur entstanden, dass seine Macht missbrauchen kann.
Quelle: Kritisch dazu Srnicek, Nick: Plattform-Kapitalismus, Hamburg, Hamburger Edition, 2018. S. 50.

1.2 Begriffliche Grundlagen des Marketings

1.2.1 Marketing als Denkweise (Mindset)

Marketing ist eine Querschnittsfunktion, die alle Kernbereiche des Handelsbetriebs betrifft. Damit die Maßnahmen auch auf den Kunden und Markt ausgerichtet sind, muss im Unternehmen diese Marketingphilosophie mit der grundsätzlichen Fragestellung: „Was sollen wir tun?“ gelebt werden. Diese Philosophie ist Teil der Unternehmenskultur. Dahinter stehen Normen, Regeln und Weltbilder, z. B. „Wir wollen, dass Sie mit einem Lächeln unser Geschäft verlassen.“, „Wir möchten für Sie komplexe Einkaufsprobleme aus einer Hand lösen.“, „Wir handeln für Sie fair und nachhaltig.“

© Beatriz Gascon J – shutterstock.com

Diese Normen und Weltbilder schlummern oftmals im Verborgenen und werden nicht kritisch hinterfragt. Wie bei einem Eisberg der größte Teil unter dem Wasser liegt, so befindet sich dieser Teil der Unternehmenskultur in Routinen und im Unbewussten.

Manchmal werden normative Grundsätze und Ziele auch bewusstgemacht und in einem Leitbild schriftlich niedergelegt. Mit diesem Leitbild sollten alle Interessenträger eines Unternehmens (Stakeholder) angesprochen werden oder darin eingebunden sein (Kunden, Personal, Zulieferer, Banken, Öffentlichkeit etc.).

Damit die Marketingphilosophie in den Köpfen der Mitarbeitenden ankommt, muss sie vom Management sichtbar vorgelebt werden. Sie muss regelmäßig in Sitzungen angesprochen und bei Bedarf von unten nach oben (bottom up) angepasst werden. Nur so kann gemeinsam Verantwortung entstehen.

Die Grundwerte der REWE Group

- Wir handeln eigenverantwortlich im Sinne der Gemeinschaft.
- Wir handeln für den Kunden – wir sind mitten im Markt.
- Wir haben Mut für Neues. Stillstand ist Rückschritt.
- Wir begegnen einander offen, mit Vertrauen und Respekt. Unser Wort gilt.
- Wir ringen um die beste Lösung, entscheiden wohlüberlegt und handeln konsequent.
- Wir sind uns der Verantwortung bewusst und handeln nachhaltig.

Quelle: https://www.rewe-group.com/de/unternehmen/unternehmenskultur/leitbild/

Sichtbare Symbole und Umgangsformen können dafür sorgen, dass die Unternehmenskultur gelebt wird, z. B. die sprichwörtliche offene Tür im Chefzimmer, das freundschaftliche Du, der einheitliche Business Dress mit Namensschild oder das Offensein für Ideen durch ein betriebliches Vorschlagswesen.

1.2.2 Marketing als Problemlösungsprozess

Marketing ist keine einzigartige Aufgabe, die nur einmal formuliert wird. Der Markt ist dynamisch. Ständig entstehen neue Konkurrenten und Bedrohungen. Produkte sind nicht mehr im Trend. Kunden haben neue Bedürfnisse, Wünsche durch ihr Einkaufsverhalten. Marketing ist ein Prozess, der immer wieder an das (bedrohliche) Wettbewerbsumfeld des Einzelhandelsunternehmens angepasst werden muss.

Beispiel: *Der Kapitän eines Schiffs muss seine Ladung sicher von Hamburg nach Shanghai bringen. Er hat ein Ziel, einen Terminplan und eine Schifffahrtsroute. Manchmal muss der Kapitän aber auch durch unsichere Gewässer steuern. Es lauern Untiefen, Piraten, Zyklone. Da heißt es, flexibel zu bleiben. Wählt er lieber eine längere sichere Route oder die risikoreiche kürzere. Bordmittel (Kompass, Seekarten) oder GPS helfen bei der Navigation. Das Wohl der Mannschaft und die Sicherheit der Ladung liegen in der Verantwortung des Kapitäns. Aber auch die Crew muss ihren Beitrag leisten und die Bordinstrumente korrekt bedienen, um sicher anzukommen. Ein fataler Irrtum, und das Schiff ist verloren.*

Damit das Unternehmen im Einzelhandel keinen Schiffbruch erleidet, ist systematisch vorzugehen. Ein formaler Bezugsrahmen ist dabei eine Hilfestellung, um mit den Aufgaben und Problemen des Marketings zurecht zu kommen.

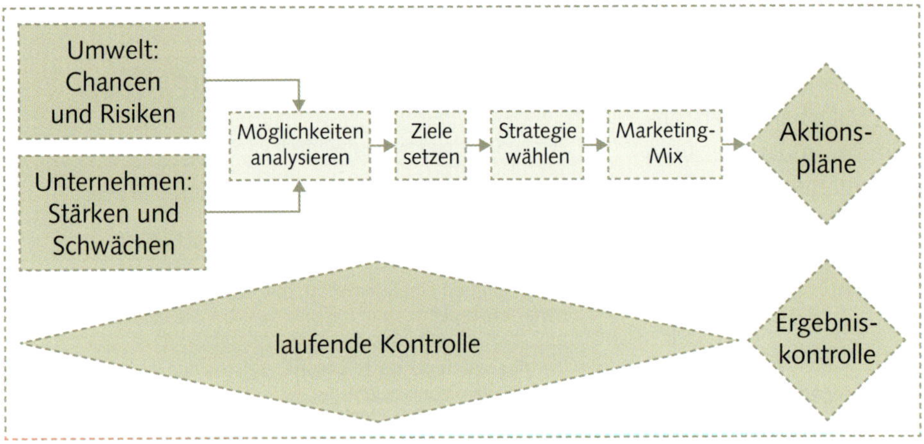

Der Marketing-Prozess als Bezugsrahmen
Quelle: Vgl. Steinmann, Horst; Schreyögg, Georg: Management. Grundlagen der Unternehmensführung. Konzepte – Funktionen – Fallstudien, Wiesbaden, Gabler, 3. Auflage, 1993. S. 152.

Auch im Marketing ist es zunächst wichtig, das unsichere Wettbewerbsumfeld zu kennen und zu wissen, wo Unternehmen in neue Märkte eindringen und sich Marktanteile sichern. Es sollten aber auch die eigenen Stärken und Schwächen (kritische Erfolgsfaktoren) identifiziert werden, um angemessen darauf reagieren zu können.

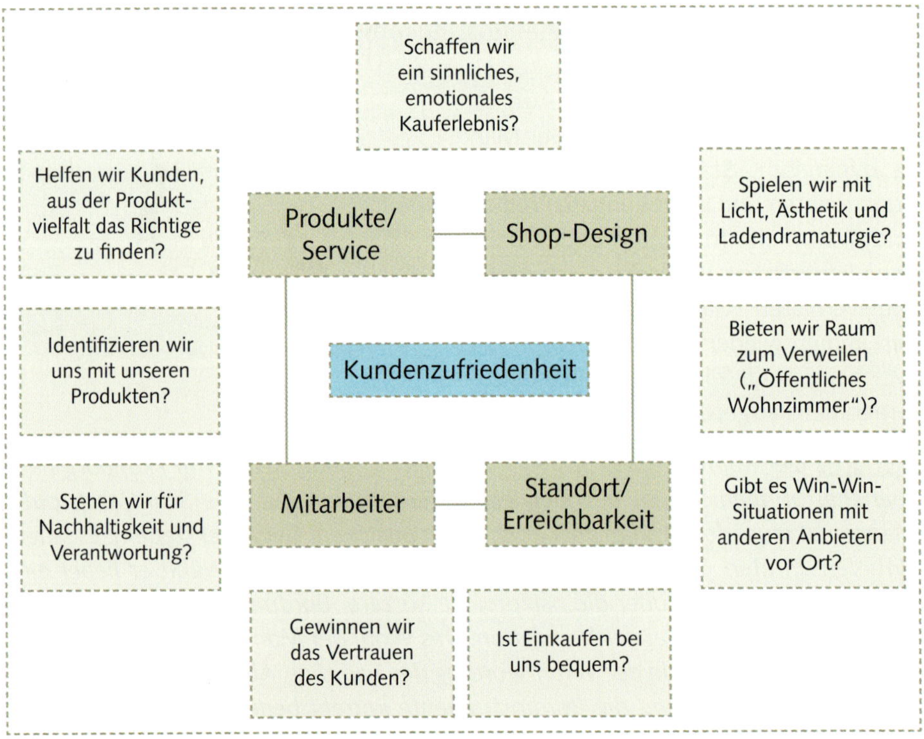

Kritische Erfolgsfaktoren im stationären Einzelhandel
Quelle: In Anlehnung an: https://www.teamscio.de/blog/der-onlinehype-die-kundenbeduerfnisse-und-wie-der-einzelhandel-reagieren-muss

Die Ressourcen des Unternehmens werden mit den Risiken und Chancen des Wettbewerbsumfelds verglichen. Dies lässt sich durch ein Analyse-Raster verdeutlichen.

SWOT-Analyse ist ein Instrument der Marketing-Planung und hilft dabei, die eigene Position im Markt zu erkennen.

Merke

Beispiel:

SWOT-Analyse-Raster		
Biofachmarkt	Stärken = Strengths	Schwächen = Weaknesses
Chancen = Opportunities	1a-Lage neben internationaler Hotelkette, Bio-Bäckerei und Seniorenresidenz Stärken ausbauen, z. B. durch Lieferservice	keine Kernkompetenz im Onlinehandel, deshalb … Entwicklung einer Bestell-App und Aufbau einer Logistik (aufholen)
Bedrohungen = Threats	Neuansiedlung von finanzkräftigem Konkurrenten (Filialbetrieben) in der Nähe (absichern)	Kaufkraftverlust im stationären Einzelhandel, hohe Fixkosten durch Ladenmiete (vermeiden)

Nachdem geklärt ist, in welcher Marktsituation man sich befindet, müssen im nächsten Schritt die Geschäftsleitung und Belegschaft wissen, wohin die Reise geht. Es gilt, Marketingziele, z. B. die Erweiterung des Marktanteils, zu setzen und die Strategie (Fahrplan, Roadmap) zu formulieren. Entscheidungen trifft man dabei unter Unsicherheit.

Beispiel: *In der Innenstadt befindet sich die Zahl der Geschäfte und der Verkaufsflächen durch das Eindringen des E-Commerce im Rückgang. Die hohen Fixkosten (Ladenmiete, Kapitalbindungskosten für Ware) zwingen den stationären Einzelhandel dazu, auch das Sortiment zu beschränken. A-Lagen werden in größeren Städten noch gut mit Flagship Stores und Ladenketten besetzt sein, während B-Lagen zunehmend Leerstände aufweisen. Wie soll der stationäre Einzelhandel nun sein Geschäftsmodell neu definieren? Das Sortiment reduzieren? Neue Vertriebskanäle suchen? Kunden besser binden? Kooperationspartner suchen?*

Damit der Einzelne im Team nicht Opfer von psychologischem Gruppenzwang wird und falsche Entscheidungen getroffen werden, sollte die Geschäftsleitung bei der Zielformulierung auch abweichende Meinungen zulassen. Das übernimmt eine Person im Team, die bewusst eine Gegenposition (Rolle) einnimmt, Annahmen hinterfragt, gemachte Vorschläge kritisiert und so blinde Flecken in der Entscheidung aufzeigt.

LF 1, Kap. 3.5

In der Zielhierarchie ganz oben angesiedelt ist das Alleinstellungsmerkmal (Unique Selling Proposition), sozusagen die „Flagge" unseres Unternehmens. Im Gegensatz zu formalen Zielen (Gewinnorientierung), wird ein Oberziel konkret inhaltlich ausformuliert (Sachziel).

Bei der Zielformulierung sind folgende Fragen wichtig: Welchen einzigartigen Nutzen verspreche ich dem Kunden? Was können wir, was die Konkurrenz nicht kann?

Merke

Beispiele für strategische Grundsatzentscheidungen:
Zara und H&M punkten mit günstigen Eigenmarken und rasch wechselnden Kollektionen bei jungen Frauen mit begrenztem Einkaufsbudget, die einen jungen, „hippen" Lifestyle pflegen. (Preisstrategie)

Fast-Fashion-Unternehmen werten aus allen möglichen Quellen, viele Kundendaten aus und erfassen Konsumtrends. So vergehen vom Design bis zur Produktion oft nur wenige Wochen.

Ein Fitness-Studio bietet Meditationskurse und Boot-Camps an. Zudem werden Protein-Superfood und Trainingsgeräte vertrieben. (Diversifikation in unterschiedliche Marktsegmente)

LF 12, Kap. 4

Um die Ziele zu erreichen und die Strategie umzusetzen, müssen nun einzelne Instrumente des Marketings ausgewählt, miteinander kombiniert und in wohl dosierter Form eingesetzt werden. Dies nennt man Marketing-Mix.

Marketing-Instrumente im Überblick – Die vier P's

Price	Place	Product	Promotion
Preis-/Konditionenpolitik	Vertriebskanal-Politik	Ware/Marke/ Sortiment	Kommunikationspolitik

Die Marketingziele müssen immer wieder überprüft werden (strategische Kontrolle). Ist man noch auf Kurs oder im Terminplan? Notfalls müssen die Verantwortlichen gegensteuern. Ein großes Unternehmen (Handelskonzern), das wie ein großer Tanker navigieren muss, hat es da natürlich schwerer als ein kleiner wendiger Nischenanbieter. Die bloße Budgetkontrolle (Soll-Ist-Kontrolle) von Kennzahlen am Ende einer Maßnahme greift zu spät.

Beispiele: *Ein Versandhaus hat mit einem „verstaubten" Image zu lange auf den Kataloghandel gesetzt und die Entwicklung zum Internetversandhandel verschlafen. Im Gegensatz zum Konkurrenten der früh und zielstrebig auf das Internet setzte (Zeitvorteil des „First Mover"), existiert es so heute nicht mehr.*

Die Krise der Warenhäuser in der Innenstadt beruht nicht nur auf dem Eindringen des E-Commerce und von günstigeren Anbietern von Fast Fashion im Textilsortiment. Das Management hat auch den Anspruch „Alles unter einem Dach" ein Stück weit verloren gegeben, wobei das Sortiment in seiner Breite gekürzt wurde. Für junge Konsumenten erscheinen Einkaufszentren oft als die trendigere Alternative, wenn Shopping zum Erlebnis werden soll.

Zusammenfassung: *Der Marketingprozess ist kein starres Gehäuse. Er ist eine geistige Landkarte, womit man versucht, die komplexe Welt immer wieder neu zu ordnen. Je nach Branche, Sortiment und Betriebsgröße muss das Modell des Marketing-Prozesses mit konkreten Marketingmaßnahmen gefüllt und angepasst werden.*

1.3 Aktuelle Bedeutung der Marketingarbeit für den Einzelhandel

Marketingarbeit im stationären Einzelhandel bedeutet, die Kundschaft da abzuholen, wo sie sich gerade befinden. Dabei kommt es auf Maßnahmen an, die den Zugang zu ihnen neu bestimmen. Früher stand der klassische persönliche Beratungsverkauf mit dem Phasenschema von der Begrüßung, Bedarfsermittlung, Warenvorlage bis zum Kaufabschluss im Zentrum. Der Kaufentscheidungsprozess („Customer Journey“) hat sich heute durch digitale Technik und soziale Medien verändert.

Ein Kunde geht nicht mehr sofort in einen Laden, lässt sich beraten und kauft ein Produkt. Ehe sich ein Kunde ernsthaft für ein Produkt interessiert, durchläuft er eine Reihe von „Touchpoints“. Dies kann sowohl über klassische Kommunikationskanäle der Printwerbung als auch über Online-Werbung geschehen. Man informiert sich weiter über Testberichte und Meinungsportale (electronic word-of-mouth). Erst spät wählt ein Kunde einen Händler vor Ort, wobei dann noch nicht klar ist, ob die Kaufentscheidung (Conversion) auch im Laden vollzogen wird. Produktvergleiche und Netzwerke spielen dabei eine große Rolle. Die Aufgabe des Marketings im Einzelhandel besteht nun darin, Kundenkontakte entlang der Customer Journey zu erzeugen und so den Kunden in seiner Entscheidung zu beeinflussen.

Die Customer Journey (Kundenreise mit Kontaktpunkten)
Quelle: In Anlehnung an Nick Nijhuis, https://commons.wikimedia.org/wiki/File:Customer_journey_with_touchpoints_English.png
Quelle: Bernhard Swoboda, Thomas Foscht und Hanna Schramm-Klein: Handelsmanagement: München, Vahlen, S. 222

Will der Einzelhändler vor Ort bestehen, muss er in Zukunft Online-Kanäle und den stationären Handel nicht mehr als Nullsummenspiel betrachten, d.h. was der Onlinehandel gewinnt, das verliert das Fachgeschäft in der Innenstadt. Oft werden Kunden, die sich im Laden nur einmal umsehen, die Ware ausprobieren, sich beraten lassen und dann online kaufen, argwöhnisch betrachtet („Beratungsklau", „Showrooming").

Vor dem Hintergrund verödender unattraktiver Innenstädte könnten die Gewinner im stationären Einzelhandel die Unternehmen sein, die Onlinekanäle und den stationären Handel langfristig zu einem geschlossenen IT-gestützten Einkaufssystem ohne Medienbrüche verschmelzen („No-Line-Systeme") bzw. Omni-Channel-Vertrieb.

LF 12, Kap. 5.1

Kaufentscheidungen (Vertriebskanäle und Kundenkommunikation)

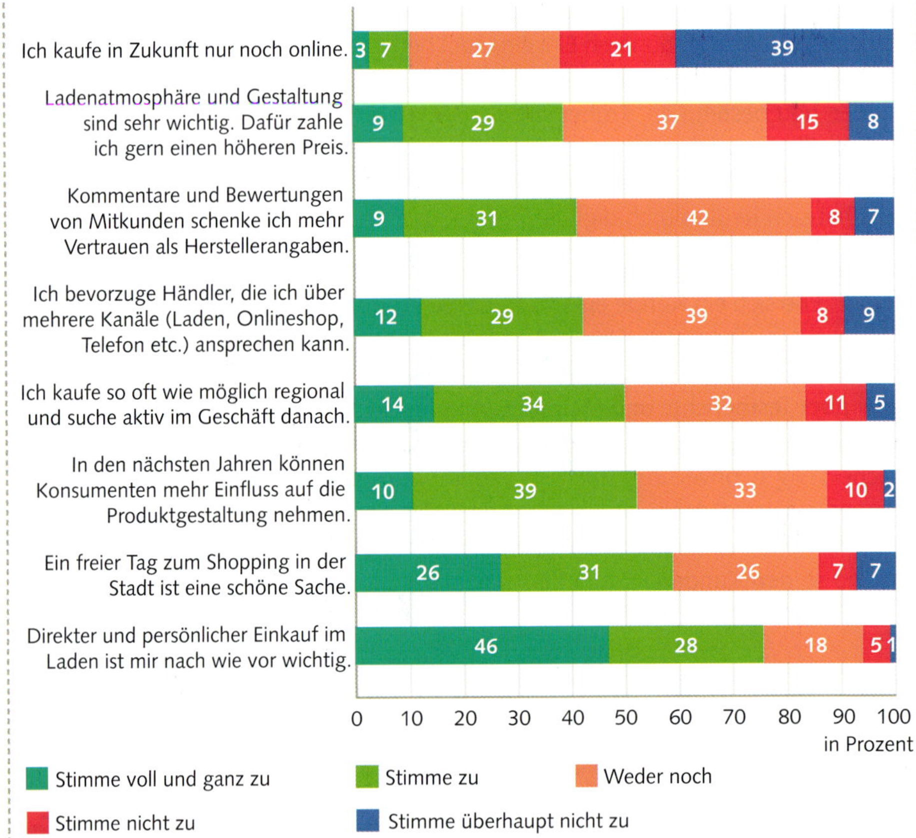

Quelle: In Anlehnung an KPMG Trends im Handel 2025. Erfolgreich in Zeiten von Omni-Business, S. 10, https://einzelhandel.de

Der stationäre Handel wird laut Marktstudien in vielen Branchen (Lebensmittel/Getränke, Schuhe/Textilien, Drogerieartikel/Parfüm, Baumarktartikel, Elektrogeräte sowie Möbel/Deko-Artikel) weiterhin eine bedeutsame Rolle spielen. Für die Mehrheit der Kunden ist die Möglichkeit, direkt und persönlich im stationären Handel einzukaufen, nach wie vor sehr wichtig. Ein Entwicklungsstrang liegt deshalb auch in einem aktiven Stadtmarketing, das die Stärken lokaler Einzelhandelsbetriebe, der Gastronomie, dem Event-Management und der Stadtplanung bündelt und für eine attraktive Innenstadt sorgt. Insbesondere ein interssantes Store-Design und die verkaufsaktive Platzierung der Ware zum Anfassen und Ausprobieren können die Aufenthaltsdauer und -qualität im Laden steigern. Traditionelle printbasiere Werbekanäle (Prospekte, Kundenmagazine, Anzeigen) sind nach wie vor in der Marketing-Kommunikation nicht wegzudenken.

Der Online-Umsatz wird in Zukunft weniger schnell wachsen. Digitale Serviceangebote, die den Produkten einen Mehrwert schaffen, sind aus Kundensicht erwünscht bzw. sie werden vom Handel weiterverfolgt. Dazu gehören unter anderem digitale Bezahlsysteme, VR-Kiosk-Systeme im 360 Grad-Winkel (virtuelle Showrooms), die Personalisierung der Customer Journey im Omni-Channel-Vertrieb sowie die Platzierung individualisierter Werbebotschaften auf sozialen Medien. Gestützt auf Methoden der Künstlichen Intelligenz und der Analyse von Daten aus der Vielfalt der Datenspuren, die Konsumenten im Netz hinterlassen, können Konsumtrends leichter vorhergesagt (Predictive Analysis) und Kaufempehlungen passgenau ausgesprochen werden (► Curated Shopping).

Aufgaben

1. Nennen Sie einige Entwicklungen, die es nötig machen, Marketing aus der Sicht des Kunden zu betreiben.
2. Warum ist es notwendig, dass sich der Handel eigenständig Marketing betreibt und nicht nur Marketingkonzepte der (Marken-)Hersteller übernimmt?
3. Beschreiben Sie Chancen und Risiken Ihrer Branche! Zeigen Sie Möglichkeiten auf, wie Sie sich von Ihren Mitbewerbern abheben können.
4. Formulieren Sie ein Leitbild in 10 Punkten für …
   a) einen regionalen Bio-Feinkostmarkt mit mehreren Filialen
   b) einen überregionalen Mediafachmarkt
   c) ein Einrichtungshaus mit nur einem Standort.

   Denken Sie dabei auch an die strategischen Erfolgsfaktoren im Handel!
5. Beschreiben Sie die Stufen des Marketing-Prozesses für folgende Betriebsformen:
   a) Neugründung eines Bike-Shop (Fachgeschäft)
   b) Übernahme einer Lottoannahmestelle/Kiosk mit Zusatzsortiment
   c) Geschäftspolitik einer überregionalen Discounterkette.
6. Welche Kontaktpunkte der Customer Journey halten Sie für Ihre Branche besonders wichtig? Erklären Sie auch warum.
7. Bechreiben Sie, wie der stationäre Einzelhandel im Rahmen des Stadtmarketings auf die zunehmende Dominanz des Internethandels reagieren kann.
8. Aktuelle Krisen bringen weltweite Lieferketten zum Zerreißen und verursachen Versorgungsengpässe. Diskutieren Sie mit Ihren Mitschülern, ob die Idee des Marketing neu formuliert werden muss.
9. Sie möchten Ideen einbringen, um eine Stadt-Marketing-App zu entwickeln. Welche Funktionen sollte eine solche App aufweisen, um den lokalen Einzelhandel aus der Sicht der Verbraucher aufzuwerten?

2 Die eigene Marktsituation untersuchen

2.1 Begriff und Grundlagen der Marktforschung

Die Marktforschung ist eine systematische und elementar wichtige Aufgabe eines Einzelhandelsunternehmens. Nur wer seine Kunden, den Markt und seine Konkurrenten kennt, kann seine Kundschaft optimal bedienen. Dafür gibt es viele Themenbereiche, die zu einem bestimmten Zeitpunkt oder über einen längeren Beobachtungszeitpunkt untersucht werden können. Aus diesen Untersuchungen und Erkenntnissen heraus werden zukünftige Entwicklungen und Trends herausgearbeitet. Die Erhebung dieser Daten erfolgt meist mit Hilfe wissenschaftlicher Methoden.

In diesem Zusammenhang wird die Marktanalyse (Zeitpunktbetrachtung), die Marktbeobachtung (Zeitraumbetrachtung) und die Marktprognose (Zukunftsbetrachtung) unterschieden.

> **Merke**
> Marktforschung dient der Informationsgewinnung für Marketing- und Unternehmensentscheidungen. Sie umfasst die systematische Sammlung und Interpretation von Daten.

Marktanalyse

Die Marktanalyse untersucht die Marktsituation des Unternehmens zu einem bestimmten Zeitpunkt, sie dient dazu, aktuelle Entwicklungen zu erfassen und kurzfristige Anpassungen vorzunehmen. Die Untersuchungsgebiete der Marktanalyse sind dabei vielfältig. Die folgende Grafik bietet einen Überblick über mögliche Schwerpunkte der Marktanalyse:

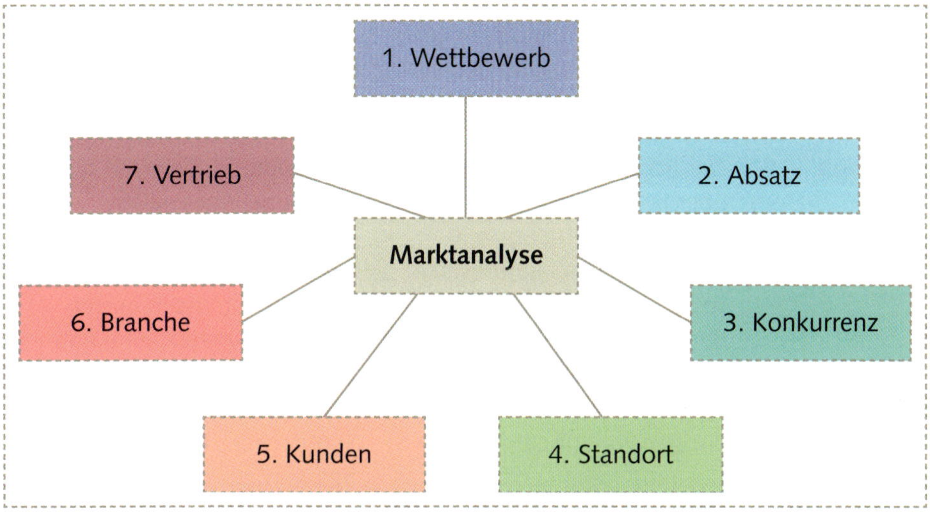

Anhand von Beispielen aus dem Einzelhandel lassen sich diese Schwerpunkte und die entsprechenden Untersuchungsgegenstände verdeutlichen:

Untersuchungsgebiet	Untersuchungsgegenstand	Beispiel
Wettbewerb	Hierbei wird der Wettbewerb mit allen möglichen Einflussfaktoren untersucht. Darunter fallen u. a. die Analyse genereller Rahmenbedingungen, aber auch gesetzliche Regelungen, die Einfluss auf den Wettbewerb haben können.	Eine Eismanufaktur möchte gerne ihr selbst produziertes Eis auf dem Wochenmarkt anbieten. Hierfür müssen zunächst behördliche Genehmigungen eingeholt werden.
Absatz	Bei der Absatzanalyse werden die bisherigen Verkaufszahlen ausgewertet. Dies lässt Rückschlüsse auf besonders verkaufsstarke Produkte, Produktgruppen oder Verkäufer zu.	Ein Fahrradgeschäft hat ein großes Sortiment zur Auswahl. Nach der Absatzanalyse wird beschlossen, die Rennräder aus dem Sortiment zu nehmen, da die Absatzzahlen sehr gering sind.
Konkurrenz	Ein wichtiges Untersuchungsgebiet ist das der Wettbewerber. Nur wer seine Konkurrenz kennt, kann sich von seinen Mitbewerbern in Sachen Preis, Qualität, Service abheben.	Eine Drogerie analysiert die Öffnungszeiten der Konkurrenz. Dabei ist auffällig, dass alle Mitbewerber erst um 9 Uhr öffnen. Um sich von den Mitbewerbern abzuheben, wird die Öffnungszeit auf 8 Uhr verändert.

Untersuchungsgebiet	Untersuchungsgegenstand	Beispiel
Standort	Der richtige Standort kann über Erfolg oder Misserfolg eines Unternehmens entscheiden. Dabei geht es beispielsweise um die Größe und den Aufbau des Ladengeschäfts, aber auch um Parkmöglichkeiten, die Anbindungen zur Fußgängerzone (Laufkundschaft) oder die Nähe zur eigenen Zielgruppe.	Ein Mode-Outlet plant die Eröffnung eines neuen Mega-Stores. Dabei ist die Infrastruktur besonders wichtig. Es müssen ausreichend Parkplätze, eine gute Erreichbarkeit und Verkehrsanbindung sowie andere Standortfaktoren berücksichtigt werden.
Kunden	Bei der Kundenanalyse möchten Sie mehr über ihre Kundschaft erfahren. Darunter fallen persönliche Daten wie Alter, Geschlecht, Wohnort oder Beruf, aber auch die Bedürfnisse der Kunden bspw. nach Service oder Beratung.	Der Online-Shop „Fitness Second" analysiert über die erfassten Bestellungen, den Namen, das Alter, das Geschlecht, den Wohnort sowie die Kontaktdaten.
Branche	Durch die Analyse der Branche, in der ein Unternehmen tätig ist, wird ein Überblick über Chancen und Risiken erlangt. In Verbindung mit den eigenen Stärken und Schwächen bildet das die Basis, sich erfolgreich zu positionieren.	Die Modekette A&C nutzt eine Statistik des Handelsverbands Deutschland zur Entwicklung des Onlinehandels. Daraufhin entschließt sich die Modekette, seinen Internetauftritt um einen Web-Shop zu erweitern.
Vertrieb	Die Vertriebsanalyse soll mögliche Schwachstellen beim Verkauf analysieren und damit den Absatz ankurbeln. Darunter fallen auch die Vertriebswege, also stationärer und medialer Vertrieb, Handelsreisender oder Vertreter.	Der Elektronikmarkt „Merkur" entschließt sich, seine Vertriebsstruktur um mehrere Außendienstmitarbeiter zu ergänzen, die vor allem große Geschäftskunden beraten sollen.

Marktbeobachtung

In vielen Branchen reicht es oft nicht aus, Daten zu einem bestimmten Zeitpunkt zu erheben und daraus Maßnahmen abzuleiten. Daher benötigen die Unternehmen eine mittel- bis langfristige Beobachtung der Marktentwicklung. Nur so können Trends erfasst und eine langfristige Strategie erdacht werden. Beobachtet werden kann auch ein Produktlebenszyklus. Hierbei werden Produkte in verschiedene Lebensphasen (Einführung bis Rückgang) unterteilt, u. a. schätzen zu können, wie sich die Umsätze dieses Produktes entwickeln. Daraus kann man im besten Fall ableiten, ob das Produkt weiterhin im Sortiment gelassen werden soll oder nicht.

Beispiel: *Sie testen in Ihrem Markt verlängerte Öffnungszeiten. Anhand der Umsatzentwicklung in den ersten eineinhalb Jahre machen Sie fest, ob Sie die Öffnungszeiten so belassen oder wieder zu den alten Öffnungszeiten zurückkehren möchten.*

Marktprognose

Die Marktprognose basiert sowohl auf der Marktanalyse als auch auf der Marktbeobachtung. Aus den Erkenntnissen der vorhergehenden Untersuchungen ist eine Prognose (Vorhersage) für die Zukunft abzuleiten. Dabei werden zukünftige Kundenbedürfnisse, langfristige Branchentrends und kommende Herausforderungen frühestmöglich erkannt und geeignete Maßnahmen ergriffen. Unternehmen großer Warenhäuser können sich beispielsweise Gedanken machen, ob sie die Verkaufsfläche verkleinern bzw. das Sortiment ändern und dafür das Online-Angebot ausbauen wollen. Helfen können hierbei Marktforschungsunternehmen oder Expertengespräche mit dem jeweiligen Handelsverband.

> Marktanalyse = Zeitpunktbetrachtung, Marktbeobachtung = Zeitraumbetrachtung, Marktprognose = Zukunftsbetrachtung
>
> Merke

Beispiel: *Sie untersuchen im Zeitablauf den Umsatz von MP3-Playern. Beim Vergleich der bisherigen Daten fällt Ihnen auf, dass die Umsätze in den letzten 5 Jahren deutlich eingebrochen sind, aufgrund des Angebots von Musik-Streamdingdiensten, wie Spotify, Deezer und Apple Music. In Zukunft wird eine weitere Verschiebung von MP3-Playern zu Musik-Streamdingdiensten zu erwarten sein.*

Neben der Marktanalyse sind die Kunden- und die Konkurrenzanalyse ebenfalls von Bedeutung bei der Informationsgewinnung.

Kundenanalyse

Bei der Kundenanalyse werden die Kundengruppen oder Einzelkunden systematisch untersucht. Dabei sind das Kauf- und Kundenverhalten von Interesse, um den Vertrieb der Produkte effizienter zu gestalten und zu optimieren.

Damit die Kunden optimal bedient werden können, werden unter anderem die Kundenbindung und Kundenzufriedenheit untersucht. Der Fokus liegt dabei auf den erbrachten Dienstleistungen oder den verkauften Produkten. Verändert sich das Kunden- oder Kaufverhalten, so müssen sich die Unternehmen darauf einrichten, damit die Kunden weiterhin zufrieden sind. Kurz- und mittelfristig soll damit der Umsatz steigen und neue Kunden angelockt werden.

Beispiel: *Der Elektronikfachmarkt Maier stellt in einer Kundenanalyse fest, dass die Kunden stets sehr zufrieden mit dem Service sind, jedoch die Sortimentstiefe bei Haushaltsgeräten von den Kunden stark bemängelt wird. Daraufhin werden mehr verschiedenartige Produkte des gleichen Herstellers in das Sortiment aufgenommen.*

Konkurrenzanalyse

Viele Unternehmen befinden sich in einer mehr oder weniger starken Konkurrenzsituation. Um sich am Markt gegenüber diesen Mitbewerbern durchzusetzen, benötigt es Wettbewerbsvorteile. Diese können sehr verschiedenartig gestaltet sein, u. a. längere Öffnungszeiten, Online-Angebote, Kundenkarten, mehr Servicepersonal, größere Sortimentsauswahl.

Diese Wettbewerbsvorteile gilt es, für sich und die Mitbewerber zu erfassen und geeignete Maßnahmen zur Stärkung des eigenen Wettbewerbsvorteils oder zur Abstandsverringerung gegenüber Mitbewerbern vorzubereiten.

Beispiel: *Die zwei Lebensmitteleinzelhändler Amsler und Huber liegen, bezogen auf die Entfernung, nahe nebeneinander und sind starke Konkurrenten. Eine Langzeitbeobachtung von Amsler zeigt, dass Kunden in den Abendstunden den Lebensmittelmarkt von Huber wesentlich stärker frequentieren. Als Ursache wurde ausgemacht, dass sowohl der Parkplatz als auch das Ladengeschäft von Huber wesentlich besser beleuchtet sind und die Kunden dies bevorzugen. Im Zuge dessen versucht Amsler diesen Mangel zu beheben.*

2.2 Methoden der Datenerhebung

Aus den vorangegangenen Überlegungen wird schnell klar, dass man sowohl für die Marktanalyse und Marktbeobachtung als auch für die Marktprognose geeignete Daten braucht, um diese zu verarbeiten. Diese Daten müssen entweder erhoben werden oder sind bereits vorhanden. Die Informationen daraus sind von enormer Bedeutung, um damit ein erfolgreiches Marketingkonzept zu entwickeln. Der Vorgang der Datenerhebung wird auch Marktforschung (analytisches Marketing) genannt.

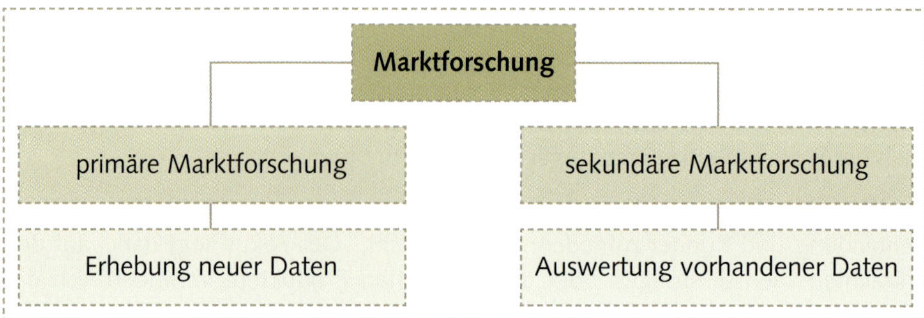

2.2.1 Primäre Marktforschung

Die primäre Marktforschung (engl. field research) bezeichnet die Sammlung, Analyse und Interpretation neuer, nicht vorhandener Daten. Dabei können die Daten einmalig oder immer wieder erhoben werden. Der Vorteil dieser Methode ist, dass die Fragestellungen sehr individuell anpassbar sind und damit einen Beitrag zur Lösung wichtiger betrieblicher Probleme leisten können. So lassen sich beispielsweise die Bedürfnisse der definierten Zielgruppen in gewünschter Form messen. Nachteil ist, dass es meist sehr aufwändig ist, eine passgenaue Lösung zu entwickeln, d. h. dass man sich im Vorfeld sehr viele Gedanken machen muss, um eine passgenaue Fragestellung für seine zu erhebenden Daten zu überlegen. Weiterhin sind die Kosten für die Erhebung und Auswertung sehr hoch. Mittlerweile lassen sich jedoch die Kosten durch Online-Umfragetools und EDV-Programme reduzieren.

© Coloures-Pic – stock.adobe.com

Ebenso hat die Anzahl der befragten Personen einen großen Einfluss auf die Qualität und die Aussagekraft der Daten. Ist es gewünscht jeden Kunden der Zielgruppe zu befragen (Vollerhebung), so werden die Bedürfnisse der Zielgruppe besonders objektiv abgebildet. Dieses Verfahren ist jedoch in aller Regel sehr kostenintensiv. Als Alternative gibt es die Möglichkeit, lediglich eine Stichprobe von Personen aus dieser Zielgruppe zu befragen (Teilerhebung). Hierbei geht man davon aus, dass bei bestimmten Kriterien auch eine kleinere Anzahl an Befragungen ausreicht, um Rückschlüsse für das weitere Vorgehen zu erhalten. Diese Teilauswahl sollte dennoch die grundlegende Kundengruppe widerspiegeln, also repräsentativ sein.

© hobbitfoot – stock.adobe.com

Vollerhebung

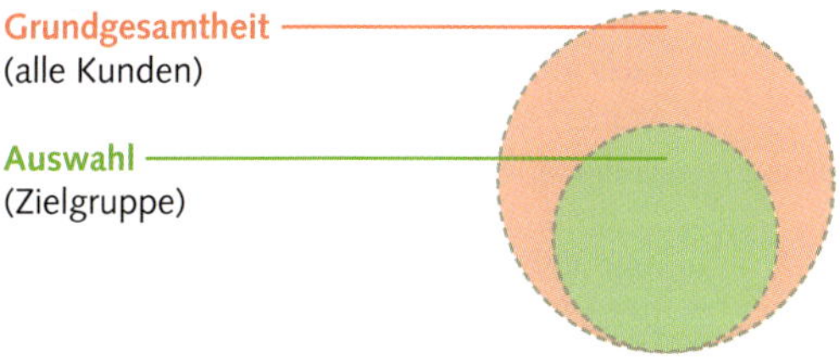

Beispiel: *In einer Filiale eines Mobilfunkherstellers wird eine Woche lang jeder Kunde zwischen 16 und 25 Jahren (Zielgruppe) befragt, wie zufrieden er mit dem Serviceangebot ist.*

Teilerhebung

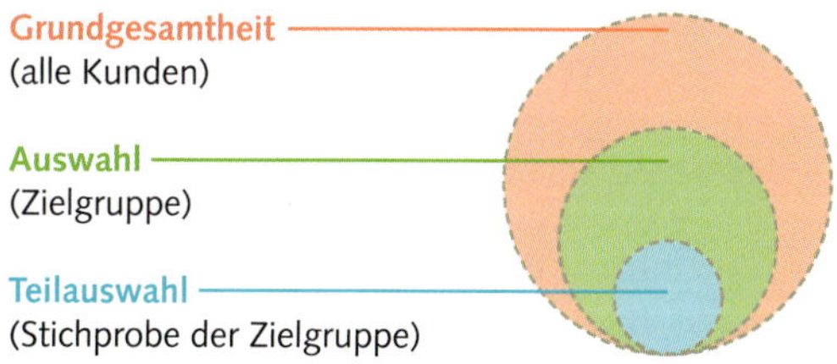

Beispiel: *In einer Filiale eines Mobilfunkherstellers wird eine Woche lang jeder 10. Kunde zwischen 16 und 25 Jahren (Teilauswahl der Zielgruppe; Stichprobe) befragt, wie zufrieden er mit dem Serviceangebot ist.*

Nachfolgend werden die Methoden der primären Marktforschung näher beleuchtet.

> **Merke:** Die primäre Marktforschung erhebt neue und bisher nicht dagewesene Daten. Sie ist allerdings meist sehr aufwändig und kostspielig.

Befragung

Die Befragung ist die am häufigsten angewandte Methode der Datenerhebung. Die Befragung kann mündlich, telefonisch, schriftlich oder elektronisch erfolgen. Dabei werden den Konsumenten oder Kunden zu bestimmten Fragestellungen strukturiert (feste Reihenfolge der Fragen; Fragebögen) oder unstrukturiert (keine feste Reihenfolge der Fragen; meist mündlich) Fragen gestellt. Sind die bei einer Befragung erhobenen Daten personalisiert und/oder lassen sie Rückschlüsse auf die befragte Person zu, unterliegen sie der Datenschutz-Grundverordnung (DSGVO). Bei absolut anonymen Fragen greift die DSGVO nicht.

> **Tipp:** Bei einer personenbezogenen Befragung ist auf den Datenschutz (DSGVO) zu achten!

Jede dieser Vorgehensweisen hat Vor- und Nachteile.

Art	mündlich	telefonisch	schriftlich	elektronisch
Vorteile	• hohe Antwortquote • größere Anzahl von Fragen • der Interviewer kann ergänzende Beobachtungen feststellen z. B. Gestik und Mimik	• schnell und kostengünstig durchzuführen • keine örtliche Nähe muss vorhanden sein	• kein persönlicher Interviewer erforderlich • räumliche Entfernung spielt keine Rolle • große Kundenanzahl kann zur selben Zeit erreicht werden	• keine Portokosten • Versand über E-Mail • direkte Datenübernahme • Nutzung sozialer Medien • Bearbeitung direkt am Endgerät
Nachteile	• hohe Kosten • keine Anonymität • das Endergebnis ist durch den Interviewer beeinflussbar	• es können nur Personen befragt werden, die über ein Telefon verfügen • es kann nur eine beschränkte Anzahl an Fragen gestellt werden • Probleme bei der Beschaffung der Telefonnummer	• geringe Rücklaufquote • keine Hilfestellung zu den Fragen • Missverständliche Fragestellungen	• keine oder veraltete E-Mail-Adressen • SPAM-Filter filtert die E-Mails vorher raus • die Quote der Nichtbeantworter ist sehr hoch • man erkennt oft nicht, wer die Fragen wirklich beantwortet

Beispiele: *Sie stehen an der Eingangstür Ihres Ausbildungsunternehmens und fragen die Kunden, ob Sie bereits die neue App kennen.*

Sie gestalten einen Newsletter, der mit Hilfe eines Links zu einer Online-Befragung weiterleitet.

Link = Verknüpfung

Tipp

Die Befragung kann mündlich, telefonisch, schriftlich oder elektronisch durchgeführt werden.

Merke

Nachfolgend ist ein Beispiel einer repräsentativen Befragung des Kundenmonitors Deutschland abgebildet. Die Fragestellung lautete: „Können Sie sich vorstellen, einen der folgenden Services bei … zu nutzen?“. Die Befragung erstreckte sich auf Bau- und Heimwerkermärkte, Lebensmittelmärkte und Drogerien und wurde online durchgeführt. Die Ergebnisse sind entsprechend grafisch aufgearbeitet worden.

Frage: Können Sie sich vorstellen, einen der folgenden Services bei … zu nutzen?

Basis: Bau- und Heimwerkermärkte n = 2.781 Befragte;
Lebensmittelmärkte n = 9.324
Drogeriemärkte n = 866
Onlinebefragung (Bevölkerung ab 16 Jahre)

	kann ich mir vorstellen	Nutze ich bereits	Top-2	Bandbreite auf Anbieterebene
Waren an einer SB-Kasse selbst scannen				
Bau- und Heimwerkermärkte	16 %	59 %	75 %	70 – 81 %
Lebensmittelmärkte	18 %	55%	72 %	60 – 82 %
Drogeriemärkte	11 %	61%	72 %	67 – 73 %
Waren während des Einkaufs mit dem Smartphone selbst scannen				
Bau- und Heimwerkermärkte	5 %	61%	66 %	55 – 69%
Lebensmittelmärkte	8 %	50 %	59 %	44 – 65%
Drogeriemärkte	8 %	46 %	54 %	49 – 57%
Verkaufsautomaten (24 h-Service)				
Bau- und Heimwerkermärkte	4 %	47 %	51 %	42 – 55 %
Lebensmittelmärkte	6 %	43 %	49 %	38 – 59 %
Drogeriemärkte	5 %	48 %	52 %	49 – 60 %

Nutze ich bereits ■ kann ich mir vorstellen

Kundenmonitor 2024: Die Favoriten im Einzelhandel stehen fest

Der Kundenmonitor 2024 zeigt, welche Händler im Lebensmitteleinzelhandel, Drogerie- und Biomarktsektor bei den Kunden besonders gut abschneiden. In der repräsentativen Verbraucherstudie von ServiceBarometer haben sich Alnatura, dm und Aldi Süd durch ihre hohe Kundenzufriedenheit als klare Spitzenreiter in ihren Bereichen herauskristallisiert.

Die diesjährigen Ergebnisse des Kundenmonitors 2024 machen deutlich, dass Alnatura, dm und Aldi Süd zu den beliebtesten Einkaufsstätten zählen. In der repräsentativen Verbraucherstudie der ServiceBarometer AG, an der über 27.000 Menschen teilnahmen, bewerteten die Verbraucher ihre Einkaufserlebnisse, wobei diese drei Unternehmen durch Qualität, Preis-Leistung und Service besonders überzeugten.

Bei den Biomärkten konnte sich Alnatura erneut als klarer Spitzenreiter behaupten. Zum dritten Mal in Folge erreichte der Bio-Pionier den ersten Platz mit einer herausragenden „Gesamtzufriedenheitsnote von 1,76". Besonders gelobt wurden die „Auswahl und Qualität der Bio-Produkte" sowie die Frische der Waren, die sich laut der Studie deutlich von der Konkurrenz abhebt. Alnatura sicherte sich „Platz 1 von 33 in 48 Kategorien". […]

https://lebensmittelpraxis.de/handel-aktuell/41248-kundenmonitor-2024-die-favoriten-im-einzelhandel-stehen-fest.html

Hinweis

Kundenmonitor
Der Kundenmonitor ist eine unabhängige, seit 1992 durchgeführte branchenübergreifende Benchmarking-Studie zur Kundenorientierung. Verantwortlich ist die Münchner Servicebarometer AG. Die unabhängige Untersuchung basiert auf knapp 25.000 Verbrauchermeinungen zu Qualität, Zuverlässigkeit, Nutzungsverhalten und Zukunftspotenzialen sowie dem Image von Unternehmen. Die Bewertungsskala reicht von „vollkommen zufrieden" (=1) bis „unzufrieden" (=5).

Innerhalb der Befragung werden verschiedene Fragearten verwendet.

Frage-arten	Beschreibung	Beispiel
offene Frage	Es werden keine Antwortmöglichkeiten vorgegeben, die Beantwortung erfolgt meist in einem freien Antwortfeld.	Was können wir tun, um uns zu verbessern?

Fragearten	Beschreibung	Beispiel
geschlossene Frage	Geschlossene Fragen bieten meist nur wenige Antwortmöglichkeiten, wie bspw. „Ja oder Nein".	Möchten Sie eine Verlängerung der Öffnungszeiten am Samstag von 20 Uhr auf 22 Uhr?
Single Choice	Der Befragte hat mehrere Antwortmöglichkeiten, von denen er eine angeben kann.	Wie viel Zucker sollen unsere Produkte zukünftig maximal enthalten? 70 %, 80 % oder 90 %?
Multiple Choice Frage	Der Befragte hat mehrere Antwortmöglichkeiten, von denen er auch mehrere angeben kann.	Wie sind Sie auf uns aufmerksam geworden? Internet, Zeitung, regionale Werbung, Freunde/Bekannte, Familie, in der Schule
Skalierungsfrage	Dem Beantwortenden wird eine Skala vorgelegt, an derer er sich orientieren kann.	Auf einer Skala von 1 bis 10, wie zufrieden sind Sie mit unserem Service?

Wichtig zur Beurteilung der Qualität der Befragung ist die Repräsentativität. Das bedeutet, dass die befragte Teilstichprobe auch die gesamte Auswahl der Befragten widerspiegelt. Je größer also die Teilnehmeranzahl ist, umso eher wird die Befragung auch repräsentativ (stellvertretend). Ein Fehler wäre, wenn man die generelle Kaufabsicht aller Kunden für Süßwaren untersuchen möchte, jedoch lediglich Kunden in der Altersklasse unter 30 Jahren befragt. Die Kunden über 30 Jahre könnten weitaus andere Vorstellungen haben als die jüngere Altersgruppe. Die Stichprobe ist also nicht stellvertretend (repräsentativ) für die Gesamtkundschaft. Anders verhält es sich, wenn sie mehrheitlich darauf achten, die Stichprobe mit Kunden unterschiedlichen Alters durchzuführen.

Beispiel: *Die Abteilungsleiterin für Herrenausstattung in einem großen Warenhaus, möchte die Kunden über die vorhandene Sortimentstiefe bei Herrenhemden und Damenblusen befragen. Sie beauftragt ihre Mitarbeiter den ganzen Tag über jeden fünften Kunden der Abteilung dazu zu befragen. Nach zwei Wochen entspricht die Teilstichprobe in etwa dem Gesamtdurchschnitt der Kundschaft. Man kann nun davon ausgehen, dass die Meinung der befragten Kunden repräsentativ für die Gesamtkundschaft ist.*

Tipp

repräsentativ = stellvertretend. Eine Umfrage ist dann repräsentativ, wenn die Stichprobenziehung ein Abbild der Grundgesamtheit darstellt.

Achtung, nicht jede Art der Befragung ist auch zulässig. So sind als Umfragen getarnte Werbeanrufe bei Kunden oder Nicht-Kunden rechtswidrig, wenn keine vorherige Einwilligung (mündlich/schriftlich) vorliegt. Im Gesetz gegen den unlauteren Wettbewerb wird dazu folgendes festgelegt:

§ § 7 Abs. 2 Nr. 2 und 3 UWG Eine unzumutbare Belästigung ist stets anzunehmen

[...]
2. bei Werbung mit einem Telefonanruf gegenüber einem Verbraucher ohne dessen vorherige ausdrückliche Einwilligung oder gegenüber einem sonstigen Marktteilnehmer ohne dessen zumindest mutmaßliche Einwilligung,
3. bei Werbung unter Verwendung einer automatischen Anrufmaschine, eines Faxgerätes oder elektronischer Post, ohne dass eine vorherige ausdrückliche Einwilligung des Adressaten vorliegt, oder
[...].

Bei telefonischer Werbung oder Befragung muss vorher eine Einwilligung des Kunden vorliegen. Diese kann mündlich oder schriftlich erfolgen.

Merke

Ein Verstoß gegen dieses Gesetz kann mit einem Bußgeld in sechsstelliger Höhe geahndet werden.

Beobachtung

Bei der „reinen Beobachtung" wird das Verhalten von Personen (vor allem von Kunden) in Situationen festgestellt, die nicht künstlich verändert wurden. Diese Beobachtung kann entweder offen oder verdeckt erfolgen und liefert oftmals ein unverfälschtes Bild des Konsumentenverhaltens. Je unbeobachteter sich dabei die Person fühlt, desto besser werden die Ergebnisse. Bei der Beobachtung kann beispielsweise der Laufweg durch das Ladengeschäft, die Verhaltensweise während des Einkaufs oder die Wirkung von Werbemaßnahmen und Sonderangeboten untersucht werden. Ein Rückschluss über das Kaufmotiv kann allerdings nicht erlangt werden, da keine Rückfrage des Beobachters stattfindet.

Die Gestaltung einer Beobachtungsstudie ist sehr komplex. Kunden verhalten sich anders, wenn Sie wissen, dass sie beobachtet werden.

Merke

Beispiele: *Ziel dieser Beobachtungen können Antworten auf unterschiedliche Fragen geben:*

- *Sollten manche Artikel umpositioniert werden, da sie die Kunden häufiger nicht finden oder erreichen können?*
- *Achten die Kunden beim Eintritt in das Geschäft auf die neue Sonderaktion?*
- *Wie ist das Laufverhalten der Kundschaft?*
- *Wie intensiv ist die Verweildauer der Kunden in bestimmten Abteilungen?*

Bayerische Staatszeitung, 03.01.2025

Gläserne Kundschaft im Supermarkt der Zukunft

In einem Münchner Laden kann man seit 2022 einkaufen, ohne an der Kasse zu bezahlen – doch dafür wird man auf Schritt und Tritt überwacht

Kurz vor Feierabend noch schnell etwas einkaufen: eine Dose Ananasscheiben, einen Vollkorntoast, Schinken und ein Päckchen Schmelzkäse – Zutaten für einen nostalgischen Hawaii-Toast. Der Supermarkt hier im Stadtzentrum hat die notwendigen Lebensmittel, also alles eingepackt und ab nach Hause. Aber was ist mit Zahlen? Sich in die Schlange vor der Kasse einreihen? Oder ist das jetzt hier Diebstahl? Weit gefehlt, bei diesem Rewe-Laden handelt es sich um einen kassenlosen Supermarkt der Zukunft. […] Mein Einkauf hat tatsächlich so stattgefunden – also ohne Bezahlvorgang an der Kasse. Aber natürlich verschenkt Rewe nicht seine Waren. Nur die Art und Weise der Abrechnung ist neu – und ja, es geht nicht ohne digitale Hilfe, man benötigt eine entsprechende App für das Smartphone, um einfach mit der Ware aus dem Laden marschieren zu können.

[…] Woher aber weiß Rewe, was der Kunde so einpackt und wie kommt er an sein Geld? Gleich hinter dem Eingang des Supermarkts verspricht ein Plakat: „Wir achten immer auf deine Privatsphäre." Und: „Unsere Kameras merken sich nur, was du einpackst oder zurücklegst. Keine merkt sich dein Gesicht." Mit Marktleiter Sturm gehe ich zu einem der Regale mit Waren und er erklärt das Prinzip der Erfassung der Warenentnahme. Das beginnt damit, dass der Kunde beim Betreten des Ladens automatisch eine Nummer erhält, mit der er während des Einkaufs iden-

tifiziert werden kann. Denn oben, an der Decke des Supermarkts, sind Hunderte von Kameras angebracht, die jeden Winkel des Ladens erfassen.

Überwachung per Kameras und KI

Die Kameras sind in mattem Schwarz gehalten und sind so im ebenfalls schwarzen Deckenraum kaum erkennbar. Sie verfolgen jede Bewegung der Kundschaft, die die künstliche Intelligenz anhand einer „schematischen Darstellung" erkennt. Die Kontrolle erfolgt auch von „unten". Jetzt nimmt Marktleiter Sturm eine Packung getrockneter Früchte aus einem Regal und zeigt auf den Regalboden: „Hier sind Gewichtssensoren angebracht." Das heißt, das gesamte Sortiment des Supermarkts steht auf Regalböden, die jede Änderung des Gewichts registrieren. Diese Gewichtssensoren sind so fein justiert, dass zum Beispiel auch die Entnahme einer Tragetasche aus Papier mit einem Gewicht von 5 Gramm von einem Haken registriert wird. Aus dem Zusammenspiel von Kameraüberwachung und den Daten des Gewichtsensors schließt eine künstliche Intelligenz dann auf den stattgefundenen Einkauf, abgerechnet wird über elektronische Bezahlsysteme. Anstehen an der Kasse wird überflüssig. […]

Quelle: https://www.bayerische-staatszeitung.de/staatszeitung/leben-in-bayern/detailansicht-leben-in-bayern/artikel/glaeserne-kundschaft-im-supermarkt-der-zukunft.html#topPosition 03.01.2025

Eine weitere Form der Beobachtung ist das Mystery Shopping. Beim Mystery Shopping treten geschulte Testkäufer als Kunden auf, um sich beraten zu lassen oder Produkte zu Testzwecken erwerben. Der Auftraggeber soll Eindrücke erhalten, wie Unternehmen mit ihren Kunden umgehen. Der Mitarbeiter ist nicht eingeweiht, da er sonst seine Verhaltensweise ändern könnte. Die Ergebnisauswertung soll den Kundenservice und die Beratung verbessern.

Beispiel: *Der Abteilungsleiter für Alkohol- und Tabakwaren möchte wissen, ob sein Kassenpersonal die gesetzlichen Vorschriften zum Verkauf dieser Artikel an Jugendliche einhält. Daraufhin schickt er zu unterschiedlichen Zeiten und unterschiedlichem Personal jeweils minderjährige Käufer in den Markt, um Alkohol- oder Tabakwaren zu kaufen. Dem Kassenpersonal ist nicht ersichtlich, dass es sich dabei um einen Testkäufer handelt. Im Nachgang wird analysiert, welcher Verkäufer die Waren den Jugendlichen ausgehändigt hat. Hieraus kann der Abteilungsleiter Maßnahmen, wie z. B. eine Sensibilisierung oder Nachschulung des Personals veranlassen.*

Experiment

Beim Experiment wird die Situation, die beobachtet werden soll, künstlich hergestellt und meist verändert, um zu sehen, wie sich die Veränderungen auswirken. So können verschiedene ausgewählte Testmärkte bestimmte Veränderungen ihrer Preise, Artikel, Gestaltungen oder des Service vornehmen, um zu beobachten, wie diese Veränderung sich auf das Kaufverhalten der Kunden auswirkt.

Man unterscheidet hier zwischen dem Feldexperiment (wirkliche Bedingungen) und dem Laborexperiment (künstlich geschaffene Bedingungen).

Das Feldexperiment soll einen möglichst genauen Überblick über die wirtschaftliche Wirklichkeit liefern.

Beispiele:

- *In einem Markt wird das Gemüse nicht, wie sonst üblich, direkt nach dem Eingang platziert, sondern neben der Fleischtheke. Welche Auswirkung hat das auf den Obst- und Gemüsekonsum?*
- *Es wird, bei zwei vergleichbaren Märkten, in einem Markt die Anzahl der Servicemitarbeiter erhöht und beobachtet, wie die Kunden darauf reagieren.*

Das Laborexperiment wird eher unter „Laborbedingungen“ durchgeführt. Man möchte hier möglichst wenig Beeinflussungen von außen haben.

Beispiele:

- *Einem ausgewählten Kundenkreis werden vier verschiedene Puddingsorten mit unterschiedlichem Zuckergehalt vorgelegt. Die Kunden sollen beurteilen, welche der Sorten ihnen am besten schmeckt.*
- *Versuchspersonen bekommen eine Kamera aufgesetzt, die exakt nachverfolgt, wo die Blicke bei einem Regal am häufigsten fokussiert werden.*

Tipp

Es gibt sogenannte Testmärkte, bei denen die Kunden zeitweise auf ein bestimmtes, zu untersuchendes Merkmal beobachtet werden. Dies wird dann mit einem „normal“ gestalteten Markt verglichen.

WuV-Verlag,15.01.2018

Rewe-Pudding-Test: Wie wenig Zucker erträgst du?

Rewe will Zucker in den Eigenmarken reduzieren. Doch um wie viel? Das möchte der Händler mit einer Kundenbefragung herausfinden. […]

Auf Neuhochdeutsch würde man Schokopudding wohl als Comfort Food bezeichnen. Er erinnert an die heimelige Wärme, als Mama noch jeden Tag liebevoll das Essen für uns gekocht hat. Zum Nachtisch gab es das Highlight, herrlich süßen Schokopudding. […]

Damals hatte er noch keinen faden Beigeschmack. Über zu viel Zucker haben wir uns keine Gedanken gemacht, was nicht nur am Alter, sondern auch an der Zeit lag. Im Jahr 2018 ist Zucker böse. Er gilt als das neue Rauchen. Die Droge der Wohlstandsgesellschaft. Über die Formulierung kann man streiten. Zumindest aber sollte man möglichst wenig davon essen.

Aber wie wenig ist aus Geschmacks- und Vertriebssicht gerade so noch ok? Das möchte Rewe jetzt im Zuge einer neuen Strategie herausfinden, in der das Unternehmen die Zuckermenge in vielen Produkten der Eigenmarken reduzieren will. Dafür startet der Händler einen Test:

Einen Monat lang verkauft er in seinen Filialen einen Viererpack Schokopudding. Er enthält das altbewährte Produkt mit 14 Gramm Zucker pro 100 Gramm und jeweils einen Becher mit 20 Prozent, 30 und 40 Prozent weniger Zucker.

Quelle: https://www.wuv.de/marketing/rewe_pudding_test_wie_wenig_zucker_ertraegst_du

WuV-Verlag,16.05.2018

Pudding-Zucker-Abstimmung: Rewe bringt Geschmackssieger in die Regale

Die Supermarktkette Rewe verkauft ab sofort bundesweit die ersten zuckerreduzierten Eigenmarken: etwa den Sieger aus der Schokopudding-Wahl.

Die Kunden haben probiert und abgestimmt: Die haben sich beim Schokopudding-Test von Rewe überwiegend für 30 Prozent weniger Zucker entschieden. Zur Wahl standen vier Puddingsorten, in der klassischen Variante sowie mit 20, 30 und 40 Prozent weniger Zucker.

Nun kommt der Geschmackssieger in den Handel. Ab sofort verkauft Rewe den „Beste Wahl Schokopudding“. Die Einzelhandelskette hatte zum Jahresbeginn angekündigt, nach und nach den Zuckeranteil seiner Eigenmarken Ja, Beste Wahl, Regional, Feine Welt und Bio zu reduzieren. Dafür warb Rewe mit der Kampagne „Wie viel Zucker brauchst du noch?“.

Quelle: https://www.wuv.de/marketing/rewe_bringt_geschmackssieger_in_die_regale

Tipp

Suchen Sie im Internet nach ähnlichen Produkttests und entscheiden Sie mit!

Paneluntersuchung

In einem Haushaltspanel werden Haushalten immer wieder die gleichen Fragen vorgelegt, um Veränderungen zu erfassen.

Merke

Bei einer Paneluntersuchung werden einer gleichbleibenden Gruppe von Haushalten oder Betrieben in regelmäßigen Zeitabständen bzw. über einen längeren Zeitraum die gleichen Fragen vorgelegt. Sofern sich die Antworten verändern, können Einzelhandelsunternehmen schnell auf zukünftige Kundenbedürfnisse reagieren und frühzeitige Trends erkannt werden. Man kann diese Paneluntersuchung sowohl bei privaten Haushalten als auch in (Einzelhandels-) Betrieben durchführen. Die Betriebe melden dabei regelmäßig Daten über ihre Verkäufe, die Haushalte über die Einkäufe des Untersuchungszeitraums. Meist werden diese Daten von einem Marktforschungsunternehmen erhoben, da dieses die Daten anonym verarbeitet und somit bei beteiligten, konkurrierenden Betrieben keine Rückschlüsse auf konkrete Umsatzzahlen gezogen werden können, insbesondere, da unter den beteiligten Betrieben eine Konkurrenzsituation herrscht.

Beispielhafte Fragestellungen für Haushalts- oder Betriebspanel sind in der Tabelle aufgeführt.

Fragestellungen

Haushalts-/Verbraucherpanel	Betriebspanel/Einzelhandelspanel
• Welche Farben werden bei Jeanshosen bevorzugt? • Wer hat aufgrund einer Werbeanzeige die beworbenen Artikel gekauft? • Werden Markenartikel trotz Preiserhöhung weiter gekauft?	• Nimmt der Anteil an Online-Bestellungen zu? • Geht der Trend hin zu Glasflaschen oder Plastikflaschen? • Welches Biosiegel regt die Kunden am ehesten zum Kauf an?

Beispiel: *Sie untersuchen in Ihrem Markt die Entwicklung von konventionell angebauten Äpfeln, biologisch angebauten Äpfeln und Äpfeln in Demeter- Qualität. Hat sich die Konsumneigung der Haushalte im Zeitablauf verändert?*

GfK führt in Deutschland Paneluntersuchungen durch, aus denen unter anderem der monatliche Konsumklima Index erstellt wird, der die aktuelle Konsumlaune widerspiegelt. Nachfolgend wird ein exemplarischer Ablauf der Paneluntersuchung der GfK dargestellt.

GfK stellt viele Statistiken zur Verfügung. Schauen Sie auf www.gfk.com vorbei.

Tipp

www

Zunächst muss der Betrieb entscheiden, welche Art von Panel-Daten er abfragen möchte. Dabei stehen das Handelspanel oder das Verbraucherpanel zur Wahl. Möchte der Betrieb konkrete Marktanteile für bestimmte Warengruppen oder das Gesamtunternehmen untersuchen, so bietet sich das Handelspanel an. Beim Verbraucherpanel wäre die Fragestellung eher kundenbezogen, also bspw. eine Analyse der Zielgruppe.

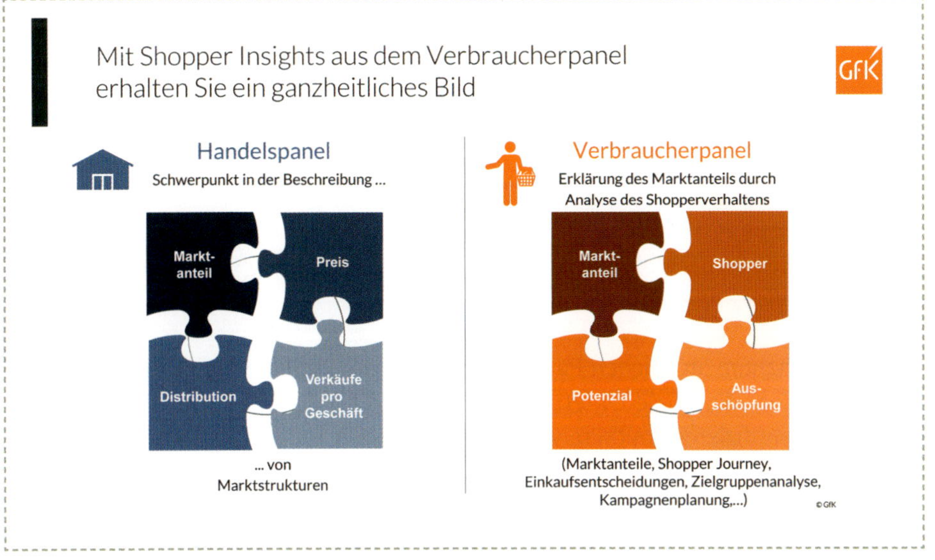

GfK sammelt und bewertet für diese vorher genannten Fragestellungen die Daten der Panelteilnehmer.

Anhand der Kombination mehrerer erhobener Daten spezifiziert GfK die Informationen und liefert den Unternehmen somit eine möglichst umfassende und genaue Antwort auf die ursprüngliche Fragestellung.

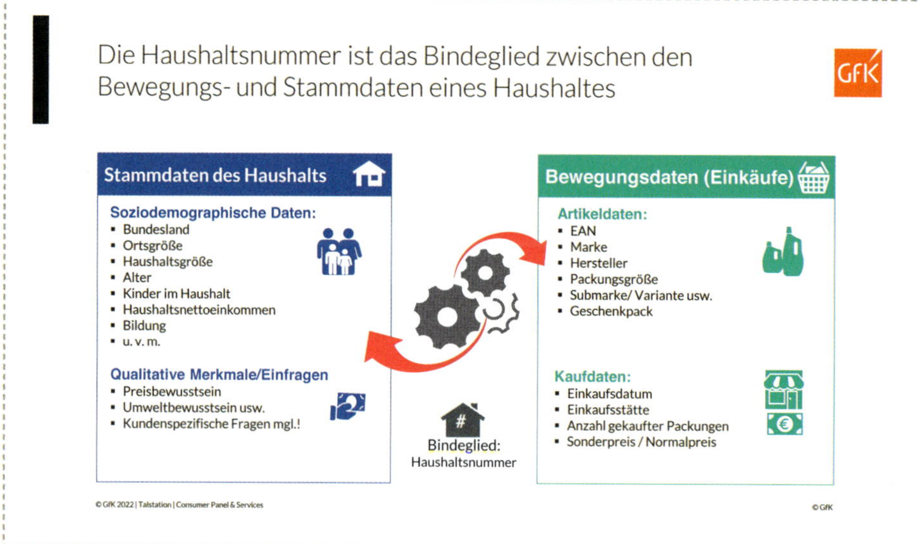

Hinweis

Die Teilnahme an solchen Paneluntersuchungen kann auch mit Anreizen verbunden sein. Viele Unternehmen nutzen die Möglichkeit, die Verkäufe zu identifizieren (mithilfe von Kundenkarten u. a.) und geben den Kunden dafür einen Kaufanreiz in Form von Gutscheinen, Punkten, Boni und Rabatten.

2.2.2 Sekundäre Marktforschung

Merke: Die sekundäre Marktforschung nutzt bereits vorhandene Daten und ist daher kostengünstiger, aber möglicherweise auch ungenauer.

Anders als bei der primären Marktforschung müssen bei der sekundären Marktforschung die Daten nicht erst erhoben werden, denn sie wurden ja bereits intern oder extern ausgewertet. Auch hier können wichtige Erkenntnisse für die Positionierung am Markt gewonnen werden, allerdings sind die vorhandenen Daten möglicherweise veraltet, unspezifisch oder nur in ungenügender Form vorhanden. Die sekundäre Marktforschung wird deswegen verwendet, weil sie meist schneller und deutlich kostengünstiger als die primäre Marktforschung ist.

Tipp

Desk research (Schreibtischforschung) = Marktforschung ohne Erhebung neuer Daten, field research (Feldforschung) = Sammlung neuer Daten durch primäre Marktforschung

Interne Daten

In vielen Betrieben sind bereits eine Fülle von Daten vorhanden, die ohne größeren Aufwand genutzt werden können. Folgende Ebenen für Datenquellen liegen vor:

Interne Datenquellen eines Unternehmens

Datengewinnung aus	Kundendaten	Produktdaten	Finanzdaten
ausgewertet werden z. B.	• Kundenalter • Adresse/Wohnort • Geschlecht • gewerblicher oder privater Kunde • Dauer der Kundenbeziehung	• Umsätze pro Produkt- oder Warengruppe • Umsatz nach Zeiteinheit	• durchschnittliche Bonsumme • Anteil Kartenzahlung/Barzahlung • Gewinn pro Bon • durchschnittliche Postenzahl pro Kunde
Datenherkunft	Kundenstammdatei	Warenwirtschaftssystem	Kassenauswertung
Beispiele	Sie möchten wissen, wie sich der Altersdurchschnitt Ihrer Kunden verändert hat.	Sie untersuchen die Warenumschlagshäufigkeit von Non-Food Artikeln zu bestimmten Uhrzeiten.	In der Recherche fällt Ihnen auf, dass während der Abendstunden wesentlich mehr Kartenzahlungen vorgenommen werden.

137

Data Warehouse

Bei einem Data Warehouse System handelt es sich um eine groß angelegte Datenbank, die für besondere Analysen konzipiert ist. Sie sammelt Daten aus verschiedenen internen und externen Quellen (Daten-Quelle = engl. Data Source) und führt diese zusammen. Dadurch erhält man einen umfassenden Überblick und kann verschiedene Daten miteinander in Verbindung bringen.

Durch Data Warehouse kann es Einzelhandelsunternehmen beispielsweise ermöglicht werden, das Image von Produkten oder Marken im Konsumgüterbereich recht genau zu messen oder nachhaltige Produkttrends zu ermitteln. Eine Auswertung mit

Daten des Data Warehouses wäre die Zeitreihenanalyse. Dabei werden für ausgewählte Produkte Verkaufszahlen der letzten Monate, Quartale oder Jahre analysiert. Die Ergebnisse können verwendet werden, um Trends zu identifizieren oder Produkte aus dem Sortiment zu eliminieren. Das Data Warehouse kann durch die Vielzahl der untersuchten Quellen bislang verborgene Zusammenhänge finden (Data Mining) und so Berichte, Statistiken und Kennzahlen für den Einzelhandel zusammenstellen.

Data Mining

Neben dem Data Warehouse Konzept werden mithilfe des Data Mining große Datenmengen analysiert, um daraus Muster und Trends zu erkennen. Aus den gesammelten Daten wird versucht, Prognosen für die Zukunft abzuleiten.

Die nachfolgende Abbildung zeigt einen typischen Ablauf des Data Minings:

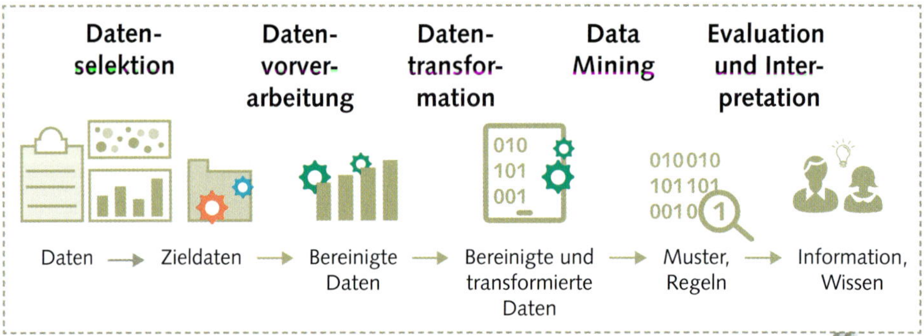

Zunächst werden aus einer sehr großen Datenmenge nur die Daten ausgewählt, die für die Untersuchung wichtig sind, und soweit bereinigt bzw. transformiert, dass sie hinterher zur Mustererkennung dienen können. Daraus werden dann Informationen für zukünftige Trends abgeleitet.

Beispiel: *Ein Elektronikmarkt, welcher deutschlandweit tätig ist und eine Vielzahl von Filialen betreibt, möchte die Cross-Selling Quote bei Tablet-PCs erhöhen, bspw. mit dem Verkauf passender Schutzhüllen. Durch die Nutzung von Data Mining und Analyse verschiedenster Informationen können die Verantwortlichen ableiten, dass die Kunden häufiger eine Schutzhülle kaufen, wenn diese besonders nahe am Kassenbereich platziert wird.*

Externe Daten

Da es für viele Unternehmen zeitlich, persönlich, fachlich oder räumlich nicht möglich ist eigene Daten zu erheben oder um einen umfassenderen Überblick zu erhalten, beauftragen Einzelhandelsunternehmen oft sogenannte Marktforschungsinstitute.

Marktforschungsunternehmen sind professionelle Anbieter von Datenerhebungen, die sie im Auftrag von Branchen oder einzelnen Unternehmen durchführen. Für den Einzelhandel ist die GfK Marktführer.

Als großer Vorteil wird bei Marktforschungsunternehmen gesehen, dass sie das fachliche Knowhow besitzen sowie Daten aus mehreren Branchen oder dem direkten Konkurrenten des eigenen Unternehmens sammeln können. Die Daten der Konkurrenz würden ansonsten nicht oder nur eingeschränkt zur Verfügung stehen.

Alternativ können Unternehmen beim Branchenverband des Einzelhandels (HDE) oder den Industrie- und Handwerkskammern (IHK) externe Informationen beziehen.

Dem Marktforschungsunternehmen steht dabei ein großer Datenpool zur Verfügung, der durch die Bezahlung des jeweiligen Kunden dann anonym und entsprechend aufbereitet weitergegeben wird.

Der große Nachteil ist, dass die Beauftragung eines Marktforschungsunternehmens meist mit sehr hohen Kosten verbunden ist. Weiterhin hat man oftmals nur eine Zusammenfassung der Daten und kann diese nicht für weitere Zwecke verwenden. Über die Art und Weise der Datenerhebung hat das auftraggebende Unternehmen ebenfalls kaum Einfluss.

Beispiel: *Die GfK untersucht jährlich, welche Produkte die Gewinner eines Black Friday Sales sind. Je nachdem kann man daraus ableiten, ob man diese Produkte gezielt anbietet oder ob es sich überhaupt lohnt, am Black Friday Sale mitzumachen. Diese Daten sind branchenübergreifend und sonst für Sie nur schwer zugänglich.*

Hinweis

Es gibt mehrere betriebsexterne Quellen, die auch Sie nutzen können: Statistisches Bundesamt, GfK, Picture Alliance, Statista u. v. m.

Ein Marktforschungsunternehmen zu beauftragen ist sehr kostspielig, bietet aber eine meist sehr gute Datenqualität.

Merke

2.3 Marktforschungsprozess im Unternehmen

Der Marktforschungsprozess im Unternehmen sollte eine gewisse logische Struktur aufweisen. Durch den enormen Zeitaufwand und die eventuell hohen Erhebungskosten müssen im Vorfeld gründliche Überlegungen angestellt werden. Ist nämlich die Befragung bereits im Umlauf, kann sie nur schwer angepasst werden, falls weitere Fragestellungen dazukommen bzw. vergessen wurden.

Prozess der Marktforschung im Überblick

Prozess	Inhalt	Fragestellung
1. Formulierung des Problems	Die Problemstellung ist entscheidend dafür, welche Daten überhaupt erhoben werden sollen.	Was möchte ich wissen?
2. Festlegung des Untersuchungsdesigns und des Erhebungsinstruments	Im Untersuchungsdesign wird die Art und Weise der Datenerhebung festgelegt, also Befragung, Beobachtung etc. (Erhebungsinstrument).	Wie werden die Daten erhoben
3. Festlegung der Informationsquellen	Als Informationsquelle dienen interne und externe Daten.	Wo werden die Daten erhoben?
4. Bestimmung des Durchführenden	Die Erhebung benötigt eine oder mehrere Personen oder Marktforschungsinstitute, die diese durchführen.	Wer erhebt die Daten?
5. Auswahl der Stichprobe	Möchte das Unternehmen eine Teilerhebung (Stichprobe) oder eine Vollerhebung (alle Zielgruppen) durchlaufen.	Wer wird befragt?

Im Anschluss muss die Datenerhebung umgesetzt und durchgeführt werden. Im späteren Verlauf werden dann die Daten gesammelt, editiert, interpretiert und je nach Wunsch auch präsentiert.

Beispiel: *Ein Lebensmitteleinzelhändler möchte wissen, ob sich die Aufnahme von „Fair Trade Schokolade" in das Standardsortiment lohnen würde. Dabei geht der Unternehmer die vorher genannten Fragestellungen durch.*

Was möchte ich wissen?	Das Unternehmen möchte wissen, ob sich die Aufnahme von Fair-Trade Schokolade in das Sortiment rechnet.
Wie werden die Daten erhoben	Es wird ein anonymer Fragebogen erstellt, bei dem die Kunden lediglich ankreuzen müssen.
Wo werden die Daten erhoben?	Die Befragung erfolgt direkt am Süßwarenregal mit Probiermöglichkeit.
Wer erhebt die Daten?	Durchgeführt wird die Befragung von den Auszubildenden des dritten Lehrjahres durchgeführt. Unterstützt werden sie von der Marktleitung.
Wer wird befragt?	Zur Datengewinnung sollen die eigenen Kunden angesprochen werden, die sich in der Nähe des Süßwarensortiments befinden.

Neben der klassischen Vorgehensweise der Marktforschung kann das Unternehmen den Prozess auch auf Online-Medien erweitern oder auslagern.

Dabei kommen auch klassische Verfahren, wie bspw. Fragebögen zum Einsatz, die wiederum online umgesetzt oder als Datei an eine E-Mail angehängt werden können; aber auch die bisher erwähnten Instrumente sind möglich.

In einer online gestützten Marktforschung kann sehr günstig und sehr schnell Datenmaterial erhoben werden. So entfallen die Kosten für den Druck und die Versandkosten der Fragebögen, wenn dies per E-Mail veranlasst wird. Weiterhin stehen direkt nach der Beantwortung der Fragebögen die Antworten zur Verfügung. Dem Kunden entstehen ebenfalls keine Kosten, z. B. für den Rückversand oder einer Fahrt zur Abgabe des Fragebogens. Die Untersuchungsinstrumente können mit Erklärvideos, Bildmaterial oder akustischen Signalen unterlegt werden, darüber hinaus wird die Möglichkeit geboten, dass Kunden von unterwegs via Smartphone teilnehmen.

Nachteilig ist jedoch, dass viele Kunden nicht erreicht werden, nicht reagieren oder sehr schnell durchklicken, ohne ernsthaftes Interesse an der Befragung.

Aufgaben

1. Unterscheiden Sie die Begriffe Marktanalyse, Marktbeobachtung und Marktprognose.
2. Grenzen Sie die Begriffe Marktanalyse, Kundenanalyse und Konkurrenzanalyse voneinander ab.
3. Finden Sie vier Merkmale, bei denen Ihr Ausbildungsbetrieb einen Wettbewerbsvorteil gegenüber Ihren Mitbewerbern hat und nennen Sie Wettbewerbsvorteile Ihrer Mitbewerber gegenüber Ihrem Ausbildungsunternehmen.
4. Erläutern Sie, welche Vorteile und Nachteile sich für ein Unternehmen ergeben können, wenn es aktiv Marktforschung betreibt.
5. Erläutern Sie den Unterschied zwischen einer Teil- und einer Vollerhebung. Nennen Sie je zwei Vor- und Nachteile einer Vollerhebung und einer Teilerhebung.

Aufgaben

6. Folgende Daten liegen aus einer Erhebung eines regionalen Lebensmittelmarktes vor:

Uhrzeit	08:00 10:00	10:00 12:00	12:00 14:00	14:00 16:00	16:00 18:00	18:00 20:00	20:00 22:00
Altersgruppen							
unter 18 Jahren	35	94	161	57	667	245	165
18 – 30 Jahre	86	99	196	71	303	21	85
30 – 50 Jahre	497	426	217	285	495	434	50
50 – 67 Jahre	600	310	154	125	263	174	13
über 67 Jahren	302	171	52	22	72	26	7
gesamt	1.520	1.100	780	560	1.800	900	320

a) Stellen Sie die Erhebung der Kundenbesuchsfrequenzen mit Hilfe eines Balkendiagramms grafisch dar. Auf der y-Achse ist die Anzahl der Kunden darzustellen, auf der x-Achse können entweder die Altersgruppen oder die Uhrzeiten (oder beides miteinander verglichen) dargestellt werden.

b) Analysieren Sie die vorliegenden Daten. Welche Erkenntnisse können abgeleitet werden?

7. Erstellen Sie für Ihren Ausbildungsbetrieb einen Fragebogen mit sieben Fragen zur Kundenzufriedenheit und testen Sie diesen an Ihren Mitschülern. Stellen Sie anschließend die Daten in übersichtlicher Form dar.

8. Erläutern Sie, warum Befragungen repräsentativ sein sollen.

9. Angenommen, Sie sollten Ihren Fragebogen in Ihrem Markt umsetzen. Sie haben eine Umsetzung:
   a) per E-Mail
   b) auf Social Media
   c) auf der Unternehmenshomepage
   d) per Post
   e) per Flyer … zur Auswahl.

   Begründen Sie, für welche Methode Sie sich entscheiden. Stellen Sie Vor- und Nachteile der jeweiligen Methode in kurzer Form zusammen.

10. Nennen Sie fünf Beispiele, welche Daten Sie in einer Kundendatei erfassen würden.

11. Unterscheiden Sie die Begriffe „primäre und sekundäre Marktforschung“.

12. Erklären Sie die Begriffe „Data Mining“ und „Data Warehouse“.

13. Untersuchen Sie die Homepage eines Marktforschungsunternehmens (z. B. www.gfk.com), welche Angebote einem Einzelhandelsunternehmen als möglichen Kunden unterbreitet werden können.
    Beurteilen Sie die Vorgehensweise von REWE bei der Befragung und Umsetzung hinsichtlich des Zuckergehaltes ihres Puddings (siehe Artikel Kapitel 2.2.1) kritisch.

3 Marketing planen

Nicht jede Marketing-Kampagne ist von Erfolg gekrönt. Die Liste der Marketing-Flops ist lang. Das vormalige US-amerikanische Unternehmen E. J. Heinz Company aus Pittsburgh, Marktführer im Bereich Markenlebensmittel, scheiterte etwa auf dem internationalen Markt mit seiner Green Sauce (Produktdifferenzierung). Das neue Produkt und dessen grüne Verpackung entsprachen einfach nicht den Vorstellungen der Verbraucher und Verbraucherinnen von einer Würzsauce für Fast Food. Ketchup ist schließlich rot und wird nicht anders wahrgenommen. Marketing muss daher sorgfältig geplant und auf die Zielgruppe und deren Bedürfnisse abgestimmt werden.

Quelle: Vgl. https://www.welt.de/kmpkt/article165704961/Hier-sind-die-groessten-Produkt-Flops-der-Geschichte-versammelt.html

Merke

Ohne Ziele können wir nicht planen. Sie sind der Kompass, um den Marketingmaßnahmen eine Richtung zu geben.

3.1 Marketingziele

LF 1, Kap. 3.5

Ziele sind Ausgangspunkt einer Planung. Ohne Ziele kann niemand planen, ebenso kann niemand ohne Ziele etwas kontrollieren. Ziele beziehen sich auf wünschbare Ergebnisse in der Zukunft. Da die Zukunft unsicher ist, können Ziele auch nicht immer so erreicht werden, wie man es sich wünscht.

In größeren Unternehmen gibt es deshalb Prognosetechniken, die dazu dienen, die Unsicherheit in der Zielfindung etwas in den Griff zu bekommen. Dazu gehört die Delphi-Methode, die nach dem griechischen Orakel benannt ist. Experten werden in mehreren Runden über die Zukunft befragt. Die Antworten werden anderen Teilnehmern wieder als Feedback anonym und ohne Gruppendruck zurückgespiegelt. Kleine Unternehmen, die sich keinen teuren Expertenstab leisten können, könnten Umfragen auch online stellen und Feedback von erfahrenen Geschäftsleuten erbitten, etwa indem sie Fragebögen in bestimmten sozialen Medien (z. B. LinkedIn, Xing) veröffentlichen.

Die Szenariotechnik kann Entwicklungspfade im Einzelhandel aufzeigen, die für eine Zielsetzung und Zielkontrolle wichtig sind. Dabei ist zwischen positiven und negativen Zukunftsentwürfen zu unterscheiden. Ist der stationäre Einzelhandel nur ein „Anhängsel" des E-Commerce und kümmert vor sich hin (pessimistisches Szenario), oder kann er sich etwa durch ein gutes Stadtmarketing, Erlebnisorientierung und Verknüpfung von Vertriebskanälen neu erfinden (optimistisches Szenario)? Die Entwicklung hängt auch von externen Einflussgrößen, die der Handel nicht beeinflussen kann, z. B. die Wirtschaftslage, die Kaufkraft oder Verbrauchertrends. Typisch an der Szenario-Technik ist die Trichterform, da Prognosen immer unsicherer werden, je weiter sie in die Zukunft (Prognosezeitraum) reichen.

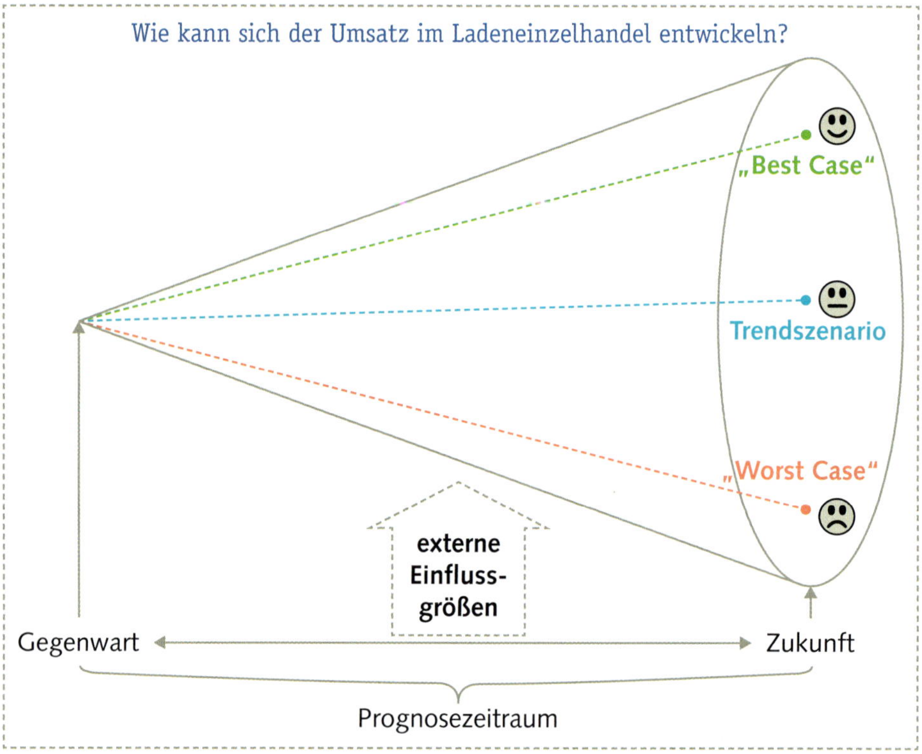

Szenario-Trichter

Was hat Einfluss auf den Umsatz im lokalen Einzelhandel? (Einflussgrößen)

Worst Case ☹	Trendszenario 😐	Best Case ☺
• hohe Smartphone-Dichte • völlig neues Kaufverhalten der Kunden • Rückzug ins Private (Cocooning) • Social Distancing durch Pandemien (Corona) • starke Umsatzverluste im stationären Handel • verödende Innenstädte	• Online- und Offlinekanäle verschmelzen • flexibles Kaufverhalten (online, offline) • hoher Anteil an Produkten mit persönlicher Beratung und Service • regionale Produkte im Trend	• völlig neue lokale Erlebniswelten • gutes Stadtmarketing • Sättigungserscheinungen virtueller Welten • Online-Datenskandale und Cyberkriminalität • Digital Detox Lifestyle (Achtsamkeit und Impulskontrolle)

3.1.1 Inhalt, Dimension und Ordnung von Zielen

Um Marketingziele besser zu verstehen, empfiehlt es sich, diese in Dimensionen aufzugliedern. Sie sind Teil der Zielhierarchie oder Zielpyramide eines Unternehmens, einer Ordnung von Oberzielen, Zwischenzielen und Unterzielen. Unterziele sind ein Mittel, um höhere Ziele zu erreichen (Zweck-Mittel-Beziehung). Wenn im Verkauf der Absatz pro Stück gesteigert wird, kann zum Beispiel auch der Umsatz der ganzen Abteilung steigen.

Merke: Jede Mitarbeiterin und jeder Mitarbeiter trägt eine Verantwortung für das Erreichen der Ziele.

Oft kann das Personal vor Ort die Ziele höherer Ordnung nicht direkt erreichen oder keinen Bezug zu ihnen herstellen. Deshalb bedarf es konkreter Unterziele, die messbar und einer Person zurechenbar sind. Weitere Zieldimensionen erhöhen die Aussagekraft einer Zielpyramide.

Zieldimensionen

Hierarchie	**Oberziel**	**Zwischenziel**	**Unterziel**
	Gewinn maximieren	Warenumschlag erhöhen	Wartezeiten an der Kasse verringern
Fristigkeit	**langfristig**	**mittelfristig**	**kurzfristig**
	Aufbau eines Vertriebsnetzes	Veränderung des Ladenlayouts	Neugestaltung des Schaufensters
Wichtigkeit	**strategische Ziele**		**operative Ziele**
	Sicherung des strategischen Erfolgspotenzials: unser Leistungsversprechen gegenüber Kunden		Erhaltung der Liquidität (Zahlungsfähigkeit) und der Gewinnmarge
Aussagegrad	**Sachziele (Inhalt)**		**Formalziele (EUR, Note, Rang)**
	Erweiterung des Sortiments um italienische Feinkostprodukte		Reduzierung der Warenabschriften um 10 %, Kostensenkung um absolut 10.000,00 EUR im Jahr

Marketingziele lassen sich einerseits in ökonomische Ziele untergliedern; sie sind meistens gut quantifizierbar und messbar. Andererseits existieren noch weiche Ziele, die sich nur unter großem Aufwand in Zahlen messen lassen können. Das sind psychologische oder psychografische Ziele und diese lassen sich oft nur qualitativ beschreiben.

Merke: Ökonomische Marketingziele lassen sich in Zahlen ausdrücken und relativ einfach messen. Psychografische Marketingziele betreffen innere Einstellungen der Konsumenten und lassen sich nur schwer beschreiben.

Formel

Marketingziele

Ökonomische Größen	Psychologische Merkmale
$\text{Marktanteil} = \dfrac{\text{Umsatz}}{\text{Marktvolumen der Branche}}$	Wiedererkennungswert der Marke
Absatz (Menge)	Bekanntheitsgrad des Unternehmens
Preisniveau (im Vergleich zur Konkurrenz)	Image des Unternehmens
Umsatz = Preis · Absatzmenge	Image der Marke
Kosten (Wareneinsatz + Handlungskosten)	Kundenzufriedenheit
Deckungsbeitrag = Preis – variable Kosten	Kundenbindung
Gewinn = Umsatz – Gesamtkosten	Kundenloyalität
$\text{Rentabilität} = \dfrac{\text{Gewinn} \cdot 100}{\text{Kapitaleinsatz}}$	Kaufabsicht
$\text{Werberendite} = \dfrac{\text{Umsatzzuwachs durch Werbung} \cdot 100}{\text{Werbekosten}}$	Impulskaufverhalten

Ökonomische Ziele können gut durch Soll-Ist-Vergleiche mit Hilfe des Rechnungswesens beurteilt werden. Dabei ist zu beachten, dass Ziele voneinander abhängig (interdependent) sind. Z. B. könnte ein fallender Umsatz sowohl den Marktanteil als auch die Rentabilität negativ beeinflussen.

Psychologische Ziele können nur mit aufwändigen Verfahren ermittelt werden. Z. B. kann ein Kundenzufriedenheitsindex (Customer Satisfaction Index) als Zahl nur durch eine mühsame statistische Analyse von vielen Kundenfragebögen ermittelt werden.

Eine neuere Alternative, qualitative Ziele zu messen, besteht im Social Media Monitoring. Bei der Sentiment-Analyse wird versucht, die in sozialen Medien kursierenden Meinungen über Unternehmen und deren Produkte sowie die Stimmungslage der User mithilfe der künstlichen Intelligenz und der Sprachanalyse (Natural Language Processing) einzufangen. Im Internet verfügbare Text- und Sprachdateien (z. B. E-Mails, Chats, Posts in sozialen Medien) werden mit spezieller Software analysiert. Dabei lassen sich die Äußerungen der User konkreten Themen zuordnen sowie die Stimmung (Positivität, Negativität, Liebe, Hass, Angst, Gewalt, Verlangen, Skepsis) bewerten und auf einer Skala eintragen.

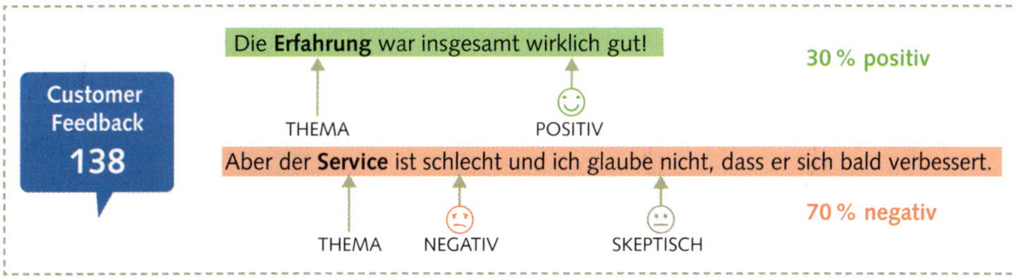

Beispiel zur Sentiment-Analyse

3.1.2 Ziele formulieren

Marketingziele müssen konkret formuliert (operationalisiert) werden, damit sowohl eine Kontrolle möglich ist als auch ein Gefühl von Verantwortung entsteht. Folgende Fragen spielen hierbei eine Rolle:

Aufgabe	Fragestellung	Beispiel
Zielmaßstab	Wie kann das Ziel gemessen werden?	Wir steigern den Umsatz um 200.000 EUR bzw. um 5 %.
zeitlicher Rahmen	Wann soll das Ziel erreicht werden?	Wir steigern den Umsatz um 5 % in einem Jahr.
organisatorische Verantwortung	Welche Filiale, Abteilung oder Stelle ist verantwortlich?	Die Filiale X steigert den Umsatz in einem Jahr um 5 %.

Des Weiteren lassen sich Ziele durch die SMART-Formel beschreiben, die aus dem Projektmanagement stammt.

spezifisch	messbar	attraktiv	realistisch	terminiert
Wir steigern den Umsatz der Frischetheke durch eine neue Warenpräsentation.	Wir steigern den Umsatz um 2 % auf 8 %.	Das Personal der Frischetheke kann sich mit dem Ziel identifizieren.	Da wir in der Vergangenheit nur mäßige Zuwächse hatten, erscheint das machbar.	Wir steigern den Umsatz bis zum Ende des Jahres.

3.1.3 Marketing und Ethik

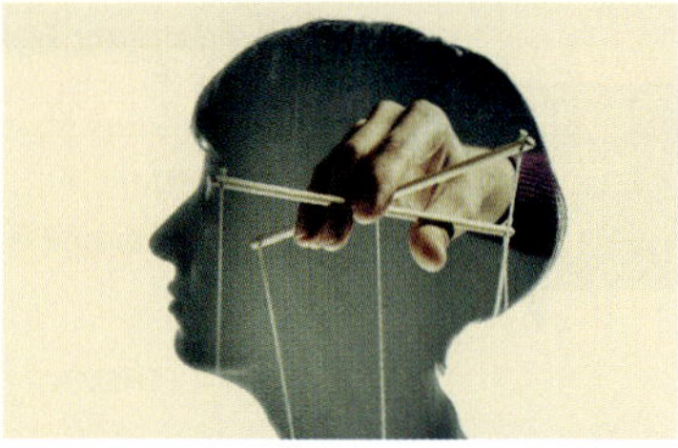

Kritiker des rein gewinnorientierten Marketings behaupten, dass viele Marketing-Maßnahmen nur eng auf eigene Unternehmensziele ausgerichtet und ethisch fragwürdig sind. Dabei sind unter anderem folgende Problemfelder im Brennpunkt:

Manipulation der Verbraucher	Künstliches Produktenveralten	Gesundheitliche Probleme	Ökologische und soziale Probleme
Die Werbewirtschaft verwendet subtile psychologische Methoden, um neue Wünsche zu erzeugen und uns zum Kauf zu verführen. (Vance Packard, The Hidden Persuaders, 1957) Wir schaffen digitale Produkte, die uns durch Psycho-Techniken süchtig machen. (Nir Eyal, Hooked, 2014)	• Lebensdauer von Glühlampen oder Waschmaschinen • Tintenstrahldrucker, deren Patronen gewechselt werden sollen, die aber noch Tinte haben • kurze Haltbarkeit von nicht wechselbaren Akkus bei Smartphones	• Werbung für Fast Food, Energy Drinks und Convenience-Produkte (vorgefertigte Lebensmittel), die unter viel Verpackungsaufwand und einer energieintensiven Logistik-Kette vertrieben werden • Diese Produkte fördern schlechte Ernährungsgewohnheiten, sie sind zu fett, zu zuckerhaltig oder zu salzig.	• Die allerneuesten Handys werden aggressiv verkauft. Die darin verbauten Metalle (seltene Erden) werden nicht immer recycelt. • Seltene Erden werden in Minen (Krisengebiete in Afrika), z. T. in Kinderarbeit gefördert und belasten das Ökosystem. • Packungsgrößen, die nie ganz aufgebraucht werden können

Die Kritik hängt davon ab, ob Unternehmen sich nur an geltende Gesetze halten und darüber hinaus keine Verpflichtung haben – oder nicht. So kann etwa ein Lieferkettengesetz den rechtlichen Rahmen schaffen, soziale Probleme und Umweltschäden im globalen Handel und der Wertschöpfungskette aufzudecken. Haben Unternehmen darüber hinaus eine ethische Verantwortung in der Gesellschaft, so muss dies begründet werden. Dabei gibt es zwei Konzepte.

Quelle: Vgl. Paul, Joachim: Praxisorientierte Einführung in die Allgemeine Betriebswirtschaftslehre. Mit Beispielen und Fallstudien, Wiesbaden, Springer, 3. Auflage, 2015, S. 130 – 131 und 520.

Shareholder Value

Nur der Wert des Unternehmens soll gesteigert werden (z. B. Börsenkurs). Das geschieht durch Gewinnerzielung. Das Management setzt nur ökomische Ziele, um im Markt zu bestehen. Letztlich kann ein Unternehmen in der Marktwirtschaft nur überleben, wenn es Gewinn erzielt und zahlungsfähig bleibt.

Stakeholder Value

Nicht nur die Interessen der Kapitalgeber (z. B. Aktionäre), sondern weitere Interessenträger (Stakeholder) sind wichtig. Kunden wollen fair behandelt und nicht manipuliert werden, nachfolgende Generationen wollen eine lebenswerte Umwelt genießen, die Mitarbeiter erwarten einen humanen/kooperativen Führungsstil.

Was erwachsene Verbraucher betrifft, so ist davon auszugehen, dass sie sich in unserer Marktwirtschaft aus vielen Quellen informieren und eine mündige Kaufentscheidung treffen können. Dies entspricht auch dem Verbraucherleitbild des Europäischen Gerichtshof in seiner Rechtsprechung zur Warenverkehrsfreiheit in der EU. Viele kennen die Missstände aus den Medien und erwerben trotzdem diese Produkte. Sind nun Konsumenten durch Verbraucherschutzgesetze oder moralisierendes „Shaming" davon abzuhalten, die begehrten Produkte zu kaufen?

> Letztlich wird Marketing nur dann für den Unternehmer erfolgreich sein, wenn er auf die Kundenbedürfnisse eingeht und langfristig zufriedene Kunden bindet. Diese Kunden gewinnt man nicht durch Manipulation und fragwürdige Geschäftspraktiken.
>
> **Merke**

Konsumpyramide
Quelle: Vgl. auch Andrea Pramor; https://tsri.ch/zh/diese-konsum-pyramide-nachhaltigkeit-oekologisch/

Zumindest sollte jeder von uns liebgewordene Kaufgewohnheiten und Bedürfnisse immer wieder kritisch überprüfen, z. B. durch die Konsumpyramide für nachhaltigen Konsum. Wir sollten eine bewusste, autonome und vernünftige Konsumentscheidung treffen und uns regelmäßig die Frage stellen: „Wie viel ist genug?"

Beispiel zum Nachdenken: *Der US-amerikanische Schriftsteller Nana Kwame Adjei-Brenyah hat in seiner Kurzgeschichte „Friday Black" den ungezügelten Konsum im amerikanischen Einzelhandel in düsteren Farben beschrieben:*

© marcelokimura – shutterstock.com

„Ein Rudel Kaufwilliger bleibt vor dem Laden stehen. Sie sehen die PoleFace™, die wir noch haben. Ich klettere aufs Dach meiner Kabine. Sie kommen reingestürmt. Ein paar Leute stürzen und stehen wieder auf. Ein paar stürzen und blieben liegen. Sie schreien und fauchen und krallen und stöhnen. Ich schnappe mir einen Greifer und beobachte, wie die blutverschmierten Menschen mit gefüllten Geldbeuteln und dem Friday Black in ihren Hirnen auf mich zukommen."

Quelle: Nana Kwame Adjei-Brenyah, Friday Black, Penguin, S. 138, Übersetzung: Thomas Gunkel.

3.2 Strategiemuster

Es stellt sich bei der Suche nach der richtigen Strategie die Frage, wo sich das Unternehmen aufstellt und welche Spielzüge es unternimmt. Entscheidend ist dabei, wie sich aus einem Alleinstellungsmerkmal (Unique Selling Proposition) – einem einzigartigem Leistungsversprechen – ein Wettbewerbsvorteil gegenüber der Konkurrenz erzielen lässt. Gelingt es, sich am Markt zu profilieren, kann man das Erfolgspotenzial ausschöpfen, den Marktanteil vergrößern und Gewinne realisieren.

Merke: Eine Strategie zu verfolgen bedeutet, sich am Markt auf einem Feld zu positionieren.

© carlo fornitano – shutterstock.com

Beispiel: *Eine große Discounterkette betreibt seit einigen Jahrzenten eine Internationalisierungsstrategie und hat sich auch in Großbritannien niedergelassen. Das Unternehmen steht für einen unkomplizierten Einkauf von Waren des täglichen Bedarfs zu einem fairen Preis-Leistungs-Verhältnis. Das schlanke Sortiment ist einfach und überzeugend strukturiert. Das Unternehmen trägt Verantwortung gegenüber Umwelt und Mensch über die ganze Lieferkette hinweg. Ein Großteil des Sortiments ist mit Waren bestückt, die Briten kennen. Meldungen zeigen Umsatzverluste bei Großbritanniens größter einheimischer Handelskette. Deutsche Discounter haben bereits einen Marktanteil von mehr als 10 % erzielt und können nicht nur bei einkommensschwachen Haushalten Erfolge erzielen. Der strategische Schachzug hat sich gelohnt.*

3.2.1 Strategischer Würfel

Um eine Marketingstrategie zu entwickeln, sind drei Grundfragen entscheidend.

- Wo stehe ich im Wettbewerb?
- Was biete ich an?
- Wie sind die Spielregeln auf dem Markt?

Das lässt sich mithilfe des Strategischen Würfels veranschaulichen. Er hat drei Dimensionen mit insgesamt acht Möglichkeiten.

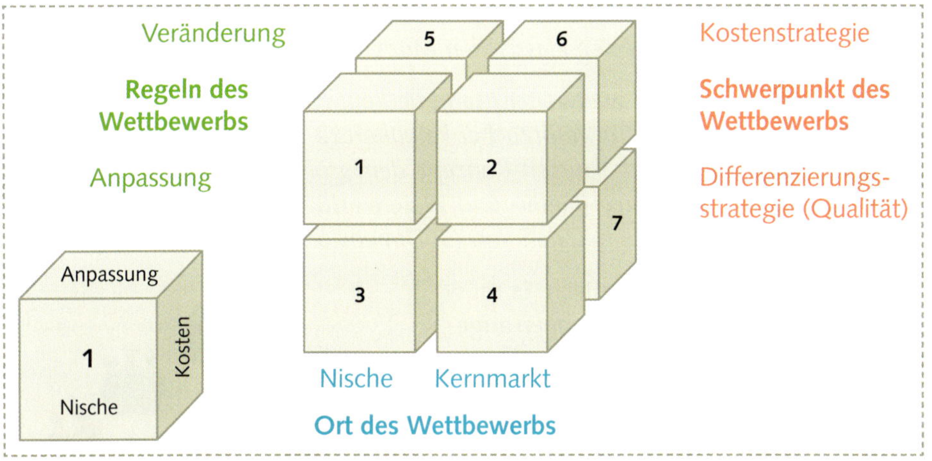

Der strategische Würfel
Quelle: Nach Horst Steinmann/Georg Schreyögg. Management, Wiesbaden, Gabler, 1993, 3. Auflage, S. 193.

Dimensionen des strategischen Würfels

1. Dimension: Ort des Wettbewerbs (Wo?)	
Konzentriere ich mich auf eine Marktnische oder auf eine Versorgungslücke?	Decke ich den des Gesamtmarkt/Kernmarkt ab?
Ein Einzelhandelsunternehmen bietet als einziges am Ort ein schmales Bio-Feinkost-Sortiment oder einen Lebensmittelservice in einer ländlichen Region an.	Ein großer Lebensmitteldiscounter betreibt in Deutschland ein dichtes Filialnetz.
2. Dimension: Schwerpunkt des Wettbewerbs (Was?)	
Betreibe ich eine Preisstrategie?	Will ich führend in Qualität und Service sein?
Ein Handelsunternehmen kauft in großen Mengen zu günstigen Preisen ein und gibt den Preisvorteil an Kunden weiter. Um Kosten zu steuern, werden auch Produktionsbetriebe aufgekauft. Ein Discounter kauft eine Backfabrik oder ein Textilhandel eine Bekleidungsmanufaktur.	Ein Handelsunternehmen bietet ein bedarfsorientiertes Warenangebot an Premium-Marken und einen umfangreichen Service an.
3. Dimension: Regeln des Wettbewerbs (Wie?)	
Muss ich mich an die Marktverhältnisse anpassen?	Bin ich in der Lage, Branchenregeln zu brechen? (Disruption)
Ein neuer Konkurrent muss sich an die Spielregeln des Marktführers oder der Branche halten.	Neue Technologien oder Innovationen erlauben es, neue Regeln zu setzen.

Beispiel: *Natürlich lassen sich alle drei Dimensionen kombinieren. Ein skandinavisches Einrichtungshaus hat den klassischen Möbelhandel durcheinandergebracht.*

- *Es wird zunehmend ein weltweiter Markt bedient (1. Dimension).*
- *Die Preise sind günstig für Verbraucher kalkuliert (2. Dimension).*
- *Mit dem typischen Do-it-Yourself-Konzept, dem großen Abhollager und der Einbindung von E-Commerce (Liefer- und Warenverfügbarkeit bei der Bestellung) hat man Branchenregeln neu definiert (3. Dimension).*

Viele Märkte sind nicht einheitlich. Es müssen unterschiedliche Kundengruppen angesprochen werden z. B. junge Erwachsene, Familien oder sogenannte Best Ager. Der strategische Würfel ist in diesem Fall in Segmente aufzuteilen, und diese sind getrennt zu bearbeiten (Multisegmentstrategie).

Beispiel: *Eine Unternehmensgruppe hat sich in ihrer Strategie auf unterschiedliche Zielgruppen (Kinder, Jugendliche, Eltern, soziale Einrichtungen) spezialisiert. Ein Unternehmensteil wendet sich im Onlinehandel und im Factory-Outlet direkt an Eltern, die für ihre kleinen Kinder Spielwaren, Mode und nützliche Alltagsdinge suchen. Eine weitere Produktlinie ist auf die Bedürfnisse von Teenagern ausgelegt, die online vertrieben wird. Schließlich gibt es einen Ausstatter für Krippen, Kindergärten sowie soziale Einrichtungen, wobei der Fokus auf selbst hergestellte Möbel und Spielgeräte sowie pädagogische Materialien und Raumkonzepte liegt.*

3.2.2 Ansoff-Matrix

Die bisherigen Strategien konzentrierten sich auf den bestehenden Markt. Viele Märkte sind aber nicht mehr attraktiv. Auch im Einzelhandel können Unternehmen mit einem neuen Sortiment neue Märkte erobern, dabei die Risiken streuen und ein zweites Standbein setzen – oder es lockt einfach eine hohe Rendite im neuen Markt.

Ein Hilfsmittel dazu bietet die Ansoff-Matrix, die hier, am Beispiel eines Einrichtungshauses dargestellt, die vier Strategien Marktdurchdringung, Marktentwicklung, Produktentwicklung und Diversifikation umfasst:

Beispiel	Derzeitiger Markt	Neue Märkte
Derzeitiges Sortiment	Marktdurchdringung: mehr Umsatz bei Stammkunden erzeugen, z. B. lukrative Zusatzverkäufe	Marktentwicklung: Akquise von neuen Kunden, z. B. für Büromöbel für Geschäftskunden
Neues Sortiment	Sortimentsentwicklung: Aufnahme von Haushaltswaren in das bestehende Sortiment	Diversifikation: Vermittlung von Hausratversicherungen oder Anschaffungskrediten

Aktuelles Beispiel für eine Diversifikation: *Ein große Einzelhandelskette diversifiziert, indem ein eigenes Bezahlsystem in Konkurrenz zu anderen Zahlungsanbietern und Big-Data-Unternehmen aufgebaut wird. Nach der Registrierung, Hinterlegung der Bankverbindung bzw. Kreditkarte sowie der Installation der App auf dem Smartphone wird eine Betragsgrenze zugewiesen, über den per QR-Code verfügt werden kann (Scan der digitalen Kundenkarte).*

3.3 Geschäftsmodelle aus der Praxis

Nur wenige Menschen haben einen genialen Geistesblitz und völlig neue Produkte erfunden. Es muss das ganze Geschäftsmodell durchdacht werden. Die Fa. Kodak hat 1975 die erste Digitalkamera entwickelt. Man stieg dann nicht selbst in dieses Geschäft ein, angeblich aus Angst davor, man könne dem eigenen analogen Filmgeschäft mit Bildabzügen Konkurrenz machen. Bereits 1902 wurde durch Ludwig Lohner und Ferdinand Porsche ein Hybridfahrzeug (Benzin, Elektro, Sondermodell mit Allradantrieb) gebaut, das allerdings nur für sehr wohlhabende Personen erschwinglich war und nur eine geringe Reichweite hatte.

Geschäftsmodelle lassen sich auch im Handel entwickeln, man muss nicht eine einzigartige Idee haben, eine völlig neue Technologie entwickeln oder ein großes Unternehmen mit viel Ressourcen und Manpower sein. Wichtig ist, dass alte Denkmuster durchbrochen werden und die richtigen Fragen gestellt werden.

Magisches Dreieck mit den vier Dimensionen erfolgreicher Geschäftsmodelle
Quelle: Oliver Gassmann, Karolin Frankenberger und Michaela Csik, Geschäftsmodelle entwickeln, München, Hanser-Verlag, 2013, S. 6.

Erfolgreiche Geschäftsmodelle müssen die genaue Zielgruppe festlegen, einen eindeutigen Nutzen für die Kundschaft kommunizieren. Darüber hinaus müssen Geschäftsprozesse (z. B. Einkauf, Logistik, Verkauf & Service) so effizient gestaltet und dauerhafte Umsätze erzeugt werden, dass das Unternehmen wirtschaftlich überlebensfähig ist (Erfolgspotenzial, Gewinn und Zahlungsbereitschaft). Folgende Geschäftsmodelle haben sich in der Praxis als erfolgreich herausgestellt:

Beispiele für erfolgreiche Geschäftsmodelle:

Schwerpunkt	Beispiele	Erläuterung
Cross-Selling (Querverkauf) 	Kaffee-Filialisten, Discounter	Es werden Haushaltswaren und zeitlich begrenzte Aktionsware neben Lebensmitteln angeboten. Das Nutzenspektrum (z. B. Zeitersparnis) für die Kunden wird erweitert. Zusätzlich sind vorhandene Logistikkapazitäten (Lager, Fuhrpark) besser ausgelastet. Produkte können gemeinsam in der Werbung angepriesen werden.
E-Commerce/ E-Business 	T-Shirt-Druck-Plattformen	Güter und Dienstleistungen werden online angeboten. Der physische Transport wird teilweise umgangen. Es können z. B. T-Shirts mit einer persönlichen Note gestaltet werden. Das kommt dem Bedürfnis nach individuellem Bekleidungsstil nach. Über die Webplattform können Designs übertragen und eigene Entwürfe vermarktet werden.
Long Tail (Handel mit Nischenprodukten) 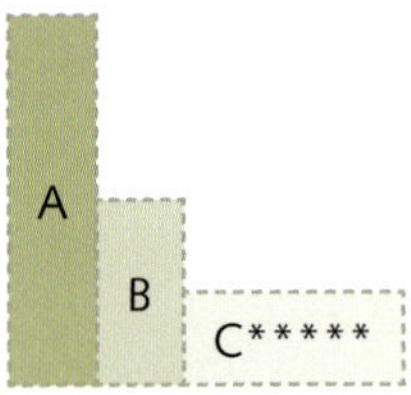 	Online-Versandhandel, Auktionsplattformen	80 % des Umsatzes wird mit 20 % der Produkte erzielt. Die übrigen 80 % der „Langsamdreher“ bringen nicht so viel. Es gibt also ein großes Angebot an wenig gefragten Nischenprodukten, die geringe Gewinnspannen haben. Durch hohe Absatzmengen dieser C-Produkte können sich aber auch kleine Gewinne aufsummieren, nach dem Motto: „Kleinvieh macht auch Mist.“
No Frills (Kerngeschäft) 	Discounter, Fast Food	Das Sortiment und der Service werden auf ihren Kern ohne „Schnickschnack“ reduziert. Auf viel Markenware wird verzichtet. Kosteneinsparungen können an die Kunden weitergegeben werden, was auch kaufkraftschwache Kunden anspricht.
Shop-in-Shop 	Kaffee-Depots	Es wird ein Verkaufsraum innerhalb eines anderen Ladens eingerichtet. Der eigentliche Ladenbetreiber profitiert von neuen Kunden, kann seine Räumlichkeiten besser nutzen und erhält dazu noch Ladenmiete. Das Sortiment beider Läden kann sich zudem gut ergänzen (Synergieeffekte) und auch Impulskäufe fördern, z. B. auch Deko-Artikel, Kleidung, Kosmetik oder Trendfood.

Schwerpunkt	Beispiele	Erläuterung
Trash to Cash (Re-/Upcycling) 	Textilproduzent bzw. -handel (z. B. H&M, Patagonia)	„Abfallprodukte" werden von Unternehmen gekauft und zu neuen Waren verarbeitet. Die Beschaffungskosten werden reduziert und das Umweltbewusstsein des Kunden angesprochen. Manche Unternehmen verkaufen Produkte mit hohem Recyclinganteil, bieten einen E-Shop für gebrauchte Produkte sowie einen Reparatur-Service an.

Quelle: In Anlehnung an Oliver Gassmann, Karolin Frankenberger und Michaela Csik, Geschäftsmodelle entwickeln, München, Hanser-Verlag, 2013, S. 267 – 280.

Aufgaben

1. Nennen Sie Beispiele für Waren, die gekauft werden, weil sie teuer sind, ein gutes Image haben oder nur wenige sie sich leisten können.
2. Entwickeln Sie für Ihren Ausbildungsbetrieb eine Zielpyramide aus einem Oberziel und damit in Zusammenhang stehenden Zwischen- sowie Unterzielen.
3. Beschreiben Sie die Szenariotechnik. Wie kann diese Technik die Planung unterstützen? Welche Schwächen hat diese Vorhersagetechnik?
4. Erläutern Sie, welche Personen und Interessengruppe eingebunden werden sollten, wenn es darum geht wirtschaftliche, soziale und ökologische Ziele zu setzen.
5. Formulieren Sie ein konkretes Ziel für Ihren Ausbildungsbetrieb mit Hilfe der SMART-Formel.
6. In welchem Segment des strategischen Würfels befindet sich Ihr Unternehmen? Erläutern Sie dies.
7. Finden Sie für jede Ebene der Konsumpyramide nachhaltigen Konsums ein konkretes Beispiel.
8. Finden Sie Beispiele für Bedürfnisse, die sich nur schwer mit kommerzialisierbaren Produkten und Serviceleistungen erfüllen lassen.
9. Nennen Sie Beispiele (Artikel und Serviceleistungen) für Cross-Selling.
10. Diversifikation erweitert das Leistungsprogramm eines Handelsbetriebes um völlig neue Produkte und Dienstleistungen. Blicken Sie „über den Tellerrand" und finden Sie kreative Ideen für folgende Betriebsformen:
    a) Sportfachgeschäft
    b) Handyshop
    c) Lebensmittelsupermarkt
    d) Einrichtungshaus
    e) Chocolaterie/Pralinerie/Süßwarenfachgeschäft

4 Marketinginstrumente im Einzelhandel erfolgreich einsetzen

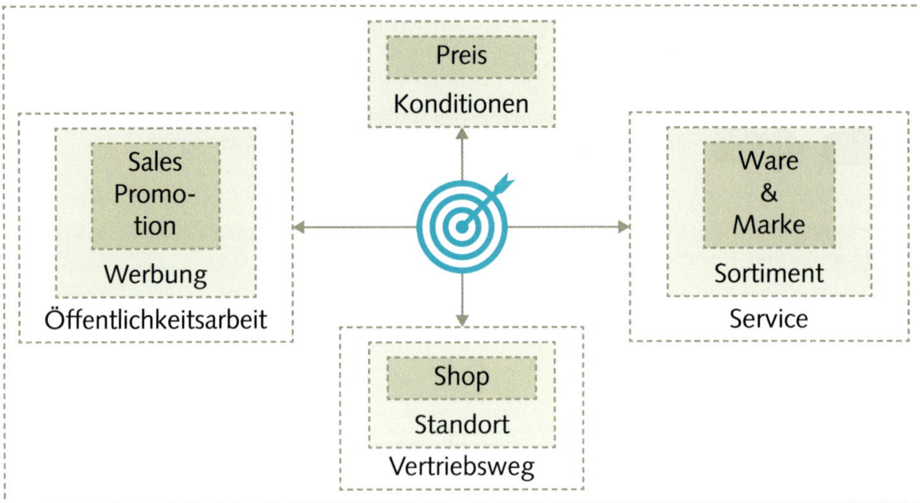

Die Marketinginstrumente eines Handelsunternehmens umfassen sowohl strategische als auch operative Maßnahmen, um ein Leistungsangebot zum Nutzen der Kundschaft zu gestalten bzw. darauf aufmerksam zu machen. Strategische Entscheidungen sind oft langfristig, einmalig und meist unumkehrbar. So ist es etwa bei der Standortwahl, die bedeutsam ist für das ganze Geschäftsmodell des Handelsunternehmens. Werbung oder Sortimentspolitik umfassen dagegen oft wiederkehrende (operative) Entscheidungen und müssen immer wieder neu entwickelt werden, z. B. Erinnerungswerbung oder Sortimentsanpassungen.

Die Tabelle zeigt die wichtigsten Instrumente:

Instrumente	Entscheidungsgrößen (Auswahl)	Verweis auf Lernfeld
Distributionspolitik und Verkaufsstellenpolitik	• Standort und Vertriebswege auswählen • Verkaufsraum neugestalten und umdekorieren	LF 10, Kap. 7.1 LF 4, Kap. 2.1
Sortimentspolitik	• Sortimentsbreite, -tiefe und Sortimentsqualität festlegen • Handelsmarken und Markenartikel auswählen	LF 1, Kap. 3.4
Servicepolitik	• Art und Umfang der Kundendienstleistungen (online wie offline) festlegen	LF 3, Kap. 1.2 LF 10, Kap. 4 LF 10, Kap. 7.2

Instrumente	Entscheidungsgrößen (Auswahl)	Verweis auf Lernfeld
Konditionenpolitik	• Höhe und zeitliche Veränderungen des Preises sowie der Preisnachlässe bestimmen	LF 9, Kap. 1
Kommunikationspolitik	• Verkäuferinnen im Verkauf aktiv unterstützen (Mitarbeiterpromotion) und Absatz durch Verkaufsförderung am Point of Sale erhöhen (Verbraucherpromotion) • Werbemaßnahmen planen, steuern und kontrollieren • Öffentlichkeitsarbeit (Public Relations) und Imagepolitik betreiben	LF 5, Kap. 1 LF 5, Kap. 2

4.1 Sortimentspolitik

Das Sortiment ist das Angebot an Waren und Dienstleistungen eines Einzelhandelsunternehmens. Es ist eng mit der jeweiligen Betriebsform verknüpft und kann mithilfe einer Sortimentspyramide oder eines Sortimentsbaums dargestellt werden.

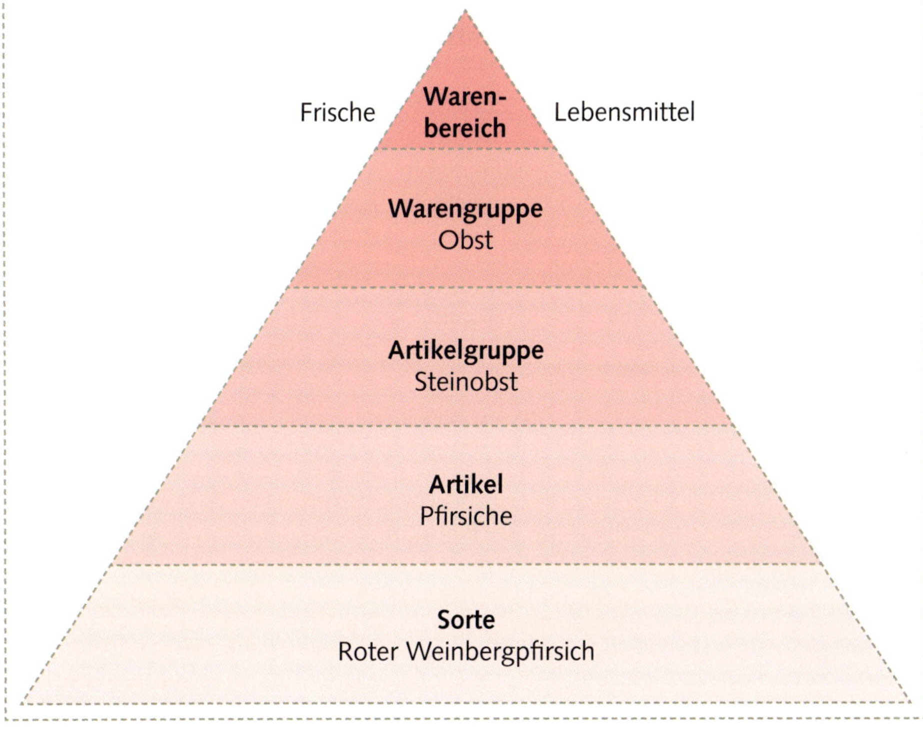

Der Aufbau des Sortiments hängt von vielen externen und internen Faktoren ab. Deshalb sind für ein Einzelhandelsunternehmen folgende Aspekte bezüglich des Warensortiments wichtig:

Externe Faktoren	Interne Faktoren
Die Konkurrenz hat neue Produkte im Sortiment. Wir müssen folgen.	Kosten für Warenpflege sind für bestimmte Warengruppen hoch.
Die Verbraucherbedürfnisse ändern sich. Die Ansprüche steigen.	Erklärungsbedürftige Waren erfordern kostenintensive Beratung.
Ersatzprodukte tauchen auf und verdrängen alte Produkte.	Verbundeffekte (Wechselwirkungen) zwischen Waren sind zu identifizieren.
Zu viel Sortiment kann zur Verwirrung (Reizüberflutung) des Verbrauchers beitragen.	Waren mit sehr geringer Lagerumschlagshäufigkeit und hohem Lagerwert werden herausgenommen.

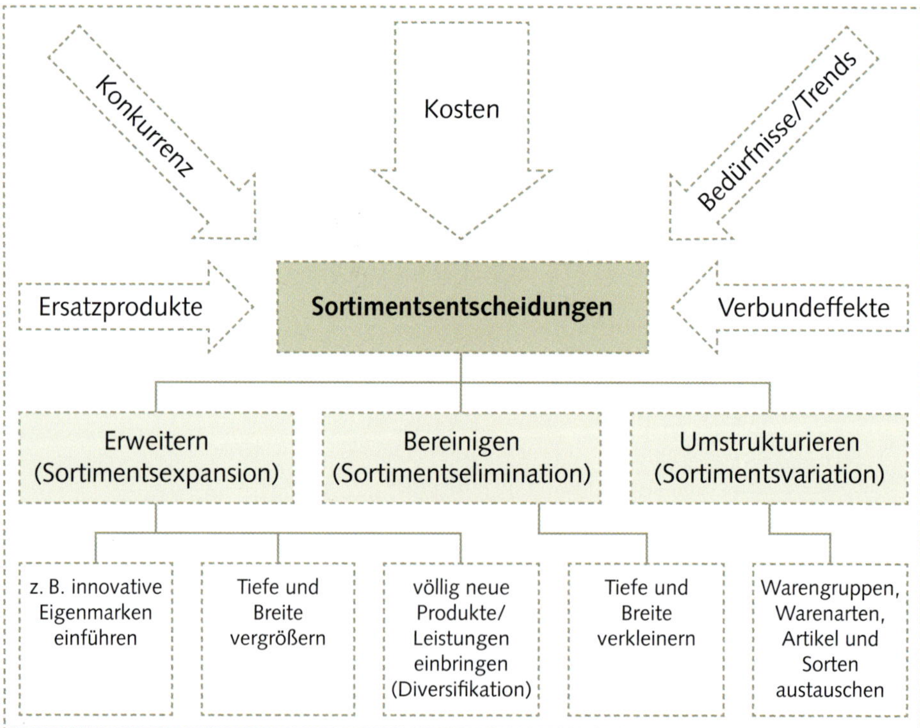

Maßnahmen der Sortimentspolitik

Beispiel: *Ein Supermarkt bietet an der Frischetheke hochwertiges Dry-Aged-Beef an, trocken abgehangenes Rindfleisch, das in einer Kühlkammer etwa acht Wochen knapp über dem Gefrierpunkt reift und dabei besonders zart wird. Ein Rezeptgenerator an der Theke bietet den Kunden noch die Möglichkeit, nach Eingabe von Suchbegriffen (Zutaten) leckere Rezepte für Marinaden, für Steaks oder Salate zu generieren.*

Der Supermarkt hat das Sortiment vertieft. Gleichzeitig wird neben hochwertigem Fleisch ein verbesserter Service angeboten (Trading Up). Werden dagegen No-Name-Produkte in Standardqualität ohne viel Service eingeführt, ist dies Trading Down.

LF 6, Kap. 1.2

Von großer Bedeutung für die bedarfsorientierte Sortimentsplanung sind Verbundeffekte, die die Einkaufsgewohnheiten der Kunden widerspiegeln. Es ist nicht sinnvoll, einfach Artikel zu eliminieren, da dies Auswirkungen auf andere Artikel haben kann.

Verbunde	Erklärung	Beispiel
Bedarfsverbund	Zwei oder mehr (komplementäre) Artikel lösen bequem ein Einkaufsproblem.	gemeinsame Platzierung von Wandfarbe, Pinsel, Abdeckplane im Baufachmarkt
Auswahlverbund	Der Verbraucher erwartet im Kernsortiment eine große Auswahl, möchte vergleichen, bewerten und entscheiden.	großes Angebot in der Sortimentstiefe an Malerartikeln, Farben und Farbmischungen
Kaufverbund, z. B. Aktionsverbund	Aktions-Artikel werden zusammengefasst und in der Werbung gemeinsam herausgestellt, u. a. mit dem Ziel, Impulskäufe zu fördern.	Für die neue Gartensaison werden Pflanzen, aber auch Gartengeräte und Gartenmöbel in einem Aktionssortiment optisch herausgestellt.
Individuelle Verbundeffekte	Der Verbraucher kauft zwei Artikel gleichzeitig oder immer wieder, ohne dass sich ein offensichtlicher Zusammenhang ergibt.	Babywindeln und Chips werden z. B. gemeinsam gekauft. Dies kann mit Markentreue zu einem Produkt oder der Familienstruktur erklärt werden.

Quellen: Vgl. Ahlert, Dieter; Kenning, Peter; Brock, Christian: Handelsmarketing. Grundlagen der marktorientierten Führung von Handelsbetrieben, Berlin, Springer Gabler, 3. Auflage, 2020, S. 226 – 227.
Barth, Klaus; Hartmann, Michaela; Schröder, Hendrik: Betriebswirtschaftslehre des Handels, Wiesbaden, Springer Gabler, 7. Auflage, 2015. S. 189 – 190.

Durch Sortimentsverbundanalysen lassen sich Verbundeffekte erkennen. Dazu werden die Transaktionen der Kassenbons (Kassenbon-Analyse) analysiert, was durch Kundenkartendaten verfeinert werden kann. So lässt sich feststellen, ob das Sortiment zu verändern ist, Artikel anderswo platziert oder gemeinsam beworben werden sollten.

Artikel werden zu Warengruppen (Categories) zusammengefasst, die für den Käufer die größtmögliche Anziehungskraft haben. Es ist Aufgabe der Marktforschung herauszufinden, wie der Kunde das Sortiment subjektiv bewertet (Bewertungsattribute).

Informationsbedarf bei Sortimentsverbundanalysen

Was wird gekauft?	Wann wird gekauft?	Wie wird bezahlt?	Welche Kundendaten kennen wir?

Mithilfe von statistischen Methoden und maschinellem Lernen lassen sich auch Muster im Einkaufsverhalten berechnen und darstellen (Data Science). Man nennt dies Assoziationsanalyse (assoziieren = verbinden, verknüpfen).

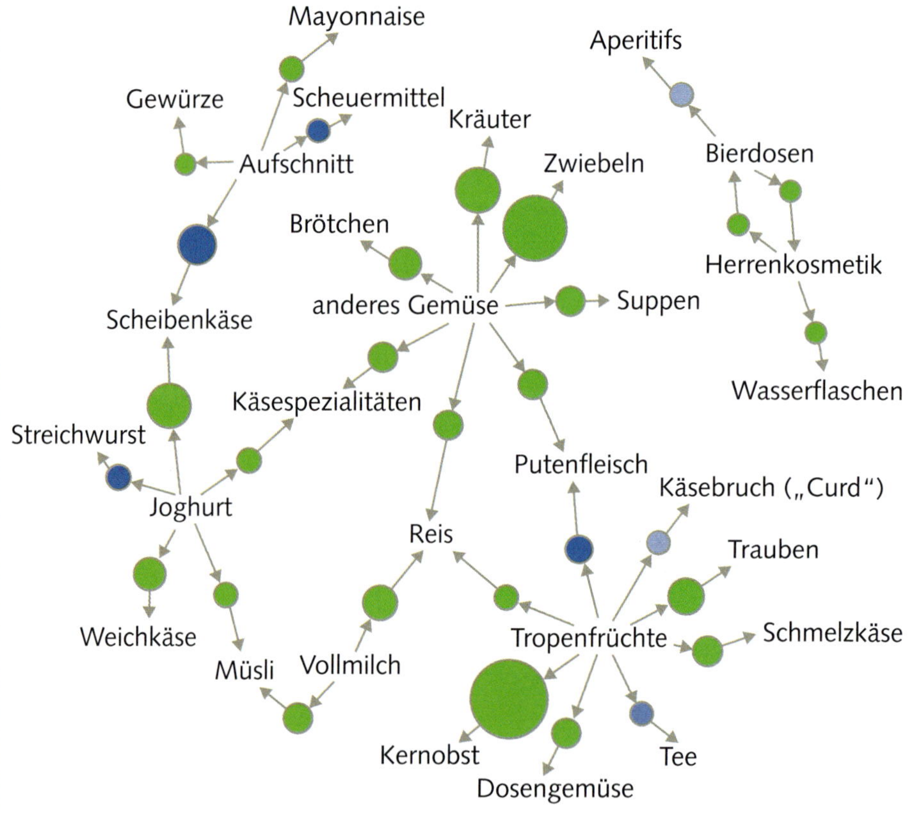

Assoziationsgraph von Lebensmitteln (Einkäufe über 30 Tage hinweg)
Quelle: Vgl. Annalyn Ng und Kenneth Soo, Data Science – was ist das eigentlich? Springer 2018, S. 45 ff.

Je größer die grünen Kreise, desto häufiger werden Waren gemeinsam gekauft, z. B. Zwiebeln und Gemüse bzw. Tropenfrüchte und Kernobst. Zwischen den blauen Kreisen kann man einen echten, nicht nur zufälligen Zusammenhang berechnen, z. B. zwischen Aufschnitt und Scheibenkäse. Leider kann der Supermarktinhaber nicht alle möglichen Beziehungen berechnen. Dies erfordert selbst mit heutiger Technik sehr viel Rechenaufwand. Beziehungsanalysen lassen sich auch mit kostenfreier Software darstellenn, z. B. https://gephi.org bzw. https://orangedatamining.com/.

WWW

4.2 Preis- und Konditionenpolitik

Bei der Preispolitik sind die Kosten, Mitbewerber und Nachfrager im Blick zu behalten.
Merke

LF 9 Kap. 1.1

Der Preis stellt nach wie vor das wichtigste kurzfristige Marketinginstrument im Handel dar. Ein reduzierter Preis wird eine sofortige Nachfrageerhöhung provozieren. Allerdings schlägt das unmittelbar auf die Gewinnspanne durch. Der Händler sollte bei festen Einstandspreisen und fester Kostenstruktur immer eine Differenzkalkulation vornehmen, um zu sehen, um wie viel der Gewinnzuschlag abschmilzt.

Viele Konsumgütermärkte sind gesättigt und wachsen nicht weiter. Es findet ein Verdrängungswettbewerb statt. Das ist ein Nullsummenspiel: was der eine gewinnt, verliert der andere. Viele Produkte sind austauschbar. Wettbewerb wird daher oft über den Preis betrieben (konkurrenzorientierte Preispolitik), wobei zumeist viele Nachfrager wenigen Anbietern gegenüberstehen (Angebotsoligopol).

Beispiel: *Im Jahr 2020 wurde im Zuge der Corona-Krise die Umsatzsteuer kurzzeitig um 3 %-Punkte gesenkt. Viele Produkte verbilligten sich. Nachdem die Umsatzsteuer 2021 wieder auf Normalniveau angehoben wurde, nutzten manche Discounter dies für ihre Preisstrategien. Die Preise blieben bei einigen trotzdem eine Weile weiter reduziert. Die Discounter standen nämlich unter Druck, weil sie Marktanteile verloren hatten. Kunden hatten in der Corona-Pandemie größere Anschaffungen gemacht und dabei großflächige Supermärkte bevorzugt.*

4.2.1 Aktionselemente der Preispolitik

LF 9 Kap. 1.4
LF 9 Kap. 1.5

Im Rahmen der Preispolitik geht es darum, Einzelpreise für Produkte festzulegen, wobei der Grundsatz der Preisgestaltungsfreiheit (Vertragsfreiheit) gilt, sowohl in Bezug auf die Höhe als auch die Dauer der Festlegung. Des Weiteren sind dauerhafte Preisstrategien ins Auge zu fassen. Welches Preisniveau wählt das Einzelhandelsunternehmen für sein Sortiment? Wie gestaltet er die Einführungspreise für neue Produkte? Welche Zielgruppen erhalten bestimmte Preisvergünstigungen?

Wie werden Preise vereinbart?	
individuelle Preisbildung	einheitliche Preisbildung für alle Kunden (Festpreise)

Wie frei bin ich in der Preisgestaltung?		
ungebundene Preise (Regelfall)	empfohlene Preise des Herstellers, aber Verbot der Preisbindung der 2. Hand durch den Hersteller	gesetzliche Preisbindungen, z. B. Verlagserzeugnisse und Arzneimittel

Wie lange gelten die Preise?

Preis ohne Gültigkeitsdauer (Regelfall)	Preis mit Gültigkeitsdauer, z. B. Sonderangebote für Aktionswoche, Auktionspreise bis Zeitablauf

Welche Preishöhe wird grundsätzlich festgesetzt?

Hochpreispolitik, z. B. Luxusmarken-Bekleidung	Niedrigpreispolitik, z. B. Textildiscounter

Gibt es für ein Produkt zu einem Zeitpunkt unterschiedliche Preise?

LF 9, Kap. 1.4

Preisstaffelung, z. B. mengenabhängige Staffelpreise	Preisdifferenzierung (regional, zeitlich, personell etc.)	Multi-Unit-Pricing, z. B. Kauf 3, zahl 2.

Können sich die Preise im Zeitverlauf ändern?

LF 9, Kap. 1.4

variable Preise bei Einführung neuer Produkte (Skimming- und Penetrationspreise)	„Timing" bei Preisänderungen von Produkten, z. B. Vorweihnachtszeit, Produkte kurz vor Ablauf des MHD	Sonderpreisaktionen, z. B. mehrfachreduzierte Artikel

Quelle: Schema in Anlehnung an Ahlert, Dieter; Kenning, Peter; Brock, Christian: Handelsmarketing. Grundlagen der marktorientierten Führung von Handelsbetrieben, Berlin, Springer Gabler, 3. Auflage, 2020. S. 257.

4.2.2 Dynamic Pricing

> Dynamic Pricing ist eine Form der Preisdifferenzierung nach Kunde, Zeit und Marktbedingungen.
>
> Merke

Vor dem Hintergrund der Digitalisierung hat die dynamische Preisbildung das Potenzial, die Preispolitik in Handelsunternehmen zu verändern. Ziel ist es, die Höhe des Verkaufspreises so zu optimieren, dass die Zahlungsbereitschaft des Kunden (Konsumentenrente) voll abgeschöpft wird oder der Abverkauf beschleunigt wird. Dabei müssen die Preise dynamisch der Verkaufssituation angepasst werden, z. B. nach der Tageszeit oder der Kundenfrequenz. Weitere Faktoren können durch statistische Zusammenhänge und Rechenregeln (Algorithmen) herausgefunden werden.

LF 9, Kap. 1.2

Ist die Zahlungsbereitschaft geringer als der Verkaufspreis, wird kein Umsatz erzielt. Ist sie höher, dann geht Umsatz verloren. Es sinnvoll, den Verkaufspreis vorausschauend so anzupassen, dass dem Unternehmen möglichst wenig Umsatz entgeht.

Abhängigkeit des Umsatzes von der Zahlungsbereitschaft

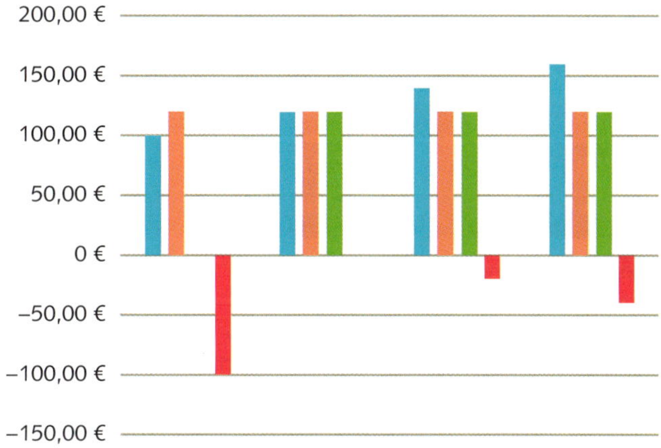

	Vormittag	Mittag	Nachmittag	Abend
Zahlungsbereitschaft (Marktforschung)	100,00 €	120,00 €	140,00 €	160,00 €
Verkaufspreis	120,00 €	120,00 €	120,00 €	120,00 €
Umsatz	0 €	120,00 €	120,00 €	120,00 €
entgangener Umsatz	−100,00 €	0 €	−20,00 €	−40,00 €

Quelle: in Anlehnung an Dieter Ahlert, Peter Kenning und Christian Brock. Handelsmarketing, 3. Auflage, Berlin, SpringerGabler, Seite 288.

Dynamische Preise können durch digitale Preisschilder angezeigt werden. Ideal wäre eine individuelle Preisgestaltung, die persönliche Faktoren aller potenziellen Kunden einfließen lässt. Zum Beispiel gehört dazu das Nachverfolgen des Lauf- und Kaufverhaltens durch technische Methoden im Laden (Instore-Tracking). Allerdings sollte bedacht werden, dass allzu häufige Preisänderungen Verwirrung auslösen, Kunden sich unfair behandelt fühlen und dann auf den Kauf verzichten. Manche Ladenketten verwenden daher eine Dauer-Niedrig-Preisstrategie, die vertrauensbildend ist. Das mindert auch den Entscheidungsdruck, das richtige Timing zu erwischen.

4.2.3 Preispsychologie

Der Preis eines Produktes ist zunächst einmal eine objektiv messbare Eigenschaft. Mit einem Preis verbindet der Konsument immer einen Wert oder Nutzen, den man sich von einem Produkt erwartet. Aus rein ökonomischer Perspektive sollten wir erwarten, dass ein rational handelnder Konsument den Artikel beschafft, der ihm oder ihr den höchsten Nutzen verschafft.

Ist dies jedoch immer der Fall? Es gibt aus psychologischen Untersuchungen ein subjektives Preisempfinden und eine Nutzenbewertung, die von vielen individuellen psychologischen Faktoren und von der Situation abhängig sind. Die Kenntnis von Effekten der Preispsychologie ist bei preispolitischen Aktionen nicht zu unterschätzen.

Ankereffekt des Preises	Wartezeit & Preishöhe	Qualität & Preis	Knappheit & Preis
Der erstgenannte Preis ist ein Maßstab für alle nachgenannten Produkte. Diese Produkte werden in Abhängigkeit vom Ankerpreis verglichen. Ist die Messlatte hoch, dann bewegt sich auch das subjektive Preisempfinden in dieser Zone.	„Zeit ist Geld." Impulsive Entscheidungen können teuer werden. Wer nach dem Motto: „Ich will es gleich" vorgeht, zahlt drauf, weil langfristige Konsequenzen nicht bedacht werden.	Der Preis wird häufig als Informationsquelle für die Qualität eines Produktes herangezogen, nach dem Motto: „Es ist teuer, also wird es auch seinen Preis wert sein."	Suggeriert der Verkäufer, ein Produkt sei knapp und schwer zu bekommen, dann erscheint dem Kunden die Ware attraktiver und er wird den Preis eher akzeptieren. Kunden möchten keinen Verlust erleiden (sog. Verlustaversion).
Höhere Ankerpreise können z. B. in Internetauktionen zu höheren Geboten führen (Behavorial Pricing).	Sonderangebote für Gebrauchsgüter (z. B. Fotokamera) können langfristig teuer werden, da kurzfristig Wartungskosten oder Zusatzartikel (z. B. Objektive) nicht einfließen.	Das ist z. B. eine Vereinfachungsstrategie (Heuristik) für alle, die nicht lange Testberichte recherchieren wollen.	„Solange der Vorrat reicht" bei Aktionsartikeln Preis-Count-Down bei B-Ware im Internet

Quelle: Vgl. Werth, Lioba: Psychologie für die Wirtschaft. Grundlagen und Anwendungen, Heidelberg, Spektrum, 2010. S. 9, 59 – 61.

4.3 Kommunikationspolitik

LF 5, Kap. 1
LF 5, Kap. 2
Kap. 5.3

Die Verbraucher nehmen nicht automatisch Leistungsvorteile des Einzelhandelsunternehmens (z. B. große Auswahl im Sortiment, Dauerniedrigpreise, Kundendienstleistungen) war. Diese Vorteile müssen immer wieder kommuniziert werden. Das Unternehmen und sein Leistungsprogramm müssen in Erinnerung bleiben. Kommunikationspolitik bedeutet, dass ein Einzelhandelsunternehmen diese Maßnahmen zielgruppengenau plant, steuert und kontrolliert, um damit Marketing-Ziele zu erreichen und um die gewählte Strategie umzusetzen.

Maßnahmen der Kommunikationspolitik

Begriff	Beispiele	Möglicher Zweck
klassische Werbung	Werbebotschaft in Printmedien, in Radio, TV oder Außenwerbung	Erinnerungswerbung für Unternehmen oder Einführungswerbung für ein neues Produkt
Verkaufsförderung	Verbraucherpromotion in Form einer Verkostung oder von Proben	kurzfristige Absatzsteigerung, zumeist am Ort des Verkaufs (Point of Sale)
Öffentlichkeitsarbeit	Pressemitteilungen zu Aktionen gegen Rassismus oder Spenden für humanitäre Zwecke	Imagepflege durch gute Kontakte zur lokalen Presse und der interessierten Öffentlichkeit
Direktmarketing	individuell gestalteter Werbebrief mit Einladungen zu Veranstaltungen oder Coupon-Aktionen	höhere Werbewirkung durch zielgerichtete Ansprache und Reaktionsmöglichkeit des Kunden
Eventmarketing	Künstlerauftritte oder Konzerte in und außerhalb der Verkaufsräume	Image fördern und bestehende Kundenbeziehungen vertiefen
Sponsoring	Sponsor unterstützt die Jugendarbeit eines Handballvereins finanziell und erhält eine immaterielle Gegenleistung.	Positives Image des Gesponserten wird mit Sponsor in Beziehung gebracht (Image-Transfer).
Social Media Marketing	originelle, immer wieder neue Postings oder Videos, die auf sozialen Medien „viral" gehen	spontane Generierung von Verkäufen, z. B. über Sofort-Kauf-Buttons oder reine Image- bzw. Markenpflege
Onlinewerbung (Affiliate Marketing)	Zielgruppengenaue Bannerwerbung je nach Surfverhalten des Users. Betritt der User eine Website des Publishers, erhält er sofort für ihn passende Anzeigen von Händlern (Merchants). Passende Werbung wird sofort auf die freien Werbeflächen des Publishers eingespielt. Bei Click erhält der Publisher eine Provision vom werbenden Händler.	Erzeugung von Aufmerksamkeit und Umlenkung des Online-Kunden auf eine Landing-Page des werbenden Händlers, z. B. von einer Wettervorhersage auf einen Bekleidungsshop.

4.3.1 Corporate Identity

Eine Orientierung, um Kommunikationsinstrumente aufeinander abzustimmen, bietet das Konzept der Corporate Identity. Das ist das Selbstbild eines Unternehmens. Normalerweise haben nur Personen eine Identität, also ein Bild von sich und anderen. Menschen haben ein äußeres Erscheinungsbild, das sie pflegen, sie haben Einstellungen zu sich und der Welt, sie handeln nach Regeln und reden in einer typischen Art und Weise. Diese Facetten formen die Persönlichkeit.

Corporate Identity zieht nun einen Vergleich zwischen einem reifen, vernünftig handelnden Menschen und einem Unternehmen als sozialem Gebilde. Pflegt auf diese Weise ein Unternehmen ein einheitliches Erscheinungsbild, handelt es für andere sichtbar nach gleichen Mustern. Kommuniziert es mit Geschäftspartnern nach gleichen Regeln, so kann man von „Unternehmenspersönlichkeit" (Corporate Personality) sprechen. Durch Kommunikationspolitik lässt sich Corporate Identity bewusst formen.

Aspekte	Beschreibung	Beispiele
Corporate Behavior	Mitarbeiter verhalten sich gegenüber Kunden, Lieferanten etc. immer einheitlich zuvorkommend.	Reklamationen werden binnen 24 Stunden bearbeitet.
Corporate Communication	Werbung und Öffentlichkeitsarbeit zielen darauf ab, dass das Unternehmen als einheitliches Ganzes positiv wahrgenommen wird.	Eine Edelboutique verwendet nur die Werbekanäle, die ein gewisses Niveau haben.
Corporate Design	einheitliches optisches Erscheinungsbild und andere Sinneseindrücke (Audio-Branding)	Logo, Briefköpfe, Arbeitskleidung, Architektur, Musik-Jingles

4.3.2 Öffentlichkeitsarbeit

Während die Werbung mit einer kommerziellen Botschaft primär den Kunden mit seinen Wünschen im Blick hat, zielt die Öffentlichkeitsarbeit (Public Relations) auf ein breiteres Feld von Anspruchsgruppen. Es geht darum, generell ein positives Bild des Unternehmens (Corporate Image) nach außen zu tragen, um so die öffentliche Meinung zu beeinflussen. Dabei kann man sich verschiedener Instrumente bedienen:

Instrumente der PR	Beispiele
Pressemitteilungen in der lokalen Tageszeitung	Artikel über gesunde und nachhaltige Ernährung
Ideen zum Mitmachen in sozialen Medien	Unsere Stadt hüpft in der Corona-Krise – wir hüpfen mit – eine Mitmach-Challenge zum Fitbleiben!
Beiträge in Podiumsdiskussionen	VHS-Fachvortrag: Konsumpyramide für nachhaltigen Konsum
virales Marketing über lustige Videos (Videoplattformen)	Videoprojekt: Kreative unterhaltsame „Business Comedy" durch Schauspieler

Instrumente der PR	Beispiele
Berichte auf der Corporate Website	Spenden an gemeinnützige Organisationen: z. B. WWF, SOS Kinderdorf
Organisation von Betriebserkundungen für Schulen	Supermarkttest mit dem Age-Simulator (Senioren); Ernährungskunde für Kinder: das Beste aus Heumilch
Einbindung von Begriffen in ein Deutungsraster (Framing), z. B. sind Begriffe aus dem Sport oft positiv besetzt. Bindet man diese in einen anderen Kontext ein, dann schwingen in der Botschaft gleich ganz andere positive Gefühle mit.	„Wir bespielen das volle Frische-Sortiment.", „Unser Ernährungscoach berät sie gerne.", „Wir stehen für Fairplay bei der Arbeit.", „Wir stehen im Spielfeld, und nicht daneben – und zahlen Gewerbesteuer an unsere Gemeinde.", „Wir sind Champions in regionaler Vielfalt."

4.4 Servicepolitik

LF 3, Kap. 1.2
Kap. 5.2
LF 4, Kap. 1.3
LF 10, Kap. 7.2

Der Wettbewerbsdruck im Handel ist hoch, viele Produkte sind auch bei der (digitalen) Konkurrenz zu günstigen Preisen erhältlich. Zudem werden die Wünsche der Konsumenten immer unterschiedlicher. Die Service-Politik ist ein Hebel, mit dem man die Balance wieder zu Gunsten des stationären Handels verschieben kann.

4.4.1 Kundenbeziehungsmanagement (Customer-Relationship-Management)

Eine alte Regel für das Verkaufspersonal besagt: „Zeige ein Lächeln, und es wird wieder zurückkommen." Das soziale Kapital (Humankapital) sind kompetente Einzelhandelskaufleute. Das Leistungsprogramm gewinnt aber erst dann an Wert, wenn sich Produkte und persönlicher Service optimal ergänzen, um die Kundschaft zufrieden zu stellen. Das ist das strategische Erfolgspotenzial, das von der Konkurrenz oft nicht so leicht imitiert werden kann und die eigene Marktposition festigt. Das Customer-Relationship-Management (CRM) dient dazu, langfristige Kundenbeziehungen aufzubauen und zu erhalten.

Erstkontakt	Zufriedenheit	Kundenloyalität	Kundenbindung	Ökonomischer Erfolg
z. B. durch Kaufempfehlung	Messung durch Marktforschung	Akzeptanz und Vertrauen	Wiederkauf, Cross-Buying, Weiterempfehlung	Analyse des Kundenwerts CLV = Customer Lifetime Analysis

Erfolgskette der Kundenbindung
Quelle: In Anlehnung an Dieter Ahlert et al., Handelsmarketing, 3. Auflage, Wiesbaden, Springer, S. 332.

Zufriedene Kunden bedeuten geringere Kosten, z. B. durch weniger Reklamationen und Garantiefälle. Die Pflege bestehender Kundenbeziehungen verursacht laut Erfahrungsberichten auch fünf bis acht Mal weniger Kosten als die Gewinnung neuer. Folgende Fragen spielen bei der Kundenbindung eine Rolle:

Maßnahmen des CRM

Kundenbeziehung intensivieren	Gefährdete Kundenbeziehungen erkennen	Abgewanderte Kunden zurückgewinnen
Bei welchen Kunden lassen sich neue Umsätze erzeugen?	Welche Vorfälle lösen Unzufriedenheit aus?	Welche Informationskanäle kann ich benutzen?
Wie kann ich Impulskäufe veranlassen?	Wie hoch ist die Retourenquote?	Kann die Geschäftsleitung mit einbezogen werden?
Welche Möglichkeiten habe ich für Zusatzverkäufe oder Cross-Selling?	Wie werden Reklamationen dokumentiert, bearbeitet und eingestuft?	Sollten wir diese Kunden wieder kontaktieren? („Bedauern für verletzte Gefühle")
Wie kann ich mein positives Image kommunizieren?	Wie zufrieden sind Kunden dabei? (z. B. Smiley-Bewertungssysteme)	Wie kann ich virale Wutausbrüche („Shitstorms") eindämmen?

Quelle: In Anlehnung an Dieter Ahlert et al., Handelsmarketing, 3. Auflage, Wiesbaden, Springer, S. 344 – 346.

Kundentreue lässt sich auch sozialpsychologisch erklären (Dissonanztheorie). Ein Kunde verschafft sich ein Bild, eine Meinung oder eine Einstellung vom Unternehmen und seinen Leistungen. Dabei wird versucht, Kauferfahrungen und Erlebnisse im Service in ein schlüssiges Bild ohne große Widersprüche zu integrieren.

Quelle: Vgl. Ahlert, Dieter et al. Handelsmarketing, S. 335.

Der Mensch strebt nach einem inneren Gleichgewicht. Alles, was ins Bild passt, wird als angenehm empfunden. Was nicht passt, wird ignoriert, verdrängt oder rational begründet. Ist das Bild stabil und positiv, kauft der Kunde gerne wieder. Tauchen aber zu viele Widersprüche auf, entstehen unangenehme Dissonanzen. Der Kunde korrigiert langfristig sein Bild und kauft nicht mehr.

Für den Handel ist daher das laufende Monitoring der Kundenzufriedenheit von Bedeutung. Dies kann durch Feedbacksysteme an der Kasse oder durch E-Mail mit Feedback-Link organisiert werden.

Für das Customer-Relationship-Management muss ein integriertes Informationssystem eingerichtet werden, das den Kunden als „einheitliche Person" wahrnimmt. Jede Verkaufskraft muss z. B. wissen, wer wann über welchen Verkaufskanal bestellt, gekauft oder reklamiert hat. CRM-Systeme speichern sämtliche Kundenkontakte in einer zentralen Datenbank, auf die alle Mitarbeiter zugreifen können.

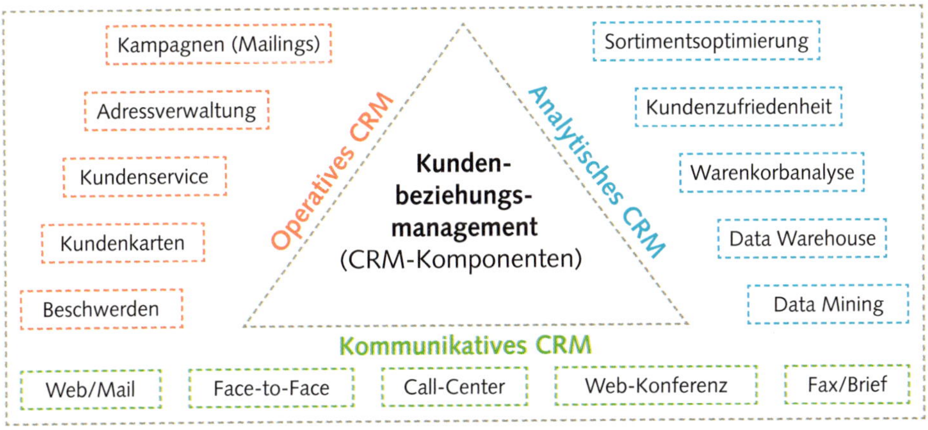

Marketing-Maßnahmen im Kundenbeziehungsmanagement
Quelle: Schema nach Dietmar Abts und Wilhelm Müldner, Grundkurs Wirtschaftsinformatik. Wiesbaden, Springer Vieweg, 2017, S. 321.

Analytisches CRM	Daten verschiedener Herkunft und Struktur über Kunden, Produkte, Verkäufer, Filialen, Wochentage etc. werden in einer Datenbank (Data Warehouse) zusammengeführt und Zusammenhänge analysiert (Data Mining): „Kundinnen über 50, die im Herbst einen Wollpulli kaufen, kaufen zu 70 % auch einen Seidenschal."
Kommunikatives CRM	Die Kunden können über unterschiedliche Kanäle Kontakt zum Unternehmen aufnehmen. Es müssen alle Kundenanfragen, Reklamationen etc. in einem einheitlichen System mit genormten Schnittstellen zusammenlaufen.
Operatives CRM	Berater vor Ort oder in einem Call-Center benötigen alle Informationen über die bisherigen Kontakte des Kunden (z. B. Anfrage, Versandstatus). Die Benutzermasken eines Warenwirtschaftssystems unterstützen in jeder Situation, egal ob Beratung, Ausgabe von Kundenkarten, Gutscheinaktionen etc.; Software steuert komplette Geschäftsprozesse vom Erstkontakt zu Folgemaßnahmen.

169

Kap. 2.2.2

Beispiel: *Ein überregionales Bekleidungskaufhaus bietet eine Kundenkarte an, eine Standardkarte sowie eine Premiumkarte. Je nach Kartenstatus sind exklusive Vorteile verbunden. Preisaktionen, Fashion News oder Auswahlsendungen gelten für alle Kunden. Zudem bietet die Premiumkarte umsatzabhängige Rabatte, einen Änderungsservice, Premium-Parken in den Stores, eine persönliche Hotline sowie Events mit Reise- und Freizeitpartnern an.*

4.4.2 Beschwerdemanagement (Complaint Management)

LF 10, Kap. 4.1
LF 10, Kap. 4.2

Das Beschwerdemanagement ist Teil des Kundenbeziehungsmanagements. Es umfasst alle Maßnahmen, die dazu dienen, die Kundenzufriedenheit bei berechtigten Beschwerden (Sortiment, Lieferung, Beratung, Öffnungszeiten etc.) herzustellen. Beschwerden sind nicht lästig, sie sind eine Chance, die Beziehung zum Kunden neu zu definieren. Wickelt man andererseits Beschwerden unprofessionell ab, dann kann sich ein Sturm der Entrüstung, auch viral im Internet, entwickeln, der durch Social-Media-Monitoring oder Influencer nur schwer beherrschbar ist und das Unternehmensimage nachhaltig gefährden kann.

Ist das positive Bild eines Unternehmens, eines Produkts oder einer Leistung beschädigt, so betrachtet der Kunde diese Austauschbeziehung auch rational nach Aspekten der Fairness und Gerechtigkeit (Equity-Theorie), d. h. nach den Fragen:

- Was habe ich aufgewendet, um den Artikel zu erhalten? (Input)
- Was habe ich dafür im Gegenzug erhalten? (Output)

Quelle: Vgl. Ahlert, Dieter. Handelsmarketing, S. 335

Dieses Missverhältnis zwischen Leistung und Gegenleistung muss durch professionelles Beschwerdemanagement behoben werden.

Einsatz des Kunden (Input) verringern	Leistung des Unternehmens (Output) erhöhen
Wartezeiten geringhalten	Beschwerde schnell und kompetent bearbeiten
Anfahrtskosten vermeiden	kostenlos retournieren bzw. abholen
Vom Kunden gezahlter Preis wird reduziert (z. B. wegen gesetzlicher Gewährleistung oder Kulanz).	zusätzliche Leistungen anbieten: z. B. kostenlosen Zusatzartikel

Stufen des Beschwerdemanagements (nach Bernd Stauss und Wolfang Seidl)

Stimulieren ↓	leicht zugängliche Beschwerdekanäle einrichten und aktiv pflegen z. B. Onlinebeschwerdeforum
Annehmen ↓	Beschwerdeführer, -problem und -objekt erfassen Beschwerden nach Kriterien ordnen und Verantwortung für den Fall dem Complaint Owner (z. B. Erstkontaktperson) zuweisen

Stufen des Beschwerdemanagements (nach Bernd Stauss und Wolfang Seidl)	
Bearbeiten	Routine- und Ausnahmeprozesse, Alleinbearbeitung, Einbeziehung von Kollegen, Abgeben des Falls Verantwortlichkeit für die Steuerung des ganzen Beschwerdeprozesses dem Process Owner (z. B. Bereichsleiter) zuweisen, Termine setzen und überwachen
Reaktion	in Abhängigkeit von Beschwerdetyp (Folgebeschwerde, berechtigte Beschwerde), Beschwerdeführer (Stammkunde, notorischer Nörgler) Lösung anbieten: z. B. Entschuldigung, kostenlose Reparatur, Gutschein, Umtausch, Kaufpreisminderung
Follow-Up-Maßnahmen im Qualitätsmanagement	
Auswerten	Beschwerdeinformationen analysieren: z. B. nach Häufigkeit und der Frequenz von Beschwerden (Wie viel? Wie häufig?)
Controlling	Beschwerdeführerzufriedenheit messen und Wirtschaftlichkeitskennzahlen (Kosten/Nutzen) erfassen
Reporting	Berichtswesen, Key Performance Indicators (Leistungskennzahlen) darstellen, z. B. die Bearbeitungszeit einer Beschwerde
Information nutzen	in Qualitätszirkeln oder Qualitätsmanagementteams diskutieren und Ursache-Wirkungsanalysen (Wenn…, dann …) durchführen

Quelle: Vgl. Bernd Stauss und Wolfgang Seidel, Beschwerdemanagement, München, Hanser, 5. Auflage.

4.4.3 Elemente der Servicepolitik im Überblick

Serviceleistungen sind im Gegensatz zu Waren immateriell und nicht „lagerfähig". Sie entstehen erst kurzfristig und unmittelbar aus dem Kontakt des Verkaufspersonals mit den Kunden. Erst zum Zeitpunkt der Inanspruchnahme schaffen sie einen Mehrwert. Der Service orientiert sich an den Phasen des Kaufprozesses und dem Grad der Verpflichtung.

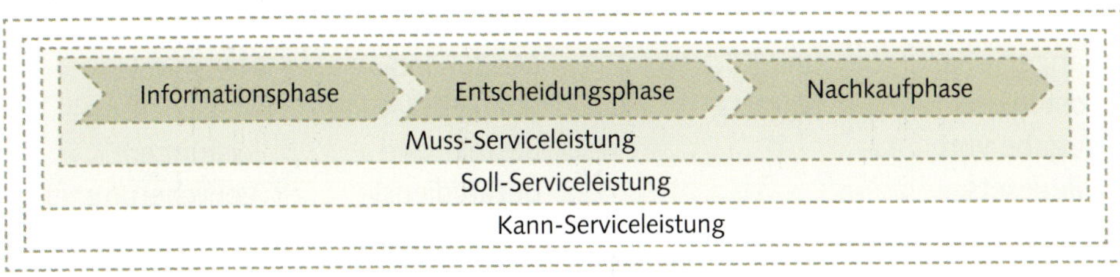

Serviceleistungen im Kaufentscheidungsprozess
Quelle: In Anlehnung an Bernard Swoboda et al. Handelsmanagement, München, Vahlen, 4. Auflage, 2019, S. 574 – 575.

In der Phase vor dem Kauf (Pre-Sales-Service) ist es wichtig, die Kundschaft mit auf für sie zugeschnittenen Informationen zu versorgen, z. B. qualifizierte Beratung, Produktdemonstrationen, kostenlose Proben oder Katalogversand.

Während der Kaufphase (Sales-Service) gilt es, den Einkauf am Point of Sale (Ort des Warenangebots) erlebnisorientiert und angenehm zu gestalten, z. B. durch lange Öffnungszeiten, Kinderbetreuung oder effiziente Bezahlmöglichkeiten.

Nach dem Kauf sollte durch After-Sales-Service (Marktfolgeaktivitäten) eine langfristige Kundenbeziehung aufgebaut werden. Die Zufriedenheit kann durch zusätzlichen Service, z. B. Installationen bei komplexeren Produkten, gesteigert werden, aber auch Beschwerde-Hotlines, Umtausch- und Garantieleistungen spielen eine Rolle.

Muss-Dienstleistungen müssen aus rechtlichen oder produktspezifischen Gründen erbracht werden (Garantien, Aufklärungspflichten). Soll-Dienstleistungen sind nicht zwingend nötig, werden vom Kunden aber als angenehm empfunden (z. B. Lieferservice) und ergänzen das Produkt sinnvoll. Kann-Serviceleistungen sind aus Kundensicht unerwartet und können den empfundenen Kundennutzen erheblich steigern, z. B. kostenlose Zugaben oder Inspektionen.

Neben den Serviceleistungen, die in unterschiedlichen Kaufphasen angeboten werden, lassen sich Kundendienstleistungen auch nach dem Leistungsinhalt aufgliedern.

personenbezogene Serviceleistungen	produktbezogene Serviceleistungen	risikominimierende Serviceleistungen
prozessbezogene Serviceleistungen (über alle Kaufphasen hinweg)		

Serviceleistungen nach dem Leistungsinhalt
Quelle: Bernard Swoboda et al. Handelsmanagement, München, Vahlen, 4. Auflage, 2019, S. 574 – 575.

Beispiele:

Serviceleistungen eines Einrichtungshauses			
produktbezogen	personen-bezogen	prozessbezogen	risiko-minimierend
kostenlose Lieferung und Montage, Anhängerverleih, kostenlose Zugabe von Pflegesets, kostenlose Entsorgung	individueller Zuschnitt (Maßanfertigungen) und Küchenplanung	Online-Verfügbarkeitsprüfung, Online-Termin-Modul, individuelle Beratung, Bestell- und Bezahldienstleistungen, Finanzierungskauf	verlängerte Garantie, kostenlose Reparatur, Versicherungsleistungen, Versicherung: Eigentransport und -montage

Serviceleistungen im Lebensmitteleinzelhandel			
produktbezogen	personenbezogen	prozessbezogen	risikominimierend
Kundenterminal: Rezeptgenerator, Weinberater, Allergen-Detektor	Ernährungsberatung (Podcast) für Veganer und Vegetarier	jederzeitiger Zugriff auf die Datenbank „Ernährungswissen"	Umtausch von Gebrauchsartikeln und verpackten Lebensmitteln mit MHD
Zusendung des Kundenmagazins mit Sortimentsneuheiten	Kaffeebar mit Info-Point im Laden	Shopping-App mit digitaler Einkaufsliste, Bezahlfunktion, Coupons etc.	Angebot von Kühlboxen für verderbliche Ware
Arrangement von Geschenkkörben	individuelle Einkaufsgutscheine	Instore-Navigation per Handy (Proximity Marketing)	überwachter Parkplatz mit Fußgängerwegen
frische Zubereitung von Smoothies	Kundentoiletten und Sozialräume	24/7-online-Bestellungen und Versand	Kommissionskauf: Getränke mit vollem Rückgaberecht
Buffet-Service für Events	kostenloser Taxi-Ruf	universelle Kartenzahlung	Beschwerdeportal bei Reklamationen
Milchtankstelle für Frischmilch direkt aus der Region	Lotto- und Paketannahme	Bargeldabhebung bzw. -auszahlung	Öffnungszeiten für Senioren, um Stress und Fehlkäufe zu vermeiden
Degustationsautomat für bestimmte Weine und Liköre	Inklusionshilfen (z. B. Barrierefreiheit im Laden)	Online-Kundenportal für individuelle Ernährungsberatung	

Beispiel: *Instore Navigation durch Visible Light Communication: In einem Pilotprojekt können sich Kunden per lichtgesteuerter App auf dem Smartphone durch den Laden leiten lassen. Es bedeutet Zeitersparnis für Kunden. Deckenleuchten senden ein moduliertes Lichtsignal aus. Das wird von der Kamera des Smartphones empfangen. Somit kann der Kundenstandort bestimmt werden. Gleichzeitig kann die App die richtige Position der Produkte im Markt finden, wobei auch das elektronische Preisschild der Produkte zugeordnet werden kann. Neben dem Preis kann der Kunde weitere Produktinformationen einsehen und Wunschlisten erstellen. Technisch von Vorteil ist, dass das Lichtspektrum ist sehr viel größer als das überlastete Funkspektrum des Mobilfunks ist.*

Quelle: https://www.stores-shops.de/technology/smart-store/lichtbasierte-instore-navigation-bei-media-markt-in-gruendau-lieblos/ (16.10.2021).

Smartphones mit Kundenberatungsapp unterstützen auch das Verkaufspersonal, das mehr Zeit für Beratungsgespräche hat, Bewegungsprofile der Kunden erkennen (Instore-Tracking) und gezielt Artikelinformationen und Bestände abrufen kann.

© MediaMarkt

Da die Ladefläche begrenzt ist, die Sortimentsauswahl online weiter anwächst, bietet sich auch der Service einer virtuellen Regalverlängerung an. Das Verkaufspersonal kann Bestände in anderen Filialen per Knopfdruck abrufen, auch Cross-Selling-Artikel, Material- und Pflegehinweise. Artikel können für Kunden reserviert, bestellt und geliefert werden.

4.5 Distributionspolitik

© Andrey Popov – stock.adobe.com

LF 10, Kap. 7.1
Kap. 5.2

Die Distributionspolitik legt fest, wie ein Produkt oder eine Leistung vom Einzelhandelsunternehmen zu den Kunden gelangt. Es muss zunächst entschieden werden, wie der Absatzprozess konkret ausgestaltet werden soll. Über welchen Vertriebskanal spreche ich den Kunden an? Wie werde ich Kunden gewinnen (Akquisition), beraten und halten? Der Vertriebskompetenz des Personals kommt hier eine entscheidende Bedeutung zu.

Des Weiteren ist zu entschieden, wie der physische Distributionsweg der Ware zum Kunden ausgestaltet werden soll. Dazu gehört etwa die Standortwahl, das Verkaufssystem, die Aufgaben und Standorte von Distributionslägern, die Wahl der Transport-Systeme inklusive Tourenplanung, Auftragsabwicklung und Verpackung.

Handelsunternehmen haben grundsätzlich vier Möglichkeiten des Kundenkontakts:

Vertriebsweg	Ware	Verkaufssystem	Point of Purchase (Ort des Kundeneinkaufs)	Point of Sale (Ort des Warenangebots)
Hol- oder Residenz-Prinzip: Kunde sucht den Händler auf.				
stationärer Einzelhandel	komplettes Sortiment	Bedienung, Vorwahl oder SB	Platzkauf bzw. Präsenzhandel im Laden	
Sonderform: Abholboxen	Waren des täglichen Bedarfs	SB	Bestellung von zu Hause	Abholung im Laden

Vertriebsweg	Ware	Verkaufssystem	Point of Purchase (Ort des Kundeneinkaufs) / Point of Sale (Ort des Warenangebots)
Bring- oder Domizil-Prinzip: Händler sucht den Kunden auf.			
ambulanter Handel	Eiscreme, Brot, Lebensmittel	Bedienung	Stopps in der Nachbarschaft
Handelsvertreter/Reisende	Haushaltswaren	persönliche Produktvorführung	Kaufoption („Haustürgeschäft")

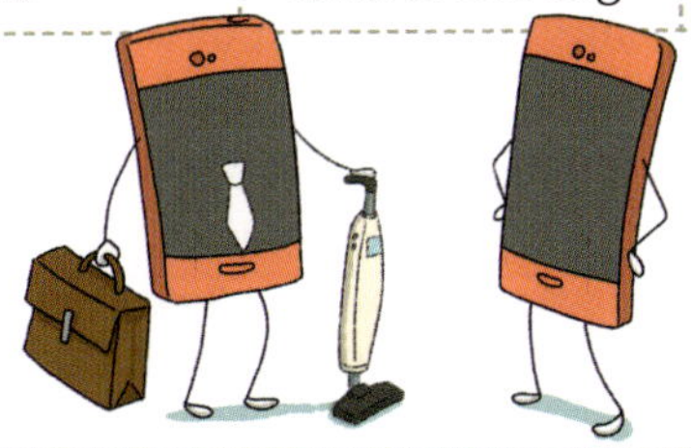

Treff-Prinzip: Kauf erfolgt außerhalb des Kundendomizils/Geschäftssitzes des Händlers.			
Automatenhandel	einfache Artikel ohne Service	SB	Bahnhof, belebte Plätze
Markthandel	Lebensmittel	Bedienung	Wochenmarkt

Versand- bzw. Distanzhandel	Waren-Präsentation	Verkaufs-Unterstützung	Point of Decision
Distanz-Prinzip: Die physische Distanz wird durch Medien überbrückt (Fernabsatz). Point of Decision (Ort der Kaufentscheidung) =/= Point of Sale			
E-Commerce	virtuell, z. B. elektronische Kataloge, Videos, Animationen oder Augmented Reality (z. B. Möbel, Schmuck, Brillenanprobe)	Live-Chat, E-Mail, Hotline etc.	von zu Hause über ein netzwerkfähiges Endgerät
Mobile Commerce			von überall (ubiquitäre Verwendung) über mobile Endgeräte (Smartphone, Tablet, Wearables)

Versand- bzw. Distanzhandel	Waren-Präsentation	Verkaufs-Unterstützung	Point of Decision
Homeshopping (Direct Response TV)	Produktanpreisung im Fernsehen auf speziellen Fernsehkanälen, zum Teil 24 Stunden	Propagandist bearbeitet intensiv, zumeist Stammpublikum und animiert es gezielt zu Impulskäufen, z. B. Kosmetik, Schmuck	Bestellung von zu Hause per Telefon, App, Fax, E-Mail, schriftlich etc.
Livestream Shopping (Teleshopping per Internet) Kap. 5.3.5	Livestream-Präsentation auf Online-Shop oder Social-Media-Kanal (on demand)	Promoter (Experte) animiert direkt zum Verkauf und setzt Zuschauer durch zeitlich begrenzte Preise und künstliche Verknappung unter Druck	
Katalogversandhandel	Printkatalog oder Lifestyle-Magazin	z. B. Hotline	

Quelle: Klaus Barth et al., Betriebswirtschaftslehre des Handels, Wiesbaden, SpringerGabler, 7. Auflage, 2015, S. 89 ff.

Kap. 5

Vor dem Hintergrund verschmelzender Vertriebskanäle (Omni-Channel-Handel) ergeben sich Herausforderungen an das Marketing, die über eine eindimensionale Warendistribution hinausgehen. Es stellt sich die Frage, wie diese Multikanalaktivitäten gesteuert werden sollen.

Fragestellungen des Multikanal-Managements

Sortimentspolitik	Kommunikationspolitik	Servicepolitik
Sollen kanalübergreifend einheitliche Sortimente angeboten werden?	Gelingt ein einheitlicher Auftritt meines Unternehmens über alle Kanäle hinweg?	Kann ich kanalübergreifend Serviceleistungen anbieten, z.B. Retournierungen?
Investitionspolitik	**CRM**	**Marketing-Controlling**
Welche Investitionen sind für welchen Kanal sinnvoll, um das Gesamtergebnis zu optimieren?	Wie kann der Kunde über alle Kanäle hinweg einheitlich angesprochen werden?	Welchem Kanal sind Umsätze und Kosten zuzurechnen?

Quelle: Vgl. Dieter Ahlert et al. Handelsmarketing, S. 363 – 364.

Beispiele für Mehrkanalvertrieb: *Ein Möbelonlinehändler (Pure Player) übernimmt eine in vielen Städten präsente Ladenkette, die Deko-Artikel verkauft. Kunden, die Möbel kaufen, geben mehr Geld aus, dafür weniger häufig, bei Deko-Sachen ist es umgekehrt. Die Sortimente können sich gut im Multikanalvertrieb ergänzen. Zudem werden mehrere Zielgruppen erreicht.*

Über Online-Marktplätze (z. B. eBay local oder https://openfoodnetwork.de) können Kunden recherchieren und Produkte der Region online einkaufen. So profitiert der stationäre Handel vor Ort, wenn er einen Mehrwert in Service und Sortiment gegenüber Pure Playern schafft.

4.6 Marketing-Mix und Marketing-Erfolg

Marketing-Mix

Die Marketinginstrumente müssen aufeinander abgestimmt werden (Marketing-Mix). Es ist die Kunst, Marketinginstrumente in jeder Situation richtig einzusetzen, ähnlich einem Küchenchef, der ein Gericht zubereitet. Auch die Marketingverantwortlichen müssen einem Rezept folgen, aber auch in der Lage sein, das Rezept kreativ zu ändern; je nachdem, welche Zutaten vorhanden sind – oder gar experimentieren, um die Marketingziele zu erreichen.

Quelle: Neil H. Borden, The Concept of Marketing Mix in: Science in Marketing, George Schwartz (Ed.), New York: John Wiley, 1964, p. 7.

177

Der Marketing-Mix: Die „4 P" zur strategischen Planung und Analyse

Produktpolitik = Product
- Ausstattungselemente
- Qualität
- Kundendienst
- Menge
- Design
- Verpackung

Welche Eigenschaften muss das Produkt bzw. die Dienstleistung haben?

Preispolitik = Price
- Preisstrategie
- (Listen-)Preis
- Rabatt/Skonto
- Zahlungsfristen
- Preisdifferenzierung
- Finanzierungskonditionen

Welchen Preis sind meine Kunden bereit, für das Produkt bzw. die Dienstleistung zu zahlen?

Wie vertreibe ich das Produkt bzw. die Dienstleistung am besten?

Distributionspolitik = Place
- Distributionskanäle
- Warenlogistik
- Absatzmittler
- Absatzweg
- Standort

Wie kommuniziere ich am besten mit meinen Kunden?

Kommunikationspolitik = Promotion
- klassische Werbung
- Verkaufsförderung
- Public Relations
- Product Placement
- Messen

Quelle: https://www.starting-up.de/marketing/marketingmix.html

Beispiel: *Ein edles Bekleidungsfachgeschäft in einer A-Lage hat ein tiefes Sortiment an gehobenen Markenwaren, exzellenten Service und geschultes Personal. Gleichzeitig wird die auslaufende Kollektion im Sale aggressiv mit Sonderrabatten über Flyer beworben, die überall in der Stadt zu finden sind. Hier stimmt die Leistungspolitik nicht mit der Kommunikations- und Preispolitik überein.*

Handelscontrolling und Marketing-Erfolg

Das Controlling ist bei der Geschäftsleitung angesiedelt und unterstützt das Management mit der Versorgung von entscheidungsrelevanten Informationen, Mitarbeiter im Controlling beraten auch bei wichtigen kostenrechnerischen Entscheidungen.

Beispiel: *Die Geschäftsleitung möchte einen Social-Media-Kanal als neuen Absatzkanal einführen. Dabei muss sie die Kosten für Aufbau und Pflege des Kanals kalkulieren. Während die Kosten noch einigermaßen zurechenbar sind, ergeben sich möglicherweise Zurechnungsprobleme bei den generierten Umsätzen (online, stationär). Das ist Aufgabe des Controllings.*

Der harte Kern der Querschnittsaufgabe Controlling im Unternehmen ist allerdings die Ergebniskontrolle, die sich auf folgende Aspekte bezieht:

- Soll-Ist-Vergleiche zwischen den Marketingzielen und den Ergebnissen
- Zeitvergleiche (z. B. Vergleich des Berichtsjahres zum Vorjahr)
- Betriebsvergleiche (z. B. Vergleich von Filialen gleicher Größe)
- Marktanteilsvergleiche (z. B. zu dem stärksten Mitbewerber)

Marketing-Instrumente sind die Schalthebel, um die Kennzahlen (quantitative Ziele) des Handelsunternehmens, z. B. Gewinn und Rentabilität zu beeinflussen.

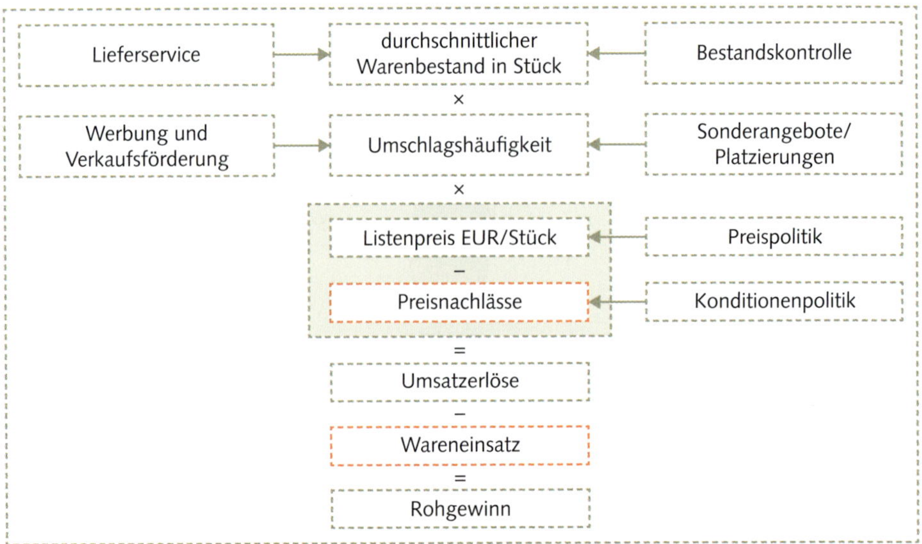

Kennzahlen und Marketing-Maßnahmen
Quelle: In Anlehnung an Klaus Barth, Betriebswirtschaftslehre des Handels, S. 380.

4.7 Marketingkonzepte in Aktionspläne umsetzen

LF 5, Kap. 1.4

In der Einzelhandelspraxis sind nicht alle Instrumente des Marketings gleichermaßen relevant und auf operativer Ebene umzusetzen. So ist z. B. der Standort, die Betriebsform, das Preisniveau oder das Kernsortiment schon bestimmt. Im Rahmen der Kommunikationspolitik ergeben sich jedoch Handlungsfelder im Marketing, die immer wieder kurz- bis mittelfristig in einer Filiale umgesetzt werden müssen. Dazu gehört etwa die projektorientierte Planung einer Verkaufsförderungsaktion.

Komplexe Projekte müssen arbeitsteilig umgesetzt werden. Um ein Projektziel zu erreichen, muss der Einsatz von Personal und Ressourcen (Zeit, Arbeitsaufwand) koordiniert werden, wobei Termine und die Identifikation von Engpässen eine Rolle spielen. Ein Projekt kann nicht immer linear von vorne nach hinten durchgespult werden, oft ergeben sich Wechselwirkungen zwischen den Maßnahmen, die vorab nicht bedacht worden sind.

© STOATPHOTO – stock.adobe.com

Beispiel: *Für eine Black Friday Aktionswoche werden in der Warengruppe Haushaltsgroßgeräte eines Elektrofachmarktes drei Mitarbeiter abgestellt. In einem Flyer wird auch eine Produktlinie an Waschmaschinen eines Markenherstellers besonders beworben. Leider ergibt sich ein Beschaffungsengpass, sodass nicht alle Geräte in der Woche verfügbar sind. Dies hat wieder Rückwirkungen auf den Personaleinsatz, da nun zwei Mitarbeiter reichen. Eine Mitarbeiterin muss nun anders eingesetzt werden. Zudem müssen zügig neue Flyer gedruckt werden, um die fehlende Produktlinie durch andere Waren auszugleichen. Der kritische Pfad verschiebt sich.*

Viele Projekte werden heute durch professionelle Projektmanagement-Software unterstützt (Vgl. dazu www.capterra.com). Der Projektmanager kann Planungsinhalte vorgeben und den Projektmitarbeitern zuweisen, Reports, Statusberichte, Soll-Ist-Abweichungen einfordern und Aufgaben koordinieren. Projektfortschritte können abgefragt werden, etwa vorher definierte Meilensteine. Die Projektmitarbeiter halten sich über interne Kommunikationsschnittstellen der Software ständig auf dem Laufenden.

WWW

Das Gantt-Diagramm stellt ein organisatorisches Hilfsmittel dar, das oft in Projektsoftware implementiert ist. Ein solches Diagramm kann selbst mit Office-Standard-Software und einigen Formeln und Zellformatierungen übersichtlich gestaltet werden.

Das Gantt-Diagramm stellt in Form von Balken einzelne Projektaktivitäten mit Verantwortungsbereichen dar. Jeder Aktivität wird ein waagrechter Balken mit einem bestimmten Start- und Endzeitpunkt zugewiesen. Je länger ein Balken, desto länger dauert die Aktivität. Einzelne Aktivitäten können sich überlappen oder voneinander abhängig sein.

Durch die Abfolge der Balken wird der kritische Pfad sichtbar. Verschiebt sich auch nur eine Aktivität innerhalb dieses Pfades, so verschiebt sich der Endzeitpunkt des ganzen Projekts, da es keine zeitlichen Puffer gibt.

	A	B	C	D	E	F	G	H	I	J	K	L	M	N	O	P	Q	R	S	T	U	V	W	X
1		Startdatum	30.08.2021	Heute:	03.09.2021					Gantt-Chart														
2	Nr.	Arbeitstitel	Liste	Status	Kosten	Beginn	Ende	Soll	Ist	34. KW							35. KW							Verantwortung
3		„Italienische Woche"								Mo	Di	Mi	Do	Fr	Sa	So	Mo	Di	Mi	Do	Fr	Sa	So	
4			PRINTMEDIEN							30.8	31.8	1.9	2.9	3.9	4.9	5.9	6.9	7.9	8.9	9.9	10.9	11.9	12.9	
5	1		Mediaagentur Beratung	Erledigt	2.000,00 €	30.08.21	31.08.21	100%	100%															Filialleitung
6	2		Auftrag prüfen	Erledigt	100,00 €	01.09.21	01.09.21	100%	100%															Assistent Filialleitung
7	3	Priorität	Exposé der Folder	In Prüfung	200,00 €	02.09.21	04.09.21	50%	40%															AL Feinkost
8	4		Druck		3.000,00 €	05.09.21	07.09.21	0%	0%															Assistent Filialleitung
9	5		Mediastreuplan entwickeln		200,00 €	07.09.21	09.09.21	0%	0%															Marketingabteilung
10	6		Folderauslage		250,00 €	10.09.21	11.09.21	0%	0%															Externer Dienstleister
11	7		Projektmeilenstein			12.09.21	12.09.21	0%	0%														◆	Filialleitung
12																								

Gantt-Diagramm mit Projektstatus

Aufgaben

1. Ordnen Sie den beschriebenen Marketing-Instrumenten konkrete Beispiele Ihres Ausbildungsbetriebes zu.
2. Nennen Sie Einflussgrößen der Preisbildung im Einzelhandel.
3. Eine Auktion dient dazu, einen noch unbekannten Marktpreis für ein Gut zu finden. Eine holländische Auktion setzt einen hohen Anfangspreis fest, der dann schrittweise verringert wird. Der Bieter, der zuerst den Preis akzeptiert, erhält das Gut.
   a) Für welche Wirtschaftsgüter und welche Verkaufssituation könnte eine solche Auktion besonders geeignet sein?
   b) Welche Rolle spielen dabei die Zeit und die Preispsychologie?
4. Recherchieren Sie nach dem Begriff „Power Shopping“ und finden Sie dazu Übereinstimmungen in der Tabelle der Aktionselemente der Preispolitik.
5. Nach dem Erfüllungsort eines Kaufvertrages wird rechtlich nach:
   a) Handkauf
   b) Platzkauf
   c) Versendungskauf

   unterschieden. Erläutern Sie die Begriffe durch Recherche und finden Sie Vertriebskanäle der Distributionspolitik.
6. Ermitteln Sie für Ihren Ausbildungsbetrieb Beispiele für folgende Sortimentskategorien:
   a) Kernsortiment
   b) Probesortiment
   c) Auslaufsortiment
   d) Saisonsortiment
   e) Aktionssortiment
7. Mit Sponsoring fördert der Handel Einzelpersonen (z. B. Künstler), Organisationen (z. B. Vereine) oder Veranstaltungen (z. B. Konzerte) in der Hoffnung, eine Gegenleistung zu erhalten, z. B. eine positive Berichterstattung. Beschreiben Sie weitere Win-Win-Situationen der Öffentlichkeitsarbeit.
8. Ein Gut wurde bisher zu 4,00 EUR pro Stück verkauft. Der Absatz beträgt 1.000 Stück im Jahr. Durch eine Verkaufsförderungsaktion „Kaufe 3, zahle 2!“, hat sich der Absatz um 80 % erhöht. Ermitteln Sie die Umsatzveränderung in EUR und Prozent nach der Verkaufsförderungsaktion.
9. Sie möchten Marketing-Instrumente für einen Lebensmitteleinzelhandel (Feinkost) einsetzen. Es handelt sich um eine „Italienische Woche“. Welche drei bis vier Maßnahmen empfehlen Sie?
10. Beschreiben Sie Kundenbeschwerden in Ihrem Ausbildungsbetrieb. Wie gehen Sie damit um? Wie stimmen Sie sich mit Kollegen ab?

5 E-Commerce als Mittel der Kundenbindung einsetzen

5.1 Grundlagen des E-Commerce

Der Begriff E-Commerce oder Electronic Commerce umfasst den elektronischen Handel sowie den Internet- und Onlinehandel. Der E-Commerce ist also ein Oberbegriff für den Kauf und Verkauf von Waren über elektronische Verbindungen. Dabei wird dieser „virtuelle Marktplatz" oder „Online-Marktplatz" auf verschiedenen Handelsplattformen betrieben. Der Betreiber einer Handelsplattform führt auf seinem virtuellen Marktplatz Angebot und Nachfrage zusammen.

Der digitale Handel für Einzelhandelsunternehmen kann dabei sowohl für den B2C- als auch den B2B-Bereich erfolgen. Nach der Rechtsstellung handelt es sich dabei um einen einseitigen (B2C) oder zweiseitigen (B2B) Handelskauf.

Abk.	Beschreibung	Beispiel
B2B	business to business	Zwei Unternehmen betreiben Handel miteinander. Ein Fahrradhersteller verkauft seine Fahrräder an einen Fahrradhändler.
B2C	business to consumer	Ein Sportfachgeschäft verkauft T-Shirts der Marke „Kine" an seinen Endkunden.
D2C	direct to consumer	Der Sportartikelhersteller „Kine" bietet dem Endkunden seine T-Shirts im eigenen Online-Shop an, ohne den Weg über den Einzelhandel zu gehen.

LF 6, Kap. 1.5
LF 6, Kap. 3.1

Neben den drei gewerblichen Möglichkeiten können Kunden auch privat an andere Personen Waren verkaufen. Dieser Bereich wird C2C (consumer to consumer) genannt. Es handelt sich in diesem Fall immer um einen bürgerlichen Kauf, für die andere rechtliche Rahmenbedingungen gelten, als für den einseitigen bzw. zweiseitigen Handelskauf.

Mit steigender Digitalisierung und insbesondere während der Corona-Pandemie ist der Umsatz der Online-Shops enorm gestiegen.

Schon zu Beginn der Corona-Pandemie stieg der Online-Umsatz von 72,6 Milliarden Euro im Jahr 2019 auf 83,3 Milliarden Euro im Jahr 2020. Dabei wuchsen vor allem der Absatz von Lebensmitten sowie Drogerieartikeln. Nach dem ende der Pandemie sanken die Umsätze im Onlinehandel stark. Dies lag unterem daran, dass viele Käufe in die Zeit der Pandemie vorgezogen wurden und aufgrund der steigenden Inflation, sowie der steigenden Zinsen die Kaufzurückhaltung zunahm.

Merke
B2B = business to business,
B2C = business to consumer,
C2C = consumer to consumer
D2C = direct to consumer

Der Digital-Branchenverband bitkom hat die Gründe für den Online-Handel untersucht. Dabei sind vor allem zeitliche Gründe (Unabhängigkeit von Öffnungszeiten und die Zeitersparnis) unter den Top 3 Gründen. Die Lieferung nach Hause sowie die größere Vielfalt haben ebenfalls einen hohen Stellenwert.

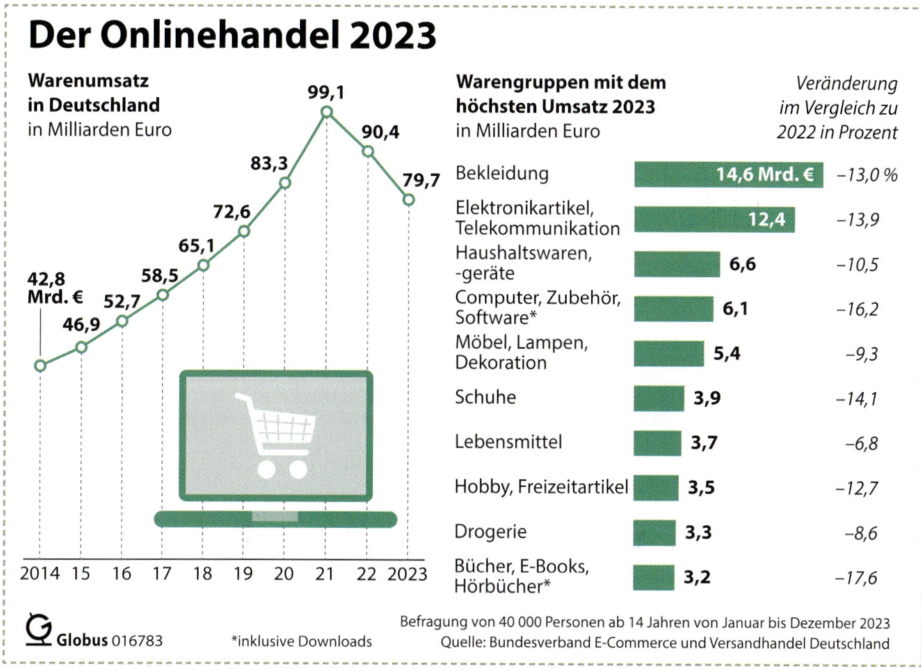

Quelle: https://www.picture-alliance.com/search/infografiken(popup:image/328571725)?searchTerm=onlinehandel&is-filter-open=true&preSelect=infographic#list-item-328571725

Es gibt aber auch Gründe, warum die Ware weiterhin vor Ort und nicht im Internet bestellt wird: So empfinden es Verbraucher als besonders nachteilig, dass die Ware nicht an- oder ausprobiert werden kann und teilweise hohe Versandkosten beim Online-Shopping anfallen. Auch die Zahlungsabwicklung ist insbesondere für Erstbesteller problematisch. Viele Online-Shops bieten ihre Produkte nur gegen Vorkasse an. Das bedeutet, dass die Zahlung durch den Kunden vor der Lieferung bereits erfolgt ist, ohne dass der Kunde sicher sein kann, dass der Online-Shop auch liefert.

Tipp

Prüfen Sie bei einer Erstbestellung zunächst, ob der Online-Shop ein seriöses Auftreten hat.

5.2 Vom stationären Handel zum Onlinehandel

Merke: E-Commerce = Electronic-Commerce

In den letzten Jahren hat der stationäre Handel, insbesondere große Warenhäuser oder kleinere Boutiquen immer mehr an Bedeutung verloren. Dies liegt vor allem daran, dass die Konkurrenz im Internet immer starker wird. Insbesondere auch vor dem Hintergrund, dass Kunden Preise verschiedener Anbieter schnell vergleichen können. Global agierende Unternehmen haben ihre Produktpalette zunehmend erweitert und machen damit dem stationären Handel das Leben schwer. Die nachfolgende Grafik zeigt die Entwicklung von etwa 1830, als der erste Versandhandel gegründet wurde, bis hin zu den neuesten Entwicklungen des E-Commerce.

Quelle: https://einzelhandel.de/images/Online_Monitor_2024_1305_WEB.pdf

Dabei ist die steigende Bedeutung des Online-Angebots zu erkennen. Die umsatzstärksten Online-Händler in Deutschland sind neben Amazon, Otto und Zalando. Der Otto Versand ist seit 1949 im Versandhandel tätig und hat die Transformation vom Katalogversand hin zum digitalen Handel in den letzten Jahren erfolgreich vollzogen.

Doch nicht jedes Produkt ist immer online verfügbar oder kann das Interesse der Kunden wecken. So gibt es weiterhin Produkte, die nicht online gekauft werden (können), insbesondere Kleidung und Elektroartikel. Dies ist darin begründet, dass der Kunde eine gesonderte Erklärung benötigt bspw. bei Elektrogeräten und deren Installation oder nicht genormte Produkte wünscht, wie bspw. Maßkleidung. Stationär sind es die FMCG (engl. Fast Moving Consumer Goods) also die Güter des täglichen Bedarfs wie Nahrungsmittel und Drogerieartikel.

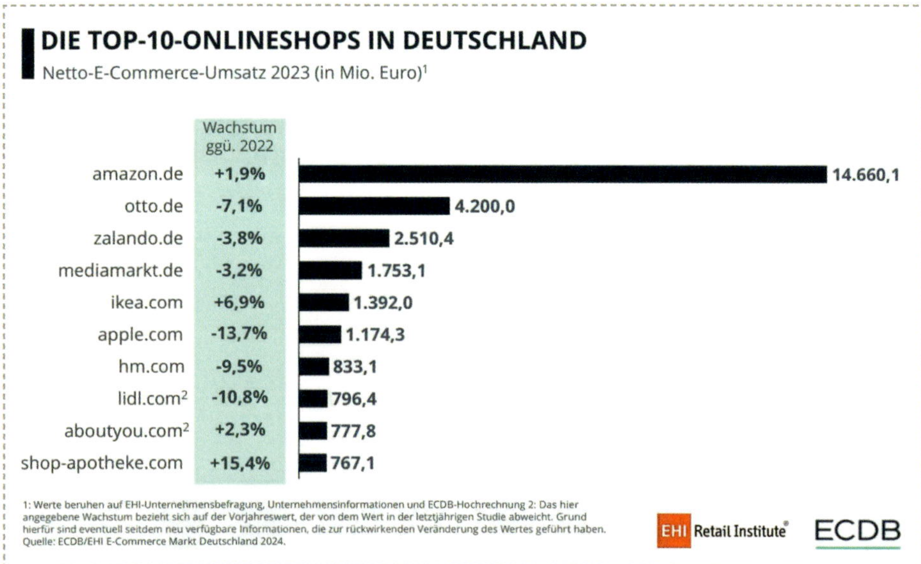

Quelle: https://www.computerwoche.de/article/3544223/das-sind-deutschlands-groste-online-shops.html

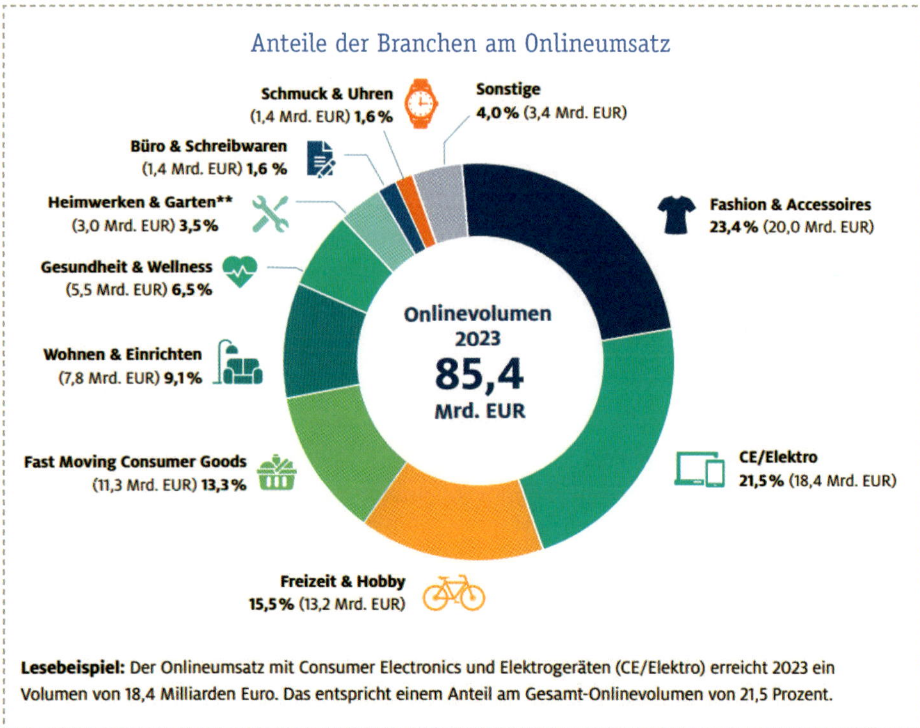

Viele stationäre Händler scheuen sich vor dem erheblichen Aufwand, einen Online-Shop zu etablieren oder haben schlichtweg nicht das fachliche Knowhow. Dies haben sich wiederum große Internetplattformen zu Nutze gemacht, die mit wenigen Handgriffen ihre eigene Internetpräsenz zur Verfügung stellen. So kann man z. B. bei Ebay oder Amazon-Marketplace die Internetpräsenz der großen Online-Shops nutzen, ohne selbst für die Programmierung verantwortlich zu sein. Hierfür verlangen die Online-Plattformen monatliche oder verkaufsabhängige Gebühren. Kritisch bleibt ebenfalls anzumerken, dass der Kunde so teilweise überhaupt nicht mit dem ursprünglichen Verkäufer in Kontakt tritt, die zukünftigen Produktkäufe wieder über die Plattform und nicht über das dahinterstehende Geschäft eingeht. Die Macht dieser Online-Plattformen wächst dadurch stetig. Dennoch ist der Vertriebskanal „Internet" für den stationären Handel weiterhin keine echte Alternative und nach 2020 sogar rückläufig.

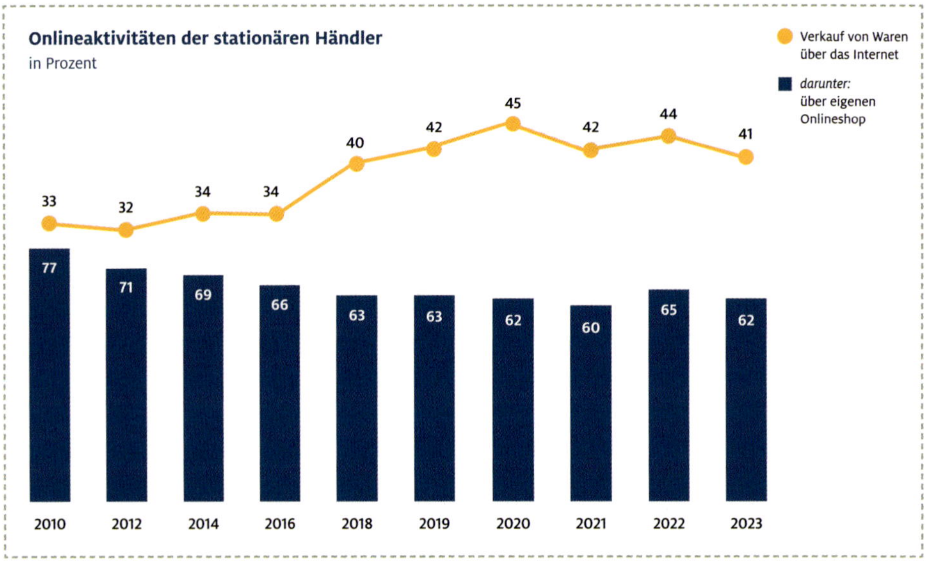

Quelle: https://einzelhandel.de/images/Online_Monitor_2024_0605.pdf

Beispiel: *Der Inhaber der Uhren-Manufaktur Schneider ist 61 Jahre alt. Seine Spezialität ist der Handel mit Schweizer Luxusuhren und die Restaurierung alter Gold-Armbanduhren. Mit Online-Shops hat Herr Schneider bisher nur wenige Berührungspunkte gehabt. Seine Kundschaft legt Wert auf den persönlichen Kontakt und individuelle Beratung. Daher hat er auf die Einrichtung eines Online-Shops bisher verzichtet.*

Tipp

Ebay, Amazon und viele weitere online Marktplätze bieten mit relativ geringem Aufwand die Möglichkeit, dass Unternehmen ihre Waren über die Plattformen anbieten und deren Reichweite nutzen.

Hinweis

Viele Einzelhändler hatten Probleme zu Beginn der Corona-Pandemie, da die Kunden sie nicht erreichen konnten. Die IT-Infrastruktur ist teilweise erst mühsam aufgebaut worden. Es ist daher sinnvoll, den Kunden auf mehreren Wegen anzusprechen.

Die Strategie zur Nutzung mehrerer Werbekanäle nennt man Multi-Channel-Retailing.

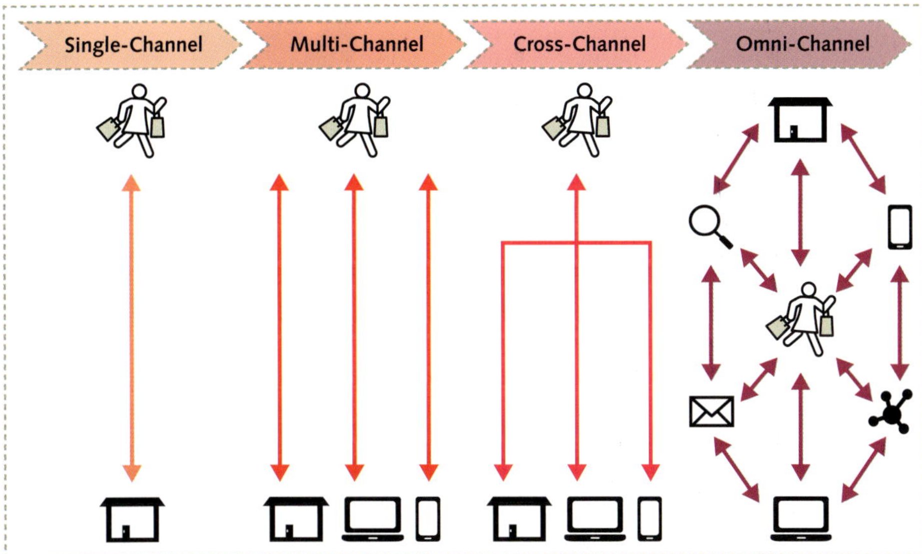

Art	Beschreibung	Beispiel
Single-Channel-Retailing	Der Kunde hat einen Anlaufpunkt bei diesem Geschäft. Der Einzelhändler nutzt nur einen Vertriebsweg.	Das Ladengeschäft ist der einzige Anlaufpunkt für seine Kunden.
Multi-Channel-Retailing	Der Kunde hat mehrere Kanäle, die er bei diesem Händler nutzen kann. Die Kanäle agieren aber voneinander unabhängig.	Das Unternehmen hat einen Webshop und ein Ladengeschäft. Die beiden Kanäle interagieren nicht miteinander. Quasi „entweder, oder".
Cross-Channel-Retailing	Der Kunde hat weiterhin mehrere Kanäle, allerdings sind diese Vertriebswege miteinander vernetzt.	Die Kunden haben die Möglichkeit, im Internet zu bestellen und es im Ladengeschäft abzuholen.
Omni-Channel-Retailing	Das Omni-Channel-Marketing ist eine Weiterentwicklung des Cross-Channel-Retailing. Dies stellt eine nahtlose Verknüpfung aller Kanäle dar. Die Daten müssen hierbei zentral miteinander verknüpft werden, damit der Kunde ein möglichst optimales Kauferlebnis genießt.	Der Kunde beginnt den Kaufprozess an seinem PC, überträgt ihn nahtlos an eine App für den Weg zum Ladengeschäft, wo bereits das bestellte Produkt auf ihn wartet.

Merke

Single-Channel: Ein-Kanal
Multi-Channel: viele abgegrenzte Kanäle
Cross-Channel: viele miteinander verknüpfte Kanäle
Omni-Channel: Verknüpfung aller Kanäle

Zu Beginn der Corona-Pandemie 2020 wurde das fehlende Internetangebot vielen Händlern zum Verhängnis. Die Bundes- und Landesregierungen hatten entschieden, dass aus Pandemiegründen ein Großteil des lokalen Einzelhandels über einen längeren Zeitraum schließen musste. Der Online-Handel hingegen durfte weiter fortgesetzt werden. Nach dem harten Lockdown durften die Geschäfte wieder eine gewisse Kundenanzahl bedienen, ohne dass das Geschäft betreten werden durfte. Hieraus entwickelten sich dann hybride Mischformen aus stationärem und Online-Handel.

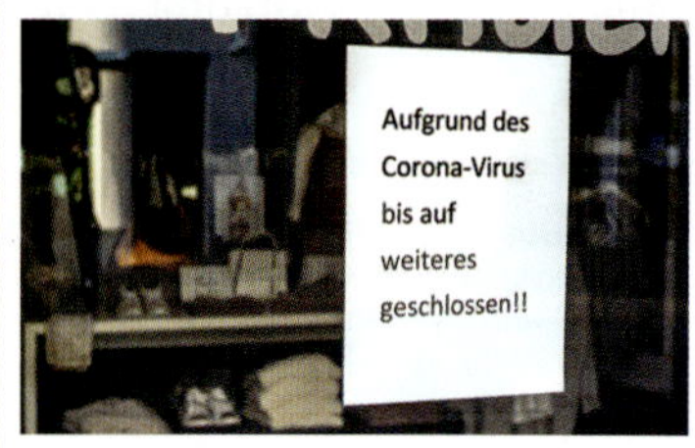

Merke: Click and collect und click and meet sind Mischformen zwischen stationärem und Online-Handel.

Click and Collect

Bei Click and Collect kann Ware im Online-Shop bestellt und bezahlt werden, die dann zu einem bestimmten Zeitpunkt in der Filiale abzuholen ist. Vor der Corona Pandemie war Click and Collect in ähnlicher Form in der Gastronomie zu finden, wo die Kunden ihre Gerichte vorbestellen und zu einem bestimmten Zeitpunkt abholen konnten.

Click and Meet/Click and Reserve

Früher wurde Click and Meet bspw. bei Gebrauchtwagen oder Edelmetallen genutzt, also bei Produkten, die einen besonderen Beratungsbedarf haben oder besonders teuer sind. Click and Meet stellt eine deutliche Verbesserung von Click and Collect dar. Während man bei Click and Collect lediglich die Ware an einem bestimmten Ort abholen darf, wird bei Click and Meet, nach vorheriger Terminvereinbarung, vor Ort das Ladengeschäft betreten, um dort die Waren auszuprobieren oder sich beraten zu lassen.

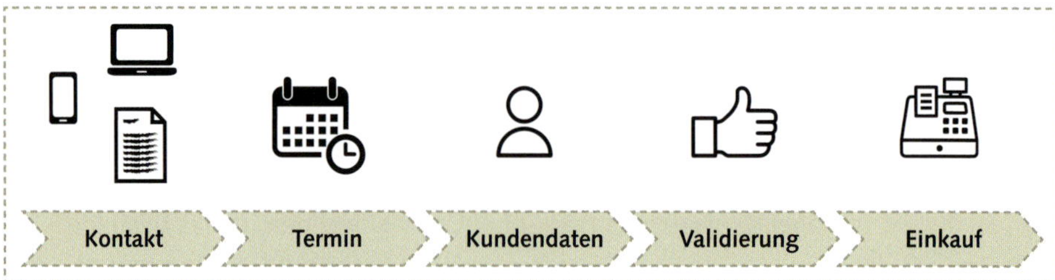

Oftmals wird dies auch als Click and Reserve synonym verwendet. Zusätzlich wird dieser Begriff immer dann verwendet, wenn sich Kunden ein im Internet ausgesuchtes Produkt im stationären Einzelhandel hinterlegen lassen und so die Gewissheit haben, dass das gewünschte Produkt auch tatsächlich vor Ort vorhanden ist. Eine Beratung bei der Abholung kann erfolgen, muss aber nicht sein.

Beispiel: *Ihr Ausbildungsunternehmen darf aufgrund einer nur beschränkten Kundenanzahl oder wegen des Ausfalls von Mitarbeitern nur einzelne Kunden im Geschäft bedienen. Durch eine vorherige Terminbuchung im Internet besteht die Möglichkeit, einzelne Kunden im Geschäft zu empfangen.*

Click & Collect: Termin vereinbaren und die Ware abholen, Click & Meet: Termin vereinbaren und vor Ort mit Beratung shoppen.

Merke

5.3 Arten und Instrumente des E-Commerce

Aufgrund der hohen Frequentierung des Internets und der großen Anzahl an internetfähigen Endgeräten kann man quasi von jedem Ort zu jeder Zeit einkaufen. Die meisten Nutzer verbringen mehr als zwei Stunden pro Tag im Internet, daher bietet dies den optimalen Ansatzpunkt für zielgerichtete Angebote.

Wichtig für Internetanbieter ist hierbei vor allem, dass potenziellen Kunden Werbung angezeigt bekommt, die in seinen persönlichen Interessensbereich fallen.

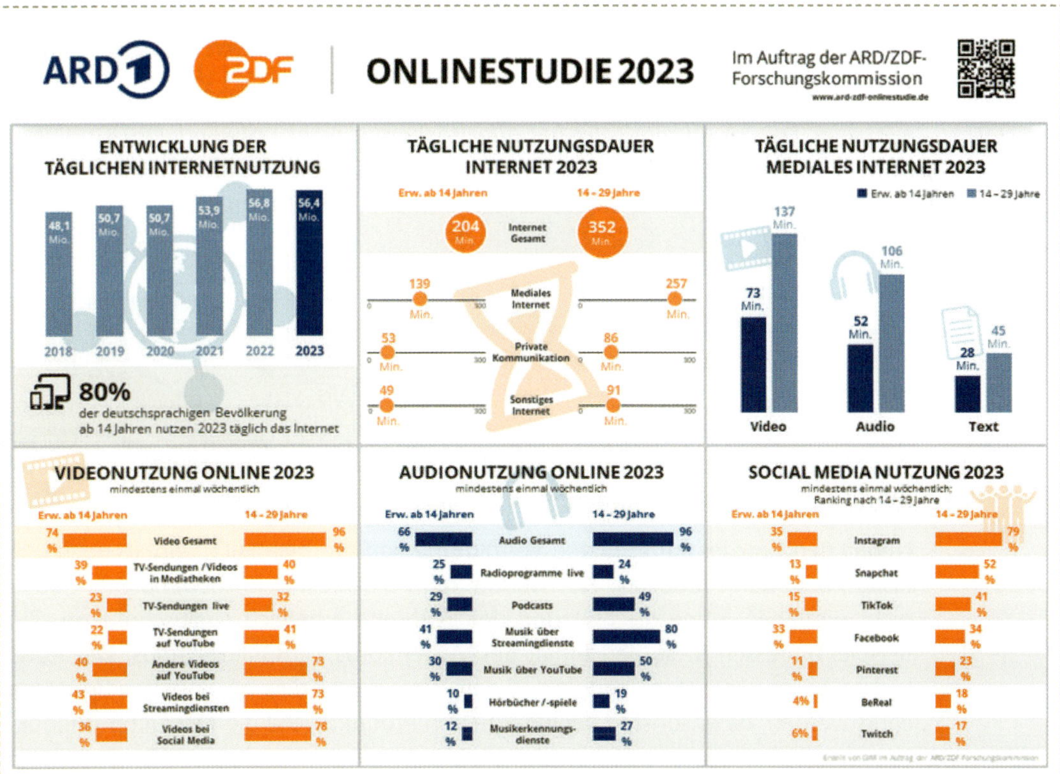

Quelle: https://www.ard-media.de/media-perspektiven/studien/ard/zdf-onlinestudie-2023

Beispiel: *Ein 18-jähriger Schüler surft auf dem Heimweg im Bus im Internet. Er bekommt Werbung für neue In-Ear Kopfhörer angezeigt, die er sich kurz zuvor in einem Online-Elektronikshop angeschaut hat.*

Mittlerweile gibt es hierfür zahlreiche Möglichkeiten, den Kunden mit zielgerichteter Werbung anzusprechen. Grundlage für viele der Werbemaßnahmen sind sogenannte Cookies.

Cookies an sich sind kleine Textdateien und dienten ursprünglich dafür, die Einstellungen des Webbrowsers zu speichern. Heutzutage nutzen die Werbetreibenden aber sogenannte Drittanbieter-Cookies, die ein oftmals anonymes Nutzerprofil erstellen und dabei Daten über die besuchten Webseiten sammeln. So kann es sein, dass man sich beim Online-Shop eines großen Elektronikunternehmens Kopfhörer angeklickt hat und auf den nächsten besuchten Webseiten ein Werbebanner mit genau diesem Kopfhörer eingeblendet wird.

Falls dies nicht gewünscht wird, kann man alle Drittanbieter-Cookies blockieren. Allerdings bleibt der Werbebanner des Webseitenbetreibers auf der Homepage bestehen. Dort wird dann aber unter Umständen eine irrelevante Werbeanzeige für den Nutzer angezeigt.

Beispiel: *Der 16-jährige Max hat alle (technisch nicht notwendigen) Cookies in seinem Smartphone blockiert. Er surft auf einer Seite für Online-Games und bekommt Werbung für die Vermietung von Wohnmobilen angezeigt, was für Max nicht relevant ist.*

Der Kunde selbst hat die Möglichkeit, die Auswahl der Cookies zu steuern. Stimmt der Kunde bspw. einer Nutzung seiner Daten zu, dann wird er mit Produkten konfrontiert, die zu seinen Interessen passen könnten. Falls der Kunde die Nutzung ablehnen sollte, erhält er nicht weniger Werbung angezeigt, die Werbung ist lediglich nicht zielgerichtet auf den Kunden angepasst.

Neben den Cookies zur gezielten Vermittlung von Werbeinhalten gibt es auch technisch notwendige Cookies. Der Kunde kann die technisch notwendigen Cookies nicht umgehen, ohne die Nutzung der Webseite erheblich einzuschränken. Zum Beispiel umfassen diese den Inhalt des Warenkorbs bei Online-Shops. Der Kunde legt seine gewünschten Produkte in den Warenkorb, dies muss kurzzeitig gespeichert werden, da ansonsten bei jeder neuen Produktsuche die gewählten Produkte wieder aus dem Warenkorb verschwänden.

Tipp Sie können die Cookie Einstellungen in Ihrem Webbrowser ändern.

Nachfolgend sind einige Instrumente des E-Commerce und Online-Handels dargestellt.

5.3.1 Werbebanner

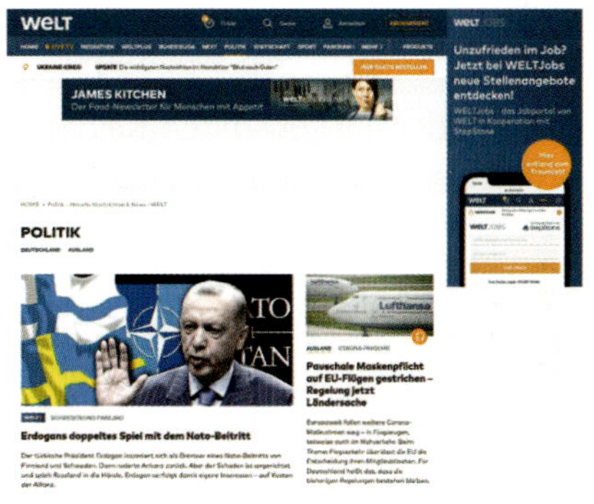

Der Werbebanner ist quasi eine für Werbezwecken dienende, oft mit auffallenden Animationen oder kleinen Videos und mit einem Hyperlink zu einer bestimmten anderen Website versehene Einblendung auf einer Internetseite. Klickt der Nutzer auf den Werbebanner, so gelangt er auf die verlinkte Seite oder das angepriesene Produkt im Hintergrund des Banners.

Um den Erfolg eines Werbebanners zu messen, wird eine sogenannte Click-through-rate verwendet. Sie zeigt das Verhältnis zwischen der Häufigkeit der Anzeige des Werbebanners und der Häufigkeit der Klicks auf eben dieses. Die Kosten für die Anzeige können dabei je nach Click-through-rate erfolgsunabhängig (mittels Fixpreis, z. B. Preis für 1.000 Einblendungen) oder erfolgsabhängig sein (z. B. Abrechnung für jeden positiven Klick, jede Kontaktaufnahme mit dem Verkäufer oder jedes gekaufte Produkt).

Zu den erfolgsabhängigen Modellen zählt u. a. das Affiliate Marketing.

Tipp

Werbebanner sollten ansprechend, aber mit nur wenigen Informationen gestaltet sein. Bewegte Bilder helfen, den Fokus auf den Werbebanner zu lenken.

Merke

Werbebanner werden je nach Click-through-rate abgerechnet. Mehr Clicks bedeuten meist höhere Kosten.

Beispiel: *Nach dem Besuch des Webshops „Digital-Solutions" wird Kunden auf der Homepage der regionalen Zeitung Ihr Werbebanner mit einer Rabattaktion angezeigt. Durch das Klicken auf den Werbebanner kommen sie zurück auf Ihren Webshop und können die Rabattaktion nutzen.*

5.3.2 Suchmaschinenmarketing (SEM)

Das Suchmaschinenmarketing (Search Engine Marketing, SEM) hat zwei Unterteilungen, die Suchmaschinenwerbung (Search Engine Advertising, SEA) und die Suchmaschinenoptimierung (Search Engine Optimization, SEO). Egal, bei welchem Anbieter Sie Online-Werbung schalten möchten, ist der wichtigste Bestandteil das sogenannte Keyword-Advertising (Keyword = Schlüsselbegriff). Die Auswahl der geeigneten Keywords ist dabei für den Werbetreibenden die größte Herausforderung. Damit beispielsweise bei Google über die Suchfunktion ein Einzelhändler gefunden werden kann, wird den Unternehmen kostenpflichtig über das Werbeprogramm AdWords eine Präsentation bei Google auf der ersten Seite ermöglicht.

Auf Basis der ausgewählten Keywords werden dann die Anzeigen gestaltet. Stellt ein potenzieller Nutzer über die Suchmaschine eine Anfrage, die das Keyword des Werbetreibenden enthält oder zumindest ähnlich zur Suchanfrage ist, kann dem Nutzer die Werbung direkt über oder unter den Suchmaschinenergebnissen angezeigt werden.

© Google

Dies liegt vor allem auch daran, dass viele Nutzer sich nur die ersten Suchergebnisse anschauen und die weiteren Suchergebnisse für sie nicht weiter interessant sind.

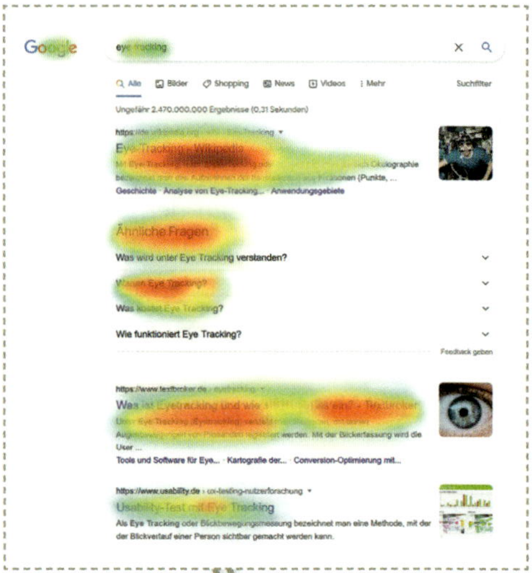

© Google

Die Suchmaschinenoptimierung dient dazu, innerhalb der Suchergebnisse Ihre Anzeige oder Webpräsenz besonders hervorzuheben, also Aufmerksamkeit auf ihre Produkte zu generieren. Dabei hat es sich gezeigt, dass insbesondere die ersten ermittelten Suchergebnisse dem Nutzer besonders ins Auge fallen.

Für das Auffinden von Unternehmen, Produkten oder Dienstleistungen sind Keywords von großer Bedeutung. Betreiber von Webshops müssen diese Schlüsselwörter vorab bestimmen, mit denen jeder Nutzer seine Suche startet, damit bspw. AdWords-Anzeigen bei Google-Suchanfragen auf der ersten Seite positioniert werden.

Beispiel: *Da die Edeka Geimer KG in starker Konkurrenz mit anderen Lebensmittelmärkten steht, beschließt die Unternehmensleitung, mithilfe von Suchmaschinenoptimierung die Produkte derart zu platzieren, dass diese vor den Produkten der Mitbewerber angezeigt werden.*

Merke: SEM beinhaltet alle Maßnahmen, User auf die Webseite des Unternehmens zu leiten, unterteilt in Suchmaschinenwerbung (= Nutzung von Schlüsselbegriffen) und Suchmaschinenoptimierung (= Hervorhebung der eigenen Produkte).

Tipp: Beobachten Sie sich selbst, wenn Sie einen Suchbegriff in einer Suchmaschine wie Google eingeben. Wo schauen Sie als erstes hin, wie viele Seiten sind Sie bereit durchzuklicken?

5.3.3 Newsletter per E-Mail

Da die Nutzerzahlen und die Besuchsfrequenz zu Beginn des Online-Handels noch nicht so groß waren, musste der Online-Händler seine Angebote mithilfe von E-Mails anpreisen. Mittlerweile gehören äußerst professionelle Newsletter zum Standardrepertoire jedes größeren Online-Shops. Dabei ist eine Hürde für den Händler, dass die Kunden ihre E-Mail-Adresse nicht angeben oder den Newsletter nicht abonnieren möchten. Meist versucht man durch Rabattaktionen den Kunden für eine Anmeldung zum Newsletter zu überzeugen. Ein pauschaler Versand an jeden Kunden zu Werbezwecken ist nicht möglich. Es bedarf der Einverständniserklärung durch den angesprochenen Kunden. Weiterhin könnte es sein, dass die versendeten E-Mails im Junk- oder Spam-Filter landen und man diese gezielt freischalten muss.

Hinweis

> Unternehmen benötigen die Einwilligung des Kunden, dass Sie einen Newsletter an ihn versenden dürfen. Ohne die Einwilligung drohen Strafen.

5.3.4 Social Media (Virales Marketing)

Durch die hohen Nutzerzahlen von Social Media Diensten, wie TikTok, Facebook, Instagram, Twitter und WhatsApp, hat sich hier seit Mitte der 2000er Jahre ein neuer Werbemarkt aufgetan. Dabei können die Nutzer durch „Likes" und „Emojis" ihre Sympathie zeigen und mit anderen Nutzern interagieren.

Ein besonderer Fokus liegt dabei auf sogenannten Influencern. Diese werden oftmals durch Unternehmen bezahlt und zeigen mit oder ohne Interaktion den Nutzern die Vorteile (und Nachteile) verschiedener Produkte. Die Unternehmen setzen dabei auf das persönliche Verhältnis der Influencer mit ihrer Community.

© Rawpixel.com – shutterstock.com

Hinweis

> Influencer werden für das Bewerben bestimmter Produkte meist teuer bezahlt. Das steht in Widerspruch zu einem ehrlichen Produkttest.

Neben Influencern wird aber auch das sogenannte virale Marketing verwendet. Ziel des viralen Marketings ist meist eine unterschwellige Botschaft, die vom Nutzer selbst verbreitet werden soll. Dabei werden vor allem Links zu Videos oder Produkten innerhalb des Social Media Freundeskreises oder in bestimmten Nutzergruppen geteilt.

5.3.5 Livestream Shopping

Das Livestream Shopping stellt eine Erweiterung zum Social Media Marketing dar. Ursprünglich in China vom dortigen Handelsriesen Alibaba entwickelt, findet das Livestream Shopping immer größere Beliebtheit auch in Deutschland. Getrieben durch Social Media und den dort tätigen Influencern. Ähnlich wie bei dem Teleshopping kann der Influencer die passenden Produkte in seinem jeweiligen Live-Stream anbieten. Die Besonderheit ist hierbei, dass die Community mit dem Influencer agieren kann, d. h. es können Fragen gestellt und Meinungen ausgetauscht werden.

© ryanking999 – stock.adobe.com

Weiterhin wird hier mit zeitlich oder mengenmäßig stark befristeten Angeboten gearbeitet, um zu einer schnelleren Kaufentscheidung innerhalb der Community zu sorgen.

5.3.6 Apps

Viele größere Unternehmen haben neben ihrem Internetauftritt oder Social Media Kampagnen auch eigene Mobile Apps entwickelt. Als Mobile App wird eine Anwendungssoftware für Mobilgeräte bezeichnet. Nutzer können gezielt die App herunterladen, sie zum Shopping nutzen und erhalten von Zeit zu Zeit sogenannte Push-Nachrichten. Diese Push-Nachrichten bestehen in den meisten Fällen hauptsächlich aus Text und werden als Einblendung am Smartphone angezeigt. Dabei können Versandbenachrichtigungen, Updates zur Bestellung, kurzfristige Angebote (Deals) oder auf neue Produkte aufmerksam gemacht werden. Ein großer Vorteil dieser Unternehmens-Apps ist es, dass die Nutzer keine Konkurrenzprodukte eingeblendet bekommen, wie das bei Anbietern wie Amazon, Zalando oder Ebay der Fall ist. Neben reinen Online-Shops gibt es hier auch die Möglichkeit, bspw. Coupons zu aktivieren, die dann im stationären Geschäft eingelöst werden können. Unter anderem sind das die Apps von DM, Lidl oder die Multi-Coupon Anbieter von DeutschlandCard oder Payback. Diese Unternehmen bieten in einem bestimmten Zeitintervall Rabattaktionen an, die in der App aktiviert werden müssen, um sie dann im Ladengeschäft anzuwenden.

© Thomas Dutour – stock.adobe.com

Beispiele: *Jeden Montag erhalten Nutzer eine Push-Nachricht, dass Rabattcoupons in Ihre Payback-App eingestellt wurden.*

Eine Kundin sucht und bestellt neue Sneaker über die App eines Sportartikelherstellers und erledigt die komplette Transaktion einschließlich des Zahlungsvorgangs mithilfe der App. Bestellstatus und Versandinformationen werden in der App hinterlegt bzw. durch eine E-Mail bestätigt.

5.3.7 Web-Analytics

Bei den Web-Analytics werden die Nutzerbewegungen auf der Webseite analysiert. Untersuchungsgebiete dieser Analyse ergeben sich ins-besondere unter folgender Fragestellung: welche Produkte werden häufiger geklickt als andere, welche Seiten werden nur sehr wenig frequentiert, welche Banner werden wo am besten platziert, wie lange dauert das Nutzererlebnis auf der Webseite, von welcher Webseite kam der Nutzer zuvor. Aus dieser Analyse heraus wird das Online-Angebot immer weiter optimiert und auf das sich verändernde Kundenverhalten angepasst.

Als Web-Analytics wird das Messen von Besucherbewegungen bezeichnet, die eine Webseite besuchen. Die Daten von Web-Analytics werden grundsätzlich anonym erfasst und übermittelt.

Merke

Besucherübersicht

- **10.521** Besuche, **9.412** eindeutige Besucher
- **4 min 46 s** durchschnittliche Aufenthaltsdauer
- **56%** abgesprungene Besucher (Verlassen der Webseite nach einer Seite)
- **3,6** Aktionen pro Besuch (Seitenansichten, Downloads, ausgehende Verweise und interne Suchen)
- **1,07 s** durchschnittliche Generierungszeit
- **31.720** Seitenansichten, **22.164** einmalige Seitenansichten
- **258** interne Suchen, **66** einmalige Suchbegriffe
- **44** Downloads, **43** einmalige Downloads
- **1.906** ausgehende Verweise, **1.580** einmalige ausgehende Verweise
- **109** max. Aktionen pro Besuch

Beispiel: *Ein Online-Händler für Kleidung möchte wissen, wie lange und häufig die Kunden auf der neu gestalteten Produkt-Informationsseite sind, um zu überprüfen, ob Sie jedes Produkt auf der neuen Seite darstellen sollen.*

5.3.8 Zertifizierungen des Online-Angebots

Insbesondere wenn Kunden zum ersten Mal bei einem Online-Händler bestellen, benötigen sie ein hohes Maß an Vertrauen. Um diesen Vertrauensvorschuss zu untermauern, nutzen Online-Händler die Möglichkeit, ihr Angebot von extern mithilfe von Gütesiegeln zu zertifizieren, um damit die Seriosität des Shops zu signalisieren.

Gütesiegel sind wichtige Informationen für Neukunden, die zum ersten Mal in diesem Online-Shop bestellen. Sie bieten eine gewisse Sicherheit vor betrügerischen Online-Shops.

Merke

Gütesiegel	Beschreibung
TRUSTED SHOPS e GUARANTEE	Trusted Shops ist eine Bewertungsplattform, die Onlinehändlern ein Gütesiegel zur Verfügung stellt. Im Zertifizierungsprozess wird das Online-Angebot von Trusted Shops umfangreich geprüft und zertifiziert. In der Prüfung werden neben rechtlichen Gegebenheiten auch die normalen Käufe und Kaufoptionen getestet.
GEPRÜFTER EHI ONLINE-SHOP	Gütesiegel, Kundenbewertungen und mehr aus einer Hand vom EHI. Mit dem EHI-Siegel für Onlineshops profitieren Händler von Zertifizierung, Kundenbewertungen, Beschwerdemanagement, Rechtstexten mit Abmahnschutz und persönlichem Ansprechpartner. Bei EHI Geprüfter Online-Shop werden rechtliche Aspekte und Sicherheitskriterien, sowie Preistransparenz geprüft. Die knapp 200 Kriterien werden jährlich aufs Neue, nach dem deutschem E-Commerce Recht geprüft.
GEPRÜFTER WEBSHOP	Geprüfter Webshop wurde insbesondere für kleine und mittelgroße Online-Shops entwickelt. Darüber hinaus bietet der Anbieter weiteren Service wie Rechtsberatung und ein kostengünstiges Inkassowesen an.
THE FEEDBACK COMPANY eKomi	Beim eKomi Siegel geht es vor allem um das Feedback von Käufern eines Onlineshops. Die Feedbacks werden fortlaufend gesammelt.
SHOPAUSKUNFT.DE	Bei shopauskunft.de werden Feedbacks und Kundenmeinungen gesammelt und sollen so zu mehr Transparenz beim Produktkauf verhelfen.
internet privacy standards ips	Das Gütesiegel ips (internet privacy standards) ist spezialisiert auf die Untersuchung von IT-Systemen, -Produkten, -Verfahren und -Prozesse. Unternehmen setzen sich besonders für Datenschutz von Kundendaten und Cybersicherheit ein.

5.3.9 Bewertungen

Auch Bewertungen von Kunden, die ihre Kauferfahrungen über ein bestimmtes Produkt oder den Internetanbieter mitteilen, helfen, die Skepsis von Kunden vor einem Onlinekauf zu überwinden und zu einem Kauf anzuregen. Die Bewertungen werden meist auf Bewertungsportalen von Kunden erfasst und können mithilfe von leicht verständlichen Symbolen wie Sternen oder Smileys dargestellt werden. Die Textform ist ebenfalls möglich, um seine Bewertung genauer zu erläutern.

Die Bewertungen werden dann von vielen Käufern gelesen und je nach Rezession kann der Neukunde von der Meinung der bisherigen Produktnutzer überzeugt werden.

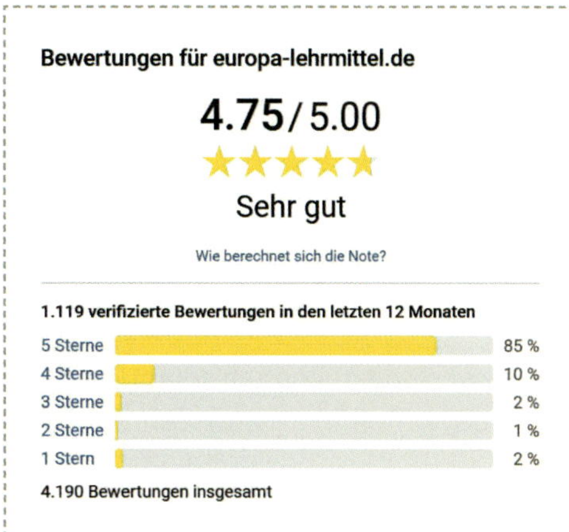

Beispiel: *Im Zuge Ihrer Qualitätssicherung erfragt das Unternehmen Edeka Geimer KG mithilfe einer E-Mail, wie zufrieden der Kunde mit dem Produkt oder der Beratung war. Der Kunde hat die Möglichkeit dies anonym abzugeben und mithilfe von unterschiedlich gestalteten Smileys zu beantworten. Als Belohnung für die Teilnahme wird unter allen Teilnehmern ein Gutschein verlost.*

Hinweis

Bewertungen können sowohl bildlich in Form von Symbolen (Smileys, Emojis, Sterne) als auch schriftlich in Form von Text abgegeben werden.

Infolge der steigenden Bedeutung von positiven Bewertungen versuchen einige Unternehmen, illegal eine künstliche Verbesserung der eigenen Bewertung bzw. von Produktrezensionen zu erreichen.

04.01.2024

Fake-Bewertungen: Amazon und Google arbeiten jetzt sogar zusammen dagegen

Amazon und Google setzen sich gemeinsam gegen Fake-Bewertungen zur Wehr und haben parallel Klagen eingereicht.

Bewertungen im Online-Shop oder auf Marktplätzen sind ein wichtiger Gradmesser für den Erfolg von Produkten und Händler:innen. Die Kundschaft kann sich damit ein Bild vom Produkt oder vom Anbieter machen. Wenn Bewertungen aber gar nicht echt, sondern gekauft oder gefälscht sind, dann ist das nicht nur ärgerlich, es ist natürlich auch nicht erlaubt. Das Problem ist aber groß, weshalb mit Amazon und Google nun zwei Branchenschwergewichte sogar gemeinsam dagegen vorgehen wollen.

Beide Konzerne haben parallel Klagen gegen Bigboostup.com eingereicht, eine Webseite, die gefälschte Produkt- und Unternehmensbewertungen für Amazon und Google anbietet. […]

https://www.onlinehaendler-news.de/amazon/recht/fake-bewertungen-amazon-google-zusammen-dagegen

Tipp

Lesen sie sich bewusst die negativen Kommentare durch und bilden Sie sich ein objektives Bild mithilfe von ausführlichen Testberichten.

Merke

Bewertungen dienen als wichtiger Indikator zur Produktqualität. Viele Bewertungen sind allerdings zu positiv dargestellt. Dies soll die Kunden zu einer Kaufentscheidung anregen.

Beispiel: *Sie möchten eine sehr teure Digitalkamera erwerben. Im Internet haben fast alle Kameras die identische 4 – 5 Sterne Bewertung. Für einen Vergleich bietet sich ein Internetportal mit objektiver Berichterstattung und Testbeurteilung z. B. durch „Stiftung Warentest" an.*

5.3.10 Personalisierung

Personalisierung im Marketing ist ein Ansatz, der Kunden individuell nach Interessen, Bedürfnissen und Nutzungsverhalten relevante Informationen zur Verfügung stellt. Basierend auf dem historischen Verhalten wird ein User-Profil erstellt und durch Machine Learning ermittelt, welche Vorlieben und Neigungen jeder einzelne Kunde hat. Ergebnis dessen sind personalisierte Produktempfehlungen, die den Kunden interessieren und genau das Kundenbedürfnis treffen. Die Werbung kann so zielgerichtet für den Kunden gesteuert werden, damit dieser keine Produkte angezeigt bekommt, die für ihn irrelevant sind.

In Zukunft wird die Nutzung von künstlicher Intelligenz die Personalisierungsmöglichkeiten noch erweitern. So ist es derzeit schon möglich aus gesammelten Daten Prognosen für zukünftiges Kaufinteresse abzuleiten. Neu ist dabei, dass die künstliche Intelligenz mit Wahrscheinlichkeiten arbeitet und damit zukünftige Kaufprognosen erstellen kann. Der Kunde muss also nicht explizit danach gesucht haben, um bspw. personalisierte Werbung zu erhalten, sondern aufgrund des Nutzungs- und Suchverhaltens des/der Kunden, wird eine Prognose erstellt, was dem/den Kunden mit hoher Wahrscheinlichkeit gefallen könnte.

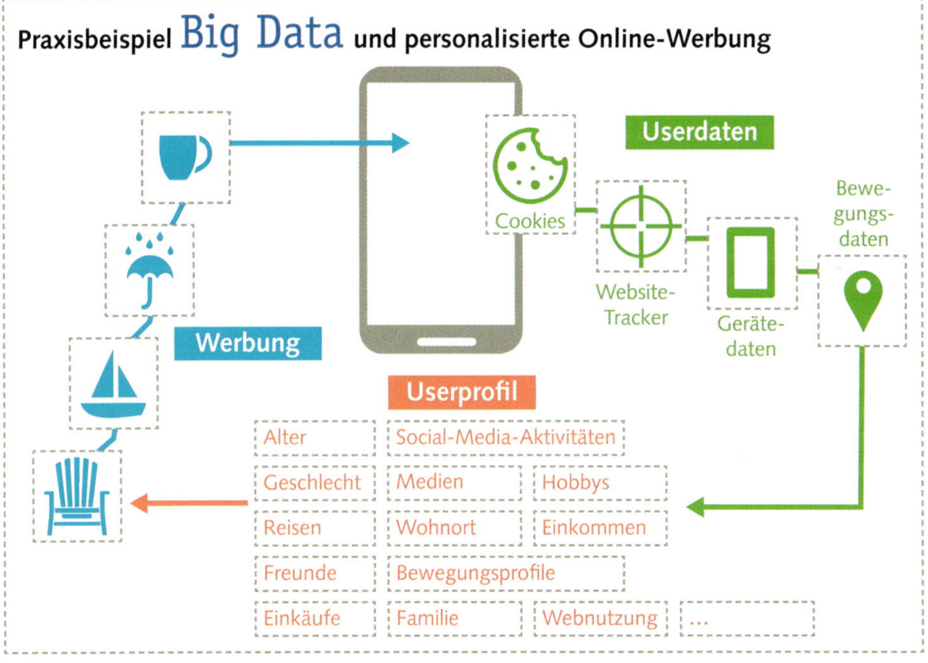

Tipp

Möchten Sie keine personalisierte Werbung? Dann löschen Sie die Cookies aus ihrem Webbrowser. Möchten Sie gar keine Werbung, installieren Sie einen Werbeblocker. Manche Webseiten funktionieren danach allerdings nicht mehr richtig.

5.4 Rechtliche Grundlagen des E-Commerce

Die Online-Präsenz lockt potenziell mehr Kunden an. Um die Online-Präsenz aber rechtsgültig zu erstellen bzw. einen Onlinekauf abzuschließen, erfordert es wesentlich mehr rechtliches Knowhow, als bei einem Kaufabschluss im stationären Einzelhandel. Dabei entstehen zahlreiche Fragestellungen, bspw. wann genau ein Kaufvertrag entsteht oder wie der Kunde glaubhaft machen kann, dass er die Ware bestellt hat (elektronische Signatur) und nicht ein außenstehender Dritter.

Beim Online-Handel gelten besondere Regelungen, da der Kunde die Ware nicht anschauen und ausprobieren kann. Diese besonderen Regelungen (für den B2C-Handel) sind im Fernabsatzrecht geregelt. Ein online abgeschlossener Kaufvertrag ist ein Fernabsatzvertrag mit besonderen Regelungen für die Beteiligten. Die Regelungen zum Fernabsatzvertrag finden sich in § 312c BGB.

LF 6, Kap. 2.4

Merke: Zwei Rechtsfolgen des Fernabsatzvertrages sind die Informationspflichten und das Widerrufsrecht für den Verbraucher.

Rechtlich bedeutet § 312c, dass ein Fernabsatzvertrag dann vorliegt, wenn zu einem Vertragsabschluss ausschließlich Fernkommunikationsmittel verwendet werden, also die Vertragspartner nicht körperlich anwesend sind. Weitere Voraussetzungen sind, dass es sich um einen Verbrauchervertrag nach §§ 312 (1), 310 (3) BGB handelt.

© Zerbor – stock.adobe.com

Aus diesem Fernabsatzrecht ergeben sich zwei Rechtsfolgen, zum einen die Informationspflichten für den Unternehmer und das Widerrufsrecht für den Verbraucher.

Informationspflichten des Unternehmers

Nach § 312d BGB unterliegt der Unternehmer zahlreichen Informationspflichten. Die Informationspflichten sind in § 264a EBGB aufgelistet. Ein Auszug daraus zeigt beispielhafte Pflichten des Unternehmers.

Informationspflicht	Beschreibung
wesentliche Produkteigenschaften	Die wesentlichen Eigenschaften der Waren oder Dienstleistungen sind in dem für das Kommunikationsmittel und für die Waren und Dienstleistungen angemessenen Umfang darzustellen.
Identität und Daten des Verkäufers	Der Verkäufer muss seine Identität, beispielsweise seinen Handelsnamen sowie die Anschrift des Ortes, an dem er niedergelassen ist, seine Telefonnummer und seine Telefaxnummer und E-Mail-Adresse sowie gegebenenfalls die Anschrift und die Identität des Unternehmers, in dessen Auftrag er handelt, angeben.

Gesamtpreis	Der Betreiber hat den Gesamtpreis der Waren oder Dienstleistungen einschließlich aller Steuern und Abgaben anzugeben.
Preisberechnung und Zusatzkosten	Der Verkäufer muss alle zusätzlichen Kosten (z. B. Lieferkosten) aufschlüsslen, oder über die Möglichkeit dieser Kosten aufklären.

Bei Produkt- und Dienstleistungsangeboten hat der Online-Handel gegenüber seiner Kundschaft sog. Informationspflichten einzuhalten z. B. über wesentliche Produkt-Eigenschaften, die Unternehmensidentität, die Auflistung von Preis und Nebenkosten.

Merke

Beispiel: *Das Unternehmen Baumarkt Schneider GmbH sucht einen neuen Zulieferer für Holzzuschnitte und wird im Internet fündig. Vor der Bestellung möchte der Einkaufsleiter Informationen über den Zulieferer einholen und prüft dies mit verpflichtend offengelegten Informationen auf der Internetseite.*

Widerrufsrecht des Verbrauchers

Anders als beim stationären Erwerb von Gütern kann der Verbraucher die Ware im Online-Handel nicht anprobieren, anfassen und auf Mängel untersuchen. Daher ermöglicht es der Gesetzgeber den Onlinekunden, die Waren für 14 Tage zu testen. Innerhalb dieser Frist kann der Verbraucher ohne Angabe von Gründen vom Kaufvertrag zurücktreten. Zu beachten ist, dass die Widerrufsfrist erst mit Erhalt der Ware beginnt.

Falsch ist jedoch die Annahme, dass der Unternehmer danach verpflichtet sei, die Kosten der Rücksendung zu übernehmen. Zwar ist dies oftmals die Regel, aber gerade bei kleineren Unternehmen oder sehr günstigen Artikeln trägt der Verbraucher die Kosten des Rückversands.

Der Hinweis auf die Widerrufsmöglichkeit muss dem Verbraucher in einer sogenannten Widerrufsbelehrung zugänglich gemacht werden. Meist wird hierfür ein Standard-Widerrufsformular verwendet, der Widerruf kann jedoch auch auf andere Weise, z. B. schriftlich oder per E-Mail erfolgen.

Bei einem rechtsgültigen Abschluss eines Onlinevertrages muss eine Widerrufsbelehrung stattfinden. Diese kann mit einem Standardformular erfolgen.

Merke

Beispiel: *Sie möchten an der Hochzeit Ihres besten Freundes ein besonders teures Markenhemd anziehen. Sie bestellen daher das gewünschte Hemd im Internet und erhalten das Produkt drei Tage später. Leider ist das bestellte Hemd viel zu groß. Sie widerrufen den Kaufvertrag innerhalb der gesetzlichen Frist. Der Händler ist verpflichtet die Ware zurückzunehmen.*

Nicht jeder Fernabsatzvertrag kann widerrufen werden.

Merke

Ausnahmen des Fernabsatzrechtes

Das Fernabsatzrecht gilt jedoch nicht bei jedem im Internet bestellten Artikel. So findet das Widerrufsrecht keine Anwendung auf Versicherungsverträge, bei Verträgen über Dienstleistungen, die zu einem bestimmten Zeitpunkt erbracht werden müssen, bei schnell verderblichen Waren, bei Audio-/Videoaufzeichnungen und Software (bei Entsiegelung), bei Lieferungen von Zeitschriften/Illustrierten.

Beispiel: *Sie bestellen mehrere Familienpizzen über den örtlichen Pizza-Lieferdienst Diese Artikel können nicht umgetauscht werden, wenn sie bei der Pizzaannahme plötzlich Appetit auf etwas anderes haben.*

Weitere rechtliche Aspekte beim Onlinehandel

Neben dem im Fernabsatzrecht aufgeführten Rechten und Pflichten für den Onlinehandel bzw. für die Verbraucher gibt es darüber hinaus weitere rechtliche Regelungen zum Betreiben eines Online-Angebots bzw. bei Kaufabschluss. Diese sind nachfolgend in tabellarischer Form zusammengestellt:

Begriff bzw. Vertragsbestandteil	Inhaltliche Regelung	Hinweise bzw. Vorteil der Regelung
Impressum  	Der Inhaber der Webseite hat nach § 5 Telemediengesetz (TMG) die Pflicht, eine ladungsfähige Anschrift anzugeben damit rechtliche Ansprüche gegen diesen gerichtlich durchgesetzt werden können.	Die Nutzer der Internetadresse sollen also wissen, wer der Betreiber der Seite ist und wo dieser seinen Sitz hat. Bspw. könnte der Sitz in Österreich sein, was aufgrund der gleichen Sprache nicht weiter auffallen würde.
AGB  	Die Allgemeinen Geschäftsbedingungen (AGB) sind keine gesetzliche Pflicht für Online-Shops. Grundsätzlich steht es daher jedem Shop-Betreiber frei, ob er in seinem Onlineshop AGB benutzen möchte oder nicht.	Werden keine AGB verwendet, so gilt im Regelfall das BGB. Der Shop-Betreiber hat jedoch den Vorteil beim Verwenden der AGBs, dass er die gesetzlichen Regelungen zu seinem Vorteil anpassen oder Zahlungsmodalitäten festlegen kann.
PAngV  	Nach der Preisangabenverordnung (PAngV) sind sämtliche Endverbrauchspreise so transparent wie möglich darzustellen.	Dies soll dem Kunden einen Preisvergleich mit anderen Anbietern ermöglichen und keine zusätzlichen Kosten verschleiern.

Begriff bzw. Vertragsbestandteil	Inhaltliche Regelung	Hinweise bzw. Vorteil der Regelung
Datenschutz DSGVO 	Da der Datenschutz im Internet besonders wichtig ist, wurde die Datenschutzgrundverordnung (DSGVO) 2018 erlassen. Die DSGVO dient vor allem dazu, die Rechte und die Privatsphäre der Nutzer zu schützen.	Die Nutzer haben das Recht zu erfahren, wie ihre Daten genutzt, verarbeitet und gespeichert werden. Bei Verstößen drohen den Unternehmen hohe Geldstrafen. Ohne Zustimmung kann der Onlinehandel z. B. keine analytischen Daten erheben oder personalisierte Werbung veranlassen.

Hinweis

Kommt es bei einer Online-Bestellung zu Unstimmigkeiten, scheuen Kunden bei kleinen Streitwerten häufig den Gang vor Gericht. In solchen Fällen können Schlichtungsverfahren eine gute Alternative sein. Im Schlichtungsverfahren werden beide Parteien durch sogenannte Ombudspersonen unterstützt, die die gegenseitigen Interessen anhören und versuchen, den Konflikt außergerichtlich zu lösen.

Ein Aspekt, der bei Online-Käufen häufig zu Unstimmigkeiten führte, war der undurchsichtige Abschluss von Internetkäufen. Kunden haben durch einen Klick bestätigt, dass Sie bspw. ein Abonnement abschließen, obwohl die Information für den Verbraucher so nicht ersichtlich war. Der Gesetzgeber hat seit 2012 diese Vorgehensweise stark eingeschränkt (sog. Button-Lösung). Verbraucher müssen nach § 312j BGB ausdrücklich bestätigen, dass er den Abschluss des Kaufvertrages anstrebt. Auf den Buttons muss der Text „zahlungspflichtig bestellen" angegeben und gut lesbar sein.

Tipp

Suchen Sie die hier genannten Informationen auf der Homepage Ihres Ausbildungsunternehmens.

Die rechtlichen Regelungen sind für den Online-Händler zwingend einzuhalten, ansonsten drohen dem Betreiber Abmahnungen und empfindliche Strafen. Hieraus hat sich regelrecht eine „Abmahnindustrie" entwickelt. Es handelt sich dabei um spezielle Anwaltskanzleien, die auf Fehler in Webshops spezialisiert sind und die die Händler mit kostenpflichtigen Abmahnungen überhäufen.

Merke

AGB, Impressum, Preise nach PAngV und die DSGVO sind wichtige rechtliche Bestandteile bei Kaufverträgen.

Lukrative Einnahmequelle

„Teuerste Pfanne meines Lebens“: Abmahn-Mafia bringt Online-Händler in Existenznot

Strafgebühren stellen für zahlreiche Anwälte und Interessen-Vereine eine lukrative Einnahmequelle dar. Fast 2.000 EUR im Schnitt müssen Online-Händler für läppische Verstöße bezahlen. Verbände wie IDO nutzen Gesetzeslücken gnadenlos aus.

Hans-Werner Scholl lächelt ein wenig gequält in die Kamera. Zu tief sitzt der Ärger. Gerade erst hat der eBay-Händler für Küchenartikel aus Alsdorf nahe Aachen 1.650 EUR an einen Abmahnverein in Leverkusen überwiesen.

Der IDO Interessenverband für das Rechts- und Finanzconsulting deutscher Online-Unternehmen e. V. hatte den 75-jährigen Rentner angeschrieben und ihn auf eine falsche Garantieerklärung bei einer seiner beschichteten Beka-Pfannen hingewiesen. Der für seine rigorose Abmahnpraxis berüchtigte Verein versandte gleich eine Kostennote mit. Als Scholl nicht zahlen wollte, klagte der IDO Verband erfolgreich vor dem Aachener Landgericht. „Ich hatte die Pfanne völlig vergessen“, bekannte der Mittsiebziger gegenüber FOCUS Online, „und es somit versäumt, die Garantieerklärung zu ändern.“

Der IDO-Verband nicht. Unter den 345 Artikeln auf der Online-Liste des Kleinhändlers entdeckten die Leverkusener Abmahnprofis zielsicher einen Fehler im Garantiepassus. Anstatt 30 EUR für die Pfanne einzustreichen, musste der Rentner ordentlich zahlen. „Das war die teuerste Pfanne meines Lebens.“ Im Rückblick fühlt sich der gelernte Druckmeister an „Mafia-Methoden“ erinnert.

Quelle: https://www.focus.de/finanzen/news/lukrative-einnahmequelle-gfj_id_11975251.html

Ein Verstoß gegen die Informationspflichten kann für einen Onlinehändler sehr teuer werden.

Merke

5.5 Beurteilung des E-Commerce

In den vorangegangenen Abschnitten ist über die grundlegenden Gebiete des E-Commerce informiert worden. Abschließend werden als Übersicht die Vor- und Nachteile des Online-Handels gegenüber dem stationären Handel dargestellt.

Vorteile des Online-Handels

Vorteile	Erklärung
Shopping rund um die Uhr 	Keine Öffnungszeiten, an die man sich halten muss. Online-Shopping ist rund um die Uhr möglich.

Vorteile	Erklärung
Shopping ortsunabhängig 	Per Smartphone, Tablet oder PCkann man sich von jedem Ort der Welt Produkte online anschauen und bestellen.
riesige Produktauswahl 	Alleine die bekanntesten und größten Online-Händler haben Millionen Artikel im Angebot, die ein stationärer Handel so nicht vorhalten kann.
breite Produktpalette 	Was sonst nur in großen Warenhäusern vorhanden war, ist im Internet nahezu standard. Eine enorm breite Produktpalette bietet dem Kunden die Möglichkeit, alles über einen einzigen Händler zu bestellen.
einfacher Preisvergleich 	Beim stationären Handel muss man viele Geschäfte besuchen oder sich durch die Werbeprospekte wühlen, um Preise vergleichen zu können. Hier bietet das Internet diese Möglichkeit durch Preisvergleichsportale wesentlich schneller an, z. B. bei Idealo.de oder billiger.de.
Service 	Der Service kann sich rund um die Uhr und ortsunabhängig erstrecken, während der stationäre Handel sich an gängige Öffnungszeiten halten muss.
Informationsvielfalt 	Während im stationären Handel der Fokus auf der Beratung liegt, stehen die Informationen im Internet vielfältig zur Verfügung. Über Nutzerberichte, Rezensionen und Bewertungsportale kann ein umfassender Überblick vor dem Produktkauf erworben werden.

Nachteile des Online-Handels

Nachteile	Erklärung
Ware kann nicht besichtigt werden 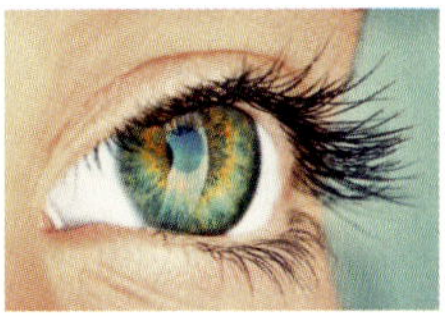	Ein großer Nachteil ist, dass man die Waren nicht begutachten kann. So werden viele Artikel bestellt, die in Form, Art und Beschaffenheit nicht für den vorgesehenen Zweck geeignet sind und damit wieder zurückgeschickt werden müssen.
Versandzeiten 	Die Versandzeiten können insbesondere bei Waren aus dem Ausland sehr lang sein. Bei Warenbestellungen aus China sind Wartezeiten von 2 Monaten keine Seltenheit. Im stationären Handel kann man seine Produkte gleich mitnehmen.
Versandkosten 	Teilweise sehr hohe Versandkosten machen ein günstiges Angebot im Online-Shop weitaus weniger attraktiv, als dies auf den ersten Blick scheint.
Reklamationen 	Bei Reklamationen hat man keinen persönlichen Ansprechpartner, dem man sein Problem schildern kann. Meist funktioniert die Kommunikation dann per Telefon oder E-Mail, bei der wiederum Missverständnisse entstehen können.
Rückversand 	Die Kosten des Rückversands sind grundsätzlich vom Verbraucher zu tragen. Viele Online-Anbeiter erstatten dennoch die Kosten der Rücksendung, Unpassende Produkte können sich damit zu einem großen Verlustgeschäft entwickeln, wenn der Rückversand bspw. mit einer Spedition erfolgen muss.
Datenschutz und Datensicherheit 	Der Schutz der personenbezogenen Daten ist für den Verbraucher ein wichtiges Gut, ebenso wie z. B. die Kontoverbindung oder Passwörter. Gerade bei unseriös agierenden Online-Shops ist es nicht klar, wo die Daten am Ende landen.
Mindestbestellwert kann Mehrkosten verursachen 	Versandkostenfrei ab 50,00 EUR Bestellwert, Mindestbestellwert von 25,00 EUR sind keine Seltenheit. Das günstige Angebot kann dann entweder nicht geliefert werden, weil man unterhalb des Mindestbestellwertes liegt oder man legt von sich aus so viele Waren in den Warenkorb, dass der Mindestbestellwert oder die Versandkostenfreiheit erreicht wird.

Nachteile	Erklärung
IT-Sicherheit 	Während der stationäre Handel mit Ladendiebstählen zu kämpfen hat, hat der Online-Handel weitaus mehr Angriffspunkte, wie z. B. Trojaner, Phishing E-Mails und Viren. Diese können das Unternehmen finanziell stark schädigen, wenn Zahlungen auf fremde Konten umgeleitet werden. Weiterhin entsteht ein erheblicher Image-Schaden, wenn entdeckt wird, dass personenbezogene Daten oder Bankdaten der Kunden im Internet abgegriffen wurden. Die Absicherung gegenüber diesen Attacken ist oft kostspielig und geht weit über die Installation eines Anti-Viren Programms hinaus.

Hinweis

Beobachten Sie sich selbst, wie oft Sie Zeit auf Online-Shopping Angeboten verbringen. Welche Produkte kaufen Sie noch stationär und warum?

Aufgaben

1. Erläutern Sie die folgende Grafik.

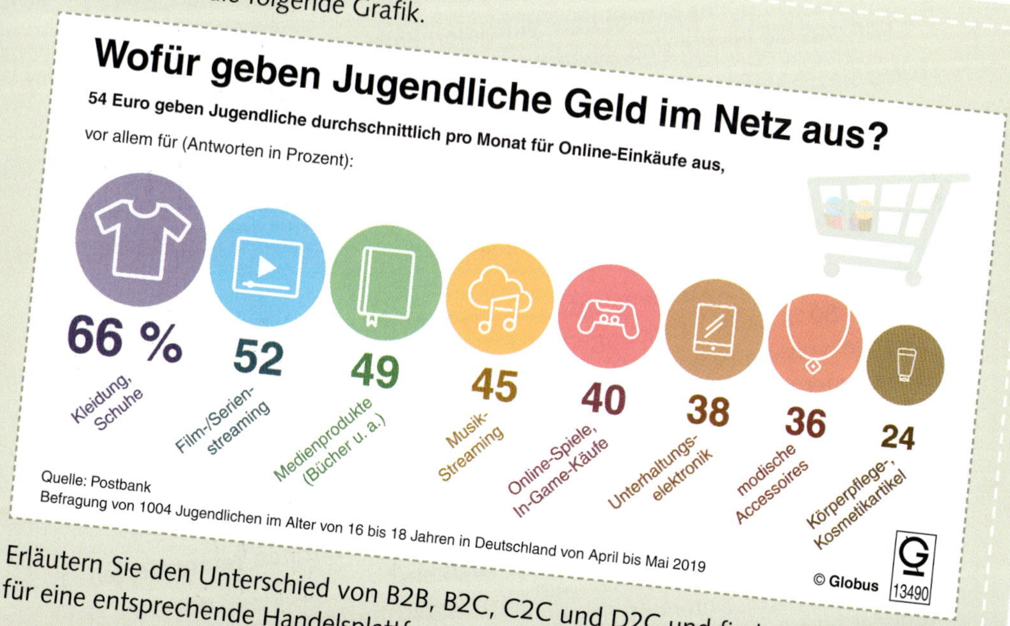

2. Erläutern Sie den Unterschied von B2B, B2C, C2C und D2C und finden Sie Beispiele für eine entsprechende Handelsplattform.
3. Begründen Sie, welche Produkte und Artikel sich besonders für einen Online-Handel eignen.
4. Grenzen Sie die Single-Channel-Strategie von der Cross-Channel, Multi-Channel und der Omni-Channel-Strategie voneinander ab.

Aufgaben

5. Erläutern Sie, warum es sinnvoll ist, mehrere Vertriebskanäle zu nutzen. Welche betriebliche Infrastruktur wird für die Nutzung mehrer Vertriebskanäle benötigt?
6. Erläutern Sie den Unterschied zwischen „click and collect“ und „click and meet“.
7. Erklären Sie Merkmale des Social-Media Marketings.
8. Der kleine Tante Emma Laden von Inhaberin Mareike Meier möchte gerne ihre auf alt-getrimmten (nostalgischen) Deko-Artikel jungen Leuten bekannt machen. Helfen Sie Mareike Meier und erläutern Sie, welche Social-media-Plattformen sich hierfür aus Ihrer Sicht anbieten. Wichtig wäre Mareike Meier vor allem, dass die hochwertig fotografierten Produkte in den Vordergrund der Werbegestaltung gestelt werden, um potenzielle junge Kunden anzulocken.
9. Erstellen Sie einen geeigneten Newsletter (elektronisch oder auf Papier) für Ihren Ausbildungsbetrieb. Machen Sie sich hierfür Gedanken, wie ein guter Newsletter aufgebaut ist und welche Inhalte enthalten sein müssen.
10. Beschreiben Sie die Begriffe Suchmaschinenoptimierung und Suchmaschinenmarketing.
11. Erläutern Sie die rechtlichen Vorgaben, die beim Betreiben eines Online-Shops beachtet werden müssen. Welche Probleme sind zu erwarten, wenn diese Vorgaben nicht eingehalten werden?
12. Überprüfen Sie, ob ihr Betrieb bzw. ein Unternernehmen ihrer Wahl ein Impressum hat und was die Inhalte sind. Begründen Sie, warum ein Impressum wichtig ist.
13. Stellen Sie die Vor- und Nachteile des Online-Handels in eigenen Worten dar.
14. Erläutern Sie, welche Instrumente des E-Commerce Sie als Kunde privat nutzen, welche nutzt Ihr Betrieb? Stellen Sie die Ergebnisse begründet Ihrer Klasse vor.
15. Nehmen Sie kritisch zu folgender Statstik Stellung:

Rücksendungen aus Kundensicht

- Rund 50 % aller Kleidungsstücke werden von deutschen Online-Kunden wieder zurückgeschickt.
- Etwa 70 % aller bestellten Schuhe werden von deutschen Online-Kunden wieder zurückgeschickt.
- Für 77 % der deutschen Verbraucher sind unkomplizierte Retouren ein ziemlich wichtiges Kriterium für die Wahl des Händlers.
- Etwa 32 % der deutschen Verbraucher schicken mehr als 3 Artikel pro Jahr an den Online-Verkäufer zurück.
- Etwa 26 % der deutschen Verbraucher schicken kein einziges Paket im Jahr an den Online-Verkäufer zurück.
- 51 % der Retouren kommen zustande, weil der Artikel nicht den Erwartungen des Käufers entspricht.

Was passiert mit den retournierten Artikeln?

- Vernichtung/Entsorgung: 55 %
- Zweitvermarktung als B-Ware: 50 %
- Verkauf über Outlet: 37 %
- Spende: 27 %
- Rücksendung an den Lieferanten: 24 %
- Verkauf an Personal: 22 %
- Kunde zahlt Wertminderung: 13 %

Quelle: https://www.careelite.de/retouren-statistiken-ruecksendungen-fakten/

Personaleinsatz planen und Mitarbeiter führen

1. Ziele und Aufgaben der Personalwirtschaft beschreiben
2. Den Personalbestand organisieren, Personal bedarfsgerecht einsetzen
3. Personal beschaffen
4. Rechtliche Grundlagen auf Arbeitsverträge anwenden
5. Personal betreuen, Mitarbeiter führen, Personalentwicklung fördern
6. Maßstäbe der Entlohnung unterscheiden, Entgelt berechnen
7. Arbeitsverhältnisse beenden und Personal freisetzen

LF 13

1 Ziele und Aufgaben der Personalwirtschaft beschreiben

Personalwirtschaft (auch als Personalwesen bezeichnet) gehört als betrieblicher Schwerpunkt ähnlich wie Leitung, Beschaffung, Leistungserstellung, Absatz und Finanzierung zu den Schlüsselfaktoren, um die Realisierung und Umsetzung der betrieblichen Ziele zu erreichen.

© DOC RABE Media – stock.adobe.com

Die Personalwirtschaft eines Einzelhandelsunternehmens beschäftigt sich mit dem gezielten Einsatz von Personal und seinen Belangen. Im Rahmen des Personalmanagements (engl. Human Resource Management) werden strategische Entscheidungen zur Steuerung der Personalwirtschaft getroffen, die insbesondere ökonomische, ökologische und soziale Unternehmensziele im Blick behalten müssen. In diesem Zusammenhang werden Gestaltungskonzepte entwickelt, die Leitlinien für die Rahmenaufgaben der Personalwirtschaft (Personalpolitik, Personalcontrolling, Personalführung, Personalorganisation) festlegen.

Als **Personalwirtschaft** wird in Einzelhandelsunternehmen die betriebliche Funktion bezeichnet, die die Gesamtheit aller mitarbeiterbezogenen Gestaltungs- und Verwaltungsaufgaben umfasst.

Merke

1.1 Ziele der Personalwirtschaft

Die Personalwirtschaft verfolgt das Ziel, die Leistung des Produktionsfaktors Arbeit so zu lenken, dass dieser dem Unternehmen möglichst optimal zur Verfügung steht. Das bedeutet, dass qualifizierte, leistungsfähige und motivierte Mitarbeiter in der benötigten Anzahl zum richtigen Zeitpunkt am richtigen Ort bereitstehen.

© MK-Photo – stock.adobe.com

Die personalwirtschaftlichen Entscheidungen und Maßnahmen haben sich dem Einzelhandelsunternehmen unterzuordnen – insbesondere seinen wirtschaftlichen und sozialen Zielen.

- Wirtschaftliche Ziele orientieren sich an ökonomischen Größen wie z. B. Gewinn, Zahlungsfähigkeit, Wettbewerbsfähigkeit, Wachstum.
- Soziale Ziele berücksichtigen vor allem die Interessen und Ansprüche der Arbeitnehmer. Beispiele sind: Sicherung der Arbeitsplätze, menschenwürdige Arbeitsbedingungen, gerechte Entlohnung, Mitbestimmung.

Zielsystem des Unternehmens **wirtschaftliche Ziele – soziale Ziele**	
wirtschaftliche Ziele	**soziale Ziele**
• Gewinn • Zahlungsfähigkeit • Wettbewerbsfähigkeit • Wachstum • …	• Sicherung der Arbeitsplätze • menschenwürdige Arbeitsbedingungen • gerechte Entlohnung • Mitbestimmung • …
Entscheidungen und Maßnahmen der Personalwirtschaft	

Wirtschaftliche und soziale Ziele stehen häufig im Gegensatz zueinander (Zielkonflikt) und müssen dann gegeneinander abgewogen werden. Wie alle Ziele müssen auch sie in Abhängigkeit von äußeren Bedingungen (z. B. Konjunktur) konkretisiert und immer wieder überprüft werden. Zusätzlich nimmt die Bedeutung ökologischer und nachhaltiger Ziele in einem Unternehmen immer stärker zu.

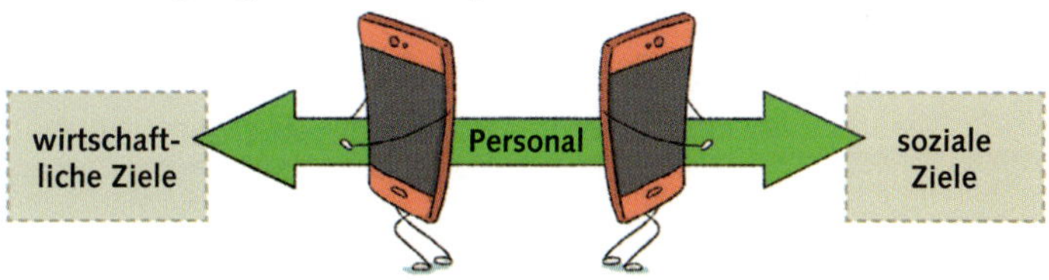

Beispiel: *Die Umsetzung des Wunsches nach Gehaltserhöhung, verbessertem Kündigungsschutz, Reduzierung von Arbeitszeit bei vollem Lohnausgleich kann bei abflauender Konjunktur die Wirtschaftslage eines Unternehmens gefährden.*

Betriebliche Personalarbeit ist so zu gestalten, dass die beiden konträren Zielsetzungen möglichst in Einklang gebracht werden; Gegensätze sind auszugleichen und Synergieeffekte zu nutzen. Ein Synergieeffekt ist ein positives Resultat bzw. eine positive Wirkung durch die Zusammenarbeit oder den Zusammenschluss zweier Organisationen bzw. Organisationsformen. So könnte z. B. die unternehmerische Effizienz gesteigert werden durch eine verbesserte Arbeitsorganisation bei gleichzeitiger Steigerung der Mitarbeitermotivation. Ebenfalls könnte durch ein energieeffizienteres Wirtschaften gleichzeitig das Ziel zu mehr Nachhaltigkeit optimiert werden.

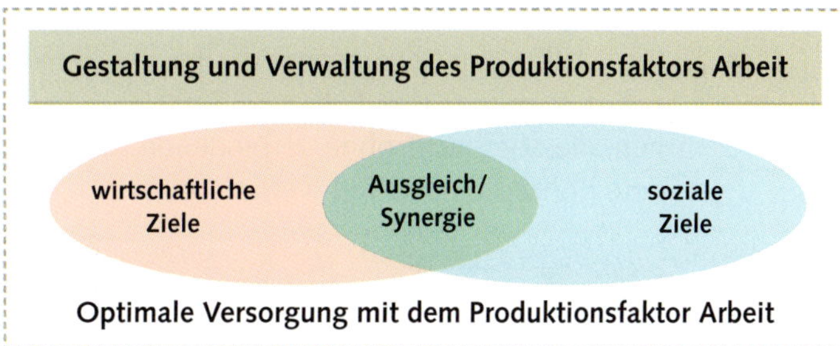

Beispiele: *In Zeiten des Fachkräftemangels ist eine gerechte Entlohnung mit guten Sozialleistungen (soziales Ziel) besonders notwendig. Oberflächlich betrachtet schmälert eine gute Entlohnung der Mitarbeiter den Gewinn (wirtschaftliches Ziel). Letztlich wird sich ein Unternehmen aber nur mit Fachkräften an den zentralen Stellen am Markt behaupten können und Gewinne erzielen.*

Ähnliches gilt für das Ziel, durch mehr Energieeffizienz Geld zu sparen und sich zugleich als Unternehmen mit ökologischem Image zu positionieren. Insofern ergeben sich aus einer gerechten Entlohnung oder einem energieeffizienten Wirtschaften Synergieeffekte.

Dabei ist zu berücksichtigen, dass die Mitarbeiter in vielfältiger Beziehung zu ihrem Unternehmen stehen. Sie gelten als

© XtravaganT – stock.adobe.com

- Produktionsfaktor und Leistungsträger
- Kostenfaktor durch Lohnkosten und Lohnnebenkosten
- Individuen mit eigenen Interessen und Motiven (z. B. hinsichtlich der Arbeitszeit und -sicherheit, Arbeitsplatzerhaltung, Selbstverwirklichung)
- Gestalter und Entscheidungsträger (z. B. als Verkäufer, Kassierer, Lagerist, Teamleitung, Abteilungsleitung)
- Gruppenmitglieder (z. B. Auszubildende, Geschäftsleitung), u. U. mit Einbindung in Interessenvertretungen (z. B. Gewerkschaften, Betriebsrat)
- Rechtssubjekte (Träger von Rechten und Pflichten im Rahmen von z. B. Arbeits- und Kaufverträgen, Mitwirkungs- und Mitbestimmungsrechten, Arbeitsschutz und Sozialgesetzgebung).

1.2 Aufgaben der Personalwirtschaft

Die vielfältigen Bezugspunkte der Personalwirtschaft erfordern eine Fülle von Einzelentscheidungen, die aber nicht ohne verbindende, übergeordnete Konzepte getroffen werden sollten.

© madpixblue – shutterstock.com

1.2.1 Rahmenaufgaben

Diese Konzepte berücksichtigen zunächst die sogenannten Rahmenaufgaben der Personalwirtschaft:

- Personalpolitik: Festlegung von grundsätzlichen Leitlinien und Handlungsnormen im Zusammenhang mit dem Produktionsfaktor Arbeit, die sich auf nachgelagerte Entscheidungen im Personalbereich auswirken (z. B. faires Führungsverhalten, soziales Verantwortungsbewusstsein, Wohlergehen der Mitarbeiter, Chancengleichheit und Gleichberechtigung oder Entlohnung nach Leistung)
- Personalcontrolling: Planung, Steuerung und Kontrolle des Personalbereiches (z. B. Personalkostenmanagement, Erfassung der Fehlzeiten und des Krankenstandes sowie der Fluktuationsrate, Analyse der Personalstruktur, Messung der Mitarbeiterzufriedenheit, steuernde Eingriffe auf der Basis der Kontrollergebnisse)
- Personalführung: zielorientierte Einbindung der Mitarbeiter und Führungskräfte in die Aufgaben des Unternehmens durch Einsatz von Führungsmitteln (z. B. Ziel-

vereinbarungen, Information und Berichterstattung, Prinzipien der Kooperation und Delegation, Personalentwicklungsmaßnahmen) und Führungsstilen (z. B. kooperativer oder autoritärer Führungsstil)

- Personalorganisation: Organisation des Personalwesens, Regelung der Zuständigkeiten und Verantwortungsbereiche, Erstellung von Organigrammen und Stellenplänen.

1.2.2 Kernaufgaben

Als Kernaufgaben der Personalwirtschaft werden allgemein unterschieden und im Folgenden in eigenen Kapiteln ausführlicher dargestellt:

- Personalbestands- und Personalbedarfsplanung: Einflussgrößen, Methoden der Berechnung, Stellenplan
- Personalbeschaffung: interne und externe Beschaffung, Auswahl und Vertragsgestaltung
- Personaleinstellung: rechtliche Grundlagen, Arbeitsvertrag
- Personalbetreuung und -verwaltung: Personaleinführung, Personalakten, Datenschutz, Personaleinsatz
- Personalabrechnung: Festsetzung einer leistungsgerechten Entlohnung, Abrechnung und Auszahlung von Löhnen und Gehältern
- Personalentwicklung und Personalbeurteilung: Maßnahmen der Bildung, Maßnahmen der Förderung, Organisationsentwicklung, Personalgespräche, Konfliktmanagement
- Personalfreistellung: Beendigung des Arbeitsverhältnisses, Arbeitszeugnis

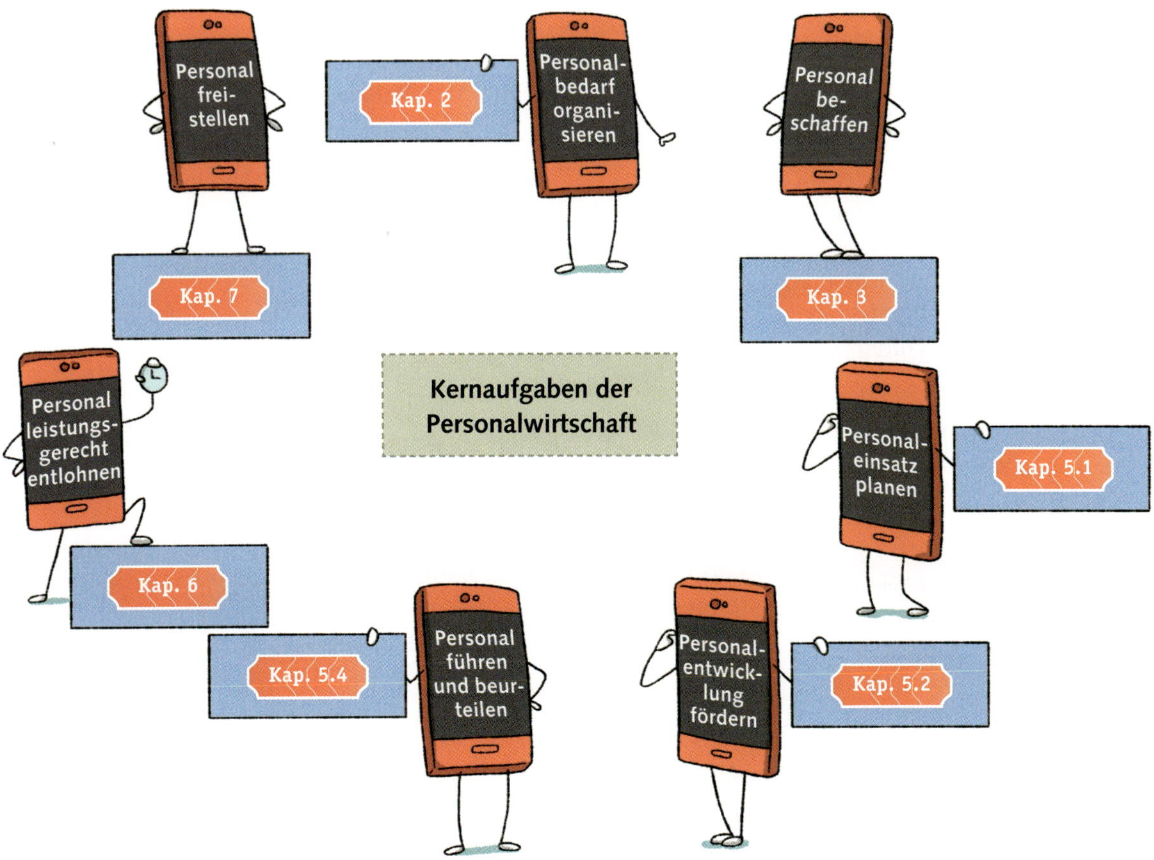

Aufgaben

1. Prüfen Sie die folgenden Behauptungen, ob sie zutreffend oder nichtzutreffend sind, und korrigieren Sie falsche Aussagen.
   a) Personalverwaltung ist grundsätzlich Aufgabe von Unternehmensleitung bzw. Führungskräften.
   b) Wirtschaftliche Ziele beziehen sich insbesondere auf die Interessen und Ansprüche der Arbeitnehmer.
   c) Personalpolitik und Personalentlohnung betreffen die Rahmenaufgaben der Personalwirtschaft.
   d) Personalplanung und Personalbeschaffung zählen zu den Kernaufgaben der Personalwirtschaft.
2. Definieren Sie die Aufgaben der Personalwirtschaft im Einzelhandel mit einem Satz.
3. Begründen Sie, warum es bei personalpolitischen Entscheidungen und Maßnahmen des Einzelhandels zu einem Zielkonflikt kommen kann.
4. Nennen Sie vier Beispiele für wirtschaftliche Ziele der Personalwirtschaft.
5. Nennen Sie vier Beispiele für soziale Ziele der Personalwirtschaft.
6. Beschreiben Sie anhand eines Beispiels, wie es bei der betrieblichen Personalarbeit zu Synergieeffekten kommen kann.
7. Mitarbeiter eines Einzelhandelsbetriebes stehen in vielfältiger Beziehung zu ihrem Unternehmen. Prüfen Sie dazu die nachfolgenden Behauptungen, ob sie zutreffend oder nichtzutreffend sind, und korrigieren Sie falsche Aussagen.
   a) Mitarbeiter können als Produktionsfaktor und Leistungsträger des Unternehmens bezeichnet werden.
   b) Mitarbeiter sind sogenannte Rechtssubjekte, d. h., sie sind Träger von Rechten und Pflichten im Rahmen ihrer Berufsausübung.
   c) Mitarbeiter haben keine Möglichkeit, eigene Interessen und Wünsche in das betriebliche Geschehen einzubringen.
   d) Mitarbeiter, die als Führungskräfte besondere Aufgaben erfüllen, sind dadurch nicht mehr in Interessensvertretungen (Gewerkschaft, Betriebsrat) eingebunden.
8. Um die betrieblichen Ziele zu erreichen, müssen auch im Rahmen der Personalwirtschaft vielfältige Aufgaben bewältigt und Entscheidungen getroffen werden. Dabei wird unterteilt in Rahmenaufgaben und Kernaufgaben der Personalwirtschaft.
   a) Nennen Sie drei Schwerpunkte der Personalwirtschaft, die den Rahmenaufgaben zuzuordnen sind.
   b) Nennen Sie drei Schwerpunkte der Personalwirtschaft, die den Kernaufgaben zuzuordnen sind.

2 Den Personalbestand organisieren, Personal bedarfsgerecht einsetzen

Merke

Quantitative Personalbestandsplanung (Anzahl der Stellen)

aktueller Ist-Bestand
– voraussichtliche Abgänge
+ voraussichtliche Zugänge
= voraussichtlicher Ist-Bestand

Aufgabe der Personalbedarfsplanung ist es, den zukünftigen Personalbedarf in quantitativer Hinsicht (Anzahl der benötigten Stellen bzw. Mitarbeiter) und nach qualitativen Aspekten (erforderliche Fähigkeiten, Fertigkeiten und Kenntnisse) unter Berücksichtigung von Arbeitszeit, Einsatzart und -ort zu ermitteln. Eine kontinuierliche Personalbedarfsplanung trägt dazu bei, künftigen Personalengpässen und Personalüberhängen durch geeignete Maßnahmen entgegenzusteuern. So können sowohl Personalunterbesetzungen als auch ungeplante, kostenintensive Überbesetzungen vermieden werden.

Für eine möglichst genaue Planung des Personalbedarfs ist es notwendig, dass der voraussichtliche Personalbestand bekannt ist. Deshalb ist vor der Personalbedarfsplanung zunächst eine Personalbestandsplanung durchzuführen, die feststellt, wie hoch die zu erwartenden Ist-Werte an Personal zu einem bestimmten Zeitpunkt voraussichtlich sein werden. Anschließend müssen Soll-Werte für den Personalbestand festgelegt und mit den zu erwartenden Ist-Werten verglichen werden. Aus der Unter- bzw. Überdeckung ergibt sich der Personalbedarf.

2.1 Personalbestandsplanung

Quantitative Personalbestandsplanung

Das Ziel der quantitativen Personalbestandsplanung ist es, den voraussichtlichen Ist-Bestand an Personal zu ermitteln. Denn erst, wenn bekannt ist, wie hoch der Personalbestand zu einem zukünftigen Zeitpunkt sein wird, kann festgestellt werden, welcher Personalbedarf entstehen wird.

Zur Berechnung des voraussichtlichen Ist-Bestands muss zunächst bekannt sein, wie viele Mitarbeiter aktuell beschäftigt sind (aktueller Ist-Bestand). Von diesen Mitarbeitern werden möglicherweise einige das Unternehmen noch verlassen, zum einen aufgrund von Kündigungen, Mutterschutz, Elternzeit, Ruhestand, zum anderen haben einige möglicherweise einen Zeitvertrag oder einen Ausbildungsvertrag, der ausläuft. Durch die Abgänge verringert sich der voraussichtliche Ist-Bestand. Gleichzeitig kommen in der Zwischenzeit ggf. Mitarbeiter hinzu durch Neueinstellung, Übernahme nach der Ausbildung, Rückkehr aus der Elternzeit. Diese Zugänge erhöhen den voraussichtlichen Ist-Bestand.

Die Personalstatistik der im Einzelhandelsunternehmen Beschäftigten hilft bei der Erfassung quantitativer Unterscheidungsmerkmale; dazu gehört insbesondere die Einteilung in

© Stockwerk-Fotodesign – stock.adobe.com

- Vollzeit- und Teilzeitbeschäftigte, also in Mitarbeiter, deren Arbeitsvertrag die volle tariflich vorgesehene Arbeitszeit beinhaltet oder eben nur einen Teil davon,
- geringfügig Beschäftigte, also Arbeitnehmer, die als sogenannte Mini-Jobber nicht mehr als 556,00 EUR im Monat (Stand: Januar 2025) verdienen,
- Leiharbeitnehmer, also Beschäftigte, die nicht im Unternehmen selbst angestellt sind, sondern von einer Leiharbeitsfirma für eine bestimmte Zeit ausgeliehen werden,
- Auszubildende, also Personen, die einen Ausbildungsvertrag mit dem Einzelhandelsunternehmen abgeschlossen haben,
- Altersgruppen und Geschlecht.

Qualitative Personalbestandsplanung

Die quantitative Personalbestandsplanung ist durch eine qualitative Planung zu ergänzen, die die Qualifikationsprofile von Mitarbeitern berücksichtigt.

Dabei sind u. a. folgende Merkmale von Bedeutung:

- Schul-, Berufs- und Studienabschlüsse
- Berufserfahrung
- Auslandserfahrungen
- Sprachkenntnisse
- IT-Kenntnisse
- Fort- und Weiterbildungen

Autonome Personalveränderungen

Hat das Einzelhandelsunternehmen keinen oder nur bedingten Einfluss auf Personalveränderungen, so wird von autonomen Abgängen oder Zugängen gesprochen, z. B. bei einer Kündigung durch den Arbeitnehmer oder durch Inanspruchnahme von bzw. Rückkehr aus der Elternzeit.

Initiierte Personalveränderungen

Diese Veränderungen gehen vom Unternehmen aus, z. B. möchte die Abteilungsleitung nach der erfolgreichen Abschlussprüfung unbedingt ihre Auszubildenden übernehmen oder es wird einem Lageristen gekündigt, der sich schon häufiger äußerst abfällig über die Mitarbeiterkollegen geäußert hat.

2.2 Personalbedarfsplanung

Ist die Ermittlung des voraussichtlich vorhandenen Personalbestands abgeschlossen, kann die Planung des Personalbedarfs erfolgen. Grundlage für die Personalbedarfsplanung sind die maßgeblichen Ziele der betrieblichen Gesamtplanung (z. B. Erweiterung oder Verringerung des Sortiments, Umbau- oder Rationalisierungsmaßnahmen), die weiteren personalwirtschaftlichen Rahmenbedingungen (z. B. Elternzeiten) und die personalpolitischen Grundsätze (z. B. Bevorzugung von Teilzeitkräften).

Unter Berücksichtigung der jeweiligen Erfordernisse ist im Rahmen der quantitativen Personalbedarfsplanung zu überlegen, wie viele Mitarbeiter bzw. Stellen zu einem bestimmten (zukünftigen) Zeitpunkt benötigt werden; der voraussichtliche Soll-Bestand an Personal ist entsprechend festzulegen. Im Vergleich von Soll-Bestand und erwartetem Ist-Bestand ergibt sich der quantitative Personalbedarf als Unter- bzw. Überdeckung.

Die qualitative Personalbedarfsplanung hat dann die Anforderung an die jeweilige Tätigkeit zu berücksichtigen, die der Stellenbeschreibung zu entnehmen ist.

2.2.1 Einflussgrößen auf die Bedarfsplanung

Die Planung des Personalbedarfs ist von vielfältigen Faktoren abhängig, die teilweise nicht im Einflussbereich des Unternehmens liegen. Bezogen auf die Personalbedarfsplanung sind deshalb interne (betriebliche) und externe (der Umwelt des Unternehmens zuzuordnende) Einflussfaktoren zu beachten.

Interne Einflussfaktoren

Interne Einflussfaktoren der Personalbedarfsplanung werden durch innerbetriebliche Entscheidungen bestimmt und sind abhängig u. a. von den grundsätzlichen wirtschaftlichen Zielen (z. B. geplantes Wachstum des Einzelhandelsunternehmens, Umsetzung von Rationalisierungsmaßnahmen), den sozialen Zielen (z. B. Arbeitsformen: Vollzeit-/Teilzeitarbeit), den qualitativen Anforderungen durch das Leistungsprogramm (z. B. Mitarbeiterstruktur: ungelernte/gelernte Arbeit), der Arbeitsorganisation/Organisationsstruktur (z. B. Grad der Technisierung, Beschäftigung von Festangestellten oder Leiharbeitnehmern, Möglichkeit von Outsourcing als Zukauf von Dienstleistungen).

Beispiel: *Aufgrund der steigenden Nachfrage nach Fitnessgeräten für den Heimgebrauch plant die FahrRad GmbH, ein Fahrradfachhandel mit Sitz in Haan, einen Anbau auf dem betriebseigenen Unternehmensgrundstück. In einer eigenen Abteilung soll eine umfangreiche Auswahl an Produkten für Training und Wellness zu Hause, ergänzt um Sportlernahrung, angeboten werden. Geplant ist auch, dass den Kunden jederzeit eine professionelle Beratung für den Einsatz und die Nutzung der Fitnessgeräte sowie für individuelle Trainingslösungen zur Verfügung steht. Es sind verschiedene Auswirkungen dieser innerbetrieblichen Entscheidungen auf den Personalbedarf denkbar:*

- *Aufgrund der Unternehmenserweiterung ergibt sich ein quantitativer Zusatzbedarf an Mitarbeitern.*
- *Teilzeitkräfte werden bevorzugt, da sie gezielt in umsatzstarken Zeiten eingesetzt werden können (z. B. an Samstagen).*
- *Mitarbeiter müssen über unterschiedliche Kompetenzen verfügen (z. B. Abteilungsleitung, Verkaufspersonal, Berater mit physiotherapeutischen Kenntnissen).*
- *Für Rationalisierungsmaßnahmen können Mitarbeiter aus dem Stammhaus in die neue Abteilung versetzt werden.*
- *Der Einsatz von Videos zur Einweisung in das Training an den Geräten kann das Personal mit Fachkenntnissen unterstützen bzw. ersetzen.*

Externe Einflussfaktoren

Externe Einflussfaktoren der Personalbedarfsplanung können i. d. R. vom Unternehmen nicht beeinflusst werden. Dazu zählen u. a.

- die demografische Entwicklung (z. B. Erhöhung des Rentenalters auf 67 Jahre, Veränderung der Altersstruktur, Mangel an Nachwuchskräften),
- die gesamtwirtschaftliche Entwicklung (z. B. gesamtwirtschaftlicher Konjunkturverlauf: stärkere versus geringere Nachfrage; Branchenentwicklungen: Aufgreifen von Trends versus Reduzierung/Eliminierung von Produktgruppen),
- rechtliche und tarifliche Vorgaben, soziale Verantwortung (z. B. Änderungen im Arbeits- und Sozialrecht: Elternzeit, Mindestlohn; Vereinbarungen im Tarifrecht: Kürzung der Wochenarbeitszeit, Verlängerung des Urlaubsanspruchs; Förderung von Inklusion),
- der technische Fortschritt und Innovationen z. B. bei den Informations- und Kommunikationstechnologien (Selbstbedienungskassen, Einsatz von interaktivem Schulungsmaterial, Bedienung der computerunterstützten Fitnessgeräte).

Beispiel: *Aufgrund einer guten gesamtwirtschaftlichen konjunkturellen Entwicklung und der hohen Nachfrage nach Fitnessgeräten plant die Unternehmensleitung der FahrRad GmbH, zwei neue Auszubildende für den Ausbildungsberuf Kaufmann/Kauffrau im Einzelhandel einzustellen. Unterschiedliche externe Einflussgrößen, die berücksichtigt werden müssen, sind denkbar:*

- *So stehen möglicherweise nicht genügend Ausbildungssuchende zur Verfügung, die den Anforderungen entsprechen oder sich für den Ausbildungsberuf interessieren.*
- *Die Prognose der gesamtwirtschaftlichen Entwicklung erweist sich als falsch.*
- *Aufgrund von Störungen im Bereich der Lieferketten gibt es Probleme bei der Beschaffung der modernen Fitnessgeräte, die mit Prozessoren bestückt sind.*
- *Aus sozialer Verantwortung bzw. Verpflichtung heraus stellt die FahrRad GmbH jedes Jahr einen Ausbildungsplatz für einen schwerbehinderten Mitarbeiter zur Verfügung.*
- *Der Betriebsrat schlägt vor, Frauen und Männer gleichermaßen zu berücksichtigen.*
- *Zunehmend computergesteuerte Fitnessgeräte erfordern Mitarbeiter mit Kenntnissen im IT-Bereich.*

2.2.2 Methoden der quantitativen Personalbedarfsplanung

Im Rahmen der quantitativen Personalbedarfsplanung ist zunächst festzustellen, wie viele Stellen zukünftig als Soll-Bestand benötigt werden. Bei der Berechnung des weiteren Bedarfs, der über den aktuellen Ist-Bestand hinausgeht, unterscheidet man zwei Methoden:

- Kennzahlmethode und
- Arbeitsplatz- oder Stellenplanmethode.

Kennzahlmethode

Diese Methode der Personalbedarfsplanung richtet sich in der Regel nach dem Arbeitsvolumen und geht vom aktuellen Personalbestand aus. Sie stützt sich als statistische Grundlage auf betriebliche Kennzahlen (z. B. Umsatz, Gewinn, Zeitbedarf für bestimmte Tätigkeiten). Voraussetzung dieser Methode ist, dass zwischen Kennzahl und der gefragten Größe ein erkennbarer und überprüfbarer Zusammenhang besteht.

Erfolgt z. B. die Berechnung über die Umsatzleistung der Verkäufer, dann ist zu berücksichtigen, wie viel Prozent der Tätigkeit auf den reinen Verkauf (Bedienen, Beraten, Kassieren) und wie viel auf Nebentätigkeiten ohne Kundenkontakt (Aufräumen, Warenannahme, Warenpflege etc.) fallen.

Beispiel: *Die FahrRad GmbH führt eine Personalplanung im Verkaufsbereich Jugend- und Kinderräder durch, der erweitert werden soll und in dem momentan drei Teilzeitkräfte tätig sind:*

Quantitative Personalbedarfsplanung	Betriebliche Kennzahlen
möglicher maximaler Umsatz je Mitarbeiter pro Stunde Verkaufstätigkeit	1.000,00 EUR
Häufigkeit eines Kundenkontakts mit Verkaufsabschluss	60 %
Jahresarbeitszeit eines Vollzeitmitarbeiters	1.500 Stunden
geplanter Jahresumsatz im Verkaufssegment Kinder- und Jugendräder	1.800.000,00 EUR
Berechnung der möglichen Umsatzhöhe eines Mitarbeiters pro Jahr: 1.500 Std. Arbeitszeit · 60 % Verkaufstätigkeit · 1.000,00 EUR Umsatz/Stunde	900.000,00 EUR
Berechnung der notwendigen Vollzeitmitarbeiter: 1.800.000,00 EUR ÷ 900.000,00 EUR = 2	2 Mitarbeiter in Vollzeit
Für die Erweiterung im Verkaufsbereich Kinder- und Jugendräder werden laut Kennzahlmethode insgesamt zwei Vollzeitkräfte benötigt.	

Arbeitsplatz- oder Stellenplanmethode

Die Arbeitsplatz- oder Stellenplanmethode wird genutzt, wenn die Stellenbesetzung weitgehend unabhängig von betrieblichen Kennzahlen erfolgt (z. B. in der Verwaltung), weil ein unmittelbarer Zusammenhang zwischen einer betrieblichen Kennziffer (z. B. Umsatz) und dem benötigten Personal nicht grundsätzlich gegeben ist.

Die Personalbedarfsrechnung erfolgt dann mittels eines Stellenplans. Grundlage dafür ist der betriebliche Organisationsplan mit den verschiedenen Funktionsbereichen und Stellen. Stellenpläne haben in der Regel längerfristige Gültigkeit. Sie enthalten Angaben über die Bezeichnung der Stelle, die Vergütungsgruppe, den Soll-Bestand und Ist-Bestand. Daraus kann der Bedarf abgeleitet werden.

Stellenplan im Verkauf der FahrRad GmbH

Stellenbezeichnung	Vergütungsgruppe	Soll-Bestand	Ist-Bestand	Bedarf (Soll – Ist)
Abteilungsleitung Verkauf	III	1	1	–
Leitung (Fahrräder) Leitung (Fitnessgeräte)	II	2	1	1
Verkäufer	I	6	4	2

Die Differenz zwischen dem Ist- bzw. Soll-Bestand verdeutlicht, ob Personal zu entlassen oder neue Mitarbeiter einzustellen sind. Im Gegensatz zur Kennzahlmethode gelingt es mit diesem Verfahren über die Spalten Stellenbezeichnung und Vergütungsgruppe, qualitative Aspekte der Personalbedarfsplanung (z. B. Fachkenntnisse) in die Überlegungen mit einzubeziehen. Durch Hinzufügen der Namen von Stelleninhabern bzw. der Kennzeichnung „unbesetzt" wird aus dem Stellenplan ein Stellenbesetzungsplan (als Organigramm oder in Tabellenform).

Stellenbesetzungsplan im Verkauf der FahrRad GmbH

Stellenbezeichnung	Vergütungsgruppe	Soll-Bestand	Ist-Bestand	Stelleninhaber
Abteilungsleitung Verkauf	III	1	1	Katharina Höger
Leitung (Fahrräder) Leitung (Fitnessgeräte)	II	2	1	Anton Krull unbesetzt
Verkäufer	I	6	4	(1) Katja Weiser … (4) Sandy Feichter (5+6) unbesetzt

2.2.3 Berechnung und Klassifizierung des quantitativen Personalbedarfs

voraussichtlicher Soll-Bestand
− voraussichtlicher Ist-Bestand
= voraussichtlicher Personalbedarf

Merke

Berechnung des quantitativen Personalbedarfs

Grundsätzlich ergibt sich der quantitative Personalbedarf aus dem Unterschied zwischen dem zu einem bestimmten Zeitpunkt erwünschten Personalbestand (voraussichtlicher Soll-Bestand) und dem dann tatsächlich bestehenden Personalbestand (voraussichtlicher Ist-Bestand).

Beispiel: *Demir Özkan, Werkstattmeister der FahrRad GmbH, möchte den Wartungsservice hochwertiger Trekking- & Cross-Bikes für Kunden zu Beginn des neuen Jahres auf 300 Fahrräder pro Monat ausweiten. Pro Fahrrad wird eine Wartungszeit von 3 Stunden benötigt. In der Abteilung arbeiten zurzeit 4 Mitarbeiter in Vollzeit mit einer durchschnittlichen Arbeitszeit von je 168 Stunden pro Monat. Für Ausfallzeiten durch z. B. Krankheit, Urlaub sowie technische Gründe wird mit einem Zuschlag von 20 % gerechnet. Ende dieses Jahres werden 2 Mitarbeiter aus Altersgründen in den Ruhestand gehen, 2 Auszubildende werden dann als Vollzeitkräfte übernommen.*

Berechnung des voraussichtlichen Soll-Bestandes: Die Wartungszeit von insgesamt 900 Stunden/Monat erfordert bei einer Arbeitszeit von 168 Stunden im Monat/Mitarbeiter rechnerisch ca. 5,36 Mitarbeiter (900 Stunden ÷ 168 Stunden = 5,36 Mitarbeiter). 20 % Reservezuschlag entsprechen ca. 1 Mitarbeiter (genau 1,07). Der voraussichtliche Soll-Bestand für die Wartung von 300 Bikes/Monat beträgt somit 6,4 Vollzeitstellen (gerundet). Der voraussichtliche Ist-Bestand wird wie folgt berechnet:

Kap. 2.1

aktueller Ist-Bestand	*4 Stellen*
– voraussichtliche Abgänge	*2 Stellen*
+ voraussichtliche Zugänge	*2 Stellen*
= voraussichtlicher Ist-Bestand	*4 Stellen*

Die Differenz zwischen dem zukünftig erforderlichen Personalbestand (6,4 Stellen) und dem zukünftig voraussichtlich zur Verfügung stehenden Personalbestand (4 Stellen) beträgt in diesem Beispiel 2,4 Stellen.

Quantitative Personalbedarfsplanung (Anzahl der Stellen)

	voraussichtlicher Soll-Bestand	6,4 Stellen
–	voraussichtlicher Ist-Bestand	4,0 Stellen
=	voraussichtlicher Personalbedarf (Über- bzw. Unterdeckung)	2,4 Stellen

Klassifizierung des Personalbedarfs: Es bestehen hier ein Ersatzbedarf von 2 Stellen (für die beiden ausscheidenden Arbeitnehmer) und ein Neubedarf von 0,4 Stellen.

Klassifizierung des quantitativen Personalbedarfs

Zur genaueren Bestimmung der Art des Personalbedarfs wird bei der quantitativen Personalbedarfsplanung unterschieden, ob ein Ersatzbedarf, Neubedarf, Zusatzbedarf oder gegebenenfalls ein Bedarf zur Verminderung des Bestandes vorliegt. Diese Unterscheidung ist hilfreich, um die Personalbedarfsplanung sinnvoll umsetzen zu können, indem z. B. zunächst kurzfristige Maßnahmen wie Mehrarbeit, Urlaubsverschiebungen oder befristetes Personalleasing ergriffen werden.

Ersatzbedarf: durch Abgänge verursachter Bedarf (= **Ersatz** bereits vorhandener Stellen)
Merke

Neubedarf: über die Abgänge hinaus langfristig bestehender Bedarf (= Bedarf an **dauerhaft neu** zu schaffenden Stellen)
Merke

Zusatzbedarf: kurzfristiger, vorübergehender Bedarf an **zusätzlichen** Stellen (z. B. bei saisonalen Arbeitsspitzen)
Merke

2.2.4 Qualitative Personalbedarfsplanung

Die Personalbedarfsplanung in einem Einzelhandelsunternehmen hat sicherzustellen, dass die erforderlichen Arbeitskräfte in ausreichender Menge (quantitativer Aspekt) und mit den entsprechenden Qualifikationen (qualitativer Aspekt) zum richtigen Zeitpunkt am richtigen Ort zur Verfügung stehen.

Anforderungsprofile

Eine optimale Stellenbesetzung zur Deckung eines Ersatzbedarfs, Neubedarfs oder Zusatzbedarfs orientiert sich an den gewünschten Qualifikationen. Im Einzelhandel können folgende Anforderungsprofile erforderlich sein:

Qualifikation	Anforderungsprofil	Tätigkeitsbeispiele
ungelernte Arbeit	einfachste Tätigkeiten, die keine Berufsausbildung erfordern, schematisches Arbeiten	Warenauszeichnung, Auffüllen von Regalen, Hilfsdienste bei Warenannahme, einfache Lagerarbeiten
angelernte Arbeit	einfache Tätigkeiten, die keine Berufsausbildung erfordern, jedoch Kenntnisse in bestimmten Arbeitsbereichen voraussetzen	angelernte Kassierer, einfache Warenüberprüfungen, Inventurtätigkeiten, Verkaufshilfen

Qualifikation	Anforderungsprofil	Tätigkeitsbeispiele
gelernte Arbeit/ abgeschlossene Berufsausbildung	anspruchsvolle Tätigkeiten, die eine abgeschlossene Berufsausbildung und Kompetenzen in bestimmten Bereichen erfordern	Verkäufer, Lagerist, Kassenaufsicht, Warenbestellung, Buchhaltung, Tätigkeiten in der Datenverarbeitung
abgeschlossene Berufsausbildung mit bestimmten Zusatzqualifikationen	verantwortungsvolle Tätigkeiten, die eine Berufsausbildung und zusätzlich erworbene Qualifikationen oder Berufsabschlüsse sowie Betriebserfahrung und vielfältige Kompetenzen erfordern	Abteilungsleitung, Substitut, Verkaufsstellen-/ Filialleitung, Einkäufer, Lagerleitung, Sicherheitsbeauftragter, Büroleitung
abgeschlossene Berufsausbildung mit Fachhoch- oder Hochschulausbildung	leitende Tätigkeiten, die eine abgeschlossene Berufsausbildung und zusätzlich ein Studium erfordern	Bezirks- bzw. Betriebsleitung, Zentraleinkäufer, Geschäftsführung, Vorstandsmitglied, Manager im Unternehmensbereich

Weitere gängige – häufig nicht ganz trennscharfe – Möglichkeiten zur qualitativen Kategorisierung von Arbeit sind z. B. die Unterscheidung

- nach der Beanspruchung von Fähigkeiten und Fertigkeiten: (vorrangig) körperliche oder geistige Arbeit;
- nach dem Grad der (erforderlichen) Qualifikationen: gering qualifizierte oder hoch qualifizierte Arbeit;
- nach dem Grad der erworbenen Kompetenzen: messbare Fach-, Methoden-, Selbst- oder Sozialkompetenzen;
- nach den Entscheidungsmöglichkeiten: leitende (dispositive) Arbeit oder ausführende (exekutive) Arbeit.

Eine Schlüsselstellung bei der Personalbedarfsplanung kommt Anforderungsprofilen zu. Diese sind umso aussagekräftiger, je präziser die Kompetenzen tätigkeitsspezifisch konkretisiert und mit messbaren Indikatoren versehen werden.

Häufig wird auch von den sogenannten Hard Skills (engl. harte Fähigkeiten, die die Fach- und Methodenkompetenz beschreiben) und Soft Skills gesprochen. Soft Skills bezeichnen eine nicht näher definierte Vielzahl persönlicher Werte (z. B. Fairness, Respekt, Verlässlichkeit), persönlicher Eigenschaften (z. B. Gelassenheit, Geduld, Freundlichkeit), individueller Fähigkeiten und sozialer Kompetenzen von Führungskräften und Mitarbeitern, die bei der qualitativen Personalbedarfsplanung und Personalführung eine bedeutsame Rolle spielen.

Allgemein wird unterschieden in die Kompetenzfelder:

Kompetenzfeld/-art	Beschreibung	Beispiele/ Eigenschaften
fachliche Kompetenzen (Fachkompetenz)	beschreibt die Fähigkeit, mit fachlichem und methodischem Wissen gut ausgerüstet zu sein, um betriebsbedingte Probleme und fachspezifische Aufgaben zu bewältigen	gute Allgemeinbildung, fachbezogene Kenntnisse im kaufmännischen Bereich, mathematische und IT-Kenntnisse, hohe sprachliche, orthografische und kommunikative Fähigkeiten
methodische/ umsetzungsorientierte Kompetenzen (Methodenkompetenz)	beschreibt die Fähigkeiten und Fertigkeiten, die es ermöglichen, neue und komplexe Aufgaben und Probleme selbstständig und flexibel anzugehen und zu bewältigen	Arbeitsinhalte erfassen, planen und strukturieren, Organisationsfähigkeit, Lösungsstrategien entwickeln, Prioritäten setzen, vorausschauend Denken, sicherer Umgang mit dem PC und anderen Kommunikationsmitteln
persönliche/individuelle Kompetenzen (Selbstkompetenz)	beschreibt die allgemeinen Charaktereigenschaften eines Menschen und die Fähigkeit, sich selbst zu entwickeln	Eigenverantwortung, Anpassungsfähigkeit, Selbstreflexion, Belastbarkeit, Flexibilität, Verantwortungs- und Leistungsbereitschaft
soziale/kommunikative Kompetenzen (Sozialkompetenz)	beschreibt die Fähigkeit, sich aus eigenem Antrieb mit anderen zusammen- und auseinanderzusetzen sowie kreativ zu kooperieren und zu kommunizieren	Teamfähigkeit, Kommunikationsfähigkeit, Empathie, Kritikfähigkeit, Toleranz, Konfliktfähigkeit, Kooperationsbereitschaft

Qualifikationen sind erworbenes Wissen, das abprüfbar ist, und durch Zeugnisse, Zertifikate, Bescheinigungen, Prüfungen dokumentiert wird.

Merke

Eine **Kompetenz** bezeichnet die Fähigkeit einer Person, durch ihr erworbenes Wissen, Können und ihre Erfahrung Handlungsanforderungen erfolgreich zu bewältigen.

Merke

Stellenbeschreibung

Die grundsätzlichen Anforderungen bei einer Personalbesetzung lassen sich einer Stellenbeschreibung entnehmen. Diese hat die Aufgabe, eine angebotene freie Stelle hinsichtlich ihrer Ziele, Aufgaben, Kompetenzen und ihres Bezugs zu anderen Stellen im Unternehmen zu konkretisieren.

Sie ist personenneutral, also nicht auf bestimmte Personen und deren Qualifikation im Unternehmen zugeschnitten, und informiert z. B. über die

- Stellenbezeichnung: Name oder Nummer der Stelle
- Stelleneinordnung: Rangordnung in der Betriebshierarchie
- Stellenvertretung: zuständige Stelle für Vertretung z. B. bei Abwesenheit
- Stellenziele: Aufgabenbereiche und zu erreichende Ziele
- Stellenverantwortung: Notwendigkeit zur Übernahme besonderer Verantwortung
- Stellenaufgabe: selbstständig zu bearbeitende Einzelaufgaben
- Stellenbefugnisse: zugeteilte Kompetenzen bzw. Vollmachten
- Stellenanforderungen: z. B. fachliche, körperliche sowie kommunikative und soziale Qualifikationen bzw. Kompetenzen.

Stellenbeschreibungen erfüllen in einem Einzelhandelsunternehmen wichtige Funktionen. Für den Betrieb selbst sind sie Grundlage für

- die Personalbeschaffung (z. B. Hilfsmittel für Stellenausschreibung und -besetzung, eindeutige Beschreibung der zu leistenden Arbeit),
- die Personalentwicklung (z. B. Grundlage für tarifliche Einstufung und Leistungsbeurteilung, Ansatzpunkt zur Mitarbeiterbeurteilung) und
- den Personaleinsatz (z. B. Einordnung in die Betriebsorganisation, Positionsbestimmung innerhalb der Betriebshierarchie).

Außerdem ergeben sich Vorteile für Stellenbewerber und Mitarbeiter durch eine

- klare Definition des Aufgaben- und Leistungsbereichs (z. B. Abgrenzung der Kompetenzen und Aufgaben, erleichtert ein gerechtes Bewerberverfahren) und
- genaue Kenntnis von Entscheidungsbefugnissen (erleichtert die Zusammenarbeit mit anderen Mitarbeitern und Abteilungen, fördert die Teamarbeit).

Stellenbeschreibungen müssen von Zeit zu Zeit darauf kontrolliert werden, ob sie noch der betrieblichen Wirklichkeit entsprechen. Wird beispielsweise die Organisationsstruktur verändert oder verschieben sich die Verantwortlichkeiten in einer Abteilung, müssen sie an die neue Situation angepasst werden.

Beispiel: *Durch betriebliche Einsparungen verschlankt ein Unternehmen seine Organisationsstruktur; dadurch wird die Position der stellvertretenden Abteilungsleitung abgeschafft. Ihre (früheren) Aufgaben werden auf die Mitarbeiter der Abteilung aufgeteilt, deren Verantwortungsbereiche dadurch aufgewertet werden.*

Aufgaben

1. Prüfen Sie die folgenden Behauptungen, ob sie zutreffend oder nichtzutreffend sind, und korrigieren Sie falsche Aussagen.
   a) Um die quantitative Personalbedarfsplanung durchzuführen, wird der voraussichtliche Ist-Bestand an Personal zu einem bestimmten Zeitpunkt ermittelt.
   b) Bei der qualitativen Personalbedarfsplanung werden die Qualifikationsprofile des benötigten Personals ermittelt und berücksichtigt.
   c) Autonome Personalveränderungen ergeben sich durch gezielte Kündigungen oder die Förderung von Zeitarbeitsverträgen, die die Geschäftsleitung veranlasst.
   d) Initiierte Personalveränderungen gehen von den Mitarbeitern selbst aus, wenn sie durch gezieltes Fehlverhalten eine Kündigung mit Abfindung initiieren.
2. Unterscheiden Sie interne und externe Einflussfaktoren bei der Personalbedarfsplanung. Nennen Sie dazu je drei Beispiele.
3. Die Kennzahlmethode bei der Personalbedarfsplanung richtet sich i. d. R. nach dem Arbeitsvolumen des aktuellen Personalbestands.
   a) Nennen Sie Beispiele für betriebliche Kennzahlen, die für die Bedarfsplanung herangezogen werden könnten.
   b) Die FahrRad GmbH möchte expandieren und plant einen neuen Verkaufsbereich Fahrrad- und Sportkleidung. Beschreiben Sie, wie mithilfe der Kennzahlmethode eine quantitative Personalbedarfsplanung durchgeführt werden könnte.
4. Erläutern Sie, in welchen Fällen eine Arbeitsplatz- oder Stellenplanmethode genutzt wird, um Stellen zu besetzen. Welche Funktion hat dabei ein Stellenbesetzungsplan?
5. Bei der qualitativen Personalbedarfsplanung sind Qualifikationen und Kompetenzen bei einer Stellenbesetzung von herausragender Bedeutung.
   a) Unterscheiden Sie die beiden Begriffe Qualifikation und Kompetenz.
   b) Beschreiben Sie zu drei unterschiedlichen Qualifikationen die jeweiligen Anforderungsprofile und Tätigkeitsmerkmale, die in einem Einzelhandelsunternehmen vorzufinden sind.
   c) Bei der Charakterisierung von Kompetenzen wird gern von „Soft Skills“ gesprochen, die bei einer Stellenbesetzung eine große Bedeutung haben. Erläutern Sie, welche Eigenschaften hierbei von Bewerbern erwartet werden.
6. Nennen Sie je drei Beispiele für fachliche, soziale und persönliche Kompetenzen.
7. Anforderungen bei einer neuen Personalbesetzung lassen sich durch eine detaillierte Stellenbeschreibung dokumentieren. Formulieren Sie jeweils eine Stellenbeschreibung für Ihre Tätigkeit als Auszubildender, für Ihren Ausbilder und für Ihren Abteilungsleiter.

3 Personal beschaffen

Aufgabe der Personalbeschaffung (Personalrekrutierung) ist es, für die vielfältigen Anforderungen in einem Einzelhandelsunternehmen jeweils geeignetes und qualifiziertes Personal zu finden, das laut Personalbedarfsplan zu den entsprechenden Zeiten am richtigen Ort zur Verfügung steht.

3.1 Personalbeschaffungswege

In einem Einzelhandelsunternehmen ist manchmal sehr kurzfristig eine neue Stelle zu besetzen, die entweder nur übergangsweise (z. B. durch krankheitsbedingten Ausfall) oder langfristig (z. B. durch einen Personalabgang) benötigt wird.

Zur Stellenbesetzung stehen zwei Beschaffungswege zur Verfügung: Entweder können Mitarbeiter aus dem Unternehmen selbst (intern) oder von außen (extern) rekrutiert werden.

Personalbeschaffungswege

interne Personalbeschaffung	externe Personalbeschaffung
• innerbetriebliche Stellenausschreibung • Mehrarbeit, Überstunden • Urlaubsverschiebung • Personalentwicklung • Versetzung • …	• Agentur für Arbeit • Personalberater/Headhunter • private Arbeitsvermittlung • Zeitpersonalvermittlung • Jobportale im Internet • Stellengesuche • Stellenanzeigen • Mitarbeiter werben Mitarbeiter • …

Für die externe Personalbeschaffung hat sich das Internet mittlerweile zu einem bedeutenden Marktplatz für Stellensuchende und Stellenanbieter entwickelt. Im sogenannten E-Recruiting werden offene Stellen auf den Webseiten der Unternehmen oder in Karrierenetzwerken (z. B. XING, indeed, stepstone) ausgeschrieben. Trotzdem darf die Bedeutung der Printmedien (u. a. aus Tageszeitungen, Wochenzeitungen und Fachzeitschriften) nicht unterschätzt werden.

Innerbetrieblich gewinnt das Intranet als Mitarbeiterportal auch für z. B. innerbetriebliche Stellenausschreibungen eine immer größere Bedeutung.

3.1.1 Interne Personalbeschaffung

Ist in einem Einzelhandelsunternehmen ein Betriebsrat etabliert, kann dieser verlangen, dass neu zu besetzende Arbeitsplätze innerbetrieblich ausgeschrieben werden (§ 93 BetrVG). Das Recht steht in engem Zusammenhang mit der Personalplanung, an der der Betriebsrat mitwirkt. Das Unternehmen ist jedoch nicht automatisch verpflichtet, interne Bewerber einzustellen.

> § **§ 93 BetrVG**
>
> Der **Betriebsrat** kann grundsätzlich eine innerbetriebliche Stellenausschreibung verlangen.
> **Ausnahme**: Dies gilt nicht bei Stellen leitender Mitarbeiter.
> **Entscheidung**: Sind gleichzeitig externe Bewerber vorhanden, so sind bei gleicher Qualifikation die internen Bewerber vorzuziehen.

Eine interne Personalbeschaffung kann mit Personalversetzungen verbunden sein oder ohne diese stattfinden. Folgende Möglichkeiten lassen sich bei interner Personalbeschaffung nutzen:

- Innerbetriebliche Stellenausschreibung: Eine innerbetriebliche Stellenausschreibung wird durch geeignete Maßnahmen (z. B. Aushang am schwarzen Brett, Ankündigung im Intranet, Hausmitteilung) bekannt gemacht. Sie enthält Angaben u. a. über die Tätigkeit einschließlich der Anforderungen an den Bewerber, über Position und Eingruppierung/Vergütung und den vorgesehenen Einsatzort. Jeder interessierte Mitarbeiter, der über die gewünschten Voraussetzungen verfügt, kann sich auf die ausgeschriebene Stelle bewerben. Ist die Bewerbung erfolgreich, führt dies in der Regel zu versetzungsbedingten Personalbewegungen.
- Mehrarbeit bzw. Überstunden: Mit dieser Möglichkeit lässt sich nur kurzfristiger Spitzenbedarf abfangen. Rechtliche Vorschriften (z. B. Arbeitszeitgesetz, Tarifvertrag, Arbeitsvertrag) sind zu beachten. Von Mehrarbeit im arbeitsrechtlichen Sinn wird gesprochen, wenn die gesetzliche Höchstarbeitszeit (10 Stunden/Tag) überschritten wird. Überstunden hingegen sind die Überschreitung der für den Arbeitnehmer aufgrund Tarifvertrag, Betriebsvereinbarung oder Arbeitsvertrag geltenden normalen (regelmäßigen) Arbeitszeit.
- Urlaubsverschiebung: Ebenfalls nur kurzfristig kann mit dieser Maßnahme ein erhöhter Personalbedarf ausgeglichen werden. Im Rahmen der gesetzlichen Bestimmungen (z. B. Mindesturlaub und Berücksichtigung von Arbeitnehmerwünschen nach Bundesurlaubsgesetz) muss der Urlaub gewährt werden.
- Personalentwicklung: Vorausschauend werden ausgewählte eigene Mitarbeiter fortgebildet bzw. weitergebildet, damit sie eine anspruchsvolle, zukünftig frei werdende Stelle besetzen können.
- Versetzung: Bei betrieblichen Umstellungen, z. B. bei Erweiterungsmaßnahmen oder Rationalisierungen, können Versetzungen vorgenommen werden. Bei der Erweiterung kann die Übernahme von Auszubildenden gewährleisten, dass nicht doch letztlich eine Stelle extern besetzt werden muss.

Werden interne Beschaffungswege genutzt, sind Vor- und Nachteile gegeneinander abzuwägen:

Interne Personalbeschaffung

Vorteile	Nachteile
• verbesserte Mitarbeitermotivation und stärkere Bindung an das Unternehmen durch Aufstiegsmöglichkeit • vorhandene Betriebskenntnis mit kurzen Einarbeitungszeiten • Kenntnis der Mitarbeiterfähigkeiten • kostengünstige und zügige Besetzung • freie Stellen für nachrückende Mitarbeiter	• begrenzte Auswahlmöglichkeit • wegen Betriebsblindheit weniger Innovationen • häufig lediglich Verlagerung des quantitativen Bedarfs • Enttäuschung bei abgelehnten Mitarbeitern • Rivalität • ggf. Autoritätsdefizit

Beispiel: *Diese interne Stellenausschreibung hat der Abteilungsleiter Verkauf, Anton Krull, von der FahrRad GmbH an das Schwarze Brett geheftet.*

Innerbetriebliche Stellenausschreibung vom 03.01.20..

FahrRad
GmbH Haan
So kommen Sie in die Gänge

Bereich/Abteilung: Verkauf/Radsportbekleidung
Stellenbezeichnung: Abteilungsleitung
Zeitpunkt der Stellenbesetzung: 01.05.20..

Aufgabenbereich und Tätigkeiten:
Als Abteilungsleitung bilden Sie die Schnittstelle zwischen der Geschäftsleitung und den Mitarbeitern des Verkaufs.

Sie verstehen sich als Teamleitung, sind Ansprechpartner für alle Mitarbeiter im Verkauf Ihrer Abteilung und fördern ein gutes Arbeitsklima.

Sie nehmen die fachlich-organisatorischen Tätigkeiten des Tagesgeschäftes wahr, sorgen für eine optimale Kundenberatung und sind zuständig für die Koordination mit den anderen Abteilungen des Verkaufs.

Anforderungen:
- Sie haben eine Ausbildung als Einzelhandelskaufmann/-kauffrau abgeschlossen.
- Sie verfügen über eine mehrjährige Berufserfahrung im Verkauf unseres Unternehmens.
- Sie besitzen exzellente Fachkenntnisse über unsere Warengruppen.
- Ein souveränes Auftreten, Teamfähigkeit, Belastbarkeit und Durchsetzungsvermögen sowie ein hohes Einfühlungsvermögen und ausgeprägte Kundenorientierung sind Voraussetzungen für diese Stelle.

Eingruppierung: Vergütungsgruppe II
Bitte reichen Sie Ihre Kurzbewerbung bis zum 31.03.20.. bei der Geschäftsleitung ein.
Als Ansprechpartner für Rückfragen steht Ihnen Herr Anton Krull zur Verfügung.

3.1.2 Externe Personalbeschaffung

In der Bundesrepublik Deutschland wird die Arbeitsvermittlung schwerpunktmäßig von der Bundesagentur für Arbeit (BA) und ihren Dienststellen vorgenommen. In den letzten Jahrzehnten haben sich darüber hinaus auch zahlreiche Arbeitsvermittler und Personalleasing-Unternehmen etabliert. Die folgenden externen Beschaffungswege stehen einem Einzelhandelsunternehmen zur Verfügung:

Bundesagentur für Arbeit

© Bundesagentur f. Arbeit

- Agentur für Arbeit: Sie registriert und verwaltet die ihr gemeldeten offenen Stellen und Stellengesuche, um durch den Abgleich von Stellenangeboten und -gesuchen zu erfolgreichen Stellenbesetzungen beizutragen.
- Personalberater/Headhunter: Beratung des Unternehmens bei der Suche meist nach Führungskräften und Spezialisten; Auswahl durch geschulte – auch psychologisch ausgebildete – Experten mit spezifischen Arbeitsmarktkenntnissen; Verbesserung der Personalentscheidungen; vergleichsweise hohe Kosten.

© andyller – stock.adobe.com

- Private Arbeitsvermittlung: Zeitersparnis, weil die Beschaffungaktivitäten vom Suchprozess bis hin zu den Einstellungsgesprächen delegiert werden können; hohe Kosten durch die Serviceleistung.
- Zeitpersonalvermittlung bzw. Personalleasing: Vermittlung und Überlassung von Arbeitskräften auf Zeit (sog. Leiharbeitnehmer) durch Agenturen mit einer Genehmigung im Rahmen des Arbeitnehmerüberlassungsgesetzes.
- Internet: kostenlose Nutzung einer Vielzahl von Jobportalen (z. B. indeed, Monster, Stepstone, Jobbörse der Bundesagentur für Arbeit).
- Stellengesuche von potenziellen Bewerbern: Auswertung von regionalen und überregionalen Zeitungen sowie von Fachzeitschriften; besonders leichte Identifizierung geeigneter Bewerber durch elektronische Medien mit ausgefeilten Suchfunktionen.

© MEV Agency UG

- Stellenanzeige: Veröffentlichung des Stellenangebots in Printmedien und elektronischen Medien (z. B. regionale Tages- und Wochenzeitungen, Fachzeitschriften und Internet).
- Mitarbeiter werben Mitarbeiter: Rekrutierung neuen Personals aufgrund von Mitarbeiterempfehlungen; bei Einstellung zahlt das Unternehmen meist eine Prämie für die Empfehlung; sehr erfolgreiche, kostengünstige und zeitsparende Rekrutierungsmöglichkeit.

Die grundsätzlichen Vor- und Nachteile der externen Personalbeschaffung sind in der nachfolgenden Tabelle noch einmal zusammengestellt:

Externe Personalbeschaffung

Vorteile	Nachteile
• breite Auswahlmöglichkeit aus vielen Bewerbern • kaum Fortbildungskosten, da die Bewerberqualifikationen bereits dem Anforderungsprofil der Ausschreibung entsprechen • neue Ideen, Impulse, Innovationen • ggf. Einbringung eigener Kontakte zu möglichen Geschäftspartnern • Vereinbarung einer Probezeit • ggf. größere Akzeptanz/Autorität als interne Bewerber	• zeitaufwändiges Verfahren • hohe Beschaffungskosten • Gefahr der Fehlbesetzung • Demotivation bei Interessenten aus dem eigenen Haus • ggf. erhöhte Fluktuation (wegen Übergehen interner Bewerber; bei Fehlbesetzung) • hohe Einarbeitungszeit • ggf. höhere Gehaltsansprüche

3.1.3 Stellenanzeige

Die Stellenanzeige hat nach wie vor eine hohe Bedeutung bei der Suche nach geeigneten Mitarbeitern im Rahmen der externen Personalbeschaffung. Dabei ist es wichtig, dass die Stellenanzeige von den potentiellen Bewerbern gelesen werden kann. Es sind insbesondere Entscheidungen zu treffen hinsichtlich

- des richtigen Mediums (z. B. Tageszeitung, Fachzeitschrift: regional/überregional, Internet),
- des richtigen Zeitpunkts (z. B. 2 – 3 Monate vor Einstellungstermin),
- der Zielgruppe (z. B. Mitarbeiter für einfache Tätigkeiten, spezialisierte Fachkräfte, Führungskräfte),
- der Kosten (z. B. Größe und Platzierung),
- der ansprechenden Gestaltung (z. B. klare Gliederung: Herausstellung des Unternehmens, der zu besetzenden Stelle, der Zukunftsperspektiven).

Beispiel: *Dies ist eine mögliche Stellenanzeige der FahrRad GmbH, die eine Stelle in der Verkaufsabteilung Bikes & E-Bikes besetzen möchte:*

Wir expandieren weiter!

FahrRad GmbH Haan
So kommen Sie in die Gänge

Als Fachhandel für Bikes und E-Bikes, Zweiradteile und -zubehör eröffnen wir demnächst eine Filiale in Mettmann. Zur Verstärkung unseres dynamischen Teams suchen wir einen/eine

Mitarbeiter/Mitarbeiterin für die Verkaufsabteilung Bikes & E-Bikes.

Neben einer abgeschlossenen Berufsausbildung zum/zur *Kaufmann/Kauffrau für den Einzelhandel, Schwerpunkt Fahrrad und Zubehör* oder zum/zur *Zweiradmechatroniker/Zweiradmechatronikerin, Fachrichtung Fahrradtechnik* haben Sie bereits mehrjährige Berufserfahrung im Fahrradhandel oder Werkstattbereich gesammelt.

Sie sind in der Lage, für unsere exklusive Kundschaft eine umfassende Produktberatung zu den bei E-Bikes und S-Pedelecs gängigen Motoren durchzuführen, haben Erfahrung im Umgang mit üblichen Kassensystemen, beherrschen gängige PC-Anwendungen und können selbstständig Kalkulationen und Beschaffungsvorgänge durchführen.

Wir erwarten ein hohes Maß an Teamfähigkeit und Flexibilität sowie eine strukturierte, eigenständige Arbeitsweise.

Dafür erwartet Sie in unserem modernen und jungen Unternehmen eine attraktive Tätigkeit in einem boomenden Markt mit leistungsgerechter, tarifbezogener Vergütung mit zusätzlichen Prämien und Sachbezügen sowie geregelten Arbeitszeiten.

Einstellungsdatum: 01. Mai oder 01. Juni 20..

Ihre Bewerbung mit den üblichen Unterlagen richten Sie bitte an unseren Geschäftsführer Roland Mayer.

FahrRad GmbH Haan
Brückenstr. 132
42781 Haan
info@fahrrad-haan.de

Die inhaltliche Gestaltung einer Stellenanzeige kann sich an folgender Checkliste orientieren:

Checkliste für Stellenanzeigen (5-W-Regel)

Wir sind ...	Selbstdarstellung/Firmenprofil: z. B. Firma, Branche, Unternehmensgröße, Standort, Produkte, Marktstellung, Betriebsklima, Führungsstil ...
Wir suchen ...	Stellenbeschreibung/Bezeichnung der ausgeschriebenen Stelle und Einsatzbereich: z. B. Sachbearbeiter, Produktionsleiter, Abteilungsleiter; Aufgabenbereich, Einsatzort ...
Wir erwarten ...	Anforderungsprofil des Bewerbers: z. B. Ausbildung, Abschlüsse, Berufserfahrung; fachliche Kenntnisse, persönliche Eigenschaften ...

Checkliste für Stellenanzeigen (5-W-Regel)

Wir bieten …	Leistungen des Unternehmens: z. B. tarifliche Einstufung, Möglichkeiten der Weiterbildung, Sozialleistungen …
Wir bitten …	Bewerbungsmodalitäten/Hinweise zur Bewerbung: z. B. Bewerbungsschreiben, Lebenslauf, Referenzen; Anschrift, Ansprechpartner …

Da jede Stellenanzeige zugleich Werbeträger für das ausschreibende Unternehmen ist und die Aufmerksamkeit potenzieller Bewerber wecken soll, sind ebenso formale wie optische Gestaltungsaspekte zu berücksichtigen.

3.2 Bewerbung

Bewerbungen erfolgen i. d. R. ausführlich in schriftlicher Form (als Online-Bewerbung oder postalische Bewerbung) aufgrund einer Aufforderung in einer Stellenanzeige. Ein Bewerber kann sich mit einer Anfrage nach zu besetzenden Stellen aber auch unaufgefordert an ein Unternehmen wenden (sog. „Blindbewerbung/Initiativbewerbung"). Manchmal verzichten Unternehmen auf ausführliche Bewerbungsunterlagen, um die Hürde für eine Bewerbung niedrig zu halten.

3.2.1 Bewerbungsunterlagen

Die Bewerbungsunterlagen haben großen Einfluss auf die Vorauswahl. Ziel ist es, dem Stellenanbieter mit den Unterlagen ein aussagefähiges Eignungsprofil des Bewerbers mit seinen individuellen Qualifikationen und Interessen zu vermitteln (individualisierte Bewerbung).

Zunächst ist die äußere Form der Bewerbungsunterlagen entscheidend. Eine ansprechende Bewerbung mit sauberen, ordentlichen, qualitativ hochwertigen, fehlerfreien und vollständigen Dokumenten ist Voraussetzung für die weitere Prüfung mit der Chance, zu einem Vorstellungsgespräch eingeladen zu werden. In eine ausführliche Bewerbung gehören üblicherweise:

- Anschreiben/Bewerbungsschreiben (ggf. mit Benennung von Soft Skills), Kap. 2.2.4
- ggf. Deckblatt (mit Lichtbild),
- Lebenslauf (mit Lichtbild, falls auf ein Deckblatt verzichtet wird),
- Zeugnisse,
- Referenzen,
- ggf. Arbeitsproben.

Zunehmend verzichten Unternehmen auf ein gesondertes Anschreiben. Die Informationen finden sich dann in einer Einleitung zum Lebenslauf.

Das Allgemeine Gleichbehandlungsgesetz (AGG) aus dem Jahre 2006 schreibt vor, dass grundsätzlich niemand z. B. wegen seines Alters, seiner ethnischen Herkunft, seiner Religion, seines Geschlechts oder seiner Behinderung benachteiligt werden darf.

3.2.2 Tipps zur Gestaltung einer Bewerbung

Für die Gestaltung von Bewerbungsunterlagen sind grundsätzlich u. a. folgende Tipps zu beachten:

Anschreiben/Bewerbungsschreiben

Das Anschreiben ist oft das wichtigste Element der Bewerbung, sozusagen der „Türöffner", die „Visitenkarte" für den ersten Eindruck. Es sollte deutlich machen, aus welchem Grund die Bewerbung auf diese bestimmte Stelle erfolgt, warum Unternehmen und Bewerber zueinander passen.

© Trueffelpix – stock.adobe.com

Deckblatt

Bei einer postalischen Bewerbung kann die Bewerbungsmappe als erste Seite ein gut gestaltetes Deckblatt enthalten, auf dem das Lichtbild wirksam platziert wird. Üblicherweise werden auf dem Deckblatt die Überschrift (Bewerbung als ...), der Bewerbername, Adresse mit Telefonnummer und E-Mail Adresse, ein qualitativ hochwertiges Lichtbild und ggf. ein Anlagenverzeichnis für beigefügte Dokumente erfasst. Bei einer Online-Bewerbung kann ein virtuelles Deckblatt erstellt werden.

Lebenslauf

Der Lebenslauf gibt Auskunft über die persönliche und berufliche Entwicklung des Bewerbers und lässt Rückschlüsse auf Interessen und Durchhaltevermögen zu. In der Regel wird ein tabellarischer Lebenslauf verlangt, der übersichtlich und leicht lesbar ist. Enthalten die Bewerbungsunterlagen kein Deckblatt, so gehören das Lichtbild und persönliche Namens- und Adressangaben zum Lebenslauf.

Tipp

Konkrete Angaben über Eltern, Kinder, Ehepartner, Parteizugehörigkeit etc. sind in der Regel nicht verlangt. Persönliches ist nur dann aufzunehmen, wenn es einen direkten Bezug zur Stelle hat und relevante Informationen im positiven Sinne liefert.

Der Lebenslauf sollte mit Angabe der jeweiligen Zeiträume Informationen über persönliche Daten, Schulbildung, Berufsausbildung und -praxis, Fort- und Weiterbildungsmaßnahmen, besondere Kenntnisse sowie Fähigkeiten enthalten.

© Butch – stock.adobe.com

Überprüfen Sie, ob die Angaben im Lebenslauf mit den Angaben in den sonstigen Dokumenten (z. B. Zeugnissen) übereinstimmen.

Tipp

Beispiel für einen Lebenslauf:

Lebenslauf

persönliche Angaben	Name: geboren: Staatsangehörigkeit: Familienstand:	**Frauke Michaelsen** 23.11.1983, Norderstedt deutsch verheiratet, keine Kinder
Berufserfahrung	Dezember 2013 – [...]	Frigo Kühlgeräte GmbH, Köln Gruppenleiterin Controlling
	Mai 2008 – November 2013	Drupa GmbH, Siegen Assistentin der Geschäftsleitung Aufbau eines EDV-gestützten Kostenrechnungssystems
Studium	Oktober 2003 – April 2008	Westfälische Wilhelms-Universität, Münster Diplombetriebswirtin Schwerpunkt: Rechnungswesen, Rechnungslegung der Unternehmung
Ausbildung	August 2001 – Juni 2003	GEROX GmbH Im- und Exporte, Neuss Kauffrau im Groß- und Außenhandel
Schulbildung	August 1998 – Mai 2001	Wirtschaftsgymnasium an der Walter-Eucken-Kolleg-schule, Düsseldorf Abschluss: Allgemeine Hochschulreife
	August 1993 – Juli 1998	Heinrich Heine Gymnasium, Düsseldorf
Weiterbildung/ Sonstiges	• Kommunikation für Führungskräfte • Warenwirtschaftssystem unter SAP • verhandlungssicheres Englisch in Wort und Schrift	

Marl, 13.04.20.. *Frauke Michaelsen*

235

Zeugnisse

Zeugnisse dokumentieren den schulischen und beruflichen Werdegang. Es sollten jedoch nur Zeugnisse ausgewählt werden, die für die ausgeschriebene Stelle relevant sind.

© eccolo – stock.adobe.com

Kap. 7.3

Beispiel für ein qualifiziertes Arbeitszeugnis (Ausschnitt):

Zeugnis (Auszug)

... Frau Michaelsen war in der Zeit vom 01.12.2013 bis 31.07.20.. in unserem Unternehmen beschäftigt.

In dieser Zeit unterstützte sie die Geschäftsleitung bei der Einführung und Betreuung eines EDV-gestützten Kostenrechnungssystems. Mit ihrer ausgezeichneten Fachkompetenz, einer weit überdurchschnittlichen Teamfähigkeit und ihrer ausgeprägten Kommunikationsfähigkeit hat Frau Michaelsen wesentlich zum Gelingen des Projekts beigetragen. Frau Michaelsen verlässt das Unternehmen auf eigenen Wunsch. Wir bedauern das Ausscheiden von Frau Michaelsen sehr und wünschen ihr für den weiteren Berufsweg alles Gute.

Arbeitsproben

Bei bestimmten Berufsgruppen können Arbeitsproben geeignet sein, eine Bewertung der Qualifikationen des Bewerbers vorzunehmen, z. B. Publikationslisten, Fachartikel, journalistische Beiträge, Werbetexte, Grafiken, Werkstücke. Gefordert werden Arbeitsproben vor allen Dingen in kreativen und wissenschaftlichen Berufen.

Tipps zur Gestaltung von Online-Bewerbungen

Ein großer Teil der Bewerbungen wird aus Gründen der Arbeitserleichterung als Online-Bewerbungen abgewickelt. Dabei gehen Unternehmen unterschiedliche Wege: Die erforderlichen Bewerbungsunterlagen sollen entweder als E-Mail verschickt bzw. auf einem Bewerberportal hochgeladen oder die gewünschten Daten in eine vorbereitete Formularmaske eingegeben werden.

Reihenfolge der Unterlagen in der E-Mail-Bewerbung

Dokumente im PDF-Anhang, maximal 5 MB zusammen

Die Reihenfolge sollte so gewählt werden, wie sie im Anlageverzeichnis erfolgt.

3.3 Personalauswahl

Personalauswahlkriterien und -auswahlverfahren

Der Prozess der Personalauswahl hat das Ziel, denjenigen Bewerber herauszufinden, der für die zu besetzende Stelle am besten geeignet ist. Die Auswahl ist mit großer Sorgfalt durchzuführen, um Fehlbesetzungen mit möglichen hohen Folgekosten zu vermeiden.

© fotografiedk – stock.adobe.com

Liegen dem Unternehmen mehrere Bewerbungen vor, so wird zunächst eine grobe Vorauswahl anhand der Bewerbungsunterlagen vorgenommen. Mängel im äußeren Erscheinungsbild und in der Vollständigkeit der Unterlagen führen häufig schon zur Aussortierung und zu einer Absage. Die verbleibenden Bewerbungen sind nach persönlichen und beruflichen Kriterien zu analysieren. Bewertungskriterien, die differenzierte Hinweise auf den Bewerber liefern, sind z. B.:

- Anschreiben (Schreibstil, Rechtschreibung, Bewerbungsmotive, erforderliche Qualifikationen),
- Lebenslauf (Berufserfahrung, Karrieresprünge, Lücken),
- Zeugnisse (bisherige Tätigkeiten, Fähigkeiten).

237

© contrastwerkstatt – stock.adobe.com

Die Auswahlkriterien dürfen dem Allgemeinen Gleichbehandlungsgesetz nicht widersprechen; eine Auswahl „aus Gründen der Rasse oder wegen der ethnischen Herkunft, des Geschlechts, der Religion oder Weltanschauung, einer Behinderung, des Alters oder der sexuellen Identität“ ist unzulässig (§ 1 AGG).

Für die Auswertung der Bewerbungsunterlagen kann ein Bewertungsbogen (ggf. auch in Form einer Nutzwertanalyse) hilfreich sein. LF 6

Aufgrund der Beurteilung können die Bewerber in drei Gruppen (auch A-, B- und C-Auswahl genannt) eingeteilt werden.

- Ungeeignete Bewerber (C-Auswahl): Diese erhalten ein Ablehnungsschreiben. Möchte das Unternehmen dem Bewerber einen Grund für die Absage mitteilen, kommt als rechtmäßiger Ablehnungsgrund vor allem fehlende fachliche Qualifikation infrage. Die Bewerbungsunterlagen sollten bis mindestens zwei Monate nach dem Ablehnungsschreiben aufbewahrt werden, um bei Entschädigungs- oder Schadensersatzansprüchen nach dem AGG als Beweismittel dienen zu können.
- Ohne schriftliche Zustimmung des Arbeitnehmers dürfen Bewerbungsunterlagen nach EU-Datenschutzgrundverordnung bzw. Bundesdatenschutzgesetz maximal

6 Monate lang archiviert werden, danach sind sämtliche Bewerbungsunterlagen zurückzusenden oder datenschutzkonform zu vernichten.

- Eingeschränkt geeignete Bewerber (B-Auswahl): Sie entsprechen den Anforderungen nicht vollständig bzw. es fehlen noch Unterlagen. Ihnen geht ein Zwischenbescheid zu mit der Bitte, weitere Unterlagen einzureichen.
- Eindeutig geeignete Bewerber (A-Auswahl): Sie kommen in die engere Bewerberauswahl.

Für die engere Bewerberauswahl stehen folgende Instrumente zur Verfügung:

- Personalfragebogen,
- Vorstellungsgespräch,
- Eignungstest, Assessment-Center und
- sonstige Instrumente wie z. B. Arbeitsproben, grafologische Gutachten von Handschriftenproben, Führungszeugnisse, ärztliche Befunde.

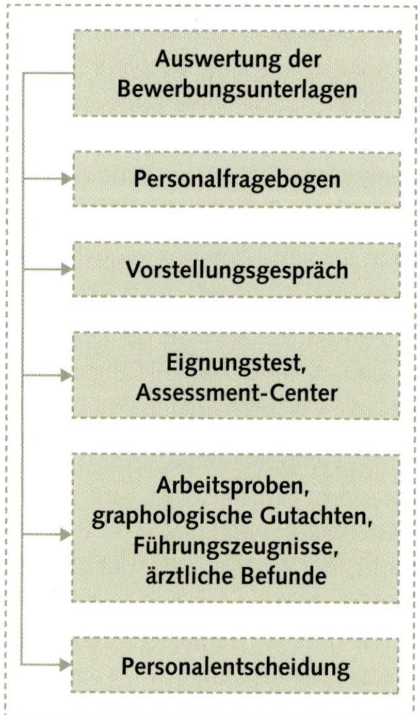

Personalfragebogen

Im Rahmen des Auswahlverfahrens wird den Bewerbern häufig ein Personalfragebogen übergeben, um über vergleichbare Kriterien Hinweise für die Personalauswahl zu erhalten. In diesem Fragebogen werden die persönlichen und beruflichen Daten des Bewerbers festgehalten. Personalfragebögen bedürfen nach Betriebsverfassungsgesetz der Zustimmung des Betriebsrates, außerdem sind die Bestimmungen zum Datenschutz und zur Datensicherheit zu beachten. Erlaubt sind Fragen, an denen der Arbeitgeber ein berechtigtes Interesse hat. Diese beziehen sich z. B. auf:

§ 94 BetrVG

- persönliche Angaben: Name, Anschrift, Geburtsdatum, Staatsangehörigkeit; Familienstand, Beruf und Arbeitgeber des Ehegatten, Kinder, Bankverbindung, Krankenversicherung, Rentenversicherung, Schwerbehinderung u. a. m.;
- schulischer und beruflicher Werdegang: z. B. Schulzeugnisse, schulische Abschlüsse, Hochschulstudium bzw. Fachhochschulstudium, erlernter Beruf, Berufsabschluss, Tätigkeiten, Funktionen und Aufgabenbereiche, Fort- und Weiterbildung, Qualifikationen;
- sonstige Qualifikationen: z. B. Sprachen, EDV-Kenntnisse, Führerschein;
- allgemeine Angaben/Bemerkungen: z. B. gewünschter Eintrittstermin, Gehaltsvorstellungen, Referenzen.

Beispiel für einen Personalfragebogen: *Die Geschäftsführung der FahrRad GmbH hat die Personalabteilung gebeten, vor dem Vorstellungsgespräch einen Personalfragebogen an die Bewerber auszuteilen.*

Personalfragebogen	FahrRad GmbH Haan – So kommen Sie in die Gänge
Persönliche Angaben	
Familienname:	Vorname:
Straße, Nr.:	PLZ, Ort:
Geburtsdatum:	Familienstand:
Geschlecht:	Staatsangehörigkeit:
Geburtsland:	Schwerbehinderung (Grad):
Versicherungsnummer:	
Schulischer und beruflicher Werdegang	
Höchster Schulabschluss:	☐ ohne Schulabschluss ☐ mittlerer Schulabschluss ☐ Fachhochschulreife ☐ Allgemeine Hochschulreife
Ausbildung:	
Studium:	

Eignungstest

Eignungstests werden eingesetzt, um ergänzende Informationen über die fachliche, persönliche und intellektuelle Eignung von Bewerbern zu erhalten. Sie entstammen häufig der wissenschaftlich-psychologisch orientierten Diagnostik oder werden von den Unternehmen selbst entwickelt. Ihr Einsatz erfordert psychologisch geschulte Fachleute und ist nur mit Zustimmung des Bewerbers zulässig.

Typische Eignungstests im Rahmen der Personalauswahl sind Persönlichkeitstests, Leistungstests und Intelligenztests. Ziel dieser Tests ist die Messung der Allgemeinbildung, der charakterlichen Eigenschaften, der Einstellung zu Ökologie und Nachhaltigkeit, der Merkfähigkeit und Konzentration, des handwerklichen Geschicks oder des technischen Verständnisses und vieles mehr.

Situative Verfahren – Assessment-Center

Im Auswahlverfahren kann zudem ein Assessment-Center (engl. psychologisches Testverfahren; Einstufungstest) genutzt werden. In diesem einen oder mehrere Tage dauernden Verfahren stehen nicht die fachlichen Qualifikationen im Vordergrund, sondern es geht darum, die Persönlichkeitsmerkmale der Bewerber möglichst umfassend festzustellen.

Das Verfahren ist kosten- und zeitaufwändig und wird deshalb insbesondere für die Personalauswahl bei Führungs- und Führungsnachwuchskräften angewandt.

Die Teilnehmer müssen eine Reihe von praxisbezogenen Aufgaben lösen, Übungen durchführen und sich in bestimmte Situationen hineindenken, die bestimmte Fähigkeiten und Verhaltensweisen erfordern und so Aufschluss z. B. über die Leistungsfähigkeit und über soziale Kompetenzen geben. Dazu zählen so genannte Schlüsselqualifikationen wie:

- Organisationstalent
- Entscheidungs- und Analysefähigkeit
- hohe Auffassungsgabe
- Ausdauer
- Belastbarkeit
- Stressresistenz
- Motivation
- Einfühlungsvermögen
- Kooperationsbereitschaft
- Diskussionsfähigkeit
- Führungsverhalten
- unternehmerisches Denken u. a. m.

Kap. 2.2.4

Vorstellungsgespräch

Mit dem Vorstellungsgespräch wird das Ziel verfolgt, in einem persönlichen Gespräch Entscheidungssicherheit zu erlangen, welcher Bewerber zu der Stelle und zu dem Unternehmen passt und ob das Unternehmen für den Bewerber tatsächlich interessant ist.

- Das Unternehmen kann den Kandidaten persönlich kennenlernen, seine Interessen und Wünsche genauer erfahren, seine fachliche Qualifikation und persönliche Eignung überprüfen und einschätzen und so feststellen, inwieweit er den Anforderungen entspricht.
- Der Bewerber informiert sich über das Unternehmen, seinen zukünftigen Arbeitsplatz und das soziale Umfeld.

Das Vorstellungsgespräch wird in der Regel als Dialog geführt unter der Leitung eines Unternehmensvertreters (z. B. Personalleitung), meist als Einzel- oder gelegentlich auch als Gruppeninterview. Es erfordert von allen Gesprächsteilnehmern eine gewissenhafte und individuelle Vorbereitung. Seitens der Unternehmung ist festzulegen, wer an dem Gespräch teilnimmt und wie der Gesprächsablauf erfolgen soll. Eine genaue Kenntnis der Bewerbungsunterlagen und der Stellenanforderung sowie eine freundliche und störungsfreie Atmosphäre sind die Grundlage für ein erfolgreiches Gespräch.

Tipp

Unternehmen gehen verstärkt dazu über, die Social-Media-Profile ihrer Bewerber – insbesondere bei leitenden Positionen – zu prüfen und in die Entscheidung mit einzubeziehen.

Zu beachten ist, dass Fragen zu persönlichen Belangen nur gestellt werden dürfen, wenn sie bei objektiver Würdigung für die Tätigkeit relevant sind. Das Arbeitsrecht nennt zulässige Fragen, die von den Bewerbern wahr und vollständig beantwortet werden müssen, und unzulässige Fragen, deren falsche Beantwortung keine nachteiligen Folgen (z. B. fristlose Kündigung) haben darf. Grundsätzlich unzulässig sind Fragen zu Themen, die nicht in enger Beziehung zur zukünftigen Tätigkeit stehen; allerdings gibt es dazu auch Ausnahmen.

Unerlaubte Fragen im Vorstellungsgespräch

in der Regel für die Tätigkeit nicht bedeutsame Themen	**Ausnahmen**
Gewerkschaftszugehörigkeit, Partei- oder Religionszugehörigkeit	Bewerbung erfolgt bei Gewerkschaften, Parteien, staatlich anerkannten Religionsgemeinschaften
Schwangerschaft	Tätigkeit darf aus gesundheitlichen Gründen von Schwangeren nicht ausgeübt werden
persönliche Vermögensverhältnisse	Tätigkeit erfordert ein besonderes Vertrauensverhältnis
Vorstrafen	enger Bezug zur Tätigkeit liegt vor (z. B. entsprechender Führerscheinentzug bei Auslieferungsfahrer)

Bewerber sollten im Vorstellungsgespräch für eine positive Selbstdarstellung sorgen, indem sie über das Unternehmen umfangreich informiert sind (z. B. Größe, Angebotspalette, Marktstellung) und auf kritische Fragen zu den Bewerbungsunterlagen vorbereitet sind. Auftreten, Gepflegtheit, Kleiderwahl, Umgangsformen, Sprache, Körperhaltung, Blickkontakt etc. sind wesentliche Aspekte für die Entscheidung, ob ein Kandidat von der Persönlichkeit her in das Unternehmen passt.

Die Qualität von Bewerberfragen gibt den Unternehmensvertretern Hinweise auf Interesse und Motivation des Bewerbers und damit auf die Ernsthaftigkeit seiner Bewerbung. Eine Checkliste wichtiger Fragen kann u. a. folgende Punkte aufnehmen:

- Anforderungen an das künftige Tätigkeitsfeld, Einarbeitungszeit,
- aktuelle Stellenbeschreibung, Einbindung in die Gesamtorganisation,
- Führungs- und Unternehmensgrundsätze bzw. -leitbilder, Beurteilungssysteme,
- Entwicklungsmöglichkeiten, Gehalt.

Aufgaben

1. Zur Stellenbesetzung stehen einem Einzelhandelsunternehmen zwei Beschaffungswege zur Verfügung.
   a) Unterscheiden Sie zwischen interner und externer Personalbeschaffung. Nennen Sie Beispiele zu beiden Formen.
   b) Welche Funktion/Aufgabe kann ein Betriebsrat wahrnehmen, wenn eine Personalbeschaffung geplant ist?
   c) Welche Vorteile hat eine interne Personalbeschaffung? Erläutern Sie mehrere Aspekte.
   d) Welche Vorteile hat eine externe Personalbeschaffung? Erläutern Sie mehrere Aspekte.
2. Ihr Ausbildungsbetrieb sucht eine neue Abteilungs- bzw. Filialleitung. Entwerfen Sie eine Stellenanzeige und orientieren Sie sich beim Anzeigentext an der Checkliste aus Kapitel 3.1.3.
3. Geben Sie fünf Beispiele an, wie eine Stellenausschreibung bekannt gemacht werden kann.
4. Bewerben Sie sich auf die Stellenanzeige, die Sie in Aufgabe 2 formuliert haben, indem Sie ein erstes Anschreiben formulieren.
5. Geben Sie Tipps für die Zusammenstellung der Bewerbungsunterlagen.
6. Beschreiben Sie Auswahlkriterien, wenn Sie (als Personalleitung) viele Bewerbungen auf Ihrem Schreibtisch liegen haben und eine Auswahl treffen müssen.
7. Welche Vor- und Nachteile hat die Nutzung eines Assessment-Centers?
8. Sie haben die Aufgabe, bei der Personalauswahl die Schlüsselqualifikationen verschiedener Bewerber herauszufinden. Beschreiben Sie fünf Schlüsselqualifikationen, die insbesondere das Arbeiten in einem Team erfordert.
9. Unternehmen, die Personal suchen, gehen verstärkt dazu über, die Social-Media-Profile der Bewerber zu überprüfen. Erläutern Sie den Begriff und verdeutlichen Sie, welche Nachteile diese Profile für den Bewerber nach sich ziehen können.
10. Erläutern Sie, welche Ziele ein persönliches Vorstellungsgespräch für das Einzelhandelsunternehmen bzw. für den Bewerber haben sollte.
11. Wie bereitet sich die Unternehmensleitung auf ein Vorstellungsgespräch vor, wie ein Bewerber? Erläutern Sie anhand von mehreren Beispielen, wie dieses Gespräch von beiden Parteien positiv beeinflusst und zu einem „guten Abschluss“ geführt werden kann.
12. Erläutern Sie anhand einiger Beispiele, welche Fragen bei einem Vorstellungsgespräch unzulässig sind.

4 Rechtliche Grundlagen auf Arbeitsverträge anwenden

Ist die Entscheidung für einen Bewerber gefallen und soll ein Arbeitsverhältnis begründet werden, so sind sowohl für den Arbeitgeber als auch für die Arbeitnehmer eine Reihe arbeitsrechtlicher, betriebsverfassungsrechtlicher und tarifrechtlicher Vorschriften zu beachten. Dazu zählen z. B. das Arbeitsschutzgesetz (ArbSchG), Arbeitszeitgesetz (ArbZG), Betriebsverfassungsgesetz (BetrVG), Personalvertretungsgesetz (PersVG), Kündigungsschutzgesetz (KSchG), Mutterschutzgesetz (MuSchG), Jugendarbeitsschutzgesetz (JArbSchG), aber auch der Lohn-, Entgelt- oder Gehaltstarifvertrag bzw. der Mantel- oder Rahmentarifvertrag.

4.1 Rechtliche Grundlagen eines Arbeitsverhältnisses

Bei der Ausgestaltung von Arbeitsverträgen sind die tarifvertraglichen Vorgaben und Betriebsvereinbarungen des einstellenden Unternehmens zu berücksichtigen, außerdem die Mitwirkungs- und Mitbestimmungsrechte einzelner Arbeitnehmer und des Betriebsrates. Darüber hinaus sind weitere sogenannte Rechtsquellen und Rechtsprinzipien des Arbeitsrechts zu beachten, die im Folgenden kurz vorgestellt werden.

4.1.1 Rechtsquellen des Arbeitsrechts

In Deutschland regelt kein „einheitliches Gesetz“ das gesamte Arbeitsrecht, vielmehr gibt es unterschiedliche Rechtsquellen, die das Arbeitsverhältnis zwischen Arbeitgeber und Arbeitnehmer regeln. Bei der Formulierung eines Arbeitsvertrages stellt sich die Frage, welche möglichen Vereinbarungen auf das Arbeitsverhältnis anwendbar sind (z. B. Grundgesetz, Gesetze des Arbeitsrechtes, Tarifvertrag oder Betriebsvereinbarung). Vielfach sind die anwendbaren Normen nämlich inhaltlich unterschiedlich, zum Beispiel bei Regelungen zum Urlaubsanspruch, zur Arbeitszeit oder zu Fortbildungen, die deshalb zu unterschiedlichen Rechtsfolgen und Ansprüchen führen würden. Aus diesem Grund sind im Arbeitsrecht einige wesentliche Prinzipien maßgeblich, die zur Beantwortung dieser Fragen dienen. Die abgebildete Normenpyramide verdeutlicht die unterschiedlichen Rechtsquellen und Prinzipien.

Normenpyramide im Arbeitsrecht

Rangprinzip

Im Arbeitsrecht gilt zunächst das Rangprinzip. Es besagt, dass ranghöhere gegenüber rangniedrigeren Normen grundsätzlich vorgehen (z. B. in der Normreihenfolge: EU-Recht, Grundgesetz, Bundes- bzw. Landesgesetze, Tarifverträge, Betriebsvereinbarungen, Arbeitsvertrag).

Rangprinzip

Gesetze des Arbeitsrechts
z. B. BGB, Arbeitszeitgesetz, Jugendarbeitsschutzgesetz, Mutterschutzgesetz, Kündigungsschutzgesetz

↓

Tarifverträge

↓

Betriebsvereinbarungen

↓

Arbeitsverträge

> **§ Art 3 GG (Grundgesetz)**
>
> (3) Niemand darf wegen seines Geschlechtes, seiner Abstammung, seiner Rasse, seiner Sprache, seiner Heimat und Herkunft, seines Glaubens, seiner religiösen oder politischen Anschauungen benachteiligt oder bevorzugt werden. Niemand darf wegen seiner Behinderung benachteiligt werden.

Beispiel: *Wenn die Betriebsvereinbarung vorsieht, dass bei Beförderungen männliche Mitarbeiter bevorzugt werden, ist sie ungültig, da ein Verstoß gegen Art. 3 Grundgesetz (ggf. auch gegen Gleichstellungsgesetze) besteht.*

Für die Gestaltung von Arbeitsverträgen bedeutet das Rangprinzip, dass z. B. ein Arbeitsvertrag grundsätzlich zunächst nicht gegen die Betriebsvereinbarung, die Bestimmungen des Tarifvertrages oder gar gegen bestehende Gesetze verstoßen darf.

> **§ Arbeitszeitgesetz (ArbZG) – § 4 Ruhepausen**
>
> Die Arbeit ist durch im voraus feststehende Ruhepausen von mindestens 30 Minuten bei einer Arbeitszeit von mehr als sechs bis zu neun Stunden und 45 Minuten bei einer Arbeitszeit von mehr als neun Stunden insgesamt zu unterbrechen.

Beispiel: *Im Arbeitsvertrag wird vereinbart, dass Pausen mit maximal 15 Minuten flexibel nach Arbeitsanfall genommen werden. Wegen Verstoßes gegen das Arbeitszeitgesetz ist die arbeitsvertragliche Regelung nicht wirksam.*

Günstigkeitsprinzip

Allerdings kennt das Arbeitsrecht auch das Günstigkeitsprinzip, das Ausnahmen zum Rangprinzip vorsieht, wenn die Bedingungen der rangniedrigeren Norm den Arbeitnehmer besserstellen. So darf beispielsweise im Arbeitsvertrag von den Tarifbestimmungen nur zugunsten der Arbeitnehmer abgewichen werden. Das Günstigkeitsprinzip löst die Kollision rangverschiedener arbeitsrechtlicher Gestaltungsfaktoren. Es regelt das Verhältnis von kollektivvertraglichen zu einzelvertraglichen Vereinbarungen.

Merke

Grundsätzlich ist die ranghöhere Norm einzuhalten (**Rangprinzip**), es sei denn, der Arbeitnehmer wird durch die rangniedrigere Norm bessergestellt (**Günstigkeitsprinzip**).

Beispiel: *Im Tarifvertrag wird der Jahresurlaub mit 30 Werktagen vorgegeben. Im Arbeitsvertrag werden 36 Werktage Jahresurlaub vereinbart. Da der Arbeitnehmer bessergestellt wird, ist die arbeitsvertragliche Regelung wirksam.*

Tipp

§ 622 (4) BGB erlaubt, dass durch Tarifverträge abweichende Regelungen getroffen werden dürfen.
Tarifverträge besitzen damit eine Sonderstellung. In ihnen sind auch negative Abweichungen zulässig. Z. B. können im Tarifvertrag sowohl längere als auch kürzere Kündigungsfristen als durch § 622 BGB vorgesehen vereinbart werden. Eine im Tarifvertrag dazu getroffene Regelung gilt (unabhängig von der gesetzlichen Regelung) unmittelbar und zwingend. Von tarifvertraglichen Regelungen darf einzelvertraglich aber wieder lediglich zugunsten des Arbeitnehmers abgewichen werden (vgl. § 4 TVG).

Spezialitäts- und Ordnungsprinzip

Das Spezialitäts- und Ordnungsprinzip bezieht sich auf das Verhältnis ranggleicher Regelungen; hier gilt das Günstigkeitsprinzip nicht. Wie im gesamten Recht findet das Spezialitätsprinzip Anwendung auch auf das Arbeitsrecht. Dabei hat immer die Rechtsquelle Vorrang, die von der Weite und Tiefe ihres Anwendungsbereichs spezieller auf den Sachverhalt passt. So geht z. B. ein Haustarifvertrag einem Flächen- oder Branchentarifvertrag vor, da der Anwendungsbereich des Haustarifvertrags spezieller ist.

Das Ordnungsprinzip wiederum besagt, dass gegenüber einer älteren Regelung die neue immer den Vorrang hat. Das ist insbesondere bei Tarifverträgen der Fall. Alte Tarifverträge verlieren mit einem neu in Kraft getretenen Tarifvertrag ihre Gültigkeit.

Folgende Rechtsprinzipien sind bei der Gestaltung von Arbeitsverträgen zu beachten:

Rechtsprinzip	Inhaltliche Bedeutung	Beispiel
Rangprinzip	Es besagt, dass grundsätzlich immer die höhere Rechtsquelle aus der Normenhierarchie anzuwenden ist.	Grundrechte gelten vor allgemeinen Gesetzen, Tarifverträge haben vor Betriebsvereinbarungen und Arbeitsverträgen Vorrang.
Günstigkeitsprinzip	Es durchbricht das Rangprinzip, sobald eine niedrigere Rechtsquelle eine für den Arbeitnehmer günstigere Regelung enthält. So kann eine Betriebsvereinbarung eine günstigere Regelung im Arbeitsvertrag nicht verdrängen.	Wurde im Arbeitsvertrag ein Monatsgehalt als Weihnachtsgeld vereinbart, im Manteltarifvertrag nur ein halbes, bekommt der Arbeitnehmer für einen vollen Monat Weihnachtsgeld, da es für ihn günstiger ist.

Rechtsprinzip	Inhaltliche Bedeutung	Beispiel
Spezialitätsprinzip	Es gibt immer der Norm den Vorrang, die einen Sachverhalt spezieller regelt.	Beispielsweise ist ein Firmentarifvertrag spezieller als ein Flächentarifvertrag.
Ordnungsprinzip	Es sorgt dafür, dass eine neue Regelung die ältere Regelung verdrängt.	Die alte Regelung zu Urlaubsdauer oder -geld wird durch eine Regelung im neuen Tarifvertrag verdrängt.

4.1.2 Tarifverträge

Tarifverträge regeln die Rechte und Pflichten der Tarifvertragsparteien. Dies sind zum einen die Arbeitgebervereinigungen bzw. Arbeitgeberverbände und bei den Arbeitnehmern die Gewerkschaften. Tarifverträge werden von den Tarifvertragsparteien in eigener Verantwortung (= autonom), also ohne staatliche Einflussnahme abgeschlossen. Entsprechend wird dies als Tarifautonomie bezeichnet, die im Grundgesetz (GG) verankert ist und im Tarifvertragsgesetz (TVG) näher bestimmt wird.

Zu den Inhalten von Tarifverträgen zählen beispielsweise:

- Art und Höhe der Entlohnung,
- Dauer des Jahresurlaubs,
- Arbeitszeiten,
- Art und Umfang der Tätigkeit,
- sonstige soziale Leistungen wie Urlaubsgeld,
- Dauer der Probezeit.

Längerfristige Regelungen werden in sogenannten Mantel- oder Rahmentarifverträgen vereinbart, kurzfristige Regelungen zum Entgelt in sogenannten Entgelttarifverträgen.

An die Regelungen von Tarifverträgen sind sowohl auf Arbeitgeber- als auch auf Arbeitnehmerseite grundsätzlich nur die Mitglieder der Vertragsparteien gebunden. Durch gemeinsamen Antrag der Tarifvertragsparteien können bestimmte Tarifverträge vom Bundesministerium für Arbeit und Soziales oder vom jeweiligen Landesarbeitsministerium für allgemeinverbindlich erklärt werden. Mit der Allgemeinverbindlicherklärung werden auch die nicht tarifgebundenen Arbeitgeber und Arbeitnehmer an die jeweiligen Rechtsnormen gebunden. Das Verzeichnis der für allgemeinverbindlich erklärten Tarifverträge wird vierteljährlich aktualisiert und auf der Internetseite des Bundesministeriums für Arbeit und Soziales (www.bmas.de) zum Download bereitgestellt.

WWW

4.1.3 Betriebsvereinbarungen

© DOC RABE Media – stock.adobe.com

Die Betriebsvereinbarung nach Betriebsverfassungsgesetz ist ein Vertrag zwischen Arbeitgeber und Betriebsrat mit der Festlegung von verbindlichen Normen für betriebsinterne Regelungen. Betriebsvereinbarungen sollen Tarifvereinbarungen den Verhältnissen des Betriebes anpassen. Jede Betriebsvereinbarung ist gemeinsam zu beschließen, schriftlich niederzulegen und von beiden Seiten zu unterzeichnen. Der Text der Betriebsvereinbarung muss den Arbeitnehmern ohne Weiteres zugänglich sein, also z. B. an geeigneter Stelle im Betrieb ausliegen, damit sich alle Arbeitnehmer über die vertraglichen Vereinbarungen informieren können.

Hinsichtlich der Inhalte muss zwischen erzwingbaren und freiwilligen Betriebsvereinbarungen unterschieden werden. In Angelegenheiten, in denen Betriebsräte ein Mitbestimmungsrecht haben, sind Vereinbarungen erzwingbar, beispielsweise in sozialen Fragen und bei wirtschaftlichen Mitbestimmungsrechten. Erzielen Arbeitgeber und Arbeitnehmer in strittigen Fällen keine Einigung, so können beide Seiten eine Einigungsstelle anrufen.

§ 77 BetrVG

Erzwingbare Betriebsvereinbarungen können z. B. sein:

- Ordnung des Betriebes und Verhalten der Arbeitnehmer,
- Beginn und Ende der täglichen Arbeitszeit einschließlich der Pausen,
- Verteilung der Arbeitszeit auf die einzelnen Wochentage,
- Fragen der betrieblichen Lohngestaltung,
- Grundsätze für das betriebliche Vorschlagswesen,
- Sozialplan bei Betriebsänderungen und Personalabbau.

Freiwillige Betriebsvereinbarungen können sich grundsätzlich auf jeden Sachverhalt beziehen (z. B. kostenloses Kantinenessen für die Mitarbeiter). Es ist jedoch zu beachten, dass Angelegenheiten, für die gesetzliche oder tarifliche Regelungen bestehen (z. B. Verhütung von Arbeitsunfällen und Gesundheitsschädigungen), nicht Gegenstand von Betriebsvereinbarungen sein können; es sei denn, der Tarifvertrag lässt ausdrücklich ergänzende Vereinbarungen zu.

4.2 Arbeitsvertrag

Der Arbeitsvertrag als eine Form des Dienstvertrages (entgeltliche Leistung von Diensten) ist die rechtliche Grundlage für die Beziehung zwischen Arbeitgeber und Arbeitnehmer. Er regelt die wesentlichen Rechte und Pflichten der Vertragsparteien.

§ 611 BGB

4.2.1 Rechtliche Grundlagen und Inhalte des Arbeitsvertrages

Form des Arbeitsvertrages

Der Abschluss eines Arbeitsvertrages ist grundsätzlich formfrei, d. h., ein Arbeitsvertrag kann auch mündlich abgeschlossen werden und kommt zustande, sobald zwei übereinstimmende Willenserklärungen vorliegen. Allerdings können Gesetze, tarifvertragliche Regelungen oder Betriebsvereinbarungen Schriftform vorsehen. Auch wegen der Beweissicherheit ist die Schriftform, insbesondere bei individuellen Regelungen, die über tarifliche Vorgaben (z. B. zur Probezeit) hinausgehen, jedoch zu empfehlen.

© peterschreiber.media – stock.adobe.com

Unabhängig davon, dass bei Arbeitsverträgen der eigentliche Vertragsabschluss grundsätzlich formfrei erfolgen darf, regelt das Nachweisgesetz (NachwG) zum Schutz der Arbeitnehmer, dass die vereinbarten wesentlichen Vertragsbedingungen zumindest im Nachhinein schriftlich festgehalten werden müssen (Dokumentationsfunktion). Diese Verpflichtung trifft auch auf spätere Änderungen einzelner Vertragsbedingungen zu. Versäumt der Arbeitgeber dies, obliegt ihm die Beweislast für arbeitsvertragliche Vereinbarungen.

Probezeit

Die Vereinbarung einer Probezeit ist bei Arbeitsverhältnissen nicht gesetzlich vorgeschrieben. Jedoch wird sie üblicherweise vertraglich vereinbart. Sie dient dem gegenseitigen Kennenlernen und der Überprüfung, ob Einzelhandelsunternehmen und das eingestellte Personal mit dem Arbeitsverhältnis zufrieden sind und es weiterführen möchten.

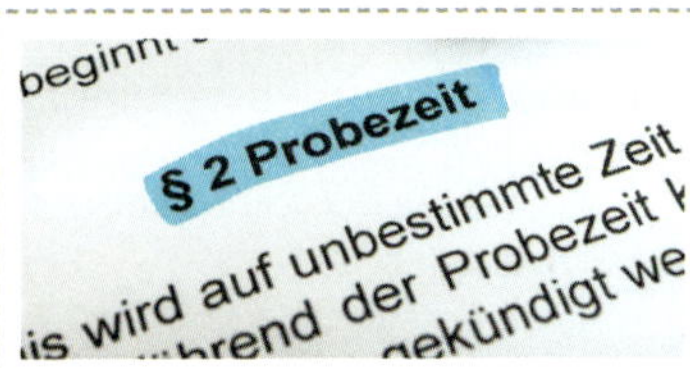

© Stockfotos-MG – stock.adobe.com

Die zulässige Dauer einer Probezeit muss die Anforderungen an die Tätigkeit sowie die Belange des Arbeitnehmers angemessen berücksichtigen. In der Regel wird eine Probezeit zwischen drei und sechs Monaten vereinbart. Im Rahmen einer Berufsausbildung darf deren Dauer vier Monate nicht überschreiten. Innerhalb der Probezeit können beide Vertragsparteien das Arbeitsverhältnis ohne Angabe von Gründen kündigen. Allerdings ist die dafür vorgesehene gesetzliche Kündigungsfrist von zwei Wochen sowohl für Arbeitgeber als auch Arbeitnehmer einzuhalten.

§ 622, III BGB

Inhalt des Arbeitsvertrages

Der Arbeitsvertrag als Form des Dienstvertrages ist mit einer Reihe von Rechten und Pflichten für die Vertragspartner verbunden. Dazu zählen beispielsweise:

Übliche Rechte und Pflichten aus dem Arbeitsvertrag

Pflichten des Arbeitgebers (Rechte des Arbeitnehmers)	Pflichten des Arbeitnehmers (Rechte des Arbeitgebers)
• Vergütung (z. B. Gehalt, Provision, Gewinnbeteiligung) • Fürsorge (Erhaltung der Gesundheit, Anmeldung zur Sozialversicherung, Gewährung von Urlaub) • Zeugniserteilung (einfaches oder auf Wunsch qualifiziertes Zeugnis mit Angaben über Führung und Leistung)	• Dienstleistung (gewissenhafte Erbringung der Arbeitsleistung), Aufrechterhalten der betrieblichen Ordnung • Treue- und Verschwiegenheit (Interessen des Betriebes wahren, über Geschäftsgeheimnisse schweigen) • Wettbewerbsverbot (ohne Einwilligung kein Handelsgewerbe, keine Geschäfte im Handelszweig des Arbeitgebers)

Ein Einzelarbeitsvertrag sollte folgende typische Inhalte erfassen:

Einzelarbeitsvertrag – typische Inhalte

- Namen und Anschriften der Vertragsparteien
- Beginn des Arbeitsverhältnisses (bei befristeten Arbeitsverhältnissen: Dauer des Arbeitsverhältnisses)
- Tätigkeit: kurze Charakterisierung oder Beschreibung
- Probezeit: Dauer
- Arbeitsentgelt: Zusammensetzung und Höhe einschließlich der Zuschläge, der Zulagen, Prämien und Sonderzahlungen sowie anderer Bestandteile des Arbeitsentgelts und deren Fälligkeit
- sonstige Leistungen: z. B. betriebliche Altersversorgung, Versicherungen, vermögenswirksame Leistungen
- Arbeitszeit: täglich, wöchentlich oder monatlich; Regelungen bei Mehrarbeit
- Urlaub: Dauer des jährlichen Erholungsurlaubs (unter Beachtung des Mindesturlaubs nach Bundesurlaubsgesetz und tarifvertraglicher Regelung)
- Kündigung: Vereinbarung von Kündigungsfristen unter Wahrung der gesetzlichen Mindestfristen und tarifvertraglichen Vereinbarungen
- Nebenbeschäftigung: Untersagung von Nebentätigkeiten, gegebenenfalls Informationspflicht des Arbeitnehmers
- Wettbewerbsverbot: Vereinbarung einer „Konkurrenzklausel" (nach Beendigung des Arbeitsverhältnisses keine zeitnahe Aufnahme einer Tätigkeit bei einem Konkurrenten)
- Arbeitsverhinderung: Leistungen des Arbeitgebers im Krankheitsfall; Informationspflichten des Arbeitnehmers
- allgemeine Hinweise: z. B. Anwendung von Tarifvertrag, Betriebs- und Dienstvereinbarungen, Gerichtsstand, Erfordernis der Schriftform bei Vertragsänderungen
- Unterschriften: beide Vertragsparteien mit Datum

4.2.2 Arten des Arbeitsvertrages

Es können unterschiedliche Arten von Arbeitsverträgen vereinbart werden: befristete bzw. unbefristete Arbeitsverträge und Teilzeitarbeitsverträge.

Befristeter Arbeitsvertrag

Immer mehr Unternehmen bevorzugen befristete Arbeitsverträge. Arbeitgeber bleiben damit hinsichtlich ihrer Personalpolitik flexibel und unverbindlich, weil der Vertrag ohne Kündigung ausläuft. Insbesondere für Berufsanfänger ergeben sich mit einem befristeten Arbeitsvertrag häufig Chancen für einen Einstieg in eine berufliche Tätigkeit (z. B. nach abgeschlossener Ausbildung), die allerdings mit erheblichen Unsicherheiten verbunden ist.

Ein befristeter Arbeitsvertrag wird für eine bestimmte Zeit abgeschlossen. Für befristete Arbeitsverträge ist Schriftform vorgeschrieben. Das TzBfG (Gesetz über Teilzeitarbeit und befristete Arbeitsverträge) sieht vor, dass eine Befristung mit und ohne sachlichen Grund vorgenommen werden kann. Ein sachlicher Grund liegt vor, wenn das Arbeitsverhältnis z. B. zur Vertretung anderer Mitarbeiter, zur Deckung eines vorübergehenden Bedarfs oder zum Zweck der Erprobung geschlossen wird. Liegt kein sachlicher Grund vor, ist eine Befristung nur bis zur Gesamtdauer von zwei Jahren zulässig; innerhalb der zwei Jahre können Verträge mit kürzeren Laufzeiten maximal dreimal verlängert werden.

§ 14 TzBfG

> Eine kalendermäßige Befristung **ohne sachlichen Grund** ist bis zu einer Gesamtdauer von **zwei Jahren** erlaubt und darf innerhalb dieser Zeit **maximal dreimal verlängert** werden (Kettenbefristung).
>
> Merke

Bei Vorliegen von sachlichen Gründen ist eine Kettenbefristung grundsätzlich erlaubt. Zu dieser Regelung gibt es allerdings Ausnahmen: Z. B. darf bei älteren Arbeitnehmern (Arbeitnehmer hat bei Beginn des Arbeitsverhältnisses das 52. Lebensjahr vollendet), die zuvor arbeitslos waren, der Vertrag bis zu fünf Jahren befristet werden oder bei neugegründeten Unternehmen bis zu vier Jahren.

Ein befristetes Arbeitsverhältnis endet ohne Kündigung mit Ablauf der Frist, sofern es nicht ausdrücklich (schriftlich) verlängert wird. Durch Abschluss eines endgültigen Arbeitsvertrages entsteht ein unbefristetes Arbeitsverhältnis.

Beispiel: *Ein Personalsachbearbeiter der FahrRad GmbH möchte sich für drei Jahre zur Pflege eines Angehörigen freistellen lassen. Zur Vertretung soll für diesen Zeitraum ein neuer Mitarbeiter mit einem befristeten Arbeitsvertrag eingestellt werden. Die Befristung auf drei Jahre ist zulässig, da ein sachlicher Grund (Pflegeauszeit eines Mitarbeiters) vorliegt.*

Unbefristeter Arbeitsvertrag

Ein unbefristeter Arbeitsvertrag begründet ein Arbeitsverhältnis, das in der Regel mit einer Probezeit beginnt und nach deren Ablauf „automatisch" in ein unbefristetes Arbeitsverhältnis übergeht. Das Arbeitsverhältnis kann durch eine ordentliche oder außerordentliche Kündigung bzw. durch einen Aufhebungsvertrag beendet werden.

Teilzeitarbeitsvertrag

Eine immer größere Bedeutung kommt den Teilzeitarbeitsverträgen zu. Aufgrund sich verändernder gesellschaftlicher Verhältnisse streben Beschäftigte häufig Teilzeitarbeit an, um Familie, Freizeit und Beruf nach den eigenen Bedürfnissen miteinander zu koordinieren. Gesundheitliche Gründe, Betreuung von Kindern und die Pflege von Angehörigen spielen dabei häufig eine Rolle. Auch Unternehmen profitieren von Vereinbarungen über Teilzeitarbeit, indem sie die Arbeitszeiten flexibel an ihren Bedarf anpassen. Hinzu kommt, dass Arbeitnehmer, die weniger arbeiten, oft produktiver und motivierter sind.

© DOC RABE Media – stock.adobe.com

Das Benachteiligungs- und Diskriminierungsverbot des Gesetzes über Teilzeitarbeit und befristete Arbeitsverträge besagt, dass Arbeitnehmer in Teilzeit nicht schlechter behandelt werden dürfen als Mitarbeiter in Vollzeit (z. B. bei tariflicher Arbeitszeitverringerung, betrieblicher Altersversorgung, Anspruch auf Sonderzahlungen wie z. B. Weihnachtsgeld). § 4 TzBfG

Unter **Teilzeitarbeit** versteht man eine Beschäftigung, bei der die regelmäßige Wochenarbeitszeit eines Arbeitnehmers kürzer ist als die eines vergleichbaren vollzeitbeschäftigten Arbeitnehmers.

Merke

Nach Teilzeitarbeitsgesetz haben Arbeitnehmer einen Anspruch auf Teilzeitarbeit unter folgenden Bedingungen:

- Das Arbeitsverhältnis besteht länger als 6 Monate.
- Im Betrieb sind in der Regel mehr als 15 Arbeitnehmer beschäftigt. Diese Regelung gilt unabhängig von der Höhe der Arbeitszeit der Arbeitnehmer.
- Der Arbeitnehmer macht spätestens 3 Monate vor Beginn der Teilzeitarbeit die Verringerung und die gewünschte Verteilung der Arbeitszeit geltend. § 8 TzBfG
- Betriebliche Gründe stehen einer gewünschten Vereinbarung nicht entgegen (z. B. unverhältnismäßig hohe Kosten für den Betrieb, Beeinträchtigung der Sicherheit im Betrieb).

Flexible Arbeitszeitmodelle ermöglichen die Organisation der Teilzeitarbeit, z. B.:

- Die Arbeitszeit kann um eine festgelegte Anzahl von Stunden pro Tag verringert werden.
- Die Anzahl der Wochenarbeitstage wird reduziert, an den übrigen Tagen wird Vollzeit gearbeitet (z. B. 4-Tage-Woche).
- Die Arbeitszeit wird flexibel dem jeweils aktuellen Arbeitsbedarf angepasst.

Alle Aspekte des Teilzeit- und Befristungsgesetzes (TzBfG) sind im nachfolgenden Schaubild noch einmal zusammengefasst.

Das Recht auf Teilzeit

Rechtsanspruch

Nach dem Teilzeit- und Befristungsgesetz haben Arbeitnehmer in Betrieben mit mehr als 15 Mitarbeitern Anspruch auf Verringerung der Arbeitszeit, wenn ihr Arbeitsverhältnis seit mindestens 6 Monaten besteht. Arbeitgeber müssen zustimmen, wenn keine betrieblichen Gründe dagegen sprechen.

SO FUNKTIONIERT´S

Frau Meier arbeitet seit einem Jahr bei der Flexibel-AG (200 Mitarbeiter). Sie wünscht sich Teilzeit ab dem 1.1. des kommenden Jahres: 30 Stunden die Woche statt 38,5.

Fristgemäß teilt sie ihren Wunsch spätestens 3 Monate vorher, bis zum 1.10., der Flexibel-AG mit. Ihr Vorschlag: montags bis freitags je 6 Stunden.

Im Gespräch mit dem Arbeitgeber klärt sich, dass Organisation, Ablauf und Sicherheit im Betrieb nicht gestört würden.

Frau Meier erhält bis zum 1.12. (fristgemäß spätestens 1 Monat vor Beginn der beantragten Teilzeitarbeit) eine schriftl. Genehmigung zur Verringerung der Arbeitszeit ab dem 1.1.

Verbot der Diskriminierung

Teilzeitbeschäftigte dürfen nicht schlechter behandelt werden als vergleichbare Vollzeitbeschäftigte:

Gehalt und andere Geldleistungen (z.B. Urlaubsgeld)
mindestens entsprechend dem Anteil der Arbeitszeit des Teilzeitbeschäftigten an der Arbeitszeit eines Vollzeitbeschäftigten
Rechenbeispiel:

Vollzeitbeschäftigter		**Teilzeitbeschäftigter** (60 %-Stelle)
3 000 €	**monatliches Bruttogehalt**	3 000 · (60 ÷ 100) = 1 800 €

Weiterbildung
Teilnahme an Weiterbildungsmaßnahmen ist auch Teilzeitbeschäftigten zu gewähren.

Rückkehr in Vollzeit

Wurde die Teilzeit befristet, kann der Arbeitnehmer nach Ablauf der Frist wieder Vollzeit arbeiten.

Wurde die **Teilzeit unbefristet** vertraglich vereinbart, hat der Arbeitnehmer kein Recht auf Rückkehr in Vollzeit; bei der Besetzung einer frei werdenden Stelle ist er jedoch bei gleicher Eignung bevorzugt zu berücksichtigen.

Quelle: Teilzeit- und Befristungsgesetz

Beschäftigte im Einzelhandel

Laut Handelsverband Deutschland waren Ende 2023 mehr als 3,15 Millionen Menschen im Einzelhandel tätig. Davon rund 1,148 Millionen Vollzeitbeschäftigte und 1,168 Millionen Beschäftigte in Teilzeit. Mit ca. 836.00 Beschäftigten in Minijobs sollen branchentypische Auftragsspitzen und Stoßzeiten aufgefangen werden.

In den allermeisten Zweigen des Einzelhandels sind Frauen in der Mehrzahl; ihr Anteil an der Gesamtbeschäftigung liegt konstant bei 66 %.

38 % der Einzelhandelsunternehmen kommen mit einem oder zwei Beschäftigten aus. Durchschnittlich sind 12 Mitarbeiter und Mitarbeiterinnen in einem Einzelhandelsunternehmen beschäftigt.

Aufgaben

1. Jede berufliche Tätigkeit wird durch eine Reihe von Gesetzen und Verträgen begleitet. Nennen Sie fünf verschiedene Rechtsquellen des Arbeitsrechts.
2. Im Arbeitsrecht gilt im Grundsatz immer erst das Rangprinzip. Erläutern Sie anhand eines Beispiels, was damit gemeint ist.
3. Als Ausnahme vom Rangprinzip kennt das Arbeitsrecht auch das sogenannte Günstigkeitsprinzip. Erläutern Sie anhand eines Beispiels, was damit gemeint ist.
4. Im Einzelhandel findet man sowohl spezielle Haustarife als auch regionale Flächen- oder Branchentarife. Erklären Sie anhand dieser verschiedenen Tarifarten den Begriff Spezialitätsprinzip und seine Bedeutung.
5. Das Ordnungsprinzip bezieht sich, genau wie das Spezialitätsprinzip, auf ranggleiche Regelungen des Arbeitsrechts. Wie ist das Ordnungsprinzip bei verschiedenen Tarifverträgen, die arbeitsrechtliche Punkte unterschiedlich regeln, anzuwenden?
6. Erläutern Sie, was man unter Tarifautonomie versteht.
7. Nennen Sie drei Beispiele für Inhalte eines Manteltarifvertrages.
8. Nennen Sie drei Beispiele für Inhalte eines Entgelttarifvertrages.
9. Was bedeutet es, wenn ein Tarifvertrag für allgemeinverbindlich erklärt wird?
10. Neben tarifvertraglich geregelten Vereinbarungen zwischen Arbeitgeber und Arbeitnehmer können nach dem Betriebsverfassungsgesetz auch Verträge zwischen dem Arbeitgeber und dem Betriebsrat erfolgen.
    a) Nennen Sie fünf Beispiele für Betriebsvereinbarungen.
    b) In welchen Fällen sind diese Vereinbarungen vonseiten des Betriebsrates erzwingbar.
    c) In welchen Fällen sind diese Vereinbarungen vonseiten des Betriebsrates freiwillig.
11. Erklären Sie, wie sich ein befristeter Arbeitsvertrag von einem unbefristeten Arbeitsvertrag unterscheidet.
12. Erläutern Sie Vorteile von Teilzeitarbeit aus der Sicht von Arbeitnehmern und aus der Sicht von Arbeitgebern.
13. Nennen Sie drei Voraussetzungen, die erfüllt sein müssen, damit ein Arbeitnehmer einen Anspruch auf Teilzeitarbeit geltend machen kann.

5 Personal betreuen, Mitarbeiter führen, Personalentwicklung fördern

Nach Abschluss des Arbeitsvertrages sind neue Mitarbeiter vom ersten Tag an zu betreuen, zu motivieren und an das Unternehmen zu binden. Sie benötigen Informationen, um die betrieblichen Abläufe und das gesamte Personal mit seinen Zuständigkeiten kennenzulernen. Personalpapiere und Personalunterlagen sind der Personalverwaltung vorzulegen, die unter Berücksichtigung des Datenschutzes die Personalakten der Mitarbeiterinnen und Mitarbeitern führt. Der Personaleinsatz muss unter Beachtung der Rechtsvorschriften geplant werden.

5.1 Personaleinsatz und Planung der Arbeitszeiten

5.1.1 Personaleinführung

Der erste Arbeitstag eines neuen Mitarbeiters ist häufig ein besonders wichtiger Tag für die Beteiligten bzw. das Einzelhandelsunternehmen. Ein freundlicher Start und eine gezielte Mitarbeitereinführung können einen erheblichen Einfluss auf die Motivation sowie auf die Leistungsbereitschaft und Arbeitszufriedenheit ausüben. Deshalb ist genügend Zeit für die Einführungsmaßnahmen einzuplanen, z. B. eine gezielte Bekanntmachung mit Arbeitskollegen, eine Erläuterung betrieblicher Besonderheiten und die Einweisung in das Arbeitsumfeld.

Eine Checkliste erleichtert die notwendigen Tätigkeiten.

Beispiel für eine Checkliste zur Personaleinführung:

Vorbereitende Arbeiten
- Stammbelegschaft informieren; ggf. Ansprechpartner (Mentor, Abteilungsleiter, Teamleiter, Ausbilder etc.) einweisen
- Unterlagen für neuen Mitarbeiter zusammenstellen
- Einarbeitungsplan festlegen
- Arbeitsplatz vorbereiten
- Erstunterweisung (laut ArbSchG) vorbereiten

Einführung der Mitarbeiter am ersten Arbeitstag
- Begrüßung und Vorstellung (z. B. Kollegen, Vorgesetzte, Teamleitungen)
- Betriebsführung
- Erläuterung der Arbeitsorganisation (z. B. Arbeitszeiten, Pausenzeiten, Essensmöglichkeiten, betriebliche Besonderheiten)
- Arbeitsschutzbelehrung bzw. Erstunterweisung (grundlegende Verhaltensnormen, zwingende Maßnahmen bei Notfällen, arbeitsplatzspezifische Themen)
- Einweisung am Arbeitsplatz
- Besprechung des Einarbeitungsplans
- Konkretisierung anstehender Arbeitsaufträge

5.1.2 Personaleinsatzplanung

Die Planung des Personaleinsatzes zielt darauf ab, entsprechend geschulte Mitarbeiter so einzusetzen, dass bei einem geringen Kundenzustrom eine Mindestbesetzung für fachlich qualifizierte Tätigkeiten zur Verfügung steht und der Personaleinsatz sowie die Betriebsabläufe bei höherer Kundenfrequenz optimiert werden können. Die Bedürfnisse der Mitarbeiter nach Vereinbarkeit von Familie und Beruf, nach Gesundheit und Sicherheit am Arbeitsplatz sind bei der Planung zu berücksichtigen.

Die Personaleinsatzplanung lässt sich in kurzfristig zu lösende und langfristig ausgerichtete Aufgaben unterteilen:

Kurzfristig zu lösende Aufgaben	
qualitative Zuordnung	Wer erfüllt für einen bestimmten Einsatz die Anforderungen optimal?
quantitative Zuordnung	Wie viele Mitarbeiter werden benötigt?
zeitliche Zuordnung	Wann und wie lange wird das Personal benötigt?

Langfristig ausgerichtete Aufgaben
Welche vorbereitenden Maßnahmen sind zur zukünftigen Personalbeschaffung notwendig?
Welche Mitarbeiter benötigen gezielte Qualifizierungsmaßnahmen, um auf sich verändernde Konsumgewohnheiten, Verkaufssituationen und Produkteigenschaften vorbereitet zu sein?
Sind langfristig zur Umsetzung des Unternehmenskonzeptes Personalfreisetzungen notwendig?

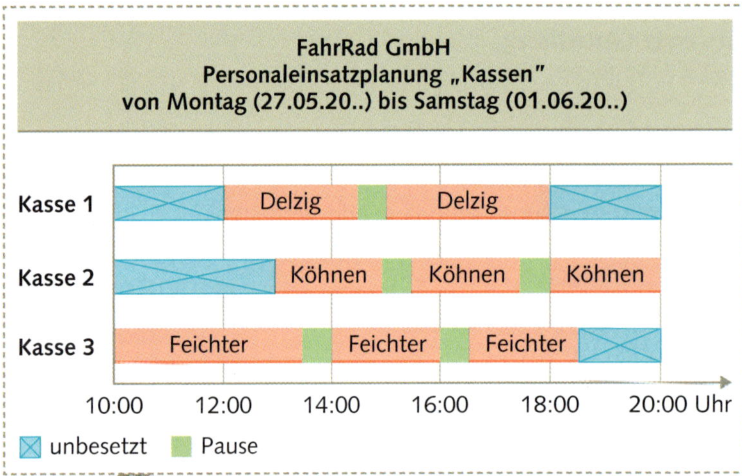

Der Personaleinsatzplan dokumentiert eine namentliche Zuordnung von Mitarbeitern mit Zeitangaben unter Berücksichtigung der Pausenzeiten, planbaren Abwesenheitszeiten (z. B. Berufsschulzeiten), rechtlichen Regelungen (z. B. zu Überstunden und Freizeitausgleich) und gegebenenfalls der Wünsche von Mitarbeitern (z. B. für Kinderbetreuung).

> **Merke**
> Durch die Personaleinsatzplanung lässt sich der Personalbestand eines Einzelhandelsunternehmens **qualitativ**, **quantitativ** und **zeitlich** dem zu erwartenden Arbeitsanfall und der Kundenfrequenz anpassen.

Viele Unternehmen nutzen für die Mitarbeiterplanung eine für betriebliche Abläufe geeignete Software zur Erstellung, Darstellung und Auswertung von Einsatzplänen. Als Instrument zur Darstellung eines Personaleinsatzplans eignet sich ein Balkendiagramm. Flexible Arbeitszeitmodelle unterstützen die Personaleinsatzplanung bei schwankendem Personalbedarf.

Arbeitszeit- und Freizeitregelungen

Der Personaleinsatz hat so zu erfolgen, dass möglichst eine an die Kundenfrequenz angepasste Personalbesetzung gewährleistet werden kann. Im Einzelhandel sind die Umsatzverläufe, z. B. über die Monate und Wochen eines Jahres bzw. für einen Tag gesehen, sehr unterschiedlich, sodass eine starre Arbeitszeitregelung nicht sinnvoll ist.

Innerhalb der Woche sind beispielsweise der Freitag und Samstag die umsatzstärksten Wochentage im Einzelhandel. Hinzu kommt, dass die Öffnungszeiten immer weiter ausgedehnt worden sind. Unternehmen möchten daher ihre Beschäftigten möglichst flexibel einsetzen können. Deshalb gibt es eine Reihe von flexiblen Arbeitszeit- und Freizeitmodellen.

Noch sinnvoller ist es, wenn die Beschäftigten die Arbeitszeiten selbst mit beeinflussen können oder zwischen verschiedenen Modellen wählen können, denn das trägt zu einem besseren physischen und psychischen Wohlergehen bei.

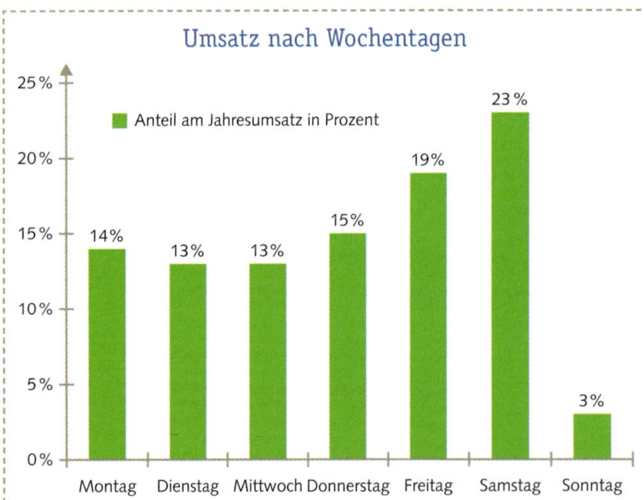

Quelle: HDE Konjunkturumfrage

Beispiel: *Frau Kirsten Peters arbeitet bei der FahrRad GmbH in „Altersteilzeit". Sie möchte flexibel sein, weil sie zuhause regelmäßig ihr Enkelkind versorgt. Bei vertraglich festgelegten 30 Wochenstunden arbeitet sie in einer Woche auch mal 36 Stunden (also 6 Plusstunden) und in einer anderen Woche auch mal nur 22 Stunden (also 8 Minusstunden). Solche Abweichungen von der regulären Wochenarbeitszeit, wie sie im Einzelhandel in Arbeits- und Tarifverträgen vereinbart werden können, entstehen z. B. durch die Gewährung von freien Wochenenden oder zusätzliche Überstunden bei langen Samstagen. Im Monats- oder Jahresdurchschnitt muss Frau Peters aber auf die vereinbarte Arbeitszeit von 30 Stunden/Woche kommen.*

Informationen aus der Personaleinsatzplanung (PEP)

Grundlage der Personalplanung ist immer der aktuelle Personalbestand. Anhand des Personaleinsatzplanes, der für alle Mitarbeiter sichtbar ausgehängt wird oder digital einsehbar sein muss, lassen sich grundsätzlich folgende Informationen ablesen:

- die Namen der Mitarbeiter,
- die Wochentage bzw. Schichten (oder Arbeitszeiten), an denen der jeweilige Personaleinsatz geplant ist,
- vorhersehbare Fehltage bzw. Fehlzeiten (z. B. durch Berufsschule, Fortbildung, Arzttermin etc.) oder Urlaub bzw. Freizeitausgleich.

5.1.3 Gestaltung der Arbeitszeit

Unter Abwägung von betrieblichen Erfordernissen und Mitarbeiterwünschen werden sich Einzelhandelsunternehmen für unterschiedliche Arbeitszeitmodelle entscheiden. Dabei sind die rechtlichen Vorgaben des Arbeitsschutzes und des Arbeitszeitgesetzes zu berücksichtigen.

Erfassung der Arbeitszeiten bzw. Abwesenheitszeiten

Nach einem Urteil des Europäischen Gerichtshofs vom 14. Mai 2019 sind Unternehmen grundsätzlich verpflichtet sind, die Arbeitszeit ihrer Mitarbeiter anhand von Arbeitszeiterfassungssystemen zu protokollieren. Das Bundesarbeitsgericht (BAG) hat passend zu diesem Urteil am 13.09.2022 verbindlich entschieden, dass auch in Deutschland die gesamte Arbeitszeit von Arbeitnehmern aufzuzeichnen ist. Bisher verpflichtete das Arbeitszeitgesetz (ArbZG) die Arbeitgeber lediglich zur Aufzeichnung der werktäglichen Arbeitszeit über 8 Stunden sowie der gesamten Arbeitszeit an Sonn- und Feiertagen. Darüber hinaus ist ein Verzeichnis zu führen, aus dem hervorgeht, ob bzw. inwieweit die Mitarbeiter in eine Verlängerung der Arbeitszeit eingewilligt haben.

Arbeitszeitmodelle

© Markus Mainka – stock.adobe.com

Aufgrund personalpolitischer Leitlinien oder betrieblicher Notwendigkeiten (z. B. Geschäftszeiten, Werkstatt- und Lagerbesetzungszeiten) sind in vielen Unternehmen feste Arbeitszeiten üblich, d. h., die tägliche Arbeitszeit beginnt und endet zu jeweils vorher festgelegten Zeiten, häufig sind auch die Pausenzeiten vorgegeben.

Beispiel: *Die FahrRad GmbH hat folgende Ladenöffnungszeiten in der Filiale Mettmann festgelegt: Montag bis Freitag: 9:30 Uhr bis 20:00 Uhr; Samstag: 09:00 Uhr bis 16:00 Uhr.*

Im Werkstattbereich: Montag bis Freitag: 8:30 Uhr bis 17:00 Uhr; Samstag 09:00 Uhr bis 13:00 Uhr.

Der Filialleiter, Herr Dirk König, hat nun die Aufgabe, die individuellen Arbeitszeiten des Personals den wechselnden Bedingungen anzupassen und möglichst arbeitnehmerfreundlich einzuteilen.

© SpicyTruffel – stock.adobe.com

Arbeitnehmer können sich bei festen Arbeitszeiten auf einen täglich gleichbleibenden Rhythmus einstellen und die Organisation ihres Tagesablaufes einschließlich der familiären Erfordernisse und Freizeitaktivitäten verlässlich planen. Allerdings lässt sich nicht immer ein Gleichgewicht zwischen den Vorgaben durch die betriebliche Arbeitszeit und den Bedürfnissen des Privatlebens herstellen.

Daher stellen sich immer mehr Unternehmen darauf ein, flexible Arbeitszeitmodelle anzubieten, die auch aus betrieblicher Sicht (schwankende Kundenfrequenz, lange Öffnungszeiten) zu einem effizienteren Personaleinsatz führen. Mitarbeiterfreundlichere Arbeitszeitmodelle sind ein wichtiger Faktor für die Motivation von Mitarbeitern und bei der Rekrutierung von Fachkräften.

© andyller – stock.adobe.com

Gesellschaftliche Entwicklungen und betriebliche Erfordernisse lassen erwarten, dass in Zukunft der Trend zu flexibleren Arbeitszeitmodellen weiter zunimmt. Nach einer Erhebung der Bundesagentur für Arbeit (Ende 2023) arbeiteten im Einzelhandel im Vollzeitbereich 37 %, im sozialversicherungspflichtigen Teilzeitbereich ebenfalls 37 % und im Bereich der Minijobs 26 % der Beschäftigten.

© Nelos – stock.adobe.com

5.1.4 Beachtung wichtiger Rechtsgrundlagen beim Personaleinsatz

Bei der Gestaltung des Personaleinsatzes sind eine Reihe von Rechtsregelungen zum Schutz der Arbeitnehmer zu berücksichtigen. Dazu zählen insbesondere das Arbeitszeitgesetz, das Jugendarbeitsschutzgesetz, das Bundesurlaubsgesetz, das Mutterschutzgesetz und das Schwerbehindertenrecht.

Arbeitszeitgesetz

Das Arbeitszeitgesetz (ArbZG) dient der Sicherheit und dem Gesundheitsschutz der Arbeitnehmer. Wichtige Regelungen sind in folgender Tabelle zusammengefasst:

Wichtige Regelungen des Arbeitszeitgesetzes (ArbZG)

tägliche Arbeitszeit	Die regelmäßige tägl. Arbeitszeit beträgt 8 Std./Werktag. In Ausnahmen dürfen Arbeitnehmer (AN) 10 Std. täglich arbeiten, wenn es innerhalb von 6 Monaten zu einem Ausgleich kommt.	Zur täglichen Arbeitszeit zählen die Ruhepausen nicht dazu.
Überstundenregelung	Überstunden sind Zeiten, in denen AN über die vereinbarte individuelle regelmäßige Arbeitszeit hinaus tätig sind. AN sind zur Ableistung verpflichtet, wenn im Arbeits- oder Tarifvertrag bzw. einer Betriebsvereinbarung entsprechende Regelungen zu finden sind. Auch dringende betriebliche Gründe können zu Überstunden führen.	Überstunden müssen innerhalb von 6 Monaten ausgeglichen werden.
Pausenregelung	Bei einer Arbeitszeit von mehr als sechs Stunden ist eine Pause von mindestens 30 Minuten vorgeschrieben. Wenn AN mehr als neun Stunden arbeiten, müssen sie 45 Minuten lang Pause machen.	Pausenzeit ist keine Arbeitszeit.

Wichtige Regelungen des Arbeitszeitgesetzes (ArbZG)

Ruhezeit	Zwischen dem Ende einer täglichen Arbeitszeit und dem Beginn einer neuen täglichen Arbeitszeit müssen mindestens 11 Stunden ununterbrochene Ruhezeit liegen.	Ausnahmen gibt es z. B. in der Gastronomie und in Krankenhäusern (10 Stunden). Der Arbeitsweg gilt nicht als Arbeitszeit, sondern als Ruhezeit.
Nachtarbeit	Unter Nachtarbeit fällt laut ArbZG jede Arbeit, die in der Zeit zwischen 23 und 6 Uhr anfällt (Bäckereien/Konditoreien 22 bis 5 Uhr). Die gesetzlichen Regelungen hierzu sind erst dann anwendbar, wenn ein AN in diesem Zeitraum mehr als zwei Stunden arbeitet. Nachtarbeit wie Tagarbeit (8 Std., max. 10 Std.)	Überstunden sind innerhalb von 4 Wochen bzw. einem Kalendermonat auszugleichen. Der Arbeitgeber ist verpflichtet, angemessenen Ausgleich in Lohnzuschlägen oder Freizeit zu gewähren.

Mindesturlaubsgesetz (Bundesurlaubsgesetz)

Das Bundesurlaubsgesetz (BUrlG) von 1963, nun als Mindesturlaubsgesetz bezeichnet, regelt den Mindestanspruch von Arbeitnehmern auf bezahlten Jahresurlaub sowie den Umfang und die Bedingungen, unter denen der Urlaub zu gewähren ist. Tarifliche Vereinbarungen und Einzelabsprachen, die einen höheren Urlaubsanspruch vorsehen, sind von dieser gesetzlichen Mindestregelung ausgenommen.

§ **Bundesurlaubsgesetz**

§ 3 Dauer des Urlaubs

(1) Der Urlaub beträgt jährlich mindestens 24 Werktage.
(2) Als Werktage gelten alle Kalendertage, die nicht Sonn- oder gesetzliche Feiertage sind.

§ 4 Wartezeit

Der volle Urlaubsanspruch wird erstmalig nach sechsmonatigem Bestehen des Arbeitsverhältnisses erworben.

§ 9 Erkrankung während des Urlaubs

Erkrankt ein Arbeitnehmer während des Urlaubs, so werden die durch ärztliches Zeugnis nachgewiesenen Tage der Arbeitsunfähigkeit auf den Jahresurlaub nicht angerechnet.

Bei der Urlaubsfestlegung sind zeitliche Wünsche der Arbeitnehmer unter Berücksichtigung sozialer Gesichtspunkte und betrieblicher Belange zu beachten.

Beispiel: *In der FahrRad GmbH werden die Urlaubswünsche der Mitarbeiter zu Beginn des Kalenderjahres gesammelt. Mitarbeiter mit schulpflichtigen Kindern erhalten ihren Urlaub bevorzugt in den Schulferien. Die Erfüllung weiterer Wünsche ist abhängig von der Dauer der Betriebszugehörigkeit. Innerhalb des gleichen Zeitraums werden nur so viele Urlaubsanträge genehmigt, dass ein störungsfreier Betriebsablauf gewährleistet ist.*

Ein gesetzlicher Urlaubsanspruch steht Arbeitnehmern auch in besonderen Fällen zu. Das BGB nennt allerdings keine konkreten Anlässe. Nach der allgemeinen Rechtsprechung besteht ein Anspruch z. B. bei Tod naher Angehöriger, Hochzeit (eigene oder die der Kinder), Goldene Hochzeit von Eltern, Geburt, Umzug, Erkrankung eines Kindes. Dieser Sonderurlaub wird vollständig bezahlt und nicht auf den Jahresurlaub angerechnet, wenn er für eine „verhältnismäßig nicht erhebliche Zeit" in Anspruch genommen wird. Darüber hinaus besteht bei einer längerfristigen Erkrankung eines Kindes auch ein unbezahlter Freistellungsanspruch.

In der Regel haben Beschäftigte bis zum 31. März des Folgejahres Zeit, um ihren Resturlaub zu nehmen.

Beispiel: *Ein Mitarbeiter im Verkauf der FahrRad GmbH beantragt frühzeitig einen Tag Sonderurlaub für die Goldene Hochzeit seiner Eltern. Die Hochzeit wird an einem Samstag veranstaltet, an dem die FahrRad GmbH wie üblich geöffnet hat. Nach allgemeiner Rechtsprechung ist der Arbeitgeber verpflichtet, den Sonderurlaub bei voller Bezahlung zu gewähren.*

Urlaub soll dem Arbeitnehmer frei verfügbare Zeit gewähren. Wird er während seines Urlaubs krank und wird dies durch ein ärztliches Attest nachgewiesen, zählen attestierte Krankheitstage nicht als Urlaubstage.

Jugendarbeitsschutzgesetz

Für Arbeitnehmer bzw. Auszubildende, die noch nicht volljährig sind, gelten nach dem Jugendarbeitsschutzgesetz folgende abweichende Regelungen bezüglich der Arbeitszeit, der Pausen- und der Urlaubsregelung:

LF 1, Kap. 1.3

Arbeitsschutzbestimmungen für Arbeitnehmer/Auszubildende unter 18 Jahre	
Dauer der Arbeitszeit	Jugendliche dürfen nicht mehr als 8 Std./Tag bzw. 40 Std/ Woche beschäftigt werden (Ausnahmeregelungen möglich). Es gilt die Fünf-Tage-Woche.
Ruhepausen	Es müssen im Voraus feststehende Ruhepausen gewährt werden, und zwar mindestens 30 Minuten (bei Arbeitszeit von 4,5 – 6 Std.), 60 Minuten (bei mehr als 6 Std.), frühestens 1 Std. nach Arbeitsbeginn, spätestens 1 Std. vor Arbeitsende, nicht länger als 4,5 Std. ohne Ruhepause.
Urlaub	Der Anspruch ist abhängig vom Alter am 01. Januar des Jahres: 30 Tage bei 15-Jährigen, 27 Tage bei 16-Jährigen, 25 Tage bei 17-Jährigen.

Mutterschutzgesetz

© contrastwerkstatt – stock.adobe.com

Das Mutterschutzgesetz (MuSchG) dient dem Schutz der Mutter und ihres Kindes vor und einige Zeit nach der Geburt. Dazu ist es erforderlich, dass werdende Mütter dem Arbeitgeber unmittelbar nach Kenntnis der Schwangerschaft diese und den voraussichtlichen Termin der Entbindung mitteilen. Nach Mitteilung der Schwangerschaft entstehen für den Arbeitgeber bestimmte Pflichten. Er hat das Gewerbeaufsichtsamt bzw. den staatlichen Arbeitsschutz zu informieren, die die Einhaltung der Mutterschutzvorgaben sicherstellen. Dazu gehört auch, den Arbeitsplatz auf mögliche Gefährdungen zu untersuchen und gegebenenfalls eine Umgestaltung vorzunehmen.

Konkrete Regelungen des Mutterschutzgesetzes beziehen sich u. a. auf:

- grundsätzliche Gefährdungen, Überforderungen und gesundheitliche Beeinträchtigungen am Arbeitsplatz; Vorkehrungen zum Schutz von Leben und Gesundheit, keine schweren körperlichen Arbeiten;
- allgemeines Beschäftigungsverbot vor und nach der Entbindung; keine Beschäftigung in den letzten 6 Wochen vor der Entbindung (Ausnahme möglich); keine Beschäftigung bis 8 Wochen nach der Entbindung (zwingend);
- Beschäftigungsverbote für werdende Mütter; grundsätzlich keine Akkord- und Fließbandarbeit, Mehrarbeit, Nacht- und Sonntagsarbeit;
- Kündigungsschutz; Kündigungsverbot während der Schwangerschaft und bis zum Ablauf von vier Monaten nach der Entbindung (Ausnahmen sind zu beachten).

Während eines Beschäftigungsverbots entstehen weiterhin Urlaubsansprüche, die zu einem späteren Zeitpunkt beantragt werden können.

Merke

Tipp

Möchten Eltern nach der Geburt ganz oder teilweise auf ihre Erwerbstätigkeit verzichten, können sie zur Unterstützung unter bestimmten Bedingungen für einen gewissen Zeitraum **Elterngeld** beantragen: **Basiselterngeld** bis zu 14 Monate, **ElterngeldPlus** doppelt so lange in maximal halber Höhe.

Schwerbehindertenrecht laut SGB

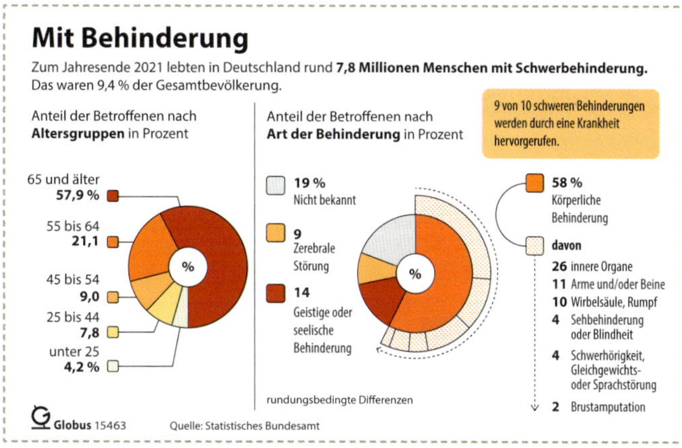

Rechtsgrundlage für das Schwerbehindertenrecht ist das Sozialgesetzbuch (SGB) mit Regelungen, die die Rechte von Schwerbehinderten betreffen. Schwerbehindert ist eine Person, wenn ihr auf Antrag ein Grad der Behinderung (GdB) von der zuständigen Behörde (i. d. R. Versorgungsämter) aufgrund von Erkrankungen mit Einschränkungen der körperlichen Funktionen, geistigen Fähigkeiten oder psychischen Beeinträchtigungen zugewiesen wurde. Schwerbehindert sind Menschen im Sinne des Gesetzes, wenn ein Grad der Behinderung von mindestens 50 vorliegt und ein Schwerbehindertenausweis ausgehändigt wurde.

Grad wird häufig fälschlicherweise als Prozent bezeichnet.

Hinweis

Das Sozialgesetzbuch verpflichtet private und öffentliche Arbeitgeber mit mindestens 20 Arbeitsplätzen, wenigstens 5 % der Arbeitsplätze mit schwerbehinderten Menschen zu besetzen. Für jeden unbesetzten Pflichtarbeitsplatz ist eine Ausgleichsabgabe zu zahlen.

Schwerbehinderte genießen einen besonderen Schutz im Arbeitsleben und haben Anspruch auf bestimmte Förderungen:

§§ 80 ff. SGB IX

- Verpflichtung der Arbeitgeber zur Zusammenarbeit mit der Bundesagentur für Arbeit und den Integrationsämtern; diese erteilen Auskünfte, die zur Durchführung der besonderen Regelungen zur Teilhabe schwerbehinderter Menschen am Arbeitsleben notwendig sind;

- keine Benachteiligung Schwerbehinderter wegen der Behinderung; z. B. Anspruch auf Beschäftigung nach den vorhandenen Fähigkeiten und Kenntnissen;
- bevorzugte Berücksichtigung bei innerbetrieblichen Maßnahmen; z. B. berufliche Bildung zur Förderung des beruflichen Fortkommens;
- Erleichterungen im zumutbaren Umfang; z. B. zur Teilnahme an außerbetrieblichen Maßnahmen der beruflichen Bildung;
- behinderungsgerechte Einrichtung und Unterhaltung der Arbeitsstätten; z. B. Gestaltung der Arbeitszeit und der Arbeitsplätze, des Arbeitsumfeldes, der Arbeitsorganisation unter besonderer Berücksichtigung der Unfallgefahr;

§§ 85 ff. SGB IX

- Ausstattung des Arbeitsplatzes; z. B. erforderliche technischen Arbeitshilfen.
- Schwerbehinderte Arbeitnehmer genießen darüber hinaus einen besonderen Kündigungsschutz ab sechs Monaten Beschäftigungsdauer. Die Kündigung des Arbeitgebers bedarf der vorherigen Zustimmung des Integrationsrates, der nach Stellungnahmen des Betriebsrates bzw. des Personalrates und der Schwerbehindertenvertretung sowie der Beteiligten auf eine gütliche Einigung hinwirkt. Weiterhin haben Schwerbehinderte Anspruch auf einen bezahlten zusätzlichen Urlaub von fünf Tagen/Jahr. (§ 125 SGB IX)

5.2 Personalentwicklung

Unternehmen sind zur Erreichung der wirtschaftlichen Ziele (z. B. Wettbewerbsfähigkeit, Gewinn und Wachstum) auf leistungsfähige Mitarbeiter angewiesen. Neue Herausforderungen aufgrund von gut informierter und vernetzter Kundschaft, anspruchsvollen Produkten, technologischen Neuentwicklungen sowie sich ändernde Vertriebsformen und der Ruf nach mehr Ökologie und Nachhaltigkeit erfordern häufig Fähigkeiten, die mit den gegenwärtigen Qualifikationen nicht mehr optimal bewältigt werden können. Diese haben somit einen besonderen Einfluss auf die Personalentwicklung eines Einzelhandelsunternehmens.

© Trueffelpix – stock.adobe.com

5.2.1 Ziele der Personalentwicklung

Unternehmen profitieren von gut ausgebildeten Mitarbeitern. Die Personalentwicklung hat dabei die Aufgabe, die sich stetig wandelnden Anforderungen an den Produktionsfaktor Arbeit zu ermitteln und sein Personal durch geeignete Maßnahmen so zu qualifizieren, dass alle derzeitigen und zukünftigen Aufgaben optimal bewältigt werden können. In vielen Publikationen ist immer wieder der Begriff vom „lebenslangen Lernen“ zu finden.

Das Maß an Personalentwicklung muss sich an den mittel- und langfristigen Unternehmenszielen orientieren und die individuellen Bedürfnisse, Ziele und Qualifikationen der Mitarbeiter berücksichtigen.

Aus Sicht des Einzelhandelsunternehmens zählen dazu beispielsweise:

- Sicherung von Nachwuchs- und Fachkräften
- Entwicklung von Spezialisten (Anpassung an technologische Entwicklungen)
- Verbesserung der Motivation und Leistungsfähigkeit von Mitarbeitern
- Bindung der Mitarbeiter und Vermeidung von Fluktuation
- Erhaltung und Verbesserung der Wettbewerbsfähigkeit.

Aus Mitarbeitersicht zählen dazu insbesondere:

- stärkeres Selbstwertgefühl, höheres Ansehen und mehr Motivation bei der Arbeitstätigkeit

- gute Work-Life-Balance
- berufliche Weiterentwicklung und verbesserte Aufstiegsmöglichkeiten
- höheres Einkommen
- verbesserte Arbeitsplatzsicherheit
- bessere Chancen bei Arbeitsplatzwechsel.

Neben der Vermittlung von fachlichen, berufsspezifischen Qualifikationen gewinnt die Entwicklung von sozialen und personalen Kompetenzen eine immer größere Bedeutung. Dazu gehören z. B. die Fähigkeit zu kooperativem Handeln, die Kommunikations- und Konfliktlösungsfähigkeit sowie die Leistungsbereitschaft, Führungskompetenz und Motivation („Soft Skills").

Merke

Die Personalentwicklung eines Unternehmens hat die Aufgabe, Maßnahmen der beruflichen Entwicklung gegenüber seinen Mitarbeitern zu fördern, unter Berücksichtigung der eigenen Unternehmensziele sowie der individuellen Fähigkeiten und persönlichen Interessen der Mitarbeiter.

Ziel von Personalentwicklung ist also die Förderung einer ausgeprägten beruflichen Handlungskompetenz, die den Erfordernissen beim „lebenslangen Lernen" Rechnung trägt. Dabei gehen Unternehmen davon aus, dass ihre Mitarbeiter bei Eintritt in die Arbeitswelt bereits grundlegende Kompetenzen erworben haben.

5.2.2 Maßnahmen der Personalentwicklung und Weiterqualifizierung

Maßnahmen der Personalentwicklung können intern und extern durchgeführt werden. Interne Veranstaltungen sind meistens kostengünstiger, jedoch bieten externe Anbieter häufig die professionelleren Rahmenbedingungen und eine höhere Qualität.

Neben der beruflichen Erstausbildung (z. B. als Kaufmann/-frau im Einzelhandel oder Verkäufer/Verkäuferin) und der Einarbeitung in den Betriebsablauf ist es also vor allem die Fort- und Weiterbildung, die es Mitarbeitern ermöglicht, sich beruflich weiterzuentwickeln.

Personalentwicklungsmaßnahmen dienen somit der Erhaltung und Vertiefung bereits erworbener Qualifikationen sowie der Vermittlung zusätzlicher Kompetenzen, die den

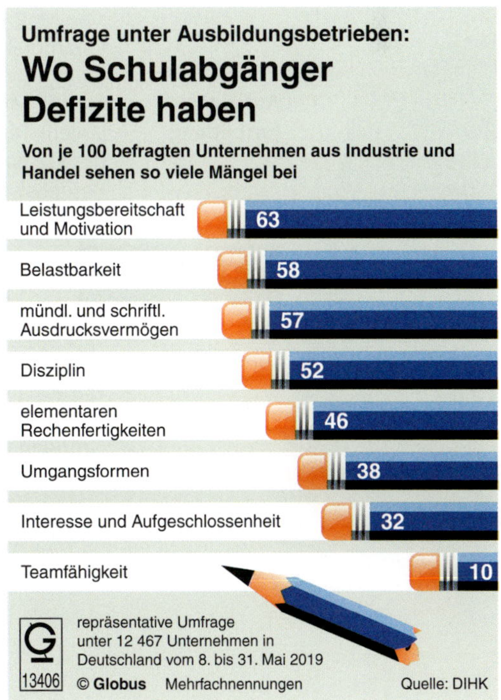

Mitarbeitern die Anpassung an neue Entwicklungen und nicht zuletzt den Aufstieg in höhere bzw. leitende Funktionen erleichtern.

Erfolgt die Weiterbildung im erlernten Beruf, wird sie als Fortbildung bezeichnet; dabei ist zwischen der Anpassungs- und Aufstiegsfortbildung zu unterscheiden. Darüber hinaus kann eine Umschulung notwendig werden, wenn aus betrieblichen oder persönlichen Gründen eine Tätigkeit im alten Beruf nicht mehr möglich ist. Nachfolgend sind die wesentlichen Bildungsmaßnahmen einer Personalentwicklung tabellarisch zusammengestellt:

Ausbildung	(= planmäßiges Erlernen eines Berufes)	
Berufsausbildung	Sie umfasst die betriebliche Ausbildung im Dualen System (mit Berufsausbildungsvertrag und Ausbildungsverordnung) oder findet als schulische Ausbildung in Bildungseinrichtungen mit Praktikumsphasen statt.	
Anlernausbildung	Sie ermöglicht das Einarbeiten von ungelernten, meist berufsfremden Mitarbeitern.	
Traineeausbildung	Mitarbeiter werden systematisch mit allen Abteilungen und der Organisationsstruktur des Unternehmens vertraut gemacht.	
Fortbildung	(= Optimierung der beruflichen Handlungsfähigkeit)	
	im Unternehmen („on the job")	**außerhalb des Unternehmens („off the job)**
Anpassungsfortbildung	Sie soll Mitarbeiter für sich verändernde Anforderungen am Arbeitsplatz „fit" machen, z. B. Einarbeitung in neue Computerprogramme, Verkaufsförderung und Produktschulung, gemeinsame Veranstaltungen mit der Abteilung (Teambuilding-Maßnahmen) etc.	
Aufstiegsfortbildung	Sie soll Mitarbeiter befähigen, im Unternehmen anspruchsvollere Tätigkeiten zu übernehmen, z. B. durch Erweiterung der Qualifikation (Fachwirt für Marketing, Handelsfachwirt, Betriebswirt etc.), durch Seminare und Trainingsprogramme, Kongresse, Exkursionen etc.	
Weiterbildung	(= Erwerb einer zusätzlichen Qualifikation), insbesondere durch:	
Umschulung	Sie soll Mitarbeitern neues Wissen und Kompetenzen vermitteln mit dem Ziel, einen neuen Beruf zu erlernen, da ein Berufswechsel aus persönlichen oder betrieblichen Gründen notwendig ist; durch Abendschulkurse, Online-Weiterbildung, Fernstudium oder eine neue Ausbildung.	
Rehabilitation	Sie ermöglicht Mitarbeitern, nach einer längeren Erkrankung oder einem Unfall wieder ins Berufsleben zu finden.	

Merke

Als **Ausbildung** wird das planmäßige Erlernen eines Berufes bezeichnet, durch **Fortbildung** soll die berufliche Handlungsfähigkeit im Beruf optimiert werden, **Weiterbildung** dient dazu, zusätzliche Qualifikationen zu erwerben.

Schwerpunkte der Personalentwicklung

Eine Personalentwicklungsplanung gliedert sich immer in drei Schwerpunkte, und zwar in

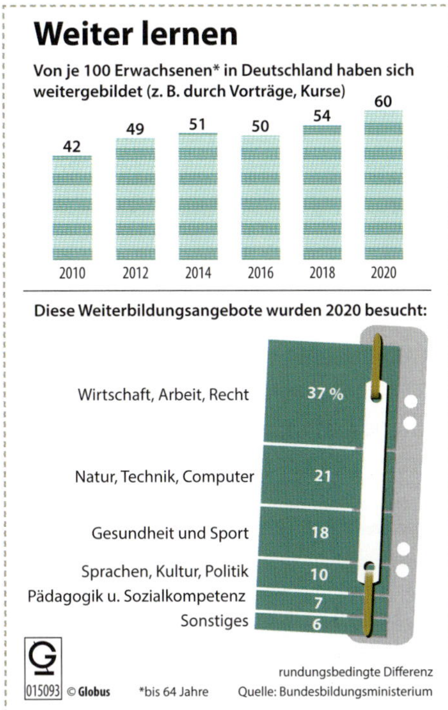

- berufsvorbereitende Personalentwicklung: Berufsausbildung von Auszubildenden; Einarbeitung von Mitarbeitern; Beschäftigung von Praktikanten; Einführung von Absolventen einer Hochschule oder Universität;
- berufsbegleitende Personalentwicklung: Erweiterung der erworbenen Qualifikationen, bespielsweise durch Angebote von Fachschulen (z. B. staatlich geprüfter Betriebswirt, Bachelor Professional), von Kammern und freien Trägern der Weiterbildung (z. B. Personalfachkaufmann) oder von Hochschulen (z. B. Studium für beruflich Qualifizierte);
- berufsverändernde Personalentwicklung: Aus- oder Weiterbildung für andere Arbeits-/Berufsbereiche, die vorher nicht Gegenstand der beruflichen Tätigkeit waren (z. B. Umschulung eines ausgebildeten Bäckers auf Kaufmann im Einzelhandel), Rehabilitations-Maßnahmen zur Wiedereingliederung.

Maßnahmen der Arbeitsorganisation

Die „on-the-job"-Maßnahmen, die die Arbeitsorganisation betreffen, sind besondere Formen der Arbeitseinteilung. Sie verbessern die Arbeitsbedingungen der Mitarbeiter und fördern die Personalentwicklung bzw. Teambildung durch:

- Job Rotation: regelmäßiger Arbeitsplatzwechsel zur Vermeidung von Monotonie am Arbeitsplatz und zur Erweiterung des Kenntnisstands (z. B. Wechsel von der Fahrradabteilung in den Bereich Sportkleidung und Zubehör);
- Job Enlargement: Erweiterung des Aufgabenfeldes um neue, mit dem Arbeitsbereich zusammenhängende Tätigkeiten; die zusätzlichen Aufgaben befinden sich auf der gleichen Qualitätsstufe und haben einen ähnlichen Schwierigkeitsgrad (z. B. neben dem Warenverkauf auch zusätzlich die Aufgabenbereiche Warenauszeichnung, Warenbestellung und Überwachung des Wareneingangs);

- Job Enrichement: Aufgabenbereicherung durch neue, qualitativ höherwertige Aufgaben (z. B. neben dem Verkauf von Fahrrädern wird auch die Berechtigung übertragen, die Kalkulation durchzuführen oder selbstständig Rabatte einzuräumen);
- Gruppenarbeit (= [teil]autonome Arbeitsgruppen): weitgehend selbstständig organisierte Erfüllung von Arbeitsaufgaben durch Kleingruppen oder Teams (z. B. Regelungen der Arbeitszeiten, Pausen und Arbeitsverteilung in der Fahrradwerkstatt).

Kap. 5.4

Um die Personalentwicklung optimal planen und durchführen zu können, müssen verschiedene Daten zur Verfügung gestellt werden. Dazu gehören unter anderem die Qualifikationsnachweise in den Personalakten der einzelnen Mitarbeiter, die Beurteilungen über die Leistungen der Mitarbeiter und die Ergebnisse der Mitarbeitergespräche sowie alle relevanten Informationen über zusätzliche, auch außerhalb des Betriebes erworbene Qualifikationen und Kompetenzen („off-the-Job"-Maßnahmen).

5.2.3 Maßnahmen zur Mitarbeitermotivation

„Was motiviert meine Mitarbeiter?" ist eine berechtigte Frage auch von Einzelhandelsunternehmen, wenn die wirtschaftlichen Ziele erreicht und die Zufriedenheit eines engagierten Personals gewährleistet werden sollen. Analysiert man Ergebnisse der Motivationsforschung, so kristallisieren sich drei Bedürfnisse heraus, die uns Menschen im Allgemeinen und somit auch Mitarbeiter im Besonderen im Arbeitsleben motivieren:

- Menschen wollen ihr Ziel erreichen; dabei möchten sie, dass das Erreichen des Ziels auch bemerkt wird und sie stolz auf ihr Tun sein können.
- Menschen suchen soziale Beziehungen und Zugehörigkeit; denn nur so kann Erfolg auch die Anerkennung bekommen, die man durch einen Anschluss an eine Gruppe für sich anstrebt.
- Menschen streben nach Macht; jeder Mensch hat grundsätzlich den Wunsch, Kontrolle über seine Umgebung auszuüben, einschließlich seines Verhaltens gegenüber seinen Mitmenschen. Respekt, Status und Einfluss innerhalb einer Gruppe (also des Mitarbeiter-Teams) verändern sich positiv.

Quelle: David Clarence McClelland, https://careersintheory.wordpress.com/2011/10/06/how-many-needs/

Motivation durch Feedback und Anerkennung

Regelmäßiges Feedback durch den Arbeitgeber oder Vorgesetzten steigert die Motivation und Leistung von Mitarbeitern deutlich; gezielte Anerkennung und die Würdigung dieser guten Leistungen verbessert die Motivation noch einmal signifikant. Maslows Bedürfnispyramide lässt sich auf das Mitarbeiter-Engagement adaptieren (= anpassen).

Maslows Bedürfnispyramide adaptiert auf das Mitarbeiter-Engagement

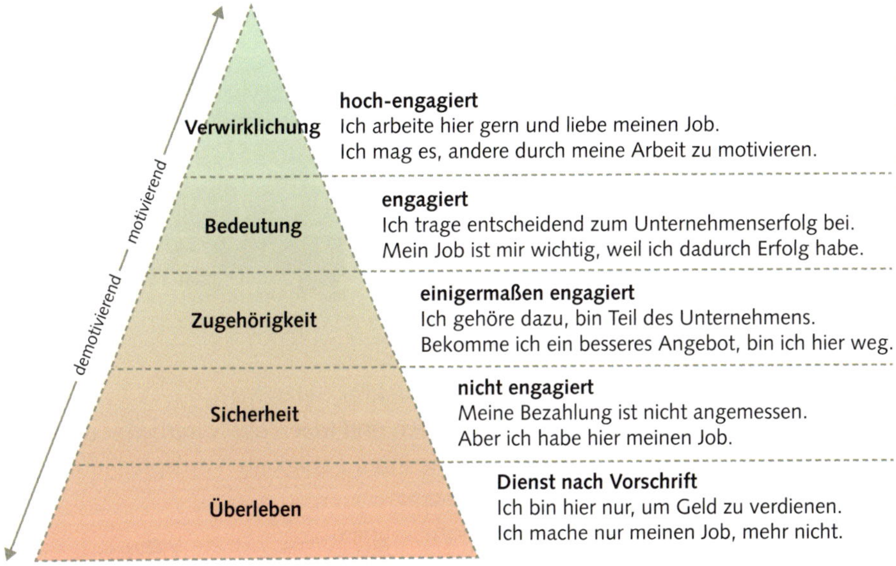

Die Frage, ob sich Mitarbeiter eher durch angemessene Arbeitgeberleistungen bzw. Entgeltbezahlung oder durch Anerkennung und eine gute Beziehung zu Kollegen motivieren lassen, zeigt bei Umfragen unterschiedliche Ergebnisse, je nachdem, welchen Beruf die Befragten ausüben und wie groß die Unternehmen sind.

Damit Mitarbeitermotivation die beabsichtigte Wirkung erzielen kann, muss sie persönlich und situationsbezogen sein; bei Anerkennung und Wertschätzung gibt es keine Einheitslösung.

Aspekte, die sich positiv auf die Arbeitsmotivation auswirken

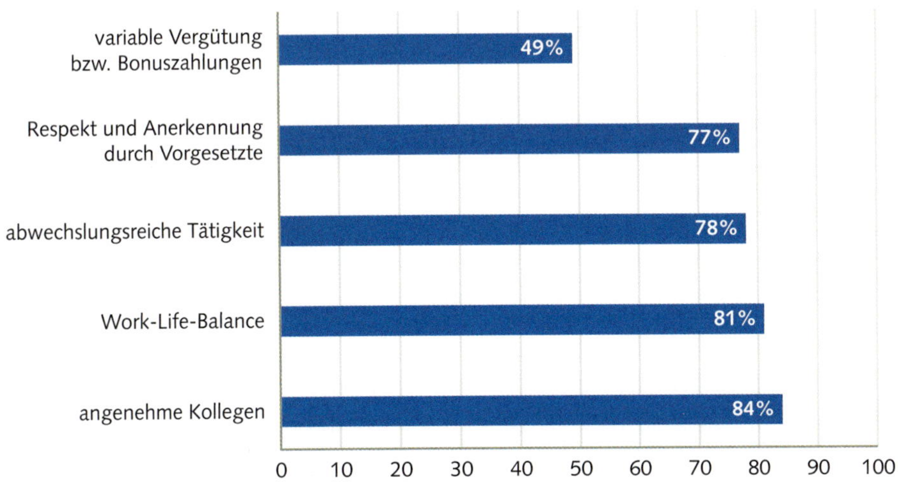

Quelle: forsa-Umfrage im Auftrag der Edenred Deutschland GmbH

Beeinflussung der Arbeitsleistung durch Arbeitsklima und Betriebsausstattung

Wird im Zusammenhang mit dem Begriff Mitarbeitermotivation von einem guten Arbeitsklima gesprochen, so ist in erster Linie das kollegiale Miteinander des Personals gemeint, also die durch ein gemeinschaftliches Verhalten bei der Arbeit geprägte gute Stimmung.

© Henry Schmitt – stock.adobe.com

Folgende Regeln für Vorgesetzte unterstützen den Motivationsprozess der Mitarbeiter und damit auch das Arbeitsklima:

- Mitarbeiter als Menschen, nicht als Kostenfaktor betrachten;
- auf die Bedürfnisse, Probleme, Beschwerden und Ideen der Mitarbeiter eingehen;
- Mitarbeitern Tätigkeiten ermöglichen, die ihren Fähigkeiten entsprechen;
- gute Leistungen zeitnah durch Lob bzw. Belohnung anerkennen, dabei die Belohnung an die Leistung und an die Person anpassen;
- bei Fehlern weniger tadeln, sondern ermutigen und gemeinsam ergründen, wie es zu den Fehlern gekommen ist;
- Mitarbeiter regelmäßig und so umfassend wie möglich informieren, diese dabei in den Entscheidungsprozess einbeziehen;
- Eigenverantwortung fordern und fördern;
- Verständnis für betriebliche, aber auch für private Belange aufbringen;
- Beschwerden ernst nehmen, ungleiche und ungerechte Bezahlung vermeiden.

Das Arbeitsklima beschreibt die Gesamtheit aller Faktoren, die Einfluss nehmen auf die Motivation, die Arbeitsleistung oder Leistungsbereitschaft, die Leistungsfähigkeit sowie die Kreativität eines Menschen an seinem Arbeitsplatz. Ist ein Mitarbeiter motiviert und stimmt das Arbeitsklima, wirkt sich das positiv auf alle Beteiligten aus.

© fotogestoeber – stock.adobe.com

Selbstverständlich gehört zu dieser Thematik auch das „physische Klima" in einem Unternehmen, also der räumliche Ist-Zustand des Arbeitsplatzes (Raumgröße und -temperatur, Lichtverhältnisse, Lüftung und Luftfeuchte, Geräusch- und Emissionsbelastung) und die Ausstattung der Arbeitsräume (z. B. Arbeits- und Transporthilfen, Pausen- bzw. Sozialräume und Toiletten, Sicherheits- und Gesundheitskennzeichnung), das Funktionieren der Arbeitsgeräte (hinsichtlich der Arbeitssicherheit, Funktionalität und Ergonomie) und vieles mehr, das durch die Arbeitsstättenverordnung (ArbStättV) geregelt wird. LF 7

Entsprechend ausgestattete Arbeitsplätze wirken sich positiv auf die Arbeitsleistung und Kreativität aus, darüber hinaus verpflichtet die Fürsorgepflicht den Arbeitgeber, seine Arbeitnehmer gegen Gefahren für Leben und Gesundheit zu schützen.

Finanzielle Anreize

Eine starke Motivation auf das Arbeitsverhalten von Mitarbeitern haben die Zahlung eines angemessenen Arbeitsentgelts sowie mögliche zusätzliche betriebliche Sozialleistungen. Kap. 6

Zur Erhöhung der Leistungsbereitschaft ist es im Einzelhandel üblich, neben dem tariflichen Entgelt Mehrleistungen in Form von Prämien, Provisionen oder Gewinnbeteiligungen zu vergüten. Die entsprechenden Entgeltformen werden in Kap. 6 beschrieben.

Soziale und gesundheitliche Anreize

Jedes Unternehmen ist verpflichtet, Leben und Gesundheit seiner Arbeitnehmer zu schützen. Neben Arbeitsschutzbestimmungen, zu denen die Einhaltung des Regelwerkes der Berufsgenossenschaft sowie der Bestimmungen von Arbeitsschutzgesetz, Arbeitssicherheitsgesetz und Arbeitsstättenverordnung gehören, sind dabei auch privatrechtliche Fürsorgevorschriften zu beachten.

So dürfen den Arbeitnehmern beispielsweise keine Arbeiten zugewiesen werden, die diese aufgrund eines ärztlichen Attests nicht ausüben dürfen. War ein Arbeitnehmer längerfristig erkrankt und hat er gerade seine Arbeitsunfähigkeit überwunden, hat der Arbeitgeber zu überlegen, mit welchen Leistungen oder Hilfen er einer erneuten Arbeitsunfähigkeit vorbeugen und der Arbeitsplatz erhalten werden kann.

Soziale Anreize können außerhalb der täglichen Arbeit geschaffen werden durch:

- die Kostenübernahme bzw. Organisation von Fitness- oder Sportangeboten,
- Anbieten von Gesundheitskursen, Rückenschulung oder Suchtberatung,
- Burnout-Prävention,
- firmeninterne Kinderbetreuung,
- Informationsveranstaltungen über gesunde Ernährung und ggf. entsprechendes Kantinenessen,
- gemeinsame Aktivitäten außerhalb der Arbeitszeit, z. B. Betriebsausflüge,
- Mithilfe bei der Wohnungssuche oder das Bereitstellen günstiger Wohnungen,
- Unterstützung bei familiären oder persönlichen Notlagen, z. B. bei Krankheit, Vermögensverlust durch Katastrophen oder finanziellen Engpässen.

5.3 Personalverwaltung

Die Personalverwaltung ist für die administrativen und routinemäßigen Tätigkeiten zuständig, die im Zusammenhang mit der Einstellung, dem Einsatz, der Entlohnung und der Beendigung von Arbeitsverhältnissen anfallen. Dazu gehören u. a. die

© andyller – stock.adobe.com

- Verwaltung und Bearbeitung von Vertragsunterlagen,
- Bearbeitung von Steuer- und Sozialversicherungsunterlagen,
- Erfassung und Verwaltung von Personalstammdaten,
- Führung von Personalakten und Personaldateien,
- Erfassung und Verwaltung von Arbeits-, Urlaubs- und Krankheitszeiten,
- Verwaltung sonstiger Personaldaten,
- Entgeltabrechnung.

5.3.1 Personalpapiere und Personalunterlagen

Bevor ein neuer Mitarbeiter seine Tätigkeit aufnimmt, sind von der Personalabteilung eine Reihe von Daten zu erfassen und zu verarbeiten. Einzureichende Personalpapiere werden in Empfang genommen, Melde- und Anzeigepflichten erledigt; dem Arbeitnehmer werden Unterlagen zur Kenntnisnahme, Verwahrung und Nutzung ausgehändigt. Eine Checkliste erleichtert die Datenerfassung.

Checkliste für die Datenerfassung von Personalpapieren und Personalunterlagen

Vorlagepflicht durch den Arbeitnehmer
- Rentenversicherungsunterlagen
- Sozialversicherungsausweis bzw. Schreiben der Versicherung mit Versicherungsnummer
- Mitgliedsbescheinigung einer Krankenkasse
- Urlaubsbescheinigung
- Arbeitserlaubnis ausländischer Arbeitnehmer
- gegebenenfalls ausstehende Bewerbungsunterlagen
- gegebenenfalls ärztliches Zeugnis
- gegebenenfalls Schwerbehindertenausweis
- ...

Einstellungsunterlagen für Arbeitnehmer
- Arbeitsvertrag
- Betriebsordnung
- Betriebs- bzw. Werksausweis
- Informationsmaterial (z. B. Sicherheitsvorkehrungen, Verhalten bei Unfällen, Raucherzonen)
- Schlüssel bzw. PIN-Codes
- Arbeitsmaterial, Werkzeuge etc.
- ...

Zusätzlich sind die Arbeitnehmer bei verschiedenen Organisationen und Institutionen anzumelden, z. B. bei der Krankenkasse, der Sozialversicherung (Weiterleitung durch die Krankenkasse), dem Finanzamt und der Berufsgenossenschaft.

5.3.2 Personalakte und Personaldatenverwaltung

Eine Hauptaufgabe der Personalverwaltung ist das Anlegen und Führen der Personalakte. Sie umfasst wichtige Dokumente und Vorgänge, die im Zusammenhang mit dem individuellen Arbeitsverhältnis stehen und für deren Aufnahme ein berechtigtes Interesse aus Arbeitgeber- oder Arbeitnehmersicht besteht. So werden unter anderem die persönlichen Stammdaten, Zeugnisse und Urkunden des Arbeitnehmers, Daten über die persönliche und berufliche Entwicklung sowie Einschätzungen der betrieblichen Leistungen in die Personalakte aufgenommen.

Unterlagen der Personalakte

Grundsätzlich kann der Arbeitgeber frei entscheiden, welche Unterlagen in der Personalakte aufbewahrt werden; sie müssen – neben dem berechtigten Interesse – nur in einem inneren Zusammenhang mit dem Arbeitsverhältnis stehen. Zu den Inhalten einer Personalakte zählen u. a.:

Art der Daten	Beispiele
personenbezogene Daten	Personalbogen bzw. -stammblatt mit persönlichen Angaben, Bewerbungsunterlagen, polizeiliches Führungszeugnis, Familienstand, Kinderanzahl
betriebsbezogene Daten	Personalnummer, Arbeitsvertrag und Betriebseintritt, Korrespondenz mit dem Mitarbeiter, Angaben zur Tätigkeit, Stellung im Betrieb und Beförderungen, Fortbildungen, Beurteilungen und Arbeitszeugnisse, Urlaubs- und Krankheitszeiten, Abmahnungen

Art der Daten	Beispiele
entgeltbezogene Daten	Entgeltvereinbarungen (z. B. Bruttoentgelt, vermögenswirksame Leistungen, Überstundenzuschläge), Arbeitszeit, Urlaubstage, Krankenkasse, Lohnsteuerklasse

Einsichtnahme in die Personalakte

Arbeitnehmer haben das Recht zur Einsichtnahme in ihre Personalakte, gegebenenfalls unter Hinzuziehung eines Betriebsratsmitgliedes. Im Beisein eines Mitarbeiters der Personalabteilung dürfen Abschriften angefertigt werden. Eine Entnahme von Dokumenten ist nicht gestattet.

Befinden sich **unrichtige Angaben** in der Personalakte, so hat der Arbeitnehmer das **Recht auf Entfernung oder Berichtigung.** Dieses Recht ist insbesondere im Zusammenhang mit unberechtigten Abmahnungen von Bedeutung.

Merke

Elektronische Personalakte

Die zeit- und kostenintensive Führung der „klassischen" Personalakte in Papierform wird zunehmend durch EDV-gestützte Informationssysteme ergänzt bzw. ersetzt. Mit der sogenannten elektronischen Personalakte können Personaldaten effizient verwaltet, ausgewertet und sicher (gemäß den Datenschutzbestimmungen) archiviert werden. Als Vorteile der elektronischen Personalakte gelten entsprechend:

- die gewünschten Informationen, z. B. zu Gehalt, Urlaubs- und Fehlzeiten, Qualifikationen und Karriereplan, sind jederzeit in aktueller Form digital abrufbar;
- die Personalarbeit wird entlastet, wenn die elektronische Personalakte komplett in das Personalwirtschaftssystem integriert wird;
- Entfernungen zwischen unterschiedlichen Bearbeitungsstationen entfallen; das ermöglicht einen schnellen und unkomplizierten Zugriff.

5.3.3 Personalstatistik und Personalcontrolling

Damit ein Einzelhandelsunternehmen eine an bestimmten Leitlinien orientierte Personalpolitik betreiben kann, sind Erhebungen zur Personalstatistik und das sogenannte Personalcontrolling notwendig.

Personalstatistik

Anhand von Statistiken lassen sich Entscheidungen zur Personalentwicklung und -einsatzplanung kontrollieren und Aussagen über die Produktivität eines Unternehmens anstellen. Personalstruktur, Personalbewegungen, Arbeits- und Ausfallzeiten, gezahlte Sozialleistungen, Entgelt- und Prämienzahlungen können statistisch erfasst werden und zeigen dann – in Zahlen ausgedrückt – sämtliche Beziehungen der Mitarbeiter zum Einzelhandelsunternehmen auf. Dadurch bieten die Personalstatistiken wertvolle Erkenntnisse zur Erreichung betriebswirtschaftlicher Ziele und werden regelmäßig (monatlich, pro Quartal bzw. jährlich) oder für bestimmte Anlässe erstellt.

Für folgende Bereiche können statistische Informationen Auskunft geben:

Statistikbereich	Beispiele
Personal	Geschlecht, Alter, Familienstand, Qualifikation und Bildungsabschluss, Betriebszugehörigkeit, Beruf, Arbeitszeit, Stellung im Unternehmen
Fehlzeiten	Auskunft über Urlaubs- und Fehlzeiten, Sonderurlaubszeiten, Zeiten wegen Fortbildungen und Kurs-/Seminarteilnahme
Krankheit und Arbeitsunfähigkeit	Krankenstand, Fehlzeiten wegen Quarantänemaßnahmen oder wegen Reha-Maßnahmen
Personalbewegung	Kündigungsquote, Entlassungen, Vertragsaufhebungen, Eintritt ins Rentenalter, Erziehungsurlaub, Mutterschutz, Sabbatjahr
Arbeits- und Ausfallzeiten	geleistete Normalarbeitszeit, Überstunden
Entgeltzahlung und Sozialleistungen	Entgelthöhe, Zulagen, Prämien, Beteiligungen, gesetzliche/tarifliche/freiwillige Sozialleistungen

Die notwendigen statistischen Informationen liefert i. d. R. ein Personalinformationssystem (PIS), also ein Softwaresystem, das Teil des Warenwirtschaftssystems ist. Zu den Aufgaben eines PIS gehören neben der Aufbereitung der statistisch relevanten Personaldaten die Zeiterfassung, die monatlichen Abrechnungen der geleisteten Arbeitszeit und der Arbeitsentgelte, die Stammdatenpflege der Arbeitnehmer, die Administration und die Planung der Arbeitszeiten.

Beispiel: *Für eine Informationsbroschüre stellt die Geschäftsführerin der FahrRad GmbH, Lena Löschen, eine Personalübersicht zusammen, die die Personalstruktur des gesamten Unternehmens aufzeigt. Durch eine Betriebsübernahme hat das Unternehmen im letzten Jahr deutlich expandiert.*

Personalstrukturstatistik

Merkmal	gesamt	in Prozent
Beschäftigte (gesamt)	34	100,0
Männer	18	52,9
Frauen	16	47,1
Vollzeit	20	58,8
Teilzeit	8	23,5
Auszubildende	6	17,7
Alter der Mitarbeiter		
bis 20 Jahre	5	14,7
21 – 30 Jahre	15	44,1
31 – 40 Jahre	6	17,7
41 – 50 Jahre	4	11,8
51 – 60 Jahre	2	5,9
über 60 Jahre	2	5,9
Dauer der Betriebszugehörigkeit		
0 – 2 Jahre	8	23,5
3 – 5 Jahre	8	23,5
6 – 10 Jahre	12	35,3
11 – 15 Jahre	4	11,8
über 15 Jahre	2	5,9
Bildungsabschluss		
ohne Schulabschluss	2	5,9
mittlerer Schulabschluss	18	52,9
Fachhochschulreife	9	26,5
Allgemeine Hochschulreife	3	8,8
Fachhochschule/Hochschule	2	5,9

Personalcontrolling

Als einer der Funktionsbereiche des Personalwesens ist das Personalcontrolling eine Spezialisierung des Unternehmenscontrollings. Personalcontrolling beschäftigt sich mit allen Aktivitäten rund um das Personal, also um die Personalbedarfsplanung, die Personalkosten und die Bewertung der Leistungsfähigkeit der Mitarbeiter. Es erfasst personalrelevante Daten und Kennzahlen und bereitet diese auf, damit die Personalabteilung oder die Unternehmensleitung datenbasierte operative und strategische Entscheidungen treffen können – statt „aus dem Bauch heraus" zu handeln. Dabei werden nicht einzelne Beschäftigte beleuchtet, sondern die Arbeitskräfte als unterschiedliche Gruppen betrachtet.

© domoskanonos – stock.adobe.com

Merke

Wesentliche Aufgaben des Personalcontrollings sind die Planung, Steuerung und Kontrolle sämtlicher personalwirtschaftlicher Aktivitäten, die sich immer an den Zielen des Einzelhandelsunternehmens orientieren sollten.

Wichtiges Instrument im Personalcontrolling ist die Erfassung von Personalkennzahlen, die sich in zwei Bereiche unterteilen lassen, und zwar in

- quantitative Kennzahlen: Dabei handelt es sich um Werte, die messbar sind, z. B. Mitarbeiteranzahl, Umsatz je Mitarbeiter, Altersstruktur, Anzahl der Schulungen und Fortbildungen oder Fluktuation;
- qualitative Kennzahlen: Hier handelt es sich um schwer messbare Werte, wie die Zufriedenheit und Motivation der Mitarbeiter.

Das Personalcontrolling gibt einen Überblick über die Effizienz der Personalarbeit. Bei der Vielzahl an Personalprozessen werden sehr unterschiedliche Kennzahlen benötigt, von denen hier einige exemplarisch vorgestellt werden.

Personalbestand und Personalstruktur

Anhand des Personalcontrollings lässt sich der für die betrieblichen Belange eines Einzelhandelsunternehmens erforderliche Personalbestand ermitteln und so eine gewinnorientierte Zielsetzung realisieren. Dabei ist sicherzustellen, dass das Personal zur richtigen Zeit mit der entsprechenden Qualifikation eingesetzt werden kann.

Inwieweit der verfügbare Bestand an Mitarbeitern den erforderlichen Bestand decken kann, lässt sich z. B. mit der Personaldeckungsquote ermitteln. Unter- und Überbesetzungen sind dadurch schnell erkennbar.

Formel

$$\text{Personaldeckungsquote} = \frac{\text{Personal-Ist-Bestand}}{\text{Personal-Soll-Bestand}} \cdot 100$$

Beispiel: *In der Personalabteilung schauen sich Lena Löschen und ihre Personalcontrollerin, Erika Hagen, die Personaldeckungsquote in der Fahrradabteilung der FahrRad GmbH an. Das Personalcontrolling hat ermittelt, dass in der Abteilung 19 Mitarbeiter beschäftigt sein sollten, es sind aber zurzeit nur 17 Stellen besetzt.*

© Jeanette Dietl – stock.adobe.com

Die Deckungsquote beträgt $\frac{17 \cdot 100}{19} = 89{,}5\,\%$

Daraus ergibt sich eine Unterbesetzung von 10,5 %.

Controller wirken bei der Personalplanung und -betreuung mit, indem sie wichtige Einflussfaktoren der Personalkosten bestimmen, Merkmale für die Bestimmung der Personalqualität festlegen und die eigenen Betriebskennzahlen mit der Personalstruktur der Mitbewerber und der Branche vergleichen.

Beispiel: *Erika Hagen von der FahrRad GmbH hat die neuen Branchenzahlen erhalten. Danach beträgt die Ausbildungsquote durchschnittlich 5 %, die Frauenquote 30 % aller Beschäftigten. In der FahrRad GmbH sind 3 Auszubildende und insgesamt 18 Männer und 16 Frauen beschäftigt. Frau Hagen ermittelt die Ausbildungs- und die Frauenquote der FahrRad GmbH:*

Ausbildungsquote: $\frac{3\text{ (Auszubildende)} \cdot 100}{34\text{ (Beschäftigte)}} = 8{,}82\,\%$

Frauenquote: $\frac{16\text{ (Frauen)} \cdot 100}{34\text{ (Beschäftigte)}} = 47{,}06\,\%$

Sowohl die Ausbildungs- als auch die Frauenquote sind bei der FahrRad GmbH überdurchschnittlich hoch.

5.3.4 Datenschutz und Datensicherheit

© Trueffelpix – stock.adobe.com

Datenschutz dient dazu, analoge ebenso wie digitale personenbezogene Daten (Name und Anschrift, E-Mail-Adressen, Kontodaten, Gesundheitsdaten, Stundenzettel, Rechnungen) zu schützen. Jede natürliche Person hat ein Recht auf Schutz ihrer Privatsphäre und auf informationelle Selbstbestimmung, d. h., sie muss selbst bestimmen können, welche personenbezogenen Daten wem wann zugänglich gemacht werden. Das Recht auf Datenschutz ist gesetzlich geregelt in der EU-Datenschutzgrundverordnung (DSGVO) sowie im Bundesdatenschutzgesetz (BDSG).

Insbesondere in § 64 BDSG sind auch Regelungen zur Datensicherheit verankert. Ziel der Datensicherheit ist der Schutz aller Daten (personenbezogene und nicht personenbezogene) hinsichtlich der

- Vertraulichkeit (Sicherheit der Daten vor unberechtigtem Zugriff),
- Verfügbarkeit (Sicherheit der Daten vor Vernichtung, Verlust, Zerstörung),
- Integrität (Sicherheit, dass Daten vollständig und unverändert sind) und
- Belastbarkeit der Systeme (Funktionssicherheit inkl. der Möglichkeit zur raschen Wiederherstellung der Daten bzw. des Zugangs zu den Daten).

Um sowohl absichtliche als auch unbeabsichtigte Verstöße gegen die Datensicherheit auszuschließen, sind geeignete technische und organisatorische Maßnahmen zu ergreifen, z. B. Pseudonymisierung oder Verschlüsselung der Daten bzw. Datenträger, Verhinderung des unbefugten Zugriffs auf Daten z. B. durch Zugangskontrollen, Zugriffskontrollen und Eingabekontrollen.

Datenschutz in Beschäftigungsverhältnissen

Die EU-Datenschutzgrundverordnung (DSGVO) und das Bundesdatenschutzgesetz (BDSG) erlauben grundsätzlich die Verarbeitung solcher personenbezogenen Daten, die für die Begründung, Durchführung oder Beendigung von Beschäftigungsverhältnissen sowie für die Interessenvertretung der Beschäftigten erforderlich sind.

Darüber hinaus dürfen personenbezogene Daten nur verarbeitet werden, wenn der Beschäftigte eine freiwillige Einwilligung in Schriftform abgegeben hat (vgl. § 26 II BDSG, Art. 7 DSGVO).

Schutz personenbezogener Daten

Jegliche Verarbeitung personenbezogener Daten muss einer besonderen Sorgfalt und Vertraulichkeit unterliegen; deshalb hat sie EU-weit den Anforderungen der EU-Datenschutzgrundverordnung (DSGVO) gerecht zu werden. Wo die DSGVO Spielräume für nationale Anpassungen lässt, wird mit dem Bundesdatenschutzgesetz (BDSG) der Rechtsrahmen für die Datenverarbeitung in Deutschland gesetzt.

Beispiel: *Einem Mitarbeiter der FahrRad GmbH wurde ein Teil des Gehalts gepfändet. Die zur Durchführung notwendigen Daten sind im Entgeltprogramm des WWS abgespeichert. Die FahrRad GmbH muss sicherstellen, dass diese Daten absolut geschützt sind und nicht von Unbefugten eingesehen werden können.*

Personenbezogene Daten sind „alle Informationen, die sich auf eine identifizierte oder identifizierbare natürliche Person beziehen" (Art. 4 Nr. 1 DSGVO).

Merke

Geltungsbereich

Die Datenschutzbestimmungen gelten gleichermaßen für öffentliche Stellen (z. B. Behörden des Bundes, der Länder und der Kommunen) wie für nichtöffentliche Stellen (z. B. Personen, Unternehmen, Vereine), es sei denn, die Datenerhebung und deren Nutzung erfolgt ausschließlich für persönliche oder familiäre Tätigkeiten (z. B. private Aufzeichnungen über Geburtstage, private Fotosammlungen).

Ziel der Datenschutzbestimmungen

Ziel der Datenschutzbestimmungen ist es, das Recht auf informationelle Selbstbestimmung zu wahren, also den Einzelnen davor zu schützen, dass er durch Verarbeitung seiner personenbezogenen Daten (z. B. Name oder andere Kennung, Familienstand, religiöse oder weltanschauliche Überzeugung, Herkunft, genetische und biometrische Daten, Gesundheitsdaten, Vorstrafen) in seinem Persönlichkeitsrecht beeinträchtigt wird.

Personenbezogenen Daten dürfen deshalb nur verarbeitet werden, wenn z. B. eine ausdrückliche Einwilligung vorliegt oder die Person sie selbst offensichtlich öffentlich gemacht hat oder wenn gesetzlich geregelt ist, dass sie zur Wahrung vertragsrechtlicher, arbeits- oder sozialrechtlicher oder lebenswichtiger Interessen des Betroffenen erforderlich sind.

Allgemeine Datenschutzgrundsätze

Die Datenschutzbestimmungen benennen allgemeine Datenschutzgrundsätze, zu denen insbesondere zählen:

Zweckbindung:
Personenbezogene Daten dürfen nur für festgelegte, eindeutige und legitime Zwecke erhoben werden.

Datenminimierung/Datensparsamkeit:
Die Datenerhebung muss auf das jeweils notwendige Maß beschränkt sein.

Integrität u. Vertraulichkeit:
Durch technische Maßnahmen (z. B. Anonymisierung, Pseudonymisierung) und organisatorische Maßnahmen (z. B. Passwortschutz) muss Sicherheit der personenbezogenen Daten gewährleistet sein, d. h. Schutz vor unbefugter, unrechtmäßiger Verarbeitung sowie vor unbeabsichtigtem Verlust, Zerstörung oder Schädigung.

Datenrichtigkeit/Datenqualität:
Die Daten müssen sachlich richtig und erforderlichenfalls auf dem neuesten Stand sein.

Speicherfristen/Speicherbegrenzung:
Gespeicherte Daten dürfen nicht länger einer Person zuzuordnen sein, als es für den Zweck erforderlich ist.

Datenschutzbeauftragter

Die Pflicht zur Bestellung eines fachkundigen, internen oder externen Datenschutzbeauftragten trifft Unternehmen je nach ihrer Kerntätigkeit. Wenn also Daten verarbeitet werden, welche aufgrund ihrer Art, ihres Umfangs und/oder ihrer Zwecke eine umfangreiche regelmäßige und systematische Überwachung von betroffenen Personen erforderlich machen oder besonders sensible personenbezogene Daten erhoben werden, muss ein Datenschutzbeauftragter gestellt werden.

Wichtige Aufgaben des Datenschutzbeauftragten sind:

- Er wirkt auf die Einhaltung aller relevanten Datenschutzvorschriften hin, indem er die Verantwortlichen und die an den Verarbeitungsvorgängen beteiligten Mitarbeiter über die Pflichten im Rahmen der Datenschutzbestimmungen unterrichtet und schult.
- Er weist Zuständigkeiten zu und arbeitet mit der Aufsichtsbehörde zusammen.

5.4 Personalführung und Personalbeurteilung

Als Personal- oder Mitarbeiterführung wird die zielgerichtete Einbindung der Mitarbeiter und Führungskräfte in die Aufgaben eines Unternehmens verstanden. Personalführung ist ein Prozess, bei dem die Aufgabe der Führungskräfte im Vordergrund steht, die Beschäftigten zielorientiert zu steuern und in die Aufgaben des Unternehmens einzubinden. Personalführung orientiert sich am Leitbild des Unternehmens.

Als Führungskraft wird eine Person bezeichnet, die im Unternehmen Führungsaufgaben wahrnimmt (z. B. Planung, Organisation und Kontrolle von Aufgaben und/oder die Führung von Mitarbeitern); Führungskräfte sind beispielsweise in der Abteilungsleitung, Teamleitung oder als leitende Angestellte tätig.

5.4.1 Organisationsstruktur und Personalführung

Jedes Unternehmen hat eine bestimmte Organisationsstruktur, welche das System der im Unternehmen vorhandenen Kompetenzen, Abteilungen, Funktionen, Aufgabenbereiche usw. abbilden sollte. Am häufigsten verbreitet ist die hierarchische Organisationsstruktur: Das dazugehörende Organigramm sieht in etwa aus wie eine Pyramide, mit leitenden Führungskräften oben, dem mittleren Management darunter und noch weiter unten der Mitarbeiterebene.

Führungskräfte sind dafür verantwortlich, dass durch ihre Einflussnahme bei den Mitarbeitern die Unternehmensziele möglichst optimal umgesetzt werden. Aufgaben der Personalführung im Einzelnen sind z. B. Personalauswahl, Verbesserung der Leistungsfähigkeit und Leistungsbereitschaft bei den Beschäftigten, Vereinbaren und Kontrollieren von Zielen, Motivieren der Mitarbeiter zu bestmöglicher Arbeitsleistung, Beurteilen des Personals, Erkennen und Lösen von Konflikten.

Führungsstile

Führungskräfte werden seitens der Unternehmensleitung meist auch mit der Führung des ihnen unterstellten Personals beauftragt. Wer befugt ist, anderen Anweisungen zu erteilen, und sie damit zu einem bestimmten Handeln oder Verhalten veranlasst, kann das auf unterschiedliche Weise tun. Jede Führungskraft entwickelt dabei ihren eigenen Stil und ihre eigene Auffassung von Personalführung.

Das Führungsverhalten lässt sich dabei in verschiedene Führungsstile einteilen, von denen hier die zwei wichtigsten vorgestellt werden:

- autoritärer Führungsstil (Direktorialsystem): Vorgesetzte treffen aufgrund ihrer ranghöheren Position ihre Entscheidungen allein, also ohne Mitwirkung anderer. Dieser Führungsstil ist aufgabenorientiert. Von den Mitarbeitern wird erwartet, dass sie den Anweisungen widerspruchslos folgen. Die Durchführung der Anweisungen muss ständig überwacht werden. Wer nicht „spurt", muss mit Kritik und ggf. beruflichen Nachteilen rechnen.

- kooperativer Führungsstil (Kollegialsystem): Vorgesetzte stehen in einem partnerschaftlichen Verhältnis (Teamgedanke) zu den Mitarbeitern. Der Führungsstil ist mitarbeiterorientiert, weil die Mitarbeiter mit in die Entscheidungsprozesse eingebunden sind. Die Führungskraft informiert über die bevorstehenden Maßnahmen und Tätigkeiten, vieles wird dem Personal zur Durchführung in eigener Verantwortung übertragen. Von den Vorgesetzten wird bei diesem Führungsstil Vorbildcharakter erwartet, außerdem die Fähigkeit, andere zu begeistern und sie für die unternehmerischen Belange zu gewinnen.
  Auch die Mitarbeiter müssen bei diesem kooperativen Führungsstil bestimmte Anforderungen erfüllen, z. B. die Fähigkeit zum eigenverantwortlichen und selbstständigen Handeln und die Bereitschaft, im Team zu arbeiten.

Bewertung der Führungsstile

Autoritärer Führungsstil	Kooperativer Führungsstil
Vorteile: • schnelle, effektive Umsetzung der Entscheidung • keine Verantwortung für Mitarbeiter Nachteile: • Mitarbeiter nicht motiviert • Ausführung der Arbeiten nicht zufriedenstellend, wenn Vorgesetzte fehlen • Potenziale der Mitarbeiter bleiben ungenutzt • Abwanderung von Fachkräften möglich • wenig Spielraum für neue Ideen	Vorteile: • mehr Arbeitszufriedenheit durch das gemeinsame Erreichen von Zielen und das Lösen von Aufgaben • Verantwortungsbewusstsein und Mitarbeitermotivation gestärkt • Entlastung des Vorgesetzten Nachteile: • Autoritätsverlust des Vorgesetzten möglich • längerer Entscheidungsprozess • Risiko eines stärkeren Konkurrenzdenkens unter Mitarbeitern

Führungsgrundsätze

Der kooperative Führungsstil gewinnt in vielen Bereichen, auch des Einzelhandels, zunehmend an Bedeutung. Die Mitarbeiter werden in betriebliche Entscheidungen eingebunden. Dann ist zu entscheiden, wie untereinander die Aufgabenübertragung und Festlegung der Zuständigkeiten erfolgen soll.

In der Praxis finden die nachfolgenden Führungsgrundsätze häufig Anwendung:

Führungsprinzip	Erläuterung	Beispiel
Führen nach dem Ausnahmeprinzip	Vorgesetzte überlassen die Erledigung von Routinevorgängen den zuständigen Mitarbeitern, die eigenverantwortlich handeln können; nur in Ausnahmefällen wird der Vorgesetzte hinzugezogen.	Mitarbeiter dürfen über Rabatte selbst entscheiden; nur bei ganz außergewöhnlich hohen Rabatten kommt der Vorgesetzte hinzu.
Führen durch Zielvereinbarung	Personalführung und Mitarbeiter erarbeiten gemeinsam Ziele, die dann im Arbeitsbereich der Führungskräfte erreicht werden sollen. Tätigkeit und Verantwortung der Mitarbeiter werden schriftlich festgehalten. Durch diese Zielvereinbarungen erhofft man sich eine stärkere Arbeitsmotivation.	Für die einzelnen Abteilungen werden Umsatzvorgaben festgelegt, die die Mitarbeiter realisieren sollen.

Führungs-prinzip	Erläuterung	Beispiel
Führen durch Delegieren	Die Führung erfolgt weitestgehend durch eine Aufgaben- und Kompetenzverteilung auf die Mitarbeiter der Abteilung. Eine genaue Aufgabenbeschreibung für jeden einzelnen ist hierbei notwendig. Das führt zu höherer Arbeitsmotivation und gleichzeitiger Entlastung der Führungskräfte.	In der Abteilung für Fahrradsport und Zubehör sind verschiedene Mitarbeiter jeweils eigenständig verantwortlich für das Sortiment, den Bedarf, die Bezugsquellen und die Kalkulation der Waren.

Teambuilding

Kooperative Führungsstile fördern die Arbeitsmotivation der Beschäftigten im Einzelhandel. Ein gutes Betriebsklima ist ein weiterer motivierender Faktor. Eine häufig angewandte Strategie zur Verbesserung des Betriebsklimas sind Teambuilding-Maßnahmen. Damit werden die Teamfähigkeit, Zusammenarbeit, Kommunikation sowie das Gefühl der Zugehörigkeit gefördert. Sehr beliebt ist auch das Team-Coaching, bei dem ein Profi eine Gruppe von Mitarbeitern auf dem Weg zur gemeinsamen Zielerreichung unterstützt. Die Aufgabe des Coaches besteht darin, die Potenziale der Mitarbeiter aufzudecken, persönliche Ziele und Perspektiven zu entwickeln und gemeinsam an der Umsetzung zu arbeiten.

Wer Teamarbeit einführen oder ein neues Projektteam einrichten will, sollte die Teambildungsphasen kennen. Führungskräfte und Abteilungsleitungen benötigen eine hohe fachliche, persönliche und soziale Kompetenz, um die teils unterschiedlichen Charaktere – beispielsweise in einer Abteilung – zu einem funktionierenden Team zusammenzuführen zu können; die Beschäftigten selbst müssen im ersten Schritt der Teambildungsphase erst einmal Vertrauen zu den Vorgesetzten sowie zu den Kollegen aufbauen.

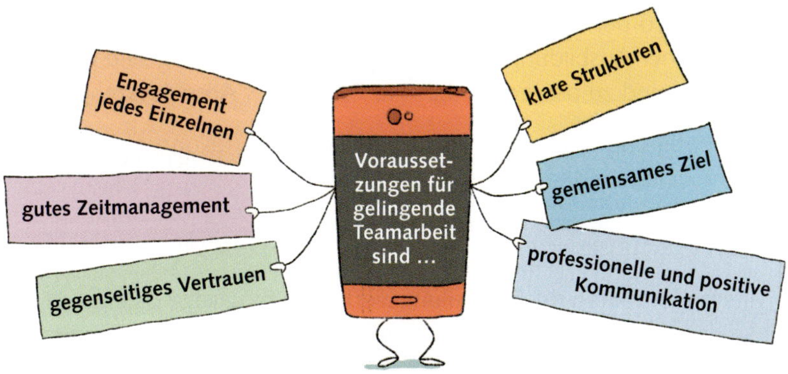

Teamarbeit wird immer dann eingeführt, wenn sich dadurch bessere Ergebnisse erzielen lassen. Doch das braucht Zeit. Jedes Team durchläuft zunächst einen längeren Prozess der Selbstfindung, bevor es voll leistungsfähig ist.

5.4.2 Personalbeurteilung

Die Personalbeurteilung hat eine besondere Bedeutung in Einzelhandelsunternehmen, denn sie ist für Vorgesetzte die Basis für die Einschätzung von Mitarbeitern, deren Fähigkeiten bzw. Leistungen systematisch und möglichst objektiv ermittelt werden sollen. Die Beurteilungen erfolgen meist nach genau festgelegten Kriterien; das soll sicherstellen, dass im gesamten Unternehmen einheitlich beurteilt wird.

Gründe für eine Personalbeurteilung

Die Personalbeurteilung ist ein wichtiges Instrument der Personalführung und unterstützt Entscheidungen in vielen Bereichen des Personalwesens, indem Kompetenzmerkmale z. B. aus den nachfolgenden Gründen überprüft werden:

© MH – stock.adobe.com

- Das Einzelhandelsunternehmen benötigt Entscheidungshilfen, weil neue Mitarbeiter einzustellen oder Entlassungen vorzubereiten sind.
- Es wird eine Grundlage für die Anfertigung eines Arbeitszeugnisses benötigt.
- Einzelne Mitarbeiter mit Führungsanspruch erhalten ein Mentoring oder Coaching, d. h. erfahrene Mitarbeiter, Trainer bzw. Vorgesetzte geben ihr Wissen und ihre Erfahrungen weiter, sind Ratgeber, Kritiker und Förderer zugleich.
- Im Rahmen von Personalentwicklungsmaßnahmen (Beförderung, Versetzung, Fortbildung oder Weiterbildung) werden geeignete Bewerber ausgesucht.
- Das Einzelhandelsunternehmen verfolgt das Ziel einer leistungsgerechten Entlohnung und möchte die Mitarbeiter in entsprechende Entgeltgruppen einordnen.
- Das Personal soll von Zeit zu Zeit motiviert und der aktuelle Leistungsstand gemessen und gefördert werden.
- Im Rahmen einer Ausbildung, Fortbildung oder Umschulung sind die Leistungen zu überprüfen und zu bewerten, meist in Form eines Abschlusszeugnisses.

§ 94 BetrVG Bei der Einführung und Festlegung von allgemeinen Beurteilungsgrundsätzen ist der Betriebsrat mit einzubeziehen.

Beurteilungskriterien

Für alle Mitarbeiter sollten die Beurteilungsverfahren möglichst objektiv und die Gesichtspunkte, nach denen sie beurteilt werden, gleich sein. Nur so kommt es nicht zu Streitigkeiten zwischen Vorgesetzten und Beurteilten. Die wichtigsten Beurteilungskriterien sind:

Arten der Beurteilungskriterien

Kriterium	Beispiele aus dem Einzelhandel
fachliche Leistung	Waren- und Sortimentskenntnisse, Verkaufs- bzw. Fragetechniken, sprachliche und mathematische Fähigkeiten, IT-Kenntnisse
kognitive Leistung	Auffassungsgabe, Merkfähigkeit, Kreativität, Kundenorientierung
physische Leistung	Belastbarkeit, Fitness, Ausdauer, Fleiß
Arbeitsverhalten	Freundlichkeit, Zuverlässigkeit, Aufgeschlossenheit, Selbstständigkeit, Arbeitstempo, Sorgfalt
Zusammenarbeit (soziales Verhalten)	Teamfähigkeit, Kooperationsfähigkeit, Konfliktfähigkeit, Flexibilität, Verhalten gegenüber Kunden bzw. Vorgesetzten
persönliches Auftreten	Umgangsformen, Erscheinungsbild, Selbstbewusstsein, Kleidung und Manieren

Beurteilungsverfahren

In der Praxis werden unterschiedliche Verfahren zur Personalbeurteilung angewandt. Dazu zählen z. B. die freie Beurteilung, das Skalenverfahren oder Einstufungsverfahren und das Rangordnungsverfahren.

Verfahren der Personalbeurteilung

Art des Verfahrens	Kriterien
freie Beurteilung	Der Beurteilende entscheidet mehr oder weniger eigenständig (freie oder gebundene Merkmalsauswahl) über die Beurteilungskriterien und formuliert einen individuellen Text. Der Nachteil dieses Verfahrens liegt in der Aufwändigkeit, der Subjektivität der Beurteilungskriterien und der mangelnden Vergleichbarkeit.
Skalenverfahren/ Einstufungsverfahren	In standardisierten Verfahren gibt der Beurteilende auf vorgegebenen Skalenwerten seine Beurteilung ab. Die Beurteilungsmerkmale sind vorher festgelegt und werden auf einer vorgegebenen Skala markiert. Die Aussagefähigkeit dieses Verfahrens ist von der passenden Auswahl der Beurteilungskriterien abhängig.
Rangordnungsverfahren	Verschiedene Mitarbeiter (z. B. paarweise oder als Gesamtgruppe) werden miteinander verglichen und in eine Rangfolge eingeteilt. Das Verfahren ist zwar relativ einfach durchzuführen, kann sich aber auf den Teamgeist demotivierend auswirken.

Beispiel: *Bei der FahrRad GmbH werden regelmäßig Personalbeurteilungen durch den Geschäftsführer Verkauf, Herrn Anton Krull, durchgeführt. Mit Hilfe eines einheitlichen Beurteilungsbogens werden für jeden Mitarbeiter beobachtete Arbeitsleistungen und Kompetenzen auf einer Skala von 1 – 5 (von sehr gut bis mangelhaft) angekreuzt. Anschließend werden alle Beobachtungsbögen unter Mitwirkung des Betriebsrates ausgewertet und die Ergebnisse in den Personalakten vermerkt.*

Beurteilungsbogen MitarbeiterIn

FahrRad GmbH Haan
So kommen Sie in die Gänge

Name des Mitarbeiters:
Personalnummer/Abteilung:
Beurteilungszeitraum: Datum:

Arbeitsleistung/Arbeitsweise					
	1	2	3	4	5
Arbeitstempo/Arbeitseffizienz	☐	☐	☐	☐	☐
Prioritätensetzung	☐	☐	☐	☐	☐
Erledigung der zugeteilten Aufgaben	☐	☐	☐	☐	☐
Selbstständiges Arbeiten	☐	☐	☐	☐	☐
Sorgfalt	☐	☐	☐	☐	☐
Selbstorganisation	☐	☐	☐	☐	☐
Termineinhaltung	☐	☐	☐	☐	☐
Fehlerquote	☐	☐	☐	☐	☐
Qualität der Arbeitsergebnisse	☐	☐	☐	☐	☐
Kostenbewusstsein	☐	☐	☐	☐	☐
Zielorientierung	☐	☐	☐	☐	☐
Quote der erreichten Ziele (Beurteilungszeitraum)	☐	☐	☐	☐	☐

Kompetenzen

Beurteilung durch Testkunden

Für die Beurteilung des Verkaufs- und Kassenpersonals werden im Einzelhandel insbesondere in großen Unternehmen Testkunden eingesetzt. Dieses Verfahren bezeichnet wird oft als Mystery Shopping bezeichnet.

Dabei handelt es sich um für diesen Zweck speziell geschultes, unternehmensfremdes Personal, das nach den Testkäufen ausführliche Kaufberichte und eine Bewertung der Getesteten erstellt. Testkäufe sind ein heftig umstrittenes Mittel, um Arbeitnehmer im Einzelhandel auf ihre Sorgfalt zu testen.

Fehler bei der Beurteilung von Mitarbeitern

Fehler können bei der Personalbeurteilung beispielsweise durch mangelnde Schulung des Beurteilers, durch subjektive Komponenten oder durch ein besonderes Verhältnis zwischen Beurteiler und Beurteiltem auftreten. Diese Fehler ergeben sich durch folgende Umstände:

- Der Beurteiler pflegt ein freundschaftliches oder ein besonders angespanntes Verhältnis zum Beurteilten, er ist somit emotional beeinflusst.
- Der Schwerpunkt der Beurteilung ist fokussiert auf einen Bereich, in dem der Mitarbeiter besonders gut (oder eher schlecht) ist. Die Beurteilung fällt daher zu gut (oder zu schlecht) aus.
- Die Führungskraft möchte den Mitarbeiter unbedingt im Team behalten (oder unbedingt „loswerden"), die Leistungsbewertung wird dadurch verfälscht.
- Frühere Leistungen überstrahlen gegenwärtige oder umgekehrt: Die Gewichtung der aktuellen Leistung fällt zu gering aus.
- Vorurteile bezüglich eines Bewertungsmerkmals werden auf andere übertragen, z. B. „Ein unpünktlicher Mitarbeiter kann kein guter Verkäufer sein."
- Der Beurteiler ist sich nicht sicher und möchte wegen seines Urteils nicht zur Rechenschaft gezogen werden, deshalb neigt er zu einer besseren Bewertung.
- Mitarbeiter höherer Hierarchiestufen werden tendenziell besser bewertet als Mitarbeiter unterer Hierarchiestufen.

Da jeder beurteilte Mitarbeiter das Recht hat, eine Erörterung seiner Leistungsbewertung zu verlangen, wird sich daraus ein Beurteilungsgespräch ergeben. In ihm werden die Ergebnisse besprochen und ausgewertet.

5.4.3 Personalgespräche als Instrument der Personalentwicklung

Nach der schriftlichen Beurteilung erfolgt i. d. R. das Beurteilungsgespräch. Personal- bzw. Mitarbeitergespräche sind ein Führungsmittel im Rahmen der Personalentwicklung. Sie finden meist zwischen dem direkten Vorgesetzten und dem Mitarbeiter statt. Grundlage für das Gespräch sind die ausgefüllten Personalbeurteilungsbögen.

Durch die Gespräche können sich Mitarbeiter und der Vorgesetzte ein Bild von den Erwartungen machen, die an sie gestellt werden. Über ein gegenseitiges Feedback erfahren sie, wie sie im Arbeitsbereich wahrgenommen werden und wie ihr Verhalten bewertet wird. Hierdurch erhalten beide Seiten die Möglichkeit, ihr Auftreten und ihr Verhalten zu überdenken und möglicherweise anzupassen.

Mitarbeitergespräche haben unterschiedliche Schwerpunkte und Zielsetzungen:

Arten und Ziele von Personalgesprächen

Abschlussgespräch	Beurteilung der Leistung und Erstellung eines Arbeitszeugnisses, z. B. wenn die Ausbildung bzw. der befristete Arbeitsvertrag endet
Beurteilungs-/ Feedbackgespräch	Einschätzung der Leistung, Erörterung von Schwachstellen, Hilfe bei der Problembeseitigung und mögliche Verbesserungshinweise im Arbeitsbereich des Mitarbeiters
Motivationsgespräch	Einschätzung der Aufgabenerfüllung, Planung der Entwicklungs- und Fördermöglichkeiten, Würdigung der bisherigen Leistung, Erarbeitung von Lösungsansätzen bei zu starker Belastung und Möglichkeiten von Entlastung
Zielvereinbarungsgespräch	Vorgesetzter und Mitarbeiter vereinbaren überprüfbare Arbeitsziele bzw. überprüfen die gesetzten Ziele aus früheren Gesprächen.
Entgeltgespräch	Vorgesetzter und Mitarbeiter besprechen die Gehaltsvorstellungen oder mögliche Erhöhung des Arbeitsentgelts.
Konfliktgespräch	Erarbeitung von Lösungen bei Konflikten innerhalb des Unternehmens zwischen Mitarbeitern und/oder Vorgesetzten

Eine gute Gesprächsvorbereitung durch den Vorgesetzten ist die Grundlage für ein effektives Mitarbeitergespräch. Er kennt die Inhalte und Vereinbarungen vergangener Gespräche und hat sich umfassend über die Arbeitsleistung informiert (z. B. bei unmittelbaren Vorgesetzten, Kunden, Lieferanten).

Im Vordergrund sollte aber die Aufforderung an den Mitarbeiter stehen, sich selbst einzuschätzen und die eigenen Entwicklungsziele zu definieren. Häufig gibt es in Unternehmen Checklisten oder Leitfäden, an denen sich Vorgesetzte und Mitarbeiter vor und bei der Durchführung eines Personalgespräches orientieren können.

Mitarbeitergespräch – Checkliste

Die wichtigsten Aspekte der organisatorischen und inhaltlichen Gesprächsvorbereitung sind in der nachfolgenden Übersicht zusammengefasst.

Checkliste – Vorbereitung auf ein Mitarbeitergespräch

Organisatorische Vorbereitung	Inhaltliche Vorbereitung des Mitarbeiters auf das Gespräch	Inhaltliche Vorbereitung des Vorgesetzten auf das Gespräch
Wann bzw. wo findet das Gespräch statt? Können Störungen von außen vermieden werden?	Welche konkreten Punkte sind anzusprechen?	Welche konkreten Punkte sind anzusprechen, welche Ziele?
Ist der Besprechungsraum vorbereitet, sodass eine positive Gesprächsatmosphäre entstehen kann?	Wie schätze ich meine Arbeitsleistung ein? Welche Schwächen und Stärken habe ich?	Was wurde bisher aufgrund der Zielvereinbarungen erreicht?
Stehen Hilfsmittel (Beamer, PC, Flipchart) zur Verfügung?	Wie sehe ich die Zusammenarbeit mit den Kollegen?	Welche Einstellung habe ich zu meinem Gesprächspartner?
Bestehen faire Sitzverhältnisse?	Wie sehe ich die Zusammenarbeit mit den Vorgesetzten?	Was weiß ich (persönlich) von meinem Gesprächspartner?
Sind alle benötigten Unterlagen (z. B. Mitarbeiterbeurteilungen, Protokollvorlage) vorbereitet?	Welches Thema ist zukünftig für mich/das Team wichtig?	Wie verliefen frühere Gespräche mit diesem Mitarbeiter?
Sind die Mitarbeiter über Zeitpunkt, Ort und Inhalt des Gesprächs informiert?	Welche Umstände würden mir bzw. dem Team den Arbeitsalltag erleichtern?	Bei welchen Aspekten ist mit Zustimmung zu rechnen, wann mit Einwendungen?
Wurde genug Zeit eingeplant? Ist eine Bewirtung geplant?	Was erwarte ich von meiner Führungskraft?	Wie ist zu verfahren, wenn man sich nicht mit dem Mitarbeiter einigen kann?

Mitarbeitergespräche können zu regelmäßigen, geplanten Terminen oder nach Bedarf stattfinden.

Im Anschluss an das Gespräch sollten sowohl der Vorgesetzte als auch der Mitarbeiter das Gespräch für sich reflektieren und ggf. bereits Notizen für ein Folgegespräch anfertigen.

5.4.4 Konfliktmanagement

© Trueffelpix – stock.adobe.com

In einem Einzelhandelsunternehmen treffen eine Vielzahl von unterschiedlichsten Charakteren aufeinander; das führt von Zeit zu Zeit auch zu Konflikten am Arbeitsplatz. Konflikte können einerseits entstehen durch Schwierigkeiten, die das Personal mit einzelnen Kunden, aber auch mit Vorgesetzten hat, oder durch Probleme, die Mitarbeiter untereinander haben.

Konflikte lassen sich nicht immer vermeiden. Sie entstehen dann, wenn bei den Beteiligten gegensätzliche oder miteinander konkurrierende Handlungsabsichten, Erwartungen, Wünsche oder Ziele aufeinandertreffen und jede Seite ihre Ansicht als die allein richtige ansieht.

Daher ist es für Führungskräfte bzw. Vorgesetzte wichtig, die Ursachen möglicher Konflikte zu erkennen und Maßnahmen zu ergreifen, um den Prozess der Konfliktlösung in Gang zu setzen.

Konfliktursachen

In der nachfolgenden Tabelle sind wesentliche Konflikte zusammengestellt:

Konfliktbeschreibung	Mögliche Ursachen	Beispiele
Konflikt durch Arbeitsüberlastung, Zeit-/Termindruck	• erhöhter Zeitdruck • mehr Stress • zu kurze Regenerationsphasen und Pausen	Aufgabenfülle oder -dichte steigt bei unveränderter Arbeitszeit; kaum Gelegenheit, Stress abzubauen
Beziehungskonflikt, persönliche oder soziale Konflikte	• Neid, Antipathien • unterschiedliche Behandlung der Mitarbeiter • ungleiche Entlohnung • Konkurrenzdenken	ungleiche Vergütung bei gleicher Arbeit, unterschiedliche Behandlung der Abteilungen innerhalb des Unternehmens, Antipathien der Mitarbeiter untereinander
Kommunikationskonflikt durch unklare Aufgabenstellung	• fehlende Kommunikation durch Vorgesetzte • mangelnde Zusammenarbeit der Mitarbeiter/Abteilungen	fehlende Regelung, wie die vorgegebenen Aufgaben erfüllt werden sollen, Fehlen erforderlicher Informationen
Zielkonflikt durch gegensätzliche Absichten	• mangelnde Absprachen der Mitarbeiter/Abteilungen untereinander • Mitarbeiter/Abteilungen haben gegensätzliche Interessen	Die Fahrrad-Abteilung setzt auf günstigere Preise und mehr Umsatz, die E-Bike-Abteilung möchte die Qualität verbessern und höhere Preise durchsetzen.

Konfliktbeschreibung	Mögliche Ursachen	Beispiele
Verteilungskonflikt, ungleiche Zuteilung der Mittel	• ungerechte Mittelzuteilung • fehlende Mittel, um Aufgaben bewältigen zu können	Der Werbeetat für den Fahrradbereich wird reduziert, aber die E-Bike-Sparte wird aufgewertet, das Prämiensystem dort erhöht.
Konflikt durch Führungsschwäche und -fehler	• Vorgesetzte fördern Konflikte durch Fehlverhalten. • Arbeitsleistung wird abgewertet oder nicht gewürdigt. • Notwendige Kritik an Mitarbeitern unterbleibt. • Versuche unterbleiben, das Betriebsklima zu verbessern.	Mitarbeiter konkurrieren um die Gunst des Vorgesetzten, Leistungen werden nicht gewürdigt, kein Lob, nur Tadel. Vorgesetzte spielen Mitarbeiter gegeneinander aus, offensichtliches Fehlverhalten wird nicht aufgearbeitet.

Konfliktlösungsprozess

Konflikte können nur gelöst werden, wenn eine Einsicht seitens der Konfliktparteien vorhanden ist, dass sie ihr Verhalten ändern müssen.

© MK-Photo – stock.adobe.com

Sachlich bedingte Konflikte können häufig durch ein zeitnahes, klärendes Gespräch, einer Verbesserung in der Informationsversorgung oder durch klare Anweisungen und Kompetenzabgrenzungen seitens der Führungskraft gelöst werden.

Bei persönlich bedingten Konflikten, z. B. unter Mitarbeitern, empfiehlt es sich, eine dritte Person als Konfliktmanager oder Mediator einzuschalten.

Konflikte

Sachlich bedingte Konflikte:
Ursache im betrieblichen Umfeld, z. B. Aufgaben und Arbeitsumfang nicht klar geregelt; Kompetenzen fehlen; Fehlbesetzungen; mangelhafte Identifikation mit den Unternehmenszielen; unklare Zielvorgaben; fehlende Aufstiegsmöglichkeiten; unterschiedliche Entlohnung bei gleichen Arbeitsaufgaben

Persönlich bedingte Konflikte:
Ursache im Verhältnis der Mitarbeiter zueinander bzw. zu Vorgesetzten, z. B. Vorurteile gegenüber Mitarbeitern; Abneigung und Missgunst; fehlende Bereitschaft, im Team zu arbeiten; unterschiedliche Vorstellungen zum Arbeitsverhalten; Benachteiligung bei beruflichem Aufstieg

Der Prozess zur Konfliktlösung erfolgt in mehreren Schritten. Die schlichtende Person (z. B. ein Mediator oder eine Führungskraft des Unternehmens) muss sich neutral und unvoreingenommen verhalten. Die Problemlösungen sollen nicht vorab von Vorgesetzten vorgegeben werden, sondern es werden gemeinsam verbindliche Lösungen erarbeitet, die alle Beteiligten akzeptieren können und in ihrer Arbeit umsetzen sollen.

Konfliktgespräche sind Teil des Konfliktmanagements. Diese wichtige Aufgabe von Führungskräften (oder Mediatoren) kann nur unter bestimmten Voraussetzungen gelingen. Folgende Grundsätze sind bei der Gesprächsführung zu beachten:

- im Gesprächsraum eine positive Atmosphäre schaffen, Störungen von außen vermeiden,
- für die Gespräche genügend Zeit einplanen und alle Beteiligten anhören,
- Argumente der Gesprächsparteien strukturieren, z. B. an einem Flipchart,
- absolute Neutralität gegenüber den Konfliktparteien bewahren,
- darauf achten, dass sachlich argumentiert wird und persönlich Diffamierungen unterbleiben,
- bei der Suche nach Kompromissen helfen,
- dafür Sorge tragen, dass die erzielten Vereinbarungen von den Parteien eingehalten werden.

© christophe BOISSON – stock.adobe.com

Konfliktanalyse (Schritt 1):
Zunächst müssen die Ursachen des Konflikts aufgezeigt werden. Dabei ist zu klären:
Worin liegt das Ausgangsproblem des Konflikts?
Wer sind die Konfliktparteien, welche Einstellungen und Motive haben sie?
Was haben die Konfliktparteien bisher unternommen, um den Konflikt zu lösen?
Haben die Konfliktparteien gemeinsame Ziele?

→

Konfliktproblem formulieren (Schritt 2):
Konfliktparteien müssen – meist mithilfe eines Mediators – das Problem gemeinsam definieren. Zusammen mit der Problemformulierung erfolgt die Bestimmung gemeinsamer Ziele unter Berücksichtigung der Interessen des Einzelhandelsunternehmens.

↓

Gemeinsame Lösungssuche (Schritt 3):
Die Konfliktparteien müssen in Ruhe nach Lösungen suchen und die Meinung aller Beteiligten anhören, dabei nicht aggressiv reagieren. Wichtigste Regel hierbei ist „zuhören, nachfragen und zusammenfassen". Es ist auszuloten, ob die Konfliktparteien in der Lage sind, den Konflikt selbstständig zu lösen, ansonsten ist ein Mediator notwendig.

←

Entscheidung treffen und umsetzen (Schritt 4):
Am Ende des Konfliktmanagements einigen sich die Parteien auf eine Lösung, i. d. R. eine Kompromisslösung. Dabei muss gewährleistet werden, dass die Entscheidung für eine Lösung verbindlich sein muss; die Entscheidung wird schriftlich festgehalten, damit die Vereinbarung verlässlich wird.

↓

Kontrolle der Vereinbarung (Schritt 5):
Nur wenn die Konfliktparteien einsehen, dass sie ihr Verhalten ändern müssen, wird die Vereinbarung erfolgreich sein; deshalb muss die Umsetzung kontrolliert und überprüft werden.

Wenn die Umsetzung nicht zufriedenstellend ausfällt, müssen die Phasen des Konfliktmanagements nochmals durchlaufen werden, denn die Konfliktparteien trennen sich ja nicht, sondern arbeiten im Einzelhandelsunternehmen weiterhin zusammen.

Aufgaben

1. Erläutern Sie, was man unter dem Begriff „Personaleinsatzplanung“ versteht, und unterscheiden Sie zwischen kurzfristig zu lösenden und langfristig ausgerichteten Aufgaben.
2. Welche rechtlichen Vorgaben gelten für die Erfassung der Arbeitszeit gemäß Arbeitszeitgesetz und nach einem Urteil des Europäischen Gerichtshofes?
3. Erläutern Sie wichtige Regelungen des Arbeitszeitgesetzes.
4. Für Jugendliche gelten besondere Arbeitsschutzbestimmungen. Vergleichen Sie die Dauer der Arbeitszeit, die Regelung der Ruhepausen und die Urlaubsansprüche einer 16-jährigen Auszubildenden und eines erwachsenen Mitarbeiters.
5. Beschreiben Sie die Zielsetzung der betrieblichen Personalentwicklung aus Sicht des Einzelhandelsunternehmens bzw. aus Mitarbeitersicht und nennen Sie Schwerpunkte der Personalentwicklung.
6. Zählen Sie verschiedene Aspekte auf, die sich positiv auf die Arbeitsmotivation von Mitarbeitern auswirken können.
7. Personalstatistik und Personalcontrolling geben wichtige Hinweise zur Personalentwicklung und zur Produktivität eines Einzelhandelsunternehmens. Geben Sie je fünf Beispiele an, welche quantitativen und qualitativen Kennzahlen erfasst werden können.
8. Aus der EU-Datenschutzgrundverordnung (DSGVO) lassen sich allgemeine Datenschutzgrundsätze ableiten. Erläutern Sie vier Schwerpunkte und nennen Sie Beispiele.
9. Bewerten Sie den autoritären und den kooperativen Führungsstil in einem Einzelhandelsunternehmen. Nennen Sie Vor- und Nachteile.
10. Aus welchen Gründen werden Mitarbeiter durch die Personalführung beurteilt? Erläutern Sie unterschiedliche Gründe und nennen Sie verschiedene Beurteilungskriterien, die im Einzelhandel besonders wichtig sind.
11. Warum kann es bei der Einschätzung von Mitarbeitern zu Falschbeurteilungen kommen. Beschreiben Sie mögliche Ursachen einer fehlerhaften Beurteilung.
12. Personalgespräche können unterschiedliche Schwerpunkte haben. Zählen Sie fünf verschiedene Arten von Personalgesprächen auf und erläutern Sie die jeweilige Zielsetzung.
13. Nennen Sie fünf Ursachen, die im Einzelhandelsunternehmen zu Konflikten am Arbeitsplatz führen können. Beschreiben Sie Beispiele aus Ihrer Branche und entscheiden Sie, ob es sich um sachlich oder persönlich bedingte Konflikte handelt.
14. Der Prozess der Konfliktlösung kann nur unter bestimmten Voraussetzung gelingen. Verdeutlichen Sie, welche Grundsätze dabei zu beachten sind und beschreiben Sie die einzelnen Phasen des Konfliktmanagements.

6 Maßstäbe der Entlohnung unterscheiden, Entgelt berechnen

Arbeitnehmer haben aufgrund ihres Arbeitsvertrages ihre Arbeitsleistung zu erbringen, der Arbeitgeber hat diese Arbeit entsprechend zu entlohnen. Die Personalentlohnung umfasst alle Maßnahmen und Entscheidungen, die mit der Bereitstellung von finanziellen Leistungen des Unternehmens an die Mitarbeiter zusammenhängen. Dabei geht es insbesondere um die Art der Entlohnung, die Ermittlung der Personalkosten und die Entgeltberechnung für das Personal.

Hinweis

Der Begriff „Entlohnung" deutet noch auf die traditionelle/historische Unterscheidung von Löhnen (für Arbeiter) und Gehältern (für Angestellte) hin. Im Sinne der Gleichbehandlung von Arbeitern und Angestellten wird seit Längerem der Begriff „Entgelt" bzw. „Arbeitsentgelt" bevorzugt. Der Begriff „Entgelt" hat allerdings nichts mit „Geld" zu tun, sondern leitet sich von „entgelten" ab, was so viel wie „vergüten" bedeutet.

6.1 Aspekte der Entlohnung

Der Lohn bzw. das Arbeitsentgelt sind für Arbeitnehmer i. d. R. die einzige Einnahmequelle. Damit bestimmt das Arbeitsentgelt maßgeblich die Lebensumstände und den Lebensstandard. Wird im Einzelhandel neues Personal eingestellt, so stellt sich immer die Frage, welcher Lohn gerecht ist bzw. was zu einer gerechten Leistungsbewertung führt. Drei Aspekte spielen bei der Entgeltfestsetzung eine wichtige Rolle:

- Nachweis entsprechender Qualifikationen, z. B. Schul- und Berufsabschluss, zusätzliche Qualifikationen durch Seminare oder Schulungen etc.
- Berücksichtigung sozialer Gesichtspunkte, z. B. Alter, Familienstand, Dauer der Betriebszugehörigkeit
- Bewertung der Arbeitsleistung, bestimmt durch verschiedene Faktoren der Arbeitsbewertung

Faktoren der Arbeitsbewertung

Fachkompetenz	Verantwortung	Arbeitsbelastung	Arbeitsumfeld
fachliche Kenntnisse, Erfahrung, Kommunikation, Teamfähigkeit etc.	Umgang mit Arbeitsmitteln, Verantwortung gegenüber Mitarbeitern	körperliche und geistige Beanspruchung, Stressfaktoren	Bedingungen am Arbeitsplatz (Temperatur, Lärm, Licht, etc.)

Diese Fähigkeiten/Anforderungen führen zu einer Arbeitsplatzbeschreibung, die als Grundlage für eine gerechte Leistungsbewertung des Arbeitnehmers herangezogen wird.

6.1.1 Entgeltformen

Neben innerbetrieblichen Instrumenten zur Arbeitsbewertung sorgen insbesondere verschiedene Rechtsgrundlagen (Gesetze, Tarifverträge, betriebliche Vereinbarungen) für eine verbindliche Regelung der Vergütung mit einem Grundlohn, der ergänzt werden kann durch zusätzliche tarifliche oder freiwillige Zuschläge. In diesem Zusammenhang werden unterschiedliche Entlohnungs-/Entgeltformen definiert; das Entgelt wird dabei nach sogenannten Entlohnungsprinzipien errechnet. Grundlage ist immer der gesetzliche Mindestlohn.

Entlohnungs-/Entgeltformen

- Zeitlohn
- Leistungslohn
- Beteiligungslohn

Zeitlohn

Beim Zeitlohn wird die Arbeit auf Basis der geleisteten Arbeitszeit vergütet (z. B. Stundenlohn, Monatslohn). Angestellte erhalten ein Gehalt (Sonderform des Zeitlohns), das in der Regel monatlich gleich hoch ausfällt. Bei der Festlegung des Zeitlohns geht der Arbeitgeber von einer durchschnittlichen Leistung des Arbeitnehmers aus. Der Zeitlohn kann daher mit einer zusätzlichen Leistungszulage kombiniert sein. Überstunden muss der Arbeitgeber i. d. R. gesondert vergüten.

Beispiele: *Kirsten Peters, die in „Altersteilzeit" eine flexible Wochenarbeitszeit von ca. 30 Stunden hat, wird bei der FahrRad GmbH nach einem festen Stundenlohnsatz bezahlt. Frau Peters erhält einen Stundenlohn von 18,20 EUR/Std., Überstunden werden zusätzlich abgerechnet.*

Hanna Köhnen, die in „Vollzeit" als Kassiererin und im Verkauf in der Zubehörabteilung arbeitet, erhält einen Monatslohn von 2.890,00 EUR brutto. Der Monats-

lohn ist unabhängig von der Zahl der Arbeitstage, Überstunden und Erfolgsprämien werden extra bezahlt.

Der Zeitlohn eignet sich für Arbeiten, die Sorgfalt und Aufmerksamkeit sowie eine vorwiegend geistige Tätigkeit, Kreativität oder individuelle Gestaltungsfreiheit verlangen (Warenkontrolle, Dekoration, Buchhaltung) bzw. bei Tätigkeiten, bei denen ein Leistungslohn nicht möglich ist (Kundenberatung, Lagerarbeiten).

Die Vorteile des Zeitlohns liegen für den Arbeitgeber insbesondere im geringen Verwaltungsaufwand und einer i. d. R. besseren Qualität der Arbeitsleistung aufgrund des fehlenden Zeitdrucks. Vorrangiger Vorteil aus Sicht des Arbeitnehmers ist das feste, kalkulierbare Einkommen. Der entscheidende Nachteil beim Zeitlohn ist der fehlende Anreiz, eine überdurchschnittliche Leistung zu erbringen.

Leistungslohn

Im Leistungslohn ist das Leistungsprinzip deutlich stärker verankert. Bei einer Steigerung der Arbeitsleistung ist auch mehr zu verdienen. Davon kann auch das Unternehmen profitieren. Bei kaufmännischen Tätigkeiten, wird neben einem leistungsunabhängigen Grundlohn ein leistungsabhängiger Zuschlag in Form einer Prämie oder Provision gewährt. So kann das monatliche Einkommen variieren.

Prämienlohn – als Sonderform des Leistungslohnes – ist im Einzelhandel in bestimmten Branchen zu finden (Möbel, Textil) sowie überall dort, wo für die Überschreitung einer bestimmten Absatz- oder Umsatzhöhe oder bei einer geringeren Reklamationsquote Provisionen oder Prämien „als Belohnung“ gezahlt werden.

Arten von Leistungslohn

Prämienart	Zweck	Beispiel
Provisionen	Anreiz zur Erzielung höherer Umsätze/Gewinne	5 % Umsatzprovision beim Übertreffen einer bestimmten Umsatzhöhe
Stückprämie	Förderung des Abverkaufs bestimmter Waren/-gruppen	Abverkauf hochkalkulierter oder schwer verkäuflicher Waren (Schmuck, Designer- oder Altware)
Umsatzprämie	Überschreiten eines geplanten Umsatzes (pro Tag oder Monat)	Aufgrund einer gemeinsamen Aktion wird in der Zubehörabteilung der geplante Umsatz deutlich übertroffen.

►

Arten von Leistungslohn		
Prämienart	**Zweck**	**Beispiel**
Akkordzuschlag	Mehrverdienst, den ein Akkordarbeiter aufgrund seines höheren Arbeitstempos bei gleichem Zeiteinsatz gegenüber einem Zeitlohnempfänger erzielt.	Überschreitet ein Mitarbeiter die Normalleistung, z. B. bei der Montagearbeit in der Werkstatt, wird ein Zuschlag auf den normalen Grundlohn gewährt (als Zeit- oder Stückakkord).

Prämienlohn ist nur dann sinnvoll, wenn die erbrachte Mehrleistung dem Mitarbeiter direkt zugeordnet werden kann. Vorteile des Leistungslohnes allgemein sind zum einen der Anreiz zu mehr Leistung, die auch tatsächlich belohnt wird, sowie Kosteneinsparungen. Nachteilig können mögliche Streitigkeiten unter den Mitarbeitern sein und eine z. T. aufwändige Prämienberechnung.

Beispiel: *Markus Brammer ist in der Fahrradwerkstatt tätig. Neben seinem Grundentgelt von 2.950,00 EUR/Monat ist er am Umsatz in der Werkstatt beteiligt. Das ist insbesondere zu Frühlingsanfang für die Fahrradwerkstatt ein zusätzlicher Anreiz, das hohe Arbeitspensum zu schaffen.*

Wird der festgelegte Mindestumsatz überschritten, bekommt Markus Brammer pro 100,00 EUR Mehrumsatz 3 % Provision zusätzlich, also 3,00 EUR. Im letzten Monat hatte die FahrRad GmbH in der Werkstatt einen Mehrumsatz von 3.300,00 EUR, daher wurden Markus Brammer 99,00 EUR als Prämie ausgezahlt.

Beteiligungslohn

Viele Unternehmen beteiligen ihre Mitarbeiter für die erbrachte Leistung zudem gemeinschaftlich am Unternehmenserfolg. Damit verfolgen sie auch das Ziel, die Leistungsbereitschaft der Arbeitnehmer für die Zukunft zu steigern und sie stärker an das Unternehmen zu binden. Beteiligungslohn wird zusätzlich zum Entgelt gezahlt.

Gängige Formen des Beteiligungslohns sind:

- Kapitalbeteiligung/Investivlohn: Die Mitarbeiter werden am Eigenkapital des Unternehmens beteiligt (z. B. durch Belegschaftsaktien).
- Gewinn-/Umsatzbeteiligung: Die Mitarbeiter werden mit einem bestimmten Prozentsatz am Gewinn bzw. Umsatz des vergangenen Geschäftsjahres beteiligt.
- Leistungsbeteiligung: Die Mitarbeiter erhalten aufgrund ihrer erzielten Arbeitsleistung eine vorher festgelegte Beteiligung. Diese richtet sich nach leistungsbezogenen Messgrößen (z. B. Menge, Qualität).

6.1.2 Ergänzende Entgeltformen

Neben den Grundlöhnen werden häufig weitere – einmalige oder wiederkehrende – Leistungen in Form von Zulagen und Zuschlägen, Gratifikationen oder sonstigen Zuwendungen gewährt. Ein Anspruch kann gegebenenfalls durch Rechtsgrundlagen (z. B. Tarifvertrag, Arbeitsvertrag) begründet sein.

Ergänzende Löhne

- Zulagen
- Gratifikationen
- Sonstige Zuwendungen

Zulagen

Zulagen und Zuschläge sind Geldleistungen des Arbeitgebers für besondere Leistungen des Arbeitnehmers, bei ungünstigen Arbeitsumständen oder aus sozialen Gründen: z. B. Erschwerniszulagen, Funktionszulagen wegen Übernahme zusätzlicher Verantwortung, persönliche Zulagen oder Sozialzulagen wie Kinder- oder Ortszuschläge; Zuschläge für Nachtarbeit, Überstunden oder Sonn- und Feiertagsarbeit.

Gratifikationen

Sondervergütungen zu besonderen Anlässen wie z. B. Weihnachten oder Jubiläen werden als Gratifikation bezeichnet. Ein Rechtsanspruch entsteht durch Tarifvertrag, Betriebsvereinbarung, Arbeitsvertrag oder wiederholte vorbehaltlose Gewährung. Davon abgesehen kann der Arbeitgeber nach freiem Ermessen bestimmen, ob und in welcher Höhe er eine Gratifikation zahlt.

Sonstige Zuwendungen

Neben dem Grundlohn können Beschäftigte verschiedene Zuwendungen als geldliche Leistungen erhalten, z. B. vermögenswirksame Leistungen, Urlaubsgeld, Weihnachtsgeld, Mietzuschüsse. In bestimmten Berufen oder Branchen werden diese auch als Sachbezüge gewährt, z. B. in Form von Verpflegung oder Unterkunft.

Vermögenswirksame Leistungen

Die Vermögensbildung der Arbeitnehmer wird bei bestimmten Sparverträgen gefördert, durch den Arbeitgeber und den Staat. Diese vermögenswirksamen Leistungen sind Geldzahlungen, die der Arbeitgeber für den Arbeitnehmer in vom Gesetzgeber festgelegten langfristigen Sparformen anlegt. Die Geldleistung unterliegt der Steuerpflicht. Der Staat unterstützt diese Art der Vermögensbildung durch eine Arbeitnehmersparzulage, die im Rahmen der Einkommensteuererklärung in der Anlage VL beantragt wird und bis zu vier Jahre nach Ablauf des Sparjahres rückwirkend geltend gemacht werden kann.

Die Gewährung der Arbeitnehmersparzulage ist allerdings an Einkommensgrenzen und an bestimmte Sparformen gebunden. Begünstigt werden Wertpapierfonds mit 20 % Arbeitnehmersparzulage bei einer maximalen Sparrate von 400,00 EUR/Jahr und Bausparverträge mit 9 % Sparzulage auf maximal 470,00 EUR/Jahr.

Bei einem Bausparvertrag, der zusätzlich zu den vermögenswirksamen Leistungen abgeschlossen wird, besteht ein Anspruch auf eine Wohnungsbauprämie, sofern bestimme Einkommensgrenzen nicht überschritten werden.

Je nach Tarifvertrag, Betriebsvereinbarung oder Einzelarbeitsvertrag werden die vermögenswirksamen Leistungen allein vom Arbeitnehmer, allein vom Arbeitgeber oder von beiden gemeinsam aufgebracht. Sofern der Arbeitgeber eine vermögenswirksame Leistung gewährt, beträgt sie monatlich zwischen 6,65 EUR (minimal) und 40,00 EUR (maximal).

Für die VL-Sparerträge ist, wie für alle Kapitalerträge, eine Abgeltungssteuer zu zahlen, und zwar in dem Jahr, in dem die Summe ausbezahlt wird. Sparer sollten also im siebten Jahr einen Freistellungsauftrag für den VL-Sparplan bei der Bank erteilen, um die Zinserträge von der Abgeltungssteuer befreien zu lassen. Wenn die Kapitalerträge in dem entsprechenden Jahr die Summe von 1.000,00 EUR (bei Singles) beziehungsweise 2.000,00 EUR (bei Verheirateten) insgesamt nicht übersteigen, ist keine Abgeltungssteuer abzuführen. Ohne Freistellungsauftrag und bei Erträgen, die über diesen Grenzen liegen, beträgt der Steuersatz 25 %. Eventuell fallen Solidaritätszuschlag und Kirchensteuer an.

Exkurs Kindergeld

Das Kindergeld wird monatlich von der Familienkasse der zuständigen Agentur für Arbeit ausbezahlt. Es unterliegt weder der Steuerpflicht noch der Sozialversicherungspflicht. Kindergeld erhalten alle Familien unabhängig vom Einkommen. Es wird grundsätzlich für alle Kinder, die im Inland wohnen, bis 18 Jahre gezahlt. Bei arbeitslosen Kindern wird das Kindergeld bis 21 Jahre gezahlt. Befindet sich das Kind in Ausbildung, wird Kindergeld bis 25 Jahre gezahlt.

6.2 Entgeltabrechnung

Die gesetzlichen und freiwilligen Bezüge, die der Arbeitnehmer für seine Arbeitsleistung erhält, sind Gegenstand der Entgeltabrechnung. Laufende und einmalige Geldzahlungen unterliegen grundsätzlich der Lohnsteuer- und Sozialversicherungspflicht. Zusätzliche mögliche Sachbezüge (z. B. Wohnung oder Firmenwagen, verbilligte Überlassung von Waren, Bewirtungen etc.) sind als sogenannter geldwerter Vorteil fast immer steuerpflichtig. Als geldwerter Vorteil gilt jener Betrag, den der Arbeitnehmer in eine Sachleistung investieren müsste, wenn er diese selbst finanzieren würde.

Die Beiträge zur Sozialversicherung sind von Arbeitgeber und Arbeitnehmer gemeinsam aufzuwenden. Für den Arbeitgeber entstehen somit zusätzliche Personalkosten (Personalzusatzkosten).

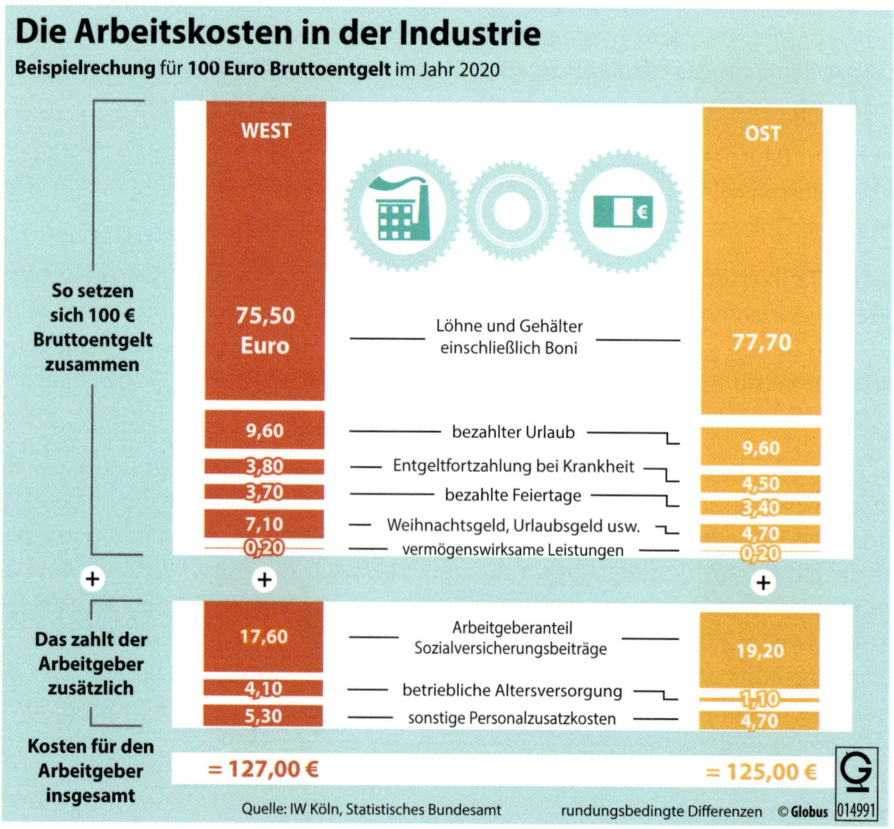

6.2.1 Abzüge vom Bruttoentgelt

Die Gesamtsumme aller Zahlungen, die ein Arbeitnehmer für seine Arbeitsleistung erhält, bezeichnet man als Bruttoentgelt (Bruttolohn/Bruttogehalt). Der Arbeitgeber berechnet anhand der jährlich aktualisierten amtlichen Lohnsteuertabellen vom steuerpflichtigen Bruttoentgelt die Abzüge für

- die Lohnsteuer und
- die Kirchensteuer (sofern man einer staatlich anerkannten Kirche angehört),

sowie anhand der jeweils aktuellen Beitragssätze vom sozialversicherungspflichtigen Bruttoentgelt

- die Sozialversicherungsbeiträge (Beiträge zur Krankenversicherung, Pflegeversicherung, Rentenversicherung, Arbeitslosenversicherung).

Die Sozialversicherungsbeiträge für die Krankenversicherung, Rentenversicherung und Arbeitslosenversicherung müssen Arbeitgeber und Arbeitnehmer je zur Hälfte aufbringen. Der Beitrag des Arbeitgebers zur Pflegeversicherung beträgt immer 1,8 % (Stand 1/2025), der Rest ist vom Arbeitnehmer zu tragen. Die vom Bruttoentgelt einbehaltene Lohnsteuer und ggf. Kirchensteuer sowie Solidaritätszuschlag überweist der Arbeitgeber an das Finanzamt, die Sozialversicherungsbeiträge an die Krankenkasse. Nach Abzug dieser Abgaben ergibt sich für den Arbeitnehmer das Nettoentgelt.

Lohnsteuer (LSt)

Die Lohnsteuer ist die Einkommensteuerart der Arbeitnehmer aus nichtselbstständiger Arbeit. Das Einkommensteuergesetz (EStG) bestimmt, dass alle natürlichen Personen, die im Inland einen Wohnsitz oder ihren gewöhnlichen Aufenthalt haben, unbeschränkt einkommensteuerpflichtig sind. Es legt dazu den Umfang möglicher Einkommensarten fest.

Für bestimmte Einkünfte sieht das Einkommensteuergesetz (EStG) jedoch Steuerfreiheit bis zu einer Höchstgrenze vor, z. B. für Zuschläge, die für tatsächlich geleistete Sonntags-, Feiertags- oder Nachtarbeit zusätzlich zum Grundlohn gezahlt werden.

> **§ | § 3 EStG**
>
> Nach Einkommensteuergesetz sind Zuschläge, die für tatsächlich geleistete Sonntags-, Feiertags- oder Nachtarbeit neben dem Grundlohn gezahlt werden, steuerfrei soweit sie
> 1. für Nachtarbeit 25 Prozent,
> 2. für Sonntagsarbeit 50 Prozent, …
>
> des Grundlohns nicht übersteigen.

Der Einkommensteuer unterliegen alle Einkünfte eines Kalenderjahres, die der Steuerpflichtige in einer Steuererklärung zusammenfassend darzustellen hat. Nebeneinkünfte (z. B. Einkünfte aus Vermietung oder Kapitalvermögen) können das zu versteuernde Einkommen erhöhen. Von der Summe der Einkünfte als Grundlage der Besteuerung können verschiedene Aufwendungen abgezogen (= „abgeschrieben") werden, sodass sich das zu versteuernde Einkommen, das die Bemessungsgrundlage darstellt, noch vermindern kann (siehe Abbildung nächste Seite).

Kap. 6.2.2

Die wichtigsten steuerlichen Abzugsmöglichkeiten, z. B. Sonderausgaben, Werbungskosten oder Freibeträge, werden im Kapitel 6.2.2 vorgestellt.

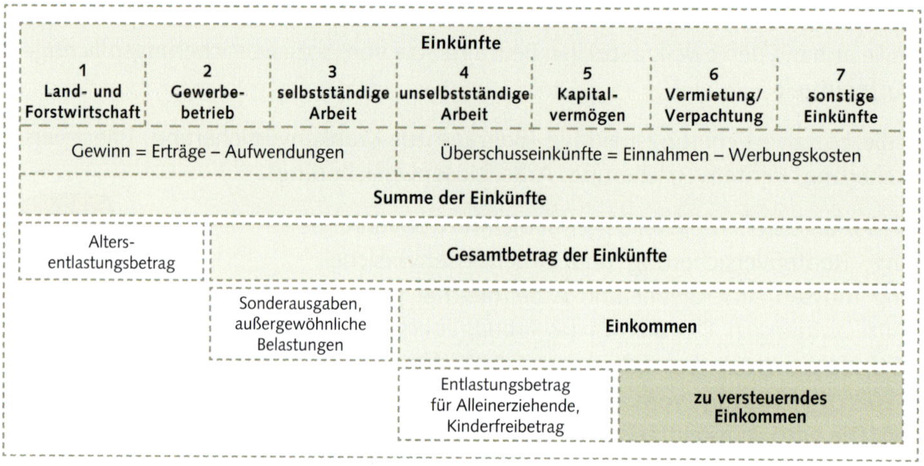

Kirchensteuer (KiSt)

Die Kirchensteuer wird von Mitgliedern einer Religionsgemeinschaft zur Finanzierung ihrer Aufgaben erhoben. In Deutschland sind dies insbesondere die beiden großen christlichen Kirchen: die römisch-katholische und die evangelische Kirche. Unter bestimmten Voraussetzungen können auch andere Glaubensgemeinschaften Kirchensteuer erheben.

Der Staat zieht die Kirchensteuer zusammen mit der Einkommensteuer bzw. Lohnsteuer und ggf. dem Solidaritätszuschlag ein. Der Kirchensteuersatz beträgt 8 % (Baden-Württemberg und Bayern) bzw. 9 % (übrige Bundesländer) vom Betrag der Lohn- bzw. Einkommensteuer.

Solidaritätszuschlag (SolZ)

Seit 1991 wurde der Solidaritätszuschlag (zur Finanzierung der Wiedervereinigung) erhoben, und zwar als Zuschlag (5,5 % auf die Lohn- bzw. Einkommensteuer). Seit 2021 zahlen ca. 90 % der Lohn- und Einkommensteuerzahler keinen Solidaritätszuschlag mehr. Er beträgt zwar auch weiterhin grundsätzlich 5,5 % der zu leistenden Einkommensteuer, allerdings wurden die Freigrenzen stark erhöht.

Das heißt, ein „Soli" wird erst fällig, wenn die zu zahlende Einkommenssteuer eine bestimmte, jährlich neu festgelegte Freigrenze übersteigt. Deshalb müssen nur noch „Besserverdienende" diese Abgabe zahlen.

Sozialversicherungsbeiträge

Die Sozialversicherung ist eine gesetzliche Pflichtversicherung für eine breite Bevölkerungsschicht gegen Schäden, welche die soziale Existenzgrundlage der Versicherungsmitglieder und der Versichertengemeinschaft gefährden könnte (z. B. bei Krankheit, Unfall, Pflegebedürftigkeit, Erwerbs- bzw. Berufsunfähigkeit, Invalidität und Tod). Sie ist eine Solidargemeinschaft auf der Basis des Solidaritätsprinzips im Unterschied zur freiwilligen Individualversicherung.

Es gibt viele Menschen, die sich nicht freiwillig gegen die Risiken des Lebens absichern würden, weil sie nicht die Einsicht, Bereitschaft und auch nicht die finanziellen Mittel dazu haben. Deshalb verpflichtet der Staat durch Gesetz die meisten Arbeitnehmer, sich an der Solidargemeinschaft der Sozialversicherung zu beteiligen. Neben der Sozialversicherung als Grundversicherung kann eine Vielzahl weiterer Versicherungen die Risiken gegen fast alle Gefahren des täglichen Lebens für Betriebe und Privatpersonen abdecken. Mithilfe dieser Individualversicherungen kann sich jeder Einzelne (gegen Zahlung von Versicherungsprämien) frei entscheiden, wie er seinen persönlichen oder betrieblichen Versicherungsschutz gestaltet (z. B. mit Lebensversicherungen, Haftpflichtversicherungen, Hausratsversicherungen, Gebäudeversicherungen). Die Kfz-Haftpflichtversicherung ist im Gegensatz zu den anderen Individualversicherungen eine Pflichtversicherung.

Die Beiträge zur Sozialversicherung bestehen aus der Kranken-, Pflege-, Renten- und Arbeitslosenversicherung. Sie sind grundsätzlich abhängig vom sozialversicherungspflichtigen Bruttoentgelt. Beitragsbemessungsgrenzen sorgen jedoch dafür, dass die Beiträge nur bis zu einer bestimmten Höhe des Arbeitsentgelts berechnet werden. Es gibt eine Beitragsbemessungsgrenze für die Kranken- und Pflegeversicherung und eine höhere Beitragsbemessungsgrenze für die Renten- und Arbeitslosenversicherung.

Zusätzlich ist auch die Versicherungspflichtgrenze zu beachten, auch Jahresarbeitsentgeltgrenze genannt. Sie ist eine Bestimmungsgröße der Sozialversicherung und legt die Obergrenze des monatlichen bzw. jährlichen Bruttoarbeitsentgeltes fest, bis zu der für Arbeitnehmer eine Versicherungspflicht in der gesetzlichen Krankenversicherung (GKV) besteht.

Die Beitragsbemessungsgrenzen werden ebenso wie die Versicherungspflichtgrenze an die Lohn- und Gehaltsentwicklung angepasst und jährlich neu festgelegt.

Für **sozialversicherungspflichtig Beschäftigte** besteht eine **gesetzliche Versicherungspflicht.**

Merke

Die **Beitragsbemessungsgrenzen** (KV/PV bzw. RV/AV) geben das bei der Berechnung der Sozialversicherungsbeiträge **maximal zu berücksichtigende Bruttoentgelt** an.

Merke

Die **Versicherungspflichtgrenze** gibt an, bis zu welcher Höhe des Bruttoarbeitsentgelts eine **Versicherungspflicht in der gesetzlichen Krankenkasse** besteht. Übersteigt das Entgelt die Versicherungspflichtgrenze, können Arbeitnehmer unter bestimmten Bedingungen in eine **private Krankenkasse** wechseln.

Merke

6.2.2 Berechnung der Steuern

Zur Berechnung der Lohnsteuer ist zunächst das steuerpflichtige Bruttoentgelt zu ermitteln. Das steuerpflichtige Einkommen kann durch individuelle Steuerfreibeträge, die vom Arbeitnehmer beim Finanzamt beantragt werden müssen, gemindert werden oder ist bei der Steuererklärung nachträglich zu berücksichtigen.

Steuerfreibeiträge

Folgende Aufwendungen können steuermindernd geltend gemacht werden:

- Werbungskosten sind Aufwendungen zur Erwerbung, Sicherung und Erhaltung des Arbeitslohns, also Aufwendungen, die durch den Beruf veranlasst sind (z. B. Aufwendungen für Fahrten zwischen Wohnung und Arbeitsstätte, Aufwendungen für Arbeitsmittel wie Fachliteratur, Werkzeuge, Berufsbekleidung, Aufwendungen für eine berufliche Fortbildung).

- Sonderausgaben sind Aufwendungen, die aus finanz-, sozial- und wirtschaftspolitischen Gründen das zu versteuernde Einkommen vermindern. Sie stehen im Zusammenhang mit der Lebensführung (z. B. Beiträge zu den gesetzlichen und den privaten Rentenversicherungen, Beiträge zu gesetzlichen und privaten Kranken-, zu Pflege- und Haftpflichtversicherungen sowie zu Lebensversicherungen).
- Außergewöhnliche Belastungen sind Aufwendungen, die aufgrund besonderer Umstände anfallen. Das Finanzamt hilft in diesen Fällen durch eine Steuerermäßigung, wenn die Ausgaben für die wirtschaftlichen Verhältnisse des Steuerpflichtigen unzumutbar sind und nicht ersetzt werden (z. B. Krankheitskosten, Kosten bei Sterbefällen, Sonderfälle wie Unterhalt für bedürftige Angehörige).

Arbeitnehmer können wählen, ob sie diese Steuerfreibeträge zur Berücksichtigung bei der monatlichen Entgeltabrechnung anmelden oder diese Aufwendungen erst am Jahresende im Rahmen ihrer Steuererklärung geltend machen.

Lohnsteuerabzugsmerkmale (ELStAM-Verfahren)

Grundlage für die Berechnung der Steuerabzüge sind die Lohnsteuerabzugsmerkmale. Dazu zählen Angaben über

- Familienstand und Zahl der Kinder
- Steuerklassen
- Religionszugehörigkeit
- Freibeträge.

Das elektronische Verfahren zum Lohnsteuerabzug (ELStAM-Verfahren) stellt den Kontakt zwischen Arbeitnehmern, Arbeitgebern und dem Finanzamt her. Der Arbeitgeber erhält die Lohnsteuerabzugsmerkmale direkt aus der Datenbank der Finanzverwaltung (Bundeszentralamt für Steuern). Dazu benötigt er nur das Geburtsdatum und die steuerliche Identifikationsnummer (Steuernummer) des Arbeitnehmers.

ELStAM = **E**lektronische **L**ohn-**St**euer**A**bzugs**M**erkmale

Hinweis

Melderechtliche Datenänderungen (z. B. Heirat, Geburt eines Kindes) senden die Gemeinden automatisch an die Bundeszentrale für Steuern. Die Änderung weiterer Stammdaten (z. B. Steuerklassenwechsel) muss vom Arbeitnehmer beim Finanzamt beantragt werden. Der Arbeitnehmer wird mit Beginn des elektronischen Verfahrens über seine erstmalig gebildeten Lohnsteuerabzugsmerkmale informiert. Alle künftigen Änderungen sind aus der Lohnabrechnung des Arbeitgebers ersichtlich. Am Ende des Kalenderjahres übermittelt der Arbeitgeber eine elektronische Lohnsteuerbescheinigung an die Finanzverwaltung, dem Arbeitnehmer wird ein Ausdruck der elektronischen Lohnsteuerbescheinigung ausgehändigt.

Steuerklassen und Lohnsteuertabellen

Der Lohnsteuerabzug erfolgt auf der Grundlage von Lohnsteuertabellen, die nach Steuerklassen aufgeteilt sind. Die Steuerklassen berücksichtigen als persönliche Verhältnisse des Arbeitnehmers Familienstand und Kinderzahl. Für jedes Kind kann ein Kinderfreibetrag beantragt werden. Erzielen beide Ehepartner Einkommen, so kann sich jeder 0,5 Kinderfreibeträge pro Kind eintragen lassen.

Die Wahl der Steuerklassen beeinflusst allerdings lediglich die Höhe des monatlichen Steuerabzugs, nicht aber die maßgebliche Jahressteuerschuld. Diese wird im Rahmen der persönlichen Jahressteuererklärung abschließend festgestellt. Fehlende Lohnsteuerzahlungen werden dann nachgefordert, zu viel gezahlte Lohnsteuer wird erstattet. Die nebenstehende Tabelle gibt Auskunft über die möglichen Steuerklassen bzw. Kombinationen.

Steuerklassen

Steuerklasse	Steuerpflichtige (z. B.)
I	ledige, verwitwete oder geschiedene Arbeitnehmer sowie verheiratete Arbeitnehmer, die von ihrem Ehegatten dauernd getrennt leben
II	die in Steuerklasse I genannten Arbeitnehmer, wenn ihnen ein Entlastungsfreibetrag für Alleinerziehende zusteht
III	verheiratete Arbeitnehmer, deren Ehegatte kein Einkommen bezieht oder auf Antrag in Steuerklasse V eingestuft wurde; geschiedene Ehegatten in dem Kalenderjahr, in dem die Ehe aufgelöst wurde; verwitwete Arbeitnehmer für das Kalenderjahr, das dem Todesjahr des Ehegatten folgt
IV	verheiratete Arbeitnehmer, wenn beide Ehegatten Arbeitslohn beziehen, im Inland wohnen und nicht dauernd getrennt leben
V	verheiratete Arbeitnehmer, wenn beide Ehegatten Arbeitslohn beziehen und einer auf Antrag in Steuerklasse III eingestuft wurde
VI	Arbeitnehmer, die aus mehreren Arbeitsverhältnissen nebeneinander Arbeitslohn beziehen

Ehepaare können als Doppelverdiener die Kombination der Steuerklassen selbst bestimmen. Üblich ist es, die Steuerklassen so zu wählen, dass monatlich zunächst möglichst wenig Liquidität an das Finanzamt abfließt.

Mit Hilfe von online zur Verfügung stehenden Brutto-Netto-Rechnern oder mit Lohnsteuertabellen lassen sich für verschiedene Steuerklassen die Abzüge vom Bruttolohn und der Nettolohn leicht berechnen.

Allgemeine Monats-Lohnsteuertabelle 2025 Teil West
von 2658 € bis 2672,99 €, Kirchensteuer 9 %

Kinderfreibetrag				0		0,5		1		1,5		2		2,5		3	
ab €	StK	Steuer	SolZ	KiStr	SolZ	KiStr	SolZ	KiStr	SolZ	KiStr	SolZ	KiStr	SolZ	KiStr	SolZ	KiStr	SolZ
2.658,00																	
	1	232,50	–	20,92	–	11,70	–	3,47	–	–	–	–	–	–	–	–	–
	2	141,25	–	–	–	4,26	–	–	–	–	–	–	–	–	–	–	–
	3	3,33	–	0,29	–	–	–	–	–	–	–	–	–	–	–	–	–
	4	232,50	–	20,92	–	16,24	–	11,70	–	7,32	–	3,47	–	0,41	–	–	–
	5	535,25	–	48,17	–	–	–	–	–	–	–	–	–	–	–	–	–
	6	577,50	–	51,97	–	–	–	–	–	–	–	–	–	–	–	–	–
2.661,00																	
	1	233,16	–	20,98	–	11,75	–	3,51	–	–	–	–	–	–	–	–	–
	2	141,91	–	–	–	4,31	–	–	–	–	–	–	–	–	–	–	–
	3	3,66	–	0,32	–	–	–	–	–	–	–	–	–	–	–	–	–
	4	233,16	–	20,98	–	16,29	–	11,75	–	7,38	–	3,51	–	0,45	–	–	–
	5	536,25	–	48,26	–	–	–	–	–	–	–	–	–	–	–	–	–
	6	578,16	–	52,03	–	–	–	–	–	–	–	–	–	–	–	–	–
2.664,00																	
	1	233,83	–	21,04	–	11,81	–	3,55	–	–	–	–	–	–	–	–	–
	2	142,50	–	–	–	4,35	–	–	–	–	–	–	–	–	–	–	–
	3	4,00	–	0,36	–	–	–	–	–	–	–	–	–	–	–	–	–
	4	233,83	–	21,04	–	16,40	–	11,81	–	7,43	–	3,55	–	0,47	–	–	–
	5	537,25	–	48,35	–	–	–	–	–	–	–	–	–	–	–	–	–
	6	579,16	–	52,12	–	–	–	–	–	–	–	–	–	–	–	–	–
2.667,00																	
	1	234,41	–	21,09	–	11,87	–	3,59	–	–	–	–	–	–	–	–	–
	2	143,08	–	–	–	4,40	–	–	–	–	–	–	–	–	–	–	–
	3	4,50	–	0,40	–	–	–	–	–	–	–	–	–	–	–	–	–
	4	234,41	–	21,09	–	16,40	–	11,87	–	7,48	–	3,59	–	0,50	–	–	–
	5	538,25	–	48,44	–	–	–	–	–	–	–	–	–	–	–	–	–
	6	580,00	–	52,20	–	–	–	–	–	–	–	–	–	–	–	–	–
2.670,00																	
	1	235,08	–	21,15	–	11,92	–	3,63	–	–	–	–	–	–	–	–	–
	2	143,66	–	–	–	4,44	–	–	–	–	–	–	–	–	–	–	–
	3	4,83	–	0,43	–	–	–	–	–	–	–	–	–	–	–	–	–
	4	235,08	–	21,15	–	16,46	–	11,92	–	7,53	–	3,63	–	0,54	–	–	–
	5	539,33	–	48,53	–	–	–	–	–	–	–	–	–	–	–	–	–
	6	580,83	–	52,27	–	–	–	–	–	–	–	–	–	–	–	–	–

6.2.3 Ermittlung der Sozialversicherungsabzüge

Die unterschiedlichen Beitragssätze zur Kranken-, Pflege-, Renten- und Arbeitslosenversicherung werden in der Regel jeweils zur Hälfte vom Arbeitnehmer (AN-Anteil) und vom Arbeitgeber (AG-Anteil) getragen. Ausschließlich den Zusatzbeitrag zur Pflegeversicherung für Kinderlose nach Vollendung des 23. Lebensjahres trägt der Arbeitnehmer alleine.

In der folgenden Tabelle sind die einzelnen Sozialversicherungsbeiträge aufgeführt:

Beitragssätze (Stand 01.01.2025)

Sozialversicherungszweig	Beiträge in Prozent vom sozialversicherungspflichtigen Bruttoentgelt	monatliche Beitragsbemessungsgrenzen
Krankenversicherung (KV)	• **allgemeiner Beitragssatz** **14,6 %** – Arbeitnehmeranteil 7,3 % – Arbeitgeberanteil 7,3 % • Auch der individuelle Zusatzbeitrag wird zur Hälfte vom Arbeitnehmer und zur Hälfte vom Arbeitgeber getragen.	**5.512,50 EUR** (allgeneine Versicherungspflichtgrenze: 6.150,00 EUR)
Pflegeversicherung (PV)	• Anzahl Kinder • Beitragssatz • AN-Anteil 0 4,20 % 2,40 % 1 (altersunabhängig) **3,60 %** 1,80 % 2 (unter 25 Jahre) 3,35 % 1,55 % 3 (unter 25 Jahre) 3,10 % 1,30 % 4 (unter 25 Jahre) 2,85 % 1,05 % ab 5 (unter 25 Jahre) 2,60 % 0,80 % • **AG-Anteil** (immer) 1,80 % 1,30 % (Sachsen) Kinderlose (bis 23 Jahre) 3,40 % • Ausnahme Sachsen: AN-Anteil + 0,6 % AG-Anteil (immer) 1,30 %	**5.512,50 EUR**
Rentenversicherung (RV)	• **Beitragssatz** **18,6 %** – Arbeitnehmeranteil 9,3 % – Arbeitgeberanteil 9,3 %	**8.050,00 EUR**
Arbeitslosenversicherung (AV)	• **Beitragssatz** **2,6 %** – Arbeitnehmeranteil 1,3 % – Arbeitgeberanteil 1,3 %	**8.050,00 EUR**

6.2.4 Erstellen einer Entgeltabrechnung

Die monatliche Entgeltabrechnung des Personals erfolgt mithilfe der elektronischen Datenverarbeitung. In den meisten Fällen ist diese in eine umfassende Unternehmenssoftware integriert. So können die Daten automatisch in die Finanzbuchhaltung übernommen und Zahlungsvorgänge online abgewickelt werden.

Zur Kontrolle der monatlichen Abrechnung können alle Mitarbeiter die online verfügbaren Brutto-Nettolohn-Rechner nutzen und jederzeit auch überprüfen, was sich bspw. durch den Wechsel in eine andere Lohnsteuerklasse oder durch einen zusätzlichen Kinderfreibetrag „netto“ ändern würde.

Aufbau einer Entgeltabrechnung

Für die Erstellung einer Entgeltabrechnung sind eine Reihe von Unterlagen erforderlich. Dazu gehören ein gültiger Tarifvertrag bzw. Arbeitsvertrag, das Personalstammblatt, Lohnsteuerabzugsmerkmale, Tabellen zur Ermittlung von Lohnsteuer, Kirchensteuer und gegebenenfalls Lohnbelege.

Der Arbeitgeber muss für jeden Arbeitnehmer und für jedes Kalenderjahr ein Lohnkonto führen. Es enthält Angaben über persönliche Daten des Arbeitnehmers, Bruttoarbeitslohn mit Zulagen und Zuschlägen, steuerfreie Bezüge, Abzüge (Lohnsteuer, ggf. Kirchensteuer, Krankenversicherung, Pflegeversicherung, Rentenversicherung und Arbeitslosenversicherung, vermögenswirksame Leistungen), ggf. Vorschüsse und den Auszahlungsbetrag.

Beispiel: *Christian Dross arbeitet bei der FahrRad GmbH als Lagerist. Auf einem Teil seiner Entgeltabrechnung kann er sehen, welche Sozialversicherungsabgaben sein Arbeitgeber und er selbst haben:*

Entgeltabrechnung für Mai 2025
Name: Christian Dross, Personal-Nr. 1731 Geburtsdatum: 03.05.1998

Bruttoentgelt lt. Arbeitsvertrag/Tarifvertrag	2.690,00 EUR
Steuerklasse	IV
Steuerfreibetrag/Jahr	600,00 EUR
Kinderfreibetrag (1 gemeinsames Kind)	0,5
Konfession/Bundesland	r. k./NRW
Zusatzbeitrag zur Krankenkasse	1,89 %
vermögenswirksame Leistungen (AG-Anteil lt. Tarifvertrag)	25,00 EUR
Sparleistung lt. VL-Vertrag	40,00 EUR

Abgaben an die Sozialversicherung
(Berechnungsgrundlage: sozialversicherungspflichtiges Bruttogehalt 2.715,00 EUR)

Versicherungszweig	Beitragssatz	Arbeitgeberanteil	EUR	Arbeitnehmeranteil	EUR
Krankenversicherung + Zusatzbeitrag	14,6 % 1,89 %	8,245 %	223,85	8,245 %	223,85
Pflegeversicherung	3,6 %	1,8 %	48,87	1,8 %	48,87
Rentenversicherung	18,6 %	9,3 %	252,50	9,3 %	252,50
Arbeitslosenversicherung	2,6 %	1,3 %	35,30	1,3 %	35,30

Christian Dross ermittelt, dass er 560,52 EUR Sozialversicherungsabzüge hat. Die restlichen Abzüge entnimmt er seiner vollständigen Entgeltabrechnung.

Entgeltabrechnung (in EUR)

Monat:	Januar 2025		
Name:	Christian Dross	**Personal-Nr.:**	1731
Geb.-Datum:	03.05.1998	**Krankenkasse:**	AOK/Nordwest
Steuerklasse:	IV	**Kinderfreibetrag:**	0,5

Bruttoentgelt lt. Arbeitsvertrag/Tarifvertrag		**2.609,00 EUR**
+ Vermögenswirksame Leistungen		25,00 EUR
+ Sonderzulagen		
= **Sozialversicherungspflichtiges Bruttoentgelt**		**2.715,00 EUR**
– Steuerfreibetrag	50,00 EUR	
= **Steuerpflichtiges Bruttoentgelt**	**2.665,00 EUR**	
– Lohnsteuer	233,83 EUR	
– Kirchensteuer (9 %)	16,34 EUR	
– Solidaritätszuschlag	---	
Summe Steuern (lt. Lohnsteuertabelle)		**250,17 EUR**
– Krankenversicherung (AN-Anteil 8,245 %)	223,85 EUR	
– Pflegeversicherung (AN-Anteil 1,8 %)	48,87 EUR	
– Rentenversicherung (AN-Anteil 9,3 %)	252,50 EUR	
– Arbeitslosenversicherung (AN-Anteil 1,3 %)	35,30 EUR	
Summe Sozialversicherungen		**560,52 EUR**
= **Nettoentgelt**		**1.904,31 EUR**
– Sparleistung lt. VL-Vertrag		40,00 EUR
= **Auszahlungsbetrag**		**1.864,31 EUR**

Da der Arbeitgeber in vorliegenden Beispiel ebenfalls 560,52 EUR Sozialversicherungsabgaben zahlt (Arbeitgeberanteil), beträgt die Gesamtbelastung bezogen auf den Mitarbeiter Christian Dross für die FahrRad GmbH 3.275,52 EUR.

Überweisung der Sozialversicherungsbeiträge

Sämtliche Sozialversicherungsbeiträge müssen die Arbeitgeber bereits am drittletzten Bankarbeitstag des laufenden Monats an die Krankenkassen abführen, die die Beiträge zur Kranken- und Pflegeversicherung einbehalten und die Beiträge zur Renten- und Arbeitslosenversicherung an die entsprechenden Träger weiterleiten. Sind den Arbeitgebern die genauen Sozialversicherungsbeiträge noch nicht bekannt, ist eine Schätzung der voraussichtlichen Beitragshöhe erforderlich. Differenzen, die nach erfolgter Lohnabrechnung am Ende des Monats entstehen, werden im Folgemonat ausgeglichen.

Überweisung der steuerlichen Abzüge

Der Arbeitgeber muss dem zuständigen Finanzamt fristgerecht eine monatliche Lohnsteuer-Anmeldung mit Angaben zur einbehaltenen Lohnsteuer, zum Solidaritätszuschlag und zur Kirchensteuer einreichen.

Die Lohnsteuer-Anmeldung muss grundsätzlich auf elektronischem Wege übermittelt werden. Dazu wird das Portal ELSTER (elektronische Steuererklärung) genutzt. Nur in wenigen Ausnahmefällen lässt das zu ständige Finanzamt die Abgabe noch in Papierform zu. Mit der Lohnsteuer-Anmeldung besteht für den Arbeitgeber die Verpflichtung, die Beträge termingerecht abzuführen. Bei nicht fristgerechter Abgabe bzw. Zahlung kann das Finanzamt unter Berücksichtigung einer Schonfrist von 3 Tagen Säumniszuschläge berechnen.

Aufgaben

1. In einem Einzelhandelsunternehmen soll Personal neu eingestellt werden. Welche Aspekte sollten für eine lohngerechte Festsetzung berücksichtigt werden? Erläutern Sie auch verschiedene Aspekte der Arbeitsbewertung.
2. Unterscheiden Sie zwischen den Entgeltformen Zeitlohn, Leistungslohn und Beteiligungslohn. Nennen Sie jeweils Beispiele aus dem Einzelhandelsbereich.
3. Im betrieblichen Alltag werden die Begriffe Entgelt, Lohn und Gehalt verwendet. Erläutern Sie die unterschiedliche Bedeutung dieser Begriffe.
4. Beschreiben Sie, in welchen Fällen Mitarbeiter im Einzelhandel eine Zulage oder eine Gratifikation erhalten könnten.
5. Bei Personalkosten ist zu unterscheiden zwischen Bruttoentgelt und zusätzlichen Arbeitskosten. Beschreiben Sie diese Personalzusatzkosten und ermitteln Sie, wie viel Prozent ein Arbeitgeber durchschnittlich an Zusatzkosten aufwenden muss, wenn als Bruttolohn 2.000,00 EUR angesetzt werden.
6. Beschreiben Sie, wie das Sparen mit vermögenswirksamen Leistungen „funktioniert", und was zu beachten ist, damit eine möglichst hohe Rendite erzielt wird.
7. Geben Sie drei Beispiele an, bei denen ein Arbeitnehmer im Einzelhandel Zuschläge zu seinem Bruttoentgelt erwarten kann.
8. Welche Abzüge vom Bruttoentgelt muss ein konfessionsloser, lediger Arbeitnehmer (unter 25 Jahre) einkalkulieren?
9. Erklären Sie den Begriff Beitragsbemessungsgrenze.
10. Erläutern Sie, welche Aufwendungen das zu versteuernde Einkommen von Arbeitnehmern verringern können.
11. Welche Sozialversicherungsbeiträge werden einem Arbeitnehmer vom sozialversicherungspflichtigen Bruttoentgelt abgezogen?
12. Welche Besonderheiten hinsichtlich der Sozialversicherungsbeiträge gelten für einen ledigen Arbeitnehmer (ab 23 Jahre) aus dem Bundesland Sachsen?
13. Wohin und zu welchem Termin müssen die Arbeitgeber sämtliche Sozialversicherungsbeiträge regelmäßig abführen?
14. Was muss ein Einzelhandelsunternehmen mit der einbehaltenen Lohn- und Kirchensteuer der Mitarbeiter machen? Erläutern Sie dazu den Begriff ELSTER.

7 Arbeitsverhältnisse beenden und Personal freisetzen

Eine Vielzahl von Gründen kann zur Beendigung eines Arbeitsverhältnisses führen. So erreichen z. B. Arbeitnehmer das Renteneintrittsalter oder streben einen Betriebs- oder Berufswechsel an. Natürlich nutzen auch Arbeitgeber die Möglichkeiten des Personalabbaus z. B. bei zu hohem Personalbestand, bei mangelnder Qualifikation einzelner Mitarbeiter oder bei einem gestörten Vertrauensverhältnis zwischen den Parteien.

7.1 Beendigung des Arbeitsverhältnisses

Ein Arbeitsverhältnis kann grundsätzlich durch Vertragsablauf, durch eine Kündigung oder durch einen Aufhebungs- bzw. Auflösungsvertrag beendet werden.

- Handelt es sich um ein befristetes Arbeitsverhältnis, so endet dieses automatisch mit Vertragsablauf.
- Unbefristete Arbeitsverhältnisse können von beiden Seiten unter Beachtung der gesetzlichen Vorgaben gekündigt werden.
- Zur Vermeidung einer Kündigung wird häufig ein Aufhebungsvertrag zwischen Arbeitgeber und Arbeitnehmer in gegenseitigem Einvernehmen geschlossen. Da Aufhebungsverträge häufig ungünstige Folgen für den Arbeitnehmer haben, z. B. Verzicht auf evtl. zustehendes Entgelt und/oder eine Abfindung sowie Anspruch auf Arbeitslosengeld, sehen die meisten Tarifverträge Schriftform und die Notwendigkeit der Einräumung einer Bedenkzeit vor.

Merke: Das Arbeitsverhältnis endet nicht automatisch mit Eintritt des regulären Rentenalters. Es bedarf i. d. R. einer Kündigung, es sei denn, eine entsprechende Befristung ist ausdrücklich vereinbart.

Für die Beendigung eines unbefristeten Arbeitsverhältnisses besteht grundsätzlich die Möglichkeit einer ordentlichen Kündigung mit Einhaltung einer Kündigungsfrist und, wenn schwerwiegende Gründe vorliegen, einer außerordentlichen Kündigung ohne Einhaltung einer Kündigungsfrist.

© Sascha Bergmann – stock.adobe.com

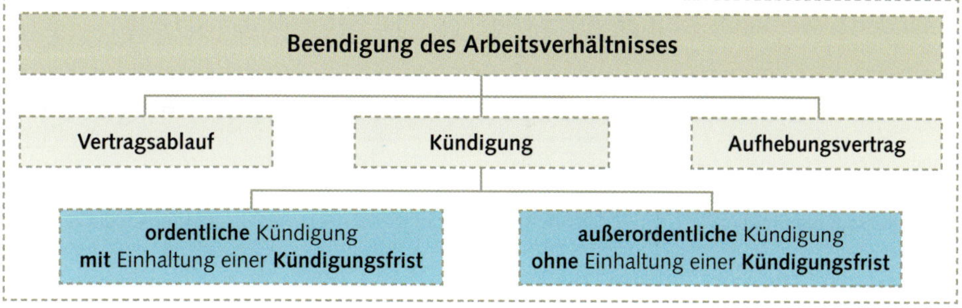

7.1.1 Allgemeine Gründe für Personalfreisetzungen

Betriebsbedingt kann es in einem Einzelhandelsunternehmen Planungen geben, den Personalbestand zu reduzieren. In Krisensituationen wird dann von Personalabbau oder Personalanpassungen gesprochen. Andererseits gibt es auch seitens der Arbeitnehmer viele Anlässe, den Arbeitgeber zu wechseln. In der folgenden Übersicht sind Beweggründe für Personalfreisetzungen zusammengefasst:

Beendigung des Arbeitsverhältnisses

… veranlasst durch den Arbeitgeber, mögliche Gründe:	… veranlasst durch den Arbeitnehmer, mögliche Gründe:
• Umsatz- und Absatzrückgang im Unternehmen • Stilllegung einer Abteilung oder Umstrukturierung des Unternehmens • Wegfall des Arbeitsplatzes durch gestiegenen Automatisierungsgrad (Rationalisierung) • personenbedingte oder verhaltensbedingte Kündigung von Mitarbeitern • Arbeitsvertrag ist befristet bzw. Ausbildung wird beendet	• Mitarbeiter verlässt altersbedingt das Unternehmen (Rente) • verbesserte Entlohnung bzw. bessere Sozialleistungen beim neuen Arbeitgeber • bessere Karrieremöglichkeiten beim neuen Arbeitgeber • schlechtes Arbeitsklima beim alten Arbeitgeber • zu wenig Anerkennung

7.1.2 Gründe des Arbeitgebers für eine ordentliche Kündigung

© FM2 – stock.adobe.com

Das Kündigungsschutzgesetz (KSchG) schränkt den Grundsatz der Kündigungsfreiheit für den Arbeitgeber in Betrieben mit mehr als 10 Mitarbeitern bei Arbeitsverhältnissen, die länger als 6 Monate bestehen, ein. Danach kann das Arbeitsverhältnis ordentlich nur durch eine sozial gerechtfertigte Kündigung und unter Einhaltung der Kündigungsfrist wirksam beendet werden. Sozial gerechtfertigt sind Kündigungen, deren Gründe in der Person oder im Verhalten des Arbeitnehmers liegen oder die betriebsbedingt sind. Für bestimmte Beschäftigungsgruppen gilt ein besonderer Kündigungsschutz, z. B. für Schwerbehinderte, werdende Mütter, Auszubildende oder Betriebsratsmitglieder.

§§ 1, 23 KSchG

Gründe für eine sozial gerechtfertigte, ordentliche Kündigung des Arbeitgebers

- personenbedingt
- verhaltensbedingt
- betriebsbedingt

Personenbedingte Kündigung

Bei einer personenbedingten Kündigung liegen die Gründe in der Person des Arbeitnehmers und können von diesem in der Regel nicht verändert oder beeinflusst werden (z. B. fehlende persönliche Eignung oder mangelnde fachliche Qualifikation, dauerhaft verminderte Leistungsfähigkeit, Krankheit). Damit die Kündigung wirksam wird, ist eine Interessenabwägung unter Berücksichtigung der Einzelfallumstände (z. B. erhebliche Beeinträchtigung betrieblicher Abläufe bzw. Interessen, Dauer der Betriebszugehörigkeit des Arbeitnehmers) sowie – bei Krankheit – eine negative Prognose (dauerhafte Leistungsunfähigkeit) erforderlich. Außerdem ist nachzuweisen, dass eine Weiterbeschäftigung auf einem anderen freien Arbeitsplatz im Unternehmen nicht sinnvoll möglich ist.

Verhaltensbedingte Kündigung

Wenn die Gründe im Verhalten des Arbeitnehmers liegen, spricht man von verhaltensbedingter Kündigung. Es handelt sich insbesondere um Vertragspflichtverletzungen, die er ändern könnte, wenn er wollte (z. B. Unpünktlichkeit, Arbeitsverweigerung, Beleidigungen, unentschuldigtes Fehlen, unerlaubte Internetnutzung, Diebstahl, Straftaten, Verletzung der Geheimhaltungspflicht).

© gopixa – stock.adobe.com

Bei verhaltensbedingter Kündigung ist grundsätzlich eine vorherige Abmahnung erforderlich. Interessenabwägung (z. B. Umfang der betrieblichen Nachteile durch Betriebsablaufstörungen oder erschwerte Durchsetzung der Arbeitsdisziplin und Grad des Verschuldens durch den Arbeitnehmer) und eine Negativprognose (nachweisliche Wiederholungsgefahr) sowie der Ausschluss einer Weiterbeschäftigungsmöglichkeit sind weitere Voraussetzungen für eine wirksame Kündigung.

Beispiel: *Ein Mitarbeiter der FahrRad GmbH tritt eigenmächtig seinen Urlaub an, obwohl keine Vertretung für seinen Arbeitsplatz zur Verfügung steht. Er ist bereits wiederholt ohne Genehmigung dem Arbeitsplatz ferngeblieben und hat Abmahnungen dafür erhalten.*

Betriebsbedingte Kündigung

Betriebsbedingte Kündigungen werden ausgesprochen, wenn die Gründe in dringenden betrieblichen Erfordernissen liegen, die einer Weiterbeschäftigung des Arbeitnehmers entgegenstehen (z. B. Rationalisierung, Auftragsrückgang, Rohstoffmangel, Wegfall des Arbeitsplatzes und fehlende Beschäftigungsperspektive im selben Betrieb). Eine Sozialauswahl ist zwingend zu beachten (vgl. Kündigungsschutz).

Beispiel: *Das Traditionscafé Krause, wo sich Mitarbeiter der FahrRad GmbH gern treffen, muss aufgrund starker Konkurrenz durch Bäckereiketten und Systemgastronomiefilialen die Produktion einschränken. Zur Vermeidung einer Insolvenz wird mehreren Mitarbeitern betriebsbedingt gekündigt.*

Änderungskündigung

In § 2 Kündigungsschutzgesetz ist die sogenannte Änderungskündigung geregelt, die der Arbeitgeber einseitig aussprechen kann, verbunden mit dem Angebot der Fortsetzung des Arbeitsverhältnisses zu veränderten Bedingungen. In erster Linie strebt ein Unternehmen mit einer Änderungskündigung also eine inhaltliche Änderung eines Arbeitsvertrags an, z. B. den Arbeitnehmer unter veränderten Arbeitszeiten, zu einer anderen (meist geringeren) Vergütung, mit einem anderen Aufgabenbereich oder an einem anderen Arbeitsort weiter zu beschäftigen.

Wird das Angebot seitens des Gekündigten nicht angenommen, entfaltet die Änderungskündigung die Wirkung einer Beendigungskündigung. Stimmt der Mitarbeitende dagegen zu, gelten die neuen Arbeitsbedingungen nach Ende der Kündigungsfrist.

Beispiel: *Die kaufmännische Auftragsbearbeitung und Lagerlogistik wird auf ein modernes Warenwirtschaftssystem umgestellt. Ein älterer Arbeitnehmer ist trotz intensiver Fortbildung nicht in der Lage, mit dem Warenwirtschaftssystem fehlerfrei zu arbeiten. Der Mitarbeiter erhält eine Änderungskündigung und wird ab sofort im Wachdienst eingesetzt.*

7.1.3 Kündigungsfristen

Eine ordentliche Kündigung ist an die Einhaltung gesetzlicher und vertraglicher Kündigungsfristen gebunden. Ist im Tarifvertrag oder Arbeitsvertrag keine Vereinbarung über die Kündigungsfrist getroffen, so gelten für Arbeitnehmer und Arbeitgeber die gesetzlichen Kündigungsfristen nach BGB, für die Kündigung durch den Arbeitgeber zudem die verlängerten Kündigungsfristen in Abhängigkeit von der Dauer des Beschäftigungsverhältnisses.

Sind im **Arbeitsvertrag** andere Regelungen zu den Kündigungsfristen vereinbart als im **Gesetz**, so gilt grundsätzlich die für den Arbeitnehmer **günstigere Regelung.**

Merke

Kündigungsfristen bei Arbeitsverhältnissen

Betriebszugehörigkeit	Kündigungsfrist
Kündigung in der Probezeit	2 Wochen
Kündigung nach der Probezeit	4 Wochen zum 15. oder zum Ende eines Kalendermonats
verlängerte Kündigungsfristen (nur bei Kündigung durch den Arbeitgeber)	
Kündigung nach einer Betriebszugehörigkeit von	
2 Jahren	1 Monat zum Ende des Kalendermonats
5 Jahren	2 Monate zum Ende des Kalendermonats
8 Jahren	3 Monate zum Ende des Kalendermonats
10 Jahren	4 Monate zum Ende des Kalendermonats
12 Jahren	5 Monate zum Ende des Kalendermonats
15 Jahren	6 Monate zum Ende des Kalendermonats
20 Jahren	7 Monate zum Ende des Kalendermonats

Kündigung durch den Arbeitnehmer

Es gibt eine Vielzahl von Gründen, die dazu führen, dass Arbeitnehmer ihre Arbeitsverhältnisse kündigen. Auch hier ist zwischen einer ordentlichen (fristgerechten) und einer außerordentlichen (fristlosen) Kündigung zu unterscheiden.

Möchte ein Arbeitnehmer eine ordentliche Kündigung gegenüber seinem Arbeitgeber aussprechen, ist die Kündigungsfrist zu beachten. Gesetzlich verankert (§ 622 Abs. 3 BGB) ist, dass ein Arbeitnehmer mit einer Frist von vier Wochen zum 15. oder zum Ende des Kalendermonats kündigen kann. Diese Frist kann durch den Arbeitsvertrag nicht verkürzt, aber verlängert werden. In der Probezeit gilt davon abweichend eine Frist von zwei Wochen zu einem beliebigen Tag. Musterkündigungsschreiben findet man im Internet. In jedem Fall sollte die ordentliche und fristgemäße Kündigung schriftlich erfolgen, die Originalunterschrift tragen und dem Arbeitgeber nachweislich zugehen, damit sie wirksam ist. Nur bei einer fristlosen Kündigung ist eine Begründung notwendig, nicht aber bei einer ordentlichen Kündigung. Als häufigste Gründe für einen Arbeitgeberwechsel werden bessere Sozialleistungen oder attraktiveres Gehalt, bessere Karrieremöglichkeiten oder eine größere Jobsicherheit angegeben.

Außerordentliche (fristlose) Kündigung

Eine außerordentliche Kündigung ist eine fristlose Kündigung aus wichtigem Grund. Das Arbeitsverhältnis kann vom Arbeitgeber oder Arbeitnehmer ohne Einhaltung einer Kündigungsfrist gekündigt werden, wenn Tatsachen vorliegen, aufgrund derer dem Kündigenden die Fortsetzung des Arbeitsverhältnisses bis zum Ablauf der Kündigungsfrist nicht zugemutet werden kann.

Eine wirksame Kündigung muss innerhalb von zwei Wochen nach Kenntnis der für die Kündigung maßgebenden Tatsachen erfolgen. Der Betriebsrat ist zu hören.

Gründe für eine außerordentliche Kündigung können im Verhaltens- oder Leistungsbereich und im Vertrauensbereich liegen:

Außerordentliche (fristlose) Kündigung

... veranlasst durch den Arbeitgeber, mögliche Gründe:	**... veranlasst durch den Arbeitnehmer, mögliche Gründe:**
• Störungen im Verhaltens- oder Leistungsbereich durch Verletzung der Arbeitspflicht, Alkohol, Arbeitsverweigerung, mangelnde Pünktlichkeit etc. • Störungen im Vertrauensbereich durch Diebstahl, Unterschlagung, Betrug, Bestechlichkeit, Tätlichkeit, sexuelle Belästigung, illegale Drogen etc.	• Störungen im Verhaltens- oder Leistungsbereich durch fehlende Entgeltzahlung, Verletzung der Fürsorgepflicht, mangelhafte Arbeitssicherheitsmaßnahmen • Störungen im Vertrauensbereich durch Nötigung, Mobbing, sexuelle Belästigung, grobe Beleidigungen etc.

Eine wirksame Kündigung des Arbeitgebers ist bei Störungen im Verhaltens- oder Leistungsbereich nur nach vorheriger erfolgloser Abmahnung möglich. Bei Störungen im Vertrauensbereich ist keine Abmahnung notwendig.

7.2 Rechtliche Rahmenbedingungen

Eine Kündigung ist eine einseitige Erklärung des Arbeitgebers oder des Arbeitnehmers zur Beendigung des Arbeitsverhältnisses. Sie muss dem Vertragspartner in schriftlicher Form zugegangen sein, damit sie rechtswirksam ist (Übergabe-Einschreiben ist zu empfehlen). Unterschiedliche Rechtsvorschriften schützen den Arbeitnehmer vor ungerechtfertigten Nachteilen bei einer Kündigung.

7.2.1 Allgemeiner Kündigungsschutz

Das Kündigungsschutzgesetz (KSchG) verhilft Arbeitnehmern, die länger als sechs Monate im Betrieb beschäftigt sind, zu einem gesetzlich festgelegten Schutz vor Kündigungen; Voraussetzung ist allerdings, dass im Betrieb mehr als zehn Arbeitnehmer beschäftigt sind.

© DOC RABE Media – stock.adobe.com

§ 1 KSchG

Unter den oben genannten Voraussetzungen schützt das Kündigungsschutzgesetz vor sozial ungerechtfertigten Kündigungen. Das bedeutet, eine Kündigung ist unwirksam, wenn sie nicht durch die Person, durch das Verhalten des Mitarbeiters oder durch betriebsbedingte Situationen begründet ist. Bei betriebsbedingten Kündigungen muss eine Sozialauswahl erfolgen, d. h., es sind diejenigen Arbeitnehmer auszuwählen, die vom Arbeitsplatzverlust am wenigsten hart getroffen werden. Im Kündigungsschutzgesetz sind verbindliche Kriterien für die Sozialauswahl genannt:

- Dauer der Betriebszugehörigkeit
- gesetzliche Unterhaltspflichten
- Lebensalter
- Schwerbehinderung

Beispiel: *Die Personalabteilung der FahrRad GmbH hat eine ordentliche, fristgerechte Kündigung gegenüber Christian Dross ausgesprochen, weil ein neues Lagersystem eingeführt wurde, das zu Personaleinsparungen führt, und weil der Lagermeister mit Herrn Dross ständig unterschiedlicher Meinung ist.*

Herr Dross ist ein verheirateter Mitarbeiter mit einer schon sehr langen Betriebszugehörigkeit. Im Lagerbereich gibt es andere Mitarbeiter, die unverheiratet sind und eine kürzere Betriebszugehörigkeit vorweisen. Selbst wenn ein Personalabbau wegen dringender betrieblicher Erfordernisse notwendig wäre, muss eine Sozialauswahl der in Betracht kommenden Mitarbeiter stattfinden. Die Kündigung gegenüber Herrn Dross ist sozial ungerechtfertigt.

7.2.2 Besonderer Kündigungsschutz

Ein besonderer Kündigungsschutz besteht darüber hinaus für bestimmte Personengruppen mit folgenden Regelungen:

Besonderer Kündigungsschutz

Personengruppen	Regelungen
Schwangere und Mütter nach der Entbindung	Kündigungsschutz während der Schwangerschaft und bis zum Ablauf von 4 Monaten nach der Entbindung
Eltern in Elternzeit	Kündigungsschutz während der Elternzeit ab dem Zeitpunkt des Antrages, höchstens jedoch ab 8 Wochen vor Beginn der Elternzeit; gilt gleichermaßen für Frauen und Männer
Betriebsräte, Jugend- und Auszubildendenvertreter	Kündigungsschutz während der Amtszeit und innerhalb eines Jahres nach Beendigung der Amtszeit
Schwerbehinderte	Kündigungsschutz ab 6 Monaten Beschäftigungsdauer; Kündigung nur nach Zustimmung des Integrationsrates möglich
Auszubildende	nach Ablauf der Probezeit ist eine Kündigung nur aus wichtigem Grund möglich

7.2.3 Mitwirkung des Betriebsrates

Bei jeder Kündigung hat der Betriebsrat gemäß Betriebsverfassungsgesetz grundsätzlich folgende Mitwirkungsrechte: § 102 BetrVG

- Der Betriebsrat ist vor jeder Kündigung zu hören.
- Der Arbeitgeber hat ihm die Gründe für die Kündigung mitzuteilen.

Eine ohne Anhörung des Betriebsrates ausgesprochene Kündigung ist unwirksam. Im Rahmen seiner Mitbestimmungsrechte hat der Betriebsrat drei Möglichkeiten, auf eine ordentliche Kündigung zu reagieren. Er kann erstens der Kündigung zustimmen, zweitens unter Angabe von Gründen seine Bedenken schriftlich äußern oder drittens ihr schriftlich widersprechen (z. B. bei nicht ausreichender Berücksichtigung sozialer Gesichtspunkte). Für das Äußern von Bedenken bzw. das Widersprechen hat der Betriebsrat bei ordentlichen Kündigungen eine Frist von einer Woche einzuhalten. Bei außerordentlichen Kündigungen sind die Bedenken innerhalb von drei Tagen zu äußern, ein Widerspruch ist nicht möglich. Stimmt der Betriebsrat der Kündigung zu oder äußert er Bedenken, scheidet der Gekündigte nach Ablauf der Kündigungsfrist aus.

Soll aus betriebsbedingten Gründen eine größere Anzahl von Mitarbeitern entlassen oder versetzt werden (z. B. bei Verlegung des Betriebes), so ist – in Abhängigkeit von der Anzahl der Mitarbeiter – mit dem Betriebsrat ein Sozialplan zu vereinbaren.

7.2.4 Kündigungsschutzklage

Unabhängig von der Reaktion des Betriebsrats kann ein Gekündigter innerhalb von drei Wochen eine Kündigungsschutzklage beim Arbeitsgericht einreichen. Bis zum Verfahrensablauf wird er nicht weiterbeschäftigt. Das Ziel der Klage besteht darin, gerichtlich feststellen zu lassen, dass durch die Kündigung das Arbeitsverhältnis nicht aufgelöst wurde, weil die Kündigung sozial ungerechtfertigt oder aus anderen Gründen nicht rechtswirksam ist. Zuständig ist das Arbeitsgericht, in dessen Bezirk der Einzelhandelsbetrieb des klagenden Arbeitnehmers seinen Geschäftssitz hat.

Gewinnt der Kläger den Kündigungsschutzprozess, ist er weiter zu beschäftigen und erhält eine Lohnnachzahlung.

Den Arbeitsplatz zu erhalten ist jedoch nicht immer das Ziel einer Kündigungsschutzklage; denn häufig enden Verhandlungen vor Gericht mit einer Einigung von Arbeitgeber und Arbeitnehmer, sodass das Arbeitsverhältnis gegen Zahlung einer Abfindung beendet wird. In Deutschland kann aber vor den Arbeitsgerichten nicht unmittelbar auf Zahlung einer Abfindung geklagt werden, sondern es wird eine Entschädigung für den Arbeitsplatzverlust im Rahmen des Kündigungsschutzprozesses erst ausgehandelt.

7.3 Aushändigen der Arbeitspapiere

Bei Beendigung des Arbeitsverhältnisses sind verschiedene Entlassungsformalitäten zu beachten. Dazu gehören z. B. die Aushändigung

- der elektronischen Lohnsteuerbescheinigung bzw. der Lohnabrechnung,
- des Versicherungsnachweises (Abmeldung bei der Krankenkasse durch Arbeitgeber),
- einer Urlaubsbescheinigung (bereits genommener Urlaub wird beim nächsten Arbeitsverhältnis angerechnet),
- einer Arbeitsbescheinigung mit Art, Beginn und Ende der Tätigkeit (u. a. zur Berechnung von Arbeitslosengeld).

Häufig wird die Aushändigung der Arbeitspapiere mit einer Ausgleichsquittung verbunden, in der sich die Partner gegenseitig versichern, keine weiteren Ansprüche zu erheben. Insbesondere kann der Arbeitnehmer auch ein schriftliches Arbeitszeugnis verlangen.

7.4 Arbeitszeugnisse

Der Arbeitnehmer hat insbesondere am Ende des Arbeitsverhältnisses grundsätzlich einen gesetzlichen Anspruch auf ein schriftliches Arbeitszeugnis, das ihm zeitnah erteilt und zur Abholung bereitgehalten werden muss. Gegebenenfalls besteht auch zu einem früheren Zeitpunkt bei berechtigtem Interesse (z. B. Bewerbung, Beförderung, Versetzung des Vorgesetzten) ein Anspruch auf ein Zwischenzeugnis.

> Der Arbeitgeber hat seinem Arbeitnehmer am Ende der Beschäftigung auf sein Verlangen hin ein qualifiziertes Arbeitszeugnis auszuhändigen, das neben der Art und Dauer der Beschäftigung auch Angaben über Verhalten und Leistung erhält.
>
> **Merke**

Der Arbeitnehmer muss ein Arbeitszeugnis ausdrücklich verlangen; der Arbeitgeber ist nicht verpflichtet, von sich aus aktiv zu werden.

Grundsätzlich können Beschäftigte wählen, ob ihnen ein einfaches oder ein qualifiziertes Arbeitszeugnis ausgestellt werden soll. Das einfache Arbeitszeugnis dient in der Regel dazu, die Lückenlosigkeit der beruflichen Tätigkeit zu belegen, und enthält mindestens Angaben zur

© Stockfotos-MG – stock.adobe.com

- Person,
- Dauer der Beschäftigung und
- Art der Beschäftigung.

Das qualifizierte Arbeitszeugnis gibt zusätzlich Aufschluss über die unter Beweis gestellten Qualifikationen, über Verhalten und berufliche Entwicklung. Es beurteilt bzw. bewertet die Leistungsfähigkeit des Beschäftigten und enthält Angaben zur

- Person,
- Dauer der Beschäftigung,
- Art der Beschäftigung (insbesondere die Schwerpunkte der Tätigkeit) und
- Leistungsbeurteilung und zum Sozialverhalten gegenüber Mitarbeitern, Kunden und Vorgesetzten.

Die Aussagen im Arbeitszeugnis müssen der Wahrheit entsprechen sowie verständlich und klar in der Formulierung sein. Direkt negative Beurteilungen sind aber unzulässig. In der Praxis hat sich deshalb ein sogenannter „Zeugniscode" mit positiven Formulierungen entwickelt, die auf die tatsächliche Bewertung des Arbeitnehmers schließen lassen.

Beispiel: *Herr König, Filialleiter der FahrRad GmbH in Mettmann, hat die Aufgabe übernommen, seiner sehr engagierten Mitarbeiterin ein Arbeitszeugnis auszustellen. Das Zeugnis soll die sehr guten Leistungen von Frau Hoffmann hervorheben.*

Arbeitszeugnis

FahrRad GmbH Haan
So kommen Sie in die Gänge

Frau Henrike Hoffmann, geboren am 06.10.1998 in Cottbus, war vom 01.09.2018 bis zum 30.06.20.. als Kauffrau für Büromanagement in der Personalabteilung unseres Unternehmens beschäftigt. Die FahrRad GmbH gehört im Ruhrgebiet zu den führenden Anbietern von Fahrrädern aller Art, Fitness- und Heimsportgeräten, Fahrradzubehör und Fahrradbekleidung.

Die Aufgabengebiete von Frau Hoffmann umfassten:

- Koordination von Arbeitsabläufen in der Personalverwaltung,
- Bearbeitung von Arbeits-/Fehlzeiten, Urlaubs-/Krankmeldungen,
- Bearbeitung von Unfallmeldungen,
- Bearbeitung von mitarbeiterbezogenen Unterlagen,
- Abrechnung von Löhnen und Gehältern,
- Anwendung wichtiger arbeits- und sozialrechtlicher Bestimmungen,
- Vorbereitung von Personalbeurteilungen,
- Führen von Personalstatistiken,
- Durchführung von Arbeiten im Zusammenhang mit personellen Veränderungen.

Frau Hoffmann verfügt über ein ausgezeichnetes Fachwissen, das sie bei der Erledigung ihrer Arbeitsaufgaben stets erfolgreich nutzen konnte. Nach kurzen Einweisungen war sie fähig, ihr übertragene Aufgaben selbstständig und zielorientiert zu lösen; hierbei zeichnete sie sich durch eine überlegte, rationelle Arbeitsweise aus. Ihre ausgeprägte Arbeitsbereitschaft sowie ihr Anspruch, ihre Sachkenntnisse stetig zu erweitern und zu vertiefen, verdienen es, besonders hervorgehoben zu werden.

Frau Hoffmann war äußerst pflichtbewusst, zuverlässig und absolut verschwiegen. Ein ruhiges, freundliches Wesen und gute Umgangsformen zeichneten sie in der Zusammenarbeit mit ihren Vorgesetzten und den Mitarbeitern der FahrRad GmbH aus. Insgesamt haben ihre ausgezeichneten Leistungen unseren höchsten Ansprüchen jederzeit absolut entsprochen. Frau Hoffmann verlässt uns auf eigenen Wunsch, um ein Studium aufzunehmen.

Auf ihrem weiteren Lebensweg wünschen wir Frau Hoffmann alles Gute!

Aufgaben

1. Unterscheiden Sie die verschiedenen Formen zur Beendigung von Arbeitsverhältnissen.
2. Worin unterscheidet sich eine ordentliche Kündigung von einer außerordentlichen Kündigung? Erläutern Sie dazu auch mögliche Gründe für beide Kündigungsformen.
3. In welchen Fällen ist eine Kündigung nicht sozial gerechtfertigt? Geben Sie dazu Beispiele aus dem Einzelhandelsbereich an.
4. Geben Sie Beispiele an, in welchen Fällen Mitarbeiter eine Abmahnung erhalten können.
5. Betriebsbedingte Kündigungen können nur in dringenden Fällen ausgesprochen werden. Nennen Sie fünf verschiedene Gründe.
6. Welche Mitwirkungsrechte hat der Betriebsrat, wenn einem Mitarbeiter des Unternehmens gekündigt wird?
7. Zählen Sie vier verschiedene Arbeitspapiere auf, die einem Arbeitnehmer auszuhändigen sind, wenn das Arbeitsverhältnis beendet wird.

Ein Einzelhandelsunternehmen leiten und entwickeln

1. Die Gründung eines Einzelhandelsunternehmens planen
2. Handelsrechtliche Rahmenbedingungen beachten
3. Eine geeignete Rechtsform für ein Unternehmen auswählen
4. Kooperationsformen im Einzelhandel kennenlernen
5. Die Grundlagen der Finanzierung berücksichtigen
6. Zahlungseingang kontrollieren
7. Krisen und Insolvenzregeln

LF 14

1 Die Gründung eines Einzelhandelsunternehmens planen

Für einige Auszubildende stellt sich nach der Ausbildung oder vielleicht auch später die Frage, ob sie sich selbstständig machen und ein Unternehmen gründen wollen. Da die Gründung eines Unternehmens mit vielen Risiken verbunden ist, aber auch viele Chancen hat, sollte man sich den Schritt in die Selbstständigkeit vorher gut überlegen und sich professionelle Hilfe z. B. bei einer Gründerberatung holen.

Das Fundament jedes erfolgreichen Unternehmens ist eine gute Geschäftsidee. Dass diese nicht unbedingt brandneu sein muss, zeigen die Beispiele vieler erfolgreicher Unternehmerinnen und Unternehmer. Sie haben bestehende Unternehmenskonzepte einfach weiterentwickelt oder auf neue Märkte übertragen. Wenn man also keine tatsächlich neue, innovative Idee hat, kann man sich inspirieren lassen und überlegen, wie man bestehende Angebote verändern kann, um daraus Neues zu entwickeln. Eine Geschäftsidee kann sich dabei u. a. aus den folgenden Punkten entwickeln:

- es besser machen als andere
- einen Trend erkennen
- eine Idee haben und diese umsetzen
- eine Erfindung machen und diese zum Patent anmelden und vermarkten
- eine gute Idee übernehmen (Franchising)
- ein komplettes bzw. Anteile eines bestehenden Unternehmens kaufen
- ein Unternehmen von einem Vorgänger übernehmen bzw. erben

Beispiel: *Jana Kruse hat im vergangenen Jahr die Ausbildung zur Einzelhandelskauffrau abgeschlossen und arbeitet seitdem bei ihrem alten Ausbildungsbetrieb, der Teleworld Müller GmbH. Während der Ausbildung ist ihr aufgefallen, dass vor allem ältere Kunden Probleme bei der Nutzung der mobilen Endgeräte haben. So kam ihr die Idee ein eigenes Geschäft in der Düsseldorfer Innenstadt zu eröffnen, das vor allem für die ältere Zielgruppe besondere Serviceleistungen und Schulungen für die Handynutzung anbietet.*

1.1 Gründungsvoraussetzungen

In Deutschland herrscht der Grundsatz der Gewerbefreiheit (siehe Art. 12 Grundgesetz). Bis auf wenige Ausnahmen kann jeder, der möchte, ein Unternehmen gründen. Doch nicht jede Geschäftsidee führt auch zu einem erfolgreichen Unternehmen. Damit der Sprung in die Selbstständigkeit nicht mit einer Bauchlandung endet, muss jeder Schritt der Existenzgründung gut überlegt und geplant sein. Für eine erfolgreiche Gründung sollten die persönlichen, fachlichen und sachlichen sowie die rechtlichen Voraussetzungen erfüllt werden.

Persönliche Voraussetzungen

Die meisten Menschen sind nicht als Gründer oder Gründerin geboren worden. Aber bestimmte persönliche Eigenschaften erleichtern den Weg in die Selbstständigkeit. Wichtig ist vor allem, dass man in der Lage ist, selbstständig zu arbeiten und Verantwortung zu übernehmen. Das erfordert eine gewisse körperliche und psychische Belastbarkeit sowie den Rückhalt von der Familie und den Freunden.

Auf der Internetseite www.existenzgruender.de vom Bundesministerium für Wirtschaft und Klimaschutz werden die folgenden Eigenschaften, die für den Erfolg eines Unternehmens wichtig sind, aufgeführt: WWW

Wichtige persönliche Eigenschaften von Gründern:

- Ehrgeiz
- Einsatzbereitschaft
- Risikobereitschaft
- Belastbarkeit
- Kreativität
- Verantwortungsbewusstsein
- Führungserfahrung

Fachliche und sachliche Voraussetzungen

Zu den fachlichen Vorrausetzungen gehören vor allem die berufliche Qualifikation und die fachliche Eignung bzw. das Knowhow der Gründerperson. Eine solide kaufmännische Ausbildung ist hier sicherlich eine gute Basis. Diese ist jedoch für eine erfolgreiche Unternehmensführung durch entsprechende Weiterbildungen oder Zusatzqualifikationen auszubauen.

Wichtige fachliche Kenntnisse von Gründern:

- Erfahrungen und Kenntnisse der Arbeitsabläufe und Prozesse
- umfassende Marktkenntnis der Branche und von möglichen Konkurrenten
- Kaufmännische Kenntnisse z. B. Buchführung, Kostenrechnung, Personalwesen, Marketing usw.
- Kenntnisse der einschlägigen Verordnungen und Gesetze

Zu den wichtigsten sachlichen Voraussetzungen gehört die Kapitalbeschaffung für das neue Unternehmen sowie die Investitionsplanung in der Gründungsphase. Dazu zählt auch ein gut durchdachter Businessplan mit einer Analyse aller Chancen und Risiken. Dieser ist vor allem erforderlich, wenn externe Partner z. B. Banken oder Investoren überzeugt werden müssen, in das Geschäft einzusteigen.

INHALTE EINES BUSINESSPLANS

Zusammenfassung des Vorhabens

Geschäftsidee
Was ist das Besondere daran?

Gründerperson
- Qualifikationen
- Defizite

Marktübersicht
- Zielgruppenanalyse
- Konkurrenzanalyse etc.

Marketing & Vertrieb
- Produktnutzen
- Preisstrategie
- Vertriebsziele und -wege
- Werbung

Unternehmensorganisation
- Rechtsform
- Organisation
- Mitarbeiter

Chancen- & Risikenanalyse
- Stärken und Schwächen
- Chancen und Risiken

Finanzierung
- Lebenshaltungskosten
- Investitionsplan
- Kapitalbedarf
- Finanzierungsplan etc.

Weitere Unterlagen
z. B. tabellarischer Lebenslauf, weitere Verträge, Analysen und Gutachten

Rechtliche Voraussetzungen

Neben den persönlichen und fachlich/sachlichen Voraussetzungen sind auch rechtliche Vorgaben bei der Gründung zu beachten. Darunter fallen alle formalen Vorgänge, damit in Deutschland ein Unternehmen gegründet werden darf. Zu den wichtigsten rechtlichen Voraussetzungen gehören:

- Gewerbeanmeldung
- Nachweis der Identität und Volljährigkeit
- Wohnsitz in Deutschland bzw. Aufenthaltstitel
- Anmeldung bei Behörden, z. B. Finanzamt, IHK, Gesundheitsamt (nur bei Lebensmitteln)
- bei eingestellten Mitarbeitern auch Anmeldung bei Krankenkasse, Berufsgenossenschaft etc.
- ggf. Handelsregistereintragung (wenn das Unternehmen nach Art und Umfang einen in kaufmännischer Weise eingerichteten Geschäftsbetrieb erfordert, vgl. Kaufmannseigenschaften)

Kap. 2

Gewerbe

Jede planmäßige, auf Dauer angelegte und in Absicht auf Gewinnerzielung vorgenommene selbstständige Tätigkeit ist ein Gewerbe und muss beim Gewerbeamt bzw. Ordnungsamt der zuständigen Kommune gegen eine relativ geringe Gebühr angemeldet werden. Anmeldepflichtig ist man unabhängig davon, ob diese Tätigkeit haupt- oder nebenberuflich ausgeübt wird. Auch die Übernahme eines bereits bestehenden Gewerbebetriebes oder die Eröffnung einer weiteren Filiale muss angemeldet werden. Zu den Gewerbe treibenden Branchen gehören insbesondere der Handel, die Gastronomie und das Handwerk.

> Ein Gewerbe ist eine planmäßige, auf Dauer angelegte und in Absicht auf Gewinnerzielung vorgenommene, selbstständige Tätigkeit.
>
> Merke

Nicht als Gewerbe zählen Tätigkeiten als Freiberufler (z. B. Ärzte, Rechtsanwälte und Steuerberater). Nur wer voll geschäftsfähig ist, kann ein Gewerbe betreiben. Minderjährige benötigen, neben der Erlaubnis der Eltern, zusätzlich auch die Genehmigung eines Vormundschaftsgerichtes.

Die Gewerbeanmeldung ist mit dem Beginn des Betriebs vorzunehmen. Dazu muss das ausgefüllte Gewerbeanmeldungsformular sowie ein Nachweis der Identität (Personalausweis) und bei Personen aus einem Nicht-EU-Land ein Aufenthaltstitel vorgelegt werden.

1.2 Vor- und Nachteile der Selbstständigkeit

Der Schritt in die Selbstständigkeit muss gut überlegt sein. Die folgende Übersicht stellt die wichtigsten Vor- und Nachteile einer Selbstständigkeit gegenüber.

Vorteile der Selbstständigkeit	Nachteile der Selbstständigkeit
• Entscheidungen werden selbstständig getroffen, man ist sein eigener Chef • unabhängiges Arbeiten ist möglich, der Aktivitätsspielraum wird nicht durch betriebsinterne Vorschriften eingeengt • es gibt keine festgelegten Arbeitszeiten bzw. man kann sich diese selbst einteilen • ein höheres Einkommen ist im Vergleich zu einem Angestellten möglich	• hohe psychische und physische Belastung ist zu erwarten, man arbeitet „selbst und ständig" • großes Durchhalte- und Stehvermögen ist erforderlich • die Freizeit mit der Familie oder die Ausübung von Hobbies wird eingeschränkt • es besteht das Risiko, die eingebrachten Mittel zu verlieren • es gibt kein „sicheres" Einkommen, vor allem während der ersten Jahre der selbstständigen Tätigkeit • in der Regel besteht kein Anspruch auf Arbeitslosengeld, wenn der Geschäftsaufbau scheitern sollte

Die KfW Bankengruppe (Kreditanstalt für Wiederaufbau), die häufig bei Gründungsfinanzierungen hilft, zählt folgende Punkte auf, die die zukünftige Unternehmung gefährden könnten (www.kfw.de):

KFW

Risiken bei der Unternehmensgründung

Finanzierungsmängel	Viele Gründer schätzen bei der Gründungsfinanzierung oft ihren kurzfristigen Kapitalbedarf (zur Bezahlung laufender Rechnungen) und ihre Liquidität falsch ein. Probleme gibt es in dieser Situation vor allem dann, wenn Kunden schleppend oder vielleicht überhaupt nicht zahlen.
Informationsdefizite	Gründerinnen und Gründer wissen oft zu wenig vom Marktgeschehen. Sie überschätzen z. B. die Nachfrage für ihr Produkt oder ihre Dienstleistung und unterschätzen die Konkurrenz.
Qualifikationsmängel	An der fachlichen Qualifikation mangelt es bei Gründerinnen und Gründern so gut wie nie. Dafür umso mehr an kaufmännischen und unternehmerischen Kenntnissen. Gerade die fundamentalen Kenntnisse der Betriebswirtschaftslehre sind aber die Basis für eine solide Geschäftsführung.
Planungsmängel	Hier gibt es zwei Mangel-Varianten: Entweder ist die Planung des Unternehmensaufbaus fehlerhaft oder die Planung ist gut, wird aber nicht eingehalten.
Familienprobleme	Familiäre Probleme sind umso einflussreicher, je kleiner ein Unternehmen ist. Gravierend ist hier vor allem, wenn der Ehepartner die familiären Belastungen gerade in der Anfangsphase nicht oder nicht länger hinnehmen will.
Überschätzung der Betriebsleistung	Viele Gründerinnen und Gründer schätzen die Leistungsfähigkeit ihres Unternehmens völlig falsch ein. Hier ist der Umsatz des Betriebes zu gering im Verhältnis zu den hohen Investitions- oder Fixkosten.

Aufgaben

1. Beschreiben Sie anhand von drei Schwerpunkten die Voraussetzungen, die nötig sind, damit der Weg in die Selbstständigkeit möglich wird.
2. Nennen Sie fünf Stellen, bei denen ein neu zu gründendes Unternehmen des Einzelhandels angemeldet werden muss, und erklären Sie, welche Funktion diese Anmeldung hat.
3. Überprüfen Sie anhand der folgenden Links, ob Sie sich als Unternehmertyp eignen:

   Sind Sie ein Unternehmertyp?

   Webseite: BMWK: Sind Sie ein Unternehmertyp?

   Entscheiden Sie wie ein Unternehmer?

   Webseite: BMWK: Entscheiden Sie wie ein Unternehmer?
4. Begründen Sie, welche Vor- und Nachteile der Gang in die Selbstständigkeit für Sie persönlich haben würde?
5. Ordnen Sie die Risiken der Unternehmensgründung, die die KFW Bank (Kreditanstalt für Wiederaufbau) herausgestellt hat, den persönlichen, sachlich/fachlichen und rechtlichen Voraussetzungen zu. Beschreiben Sie, auf welche Weise diese Risiken minimiert werden könnten?
6. Entwickeln Sie gemeinsam eine Geschäftsidee und stellen Sie dafür einen einfachen Businessplan auf.
7. Versuchen Sie Gründe für den Verlauf der Kurve der Existenzgründungen in Deutschland zu finden.

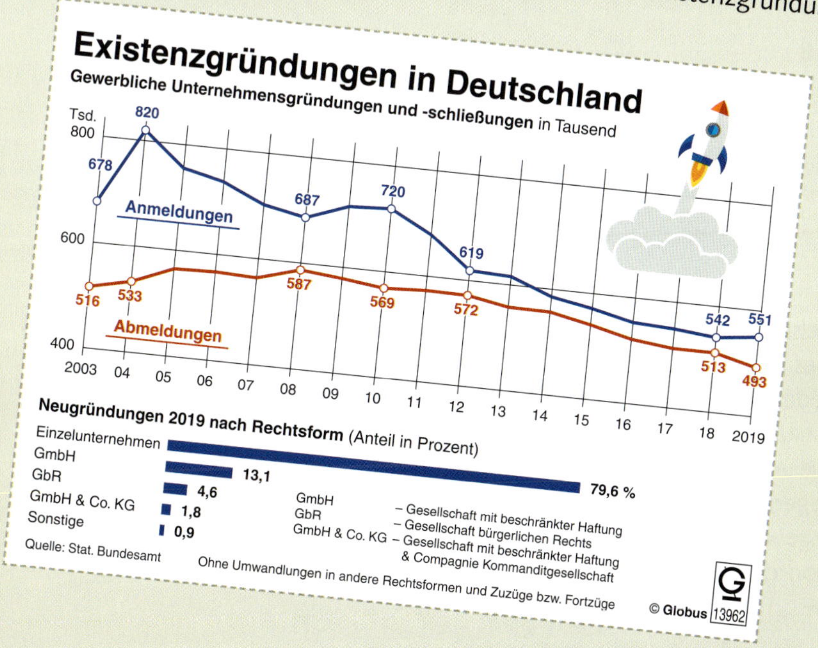

2 Handelsrechtliche Rahmenbedingungen beachten

In Deutschland kann im Prinzip jeder, der möchte, ein Unternehmen gründen und leiten. Allerdings hat der Gesetzgeber einige Regeln und Gesetze erlassen, die unter Geschäftsleuten verbindlich sind und die Unternehmensführung verpflichten, sich an bestimmte Vorschriften zu halten. Die wichtigsten dieser Gesetze stehen im Handelsgesetzbuch (HGB), das im Gegensatz zum Bürgerlichen Gesetzbuch (BGB) die Rahmenbedingungen von Unternehmen bzw. unter Kaufleuten regelt.

© fotoinfot – stock.adobe.com

Beispiel: *Jana Kruse hat ein schönes Ladenlokal gefunden und ihr neues Unternehmen bereits beim Gewerbeamt in Düsseldorf angemeldet. Nun fragt sie sich, ob sie ihr Unternehmen auch im Handelsregister eintragen muss. Das kostet doch bestimmt viel Geld.*

2.1 Kaufmannsarten

Unter der Bezeichnung „Kaufmann" oder „Kauffrau" versteht man im täglichen Sprachgebrauch Menschen, die eine kaufmännische Ausbildung absolviert haben oder im Handel tätig sind. Im juristischen Sinne ist dieser Begriff jedoch genau definiert. Wer Kaufmann ist, legt das Handelsgesetzbuch (HGB) in seinem ersten Paragrafen fest.

§ 1 HGB

(1) Kaufmann im Sinne dieses Gesetzbuchs ist, wer ein Handelsgewerbe betreibt.
(2) Handelsgewerbe ist jeder Gewerbebetrieb, es sei denn, dass das Unternehmen nach Art oder Umfang einen in kaufmännischer Weise eingerichteten Geschäftsbetrieb nicht erfordert.

Kap. 14.1

Das HGB geht vom Begriff des Handelsgewerbes aus. Als Gewerbe wird demnach jede erlaubte und dauerhafte selbstständige Tätigkeit bezeichnet, die auf die Erzielung von Gewinn ausgerichtet ist. Der Begriff des Handelsgewerbes wird dabei unabhängig von der Branche verwen-

det. Auch Handwerksunternehmen oder Hotels können in diesem Sinne Handelsgewerbe sein.

Kein Handelsgewerbe betreiben hingegen land- und forstwirtschaftliche Betriebe (HGB § 3). Auch Künstler, Wissenschaftler und Freiberufler, z. B. Ärzte, Architekten und Anwälte, müssen kein Gewerbe anmelden und gelten deshalb auch nicht als Kaufleute gemäß HGB.

Das Handelsgesetzbuch unterscheidet zwischen Ist-, Kann- und Formkaufleuten.

Kaufmannsarten nach HGB		
Istkaufmann	**Kannkaufmann**	**Formkaufmann**
Kaufmann mit Handelsgewerbe **mit** kfm. Organisation HGB § 1	Kleingewerbetreibender mit Handelsgewerbe **ohne** kfm. Organisation HGB § 2	Kaufmann durch Wahl der **Rechtsform** (z. B. GmbH, AG) HGB § 6
Eintrag ins Handelsregister ist verpflichtend	Eintrag ins Handelsregister ist freiwillig	Eintrag ins Handelsregister ist verpflichtend

Istkaufmann

IST-kaufmann

Führt der Gewerbetreibende neben dem Handelsgewerbe einen „in kaufmännischer Weise eingerichteten Geschäftsbetrieb“, ist er ein Istkaufmann im Sinne des § 1 HGB. Ob ein solcher Geschäftsbetrieb vorliegt, muss im Einzelfall entschieden werden. Beurteilungskriterien sind u. a. die Höhe des Umsatzes, der Forderungen und des Vermögens, sowie die Mitarbeiterzahl und die Anzahl und Größe der Geschäftsräume. Ein Istkaufmann muss sich in das Handelsregister eintragen.

Beispiel: *Dana Warnke betreibt ein kleines Lebensmittelgeschäft mit 12 Mitarbeitern und einem Umsatz von 100.000,00 EUR pro Monat. Bei dieser Größe benötigt sie ein Verwaltungsbüro, eine kaufmännische Buchführung, entsprechendes Kapital sowie einen Steuerberater. Frau Warnke besitzt somit ein Handelsgewerbe, das einen kaufmännischen Geschäftsbetrieb erfordert. Sie ist deshalb ein Istkaufmann im Sinne des HGB und muss sich in das Handelsregister eintragen.*

Kannkaufmann

KANN-kaufmann

Für ein Handelsgewerbe mit geringer Umsatzhöhe und nur wenigen Mitarbeitern, ist in der Regel kein kaufmännischer Geschäftsbetrieb erforderlich. Ein solches Handelsgewerbe fällt unter den Begriff Kleingewerbe. Ein Kleingewerbetreibender ist grundsätzlich erst mal kein Kaufmann im Sinne des HGB, sondern nach § 2 HGB ein Kannkaufmann. Aber er kann den Status eines Kaufmannes erlangen, indem er sich freiwillig ins Handelsregister eintragen lässt. Mit der Eintragung wird er dann zum Istkaufmann.

Beispiel: *Peter Müller betreibt einen kleinen Elektronikreparaturdienst und bietet bei Kunden vor Ort Serviceleistungen an. Er hat keine Mitarbeiter und kein Ladenlokal. Er hat somit zwar ein Handelsgewerbe, sein Geschäft ist aber so klein, dass es keinen in kaufmännischer Weise eingerichteten Geschäftsbetrieb benötigt. Er ist deshalb ein Kannkaufmann. Er könnte sich aber in das Handelsregister eintragen lassen.*

Auch Jana Kruse wäre aufgrund der geringen Größe des zu gründenden Geschäfts ein Kannkaufmann. Sie entschließt sich aber dennoch zu einer Eintragung ins Handelsregister, da sie von Anfang an auf die Seriosität einer Eintragung setzt. Sie wird dadurch zum Istkaufmann.

Formkaufmann

FORM-kaufmann

Wählt man für sein Handelsgewerbe eine bestimmte Rechtsform aus, z. B. eine GmbH oder eine AG, gelten automatisch die Bestimmungen des § 6 HGB. In diesem Fall ist eine Eintragung in das Handelsregister erforderlich, unabhängig davon, ob das Unternehmen groß oder klein ist bzw. einen kaufmännischen Geschäftsbetrieb erfordert oder nicht. Die Betreiber dieser Handelsgewerbe sind sogenannte Formkaufleute.

Beispiel: *Sabine Klein gründet das Unternehmen: „Klein Elektrofachmarkt GmbH". Aufgrund der Wahl der Rechtsform als GmbH ist die Gesellschaft ein Formkaufmann und muss deshalb in das Handelsregister eingetragen werden.*

2.2 Firma

Kaufleute gemäß HGB können eine Firma führen. Die Firmenführung ist jedoch auf den Geschäftsbetrieb beschränkt, sie wird nicht in den Pass oder Personalausweis, sondern in das Handelsregister eingetragen. Die Firma ist auch auf Geschäftsbriefen, Visitenkarten, Katalogen, im Impressum usw. zu vermerken. Von der Firma ist die Geschäftsbezeichnung zu unterscheiden. Nichtkaufleute, Freiberufler und Kleingewerbebetreibende dürfen nur eine Geschäftsbezeichnung führen, z. B. „Kiosk an der Ecke".

Merke

Die Firma eines Kaufmanns ist der Name, unter dem er seine Geschäfte betreibt und die Unterschrift abgibt. (§ 17 HGB Abs. 1)

2.2.1 Aufbau einer Firma

Die Firma besteht aus einem Firmenkern und einem Firmenzusatz, aus dem die Rechtsform des Unternehmens hervorgeht.

Der Firmenkern ist so zu wählen, dass dieser zur Kennzeichnung des Unternehmens geeignet ist und sich von anderen Firmen deutlich unterscheidet. Folgende Firmenarten sind zu unterscheiden:

- Personenfirma, die aus dem Namen der Inhaber gebildet wird (z. B. Peter Müller GmbH)
- Sachfirma, die aus dem Tätigkeitsbereich oder aus der Branche des Unternehmens abgeleitet wird (z. B. Warenhaus AG)
- Fantasiefirma, die unabhängig vom Namen des Inhabers oder Unternehmensgegenstandes gebildet wird (z. B. Zalando AG)
- Mischfirma, die eine Kombination der obigen Firmenarten darstellt (z. B. Müller Warenhaus AG ist eine Kombination aus Personen- und Sachfirma)

Ergänzt wird der Firmenkern um den Firmenzusatz, aus dem sich die Rechtsform des Unternehmens bzw. eine allgemein verständliche Abkürzung dieser Rechtsform erkennen lässt. Solche Abkürzungen von Rechtsformzusätzen sind u. a.:

- e. K. für eingetragene/r Kaufmann/-frau (alternativ: e. Kfm. oder e. Kfr.)
- OHG für die offene Handelsgesellschaft
- KG für die Kommanditgesellschaft
- eG für die eingetragene Genossenschaft
- GmbH für die Gesellschaft mit beschränkter Haftung
- UG (haftungsbeschränkt) für die Unternehmergesellschaft
- AG für die Aktiengesellschaft
- SE für die Societas Europaea (Europäische Aktiengesellschaft)
- sowie andere internationale Rechtsformen, z. B. SA, INC, NV, Sárl, PLC, Ltd

Beispiel: *Jana Kruse wählt für ihre Firma eine Kombination aus Sach- und Personenfirma aus. Denn sie möchte erstens, dass die Kunden wissen, welche Produkte sie erwarten können. Außerdem möchte sie, dass ihr Name auf dem Türschild steht. Sie entscheidet sich zunächst für die Rechtsform der eingetragenen Kauffrau, deshalb lautet ihre Firma nun: Phoneworld Kruse e. Kfr.*

Von der Firma ist die Geschäftsbezeichnung (bzw. die Markenbezeichnung) zu unterscheiden. So sieht man von außen auf vielen Geschäften nur eine kurze Bezeichnung, wie z. B. REWE, P&C, Mediamarkt etc. Hierbei handelt es sich aber um eine Markenbezeichnung und nicht um die Firma des Unternehmens.

© Tobias Arhelger – stock.adobe.com

Die Firmenbezeichnungen aus den obigen Beispielen lauten: REWE Markt GmbH, Peek & Cloppenburg KG, Media-Saturn-Holding GmbH.

2.2.2 Firmengrundsätze

Die Wahl der Firma ist an bestimmte rechtliche Grundsätze gebunden.

Firmengrundsätze	
Firmen-ausschließlichkeit	Das Unternehmen darf nicht die gleiche Bezeichnung tragen wie ein anderes Unternehmen am selben Ort.
Firmen-beständigkeit	Beim Wechsel des Betreibers (auch des Inhabers) darf die Firma weitergeführt werden.
Firmen-öffentlichkeit	Die Firma ist ins Handelsregister einzutragen, damit die Öffentlichkeit über die Gründung der Firma informiert wird. Darüber hinaus muss die Firma auf Geschäftspapieren angegeben werden.
Firmen-wahrheit	Die Firma darf nicht irreführend sein, d. h. sie darf weder über die Art des Geschäfts noch über dessen Umfang oder Größe irreführen. Beispiel: International bei rein nationaler Tätigkeit.
Firmen-klarheit	Die Firma muss zur Kennzeichnung des Kaufmanns geeignet sein. Nichtlateinische Buchstaben, Zahlenfolgen oder reine Bildzeichen eignen sich deshalb nicht als Firma.
Firmen-einheit	Die Firmeneinheit besagt, dass ein Kaufmann nur eine Firma für sein Unternehmen führen darf. „Ein Unternehmen – eine Firma" Beispiel: Eine Großbäckerei darf in Köln nicht mit „Super Brot GmbH" und in Düsseldorf mit „Super Brötchen GmbH" firmieren.

2.3 Handelsregister

Das Handelsregister ist ein öffentliches Verzeichnis aller Kaufleute eines Amtsgerichtsbezirks. Es dient dazu die Öffentlichkeit zu informieren und zu schützen. Das Handelsregister genießt öffentlichen Glauben. Das heißt, dass das Vertrauen auf seinen Inhalt geschützt ist. Solange eine Tatsache noch nicht ins Register eingetragen worden ist, kann sie einem Dritten gegenüber nicht geltend gemacht werden.

Merke: Das Handelsregister ist ein öffentliches Verzeichnis aller Kaufleute eines Amtsgerichtsbezirks.

§ 29 HGB

Jeder Kaufmann ist verpflichtet, seine Firma und den Ort seiner Handelsniederlassung bei dem Gericht, in dessen Bezirk sich die Niederlassung befindet, zur Eintragung in das Handelsregister anzumelden; er hat seine Namensunterschrift unter Angabe der Firma zur Aufbewahrung bei dem Gericht zu zeichnen.

2.3.1 Inhalt des Handelsregisters

Kaufleute unterliegen bezüglich Ihres Unternehmens zum Teil anderen und insbesondere strengeren Vorschriften als Nichtkaufleute. Deshalb muss allen, die mit ihnen Geschäfte abschließen, bekannt sein, dass sie es mit Kaufleuten zu tun haben. Alle Tatsachen, die für deren Geschäftspartner rechtlich bedeutsam sein können, werden deshalb durch die Eintragung ins Handelsregister öffentlich. Geschäftspartner können auf diese Weise kontrollieren, ob das Unternehmen existiert und welche Person für das Unternehmen haftbar zu machen ist.

In das Handelsregister werden u. a. eingetragen:

- Firma
- Namen der Geschäftsinhaber
- Geschäftssitz
- Gegenstand des Unternehmens
- Prokura
- Grund- oder Stammkapital (nur bei Kapitalgesellschaften)

Jedermann hat das Recht, das Register einzusehen. Die Eintragungen erfolgen auf Anmeldung des Kaufmanns mit notarieller Beglaubigung oder von Amts wegen (z. B. bei Eröffnung eines Insolvenzverfahrens). Das Gericht muss die Eintragungen online auf der Seite www.handelsregister.de veröffentlichen. Für die Eintragung fallen Gebühren in Abhängigkeit von der Rechtsform ab. In der Regel werden für Einzelunternehmer ca. 200,00 EUR fällig. Größere Unternehmen mit mehreren Gesellschaftern und/oder größerem Geschäftskapital müssen bis zu 800,00 EUR für die Anmeldung einrechnen. Auch für die Einsicht in das Handelsregister muss eine kleine Nutzungsgebühr bezahlt werden.

WWW

2.3.2 Wirkungen einer Eintragung ins Handelsregister

Eine Eintragung im Handelsregister kann zwei Wirkungen haben. Entweder eine deklaratorische (rechtsbezeugende) oder eine konstitutive (rechtserzeugende) Wirkung.

Deklaratorische Wirkung

deklaratorisch = rechtsbezeugend

Als Regel gilt, dass eine Eintragung im Handelsregister nur eine deklaratorische Wirkung hat. Es wird lediglich festgehalten, was bereits gilt. So entsteht bspw. die Einzelunternehmung (e. K.) bereits mit der Aufnahme der Geschäftstätigkeit. Die Eintragung im Handelsregister ändert die bestehende Rechtslage nicht. Ebenso beginnt die Wirkung einer Prokura bereits mit der Erteilung. Die Eintragung in das Handelsregister bezeugt lediglich die Erteilung einer Prokura.

Beispiel: *Dana Warnke hat Ihr Lebensmittelgeschäft am 02.01. eröffnet. Da sie eine Istkauffrau ist, trägt sie ihr Unternehmen am 01.02. in das Handelsregister ein. Die Eintragung war deklaratorisch, da das Unternehmen bereits zu Jahresbeginn existiert hatte.*

Konstitutive Wirkung

konstitutiv = rechtserzeugend

Einige Handelsregister-Eintragungen haben eine konstitutive Wirkung, d. h. die Rechtswirkung tritt erst durch den Eintrag selbst ein. So beginnt ein Formkaufmann, z. B. eine Kapitalgesellschaft (GmbH, AG), erst zu existieren, wenn diese in das Handelsregister eingetragen wurde. Ebenfalls benötigen die Kannkaufleute einen Handelsregistereintrag, um die Rechtspersönlichkeit eines Istkaufmannes zu erlangen.

Beispiel: *Jana Kruses Telekommunikationsgeschäft existiert seit dem 01.05. Am 01.06. lässt sie sich freiwillig in das Handelsregister eintragen. Die Eintragung am 01.06. war konstitutiv. Da sie ein Kannkaufmann war, wird sie erst mit der Eintragung am 01.06. zum Istkaufmann.*

Beginn und Ende eines Unternehmens

Bei natürlichen Personen beginnt die Rechtsfähigkeit mit der Geburt und endet mit dem Tod. Bei Unternehmen, also juristischen Personen, beginnt die Rechtsfähigkeit mit der Aufnahme der Geschäftstätigkeit (bei Istkaufleuten) bzw. der Eintragung ins Handelsregister (bei Kann- und Formkaufleuten). Die Rechtsfähigkeit endet in allen Fällen erst mit der Streichung aus dem Handelsregister. Diese wird immer dann vorgenommen, wenn entweder die Eigentümer das Unternehmen freiwillig auflösen oder es durch eine Insolvenz vom Insolvenzgericht aufgelöst wurde. Die Angaben im Handelsregister werden dabei nur durchgestrichen, nicht gelöscht, da man so nachvollziehen kann, wer die Eigentümer waren.

2.3.3 Abteilungen des Handelsregisters

Das Handelsregister wird in zwei Abteilungen geführt.

- In Abteilung A (HRA) werden die Einzelunternehmen (e. K.) und die Personengesellschaften (OHG, KG) eingetragen.
- In Abteilung B (HRB) werden die Kapitalgesellschaften (AG, GmbH, UG) eingetragen.

2.3.4 Rechte und Pflichten von Kaufleuten gem. HGB

Mit der Eintragung in das Handelsregister ergeben sich für den Kaufmann besondere Rechte, aber er muss auch bestimmte Pflichten übernehmen.

Rechte:

- das Recht zur Führung einer Firma
- die im Handelsregister eingetragene Firma genießt Schutz nach HGB, BGB und Markengesetz
- das Recht zur Ernennung von Prokuristen
- das Recht zur mündlichen Erteilung einer Bürgschaftserklärung

Pflichten:

- die Pflicht zur Eintragung ins Handelsregister
- die Pflicht zur ordnungsgemäßen Buchführung
- die Pflicht, jährlich eine Inventur durchzuführen und eine Jahresbilanz aufzustellen
- die Pflicht zur unverzüglichen Untersuchung- und Rügepflicht

Beispiel: *Jana Kruse ruft am 02.03.2020 den Handelsregisterauszug ihres alten Arbeitgebers, der Teleworld Müller GmbH, auf:*

Handelsregister B des Amtsgerichts Düsseldorf — **Nummer der Firma HRB 20345**

Abruf vom 02.03.2020 14:00 Uhr — Seite 1 von 1

Nummer der Eintragung	a) Firma b) Sitz, Niederlassung, inländische Geschäftsanschrift, empfangsberechtigte Person, Zweigniederlassungen c) Gegenstand des Unternehmens	Grund- oder Stammkapital	a) Allgemeine Vertretungsregelung b) Vorstand, Leistungsorgan, geschäftsführende Direktoren, persönlich haftende Gesellschafter, Geschäftsführer, Vertretungsberechtigte und besondere Vertretungsbefugnis	Prokura	a) Rechtsform, Beginn, Satzung oder Gesellschaftervertrag b) Sonstige Rechtsverhältnisse	a) Tag der Eintragung b) Bemerkungen
1	2	3	4	5	6	7
1	a) Teleworld Müller GmbH b) Düsseldorf c) Handel mit Telekommunikationsgeräten und Zubehör sowie die Vermittlung von Telekommunikationsverträgen	25.000,00 EUR	a) Ist nur ein Geschäftsführer bestellt, vertritt er allein. Sind mehrere Geschäftsführer bestellt, vertreten zwei gemeinsam oder ein Geschäftsführer mit einem Prokuristen. Einzelvertretungsbefugnis kann erteilt werden. b) Geschäftsführer: Müller, Lars, Düsseldorf *01.05.1961 einzelvertretungsberechtigt		a) Gesellschaft mit beschränkter Haftung Gesellschaftervertrag vom 01.02.2012	a) 01.02.2012 Seibold
2				Kolle, Sandra, Hilden *14.03.1965		a) 15.08.2018 Peters

2.4 Vollmachten

Die Unternehmensleitung benötigt zur Durchführung der anfallenden Arbeiten geeignete Mitarbeiter, die bereit sind, Verantwortung zu übernehmen. Sie sind dementsprechend mit Vollmachten auszustatten. Zu unterscheiden sind dabei die Prokura und die Handlungsvollmacht.

2.4.1 Prokura

Die Prokura ist eine umfassende Vollmacht, die ausdrücklich mündlich oder schriftlich vom Geschäftsinhaber erteilt und zur Eintragung ins Handelsregister gemeldet werden muss. Ihre Wirkung beginnt mit der Erteilung, nicht erst mit der Eintragung und Veröffentlichung im Handelsregister. Prokuristen unterschreiben für gewöhnlich mit „ppa" (per procura).

Der Prokurist ist zu allen Arten von gerichtlichen und außergerichtlichen Geschäften und Rechtshandlungen ermächtigt, die der Betrieb eines Handelsgewerbes mit sich bringen kann (§ 49 HGB). Dazu zählen auch Handlungen, die über den üblichen Rahmen des Geschäftes hinausgehen z. B.:

- Handlungsvollmacht erteilen
- Prozesse für die Firma führen
- Betriebsdarlehen aufnehmen
- Betriebsgrundstücke kaufen

Ein Prokurist darf keine:

- Betriebsgrundstücke verkaufen (bedarf einer besonderen Vollmacht),
- selber Prokura erteilen
- Handelsregistereintragungen anmelden
- Bilanzen und Steuererklärungen unterschreiben oder
- ein Insolvenzverfahren einleiten.

2.4.2 Handlungsvollmacht

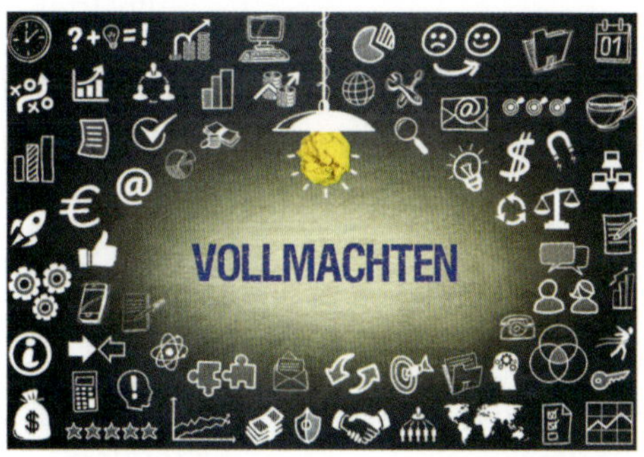

Angestellte im Warenlager oder im Verkaufsraum eines Geschäftes sind gemäß § 56 HGB dazu ermächtigt, gewöhnliche Geschäfte zu tätigen, ohne dafür bevollmächtigt zu werden. Darüber hinaus kann aber eine besondere Handlungsvollmacht erteilt werden. Diese ist nicht ganz so umfassend wie die Prokura. Sie bedarf keiner besonderen Form, kann auch durch Duldung von bestimmten Verhaltensweisen erteilt werden und erfordert keine Eintragung ins Handelsregister. Handlungsbevollmächtigte unterschreiben mit i. V. (in Vollmacht).

Bei den Vollmachten wird unterschieden in die Einzel-, Art- und die allgemeine Handlungsvollmacht.

- Einzelvollmacht

Der Einzelbevollmächtigte darf einmalig bestimmte Geschäfte abschließen, bspw. den Kauf eines Pkw. Die Vollmacht erlischt in der Regel, wenn das Geschäft abgeschlossen ist.

- Artvollmacht

Sie wird für die Dauer einer bestimmten Art einer Tätigkeit erteilt, z. B. den Wareneinkauf, Personaleinstellungen, Tätigkeiten in der Buchhaltung etc.

- Allgemeine Handlungsvollmacht

Der Geschäftsinhaber erteilt eine Handlungsvollmacht für alle Tätigkeiten, die für gewöhnlich das Handelsgewerbe mit sich bringt. Typische Tätigkeiten eines Handlungsbevollmächtigten sind z. B. Zahlungsgeschäfte erledigen, Arbeitskräfte einstellen oder entlassen sowie für das Unternehmen große Mengen verkaufen und/oder einkaufen.

Aufgaben

1. Erläutern Sie, um welche Kaufmannsart es sich bei den folgenden Personen bzw. Unternehmen handelt:
   a) Zahnärztin Dr. S. Merz
   b) Peters Würstchenbude in der Innenstadt
   c) Kleine Modeboutique „Sabine Müller e. K." ohne Mitarbeiter; Jahresumsatz 30.000,00 EUR
   d) Der 11-Mitarbeiter-Betrieb von Karl Ebel; Jahresumsatz 1.700.000,00 EUR
   e) Fashion und More GmbH
   f) Sabrina Schaufel, Einzelhandelskauffrau, angestellt bei Edeka
   g) Ebay-Händler Bruno Kauf, der über Ebay kleine Elektroteile verkauft, Jahresumsatz ca. 20.000,00 EUR
   h) Bauer Herbert, der einen Landwirtschaftsbetrieb mit einem Jahresumsatz von ca.1.000.000,00 EUR betreibt
2. Was bedeutet der Begriff „Firma" im kaufmännischen Sinne? Ordnen Sie die Firmen auf Seite 330 den jeweiligen Firmenarten zu.
3. Ordnen Sie zu den folgenden Aussagen den jeweils passenden Firmengrundsatz zu:
   a) Jede neue Firma muss sich von allen an demselben Ort bereits bestehenden Firmen deutlich unterscheiden.
   b) Die Firma darf keine Zusätze über Art und Umfang des Geschäftes enthalten, die Außenstehende täuschen könnten.
   c) Auf den Geschäftsbriefen muss u. a. die vollständige Firma und die zugehörige Handelsregisternummer aufgedruckt sein.
   d) Ein Kaufmann darf zur Vermeidung von Täuschungen im Rechtsverkehr für ein- und dasselbe Unternehmen nur eine Firma führen.
   e) Aus der Firma muss erkennbar sein, welche Rechtsform vorliegt.
   f) Beim Erwerb eines Unternehmens darf die bisherige Firma nach Einwilligung des bisherigen Inhabers fortgeführt werden.
4. Das Handelsregister hat die Aufgabe, die Öffentlichkeit über die Rechtsverhältnisse in Unternehmen zu informieren. Wo wird das Handelsregister geführt?
   a) Industrie- und Handelskammer
   b) Berufsgenossenschaft
   c) Bundesministerium für Wirtschaft und Technologie
   d) Amtsgericht
   e) Bundesagentur für Arbeit
5. Nennen Sie fünf Inhalte, die im Handelsregister eingetragen werden müssen?
6. Erläutern Sie den Unterschied zwischen einer deklaratorischen und einer konstitutiven Eintragung ins Handelsregister.
7. Welche Unternehmen werden in Abteilung A und welche Unternehmen in Abteilung B des Handelsregisters eingetragen? In welche Abteilung wurde das Ausbildungsunternehmen von Jana Kruse, die Teleworld Müller GmbH (siehe Seite 336) eingetragen?

Aufgaben

8. In den folgenden Unternehmen werden Rechtshandlungen über Prokura und Vollmachten vorgenommen, für die das Handelsrecht Anwendung findet. Entscheiden und begründen Sie, ob die folgenden Handlungen (rechts-)wirksam sind.
   a) Ein Nichtkaufmann stellt einen Prokuristen ein.
   b) Der Istkaufmann und Chef des Einzelprokuristen Jakob hat den Kauf von Grundstücken im Namen der Firma ausdrücklich verboten. Dennoch kauft Jakob ein neues Grundstück zu einem besonders guten Preis. Muss der Kaufmann das Grundstück bezahlen?
   c) Herr Jakob nimmt als Prokurist Reisekoffer in das Warensortiment der Textilhandlung auf und kauft Koffer für 6.000,00 EUR. Ist er dazu berechtigt?
   d) Um ein Grundstück bezahlen zu können, nimmt Frau Reis mit allgemeiner Handlungsvollmacht einen Kredit in Höhe von 100.000,00 EUR auf. Darf sie das Geschäft im Namen des Unternehmens tätigen?
   e) Der Prokurist Jakob analysiert während des Urlaubes des Betriebsinhabers die Bilanz. Die Bilanzanalyse zeigt, dass das Unternehmen in Schwierigkeiten steckt. Prokurist Jakob gibt eine Zeitungsanzeige auf. In dieser Anzeige bietet er ein Betriebsgrundstück zum Verkauf an.
   f) Der geschäftsführende Gesellschafter der Teleworld Müller GmbH hatte seiner langjährigen Mitarbeiterin, Sandra Kolle, am 01.08.2018 Prokura erteilt. Die Eintragung in das Handelsregister erfolgte am 15.08.2018 (siehe Seite 336). Ab wann konnte Sandra Kolle rechtsgültige Verträge für die Teleworld Müller GmbH abschließen. Beantworten Sie auch, ob die Eintragung der Prokura in das Handelsregister deklaratorisch oder konstitutiv war.
9. Wie unterschreiben Prokuristen und Handlungsbevollmächtigte für gewöhnlich?
10. Erstellen Sie eine Mindmap zum Thema Firma. Stellen Sie sicher, dass in Ihrer Mindmap der Aufbau einer Firma und die Firmengrundsätze verdeutlicht werden.

3 Eine geeignete Rechtsform für ein Unternehmen auswählen

Die Rechtsform eines Unternehmens ist die handelsrechtliche Grundlage bzw. der Rahmen, in dem das Unternehmen agieren darf. Es handelt sich somit um rechtlich festgelegte Spielregeln, die das Unternehmen einhalten muss.

Die Rechtsform muss bei der Gründung eines Unternehmens festgelegt werden und kann später bei Bedarf verändert werden. Je nach Wahl der Rechtsform hat diese Wahl Auswirkungen auf die

- Geschäftsführung
- Gründungsformalitäten
- Haftung
- Kapitalbeschaffung
- Gewinn- und Verlustbeteiligung
- Besteuerung

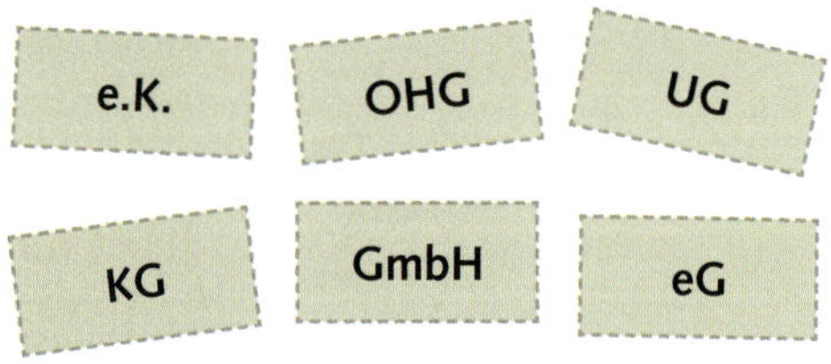

Beispiel: *Jana Kruse hatte ihr Unternehmen, die Phoneworld Kruse e. Kfr., ursprünglich als Einzelunternehmung gegründet. Nach einem Jahr merkt sie aber, dass sie viel mehr Kapital benötigt, um weiter wachsen zu können. Da Jana kein Geld mehr zur Verfügung hat und die Bank ihr keinen Kredit gewähren möchte, entschließt Sie sich, ihren ehemaligen Kollegen Tobias Wahl als Teilhaber aufzunehmen. Dazu ist aber die Rechtsform zu ändern. Jetzt überlegt sie, welche Rechtsform die geeignetste für Ihr Unternehmen ist.*

Jede Rechtsform hat spezifische Vor- und Nachteile, die es abzuwägen gilt. Die folgende Übersicht zeigt die in diesem Kapitel vorgestellten Rechtsformen:

Rechtsformen

Einzelunternehmung	**Personengesellschaften**	**Kapitalgesellschaften**	**sonstige Rechtsformen**
Genau eine natürliche Person ist Inhaber und Geschäftsführer des Unternehmens	Mehrere natürliche Personen sind Inhaber und teilweise auch Geschäftsführer des Unternehmens	Inhaber können, müssen aber nicht die Geschäftsführung übernehmen	Inhaber sind gleichzeitig Kunden des Unternehmens
• eingetragener Kaufmann (e. K.) • Kleingewerbe	• Offene Handelsgesellschaft (OHG) • Kommanditgesellschaft (KG)	• Gesellschaft mit beschränkter Haftung (GmbH) • Unternehmergesellschaft (UG)	• Genossenschaft (eG)

3.1 Einzelunternehmung

Eine Einzelunternehmung wird immer von einer natürlichen Person gegründet. Dabei wird zwischen gewerblichen Kaufleuten (Istkaufmann) und Kleingewerbetreibenden (Kannkaufmann) unterschieden. Diese Rechtsform eignet sich wegen der geringen Gründungformalitäten sehr gut für den Einstieg.

Unternehmensbezeichnung	Gewerbetreibende, die im Handelsregister eingetragen sind (Istkaufleute) führen die Rechtsform eines e. K. (eingetragene[r] Kaufmann/Kauffrau) oder eine andere allgemein gültige Abkürzung (e. Kfr. oder e. Kfm.). Sie können ihren Vor- und Nachnamen im Unternehmensnamen führen, müssen dies aber nicht. Möglich ist auch ein reiner Branchen-, Sach-, Personen- oder Fantasiename. Kleingewerbetreibende (Kannkaufleute) müssen eine Personenfirma wählen und dürfen nicht die Rechtsformbezeichnung e. K. führen.
Startkapital	Ein Mindestkapital ist nicht notwendig, der Unternehmer entscheidet selbst, wie viel Startkapital er einbringen möchte. Für die unternehmerische Aufbauphase sollte er aber auf jeden Fall eine finanzielle Reserve einplanen.
Gründung	Einzelunternehmer müssen ihren ersten Wohnsitz in Deutschland haben. Die Gründung eines Einzelunternehmens ist einfach und erfolgt formlos. Es entsteht, indem • gewerbetreibende Kaufleute (Istkaufmann) beim Gewerbeamt ihre Tätigkeit anmelden und ihr Unternehmen durch einen Notar ins Handelsregister eintragen lassen. • Kleingewerbetreibende (Kannkaufmann) ihre Tätigkeit beim Gewerbeamt anmelden. Kleingewerbetreibende können sich ins Handelsregister eintragen lassen, wenn Sie dadurch einen solideren Firmenauftritt haben wollen. Mit dem Eintrag ins Handelsregister übernehmen Sie alle Rechte und Pflichten von Kaufleuten.
Unternehmensführung	Die Inhaberin oder der Inhaber eines Einzelunternehmens entscheidet allein über alle Belange des Unternehmens und trägt dafür die Verantwortung. Als Kaufmann oder Kauffrau ist er/sie zur Geschäftsführung und zur doppelten Buchführung verpflichtet. Kleingewerbetreibende sind nicht buchführungspflichtig. Für sie ist eine einfache Buchführung trotzdem empfehlenswert.
Haftung	Der Geschäftsinhaber haftet unbeschränkt und unmittelbar mit seinem Geschäfts- und Privatvermögen. Deshalb sollte dieser sich gut überlegen, wie groß die unternehmerischen Risiken sind. Sind diese eher hoch und es werden große Beträge umgesetzt, sollte man sich für eine haftungsbeschränkte Unternehmensform wie z. B. die GmbH oder die UG entscheiden.

Gewinn und Verlust 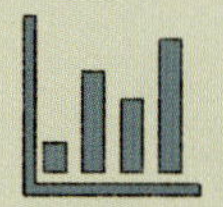	Den Gewinn und auch den Verlust trägt der Einzelunternehmer alleine. Dabei wird kein Unterschied zwischen dem Privatkonto und dem Geschäftskonto gemacht. Durch eine Privatentnahme kann der Unternehmensgewinn zu dem Privatvermögen zugeführt werden. Sollte das Unternehmen einen Verlust erwirtschaften, muss dieser mit dem Privatvermögen ausgeglichen werden.
Kapitalaufnahme 	Die Möglichkeiten der Kapitalaufnahme sind sehr begrenzt und hängen stark vom persönlichen Umfeld und Vermögen der Inhaber ab. Eine Bank wird einem Unternehmer nur dann einen Kredit, also Fremdkapital, überlassen, wenn dieser entweder einen plausiblen Businessplan und/oder Sicherheiten in Form von Vermögenswerten vorzuweisen hat. Deshalb eignet sich diese Rechtsform häufig nur für kleinere Unternehmen mit wenig Kapitalbedarf.
Steuern 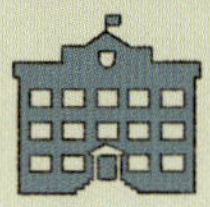	Als Gewerbetreibender besteht die Pflicht, Gewerbesteuer zu zahlen; außerdem muss der Gewinn der Unternehmung im Rahmen der Einkommenssteuererklärung als Einkommen versteuert werden.

Hier sind die Vor- und Nachteile einer Einzelunternehmung noch einmal kurz zusammengefasst:

Einzelunternehmung (e. K./e. Kfr.)

Vorteile	Nachteile
• einfache und günstige Gründung • kein Mindestkapital nötig • Unternehmer entscheidet allein • Gewinn steht allein dem Unternehmer zu	• Unternehmer muss notwendiges Eigenkapital allein aufbringen • Unternehmer trägt Risiko allein • Unternehmer haftet auch mit Privatvermögen • Unternehmer trägt Verluste allein

3.2 Personengesellschaften

Bei einer Personengesellschaft müssen zwei oder mehrere natürliche Personen das Unternehmen gemeinsam gründen. Zu den Personengesellschaften gehören u. a. die offene Handelsgesellschaft (OHG) und die Kommanditgesellschaft (KG).

3.2.1 Die offene Handelsgesellschaft (OHG)

© Jeanette Dietl –stock.adobe.com

Die OHG ist eine Rechtsform für zwei oder mehr Kaufleute, die sich gemeinsam selbstständig machen möchten. Sie eignet sich vor allem für Freunde oder Familien, bei denen alle Teilhaber die gleichen Mitspracherechte haben.

Unternehmensbezeichnung	Alle Gesellschafter einer offenen Handelsgesellschaft müssen ins Handelsregister eingetragen werden. Der Firmenkern (Personen-, Sach-, Misch- oder Fantasiefirma) wird um den Zusatz „offene Handelsgesellschaft“ oder die Abkürzung OHG ergänzt.
Startkapital	Ein Mindestkapital ist nicht notwendig, die Gesellschafter entscheiden selbst, wie viel Kapital sie einbringen möchten. Dabei muss nicht jeder Gesellschafter den gleichen Betrag investieren.
Gründung	Für die Gründung braucht es mindestens zwei Personen. Über einen Notar erfolgt der Eintrag der OHG beim zuständigen Amtsgericht im Handelsregister in der Abteilung A. Einen schriftlichen Vertrag braucht es eigentlich nicht, dennoch ist es besser, einen Gesellschaftervertrag zu haben. Denn dieser hilft, späteren Streit zu vermeiden. Außerdem wollen auch Geschäftspartner und Banken einen schriftlichen Gesellschaftsvertrag sehen.
Unternehmensführung	Alle Gesellschafter der OHG sind gemeinsam zur Geschäftsführung verpflichtet und vertreten das Unternehmen gleichberechtigt nach innen und nach außen. In einem Gesellschaftervertrag können aber andere Vereinbarungen getroffen werden. Für das Außenverhältnis gilt dies allerdings nicht. Für Kunden und Geschäftspartner ist jeder Gesellschafter für alle Bereiche der OHG zuständig. Grundlage für die Geschäftsführung ist das Handelsgesetzbuch. Dazu gehört bspw. die Pflicht zur doppelten Buchführung samt Jahresabschluss und Gewinn- und Verlustrechnung.
Haftung	Jeder Gesellschafter haftet unbeschränkt, unmittelbar und solidarisch für die Schulden der OHG. Unbeschränkt bedeutet, dass die Gesellschafter sowohl mit dem Firmen- als auch mit dem Privatvermögen haften. Unmittelbar, dass ein möglicher Gläubiger sich direkt an irgendeinen der Inhaber wenden kann. Solidarisch bedeutet, dass sie die Schulden zu gleichen Teilen aufteilen, also haftet ein Gesellschafter für die anderen mit.
Gewinn und Verlust	Laut HGB erhalten die Inhaber der OHG vorab einen Anteil von 4 % auf die Kapitaleinlage, der Rest wird nach Köpfen verteilt. In dem Gesellschaftsvertrag kann eine davon abweichende Regelung beschlossen werden. Einen Verlust haben die Gesellschafter zu gleichen Teilen zu tragen.
Kapitalaufnahme	Die Höhe des Kapitals wird durch die Anzahl der Gesellschafter bestimmt. Mit jedem Gesellschafter mehr wird das Eigenkapital aufgestockt. Allerdings steigt mit jedem weiteren Gesellschafter auch der Koordinationsaufwand innerhalb der Geschäftsführung, sodass die meisten OHGs nur von 2 oder 3 Gesellschaftern geführt werden.
Steuern	Die offene Handelsgesellschaft muss Gewerbesteuer abführen, die sich am Gewinn orientiert. Jeder einzelne Gesellschafter muss seinen Gewinnanteil bei der Einkommensteuer angeben.

Berechnung der Gewinnverteilung einer OHG

Bei einer OHG wird der Gewinn (gemäß HGB) verteilt, indem zunächst die Gesellschafter einen Anteil von 4 % auf die Kapitaleinlage erhalten. Der Rest des Gewinns wird dann nach Köpfen verteilt. Das folgende Beispiel verdeutlicht die Gewinnverteilung:

Beispiel: *Der Gesellschafter Peter Franz hat 60.000,00 EUR und der Gesellschafter Mario Kern hat 40.000,00 EUR in die FranzKern OHG als Kapital eingebracht. Der Jahresgewinn in Höhe von 10.000,00 EUR verteilt sich wie folgt:*

Rechenschritt 1: 4 % auf die Kapitaleinlage ermitteln:

Peter Franz erhält somit 4 % von 60.000 = 60.000 · 4 ÷ 100 = 2.400,00 EUR und Mario Kern 4 % von 40.000 = 40.000 · 4 ÷ 100 = 1.600,00 EUR.

Rechenschritt 2: Rest nach Köpfen berechnen

Für die restliche Gewinnausschüttung ergibt sich nach Abzug der 4 % Gewinnausschüttung ein Restgewinn von 10.000,00 – 4.000,00 = 6.000,00 EUR, der nun nach Köpfen verteilt wird. Da es sich um zwei Gesellschafter handelt, erhält jeder also zusätzlich 6.000,00 ÷ 2 = 3.000,00 EUR.

Rechenschritt 3: Gesamtgewinn addieren

Peter Franz erhält somit insgesamt 2.400,00 + 3.000,00 = 5.400,00 EUR und Mario Kern erhält 1.600,00 + 3.000,00 = 4.600,00 EUR. Die folgende Tabelle stellt die Berechnung übersichtlich dar:

Gesellschafter	Kapital	4 % auf die Kapitaleinlage	Restgewinn nach Köpfen	Gesamtgewinn
P. Franz	60.000,00 EUR	2.400,00 EUR	3.000,00 EUR	5.400,00 EUR
M. Kern	40.000,00 EUR	1.600,00 EUR	3.000,00 EUR	4.600,00 EUR
Summe	100.000,00 EUR	4.000,00 EUR	6.000,00 EUR	10.000,00 EUR

Offene Handelsgesellschaft (OHG)

Vorteile	Nachteile
• kein Mindestkapital notwendig • einfache Gründung • Arbeitsbelastung wird auf mehrere Schultern verteilt • Kapitalerhöhung durch mehrere Gesellschafter möglich • freie Gestaltung des Gesellschaftsvertrages • Entscheidungen müssen gemeinsam gefällt werden, das führt zu einer geringeren Gefahr einer Fehlentscheidung	• persönliche und unbeschränkte Haftung aller Gesellschafter • Entscheidungen müssen gemeinsam gefällt werden, das kann zu Konflikten oder Streitigkeiten führen • Gewinn muss geteilt werden • Gefährdung des Unternehmens bei Ausscheiden eines Gesellschafters bzw. mögliche Nachfolgerprobleme

3.2.2 Die Kommanditgesellschaft (KG)

Die Kommanditgesellschaft (KG) ist vor allem für Unternehmer von Vorteil, die sich Partner mit zusätzlichem Kapital wünschen, aber alleiniger „Chef" im Unternehmen bleiben möchten. Sie wird außerdem häufig von Familien gegründet, bei denen einzelne Familienmitglieder nicht persönlich haften wollen bzw. sollen.

Unternehmensbezeichnung	Die Firma einer Kommanditgesellschaft muss die Abkürzung KG beinhalten. Die KG zählt zu den Personengesellschaften und wird über einen Notar beim zuständigen Amtsgericht im Handelsregister eingetragen.
Startkapital	Ein Mindestkapital ist für die Gründung einer KG nicht vorgeschrieben.
Gründung	Die KG besteht aus mindestens einem Komplementär (Vollhafter) und mindestens einem weiteren Kommanditisten (Teilhafter). Der Gesellschaftsvertrag ist formfrei. Die KG muss beim Gewerbeamt angemeldet und im Handelsregister in der Abteilung A eingetragen werden. Um die Anmeldung vorzubereiten, müssen sowohl alle Komplementäre als auch alle Kommanditisten beim Notar erscheinen.

Unternehmensführung	In einer KG hat der Komplementär i. d. R. das alleinige Entscheidungsrecht. Bei mehreren Komplementären sind alle zur Geschäftsführung und zur Vertretung der KG berechtigt. Der Komplementär vertritt das Unternehmen auch nach außen. Einen Fremdgeschäftsführer darf die KG nicht anstellen. Laut Gesetz haben die Kommanditisten keinen Einfluss auf das laufende Geschäft, sondern nur ein Widerspruchsrecht bei ungewöhnlichen Handlungen der Geschäftsführung und ein Mitwirkungsrecht bei wichtigen internen Beschlüssen, wie dem Ausschluss von Gesellschaftern. Außerdem haben sie ein Informations- und Kontrollrecht, etwa beim Jahresabschluss, bei den Büchern und anderen Unterlagen. Vertraglich können mehr Einflussmöglichkeiten eingeräumt werden.
Haftung	Die Komplementäre (Vollhafter) haften unbeschränkt, unmittelbar und solidarisch sowohl mit dem Betriebsvermögen als auch mit dem gesamten Privatvermögen. Kommanditisten (Teilhafter) haften generell nur in der Höhe ihrer Einlagen. Diese muss jeweils ins Handelsregister eingetragen werden. Die Haftungsbegrenzung für Kommanditisten tritt erst mit Eintragung im Handelsregister ein.
Gewinn und Verlust	Sofern nichts anderes vereinbart wurde, gilt laut HGB, dass zunächst jeder Gesellschafter 4 % auf die Kapitaleinlage erhält und der Rest dann im Verhältnis zu den Kapitalanteilen aufgeteilt wird. Ein Verlust wird ebenfalls in der Höhe der Kapitalanteile verteilt. Bei den Kommanditisten aber nur bis zur Höhe der Einlage.
Kapitalaufnahme	Die Kapitalbeschaffung wird durch die Anzahl der Gesellschafter und deren Einlage einer KG bestimmt. Der Vorteil gegenüber der OHG ist hier aber, dass Kommanditisten keinen Einfluss auf die Geschäftsführung haben. Dadurch können im Prinzip so viele Kommanditisten aufgenommen werden, wie man möchte, was die Eigenkapitalerhöhung einfacher macht.
Steuern	Die KG muss Gewerbesteuern in Abhängigkeit vom Gewinn abführen. Darüber hinaus sind die Gesellschafter der KG einkommenssteuerpflichtig.

Berechnung der Gewinnverteilung bei einer KG

Wie bei der OHG auch erhalten die Gesellschafter der KG zunächst 4 % des Gewinns auf die Kapitaleinlage. Im Gegensatz zur OHG wird der Rest des Gewinns nun aber nicht nach Köpfen verteilt, sondern im Verhältnis zu den Kapitalanteilen auf die Gesellschafter aufgeteilt. Die Aufteilung nach gesetzlichen Vorgaben erfolgt mithilfe der Verteilungsrechnung. Die Gewinnaufteilung soll an folgendem Beispiel verdeutlicht werden:

Beispiel: *Die Müller KG besteht aus dem Komplementär Peter Müller, der mit 100.000,00 EUR Kapital an der Gesellschaft beteiligt ist. Außerdem gibt es die Kommanditisten Sabine Lenz und Atila Yilmaz, die mit jeweils 50.000,00 EUR an der Gesellschaft beteiligt sind. Im vergangenen Jahr wurden 20.000,00 EUR Gewinn erwirtschaftet. Der Gewinn verteilt sich wie folgt:*

Rechenschritt 1: 4 % auf die Kapitaleinlage ermitteln

Im ersten Schritt werden den Gesellschaftern vom Gewinn 4 % in Höhe der Kapitaleinlage ausgezahlt:

Bei Peter Müller sind das 100.000 · 4 ÷ 100 = 4.000,00 EUR.
Bei Lenz und Yilmaz jeweils 50.000 · 4 ÷ 100 = 2.000,00 EUR.

Rechenschritt 2: Verteilung des Restgewinns in Abhängigkeit der Kapitalanteile

Der Restgewinn beträgt nach dem ersten Schritt: 20.000 – 8.000 = 12.000,00 EUR. Dieser Betrag ist im Verhältnis der Kapitalanteile zu verteilen. Dazu ist der verbleibende Restgewinn durch die Summe des Gesamtkapitals zu teilen, um den Verteilungsfaktor zu erhalten:

Verteilungsfaktor = 12.000 ÷ 200.000 = 0,06 EUR Gewinn pro Kapitalanteil.

Die Kapitaleinlage der jeweiligen Gesellschafter ist nun mit dem Verteilungsfaktor zu multiplizieren, um den Restgewinn zu erhalten.

Müller: 100.000 · 0,06 = 6.000,00 EUR.
Lenz und Yilmaz: jeweils 50.000 · 0,06 = 3.000,00 EUR.

Rechenschritt 3: Gesamtgewinn addieren

Zum Schluss sind der 4 % Kapitalanteil und der Restgewinn zu addieren, so erhält man den Auszahlungsbetrag. Bei Müller sind das 4000 + 6000 = 10.000,00 EUR und bei Lenz und Yilmaz 2000 + 3000 = 5.000,00 EUR. Die folgende Tabelle zeigt noch einmal die Aufteilung des Gewinns einer KG:

Name	**Kapital**	**4 % auf die Kapitaleinlage**	**Restgewinn im Verhältnis der Kapitalanteile**	**Gesamtgewinn**
Müller	100.000 EUR	4.000,00 EUR	6.000,00 EUR	10.000,00 EUR
Lenz	50.000 EUR	2.000,00 EUR	3.000,00 EUR	5.000,00 EUR
Yilmaz	50.000 EUR	2.000,00 EUR	3.000,00 EUR	5.000,00 EUR
Summe	200.000 EUR	8.000,00 EUR	12.000,00 EUR	20.000,00 EUR

Kommanditgesellschaft (KG)

Vorteile	Nachteile
• Kommanditisten sorgen für breite Eigenkapitalbasis • Kommanditisten haben nur eingeschränkte Mitspracherechte • leichte, formlose Gründung ohne Mindestkapital • Teilung des unternehmerischen Risikos • Geschäftsführung bleibt beim Vollhafter	• schwierig Kommanditisten zu finden, die bereit sind Eigenkapital zu geben • Streitigkeiten zwischen den Komplementären gefährden möglicherweise die KG • der Komplementär haftet mit seinem Privatvermögen • Gewinn muss geteilt werden

3.3 Kapitalgesellschaften

Eine Kapitalgesellschaft ist eine Körperschaft des privaten Rechts, die immer über ein Mindestkapital verfügen muss. Die Mitglieder (Gesellschafter) einer Kapitalgesellschaft schließen sich zusammen, um einen gemeinsamen Zweck zu verfolgen. Eine persönliche Mitarbeit der Gesellschafter ist nicht zwingend erforderlich. Somit stehen bei einer Kapitalgesellschaft die Kapitaleinlagen der Gesellschafter im Mittelpunkt.

Im Gegensatz zu den Personengesellschaften, bei denen immer eine natürliche Person zur Geschäftsführung verpflichtet ist, handelt es sich bei Kapitalgesellschaften um juristische Personen. Damit juristische Personen handlungsfähig sind, benötigen diese Organe, also Handlungsgremien, mit denen Rechtsgeschäfte für die juristische Person durchgeführt werden können.

Organe sind Institutionen mit bestimmten Aufgaben, damit eine juristische Person handlungsfähig wird.

Merke

Zu den Kapitalgesellschaften gehören u.a. die die Gesellschaft mit beschränkter Haftung (GmbH), die Unternehmergesellschaft (UG), sowie die Aktiengesellschaft (AG) oder die Societas Europaea (SE).

3.3.1 Gesellschaft mit beschränkter Haftung (GmbH)

Die Gesellschaft mit beschränkter Haftung (GmbH) gehört zu den Kapitalgesellschaften. Sie ist für Gründerinnen und Gründer geeignet, die ihre Haftung beschränken möchten.

Unternehmensbezeichnung	Die Firmenbezeichnung des Unternehmens muss die Abkürzung GmbH beinhalten. Die GmbH zählt zu den Kapitalgesellschaften und wird über einen Notar beim zuständigen Amtsgericht im Handelsregister in der Abteilung B eingetragen.
Startkapital	Das Mindeststammkapital, das in die Gründung eingebracht werden muss, beträgt 25.000,00 EUR. Das Stammkapital kann auch durch eine Sachgründung, also die Einbringung einer Maschine, eines Kfz usw. aufgebracht werden. Jeder Geschäftsanteil muss auf einen Betrag von mindestens einem Euro lauten.
Gründung	Die GmbH wird von mindestens einem Gesellschafter gegründet. Der Gesellschaftsvertrag muss notariell beurkundet werden. Der Notar leitet den Vertrag an das Handelsregister weiter. Als juristische Person existiert die GmbH erst mit der Eintragung ins Handelsregister (siehe Formkaufmann).
Unternehmensführung	In einer GmbH werden ein oder mehrere Geschäftsführer von den Gesellschaftern einer GmbH bestimmt. Dies kann eine Person aus deren Mitte (der sogenannte geschäftsführende Gesellschafter) oder eine fremde, angestellte Person sein. Für die GmbH gelten die Bestimmungen des Handelsgesetzbuches (HGB) und des GmbH-Gesetztes (GmbHG). Damit ist sie zur doppelten Buchführung verpflichtet, zudem ist eine Jahresbilanz aufzustellen und zu veröffentlichen.
Haftung	Gegenüber Gläubigern haftet die GmbH nur mit ihrem Gesellschaftsvermögen. Die Gesellschafter selbst haften somit nur in Höhe ihrer Kapitaleinlage und nicht mit ihrem privaten Vermögen. Allerdings gibt es hier Ausnahmen: sie haften z. B. zusätzlich mit ihrem Privatvermögen bei persönlichen Krediten oder Bürgschaften. Verletzt der Geschäftsführer die „Sorgfalt eines ordentlichen Geschäftsmanns“ (§ 347 HGB), ist er der Gesellschaft zum Ersatz des entstandenen Schadens verpflichtet. Auch in diesem Fall haftet er der Gesellschaft gegenüber mit seinem persönlichen Vermögen.
Gewinn und Verlust	Der Gewinn der GmbH wird, wenn der Gesellschaftsvertrag nichts anderes vorsieht und die Gesellschafterversammlung dies beschließt, im Verhältnis der Geschäftsanteile verteilt. Bei einem Verlust werden zunächst die Rücklagen aufgezehrt. Sollte die Gesellschaft dauerhaft zahlungsunfähig werden, müssen die Geschäftsführer das Insolvenzverfahren eröffnen. Im Gesellschaftsvertrag kann eine Nachschusspflicht vereinbart werden.

Organe	• **Geschäftsführung** Die GmbH muss mind. einen Geschäftsführer (ausführendes Organ) haben, der die Geschäfte der Gesellschaft führt und sie nach außen vertritt. Die GmbH ist eine juristische Person. Das heißt, die Gesellschaft selbst und nicht ihre Gesellschafter treten als Kaufmann im Geschäftsverkehr auf. Die GmbH schließt also zum Beispiel Verträge ab, besitzt Vermögen und muss Steuern zahlen. Die Geschäftsführung muss ins Handelsregister eingetragen werden und auf den Geschäftspapieren angegeben werden. • **Gesellschafterversammlung** Die Gesellschafterversammlung ist das beschließende Organ. Sie besteht aus allen Gesellschaftern, die vom Geschäftsführer einberufen wird. Die Gesellschafterversammlung beschließt u. a. die Feststellung des Jahresabschlusses und entscheidet über die Verwendung des Gewinns. Zudem bestellt und entlässt sie den Geschäftsführer und die Prokuristen. Die Stimmanteile in der Gesellschafterversammlung richten sich nach den Kapitalanteilen der Gesellschafter. • **Aufsichtsrat** Der Aufsichtsrat ist das Kontrollorgan und überwacht die Geschäftsführung. Er prüft den Jahresabschluss und den Lagebericht. Ein Aufsichtsrat muss in einer GmbH aber erst bei mehr als 500 beschäftigten Arbeitnehmern gegründet werden.
Kapitalaufnahme	Durch die beschränkte Haftung ist die Aufnahme von Fremdkapital bei Banken erschwert. Ähnlich wie die Kommanditisten der KG, können aber zusätzliche Gesellschafter das Eigenkapital erhöhen, ohne die Handlungsfähigkeit des Unternehmens einzuschränken. Durch die Aufnahme von neuen Gesellschaftern verändern sich aber die Mehrheitsverhältnisse.
Steuern	Die GmbH muss als Kapitalgesellschaft Körperschaftsteuer und Gewerbesteuer entrichten. Bei Gewinnausschüttungen an Anteilseigner ist Kapitalertragssteuer fällig.

Gewinnverteilung einer GmbH

In einer GmbH entscheidet die Gesellschafterversammlung über die Verwendung des Gewinns. Demnach kann der Gewinn an die Gesellschafter ausgeschüttet werden oder im Unternehmen verbleiben. Verbleibt der Gewinn im Unternehmen, erhöht sich das Eigenkapital und der Gewinn kann für Investitionen in das Geschäft verwendet werden. Wird er ausgeschüttet, geschieht dies im Verhältnis der Kapitalanteile. Im Gegensatz zu den Personengesellschaften gibt es bei einer GmbH keine 4 % Vorabverteilung.

Beispiel: *Die Satorius GmbH wurde von Saskia Palm und Vanessa Nagel gemeinsam gegründet. Saskia Palm hatte 20.000,00 EUR und Vanessa Nagel 5.000,00 EUR Kapital eingebracht. Der Gewinn im vergangenen Jahr betrug 10.000,00 EUR. Die beiden beschließen, dass sie sich die Hälfte des Gewinns ausschütten wollen. Die andere Hälfte soll im Unternehmen verbleiben.*

Rechenschritt 1: Verteilung des ausgeschütteten Gewinns

Im ersten Schritt ist der ausgeschüttete Gewinn in Höhe von 5.000,00 EUR (= Hälfte von 10.000,00 EUR) im Verhältnis der Kapitalanteile auf die Gesellschafter zu verteilen. Dazu muss wieder ein Verteilungsfaktor (siehe KG) ermittelt werden. Dieser entspricht dem Gewinn geteilt durch die Summe des Gesamtkapitals.

Verteilungsfaktor = 5.000 ÷ 25.000 = 0,20 EUR Gewinn pro Kapitalanteil.

Rechenschritt 2: Berechnung des Gewinnanteils

Die Kapitaleinlage der jeweiligen Gesellschafter ist nun mit dem Verteilungsfaktor zu multiplizieren:

Saskia Palm: 20.000 · 0,2 = 4.000,00 EUR.
Vanessa Nagel: 5.000 · 0,2 = 1.000,00 EUR.

Von den 10.000,00 EUR Gewinn werden somit 5.000,00 EUR einbehalten, 4.000,00 EUR werden an Saskia Palm und 1.000,00 EUR an Vanessa Nagel ausgeschüttet.

Gesellschaft mit beschränkter Haftung (GmbH)

Vorteile	Nachteile
• Haftung ist auf das Geschäftsvermögen beschränkt, Risiko der Gesellschafter beschränkt sich auf die Stammeinlage • durch die Aufnahme neuer Gesellschafter kann das Stammkapital erhöht werden • ein Fremdgeschäftsführer kann eingestellt werden • Wechsel oder Ausscheiden einzelner Gesellschafter bedrohen nicht den Fortbestand	• Mindestkapital in Höhe von 25.000,00 EUR notwendig • durch die beschränkte Haftung hat die GmbH Schwierigkeiten bei der Kreditaufnahme • Körperschaftssteuer wird fällig • aufwendige Gründung durch die notarielle Beurkundung des Gesellschaftervertrags • Pflicht zur Buchführung und Veröffentlichung des Jahresabschlusses

3.3.2 Unternehmergesellschaft (UG)

Gründer, die nicht über die 25.000,00 EUR Startkapital verfügen, können eine UG (Unternehmergesellschaft) gründen, die ähnlich wie die GmbH die Haftung auf das Geschäftsvermögen beschränkt. Zur Gründung einer UG ist allerdings nur das symbolische Kapital von 1,00 EUR notwendig. Die Gewinne dürfen jedoch nicht voll ausgeschüttet werden, sondern müssen in die Gewinnrücklage fließen, bis das Mindestkapital von 25.000,00 EUR erreicht wird. Dann kann die UG in eine reguläre GmbH umgewandelt werden. Ansonsten hat die UG fast alle Merkmale einer „normalen" GmbH.

Unternehmergesellschaft (UG)

Vorteile	Nachteile
• kann ohne Startkapital schnell und kostengünstig gegründet werden • gleiche Vorteile wie bei der GmbH	• die Kapitalschwäche des Unternehmens ist an der Rechtsform erkennbar • sehr beschränkte Kreditwürdigkeit, daher häufig persönliche Bürgschaft seitens der Gesellschafter zur Kreditgewährung notwendig • gleiche Nachteile wie GmbH

Exkurs: GmbH & Co. KG

Bei einer GmbH & Co. KG wird die GmbH zum Komplementär und haftet nicht mehr unbeschränkt, sondern als sogenannte „Komplementär GmbH" nur noch beschränkt in Höhe ihrer Stammeinlage. Die Komplementär GmbH kann nun einen Fremdgeschäftsführer einstellen und muss Körperschaftssteuer abführen. Dennoch kann gerade aus steuerlichen Gründen die GmbH & Co. KG gegenüber einer reinen GmbH vorteilhafter sein, da die Körperschaftsteuer nur bei der Komplementär GmbH anfällt und nicht bei KG, bei der in der Regel die Gewinne des Unternehmens erwirtschaftet werden. Als nachteilig ergibt sich allerdings ein erhöhter Aufwand bei der Gründung von zwei Unternehmen und es sind zwei Jahresabschlüsse (einen für die GmbH und einen für die KG) anzufertigen.

Viele große Familienunternehmen im Einzelhandel (z. B. Ikea, Aldi, Lidl) haben die Rechtsform einer GmbH & Co. KG gewählt. Das garantiert, dass eine persönliche Haftung für die Familienmitglieder ausgeschlossen wird und die Mitspracherechte von anonymen Kapitalgebern begrenzt sind. Auch bleibt durch diese Konstruktion das Unternehmen in der Hand der Familie und kann z. B. nicht durch eine feindliche Übernahme gekauft werden. Gleichzeitig muss nur der Jahresabschluss der GmbH veröffentlicht werden, nicht aber die Ergebnisse der KG, sodass man die wichtigen Zahlen des Unternehmens nicht veröffentlichen muss.

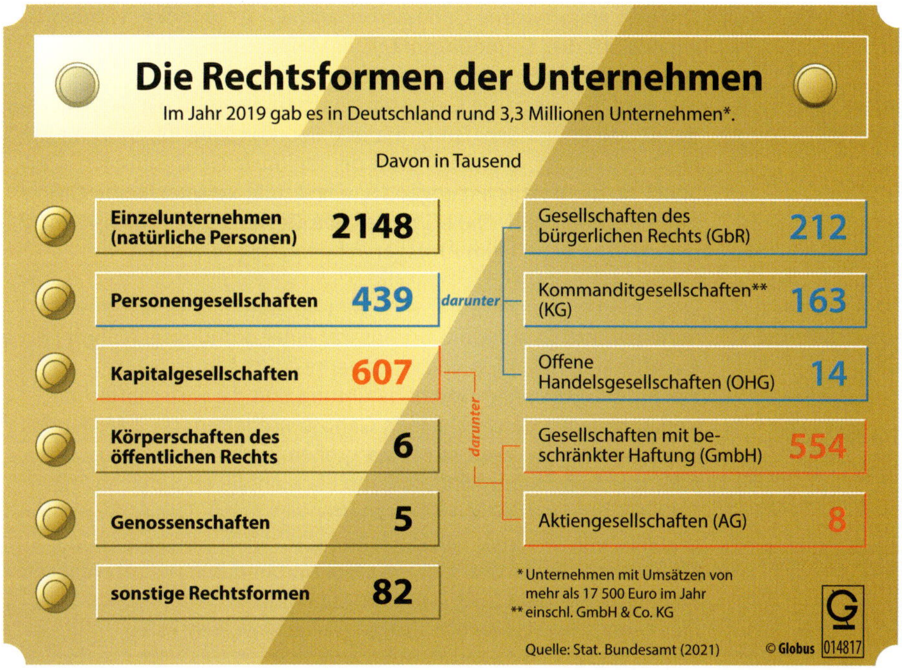

3.4 Genossenschaften (eG)

Die eingetragene Genossenschaft (eG) ist sowohl eine Rechtsform für Gründungsteams als auch ein Kooperationsmodell für mittelständische Unternehmen. Ursprüngliches Ziel einer Genossenschaft ist die wirtschaftliche Förderung ihrer Mitglieder, die gleichermaßen Eigentümer und Kunden der Genossenschaft sind (z. B. bei Wohnbaugenossenschaften). Sie ist weder eine Personen- noch eine Kapitalgesellschaft, sondern ein wirtschaftlicher Zusammenschluss, der nicht im Handelsregister, sondern im Genossenschaftsregister als juristische Person eingetragen wird.

Unternehmensbezeichnung	Die Firma einer Genossenschaft hat die Abkürzung eG. Die Genossenschaften werden im Genossenschaftsregister eingetragen.
Startkapital	Eine Mindestkapitaleinlage ist nicht notwendig.

Gründung	Um eine eingetragene Genossenschaft (eG) zu gründen, werden mindestens drei Gründungsmitglieder benötigt. Für die eG muss eine schriftliche Satzung ausgearbeitet werden, in der u. a. festgelegt wird, wie hoch die Genossenschaftsanteile sind, die die Mitglieder einzahlen müssen. Eine notarielle Beurkundung der Satzung ist nicht notwendig, allerdings prüft der regionale Genossenschaftsverband, ob die Voraussetzungen für eine Erfolg versprechende Gründung gegeben sind. Die eG muss beim Gewerbeamt und im Genossenschaftsregister beim Amtsgericht eingetragen werden.
Unternehmensführung	Die Unternehmensführung wird vom Vorstand der Genossenschaft durchgeführt. Er muss die Grundsätze einer ordnungsgemäßen Buchführung beachten und einen Jahresabschluss erstellen. Die ordnungsgemäße Geschäftsführung und die wirtschaftlichen Verhältnisse werden bei kleinen Genossenschaften (bis 2 Millionen Bilanzsumme) alle zwei Jahre, bei großen jährlich vom Genossenschaftsverband kontrolliert. Im Anschluss an die erfolgreiche Prüfung erhalten große Genossenschaften ein Testat. Der Aufwand für und die Anforderungen an die Jahresabschlüsse entsprechen in etwa denen der GmbH. Der jeweilige Verband übernimmt nicht nur Prüfungs-, sondern auch Betreuungsaufgaben. Dadurch reduzieren die regelmäßigen externen Prüfungen das Insolvenzrisiko.
Haftung	Die eG haftet gegenüber Gläubigern in Höhe ihres Vermögens, die Genossenschaftsmitglieder haften also nicht persönlich. Jeder Genosse der eG haftet nur bis zur Höhe seiner Genossenschaftseinlage.
Gewinn und Verlust	Erzielt die Genossenschaft einen Überschuss, kann dieser an die Mitglieder rückvergütet werden. Die Verteilung erfolgt in Höhe der Gesellschaftsanteile. Verluste werden vom Geschäftsguthaben abgezogen. Die Satzung kann davon abweichende Regelungen vorsehen.
Organe	• **Vorstand** Der Vorstand einer eG ist das ausführende Organ, das die Geschäftsführung inne hat und die Genossenschaft nach außen vertritt. • **Aufsichtsrat** Der Vorstand wird vom Aufsichtsrat (Kontrollorgan) kontrolliert, der u. a. das Recht hat, die Bücher jederzeit einzusehen. Bei bis zu 20 Mitgliedern kann auf einen Aufsichtsrat verzichtet werden. • **Generalversammlung** Vorstand und Aufsichtsrat werden von der Generalversammlung (beschließendes Organ) gewählt und müssen aus der Mitte der Mitglieder besetzt werden. Die Generalversammlung besteht aus allen Mitgliedern der Genossenschaft. Neben der Wahl der anderen Organe gehört zu ihren wichtigsten Aufgaben die Beschlussfassung über die Verwendung des Jahresgewinns. Dabei hat jedes Mitglied nur eine Stimme, unabhängig von seiner Kapitalbeteiligung (abweichende Regelung allerdings möglich).

Kapital-aufnahme	Durch die Aufnahme von neuen Genossen kann das Eigenkapital beliebig erhöht werden. Da jeder Genosse in der Genossenschaftsversammlung immer eine Stimme hat, bringen die Genossen häufig alle den gleichen relativ kleinen Kapitalanteil in die Genossenschaft ein. Dadurch ist es vergleichsweise leicht, in die Genossenschaft ein- und auszutreten.
Steuern	Die Genossenschaft muss grundsätzlich Gewerbesteuer und Körperschaftsteuer abführen. Beide orientieren sich am Gewinn. Bei einer Gewinnausschüttung wird ggf. Kapitalertragssteuer fällig.

Eingetragene Genossenschaft (eG)

Vorteile

- Haftungsbeschränkung auf die Genossenschaftsanteile
- regelmäßige Prüfung durch den Genossenschaftsverband reduziert das Insolvenzrisiko
- keine Notarkosten bei der Gründung
- keine geschlossene Mitgliedschaft Eintritt und Austritt jederzeit möglich

Nachteile

- Prüfung und Kontrolle durch den Genossenschaftsverband
- bei Austritt hat das Mitglied Anspruch auf Auszahlung seines Genossenschaftsanteils
- jeder hat nur eine Stimme, unabhängig vom Genossenschaftsanteil

Genossenschaften haben sich in der Vergangenheit besonders im Bereich des Kreditwesens (Volksbanken und Raiffeisenbanken), der Landwirtschaft und in der Energie- und Immobilienwirtschaft (Baugenossenschaften) entwickelt. Im Einzelhandel kennt man diese Rechtsform schon seit ca. 100 Jahren in Form von Einkaufsgenossenschaften.

Kap. 4

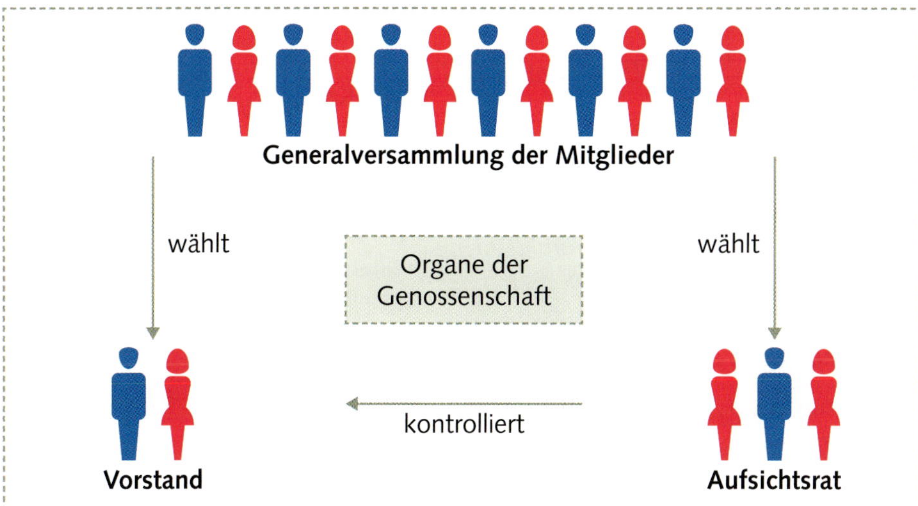

Aufgaben

1. Beurteilen Sie, ob die folgenden Aussagen zur Einzelunternehmung richtig oder falsch sind. Korrigieren Sie die falschen Aussagen.
   a) Ein Einzelunternehmer trägt seine Firma in die Abteilung B des Handelsregisters ein.
   b) Der Einzelunternehmer haftet nur mit seinem Betriebsvermögen.
   c) Für eine Einzelunternehmung werden die Rechtsformzusätze e. K., e. Kfr. bzw. e. Kfm. verwendet.
   d) Die Einzelunternehmerin muss ihren Gewinn mit ihren Angestellten teilen, den Verlust jedoch alleine tragen.
   e) Nur der Einzelunternehmer kann das Unternehmen nach außen vertreten.
   f) Zur Gründung der Einzelunternehmung muss ein Mindestkapital von 10.000,00 EUR vorliegen.
   g) Eine Einzelunternehmung wird von mindestens zwei Personen gegründet.
   h) Bei der Gründung der Einzelunternehmung muss ein Gesellschaftsvertrag vorliegen.
2. Britta und Frank sind die Inhaber der „Britta und Frank OHG". Britta kauft zwei neue PCs als Geschäftsausstattung für je 1.000,00 EUR. Frank weiß nichts davon. Konnte Britta das Geschäft wirksam abschließen? Welche Folgen hätte es, wenn Frank gegen den Kauf der PCs gewesen wäre?
3. Im ersten Jahr hat die „Britta und Frank OHG" einen Gewinn von 10.000,00 EUR erwirtschaftet. Wie viel erhält Frank von diesem Gewinn? Wie viel erhält Britta? Hinweis: Die Kapitaleinlage von Britta beträgt 50.000 EUR, die Kapitaleinlage von Frank beträgt 100.000 EUR. Es gilt die gesetzliche Regelung des HGB zur Gewinnverteilung.
4. Erläutern Sie den Unterschied zwischen einem Komplementär und einem Kommanditisten einer KG. Welche Vor- und Nachteile hat die KG gegenüber der OHG?
5. Die Komplementäre der Home KG, Sabine Keller (Eigenkapital 130.000,00 EUR) und Heiner Kraft (Eigenkapital 170.000,00 EUR) haben Silke Fischer als Kommanditistin mit einer Kapitaleinlage von 50.000,00 EUR in die Home KG aufgenommen. Im darauffolgenden Geschäftsjahr erwirtschaftet das Unternehmen einen Jahresgewinn von 84.000,00 EUR. Führen Sie die Gewinnverteilung gemäß der gesetzlichen Regelung durch.
6. Welche der folgenden Aussagen zur GmbH sind richtig? Korrigieren Sie die falschen Aussagen.
   a) Die GmbH ist eine Personengesellschaft, da sie auch von einer einzigen Person gegründet werden kann.
   b) Sind an einer GmbH mehrere Gesellschafter beteiligt, so wird vom Gewinn zunächst 4 % und dann der Rest im Verhältnis der Kapitalanteile verteilt.
   c) Eine GmbH kann einen externen Geschäftsführer anstellen.
   d) Eine GmbH benötigt immer einen Aufsichtsrat.
   e) Um eine GmbH zu gründen, müssen mindestens 25.000,00 EUR Startkapital bar in die Kasse gelegt werden.
7. Erläutern Sie, warum die Gründung einer Genossenschaft auch für ein gewinnorientiertes Unternehmen eine mögliche Alternative sein kann.

4 Kooperationsformen im Einzelhandel kennenlernen

Es hat sich in der Vergangenheit gezeigt, dass Unternehmen nicht immer alleine erfolgreich wirtschaften können, sondern unternehmerische Ziele besser und schneller gemeinsam erreicht werden können. Manchmal zwingt auch der Wettbewerb Einzelhandelsunternehmen dazu, durch eine Kooperation die Zusammenarbeit mit Partnern zu suchen, um ein bestimmtes Ziel zu erreichen. Deshalb gibt es im Handel auf den unterschiedlichsten Ebenen verschiedene Formen der Zusammenarbeit.

LF 6, Kap. 1.5

Ziele von Kooperationen

Mögliche Ziele der Zusammenarbeit liegen insbesondere in den folgenden Bereichen:

- bessere Einkaufspreise durch einen gemeinsamen koordinierten Einkauf nutzen
- Kosteneinsparungen durch die Nutzung gemeinsamer Lagerkapazitäten erreichen
- mehr Kunden und höheren Umsatz durch gemeinsame Werbeaktionen erzielen
- Risiko durch eine gemeinsame Finanzierung einschränken
- gestärkte Verhandlungsposition gegenüber Banken, Herstellern und Großkunden bewirken

Formen der Kooperation

Kooperationen gibt es entweder auf der gleichen Wirtschaftsstufe, auf der sich die Handelsunternehmen befinden, oder wenn Unternehmen von vor- und nachgelagerten Wirtschaftsstufen zusammenarbeiten. Bei der horizontalen Kooperation arbeiten Unternehmen der gleichen Wirtschaftsstufe zusammen, z. B. zwei konkurrierende Einzelhändler. Von einer vertikalen Kooperation wird gesprochen, wenn Unternehmen von aufeinanderfolgender Wirtschaftsstufen, z. B. Großhandel und Einzelhandel, zusammenarbeiten.

Kooperationsformen

vertikale Kooperation
- Filialisten
- freiwillige Ketten
- Franchising
- Shop-in-Shop
- Store-in-Store
- Rack-Jobber
- Kommissionsgeschäft

horizontale Kooperation
- Einkaufszentrum
- Werbegemeinschaft
- Einkaufsgemeinschaft

Merke

Von Kooperation spricht man, wenn zwei oder mehrere rechtlich unabhängige Unternehmen zusammenarbeiten. Durch die Kooperation wird die wirtschaftliche Selbstständigkeit der kooperierenden Unternehmen eingeschränkt.

4.1 Formen der vertikalen Kooperation

Zur Hauptaufgabe des Einzelhandels gehört, die vom Hersteller produzierten Waren an den Endverbraucher zu verkaufen. Meist geschieht dies über einen Großhändler, der wichtige logistische Leistungen für den Händler übernimmt. Bei der vertikalen Kooperation arbeiten Unternehmen aufeinanderfolgender Handelsstufen zusammen. Das heißt, hier arbeiten der Hersteller oder der Großhändler mit dem Einzelhändler zusammen. Im Folgenden werden die wichtigsten vertikalen Kooperationsformen vorgestellt.

4.1.1 Filialist

Unter einer Filiale (auch Zweiggeschäft) wird die vom Hauptsitz eines Unternehmens örtlich getrennte, rechtlich und wirtschaftlich unselbstständige Verkaufsstelle verstanden. In diesem Fall verfügt der Hersteller über seinen eigenen Vertriebskanal und betreibt Großhandel und Einzelhandel aus eigener Hand. Die Betriebe auf der Einzelhandelsebene sind rechtlich unselbstständig und auf den Vertrieb der Produkte beschränkt. Die Filialen dürfen in der Regel nicht entscheiden, welche Produkte beschafft werden, welches und wie viel Personal eingestellt werden und welche Werbemaßnahmen durchgeführt werden sollen. Deshalb handelt es sich hierbei auch nicht um eine Kooperation im engeren Sinne, da es sich bei Filialen nicht um rechtlich selbstständige Unternehmen handelt. Die Filialen gehören dem jeweiligen Hersteller. Trotzdem wurden von großen internationalen Ketten Regionalgesellschaften gegründet, die mit dem Mutterkonzern kooperieren. Filialisten findet man häufig in der Textilbranche, aber auch Aldi, Lidl und Mediamarkt/Saturn gehören beispielsweise zu Unternehmen, die über Filialisten vermarkten.

Beispiel: *Das schwedische Unternehmen H&M besitzt weltweit ca. 5.000 Einzelhandelsgeschäfte in über 70 Ländern. Die Zentrale in Stockholm entwickelt u. a. für die Marke H&M ihre Produkte (Mode), ist zuständig für das globale Marketing, bestimmt die Produktionsorte und entscheidet über die strategische Ausrichtung des Unternehmens. Die Filialen werden von einem angestellten Filialleiter geführt, der einem sogenannten Area Manager (für Deutschland) unterstellt ist.*

Der Begriff der Filialisierung beschreibt die zunehmende Verdrängung ortstypischer Geschäfte durch Filialen nationaler oder internationaler Unternehmen, die aufgrund hoher Marktmacht, schlanker Geschäftsprozesse und moderner Geschäftskonzepte trotz hoher Mieten in der Innenstadt noch Gewinne machen können.

4.1.2 Handelskooperation (freiwillige Ketten)

Eine freiwillige Kette ist eine Kooperation zwischen Groß- und Einzelhandelsunternehmungen meist einer Branche unter einheitlicher Organisation und einem einheitlichen Firmenlogo. Ausgangspunkt ist häufig der Großhandel, dem sich selbstständige Einzelhändler anschließen. Von der Großhandelszentrale werden neben zentralem Einkauf in erster Linie Absatzaufgaben erfüllt, sie betreffen bspw. Sortiment, Werbung, Merchandising und Belieferung. Die angeschlossenen Einzelhändler kaufen den überwiegenden Teil ihres Sortiments beim Kettengroßhändler ein.

Beispiel: *Die expert Gruppe mit Sitz in Langenhagen ist ein Handelsverbund für Consumer Electronics, Informationstechnologie, Telekommunikation, Entertainment und Elektrohausgeräte. Über 200 expert-Gesellschafter sind in dem Handelsverbund an über 400 Standorten im gesamten Bundesgebiet zusammengeschlossen. Die expert Zentrale unterstützt die Gesellschafter mit vielen Dienstleistungen, die kontinuierlich an die Erfordernisse des Markts angepasst werden. Zu diesen Dienstleistungen gehört neben einem einheitlichen Markenauftritt vor allen die unternehmerische Unterstützung in den Bereichen Marketing, Sortimentsentwicklung, Personal und Finanzierung. Auch im Bereich der Lagerung kooperieren die einzelnen expert Gesellschaften miteinander.*

Andere Beispiele für freiwillige Ketten sind electronic Partners, vedes Gruppe, Sport 2000, Bike & CO etc. Im Lebensmittelbereich ist als Beispiel der Einkaufsverbund „Spar" zu nennen.

4.1.3 Franchising

Beim Franchising handelt es sich um eine besondere Art der Handelskooperation, bei der die Zusammenarbeit zwischen rechtlich selbstständigen Unternehmen zum Zwecke der gemeinsamen wirtschaftlichen Expansion vertraglich fest beschlossen wird.

Im Rahmen eines Franchisevertrages räumt der Franchisegeber dem Franchisenehmer gegen Gebühr bestimmte Rechte ein, die ihm die Nutzung eines erprobten Geschäftsmodells für den Vertrieb von Waren und Dienstleistungen gemäß einheitlicher Standards erlaubt. Franchising beruht auf der engen und dauerhaften Zusammenarbeit rechtlich und finanziell selbstständiger und unabhängiger Unternehmen.

Beispiel: *Das zur Tengelmann-Gruppe gehörende Unternehmen OBI Baumärkte GmbH & Co KG mit Sitz in Wermelskirchen ist der Franchisegeber für über 350 selbstständige Franchisenehmer in Deutschland und über 600 Märkten in Europa. Die Märkte übernehmen die Produkte, die Ladeneinrichtung*

und das Marketing der Zentrale und führen dafür einen bestimmten Prozentsatz des Umsatzes ab.

Andere Beispiele für Franchising sind: Apollo Optik, Reno, Autohändler der VW AG oder der Daimler AG, und aus der Gastronomie McDonalds, Burger King und Subway.

Die folgende Tabelle verdeutlicht die Vor- und Nachteile des Franchisings:

Übersicht Franchising

Vorteile für den Franchisenehmer	Nachteile für den Franchisenehmer
• der Eintritt in den Markt wird beschleunigt, wenn das System bekannt und etabliert ist • der Franchisenehmer hat (oft) Gebietsschutz (lokales Monopol) innerhalb des Systems • der Franchisegeber stellt ein erprobtes Geschäftskonzept und dazu ein komplettes Leistungspaket zur Verfügung • durch die Kontrolle des Franchisegebers werden Missstände erkannt und verändert	• Zahlung einer laufenden Franchisegebühr • Gefahr, dass das eigene Image durch Aktionen des Franchisegebers und der anderen Franchisenehmer beeinträchtigt wird • höhere Anfangsinvestition durch Lizenzzahlung, Erstausstattung usw. • eingeschränkte unternehmerische Freiheit
Vorteile für den Franchisegeber	**Nachteile für den Franchisegeber**
• der Franchisegeber nutzt insbesondere die Bereitschaft des Franchisenehmers, als selbstständiger Unternehmer zu handeln • der Franchisegeber kann den Aufwand eines Filialsystems vermeiden und ein für sein Unternehmen zugeschnittenes Vertriebsnetz aufbauen • geringes wirtschaftliches Risiko	• Verzicht auf einen Teil der Erträge, im Vergleich zum direkten Vertrieb • ein Fehlverhalten einzelner Franchisenehmer fällt auf den Franchisegeber zurück • aufwendige Kontrollen sind notwendig

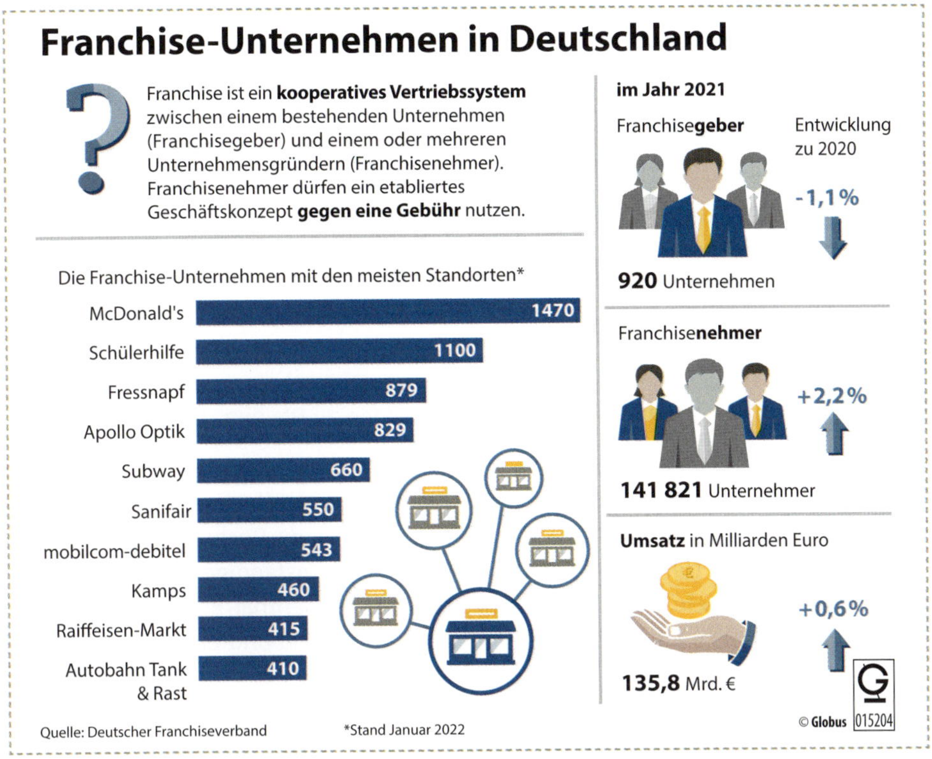

4.1.4 Mischformen

Neben den reinen Ausprägungen der Filialisten und der Handelskooperationen gibt es auch Unternehmen, die sowohl Filialen als auch ein Netz mit selbstständigen Händlern unterhalten. Beispiele finden sich dabei vor allem bei den großen Lebensmittelhändlern Edeka und Rewe.

© REWE

Beispiel: *Die REWE Supermärkte gehören zur REWE Group. Die bundesweit rund 3.700 REWE-Märkte werden entweder als Filialen oder durch selbstständige REWE-Kaufleute betrieben. Deutlich mehr als die Hälfte der REWE-Märkte werden von selbstständigen Kaufleuten geführt, die mit REWE eine gemeinsame Unternehmensgesellschaft gründen (oHG). 45 Prozent sind dagegen Filialen, die sogenannten Regie-Märkte, die vom Konzern direkt geführt werden. Einige Selbstständige konnten regelrechte Ketten unter der Dachmarke REWE aufbauen. Dabei schneiden häufig die selbstständig geführten Supermärkte aufgrund des höheren persönlichen Engagements der Betreiber erfolgreicher ab. Denn sie können einerseits auf das umfangreiche Sortiment und die Eigenmarken der REWE Gruppe zurückgreifen, aber auch stärkere Anpassungen vornehmen, die ganz auf den Geschmack der Kunden vor Ort abgestimmt sind.*

Quelle: REWE

4.1.5 Untervermietungen des Handels

In besonderen Fällen vertikaler Kooperation vermieten Einzelhändler einen Teil ihrer Verkaufsfläche an den Großhändler oder den Hersteller. Es wird dabei in die Kooperationsformen SHOP-IN-SHOP, STORE-IN-STORE und RACK-JOBBER unterschieden.

SHOP-IN-THE-SHOP-SYSTEM

SHOP in SHOP

Beim Shop-in-Shop-System handelt es sich um die Untervermietung einer Geschäftsfläche an einen Hersteller oder ein anderes Unternehmen. Durch die Miete hat der Händler planbare und sichere Einnahmen und muss nicht das Risiko tragen, auf nichtverkaufter Ware sitzen zu bleiben. Es gibt die folgenden Varianten:

- Variante 1: Ein Kaufhaus, Supermarkt, Einkaufszentrum oder ein Fachhändler vermietet die Fläche an ein Unternehmen, das auf eigene Rechnung arbeitet und eigenes Personal führt. Diese nimmt auch eine eigenständige Präsentation der Waren vor. Beispiele sind Bosch-Werkzeuge oder Rosenthal-Porzellan. Üblicherweise führt dies zu einer Auflockerung der Präsentation und einer Anreicherung des Sortiments.
- Variante 2: Der Händler betreibt das Shop-in-Shop-Geschäft selbst, um eine besonders beliebte oder potenziell umsatzstarke Marke hervorzuheben. Die Marke wird durch optische und bauliche Maßnahmen vom restlichen Sortiment abgegrenzt und gerät dadurch besser in den Blick der Kunden. In diesem Fall handelt es sich nicht um eine Form der Kooperation, sondern um eine besondere Form der Warenpräsentation, z. B. verschiedene Markennamen wie Boss, Gant oder Tommy Hilfiger in einem Modegeschäft.

STORE-IN-THE-STORE-SYSTEM

STORE in STORE

Beim Store-In-Store Konzept handelt es sich um eine weitergehende Form der Untervermietung. Hierbei wird eine komplette Abteilung einem Dritten überlassen, der in dem Bereich seine Geschäfte betreibt. Beispiele hierfür sind die von Einzelhandelsunternehmen geführten Lebensmittelabteilungen in Kaufhäusern oder Bäckereien im Eingangsbereich von Supermärkten.

RACK-JOBBER

RACK JOBBER

Bei einem Rack-Jobber handelt es sich um eine Kooperationsform, bei der der Hersteller oder der Großhändler Regale (engl. Rack) fest anmietet und selbst bewirtschaftet. Der Händler stellt den Platz zur Verfügung, der Rack-Jobber übernimmt Warenbereitstellung und Merchandising. Beispiel hierfür sind die Tchibo-Regalflächen in Supermärkten.

4.1.6 Kommissionsgeschäft

Bei einem Kommissionsgeschäft handelt es sich um eine vertragliche Regelung (geregelt im Handelsgesetzbuch, §§ 383 ff.) zwischen einen Händler (dem Kommissionär) und einem Lieferanten einer Ware (dem Kommittenten). Dabei erhält der Händler vom Lieferanten die Kommissionsware kostenlos zur Verfügung gestellt, um diese in den Geschäftsräumen zum Verkauf anzubieten. Der Preis der Ware wird dabei in der Regel vom Lieferanten, bzw. vom Markt bestimmt. Wird die Ware verkauft, erhält der Lieferant vom Händler den Verkaufspreis abzüglich einer vorher ausgehandelten Provision, die der Händler einbehält. Überschüssige Ware kann später einfach und ohne eigene Kosten an den Lieferanten zurückgeben werden.

Geschäfte mit Kommissionsware haben nicht mehr den Stellenwert, wie es früher einmal der Fall war. Dies liegt u. a. an der zunehmenden Bedeutung von Restpostenmärkten (1-Euro-Shops) oder vergleichbaren Online-Plattformen. Eine wichtige Rolle spielt das Kommissionsgeschäft jedoch noch im Kunst- und Antiquitätenbereich sowie vor allem im Wertpapierhandel. Banken kaufen und verkaufen Wertpapiere für Kunden immer in eigenem Namen, aber auf fremde Rechnung.

Beispiel: *Das Auktionshaus Carlson übernimmt die umfangreiche Kunstsammlung von Herrn Müller als Kommissionsgeschäft in die kommende Auktion auf. Nach der Auktion erhält Herr Müller vom Auktionshaus den erzielten Auktionserlös. Davon erhält das Auktionshaus 10 % Verkaufsprovision. Kunstwerke, für die sich keine Käufer gefunden haben, werden von Herrn Müller auf seine Kosten wieder abgeholt.*

4.2 Formen der horizontalen Kooperationen

Bei einer horizontalen Kooperation arbeiten rechtlich unabhängige Unternehmen der gleichen Wirtschaftsstufe miteinander. Im Einzelhandel geschieht dies häufig aufgrund räumlicher Gegebenheiten.

4.2.1 Einkaufszentrum (Shopping-Center)

Unter dem Dach eines Einkaufszentrums agieren die selbstständigen Händler gemeinschaftlich. Eine wesentliche Aufgabe des Center-Managements besteht darin, für ein stimmiges Erscheinungsbild zu sorgen. Das reicht von der Festlegung des Branchen- und Sortimentsmix bis hin zur Bewachung und Reinigung des Objektes.

Beispiel: *Die Düsseldorf Arcaden werden von der Unibail Rodamco Westfield Germany GmbH, die in Deutschland 26 Shopping-Center besitzt, betrieben. In den Düsseldorf Arcaden befinden sich unter einem Dach über 75 Geschäfte und eine Vielzahl von Restaurants. Dazu organisiert das Center Management*

über das Jahr verteilt Events und andere Werbeaktionen. Zudem werden Serviceleistungen wie z. B. Fundbüro, Sicherheits- und Reinigungsdienst, Kunden-Information und Toiletten sowie Parkplätze angeboten.

4.2.2 Interessensgemeinschaften

Hierbei handelt es sich um einen losen Zusammenschluss von mehreren Unternehmen zur Verfolgung gemeinsamer Interessen. Häufig wird hierzu eine Gesellschaft bürgerlichen Rechts (GbR), ein Verein (e. V.) oder eine Genossenschaft (eG) gegründet. Die bekanntesten Formen der Interessensgemeinschaft sind die Werbegemeinschaft und die Einkaufsgemeinschaft.

Bei einer Werbegemeinschaft kooperieren selbstständige Händler z. B. in einer Einkaufsstraße, um eine gemeinsame Werbeaktion durchzuführen, damit die Einkaufsstraße als Standort insgesamt attraktiver wird.

Eine Einkaufsgemeinschaft ist ein freiwilliger Zusammenschluss von Unternehmen zum Zwecke der Erhöhung ihrer Wirtschaftlichkeit im Bereich des Einkaufs. Durch die Nachfragebündelung beim Warenbezug erhalten die einzelnen Betriebe verbesserte Konditionen. In der Vergangenheit wurden Einkaufsgemeinschaften häufig in der Rechtsform der Genossenschaft gegründet, seitdem wurden die Gemeinschaften auch in anderen Rechtsformen gegründet.

Beispiel: *„Die Idee einer Genossenschaft stammt aus der Mitte des 19. Jahrhunderts und hat bis heute nichts von ihrer Modernität eingebüßt. Die meisten EDEKA-Kaufleute sind als Unternehmer Mitglied in einer der neun Regionalgenossenschaften. Diese halten jeweils 50 Prozent der Anteile an den sieben Regionalgesellschaften, die das operative Geschäft, den Einkauf und den Vertrieb verantworten. Die anderen 50 Prozent werden von der EDEKA-Zentrale gehalten, deren Anteile wiederum von den Genossenschaften gehalten werden. Der EDEKA-Verbund profitiert damit zu gleichen Teilen von der Dynamik seiner Einzelhändler sowie von der Marktpräsenz und der strategischen Steuerung durch die EDEKA-Zentrale und ihrer Gremien. Auf diese Weise ist der EDEKA-Verbund flexibler, marktnäher und kann sich leichter an regionale Marktverhältnisse anpassen." (Quelle: EDEKA)*

4.3 Verbotene Kooperationsformen

Nicht immer ist die Zusammenarbeit zwischen den Unternehmen erlaubt. Immer dann, wenn durch die Zusammenarbeit der Unternehmen der freie Wettbewerb des Marktes gestört wird, greift das Bundeskartellamt ein und verbietet bzw. bestraft die verbotene Zusammenarbeit. Verbote gibt es vor allem bei Preis- (Preiskartell) und Mengenabsprachen (Quotenkartell) oder bei Gebietsaufteilungen (Gebietskartell).

Aufgaben

1. Stellen Sie die Vorzüge, Risiken und Grenzen dar, die sich aus einer möglichen Kooperation ergeben.
2. Erläutern Sie die Begriffe horizontale und vertikale Kooperation und nennen Sie für jede Kooperationsform zwei Beispiele.
3. Beschreiben Sie die Kooperationsform des Franchisings.
4. Zeigen Sie auf, welche Vor- und Nachteile mit der Vermietung von Regalflächen an einen Rack-Jobber für den Einzelhandel verbunden sind.
5. Welche Vorteile hat eine Werbegemeinschaft für die beteiligten Einzelhändler?
6. Ordnen Sie die Kooperationsformen den unten stehenden Beschreibungen zu:
   a) Ein Einzelhändler vermietet einen Teil seiner Verkaufsfläche an einen Hersteller.
   b) Ein Einzelhändler vermietet Regalflächen an einen Lieferanten.
   c) Der Einzelhändler erwirbt eine Lizenz für den Markennamen und die Geschäftsausstattung eines bekannten Herstellers.
   d) Verschiedene Einzelhändler kooperieren beim Einkauf, um bessere Konditionen zu erhalten.
   e) Verschiedene rechtlich selbstständige Einzelhändler arbeiten mit einem Großhändler zusammen, um gemeinsam Werbung zu betreiben.
   f) Ein Second-Hand Geschäft verkauft in seinem Ladengeschäft die gebrauchte Kleidung seiner Kunden auf Provisionsbasis. Nichtverkaufte Ware muss von den Kunden nach einem Monat wieder abgeholt werden.
7. In einer Meldung des Bundeskartellamtes vom 09.05.2016 heißt es:

> Das Bundeskartellamt hat im sog. Vertikalfall im Lebensmittelhandel weitere Kartellverfahren abgeschlossen und erneut Bußgelder gegen Handelsunternehmen in einer Gesamthöhe von 90,5 Mio. EUR verhängt. Im Fokus der Ermittlungen standen in diesem Teil des Gesamtverfahrens Absprachen zwischen der Brauerei Anheuser Busch InBev Germany Holding GmbH, Bremen (AB InBev), und Händlern über die Ladenpreise von Bieren, insbesondere der Marken „Beck's", „Franziskaner" und „Hasseröder".
> Bußgeldbescheide wurden gegen die folgenden Unternehmen verhängt: A. Kempf Getränkegroßhandel GmbH, Offenburg, EDEKA Handelsgesellschaft Minden-Hannover mbH, Minden, EDEKA Handelsgesellschaft Rhein-Ruhr mbH, Moers, EDEKA Handelsgesellschaft Südbayern mbH, Gaimersheim, EDEKA Handelsgesellschaft Südwest mbH, Offenburg, EDEKA Nordbayern-Sachsen-Thüringen GmbH, Rottendorf, METRO AG, Düsseldorf, und NETTO Marken-Discount AG & Co. KG, Maxhütte. Gegen AB InBev und das Handelsunternehmen REWE Zentral – Aktiengesellschaft, Köln, wurden wegen frühzeitiger und umfassender Kooperation mit dem Bundeskartellamt im Rahmen der Ermittlungen keine Bußgelder verhängt.
>
> Quelle: Bundeskartellamt

Erklären Sie, warum die genannten Unternehmen eine Strafe zahlen mussten.

5 Die Grundlagen der Finanzierung berücksichtigen

Als Finanzierung bezeichnet man alle Maßnahmen, die der Bereitstellung von Geld und Sachmitteln für die betriebliche Leistungserstellung dienen. Davon abzugrenzen ist der Begriff der Investition, der die Anlage von Geld- und Sachmitteln in das Betriebsvermögen bezeichnet.

Finanzierung → Kapital | Investition → Vermögen

In der Bilanz stehen auf der Passivseite das Eigen- und das Fremdkapital. Die Kapitalseite gibt Auskunft darüber, woher die finanziellen Mittel gekommen sind, nämlich entweder von den Eigenkapitalgebern oder von den Fremdkapitalgebern. Die Aktivseite einer Bilanz gibt darüber Auskunft, wie die finanziellen Mittel verwendet wurden und was mit dem Kapital gekauft wurde, meist Güter, die entweder das Anlagevermögen oder Umlaufvermögen erhöhen.

> Die Finanzierung hat die Aufgabe, das Kapital zu beschaffen, damit dieses im Rahmen der Investition in Vermögen verwandelt werden kann.
>
> Merke

Aktiva	Bilanz Passiva
Vermögen • Anlagevermögen • Umlaufvermögen	**Kapital** • Eigenkapital • Fremdkapital
= Investition (Mittelverwendung)	**= Finanzierung** (Mittelherkunft)

Beispiel: *Jana Kruse von der Phoneworld GmbH hat für 20.000,00 EUR ein Firmenfahrzeug gekauft, um auch Kundenbesuche machen zu können. Für diese Investition in das Anlagevermögen hat sie einen Kredit in Höhe von 10.000,00 EUR (Fremdkapital) aufgenommen. Der Rest wurde mit eigenen Mitteln (Eigenkapital) finanziert.*

5.1 Grundbegriffe der Finanzierung

Im Folgenden werden zunächst die verschiedenen Finanzierungsanlässe und die wichtigsten Ziele der Finanzierung dargestellt. Danach wird erläutert, wie sich die unterschiedlichen Finanzierungsarten unterscheiden und welche Regeln bei der Finanzierung zu beachten sind.

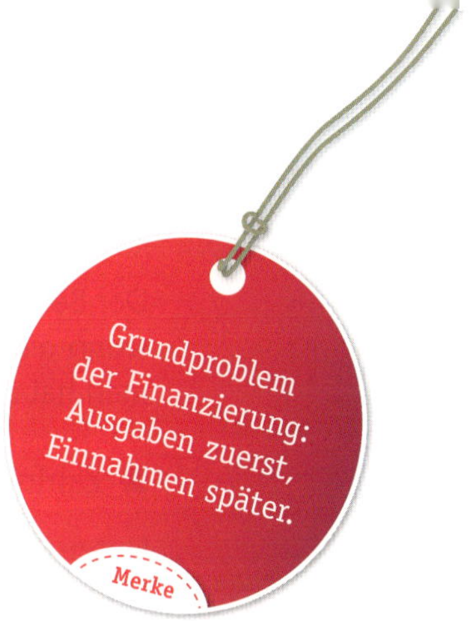

5.1.1 Finanzierungsanlässe

Die Notwendigkeit der Finanzierung ergibt sich aus dem Problem des zeitlichen Auseinanderfallens von Einnahmen und Ausgaben. Bei einem Einzelhandelsunternehmen kann das die folgenden Ursachen haben:

1. Gründung eines Unternehmens: Bei einer Neugründung gibt es in der Regel nur Ausgaben, aber noch keine Einnahmen. Zu Beginn der Unternehmung sind finanzielle Mittel bzw. sogenanntes Startkapital nötig, um die Ladeneinrichtung, den Warenbestand sowie die Löhne für die ersten Monate zu bezahlen. Da das Geschäft noch neu ist, werden die Ausgaben deutlich über den Einnahmen liegen.

© kiono – stock.adobe.com

2. Erweiterung des Unternehmens: Auch bei einer Vergrößerung des Unternehmens müssen zunächst Ausgaben getätigt werden, die erst später dazu führen können, dass Einnahmen wieder in das Unternehmen fließen.

© pbombaert – stock.adobe.com

3. Modernisierung des Unternehmens: Wenn Vermögenswerte wie eine Ladeneinrichtung oder ein Lieferfahrzeug abgeschrieben oder nicht mehr zeitgemäß bzw. unproduktiv geworden sind, muss Ersatz beschafft werden. Auch hier ist zunächst eine Ausgabe nötig, die sich erst später in Einnahmen verwandeln kann.

© bodnarphoto – stock.adobe.com

4. Sicherung der Verkaufstätigkeit: Gerade zwischen dem Verkauf und der Beschaffung der Waren liegen häufig größere Zeiträume. Dennoch muss die Ware vorher eingekauft und bezahlt werden. Die Einnahmen aus dem Verkauf der Waren werden aber erst später anfallen, so dass man diesen Zeitraum mit Hilfe der Finanzierung überbrücken muss.

© Deyan Georgiev – stock.adobe.com

5.1.2 Finanzierungsziele

Der Bereich der Finanzierung spielt im Unternehmen eine sehr wichtige Rolle. Denn wenn die Finanzierung nicht geklärt ist, kann das ernste Folgen für das Unternehmen haben. Zu den wichtigsten Zielen der Finanzierung gehören deshalb:

Zahlungsfähigkeit

© VectorMine – shutterstock.com

Unter Zahlungsfähigkeit bzw. Liquidität wird die Fähigkeit eines Unternehmens verstanden, zu jeder Zeit seine fälligen Verbindlichkeiten zurückzahlen zu können. Unternehmen sind nicht mehr zahlungsfähig, wenn sie die fälligen Rechnungen und andere Verbindlichkeiten, z. B. Löhne oder Zinsen, nicht mehr fristgerecht bezahlen können. Sie müssen dann Insolvenz anmelden und im Extremfall ihre Betriebstätigkeit einstellen. Die Sicherung der Zahlungsfähigkeit hat deshalb oberste Priorität in einem Unternehmen.

Kreditwürdigkeit

© VectorMine – shutterstock.com

Die Kreditwürdigkeit bestimmt, ob Unternehmen von Banken Kredite bekommen und zu welchen Konditionen sie diese erhalten. Die Sicherstellung einer hohen Kreditwürdigkeit ist deshalb wichtig, um eine drohende Zahlungsunfähigkeit abwenden zu können.

Unabhängigkeit

© VectorMine – shutterstock.com

Häufig führt eine Kapitalaufnahme dazu, dass die Kapitalgeber Mitspracherechte im Unternehmen verlangen. Die Bewahrung der Unabhängigkeit von Kapitalgebern im Hinblick auf deren Möglichkeiten, die Finanz- und Geschäftspolitik von Unternehmen zu bestimmen, ist ein weiteres wichtiges finanzwirtschaftliches Ziel.

5.1.3 Finanzierungsarten

Das auf der Passivseite der Bilanz ausgewiesene Kapital kann nach verschiedenen Kriterien systematisiert werden:

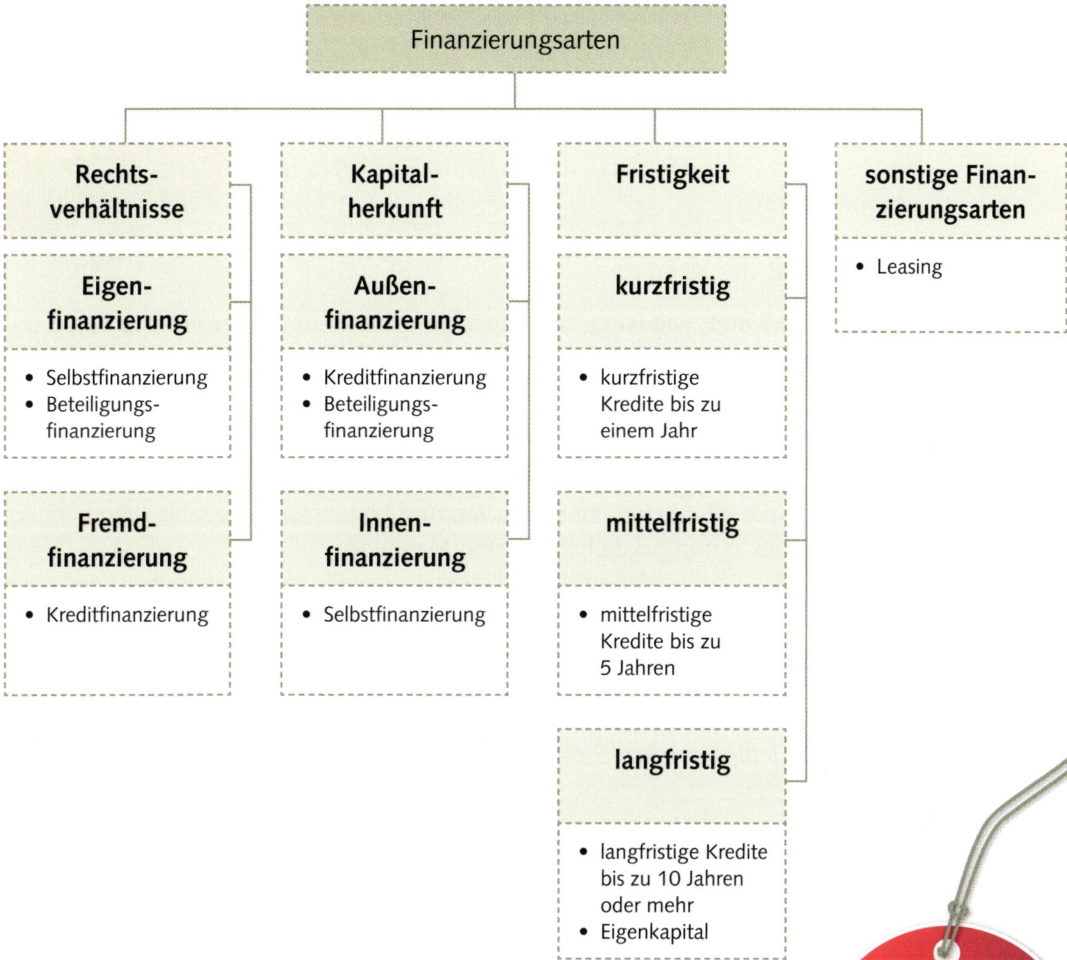

Bei der Eigenfinanzierung erhöht sich das Eigenkapital, bei einer Fremdfinanzierung erhöht sich die Fremdkapitalbasis.

Merke

Rechtsverhältnisse

Auf das Rechtsverhältnis bezogen wird unterschieden zwischen Eigenkapital, das die Eigner des Unternehmens beispielsweise die Gesellschafter, eingebracht haben und Fremdkapital, das von den Gläubigern des Unternehmens, beispielsweise von Banken, zur Verfügung gestellt wird. Dementsprechend kann man die Finanzierungsarten darin unterscheiden, ob Eigenkapital oder Fremdkapital für die Finanzierung verwendet wurde. Man spricht auch von Eigen- oder Fremdfinanzierung.

Bei der Eigenfinanzierung werden die Mittel mit Eigenkapital aufgebracht. Zu den Möglichkeiten der Eigenfinanzierung gehören u. a. die Selbstfinanzierung und die Beteiligungsfinanzierung. Bei der Fremdfinanzierung werden die Mittel mit Fremdkapital aufgebracht. Zu den gebräuchlichsten Methoden der Fremdfinanzierung gehört die Kreditfinanzierung.

Kapitalherkunft

Ein anderes Unterscheidungskriterium ist, ob die finanziellen Mittel aus dem inneren des Unternehmens stammen oder von außen in das Unternehmen gelangt sind. Demzufolge unterscheidet man zwischen Außen- oder Innenfinanzierung.

Bei der Außenfinanzierung wird frisches Kapital von außen dem Unternehmen zugeführt, während bei der Innenfinanzierung das Kapital bereits im Unternehmen vorhanden bzw. dort entstanden ist und dann für die Finanzierung verwendet wird.

Bei der Außenfinanzierung kommt frisches Kapital in das Unternehmen, bei der Innenfinanzierung wird Kapital aus dem laufenden Geschäftsprozess entnommen.

Merke

Fristigkeit des Kapitals

Fristigkeit bedeutet, wie lange das Kapital im Unternehmen verbleibt bzw. gebunden ist. Abhängig von der Fristigkeit der Mittelüberlassung erfolgt eine Unterteilung in:

- Kurzfristiges Kapital, das innerhalb von einem Jahr zurückzuzahlen ist, z. B. ein Kontokorrentkredit oder Lieferverbindlichkeiten
- Mittelfristiges Kapital, das innerhalb von fünf Jahren zurückgezahlt werden muss, z. B. ein Anschaffungsdarlehen für eine Maschine
- Langfristiges Kapitel, das aufgrund längerfristiger Finanzierungen meist erst nach mehr als fünf Jahren zurückzuzahlen ist, z. B. Anleihen oder Baudarlehen. Auch Eigenkapital, das im Grunde genommen unbefristet dem Unternehmen zur Verfügung steht, wird zum langfristigen Kapital gezählt.

Unterschiede zwischen Eigen- und Fremdkapital

	Eigenkapital	Fremdkapital
Einflussmöglichkeiten auf die Geschäftspolitik	gegeben	in der Regel nicht gegeben
Fristigkeit der Überlassung	zeitlich unbegrenzt	zeitlich befristet
Gegenleistung für die Kapitalüberlassung	Gewinnanteil	Zinsen
Haftung	mit der Einlage und abhängig von der Rechtsform auch darüber hinaus	keine Haftung aber Kreditausfallrisiko
Rechtsanspruch auf Rückzahlung	nicht gegeben	gegeben

Vereinfacht kann man sagen, dass für einen Eigenkapitalgeber neben dem Einfluss auf die Geschäftspolitik ein hohes Risiko, aber auch hohe Chancen verbunden sind. Fremdkapitalgeber verzichten auf einen Leitungsanspruch und setzen sich dafür nur einem geringen Risiko aus. Dafür sind die Chancen auch kleiner.

Sonderformen der Finanzierung

Zu den Sonderformen der Finanzierung gehört u. a. das Leasing. Beim Leasing verändert sich im Gegensatz zur Eigen- oder Fremdfinanzierung die Kapitalbasis nicht. Leasing ist somit bilanzneutral.

Kap. 5.4

5.1.4 Finanzierungsregeln

Goldene Finanzierungsregel

Golden Rule

Die Goldene Finanzierungsregel fordert eine zeitliche Übereinstimmung zwischen der Kapitalaufbringung (Finanzierung) und der Mittelverwendung (Investition). Das heißt, dass langfristig gebundenes Vermögen (z. B. Gebäude und Maschinen) auch langfristig (mit Eigenkapital oder langfristigen Darlehen) finanziert sein sollte, da es ansonsten über die Laufzeit zu Finanzierungsproblemen kommen kann. Kurzfristig gebundenes Vermögen wie Waren sollten hingegen besser kurzfristig z. B. mit einem Kontokorrentkredit finanziert werden. Bilanztechnisch werden die langfristig investierten Vermögensteile in der Regel zum Anlagevermögen, kurzfristige Vermögensteile in aller Regel zum Umlaufvermögen zugeordnet.

Langfristiges Anlagevermögen finanziert mit langfristigem Kapital, d. h. Eigenkapital oder langfristiges Fremdkapital.

Merke

Kurzfristiges Umlaufvermögen finanziert mit kurzfristigem Kapital, d. h. kurzfristiges Fremdkapital.

Merke

Kapitalstruktur

Bei der Kapitalstruktur kann man die unterschiedlichen Bestandteile der Passivseite einer Bilanz zueinander in Beziehung stellen:

Formel

$$\text{Eigenkapitalquote} = \frac{\text{Eigenkapital}}{\text{Gesamtkapital}} \cdot 100$$

Die „empfohlene“ Eigenkapitalquote sollte mindestens 20 % sein. Dementsprechend darf die Fremdkapitalquote maximal 80 % betragen.

Formel

$$\text{Fremdkapitalquote} = \frac{\text{Fremdkapital}}{\text{Gesamtkapital}} \cdot 100$$

Je höher der Verschuldungsgrad, desto kleiner ist der Anteil des Eigenkapitals am Gesamtkapital.

Formel

$$\text{Verschuldungsgrad} = \frac{\text{Fremdkapital}}{\text{Eigenkapital}} \cdot 100$$

Bei einem hohen Verschuldungsgrad wird das Risiko des Vermögensverlustes für Eigenkapitalgeber und Gläubiger größer. Denn ein hoher Fremdkapitalanteil führt zu einem hohen Finanzierungsaufwand, der gewinnmindernd wirkt. Außerdem wird die Aufnahme neuer Kredite aufgrund nur geringer Sicherheiten schwieriger. Der hohe Fremdkapitalanteil führt dazu, dass die Gewinnschwelle später erreicht wird als bei einem Unternehmen mit einer höheren Eigenkapitalquote.

Beispiel: *In der Bilanz der Phoneworld OHG werden 40.000,00 EUR Eigenkapital und 60.000,00 EUR Fremdkapital ausgewiesen.*

Damit beträgt die Eigenkapitalquote $\frac{40.000}{100.000} \cdot 100 = 40\,\%$

Die Fremdkapitalquote beträgt $\frac{60.000}{100.000} \cdot 100 = 60\,\%$

Der Verschuldungsgrad beträgt $\frac{60.000}{40.000} \cdot 100 = 150\,\%$

Das Unternehmen hat zwar einen hohen Verschuldungsgrad, da die Eigenkapitalquote aber deutlich über 20 % liegt, muss man sich keine Sorgen machen, solange das Unternehmen die Fremdkapitalzinsen bedienen kann.

5.2 Finanzierung mit Eigenkapital

Zu den Formen der Finanzierung mit Eigenkapital zählen u. a. die Beteiligungsfinanzierung und die Selbstfinanzierung.

5.2.1 Beteiligungsfinanzierung

Die Beteiligungsfinanzierung umfasst alle Formen der Beschaffung von Eigenkapital durch Kapitaleinlagen von bisher bereits vorhandenen oder neu hinzutretenden Gesellschaftern der Unternehmung. Es handelt sich somit um eine Form der Außenfinanzierung mit Eigenkapital. Als Gegenleistung erhalten die Kapitalgeber eine angemessene Beteiligung an dem Gewinn des Unternehmens.

Beteiligungsfinanzierung ist eine Form der Eigen- und der Außenfinanzierung.

Merke

Beispiel: *Jana Kruse hatte die Phoneworld OHG mit 30.000,00 EUR Eigenkapital gegründet. Später nimmt Sie Tobias Wahl als Teilhaber in ihr Unternehmen auf. Dieser bringt 10.000,00 EUR Kapital mit. Das Eigenkapital beträgt nach der Aufnahme des neuen Teilhabers 40.000,00 EUR. Durch die Aufnahme von Tobias Wahl haben sich die Machtverhältnisse im Unternehmen verändert. Besaß Jana Kruse vorher 100 % des Unternehmens, verfügt Sie nach der Aufnahme nur noch über 75 %. Tobias Anteil beträgt dementsprechend 25 %.*

Je nach Rechtsform unterscheiden sich die Möglichkeiten einer Beteiligungsfinanzierung:

Einzelunternehmen und Personengesellschaften (e. K., OHG oder KG)

- bilden Eigenkapital durch Einlage von privaten Mitteln.
- die Unternehmer haften unbeschränkt und in voller Höhe mit ihrem Privatvermögen (Ausnahme: Kommanditist).
- Eigenkapitalgeber sind zugleich Eigentümer bzw. Miteigentümer des Betriebes. Dadurch haben Sie die Pflicht zur Ausübung von Geschäftsführungs-, Vertretungs- und Kontrollbefugnissen (Ausnahme: Kommanditist).

Kapitalgesellschaften (GmbH und AG)

- bilden Eigenkapital durch Gewährung von Gesellschaftsrechten an natürlichen oder juristischen Personen, die Anteile an der Gesellschaft übernehmen.
- Im Gesellschaftsvertrag wird das Stammkapital festgelegt. Eine Änderung des Stammkapitals bedarf der Zustimmung der bisherigen Anteilseigner. In der Regel haben die bisherigen Eigentümer einen Vorzug auf den Erwerb der neuen Anteile.
- Die Haftung beschränkt sich auf die Höhe der übernommenen Anteile.
- Die Kapitalgesellschaft ist als juristische Person Eigentümer des Betriebes; die Anteilseigner können als „wirtschaftliche“ Eigentümer bezeichnet werden. Sie haben unter Umständen keine Möglichkeit zur Ausübung von Geschäftsführungs-, Vertretungs- und Kontrollbefugnissen.

Beteiligungsfinanzierung	
Vorteile	**Nachteile**
• Erhöhung der Eigenkapitalbasis stärkt die Kreditwürdigkeit des Unternehmens • Eigenkapital steht für langfristige Finanzierungen zur Verfügung	• durch eine Erhöhung der Beteiligung verändert sich ggf. das Machtgefüge im Unternehmen • durch die Aufnahme neuer Teilhaber erschweren sich ggf. die Entscheidungen in der Geschäftsführung • Eigenkapitalgeber fordern eine Gewinnbeteiligung für den Kapitaleinsatz, dadurch ist die Beteiligungsfinanzierung häufig teurer als Bankkredite

5.2.2 Selbstfinanzierung

Unter Selbstfinanzierung versteht man die Einbehaltung eines Teils des im Geschäftsjahr erwirtschafteten Gewinns. Dadurch wird das Eigenkapital des Unternehmens erhöht. Das Unternehmen finanziert sich „aus eigener Kraft“. Es handelt sich somit um eine Form der Innenfinanzierung mit Eigenkapital.

Beispiel: *Jana Kruses Phoneworld OHG hat im letzten Jahr einen Gewinn (nach Steuern) in Höhe von 20.000,00 EUR erwirtschaftet. Gemeinsam mit ihrem Teilhaber, Tobias Wahl, beschließt sie, die Hälfte an die Gesellschafter auszuzahlen und die andere Hälfte im Unternehmen wieder zu reinvestieren, um damit eine neue Geschäftseinrichtung zu kaufen. Da ein Teil des Gewinns im Unternehmen verbleibt, erhöht sich das Eigenkapital um 10.000,00 EUR.*

Selbstfinanzierung

Vorteile	Nachteile
• keine Kreditkosten • verhältnismäßige Verringerung des Fremdkapitalanteils, dadurch erhöhte Kreditwürdigkeit • Gesellschafter bleiben im Gegensatz zur Beteiligungsfinanzierung unabhängig	• die Höhe des Gewinns begrenzt die Finanzierungswirkung • Gefahr einer Fehlinvestition, da eventuell keine wirkungsvolle Kontrolle der Wirtschaftlichkeit erfolgt

Merke: Selbstfinanzierung ist eine Form der Eigen- und der Innenfinanzierung.

5.3 Finanzierung mit Fremdkapital

Zu den wichtigsten Instrumenten der Finanzierung mit Fremdkapital gehört die Kreditfinanzierung. Bei einem Kredit bzw. einem Darlehen handelt es sich um eine vertragliche Vereinbarung zwischen zwei Vertragsparteien, bei der die eine Partei (der Gläubiger) der anderen Partei (dem Schuldner) einen bestimmten Geldbetrag für einen festgelegten Zeitraum überlässt. Dafür erhält der Gläubiger vom Schuldner für die Dauer der Kreditlaufzeit Zinsen, die sich meist nach der Höhe des Kredites richten.

Exkurs: Kredit oder Darlehen?

Tipp

Im Alltag (und auch in diesem Buch) wird meist kein Unterschied zwischen Darlehen (vermutlich althochdeutsch für leihen) und Kredit (lat. credere: glauben, vertrauen) gemacht. Beide Begriffe werden gleichartig verwendet. Häufig wird bei höheren Beträgen und längeren Laufzeiten von einem Darlehen gesprochen. Bei kleineren Beträgen und kürzeren Laufzeiten ist eher von einem Kredit die Rede.

Tatsächlich gibt es allerdings einen Unterschied zwischen einem Kredit und einem Darlehen, der rechtlicher Natur ist. Demnach wird der Kredit grundsätzlich als Oberbegriff einer Geldleihe verstanden. Das Darlehen hingegen ist ein schuldrechtlicher Vertrag, der im Bürgerlichen Gesetzbuch (BGB) in den §§ 488 ff. geregelt ist. Somit ist das Darlehen eine Unterform des Kredites. Im Laufe der Zeit hat sich allerdings die Unterscheidung nach der Laufzeit eingebürgert. Die Begriffe Kredit und Darlehen können somit gleichermaßen verwendet werden. So gibt es durchaus Banken, die eine langfristige Geldüberlassung als Baukredit bezeichnen.

5.3.1 Kreditvertrag

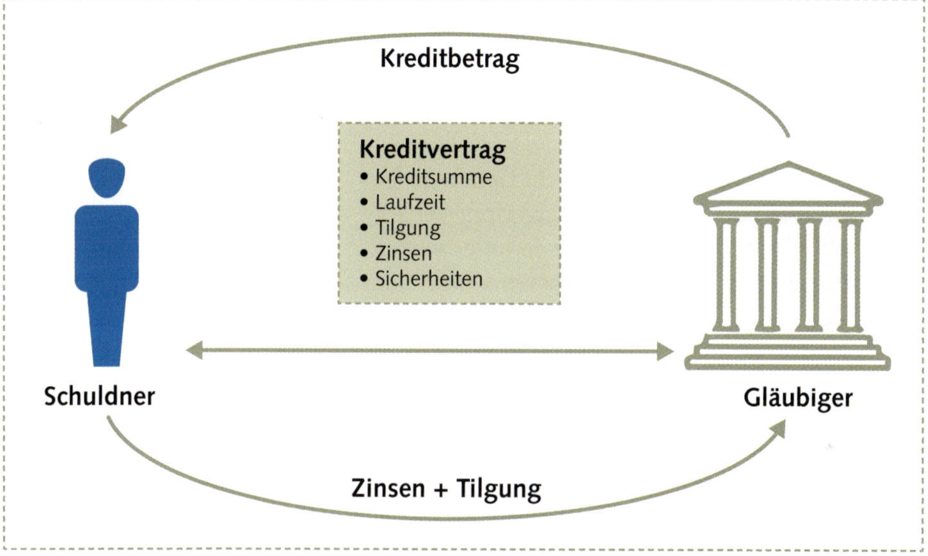

Inhalt eines Kreditvertrags

In einem Kreditvertrag werden üblicherweise die folgenden Inhalte vereinbart:

- Die beteiligten Vertragspartner: der Kreditgeber, der als Gläubiger bezeichnet wird, und der Kreditnehmer, der als Schuldner bezeichnet wird.
- Die Kreditsumme bzw. die Höhe des Geldbetrages, den der Gläubiger dem Schuldner überlässt.
- Die Laufzeit eines Kredites bzw. die Dauer, gemessen in Jahren, Monaten oder Tagen, die der Gläubiger dem Schuldner den Geldbetrag überlässt. Bis zum Ende der Laufzeit ist der Schuldner verpflichtet, den Kreditbetrag an den Gläubiger zurückzuzahlen.
- Die Tilgung bzw. die Rückzahlungsmodalitäten eines Kredites. Neben einer möglichen Rückzahlung bzw. Tilgung des Kredites erst am Ende der Laufzeit kann durch die Vertragsparteien alternativ vereinbart werden, den Kredit schon während der Laufzeit in Teilen zurückzuzahlen bzw. zu tilgen. Ein Kredit ist getilgt, wenn der gesamte Kreditbetrag vom Schuldner zurückgezahlt wurde.

- Die Höhe der Kreditzinsen (in %) wird zwischen den beiden Vertragsparteien vereinbart. In der Regel verlangt der Gläubiger für die Überlassung des Kreditbetrags einen bestimmten Prozentsatz, den der Schuldner dem Gläubiger bezahlen muss. Meist werden diese Kreditzinsen auf das Jahr gerechnet. Dafür hat sich der Begriff p.a. (lat. = per annum bzw. pro Jahr) eingebürgert. Für den Schuldner stellen die Zinsen Kosten dar, während sie für den Gläubiger Einnahmen sind.
- Der Gläubiger kann von dem Schuldner Sicherheiten verlangen für den Fall, dass dieser die Kreditraten nicht mehr bedienen kann. Durch Sicherheiten hat der Gläubiger dann die Möglichkeit auf andere Vermögenswerte zurückgreifen zu können, wenn das verliehene Geld nicht mehr zurückbezahlt wird. Sicherheiten senken somit das Kreditausfallrisiko. Auf der anderen Seite erhöhen Sicherheiten die Bonität des Schuldners, bzw. ermöglichen, dass dieser überhaupt einen Kredit aufnehmen kann.

Formvorschriften:

Grundsätzlich herrscht bei der Vereinbarung eines Kreditvertrages Gestaltungsfreiheit. Allerdings muss der Vertrag schriftlich erfolgen und darf nicht gegen die guten Sitten verstoßen, um nicht Gefahr zu laufen, unwirksam zu sein. Ein Kreditvertrag verstößt gegen die guten Sitten, wenn er z. B. unter Ausnutzung einer Zwangslage abgeschlossen wurde und/oder ein Wucherzins, vereinbart wurde, der deutlich über dem marktüblichen Zinssatz liegt.

Vertragspartner eines Kreditvertrags

Vertragspartner und Besonderheiten eines Kreditvertrages

Vertragspartner	Besonderheiten	Bezeichnung
Konsument und Bank 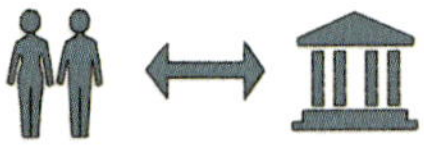	Die Bank räumt dem Bankkunden einen Kredit ein. Der Kunde muss Zinsen zahlen und den Kredit während oder am Ende der Laufzeit zurückzahlen. Meist verlangt die Bank dafür Sicherheiten.	Konsumentenkredit, Dispositionskredit
Händler und Bank 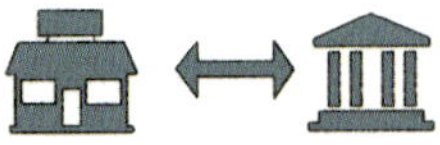	Wenn ein Unternehmen, wie z. B. ein Einzelhändler einen Kredit von der Bank aufnimmt, unterscheidet sich dies grundsätzlich nicht von einem Konsumentenkredit. Da der Kredit aber in aller Regel für Investitionen verwendet wird, spricht man von einem Investitionskredit.	Investitionskredit

Vertragspartner	Besonderheiten	Bezeichnung
Konsument und Konsument	Privatpersonen können sich ebenfalls untereinander Kredite gewähren, dabei leiht man einer Person Geld, das man später von dieser wiederbekommt. Kredite unter Privatpersonen sind häufig kostenfrei (also ohne Zinsen), aber natürlich wäre es auch hier möglich, Zinsen und Sicherheiten zu verlangen.	Privatkredit
Konsument und Händler	Hier bekommt der Kunde vom Händler einen Kredit eingeräumt, um den Wareneinkauf zu ermöglichen. Meist beauftragt der Händler dafür eine Bank, die sich für ihn um das Kreditgeschäft kümmert, so dass hier eigentlich ein Kredit zwischen einem Kunden und einer Bank zustande kommt.	Finanzierungskauf, Verbraucherdarlehen
Händler und Händler	Auch die Händler können sich untereinander Kredit gewähren, der meist darin besteht, dass der Rechnungsbetrag nicht sofort beglichen werden muss, sondern erst innerhalb eines Zahlungsziels.	Lieferantenkredit

LF 10

5.3.2 Kurzfristige Kredite der Banken

Dispositionskredit

Der Dispositionskredit ist eine Kreditlinie, welche die Geldinstitute ihren Privatkunden einräumen. Für diesen Kredit müssen weder ausführliche Formulare ausgefüllt werden, noch sind Sicherheiten zu erbringen, sofern ein regelmäßiger Lohn- oder Gehaltszugang erfolgt. Mit dem Dispositionskredit kann der kurzfristige Geldbedarf der Privatkunden gedeckt werden. Es wird einfach das laufende Lohn- oder Gehaltskonto formlos und ohne Rückfrage überzogen. Bank und Kunde vereinbaren vorher einen Höchstbetrag, bis zu dem eine Überziehung möglich ist, in aller Regel bis zum dreifachen Netto-Monatsgehalt.

Kontokorrentkredit

Vereinfacht ausgedrückt ist der Kontokorrentkredit ein Dispositionskredit der Selbstständigen, der im Rahmen der kurzfristigen Fremdfinanzierung gewährt wird. Das Kreditinstitut räumt einem Kreditnehmer einen Kredit in einer bestimmten Höhe – das Kreditlimit – ein. Bis zu dieser Grenze kann das Konto ohne vorherige Rücksprache jederzeit genutzt bzw. überzogen werden. Für den in Anspruch genommenen Kredit müssen relativ hohe Zinsen (bis zu 10 % oder mehr) bezahlt werden. Der Kontokorrentkredit eignet sich aufgrund seiner hohen Kosten somit nur, um kurzfristige Schwankungen im Kapitalbedarf, z. B. für Lohnzahlungen oder Materialeinkäufe, abzudecken.

5.3.3 Exkurs: Zinsrechnung

Zinsen stellen für den Schuldner Kosten und für den Gläubiger Einnahmen dar. Um diese zu berechnen, wird die Zinsformel verwendet:

Formel

$$\frac{\text{Kapital (K)} \cdot \text{Zeit (i)} \cdot \text{Prozentsatz (p)}}{(100 \cdot \text{Zeitfaktor})} = \text{Zinsen (z)}$$

mit
z = Zinsen in EUR
K = Kapital bzw. die Kreditsumme in EUR
i = Laufzeit in Tagen, Monaten oder Jahren (siehe Zeitfaktor)
p = Zinssatz in Prozent
Zeitfaktor = 1 bei Jahreszinsen, 12 bei Monatszinsen und 360 bei Tageszinsen

Beispiel 1: *Berechnung der Jahreszinsen*
Ein Einzelhändler unterhält ein Kontokorrentkonto mit einem Überziehungszinssatz von 11,5 % p. a. bei der ortsansässigen Sparkasse. Am 01.01. hat der Händler sein Konto um 2.500,00 EUR überzogen, am 31.12. des gleichen Jahres wird der Betrag wieder zurückgezahlt. Wie hoch waren die Kreditzinsen für das gesamte Jahr?

$$\frac{2.500 \cdot 1 \cdot 11{,}5}{100} = 287{,}50 \text{ EUR}$$

Beispiel 2: *Berechnung der Monatszinsen*
Der Einzelhändler hat am 01.03. sein Konto um 3.000,00 EUR überzogen und am 31.05. zurückgezahlt. Wie hoch sind die Kreditzinsen für die drei Monate bei einem Überziehungskredit von 12 % p. a.?

$$\frac{3.000 \cdot 3 \cdot 12}{(100 \cdot 12)} = 90{,}00 \text{ EUR}$$

Beispiel 3: *Berechnung der Tageszinsen*
Der Händler hat am 01.02. sein Konto um 500,00 EUR überzogen und am 11.02. zurückgezahlt. Wie hoch sind die Kreditzinsen für die 10 Tage bei einem Kreditzinssatz von 10,5 % p. a.?

$$\frac{500 \cdot 10 \cdot 10{,}5}{(100 \cdot 360)} = 1{,}46 \text{ EUR}$$

- Zinstage ermitteln
  Bei der kaufmännische Zinsrechnung besteht jeder Monat (auch der Februar) immer aus 30 Tagen und das Jahr somit aus 360 Tagen. Der Tag, an dem der Kredit aufgenommen wurde, wird nicht mitgezählt. Der Tag, an dem der Kredit zurückgezahlt wurde, wird jedoch komplett berechnet. Beispiel: Ein Kredit, der am 02.01. aufgenommen und am 4.02. zurückgezahlt wurde, hat 32 kaufmännische Zinstage.

Zinsformel umstellen

In bestimmten Fällen ist es möglich, dass nicht die Zinsen gesucht werden, sondern das Kapital (K), die Zeit (i) oder der Zinssatz (p). In diesem Fall muss die Zinsformel umgestellt werden. Dies geht am einfachsten, indem man sich die folgende Abbildung betrachtet:

Der gesuchte Wert wird z. B. mit dem Daumen abgedeckt, die Werte, die auf der anderen Seite des Buches stehen, trägt man in den Zähler eines Bruches ein. Die verbleibenden Werte, die auf der gleichen Seite des Buches stehen, werden in den Nenner eingetragen.

Beispiel 1:

Es wird das Kapital bzw. die Kreditsumme gesucht, die bei einer Laufzeit von 5 Jahren zu einem Zinssatz von 6 % zu Zinsen in Höhe von 300,00 EUR geführt hat.

$$K = \frac{z \cdot 100 \cdot 1}{i \cdot p} = \frac{300 \cdot 100 \cdot 1}{5 \cdot 6} = 1.000,00\ EUR$$

Beispiel 2:

Es wird der Zinssatz (p) gesucht, der bei einer Laufzeit von 10 Monaten einem Kapital von 5.000,00 EUR zu Zinsen in Höhe von 500,00 EUR geführt hat.

$$p = \frac{z \cdot 100 \cdot 12}{i \cdot K} = \frac{500 \cdot 100 \cdot 12}{10 \cdot 5.000} = 12\ \%$$

Beispiel 3:

Es wird die Zeit in Tagen gesucht, bei der ein Kredit über 2000,00 EUR zu einem Zinssatz von 2 %, 20,00 EUR Zinsen gekostet hat.

$$i = \frac{z \cdot 100 \cdot 360}{p \cdot K} = \frac{20 \cdot 100 \cdot 360}{2 \cdot 2.000} = 180\ Tage$$

5.3.4 Langfristige Kredite der Banken (Darlehen)

© Ngampol – stock.adobe.com

Im Sprachgebrauch der Kreditinstitute versteht man unter Darlehen mittel- und langfristige Kredite, die dem Darlehensnehmer meist in einer Summe zur Verfügung gestellt werden. Darlehen sind häufig dinglich gesichert. Das bedeutet, dass bei der Anschaffung eines Grundstücks oder Gebäudes eine Grundschuld oder eine Hypothek als Sicherheit dient. Bei Fahrzeugen oder Betriebsmitteln wird häufig eine Sicherungsübereignung als Sicherheit verwendet, dabei wird bspw. der Kreditnehmer nur Besitzer des Fahrzeugs, das Kreditinstitut behält den Fahrzeugbrief bis zur Ablösung des Darlehens.

Kosten des Darlehens

Die Kosten eines Darlehens bestehen im Wesentlichen aus den Zinsen, die abhängig vom Zinssatz und der Kreditsumme sind und der Art der Tilgung. Die Zinsen sind bei langfristigen Darlehen im Allgemeinen niedriger als bei Kontokorrentkrediten und hängen hauptsächlich von der Laufzeit bzw. dem Risiko des Kreditausfalls sowie von der Besicherung des Darlehns ab. Neben den Zinsen wird ggf. vor der Darlehensvergabe eine sogenannte Restschuldversicherung verlangt, die die Kreditkosten zusätzlich erhöhen kann.

Liquiditätsbelastung eines Darlehens

Für Unternehmen sind aber nicht nur die Kreditkosten eine wichtige Größe, sondern auch der Aspekt, inwiefern das Darlehen die Liquidität, d. h. die Zahlungsfähigkeit des Unternehmens, belastet. Denn nicht nur die Zinsen, sondern auch die Tilgung belasten die Liquidität eines Unternehmens.

Als Liquiditätsbelastung bezeichnet man bei einem Darlehen die Summe aus Zinszahlung und Tilgungszahlung.

Merke

Darlehensarten

Nach der Art und Weise der Rückzahlung des Kreditbetrages (Tilgung) und der Zinszahlung wird unterschieden in Festdarlehen, in Abzahlungsdarlehen (Tilgungsdarlehen) und in Annuitätendarlehen. Diese unterscheiden sich hinsichtlich der Kreditkosten und Liquiditätsbelastung.

1. Festdarlehen

Bei einem Festdarlehen erfolgt die Rückzahlung des gesamten Kreditbetrages am vertraglich vereinbarten Fälligkeitstermin des Darlehens, also ganz am Ende der Laufzeit. Während der Laufzeit werden lediglich die jährlich anfallenden Zinsen gezahlt. Für den Schuldner hat dieses Darlehen den Vorteil, dass nahezu über die gesamte Laufzeit die Liquiditätsbelastung relativ gering ist, weil ja nicht getilgt wird, das „dicke Ende" kommt dann ganz zum Schluss, da im letzten Jahr der Kredit vollständig getilgt werden muss.

Beispiel: *Dem Einzelhändler Mayer wird ein Festdarlehen über 100.000,00 EUR für die Laufzeit von 4 Jahren zu einem Zinssatz von 10 % angeboten.*

In dem rechten Diagramm werden die Zinsen und die Tilgung dieses Darlehens dargestellt. Man erkennt, dass Herr Mayer jedes Jahr Zinsen in Höhe von 10.000,00 EUR (= 100.000,00 · 10 ÷ 100) zu leisten hat. Die gesamten Zinskosten dieses Kredites betra-

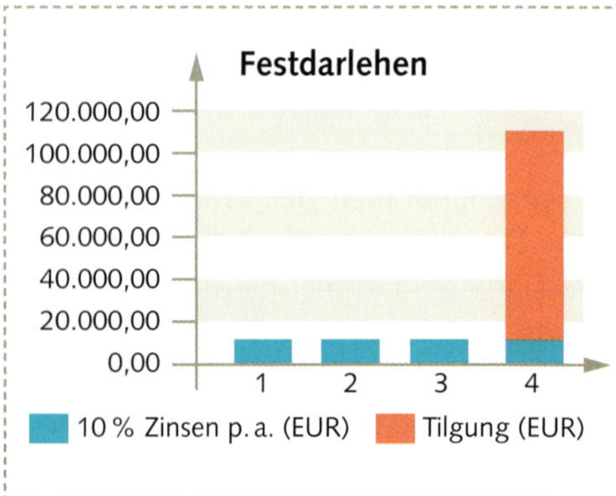

gen somit 40.000,00 EUR. Erst im letzten Jahr steigt die Liquiditätsbelastung stark an, da hier neben den Zinsen auch der gesamte Kreditbetrag in Höhe von 100.000,00 EUR getilgt werden muss. Die Schlussrate beträgt also 110.000,00 EUR.

Herr Mayer hat dazu den folgenden Tilgungsplan aufgestellt:

Tilgungsplan eines Festdarlehens

Jahr	Darlehenssumme (EUR)	10 % Zinsen p.a. (EUR)	Tilgung (EUR)	Jährliche Gesamtrate (in EUR)	Verbleibende Restschuld (EUR)
1	100.000,00	10.000,00	0,00	10.000,00	100.000,00
2	100.000,00	10.000,00	0,00	10.000,00	100.000,00
3	100.000,00	10.000,00	0,00	10.000,00	100.000,00
4	100.000,00	10.000,00	100.000,00	110.000,00	0,00
Summe		40.000,00	100.000,00	140.000,00	

2. Abzahlungsdarlehen

Die Rückzahlung erfolgt bei einem Abzahlungsdarlehen in jährlich gleichbleibenden Tilgungsraten. Da sich die Darlehenssumme durch die Tilgung von Jahr zu Jahr verringert, sinkt auch die jährliche Zinsbelastung. Die Summe aus Zins und Tilgung, die Gesamtrate, nimmt im Laufe der Zeit immer mehr ab. Durch die jährlichen Tilgungsraten sind die jährlichen Gesamtraten und damit die anfängliche Liquiditätsbelastung deutlich höher als beim Festdarlehen. Das muss der Einzelhändler bei seiner Planung entsprechend berücksichtigen.

Beispiel: *Einzelhändler Mayer überlegt, ob er alternativ ein Abzahlungsdarlehen über 100.000,00 EUR für die Laufzeit von 4 Jahren zu einem Zinssatz von 10 % aufnehmen soll, wobei jedes Jahr ¼ der Kreditsumme getilgt werden würde. Die jährliche Tilgungsrate beträgt somit 100.000 ÷ 4 = 25.000,00 EUR.*

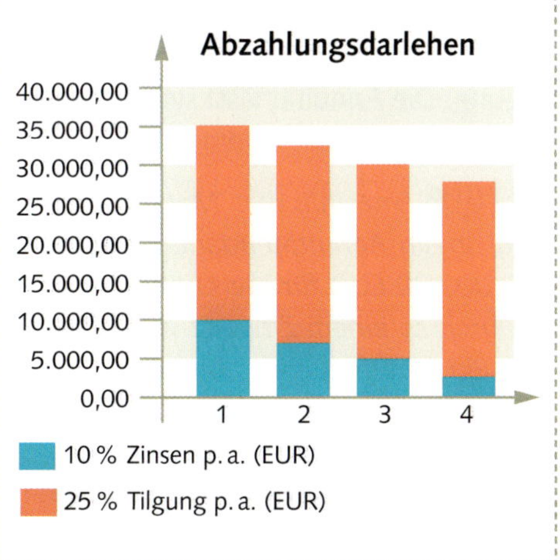

Die nebenstehende Abbildung zeigt wieder die unterschiedlichen Zinsen und Tilgungen während der Laufzeit. Da sich die Zinsberechnung immer auf die jeweilige Restsumme bezieht, werden die Zinsen in jedem Jahr weniger. Im ersten Jahr betrugen die Zinsen noch 10.000,00 EUR (100.000 · 10 ÷ 100 = 10.000,00 EUR). Im zweiten Jahr beliefen diese sich dann nur noch auf 7.500,00 EUR. (75.000 · 10 ÷ 100 = 7.500,00 EUR) Zinsen. Bei einer 4-jährigen Laufzeit würde die Gesamtzinsbelastung 25.000,00

EUR betragen. Das ist deutlich günstiger als beim Abzahlungsdarlehen. Dafür hat er aber in den ersten drei Jahren eine deutlich höhere Liquiditätsbelastung als beim Festdarlehen.

Auch für dieses Darlehen stellt Herr Mayer einen Tilgungsplan auf:

Tilgungsplan eines Abzahlungsdarlehens

Jahr	Darlehenssumme (EUR)	10 % Zinsen p. a. (EUR)	25 % Tilgung p. a. (EUR)	Jährliche Gesamtrate (in EUR)	Verbleibende Restschuld (EUR)
1	100.000,00	10.000,00	25.000,00	35.000,00	75.000,00
2	75.000,00	7.500,00	25.000,00	32.500,00	50.000,00
3	50.000,00	5.000,00	25.000,00	30.000,00	25.000,00
4	25.000,00	2.500,00	25.000,00	27.500,00	0
Summe		25.000,00	100.000,00	125.000,00	

3. Annuitätendarlehen

Bei einem Annuitätendarlehen erfolgt die Rückzahlung in gleichbleibenden jährlichen Raten aus Zins und Tilgung, also mit gleichbleibender Annuität. Da sich die Restschuld infolge der Tilgungen laufend verringert, sinkt auch die jährliche Zinsbelastung. Mit fortschreitender Kreditlaufzeit steigt der Tilgungsanteil, weil die Summe aus Zins und Tilgung konstant bleibt. Zu Beginn der Laufzeit ist die Zinsbelastung relativ hoch, die Tilgung relativ gering. Mit zunehmender Laufzeit verschiebt sich das Verhältnis von Zinsen und Tilgung, aber zugunsten der Tilgung. Die Annuität lässt sich mit einer Formel mathematisch berechnen oder mit einem Annuitätenrechner aus dem Internet ermitteln.

> Als Annuität bezeichnet man bei einem Darlehen die jährlich gleichbleibende Rückzahlung, sie ist die Summe aus Zinszahlung und Tilgungszahlung.
>
> Merke

Beispiel: *Einzelhändler Mayer überlegt, ob ein Annuitätendarlehen über 100.000,00 EUR für die Laufzeit von 4 Jahren zu einem Zinssatz von 10 % für sein Unternehmen eine sinnvolle Alternative darstellt. Als Annuität ermittelt er online mithilfe eines Annuitätenrechners eine Rate von 31.547,08 EUR.*

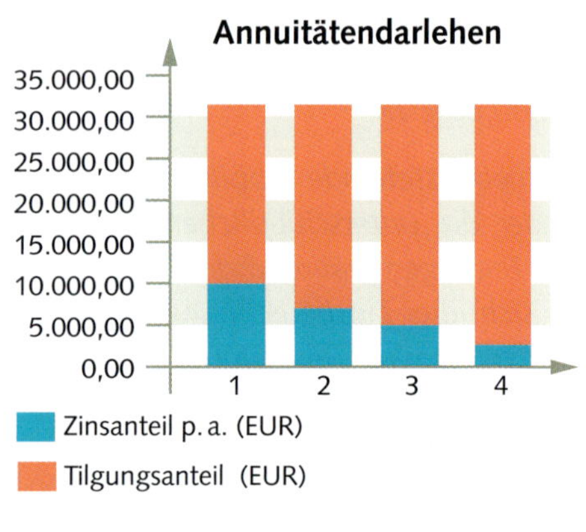

Aus dem nebenstehenden Diagramm lassen sich die Zinsen und die Tilgungen der jeweiligen Jahre entnehmen. Die Tilgung berechnet sich dabei im-

mer aus der Differenz der Annuitätsrate und den Zinsen aus dem jeweiligen Jahr. Im ersten Jahr betragen die Zinsen 10.000,00 EUR (10 % von 100.000 EUR). Die Tilgung beträgt dann 31.547,08 – 10.000,00 = 21.547,08 EUR. Im zweiten Jahr werden die Zinsen dann von der getilgten Darlehenssumme berechnet. Sie betragen dann nur noch 7.845,29 EUR (10 % von 78.452,29). Im zweiten Jahr müssen dann 23.701,79 EUR (= 31.547,08 – 7.845,29) getilgt werden. Die Gesamtkosten über die 4-jährige Laufzeit betragen insgesamt 26.188,32 EUR.

Damit sind die Kreditkosten beim Annuitätendarlehen zwar etwas höher als beim Abzahlungsdarlehen, allerdings hat man dafür eine gleich hohe und damit gut planbare Liquiditätsbelastung. Der Tilgungsplan sieht folgendermaßen aus:

Tilgungsplan eines Annuitätendarlehens

Jahr	Darlehenssumme am Jahresbeginn (EUR)	Zinsanteil p. a. (EUR)	Tilgungsanteil (EUR)	Jährliche Rate (Annuität in EUR)	Restschuld am Jahresende (EUR)
1	100.000,00	10.000,00	21.547,08	31.547,08	78.452,92
2	78.452,92	7.845,29	23.701,79	31.547,08	54.751,13
3	54.751,13	5.475,11	26.071,97	31.547,08	28.679,17
4	28.679,17	2.867,92	28.679,16	31.547,08	0,00
Summe		26.188,32	100.000,00	126.188,32	

5.3.5 Kurzfristige Kredite der Händler – der Lieferantenkredit

Der Lieferantenkredit, auch Lieferer- oder Handelskredit genannt, ist ein kurzfristiger Kredit, den ein Lieferant seinen Kunden durch Gewährung eines Zahlungsziels einräumt. Dieser Kredit ist eine übliche Form der Finanzierung des Warenumschlags und wird meist für 30 bis 90 Tage gewährt. Ein Lieferantenkredit ist somit nur bei unbaren Verkaufsvorgängen möglich.

Häufig wird dem Kunden darüber hinaus ein Skonto eingeräumt, wenn er vor Ablauf einer bestimmten Zielfrist bezahlt. Zur Sicherung des Lieferantenkredits wird vom Gläubiger meist ein Eigentumsvorbehalt gewählt.

Beispiel: *Die Phoneworld Kruse OHG liegt die folgende Rechnung der Elektronik Müller GmbH zum 01.03. des Jahres vor. Die Geschäftsführerin, Jana Kruse, fragt sich, ob sie die Rechnung sofort bzw. innerhalb der ersten 10 Tage zahlen soll, um das Skonto auszunutzen, oder erst zum Ende des Zahlungszieles in 30 Tagen, um Liquidität zu behalten.*

Elektronik Müller GmbH

Elektronik Müller GmbH, Theater Str. 30, 53111 Bonn

Phoneworld Kruse OHG
Wallstraße 16
40213 Düsseldorf

RECHNUNG

Rechnungs-Nr.	Ihr Auftrag vom	Kunden-Nr.	Bearbeiter	Datum
258	10.11.20..	1258	Ihr Name	01.03.20..

Pos.	Artikelbezeichnung	Menge in Stück	Einzelpreis in EUR	Gesamtpreis in EUR
1	Tablet Super X	20	450,00	9.000,00
2	Handy Mobile 6	15	650,00	9.750,00
3	Schutzhüllen	25	35,00	875,00
			Gesamtnettopreis	19.625,00
			+ 19 % Umsatzsteuer	3.728,50
			Gesamtbruttopreis	**23.353,75**

Lieferung: frei Haus
Zahlung: Innerhalb von 10 Tagen abzüglich 2 % Skonto
oder innerhalb von 30 Tagen ohne Abzug

Bankverbindung IBAN: DE86 3705 0198 1029 2036 91 Geschäftsführer HRB 25580
Sparkasse Köln-Bonn BIC: COLSDE33 Carsten Plöger AG Bonn

Da Jana Kruse die Rechnung nicht sofort, sondern spätestens am 10. Tag mit Skonto oder netto (d. h. ohne Abzug von Skonto) in 30 Tagen bezahlen muss, räumt die Elektronik Müller GmbH der Phoneworld Kruse OHG somit einen Lieferantenkredit mit einer Dauer von 10 bzw. von 30 Tagen ein. Der hier vorliegende Kredit ist als solcher nicht sofort erkennbar. Wenn Frau Kruse aber die Möglichkeit eines Zahlungsaufschubes von 10 oder 30 Tagen wahrnimmt, wird Ihr rechtlich gesehen ein Darlehen gewährt.

Dabei ist der Kredit für die ersten 10 Tage kostenfrei, während er danach kostenpflichtig wird, auch wenn in der Rechnungssumme die Zinsen nicht ersichtlich sind. Das soll folgender Zusammenhang verdeutlichen:

Die Zahlungsbedingungen am Ende der Rechnung bedeuten, dass die Phoneworld Kruse bis zum 30.03 den Rechnungsbetrag in Höhe von 23.353,75 EUR überweisen muss. Wird der Rechnungsbetrag aber bis zum 10.03. überwiesen, darf es Skonto in Höhe von 2 % vom Rechnungsbetrag abziehen.

Das Skonto beträgt:

Formel

$$\text{Skonto} = \frac{\text{Rechnungsbetrag} \cdot \text{Skontosatz}}{100} = \frac{23.353{,}75 \cdot 2}{100}$$
$$= 467{,}08 \text{ EUR}$$

Die Phoneworld Kurse OHG müsste dann bis zum 10.03. nur 23.353,75 – 467,08 = 22.886,67 EUR überweisen. Die folgende Übersicht verdeutlicht den zeitlichen Ablauf:

Rechnungseingang	Skontofrist	Zahlungsziel
22.886,67 EUR	23.353,75 EUR	
kostenfreier Lieferantenkredit	kostenpflichtiger Lieferantenkredit	
01.03.20..	10.03.20..	30.03.20..

Zahlt die Phoneworld Kruse OHG innerhalb der Skontofrist, ist der Lieferantenkredit kostenfrei. Bezahlt das Unternehmen aber nach der Skontofrist, bedeutet das, dass dem Unternehmen durch die Nichtinanspruchnahme des Skontos Kreditkosten in Höhe von 467,08 EUR entstehen.

Deshalb ist der Lieferantenkredit kostenfrei, wenn das Skonto ausgenutzt wird und er ist kostenpflichtig, sofern dies nicht beansprucht wird.

Der Zusammenhang zwischen kostenfreiem und kostenpflichtigem Lieferantenkredit mag auf den ersten Blick verwirrend sein, da Skonto auf einer Rechnung wie ein Rabatt aussieht. Diese Annahme ist aber falsch, da das Skonto bereits vorher in der Preiskalkulation des Lieferanten eingerechnet wurde. Durch die Bezahlung der Rechnung innerhalb der Skontofrist wird die Rechnung genau um den Betrag reduziert, um den sie vorher in der Verkaufspreiskalkulation erhöht wurde.

Effektiver Zinssatz

Die Höhe des effektiven Zinssatzes eines Lieferantenkredits lässt sich mit einer vereinfachten Formel errechnen:

Formel

$$\text{effektiver Zinssatz} = \frac{\text{Skontosatz} \cdot 360}{\text{Zahlungsziel} - \text{Skontofrist}} = \frac{2 \cdot 360}{30 - 10} = 36\,\%$$

Damit gehört der Lieferantenkredit zu den teuersten Krediten überhaut und Händler sind gut beraten, den Skonto jederzeit auszunutzen und die Rechnungen innerhalb der Skontofrist zu begleichen.

Für den Lieferanten hat der Lieferantenkredit viele Vorteile:

© Ronald Rampsch – stock.adobe.com

- Der Lieferant kann die Geschäftsbeziehungen zu seinen Kunden fördern bzw. einen Vorteil gegenüber anderen Lieferanten haben, die kein attraktives Zahlungsziel vergeben.
- Der Lieferant hat ein Interesse, möglichst früh den Rechnungsbetrag zu erhalten, um seinen eigenen finanziellen Verpflichtungen nachzukommen. Durch die Gewährung eines Skontos ermutigt er den Händler dazu, die Rechnung früher zu zahlen, als er eigentlich müsste.
- Der Lieferant kann, falls der Kunde die Skontofrist verstreichen lässt, sogar mit dem Kredit Geld verdienen.

5.4 Leasing – eine Sonderform der Finanzierung

© DigitalGenetics – stock.adobe.com

Leasing (eng.: to lease = (ver-)mieten, (ver-)pachten) ist die Vermietung oder Verpachtung von Gütern durch Hersteller, Händler oder besondere Leasinggesellschaften. Leasingobjekte dienen den Unternehmen als Produktionsfaktoren und können entweder Mobilien sein, z. B. Fahrzeuge, Computer und Maschinen oder Immobilien, z. B. Gebäude, Produktionsanlagen etc.

Leasing verbindet wesentliche Merkmale einer Miete und eines Kredites, unterscheidet sich allerdings in einigen wichtigen Punkten von den beiden Instrumenten.

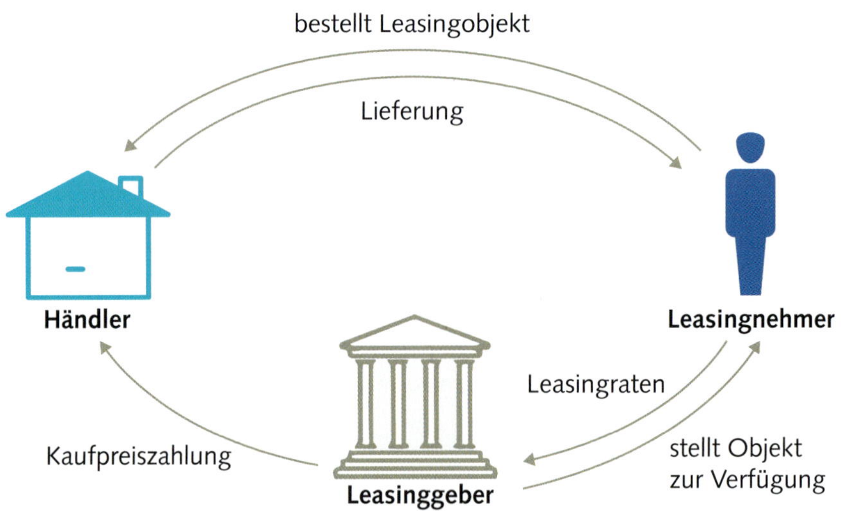

Vergleich Leasing-Kredit

Für die Benutzung des Leasingobjekts zahlt der Leasingnehmer an den Leasinggeber eine monatliche Miete (Leasingrate). Auch hier kann, ähnlich wie bei der Kreditfinanzierung, zu Beginn des Vertrages eine einmalige An- bzw. Sonderzahlung vereinbart werden, die je nach Höhe die monatlichen Ratenzahlungen verringert. Im Gegensatz zu den Kreditkosten ist die Höhe der Leasingrate aber zusätzlich abhängig von der monatlichen Abnutzung bzw. dem Wertverlust (z. B. bei einem Pkw der Laufleistung) und dem sich damit ergebenden Restwert bei Rückgabe am Ende der Laufzeit. Zudem werden u. a. in die Rate der Gewinn und die anteiligen Verwaltungskosten des Leasinggebers eingerechnet. Im Gegensatz zur Kreditfinanzierung, bei der das Eigentum auf den Kreditnehmer am Ende der Laufzeit übergeht, bleibt beim Leasing der Leasinggeber, der das Leasingobjekt vermietet, juristischer und wirtschaftlicher Eigentümer des Objekts. Deshalb ist Leasing bilanzneutral für den Leasingnehmer (d. h. bilanziert wird das Objekt beim Eigentümer, dem Leasinggeber). Da dadurch beim Leasingnehmer das Verhältnis von Eigenkapital zu Fremdkapital (Eigenkapitalquote) unverändert bleibt, können bestehende Kreditspielräume erhalten bleiben.

Vergleich Leasing – Miete

In einem Leasingvertrag werden ähnlich wie bei der Miete die Nutzungsrechte an einem Leasingobjekt vom Leasinggeber für eine bestimmte Zeit (Laufzeit) auf den Leasingnehmer übertragen. Allerdings ist beim Leasing, je nach Vertrag, eine Kündigung über die sog. Grundmietzeit nicht möglich. Am Ende der Laufzeit kann der Leasingnehmer, je nach Vertragsgestaltung, das Leasingobjekt zurückzugeben oder eine Kauf-, Tausch- oder Verlängerungsoption wahrnehmen. Bei einer Miete ist nur die Zurückgabe des Objektes vorgesehen.

Zum anderen bekommt er mit dem Leasingvertrag auch bestimmte Rechte, Pflichten und Risiken übertragen. So haftet er beispielsweise für Beschädigungen oder ggf. für den Ausfall bzw. Untergang des Produkts und muss zum Laufzeitende eine sich ggf. ergebende Differenz zwischen dem vertraglich festgelegten Restwert des Objektes und dem tatsächlichen Restwert zu seinen Lasten ausgleichen (sog. Restwertrisiko).

Leasingrate berechnen und vergleichen

Beispiel: *Jana Kruse möchte sich einen kleinen Lieferwagen für Ihr Geschäft zulegen. Dabei fragt sie sich, ob der neue Lieferwagen mit Leasing oder besser mit einem Bankkredit finanziert werden soll. Jana Kurse liegen dazu zwei Angebote vor:*

Bankkredit:	Leasing
Gesamtlistenpreis: 18.000,00 EUR	Gesamtlistenpreis 18.000,00 EUR
Anzahlung: 0 %	Laufzeit: 36 Monate
Laufzeit: 3 Jahre	Laufleistung: 20.000 km
Zinssatz = 3,5 % p. a.	Abschlussgebühr: 5 % des Listenpreises
Tilgung: 6.000,00 EUR pro Jahr	Restwert: 9.000,00 EUR
	Leasingrate: 275,00 EUR pro Monat
	Rückgabe am Laufzeitende

Berechnung Kredit

Jahr	Darlehensschuld	Zins	Tilgung	Jährliche Rate
1	18.000,00	630,00	6.000,00	6.630,00
2	12.000,00	420,00	6.000,00	6.420,00
3	6.000,00	210,00	6.000,00	6.210,00
Summe		1.260,00	18.000,00	19.260,00

Berechnung Leasing

Jahr	Abschlussgebühr	Leasingrate (jährlich)	Jährliche Rate
1	900,00	3.300,00	4.200,00
2	–	3.300,00	3.300,00
3	–	3.300,00	3.300,00
Summe	900,00	9.900,00	10.800,00

Im direkten Vergleich fällt zunächst auf, dass die jährlichen Raten beim Kreditkauf höher sind als beim Leasing. Das spricht zunächst für das Leasing, da so die Liquiditätsbelastung für das Unternehmen geringer ist. Auch in der Summe der jährlichen Raten schneidet das Leasing besser ab, da das Leasing 8.460,00 EUR günstiger ist als die Kreditfinanzierung. Diese Differenz entspricht nahezu dem Restwert des Wagens nach 3 Jahren. Der Kredit ist aber nach 3 Jahren abbezahlt und der Wagen steht dann kostenlos dem Unternehmen als Eigentum zur Verfügung. Beim Leasing müsste der Wagen zurückgegeben werden und anschließend ein neuer Leasingvertrag abgeschlossen werden. Auch dürfte das Unternehmen beim Leasing den Wagen nicht mehr als 20.000 km fahren, da sonst Zusatzkosten entstünden.

Dennoch hat man beim Leasing immer ein technisch aktuelles Fahrzeug zur Verfügung. Ein weiterer Vorteil ist, dass die Leasingraten Aufwendungen darstellen, die den zu versteuernden Gewinn senken; bei der Kreditfinanzierung können nur die Zinsen als Aufwendungen in der GuV Rechnungen verbucht werden. Durch die Aufnahme des Kredites erhöht sich in der Bilanz das Fremdkapital um 18.000,00 EUR und wird dann in den kommenden drei Jahren um jeweils 6.000,00 EUR wieder auf den ursprünglichen Wert verringert. Das verschlechtert die Möglichkeit, weitere Kredite in dieser Zeit zu bekommen.

Für einen Händler, der seine Produkte mit einem Leasingvertrag anbietet, hat das den Vorteil, dass die Kunden sich an die Marke binden und eine große Treue aufweisen. So werden die Kunden in aller Regel am Ende der Laufzeit wieder einen neuen Leasingvertrag unterzeichnen.

Anhand einer tabellarischen Gegenüberstellung sind im Folgenden die wesentlichen Aspekte noch einmal zusammengestellt, wenn durch ein Einzelhandelsunternehmen ein Pkw bzw. Lkw entweder geleast, finanziert oder gekauft werden soll.

Vergleich Kaufen – Leasen – Finanzieren (am Beispiel eines Pkw)

	Leasen	Finanzieren	Kaufen
Eigentum und Besitz	Leasingnehmer ist Besitzer, Leasinggeber ist Eigentümer	Kreditnehmer ist Besitzer, am Ende der Laufzeit geht das Gut in das Eigentum des Kreditnehmers über	Käufer ist Eigentümer und Besitzer vom ersten Tag
Rechte und Pflichten	Bindung an den Leasingvertrag, die dort enthaltenen Klauseln sind zu beachten z. B. Wartungsintervalle, Laufleistung, Art der Versicherung etc.	während der Laufzeit kann man beliebig über das Fahrzeug verfügen, ein Verkauf ist nur im Ausnahmefall möglich	alle Freiheiten: Veränderung, Verkauf etc. sind möglich
Auswirkung auf die Bilanz	Bilanzneutral (keine Änderung)	der Kredit erhöht das Anlagevermögen und das Fremdkapital (Aktiv-Passiv Mehrung)	der Kaufpreis erhöht das Anlagevermögen und verringert die Liquidität (Aktivtausch)
Gewinn- und Verlustrechnung	Leasingraten verringern als Aufwand den Gewinn	Zinsaufwendungen und Abschreibungen verringern den Gewinn, nach der Laufzeit keine Kosten mehr	Abschreibungen auf Werteverzehr verringern als Aufwand den Gewinn, nach der Abschreibung keine Kosten mehr
laufende Kosten	Leasingrate	Zinsen	keine, aber Liquiditätseinbußen
Kosten	Monatsrate ist i. d. R. günstiger als bei einer Finanzierung, aber das Restwertrisiko muss entsprechend abgesichert werden	teurer als der Kauf und die Monatsrate ist meist auch höher als beim Leasing	günstig, aber hohe Liquiditätsbelastung am Anfang
Risiken	technisch immer aktuelle Modelle, aber Restwertrisiko bei unsachgemäßer Verwendung des Leasingobjektes	Risiko des Untergangs sollte durch entsprechende Versicherung abgesichert werden	Risiko des Untergangs sollte durch entsprechende Versicherung abgesichert werden

5.5 Kreditsicherheiten

Für den Kreditgeber besteht die grundsätzliche Gefahr, dass ein gewährter Kredit nicht bzw. nicht in voller Höhe zurückgezahlt werden kann. Deshalb erfolgt in aller Regel die Vergabe eines Kredites erst nach einer erfolgreichen Bonitätsprüfung. Dabei werden zwei Punkte überprüft:

© kwarner – stock.adobe.com

- Kreditfähigkeit; gemeint ist damit die rechtliche Fähigkeit, als Kreditnehmer auftreten zu können und somit Kreditverträge rechtswirksam abzuschließen. (Geschäftsfähigkeit, Legitimation der Vertreter bei juristischen Gesellschaften)
- Kreditwürdigkeit; hierunter wird die Fähigkeit verstanden, die vertraglich vereinbarte Kreditverpflichtung zu erfüllen. Es wird unterschieden in die
  - persönliche Kreditwürdigkeit, die sich aus der persönlichen Vertrauenswürdigkeit des Kreditsuchenden ergibt (z. B. Charakter, Ruf, Referenzen, Schufa-Einträge etc.)
  - wirtschaftliche Kreditwürdigkeit, die auf der Ertragskraft und der Qualität der Sicherheiten des Kreditnehmers beruht (z. B. Einkommen, Vermögens- und Kapitalstruktur, Liquiditätslage, Bilanzen etc.)

Häufig wird eine Kreditsicherheit gefordert, um das Risiko eines Verlustes bei einem Kreditausfall zu reduzieren. Dabei wird zwischen dinglichen und persönlichen Sicherheiten unterschieden.

5.5.1 Dingliche Sicherheiten

Bei einer dinglichen Sicherheit wird der Kredit über einen Sachgegenstand abgesichert.

Realkredit

Unter einem Realkredit versteht man einen langfristigen Kredit, der durch Grundpfandrechte abgesichert ist. Ein Grundpfandrecht kann in diesem Fall eine Grundschuld oder auch eine Hypothek sein. Grundschuld und Hypothek sind Kreditsicherheiten, die sich auf unbewegliche Dinge wie Immobilien oder Grundstücke beziehen.

Sicherungsübereignungskredit

In diesem Fall wird der Kreditgeber Eigentümer des Sicherungsgegenstandes (z. B. ein Fahrzeug), während der Kreditnehmer der unmittelbare Besitzer des Gegenstandes bleibt und somit mit diesem weiterarbeiten bzw. es nutzen kann. Diese Kreditform dient vor allem dazu, mittelfristige Kredite abzusichern. Im Falle einer Insolvenz des Kreditnehmers kann der Kreditgeber sein Eigentum aus der Konkursmasse leichter aussondern.

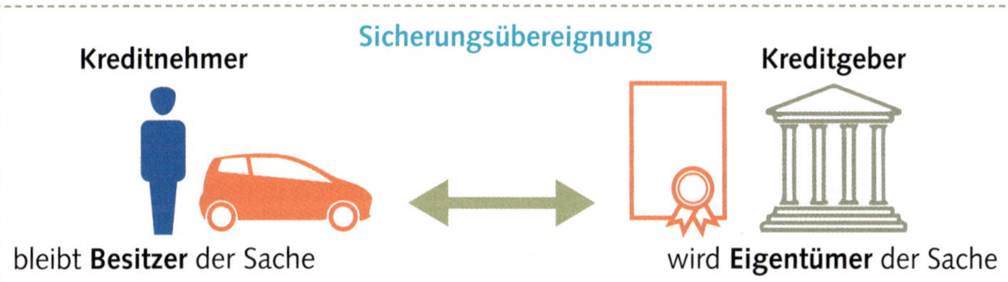

Pfandkredit

Im Gegensatz zum Sicherungsübereignungskredit wechselt in diesem Fall der Sicherungsgegenstand den Besitzer, während der Kreditnehmer Eigentümer des Sicherungsgenstandes bleibt, wird der Kreditgeber Besitzer der Sache. Erst, wenn der Kredit nicht zurückbezahlt wird, wechselt die Sache ins Eigentum des Gläubigers und er kann diese verwerten.

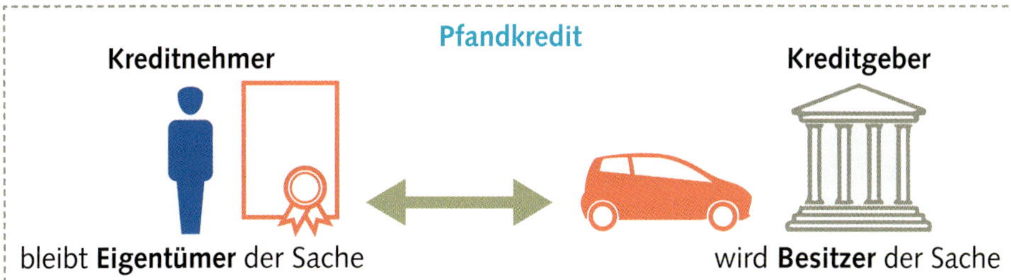

Für den Pfandkredit eignen sich vor allem Sicherungsgegenstände, die der Händler nicht notwendigerweise für die Geschäftstätigkeit benötigt, wie z. B. Wertpapiere.

Eigentumsvorbehalt

Der Eigentumsvorbehalt ist eine Vereinbarung zwischen Verkäufer und Käufer einer Ware, wonach der Verkäufer solange Eigentümer einer Sache bleibt, bis der Kaufpreis vollständig bezahlt worden ist. Mit der Übergabe der Sache hat der Verkäufer seine Verpflichtung erfüllt. Der Käufer wird beim Eigentumsvorbehalt nur Besitzer der Ware. Erst wenn er den vereinbarten Kaufpreis vollständig bezahlt hat, wird er auch Eigentümer. Bei Verbrauchsgüterkäufen muss der Eigentumsvorbehalt auf der Rechnung stehen, damit der Käufer darüber informiert ist.

LF 6, Kap. 2.2

5.5.2 Persönliche Sicherheiten

Bei einer persönlichen Sicherheit tritt eine andere Person anstelle des Kreditnehmers für die Sicherung des Kredites ein.

Im Gegensatz zu einer dinglichen Sicherheit, bei der immer ein Gegenstand für die Sicherung eines Kredites notwendig ist, werden bei den persönlichen Sicherheiten das Vermögen oder der besondere Ruf einer anderen Person als Sicherheiten akzeptiert.

Reiner Personalkredit

Bei einem reinen Personalkredit sind für den Kreditnehmer keine Sicherheiten erforderlich. Der Kreditnehmer bekommt ein Darlehen nur aufgrund seiner Bonität, bzw. Kreditwürdigkeit. Dies geschieht in der Regel bei kleineren und kurzfristigen Krediten wie dem Kontokorrentkredit. Einen Kredit ohne Sicherheiten bezeichnet man auch als einen Blankokredit.

Verstärkter Personalkredit (Bürgschaft)

Bei einem verstärkten Personalkredit ernennt der Kreditnehmer einen Bürgen, der für die Erfüllung der Kreditverbindlichkeiten im Notfall haften muss. Die Bürgschaft muss schriftlich vereinbart werden. Sie ist ein im BGB und im HGB geregelter Vertrag zwischen dem Kreditgeber, dem Kreditnehmer und einem Bürgen.

Man unterscheidet zwei Arten der Bürgschaft:

1. Ausfallbürgschaft (§ 771 BGB): Bei dieser Bürgschaft muss der Bürge erst dann zahlen, wenn der Kreditgeber nachweisen kann, dass der Kreditnehmer zahlungsunfähig ist. Der Bürge hat somit das „Recht der Einrede der Vorausklage“. Der Nachweis ist erbracht, wenn der Kreditgeber gegen den Kreditnehmer erfolglos die Zwangsvollstreckung betrieben hat.

2. Selbstschuldnerische Bürgschaft (§ 773 BGB): Bei dieser Art der Bürgschaft haftet der Bürge wie der Hauptschuldner, da er auf das „Recht der Einrede der Vorausklage" verzichtet. Der Bürge kann vom Kreditgeber schon dann zur Zahlung herangezogen werden, wenn der Kreditnehmer den Kredit nicht rechtzeitig zurückzahlt. Unter Kaufleuten ist eine Bürgschaft immer eine selbstschuldnerische Bürgschaft (§ 349 HGB). Diese Bürgschaftsform wird i. d. R. auch von den Kreditinstituten verlangt.

§ Handelsgesetzbuch 349

Dem Bürgen steht, wenn die Bürgschaft für ihn ein Handelsgeschäft ist, die Einrede der Vorausklage nicht zu. Das gleiche gilt unter der bezeichneten Voraussetzung für denjenigen, welcher aus einem Kreditauftrag als Bürge haftet.

Was ist eine Bürgschaft?

Kreditnehmer
Der Kreditnehmer wendet sich für einen Kredit an die Bank

Die Bank verwehrt dem Kreditnehmer einen Kredit, da es nicht genug Sicherheiten gibt.

Bürge
Der Bürge bürgt mit einem Bürgschaftsvertrag für den Kreditnehmer. Dadurch kommt der Kreditvertrag mit dem Kreditnehmer zustande.

Exkurs: Restschuldversicherung

Mit einer Restschuldversicherung kann die Rückzahlung eines Kredits abgesichert werden, für den Fall, dass während der Laufzeit der Kreditnehmer

- verstirbt,
- arbeitslos oder
- arbeitsunfähig wird.

© vetre – stock.adobe.com

Die Versicherung zahlt bei Eintritt des Todesfalls die Restschuld, so dass der Kredit damit zurückgezahlt ist, oder übernimmt im Krankheitsfall bzw. beim Verlust des Arbeitsplatzes die Kreditraten.

Die Versicherungen werden häufig vom Verkäufer einer Ware (z. B. in einem Möbelhaus) angeboten und werden zusammen mit dem Kreditvertrag an eine Bank abgetreten. Sie dienen dann dem Kreditgeber als zusätzliche Sicherheit. Für den Kreditnehmer erhöhen sich durch die Versicherungsprämien die Kosten des Kredits.

Der Händler muss den Kunden sorgfältig über die zusätzlichen Kosten der Versicherung informieren, ihn ausführlich beraten und dies dokumentieren.

Aufgaben

1. Unterscheiden Sie zwischen den Begriffen „Finanzierung" und „Investition". Nennen Sie mögliche Finanzierungsanlässe.
2. Erläutern Sie den Begriff „Liquidität" im Zusammenhang mit möglichen Finanzierungszielen.
3. Unterscheiden Sie zwischen „Eigen- und Fremdfinanzierung" und zwischen „Außen- und Innenfinanzierung".
4. Was besagt die goldene Finanzierungsregel für ein Einzelhandelsunternehmen?
5. Berechnen Sie alle Kennzahlen zur Kapitalstruktur, wenn das Unternehmen ein Eigenkapital von 40.000,00 EUR und ein Fremdkapital von 100.000,00 EUR aufweist.
6. Die aus den Gesellschaftern Klaus Meyer und Thorsten Lenke bestehende Meyer Lenke OHG, ein Lebensmitteleinzelhandel in Hessen, plant den Kauf eines Lieferwagens im Wert von 30.000,00 EUR. In einer Besprechung über die Finanzierung schlägt Meyer die Beteiligung eines weiteren Gesellschafters vor, während Lenke auf die bisherigen hohen Gewinne verweist und diese zur Finanzierung heranziehen möchte.
   a) Welche Finanzierungsart hat Meyer vorgeschlagen?
   b) Nennen Sie je zwei Vor- und Nachteile dieser Finanzierungsart.
   c) Für welche Finanzierungsart setzt sich Lenke ein?
   d) Welche zwei Gründe sprechen für den Vorschlag von Lenke, welche dagegen?
   e) Begründen Sie, für welche Finanzierungsart sich das Unternehmen Meyer Lenke OHG Ihrer Meinung nach entscheiden sollte?
7. Welche Inhalte hat ein Kreditvertrag? Zählen Sie die inhaltlichen Punkte auf, die in einem Kreditvertrag verpflichtend stehen müssen.
8. Ein Kredit in Höhe von 5.000,00 EUR wird zu einem Zinssatz von 6,5 % für 4 Jahre aufgenommen. Wie hoch ist der Betrag, den man nach 4 Jahren einschließlich Zinsen zurückbezahlen muss, wenn vorher keine Tilgung erfolgt?
9. Paul Hansen benötigt einen Kredit in Höhe von 15.000,00 EUR zur Finanzierung eines neuen Fahrzeugs. Paul Hansen liegen zwei Angebote vor; Bank A: Laufzeit 4 Jahre, Zins 3 % p. a. Bank B: Laufzeit 3 Jahre, Zins 4 % p. a., Restschuldversicherung einmalig 200,00 EUR. Die Tilgung erfolgt bei beiden Angeboten immer am Ende der Laufzeit. Bei welcher Bank sollte Paul Hansen den Kredit aufgrund der geringeren Kosten nehmen?
10. Ein Einzelhandelsunternehmen benötigt ein mittelfristiges Darlehen und muss sich zwischen drei unterschiedlichen Formen unterscheiden. Erstellen Sie jeweils einen Tilgungsplan für ein Festdarlehen, ein Abzahlungs- bzw. Tilgungsdarlehen und ein Annuitätendarlehen (jährliche Annuität beträgt 11.280,47 EUR) in der Höhe von 40.000,00 EUR. Die Laufzeit beträgt jeweils 4 Jahren zu einem Zinssatz von 5 % p. a.
    a) Nennen Sie die Vor- und Nachteile der drei Darlehensarten.
    b) Berechnen Sie die Gesamtkosten aller drei Darlehensformen.

Aufgaben

11. Auf einer Rechnung über 9.000,00 EUR befinden sich die folgenden Zahlungsbedingungen: zahlbar mit 3 % Skonto innerhalb von 8 Tagen, sonst netto innerhalb 14 Tagen nach Erhalt der Rechnung. Berechnen Sie den Skonto und den effektiven Zinssatz des Lieferantenkredits.

12. Beschreiben Sie die Finanzierungsform des Leasings. Was ist mit der Aussage gemeint, dass das Leasing nicht die Kapitalbasis verändert.

13. Vergleichen Sie, ob die Kremer KG das neue Firmenfahrzeug im Wert von 20.000 EUR besser leasen oder über einen Kredit finanzieren sollte. Die Konditionen für einen Kredit bei der Bank lauten: 3 Jahre Laufzeit zu 2,5 % Zinsen, Tilgung am Laufzeitende. Das Leasingangebot lautet: 36 Raten á 200 EUR bei einer Anzahlung von 5.000,00 EUR.

14. Erläutern Sie, warum die Kreditwürdigkeitsprüfung der Banken auch für den Einzelhändler von Vorteil sein kann.

15. Ordnen Sie den Beispielen die passende Kreditsicherheit zu:
    a) Die Portobello AG finanziert den Kauf eines Lkw mit einem langfristigen Darlehen. Dabei verbleibt die Zulassungsbescheinigung 2 (der KFZ-Schein) bei der der Bank der Portobello AG.
    b) Sabine Kamm bestellt bei einem Möbelhaus eine Sofagarnitur. Die Ware bleibt bis zur vollständigen Bezahlung des Kaufpreises Eigentum des Möbelhauses.
    c) Ute Schorn bringt die Halskette ihrer Großmutter ins Leihhaus und erhält dafür 500 EUR.
    d) Für einen Kredit von Kristina Ebel bei ihrer Geschäftsbank hat ihre Mutter Marion Ebel eine Bürgschaft übernommen. Nach einigen Monaten fordert die Geschäftsbank die Bürgin zur Zahlung auf, weil Kristina Ebel nicht pünktlich gezahlt hat. Das Recht auf „Einrede der Vorausklage“ besteht nicht.
    e) Die Heinz Mölleken GmbH führt bei der Sparkasse Düsseldorf ein Geschäftskonto mit einer Kreditlinie bis zu 20.000 EUR.
    f) Sybille Hartung hat einen Kredit trotz mehrfacher Mahnung nicht bezahlt. Auch die Zwangsvollstreckung bleibt erfolglos. Jetzt wendet sich die Volksbank als Kreditgeber an den Bürgen Johannes Lehn mit der Aufforderung zur Zahlung.
    g) Die Rotoflex AG hat für den Kauf eins Grundstücks im Wert von 500.000 EUR bei ihrer Bank einen Kredit aufgenommen. Dafür wird die Bank in das Grundbuch eingetragen.

6 Zahlungseingang kontrollieren

Bei Abschluss eines Kaufvertrags verpflichten sich beide Vertragsparteien, also der Händler und der Kunde, zur Erfüllung ihrer jeweiligen Pflichten. Der Händler muss dem Kunden die Ware rechtzeitig in einem mangelfreien Zustand übergeben und der Kunde muss den Kaufpreis rechtzeitig an den Händler bezahlen.

Wenn ein Kunde im Geschäft eine Ware kauft, funktioniert dies in der Regel ohne große Probleme. Der Kunde erhält die Ware sofort, der Händler bekommt vom Kunden Bargeld oder es wird mit Karte bezahlt und der Betrag auf dem Konto des Händlers gutgeschrieben.

Befinden sich Händler und Kunde aber nicht am gleichen Ort, weil der Kunde z. B. von zu Hause auf der Internetseite des Händlers online bestellt hat, liegen der Ort der Warenübergabe und der Ort der Geldübergabe zeitlich und räumlich getrennt voneinander. Das gilt besonders für den Fall, wenn ein Kauf auf Rechnung vereinbart wurde. In diesem Fall versendet der Händler die Ware zusammen mit einer Rechnung. In der Regel bezahlt dann der Kunde die Rechnung, sobald die Ware bei ihm angekommen ist. Meistens wird ihm dazu eine Zahlungsfrist z. B. von 30 Tagen (bzw. ein Zahlungsziel) gesetzt. Manchmal kommt es jedoch vor, dass der Kunde seiner Pflicht zur Zahlung des Kaufpreises nicht oder zu spät nachkommt. In diesem Fall befindet sich der Kunde im Zahlungsverzug. In der Regel wird der Händler dann ein Mahnverfahren einleiten, um die ausbleibenden Zahlungen einzufordern.

6.1 Zahlungsverzug (Nicht-Rechtzeitig-Zahlung)

Bei einem Zahlungsverzug, auch als Nicht-Rechtzeitig-Zahlung bezeichnet, wird eine Rechnung nicht termingerecht bezahlt. Wenn das viele Kunden machen, kann das für den Händler zu ernsten Problemen führen. Denn der Händler hat eigene Zahlungsverpflichtungen an seine Lieferanten, z. B. aufgrund von Wareneinkäufen, die er einhalten muss. Wenn die Kunden dann nicht rechtzeitig bezahlen, hat er Schwierigkeiten, diese Rechnungen zu bezahlen. Deshalb ist dafür zu sorgen, dass seine Kunden die Rechnungen in der richtigen Höhe rechtzeitig bezahlen. Um sein Geschäft nicht zu gefährden, sind die Zahlungseingänge ständig zu überwachen. Dazu ist ein aktives Forderungsmanagement notwendig, und man muss wissen welche Rechte bei einem Zahlungsverzug geltend gemacht werden können.

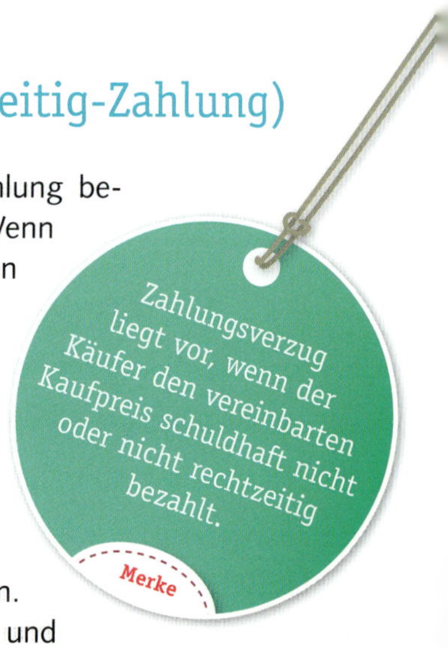

6.1.1 Voraussetzungen für den Zahlungsverzug

Die juristische Grundlage für diesen Fall liefert der § 286 BGB (Schuldnerverzug). In diesem Fall ist der Kunde der Schuldner der Leistung (er muss den Kaufpreis bezahlen) und der Händler der Gläubiger. Damit der Händler seine Rechte geltend machen kann, müssen folgende Voraussetzung grundsätzlich erfüllt sein, damit der Zahlungsverzug eintritt:

1. Fälligkeit

Der Kunde hat trotz Fälligkeit der Rechnung noch nicht gezahlt. Dabei gibt es zwei Möglichkeiten:

- wenn auf der Rechnung ein Zahlungsziel angegeben wurde, ist die Rechnung spätestens am letzten Tag des Zahlungsziels fällig.

  Beispiel: *Zahlbar bis zum 31.12.20.. oder zahlbar 30 Tage nach Rechnungseingang*

- wurde auf der Rechnung kein Zahlungsziel angegeben, ist die Rechnung sofort zu begleichen.

2. Verschulden

Der Kunde muss den Verzug verschuldet haben. Dies ist bei Geldschulen fast immer der Fall. Es gilt der Grundsatz: „Geld hat man zu haben". Der Kunde kann sich also nicht damit rausreden, er habe die Rechnung nicht bezahlen können, da auf seinem Konto kein Geld mehr sei. Sollte der Kunde jedoch z. B. durch einen längeren Krankenhausaufenthalt keine Möglichkeit gehabt haben, die Rechnung zu bezahlen, liegt kein Verschulden vor.

3. Mahnung

Normalerweise muss der Käufer mit einer Mahnung erst in Verzug gesetzt werden. Die Mahnung ist aber entbehrlich (= ist nicht nötig), sofern

- der Zeitpunkt der Leistung kalendermäßig bestimmt wurde. Das ist in der Regel immer der Fall, wenn auf der Rechnung ein Zahlungsziel vermerkt wurde.
- die 30-Tage-Regel zur Anwendung kommt, d.h. wenn 30 Tage nach Fälligkeit und Zugang der Rechnung keine Zahlung eingegangen ist. Bei Verbrauchern gilt dies nur, wenn es einen ausdrücklichen Hinweis auf der Rechnung gibt.
- der Kunde die Zahlung ernsthaft und endgültig verweigert (§ 286 Absatz 2 Nr. 3 BGB)

Übersicht: Ist eine Mahnung entbehrlich?

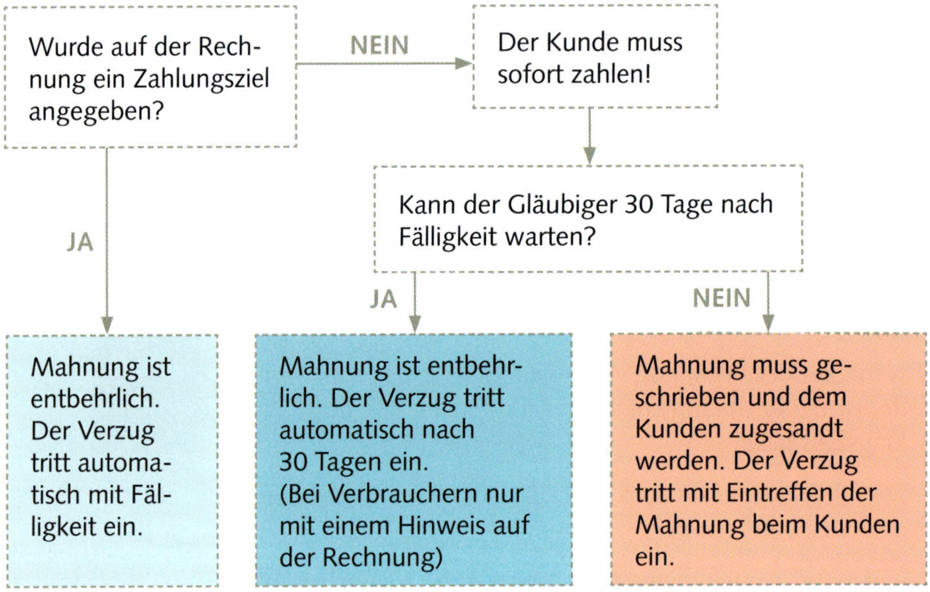

6.1.2 Rechte beim Zahlungsverzug

Das Gesetz unterscheidet in vorrangige Rechte, die unmittelbar bei Eintreten des Zahlungsverzugs geltend gemacht werden können, und nachrangige Rechte, die erst nach einer Nachfrist eingefordert werden können.

Vorrangige Rechte

Folgende Rechte können vom Gläubiger vorrangig wahrgenommen werden, sobald sich der Schuldner im Verzug befindet.

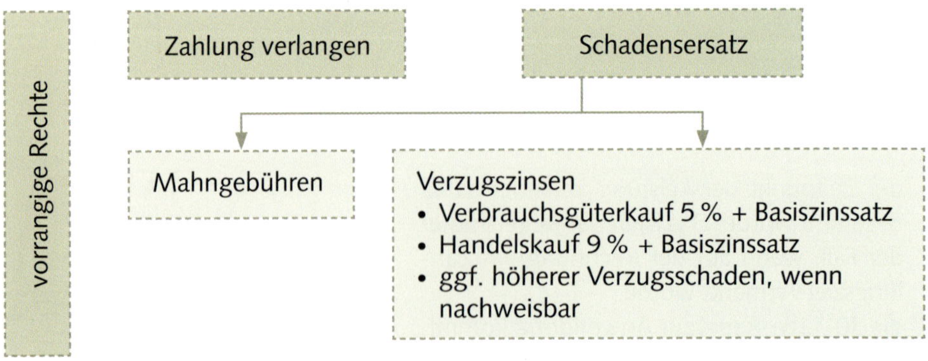

1. Anspruch auf Erfüllung

Der Händler kann trotz Überschreitung des Zahlungsziels seine Zahlung verlangen.

2. Ersatz des Verzugsschadens

Der Händler kann von dem Kunden Schadensersatz verlangen, der durch den Verzug entstanden ist, und folgende Positionen auf den Rechnungsbetrag aufschlagen:

- Mahngebühren für die Anfertigung und den Versand der Mahnung sowie zusätzlich
- Verzugszinsen für einen Ersatz von entgangenen Zinserträgen, wenn der Geldbetrag angelegt worden wäre. Diese betragen bei
  - Privatpersonen 5 % + Basiszinssatz pro Jahr und bei einem
  - Zweiseitigen Handelskauf 9 % + Basiszinssatz pro Jahr.

Der Basiszinssatz ist ein variabler Zinssatz, der von der Deutschen Bundesbank nach Vorgaben der Europäischen Zentralbank veröffentlicht wird.

Merke

Darüber hinaus kann der Gläubiger auch einen höheren Verzugsschaden verlangen, wenn er nachweisen kann, dass dieser ihm auch entstanden ist.

Der Basiszinssatz betrug im Januar 2025 + 2,27 % (www.bundesbank.de). Daraus ergibt sich der Verzugszinssatz für Verbrauchsgüterkäufe von 7,27 % (5 % + 2,27 %) und für Handelskäufe von 11,27 % (9 % + 2,27 %). Die Verzugszinsen können mit der Zinsformel für Tageszinsen berechnet werden. Dafür muss neben dem Rechnungsbetrag und dem Verzugszinssatz (s. o.) ermittelt werden, wie viele Tage seit dem Eintritt des Zahlungsverzugs vergangen sind.

www

Kap. 5.3.3

Formel

$$\text{Verzugszinsen} = \frac{\text{Rechnungsbetrag} \cdot \text{Verzugszinssatz} \cdot \text{Verzugstage}}{(100 \cdot 360)}$$

Beispiel: *Die Phoneworld Kruse OHG hat der Kundin Erika Peters ein Smartphone für 1.200,00 EUR für ihren Sohn auf Rechnung verkauft. Dort ist ein Zahlungsziel bis zum 31.03. angegeben. Da bis zu diesem Datum kein Zahlungseingang festgestellt wurde, befindet sich Frau Peters ab dem 01.04. im Zahlungsverzug. Am 25.05. (das entspricht 55 Tage Verzug) schreibt die Phoneworld OHG eine Mahnung, in der folgende Verzugszinsen berechnet werden:*

$$\text{Verzugszinsen} = \frac{1.200 \cdot 7{,}27 \cdot 55}{(100 \cdot 360)} = 13{,}33 \text{ EUR}$$

Darüber hinaus werden für die Bearbeitung und den Versand des Mahnschreibens Mahngebühren in Höhe von 5,00 EUR in Rechnung gestellt. Dadurch summiert sich die Forderung auf 1.218,33 EUR.

Nachrangige Rechte

Geht der Händler davon aus, dass eine Zahlung nicht mehr zu erwarten ist, kann er eine angemessene Nachfrist setzten, um weitere bzw. nachrangige Rechte zu verlangen. Auch die Nachfrist ist entbehrlich, wenn der Kunde die Zahlung verweigert hat oder die Leistung kalendermäßig bestimmt ist.

Die nachrangigen Rechten sind in der folgenden Grafik zusammengefasst.

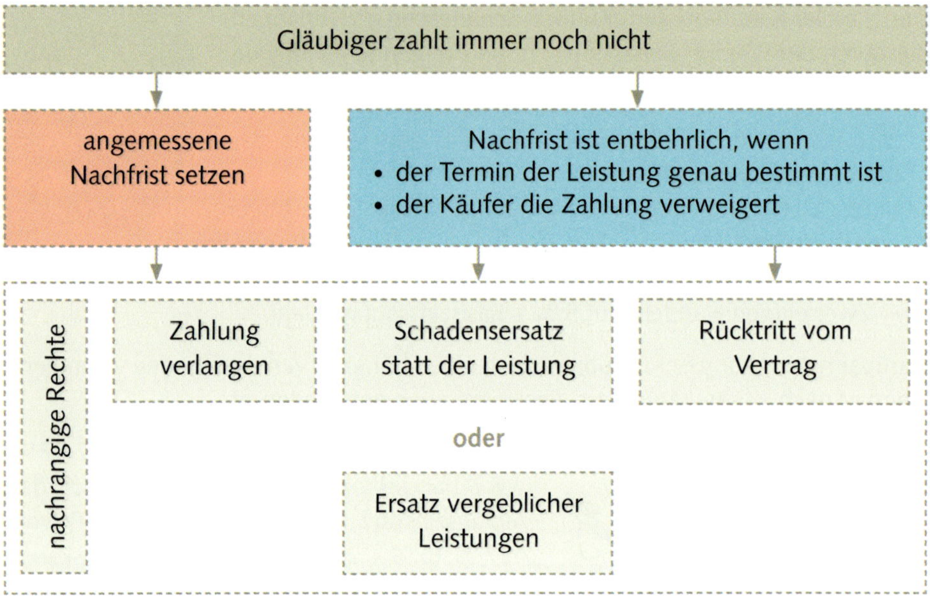

1. Rücktritt vom Vertrag

Wenn abzusehen ist, dass der Kunde die Leistung nicht bezahlen wird, kann der Händler vom Vertrag zurücktreten. Damit ist die Ware, sofern sie mit Eigentumsvorbehalt verkauft wurde, wieder sein Eigentum und kann vom Kunden zurückgefordert werden, sofern das möglich und sinnvoll ist.

Beispiel: *Nachdem Erika Peters (siehe Beispiel oben) das Smartphone nach Erhalt der Zahlungserinnerung immer noch nicht bezahlt hat, kontaktiert Jana Kruse am 10.04. Frau Peters persönlich und erfährt von dieser, dass ihr Sohn arbeitslos geworden ist, sodass er das neue Handy nicht mehr bezahlen kann. Sie hat daher das Handy für ihren Sohn noch nicht ausgepackt. Jana Kruse könnte daher den Rücktritt vom Vertrag verlangen und die Rückgabe des Smartphones. Auf eine Nachfrist kann die Phoneworld Kruse OHG verzichten, da der Schuldner die Zahlung verweigert hat. Den Verzugsschaden (siehe oben) muss der Schuldner aber leisten.*

2. Schadensersatz statt der Leistung

Auf diesen Fall wird der Händler zurückgreifen, wenn er die nichtbezahlte Ware einem anderen Kunden zu einem niedrigeren Preis verkaufen kann. Die Differenz aus dem ursprünglichen Kaufpreis und dem erzielten Kaufpreis kann der Händler vom ersten Kunden als Schadensersatz verlangen.

Beispiel: *Als das Smartphone (siehe oben) zurück bei der Phoneworld Kruse OHG ist, wird bemerkt, dass die Packung sehr wohl schon geöffnet wurde. Deshalb kann der Phoneshop das Smartphone nicht mehr als neuwertig verkaufen. Es findet sich aber ein anderer Kunde, dem das Handy für 1.100,00 EUR verkauft werden kann. Die Differenz in Höhe von 100,00 EUR kann der Phoneshop Frau Peters (siehe oben) als Schadensersatz statt der Leistung in Rechnung stellen.*

3. Ersatz vergeblicher Aufwendungen

Anstelle des Schadensersatzes statt der Leistung kann auch der Ersatz vergeblicher Aufwendungen verlangt werden, die der Händler in dem Vertrauen, dass der Kunde zahlt, getätigt hat.

Beispiel: *Frau Peters (siehe oben) hatte nicht nur ein Handy bestellt, sondern auch einen neuen Mobilfunk-Vertrag abgeschlossen. Dazu musste vorher der alte Vertrag gekündigt werden. Dabei fiel eine Kündigungsgebühr an, für die die Phoneworld Kruse OHG als Servicepartner in Vorleistung getreten ist. Der Phoneshop hat also im Vertrauen darauf, dass der Kunde das Handy bezahlt, die Kündigungsgebühr beim alten Anbieter in Höhe von 50,00 EUR übernommen. Diese 50,00 EUR könnte er nun von Frau Peters wieder zurückfordern. Da aber der Schadensersatz statt der Leistung (siehe oben) höher ist als der Ersatz der vergeblichen Aufwendungen, wird er sich vermutlich für die erste Alternative entscheiden.*

6.1.3 Verjährung und Hemmung einer Forderung

Forderungen können verjähren, das bedeutet, dass der Gläubiger keine rechtliche Möglichkeit mehr hat, den Rechnungsbetrag beim Schuldner einzufordern. Der Schuldner muss eine verjährte Forderung nicht mehr bezahlen. Die regelmäßige Verjährungsfrist beträgt 3 Jahre (§ 195 BGB) und beginnt immer am letzten Tag des Kalenderjahres in dem die Forderung fällig wurde. Die Voraussetzungen für eine Verjährung sind, dass der Anspruch fällig war und dass der Rechnungsempfänger davon Kenntnis hatte oder zumindest davon hätte wissen müssen.

Beispiel: *Jana Kruse hatte im Mai 2018 einem Kunden eine Rechnung zugesandt. Dann hatte sie aber versäumt, nach der Fälligkeit der Rechnung, den offenen Betrag einzufordern. Deshalb war die Rechnung fällig und der Kunde hatte Kenntnis von der Forderung. Die Verjährungsfrist begann somit am 31.12.2018 und endete drei Jahre später am 31.12.2021. Seit dem 01.01.2022 ist die Forderung verjährt und Jana Kruse hat keine Möglichkeit mehr den Rechnungsbetrag vom Kunden zurück zu erhalten.*

Aber auch wenn ein Kunde von der Rechnung Kenntnis hatte, aber diese nicht bezahlen wollte oder konnte, tritt die Verjährung nach drei Jahren ein.

Damit eine Verjährung nicht eintreten kann, muss der Händler rechtzeitig mit einem gerichtlichen Mahnverfahren dagegen ansteuern. In diesem Fall wird die Verjährungsfrist gehemmt, so dass die Verjährungsfrist ausgesetzt wird. Dann hat der Gläubiger während der Dauer des Mahnverfahrens zusätzliche Zeit gewonnen den Rechnungsbetrag einzufordern. Eine „normale" Mahnung genügt hier nicht, um die Verjährung aufzuhalten. Kap. 6.2

Übersicht Zahlungsverzug

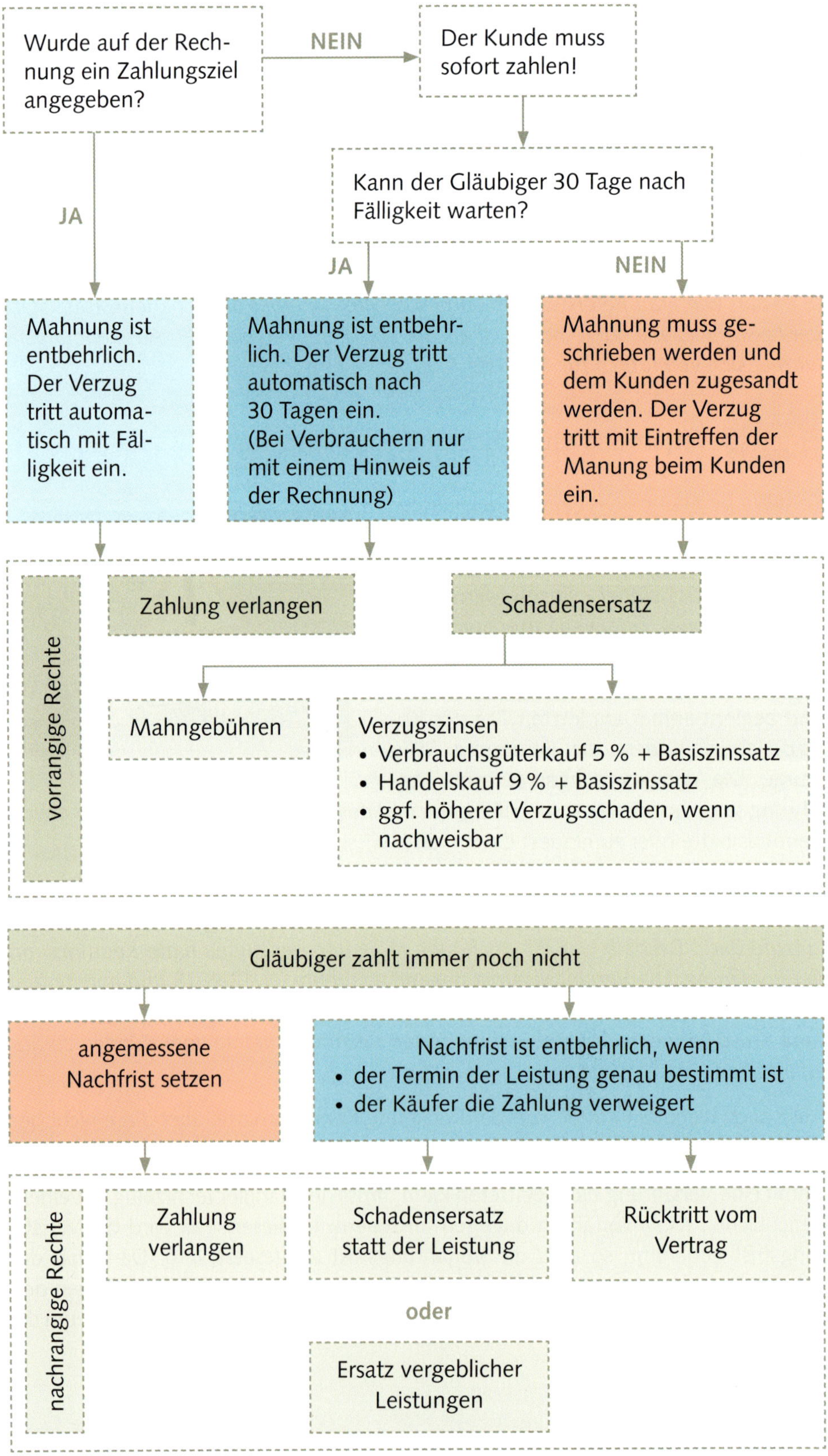

6.2 Mahnverfahren

Hat der Kunde versehentlich oder absichtlich die Zahlung trotz Fälligkeit nicht geleistet, wird der Händler ihm im Rahmen eines Mahnverfahrens zunächst ein oder mehrere Mahnschreiben schicken. Man unterscheidet das außergerichtliche (bzw. das kaufmännische) und das gerichtliche Mahnverfahren.

© Stockfotos_MG – stock.adobe.com

Bei dem außergerichtlichen Mahnverfahren haben die Mahnschreiben das Ziel, schnell und kostengünstig die offene Geldsumme einzufordern. Erst wenn der Schuldner überhaupt nicht zahlen kann oder will, muss ein gerichtliches Mahnverfahren bemüht werden, um den Rechnungsbetrag zu erhalten. Das gerichtliche Verfahren dauert deutlich länger und ist auch mit höherem Aufwand sowie mit einem finanziellen Risiko verbunden. Deshalb wird ein Kaufmann immer versuchen, zunächst eine außergerichtliche Lösung zu finden.

> Eine Mahnung ist eine einseitige, empfangsbedürftige Aufforderung an den Schuldner, die fällige Zahlung zu erbringen.
>
> Merke

Die Mahnung ist an keine besondere Form gebunden. Aus Beweisgründen sollte jedoch immer die Schriftform gewählt werden. Allgemein ist zu beachten, dass ein Mahnschreiben die Angabe vom Datum, die Nummer der Rechnung sowie das Zahlungsziel beinhalten sollte. Dies dient der Eindeutigkeit und bringt dem Schuldner Klarheit darüber, welche einzelnen Rechnungsposten vom Gläubiger angemahnt werden. Die Anzahl der erforderlichen Mahnschreiben ist nicht festgelegt. Gesetzlich erforderlich ist grundsätzlich nur eine Mahnung, um den Kunden in Verzug zu setzen. In einigen Fällen kommt der Schuldner auch ohne Mahnung in Verzug.

6.2.1 Außergerichtliches (Kaufmännisches) Mahnverfahren

Beim kaufmännischen Mahnverfahren will der Gläubiger in erster Linie vom Schuldner den ausstehenden Rechnungsbetrag schnell und kostengünstig erhalten. Dazu wird mit jedem Schreiben der psychologische Druck auf den Schuldner ein wenig erhöht. In der Praxis wird dazu häufig ein dreistufiges Mahnverfahren eingesetzt.

Erste Mahnung: Zahlungserinnerung

Ungefähr eine Woche nach Fälligkeit der Rechnung wird eine Zahlungserinnerung zugeschickt. Mit diesem Schreiben wird der Kunde in höflicher Form an die Zahlung der Rechnung erinnert. Häufig wird diesem Schreiben eine Kopie der Rechnung beigelegt, damit der Kunde mit

© penofoto – stock.adobe.com

Hilfe der Kopie die Rechnung begleichen kann. Denn manchmal kommt es vor, dass der Kunde die Rechnung nie erhalten, verlegt oder verloren hat. Eine Fristsetzung und die Androhung von Folgen sind meistens nicht erforderlich.

Zweite Mahnung: ausdrückliche Mahnung

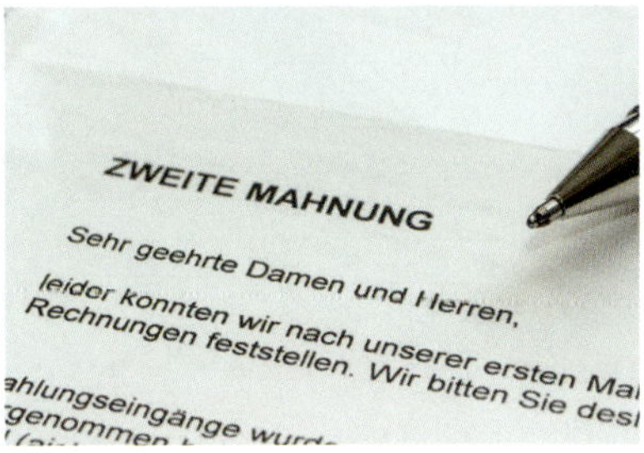

Ist trotz der Zahlungserinnerung innerhalb von 10 – 14 Tagen kein Geld eingegangen, empfiehlt sich eine zweite Mahnung. Dieses Mahnschreiben ist im Allgemeinen etwas deutlicher formuliert und enthält eine Zahlungsfrist von beispielsweise 10 oder 14 Tagen. Außerdem werden in der zweiten Mahnung bereits juristische Konsequenzen angedroht, falls die Zahlung ausbleibt.

Dritte Mahnung: Letzte Mahnung und Androhung weiterer Folgen

Mit der dritten (und meist letzten) Mahnung werden weitere Schritte bei Nichteinhaltung eines erneuten und letzten Zahlungstermins angedroht. Weitere Schritte können z. B. die Einbeziehung eines Inkassoinstitutes oder die Einschaltung eines Rechtsanwaltes sein. Ferner kann mit der Androhung einer Klage oder eines gerichtlichen Mahnverfahrens dem Schuldner der Ernst der Lage deutlich vor Augen geführt werden. Die durch diese Maßnahmen anfallenden Kosten können dem Kunden in Rechnung gestellt werden.

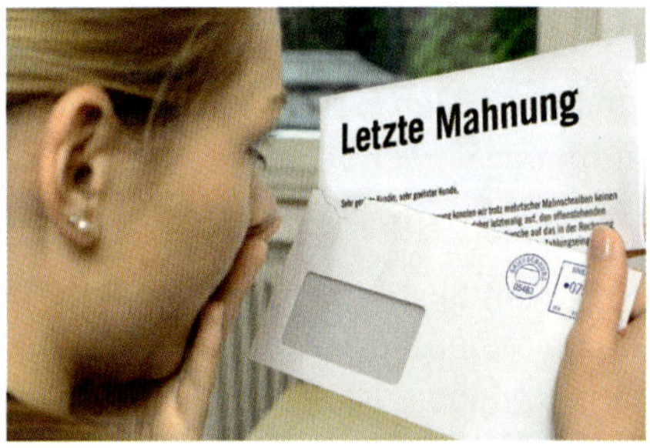

Selbstverständlich kann im Einzelfall auch anders verfahren werden, indem beispielsweise nur eine oder zwei Mahnungen vor der Einleitung weiterer Schritte übersandt werden. Die Entscheidung über das Vorgehen erfordert jeweils eine Überprüfung des Einzelfalls. Verzugszinsen und Mahnkosten können bereits ab Verzugseintritt verlangt werden.

6.2.2 Gerichtliches Mahnverfahren

Wenn das außergerichtliche Mahnverfahren keinen Erfolg brachte, kann der Gläubiger ein gerichtliches Mahnverfahren einleiten. Durch das gerichtliche Mahnverfahren verschafft sich der Gläubiger einen Vollstreckungstitel (= Vollstreckungsbescheid). Mit diesem Titel kann der Gläubiger die offene Zahlungsforderung beim Schuldner durch einen Gerichtsvollzieher vollstrecken lassen.

Der Verlauf des gerichtlichen Mahnverfahrens ist gesetzlich genau geregelt. Nachfolgend werden die wichtigsten Schritte dargestellt.

1. Mahnantrag

Der Erlass eines Mahnbescheids kann nur mit einem offiziellen Formular beim zuständigen Amtsgericht am Wohnort des Antragstellers beantragt werden. Der Antrag ist entweder über einen offiziellen Vordruck (erhältlich in größeren Schreibwarenläden) oder auch direkt online zu stellen. Der Mahnantrag ist vollständig auszufüllen, es ist der Geldbetrag und die Bezeichnung der Forderung anzugeben. Die Forderung ist jedoch nicht zu begründen. Neben dem Mahngericht muss zusätzlich das Gericht benannt werden, das für ein Klageverfahren örtlich und sachlich zuständig ist.

Der Mahnbescheid ist kostenpflichtig und muss zunächst vom Gläubiger bezahlt werden. Die Gebühren richten sich dabei nach der Höhe des Streitwertes, also der offenen Forderung. Diese sind vom Schuldner später zu erstatten. Schließlich muss der Mahnantrag handschriftlich unterzeichnet werden, alternativ kann der Mahnantrag auch komplett online übermittelt werden. (www.online-mahnantrag.de) www

2. Erlass des Mahnbescheids

Wenn der Mahnantrag beim zuständigen Amtsgericht eingetroffen ist und alle Voraussetzungen erfüllt sind, erlässt das Gericht einen Mahnbescheid und kümmert sich um die Zustellung an den Schuldner. Nach der Zustellung wird der Antragsteller darüber informiert. Wenn der Schuldner nicht innerhalb von 14 Tagen bezahlt oder dem Antrag widerspricht, erlässt das Gericht einen Vollstreckungsbescheid. Mit diesem kann der Antragssteller dann die Zwangsvollstreckung durchführen lassen.

3. Widerspruch gegen den Mahnbescheid

Der Antragsgegner kann gegen den Mahnbescheid innerhalb von 14 Tagen schriftlich Widerspruch einlegen. Eine Begründung des Widerspruchs ist nicht erforderlich. Die zweiwöchige Widerspruchsfrist beginnt ab der Zustellung des Mahnbescheids.

Wird rechtzeitig Widerspruch erhoben, so gibt das Mahngericht den Rechtsstreit an das zuständige Prozessgericht ab. In diesem Verfahren kann sich der Antragsgegner gegen den behaupteten Anspruch mit sachlicher Begründung zur Wehr setzen. Der Antragsteller muss jetzt die Forderung vor dem Gericht begründen. Das Prozessgericht entscheidet dann, ob der Anspruch gerechtfertigt war oder nicht.

4. Beantragung des Vollstreckungsbescheids

Widerspricht der Schuldner dem Mahnbescheid nicht oder zu spät, kann der Gläubiger den Vollstreckungsbescheid beim Amtsgericht beantragen, und zwar frühestens nach Ablauf der zweiwöchigen Widerspruchsfrist und spätestens bis sechs Monate nach Zustellung des Mahnbescheids. Den Vordruck für den Antrag auf Erlass eines Vollstreckungsbescheids erhält der Gläubiger automatisch mit der Zustellungsnachricht des Mahnbescheids vom Gericht.

© Guido Grochowski – stock.adobe.com

Nach Eingang des Antrags versendet das Gericht den Vollstreckungsbescheid an den Schuldner.

5. Einspruch gegen den Vollstreckungsbescheid

Der Vollstreckungsbescheid ist durch einen Einspruch anfechtbar. Der Einspruch muss schriftlich erfolgen und braucht – wie der Widerspruch gegen den Mahnbescheid – nicht begründet zu werden. Die Einspruchsfrist beträgt ebenfalls zwei Wochen. Wird Einspruch erhoben, so wird der Fall an das zuständige Prozessgericht abgegeben. Dort müssen die notwendigen Begründungen vorgelegt werden, und das Gericht fällt ein Urteil über diesen Fall.

6. Erlass des Vollstreckungsbescheids und Einleitung der Zwangsvollstreckung

Wenn der Schuldner auch nach Erlass und Zustellung eines Vollstreckungsbescheids nicht bezahlt, kann der Gläubiger zur Eintreibung seiner Geldforderung die Zwangsvollstreckung einleiten. Das gleiche gilt auch, wenn der Gläubiger im Falle eines Widerspruchs gegen den Mahnbescheid oder eines Einspruchs gegen den Vollstreckungsbescheid ein Urteil am Prozessgericht erwirkt hat. Dieses Urteil stellt wie ein Vollstreckungsbescheid einen Vollstreckungstitel dar. Der Gläubiger kann das bewegliche und das unbewegliche Vermögen sowie Geldforderungen vollstrecken lassen.

7. Vollstreckung des Vermögens

Der Gerichtsvollzieher des zuständigen Amtsgerichtsbezirks darf mit einem Vollstreckungsbescheid das Vermögen des Schuldners pfänden. Bewegliches Vermögen, z. B. Geld, Auto, Warenlager etc., werden dazu sichergestellt. Größere Gegenstände werden mit einem Pfandsiegel (dem so genannten „Kuckuck") versehen und später abgeholt. Kleinere Gegenstände wie z. B. Bargeld oder Schmuck werden unmittelbar gepfändet. Gepfändetes Bargeld erhält der Gläubiger sofort. Andere Gegenstände werden von dem Gerichtsvollzieher in einer öffentlichen Versteigerung veräußert. Auch das unbewegliche Vermögen wie z. B. Grundstücke und Gebäude werden vom Gerichtsvollzieher im Rahmen einer öffentlichen Auktion versteigert. Den nach Abzug aller Kosten erzielten Erlös aus der öffentlichen Versteigerung erhält der Gläubiger.

© Björn Wylezich – stock.adobe.com

Gepfändet werden können auch der Lohn oder andere Einnahmen des Schuldners. In diesem Fall verbietet das Amtsgericht dem Drittschuldner (z. B. dem Arbeitgeber, Bank, Pächter, Mieter), Zahlungen an den Schuldner zu leisten, und veranlasst zugleich, dass dem Gläubiger das Geld überwiesen wird.

Hat ein Gläubiger einen Vollstreckungsbescheid oder ein Urteil gegen den Schuldner, kann er den Gerichtsvollzieher beauftragen, von ihm eine Vermögensauskunft einzuholen. Die Vermögensauskunft wurde früher auch „Eidesstattliche Versicherung" genannt oder war als „Offenbarungseid" bekannt. Der Gläubiger erhält durch die Vermögensauskunft umfassende Kenntnis über die finanzielle Situation des Schuldners und kann so entscheiden, ob sich eine Pfändung lohnt oder nicht. Der Schuldner ist dann verpflichtet, dem Gerichtsvollzieher fristgerecht die Vermögensauskunft zu geben. Tut er das nicht oder macht er falsche bzw. unvollständige Angaben, ist dies strafbar.

In manchen Fällen kann sogar ein Haftbefehl gegen den Schuldner erlassen werden. Der Haftbefehl wird zwar nicht zur Fahndung ausgeschrieben. Er ermöglicht aber dem Gerichtsvollzieher, den Schuldner von der Polizei abholen und vorführen zu lassen. Verweigert dieser die Auskunft dann weiterhin, kann er bis zu 6 Monate in Haft (sogenannte Beugehaft) genommen werden. Sobald er aber die Vermögensauskunft abgibt, wird er wieder auf freien Fuß gesetzt.

Zum Schutze des Schuldners gibt es Pfändungsfreigrenzen und Vorschriften über unpfändbare Gegenstände. Sinn dieser Schuldnerschutzvorschriften ist es, einen Ausgleich zwischen den Interessen des Gläubigers an dem Zugriff auf das Schuldnervermögen und der Existenzsicherung des Schuldners zu schaffen.

Inkasso

Da die Erfolgsaussichten bei einem gerichtlichen Mahnverfahren, insbesondere wenn nur wenig Vermögen vorhanden ist, nicht besonders hoch sind, wenden sich Gläubiger auch an Inkassounternehmen. Diese Unternehmen haben sich darauf spezialisiert, ausbleibende Zahlungen im Namen eines Auftraggebers bei dessen Schuldnern einzufordern. Für diese Leistung verlangen die Inkassounternehmen eine Gebühr, die vom Schuldner beglichen werden muss. Für die Gläubiger hat die Abgabe des Forderungsmanagements an einen Inkassospezialisten außerdem den Vorteil, Personal und Kosten einzusparen.

Hier noch einmal das gerichtliche Mahnverfahren im Überblick:

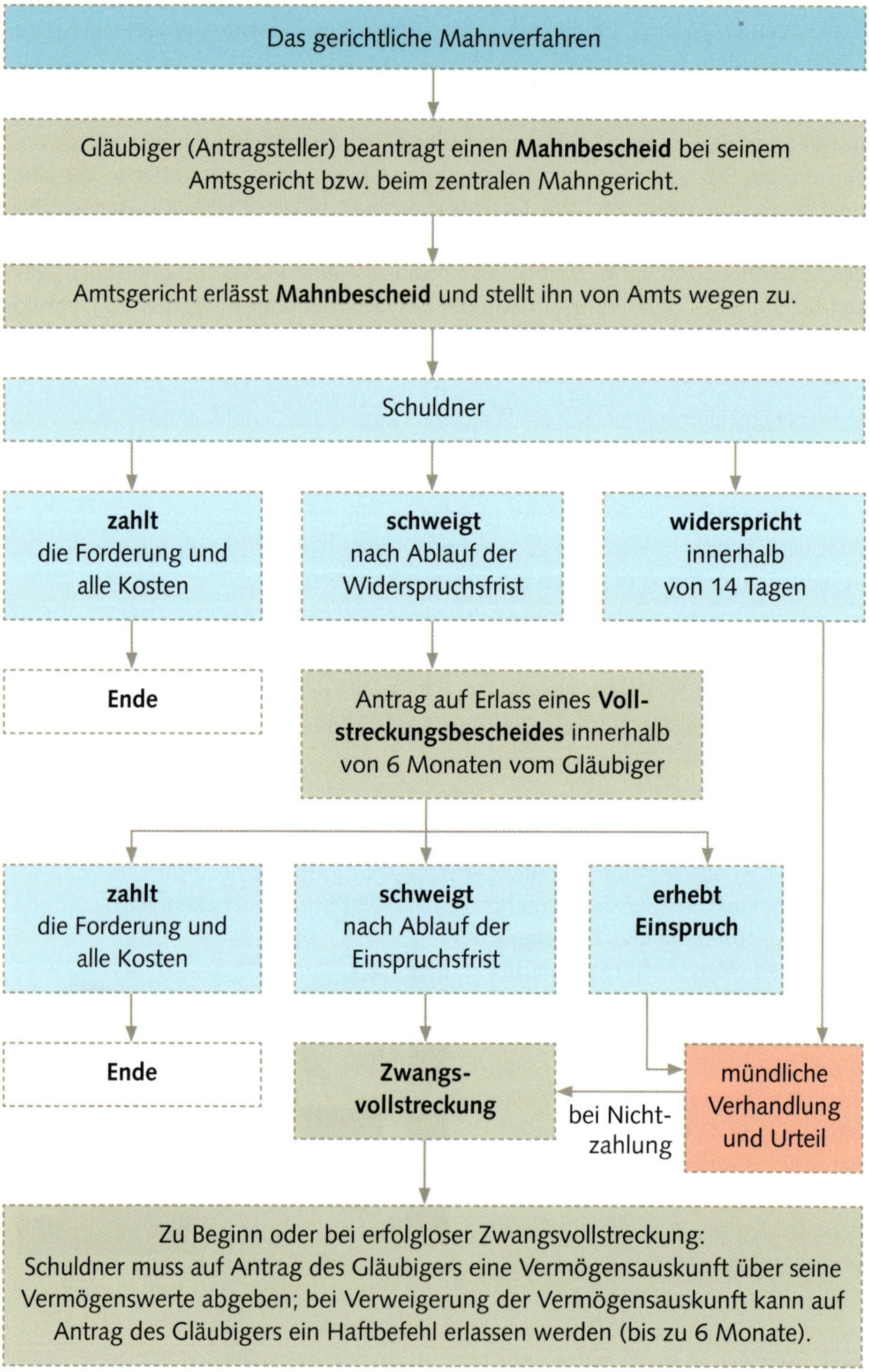

Aufgaben

1. Welche Voraussetzungen sind für den Eintritt des Zahlungsverzugs notwendig?
2. Welche vor- und nachrangigen Rechte hat der Gläubiger, wenn der Schuldner sich im Zahlungsverzug befindet.
3. Das Handelsunternehmen Carols GmbH bestellt am 10.01. telefonisch bei der Sauper KG Waren im Gesamtwert von 15.000,00 EUR. Die Carols GmbH erhält die Lieferung mit Rechnung am 20.01. Als der Rechnungsbetrag am 30.01. noch nicht eingegangen ist, erinnert die Sauper KG in einem freundlichen Schreiben – welches die Carols GmbH am 01.02. erhält – an die Bezahlung. Das Schreiben bleibt erfolglos. Als die Forderung am 30.03. immer noch nicht beglichen ist, fordert die Sauper KG schließlich in einem zweiten Schreiben – welches die Carols GmbH am 01.04. zugeht – auf, den geschuldeten Kaufpreis zuzüglich Verzugszinsen umgehend zu entrichten.
   a) Prüfen Sie, ob die Voraussetzungen des Zahlungsverzugs erfüllt sind.
   b) Berechnen Sie die Verzugszinsen. Wie hoch ist der Betrag, den die Carols GmbH zahlen muss, wenn die Forderung am 15.04. überwiesen werden soll?
4. Welche Schritte sind beim kaufmännischen Mahnverfahren üblich. Warum bevorzugen die Gläubiger das kaufmännische Mahnverfahren gegenüber dem gerichtlichen Mahnverfahren?
5. Beschreiben Sie die Schritte, die vor einer Zwangsvollstreckung gesetzlich zu befolgen sind. Erstellen Sie dazu eine grafische Übersicht.
6. Erläutern Sie die Infografik zur Zahlungsmoral der Verbraucher. Welche Folgen hätte eine schlechte Zahlungsmoral für einen Einzelhändler.

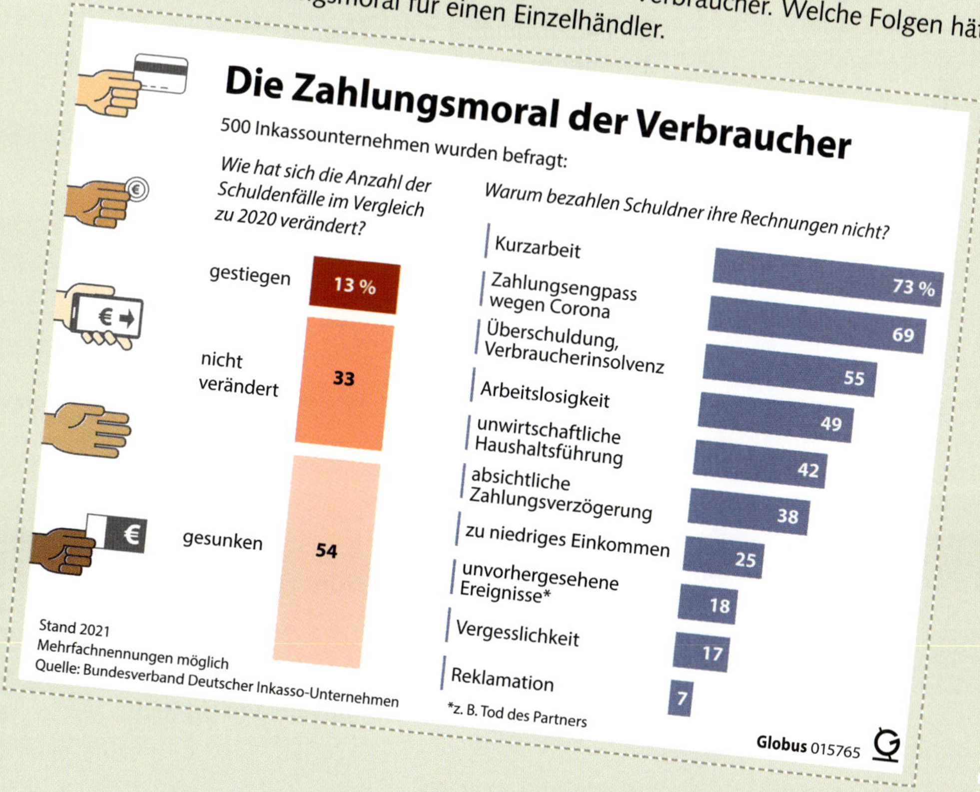

7 Krisen und Insolvenzregeln

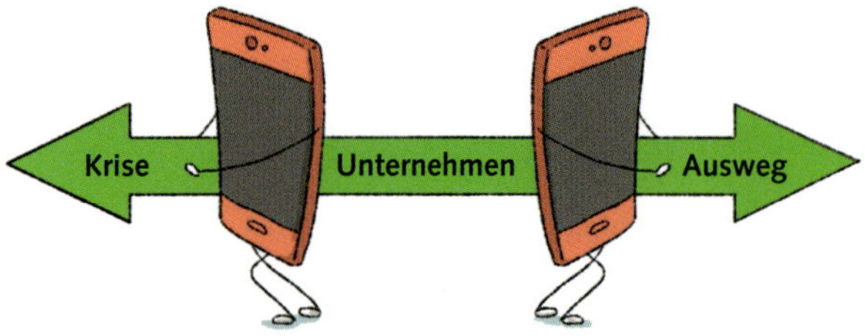

Bei einer Unternehmenskrise handelt es sich um die Situation eines Unternehmens, in der seine Funktionsfähigkeit und Stabilität stark beeinträchtigt sind. Im Extremfall ist die Krise so schwerwiegend, dass die Gefahr eines totalen Unternehmenszusammenbruchs besteht und das Unternehmen aufgelöst werden muss.

Meistens entstehen Unternehmenskrisen langsam und erste Warnsignale werden nicht bemerkt oder ignoriert. Häufig wird die Krise erst ernst genommen, wenn die Schwierigkeiten bereits so groß sind, dass nur noch schwer dagegen gesteuert werden kann. Deshalb ist es besser, rechtzeitig eine Krise zu erkennen, damit man noch die Gelegenheit hat, eine Lösung zu finden.

7.1 Ursachen für eine Unternehmenskrise

Die Ursachen für eine Unternehmenskrise können innerbetrieblich oder außerbetrieblich begründet sein.

Innerbetrieblich verursachte Gründe

Art der Ursache	Beispiele
finanzielle Gründe	fehlende Liquidität durch Finanzierungsfehler, Fehlinvestitionen oder eine zu starke Verschuldung durch die Aufnahme zu hoher Kredite
personelle Gründe	Fehlentscheidungen des Managements oder eine zu geringe Qualifikation der Mitarbeiter
organisatorische Gründe	Organisationsmängel im Unternehmensaufbau oder bei den -abläufen

Außerbetrieblich verursachte Gründe

Art der Ursache	Beispiele
sinkende Nachfrage	stark rückläufiger Umsatz aufgrund einer Branchen- oder Konjunkturkrise, durch geändertes Käuferverhalten oder einer Verschlechterung des Standortes z. B. durch eine Baustelle oder geänderte Verkehrswege
Wettbewerbs-verschärfung	abwandernde Kundschaft durch innovative Konkurrenz oder Neueröffnungen im direkten Umfeld

Art der Ursache	Beispiele
Forderungsausfälle	hohe Außenstände, Kunden bezahlen nicht rechtzeitig oder bezahlen gar nicht
steigende Kosten	starker Kostenanstieg für Inputfaktoren wie Löhne, Miete, Energie etc.
höhere Gewalt	Unterbrechung oder Abbruch der unternehmerischen Handelstätigkeit durch Feuer, Überschwemmung, Einbruch oder Pandemien

7.2 Phasen einer Unternehmenskrise

Eine Krise kommt meistens nicht plötzlich und unerwartet, sondern kündigt sich bereits früher an und durchläuft dann häufig die folgenden vier Phasen.

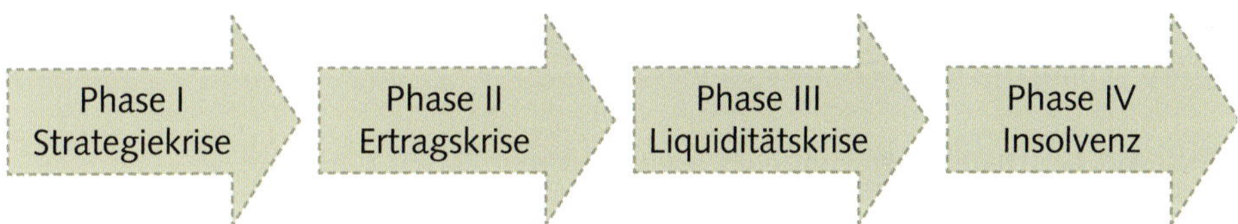

Phase I: Strategiekrise

Der Beginn einer unternehmerischen Krise ist begründet durch strategische (bzw. strukturelle) Missstände, da entweder nicht rechtzeitig auf Marktveränderungen reagiert worden ist oder das Potential des Unternehmens nicht richtig entfaltet werden konnte. Dies ist z. B. der Fall, wenn das Geschäftskonzept vom Kunden nicht mehr akzeptiert oder verstanden wird. Die Unternehmensleitung müsste nun frühzeitig einen Strategiewechsel einleiten, um das Unternehmen wieder in die Erfolgszone zu bringen. Dies bleibt aber häufig aus, da in dieser Phase noch Gewinne erwirtschaftet werden.

Beispiel: *Im Jahr 2013 manövrierte die Baumarktkette Praktiker mit einer missglückten Rabattstrategie und einer unklaren Standortpolitik das Unternehmen in die Insolvenz.*

Phase II: Ertragskrise

In diesem Stadium wird es schon kritischer, da die Erträge stagnieren oder rückläufig sind. Zudem wachsen die Lagerbestände. Das passiert beispielsweise, wenn das Sortiment oder die Verkaufsräume beim Kunden keinen Zuspruch mehr erhalten. Jetzt müsste man mit Sortimentsanpassungen reagieren oder in eine moderne Verkaufsraumgestaltung investieren. Das ist aber häufig problematisch, da keine Erträge mehr vorhanden sind, mit denen man die Modernisierung finanzieren könnte.

Beispiel: *Die Drogeriemarktkette Schlecker musste im Jahr 2012 Insolvenz anmelden, da das Unternehmen u. a. zu viele unwirtschaftliche Filialen betrieb, die sich zum Teil gegenseitig kannibalisierten. Dadurch fehlten die Mittel für den nötigen Umbau der Filialen, was die Konkurrenz bereits umsetzte.*

Phase III: Liquiditätskrise

Als Folge der ausbleibenden Erträge ist die Liquidität (= Zahlungsfähigkeit) des Unternehmens nicht mehr gegeben und die Rechnungen können nicht mehr bezahlt werden. Denn Mieten, Löhne und Waren müssen bezahlt werden, auch wenn man keine Waren verkauft. Jetzt ist die Lage so ernst, dass es ohne eine Veränderung zum Zusammenbruch führen würde. Die Unternehmensleitung wird zunächst nach außergerichtlichen Lösungen suchen und Maßnahmen der Sanierung bzw. der Restrukturierung ergreifen, um die drohende Zahlungsfähigkeit zu verhindern.

Beispiel: *Infolge der COVID-19-Pandemie im Jahr 2020 und damit der vorübergehenden Schließung aller Ladenlokale hatte sich die Geschäftsführung des Modekonzerns Esprit entschlossen, ein umfangreiches Restrukturierungskonzept umzusetzen, um die Ertragslage des Unternehmens langfristig wieder zu verbessern. Im Jahr 2024 musste das Unternehmen dennoch Insolvenz anmelden und schloss alle verbliebenen 56 Filialen in Deutschland.*

Phase IV: Insolvenz

Führen alle außergerichtlichen Maßnahmen zu keiner Verbesserung der Situation, ist die Unternehmensleitung gezwungen, beim zuständigen Gericht einen Insolvenzantrag einzureichen. In diesem Fall bestellt das Gericht einen Insolvenzverwalter, der versucht das Unternehmen zu sanieren. Gelingt ihm das nicht, wird das Unternehmensvermögen unter den Gläubigern aufgeteilt und das Unternehmen liquidiert (= aufgelöst).

Beispiel: *Im Jahr 2020 hat die Signa-Gruppe (Warenhauskonzern Galeria Karstadt Kaufhof) das Insolvenzverfahren verlassen können, da man eine Entschuldung des Konzerns erreichte. Dies gelang, da zum einen die Gläubiger auf einen großen Teil der Schulden verzichtet haben, fast ein Drittel der Warenhäuser aufgegeben und zusätzlich ein Teil der betriebseigenen Immobilien verkauft wurden. Infolge der Finanzkrise des SIGNA Mutterkonzerns stellte das Unternehmen im Jahr 2024 den inzwischen dritten Insolvenzantrag um einen neuen Eigner zu finden.*

Je weiter die Krise fortgeschritten ist, desto schwieriger wird es, dagegen zu steuern bzw. das Unternehmen zu retten. Aber mit einer zielgerichteten und strukturierten Vorgehensweise lässt sich die Krise bekämpfen und ein Turnaround (= Wende) erreichen.

Merke: Als Turnaround bezeichnet man die Fähigkeit eines Unternehmens, sich aus einer Krisensituation kurz- und langfristig zu befreien und es wieder in die Gewinnzone zu führen.

Beispiel: *In den 90er Jahren verlor McDonald`s seinen Reiz bei den Kunden, da in der Gesellschaft Fastfood immer mehr in Verruf geriet. McDonald's begegnete dieser wachsenden Krise mit der Einführung von Salaten, Obst und anderen fett- und zuckerreduzierten Gerichten und schaffte damit den Turnaround.*

7.3 Sanierung und Unternehmensinsolvenz

Ein Einzelhändler muss jederzeit in der Lage sein, die anfallenden Verbindlichkeiten zu begleichen. Dazu benötigt der Händler liquide (= flüssige) Mittel, wie z. B. Bargeld oder Bankguthaben. Ein Händler, der in der Lage ist, seine Verbindlichkeiten zu begleichen, wird auch als solvent (= zahlungsfähig) bezeichnet. Verfügt er nicht über genügend liquide Mittel, ist er insolvent (= zahlungsunfähig). Dann wird er in der Regel versuchen, den Liquiditätsengpass zunächst mit Hilfe von außergerichtlichen Maßnahmen zu beseitigen. Wenn dies jedoch nicht zum Erfolg führt, ist er gezwungen, ein gerichtliches Insolvenzverfahren zu eröffnen.

Unter Insolvenz versteht man die Zahlungsunfähigkeit eines Unternehmens. Wenn ein Unternehmen insolvent ist, kann es nicht mehr die Zahlungsverpflichtungen gegenüber seinen Gläubigern erfüllen.

Merke

7.3.1 Außergerichtliche Maßnahmen zur Bewältigung einer Unternehmenskrise

Zu den außergerichtlichen Maßnahmen zur Bewältigung einer Unternehmenskrise gehören u. a. die Sanierung, der Vergleich und die Liquidation des Unternehmens.

Sanierung

Die Sanierung umfasst alle Maßnahmen innerhalb einer Unternehmenskrise, die auf die Wiederherstellung existenzerhaltender Gewinne abzielt. Dabei hängt die Wahl der Maßnahmen vor allem von der Art der Unternehmenskrise ab. Wichtig ist dabei, dass die Umstrukturierung des Unternehmens rechtzeitig erfolgt, bevor das Unternehmen wirklich in ernste Schwierigkeiten kommt. Eine Sanierung sollte aber nur dann versucht werden, wenn eine begründete Aussicht auf Erfolg besteht. Dabei können z. B. folgende Maßnahmen ergriffen werden:

- Verkauf des Umlaufvermögens, z. B. durch Forderungsabtretungen
- Verkauf eines Teils des Anlagevermögens, z. B. durch den Verkauf von Geschäftsausstattung
- Erhöhung des Eigenkapitals, indem z. B. ein Teilhaber aufgenommen wird
- Erhöhung oder Anpassung des Fremdkapitals, indem versucht wird, z. B. die laufenden Kredite umzuschulden oder einen zusätzlichen Kredit bei einer Bank aufzunehmen.
- Erhöhung der Erträge, z. B. durch eine Sortimentsanpassung oder einer Veränderung der Kommunikationsstrategie
- Reduzierung der Aufwendungen, z. B. durch Entlassung von Mitarbeitern oder Einsparungen in anderen Unternehmensbereichen.
- Verbesserung der Organisationsstrukturen und Abläufe innerhalb des Unternehmens

Vergleich (Moratorium)

Reichen die innerbetrieblichen Sanierungsmaßnahmen nicht aus, kann das Unternehmen versuchen, bei seinen Gläubigern ein Moratorium (lat. Aufschub) zu erwirken. In diesem Fall räumen die Gläubiger, (also die Banken und die Lieferanten des Unternehmens) dem Schuldner einen Zahlungsaufschub ein. Bei einem außergerichtlichen Vergleich versucht der Händler somit, seine Schulden später zu bezahlen. Im Extremfall könnte ihm auch ein Teil der Schulden erlassen werden.

Dies wird immer dann geschehen, wenn das Unternehmen den Gläubigern glaubhaft versichern kann, dass die Krise durch die getroffenen Sanierungsmaßnahmen überwunden werden kann und man dann seinen Zahlungsverpflichtungen wieder nachkommen wird, wenn es dem Unternehmen wieder besser geht. Denn bei einem gerichtlichen Mahnverfahren besteht für die Gläubiger die Gefahr, dass sie die ausstehenden Forderungen nicht mehr oder nur zu einem kleinen Teil zurückbekommen.

Liquidation des Unternehmens

Besteht der berechtigte Zweifel, dass eine Sanierung auch langfristig keinen Erfolg bringt, besteht die Möglichkeit, das Unternehmen letztendlich zu liquideren, d.h. aufzulösen. In diesem Fall werden alle Vermögensteile verkauft und aus dem Verkaufserlösen die Forderungen der Gläubiger bedient. Anschließend wird das Unternehmen aus dem Handelsregister gestrichen.

7.3.2 Gerichtliche Maßnahmen zur Bewältigung einer Unternehmenskrise

Befindet sich das Unternehmen in einer derart schwerwiegenden Krise, dass eine Lösung ohne gerichtliche Hilfe nicht mehr möglich ist, muss ein Insolvenzverfahren eingeleitet werden. Dieses Verfahren ist in der Insolvenzordnung (InsO) geregelt.

§ Insolvenzordnung (InsO) § 1

Das Insolvenzverfahren dient dazu, die Gläubiger eines Schuldners gemeinschaftlich zu befriedigen, indem das Vermögen des Schuldners verwertet und der Erlös verteilt oder in einem Insolvenzplan eine abweichende Regelung insbesondere zum Erhalt des Unternehmens getroffen wird. Dem redlichen Schuldner wird die Gelegenheit gegeben sich von seinen restlichen Verbindlichkeiten zu befreien.

Die folgenden gerichtlichen Schritte sind bei einem Insolvenzverfahren zu beachten:

1. Insolvenzantrag

Das Insolvenzverfahren wird mit dem sogenannten Eröffnungsantrag beim zuständigen Amtsgericht, an dem der Schuldner seinen Gerichtsstand hat, eröffnet. Insolvenzfähig sind dabei sowohl natürliche Personen als auch juristische Personen. Bei natürlichen Personen, die nicht oder nur in geringem Umfang eine unternehmerische Tätigkeit hatten, wird eine Verbraucherinsolvenz eingeleitet, bei Selbstständigen (natürliche und juristische Personen) wird ein so genanntes Regelinsolvenzverfahren eingeleitet.

Das Insolvenzverfahren kann sowohl durch den Schuldner (Eigenantrag) als auch durch die Gläubiger (Fremdantrag) ausgelöst werden.

Insolvenzanlässe

Im deutschen Insolvenzrecht sind drei mögliche Anlässe für die Eröffnung eines Insolvenzverfahrens aufgeführt:

- Zahlungsunfähigkeit (§ 17 InsO): Das Unternehmen kann seine fälligen Schulden nicht begleichen.
- Drohende Zahlungsunfähigkeit (§ 18 InsO): Das Unternehmen wird zum Zeitpunkt der Fälligkeit seiner Schulden voraussichtlich nicht in der Lage sein, diese zu begleichen. Dies kann nur vom Schuldner beantragt werden.
- Überschuldung (§ 19 InsO): Das Vermögen des Unternehmens ist kleiner als seine Schulden. Vermögen und Schulden sind in diesem Sinne nicht unbedingt mit ihren bilanziellen Werten anzusetzen, sondern mit ihren tatsächlichen Werten.

Wenn einer dieser drei Fälle vorliegt, hat die Geschäftsführung unverzüglich den Insolvenzantrag beim zuständigen Amtsgericht zu stellen. Wird die Insolvenzerklärung nicht oder nicht rechtzeitig gestellt, so müssen die Verantwortlichen für diese Insolvenzverschleppung mit bis zu drei Jahren Gefängnisstrafe rechnen (§ 15a InsO).

2. Eröffnungsprüfung

Nach Eingang des Eröffnungsantrages prüft das Insolvenzgericht zunächst, ob ein zulässiger Eröffnungsgrund vorliegt. Danach stellt das Gericht fest, ob das Vermögen des Schuldners die Kosten des Verfahrens (z. B. Gerichtskosten, Vergütung des Insolvenzverwalters) deckt, andernfalls wird die Eröffnung des Verfahrens „mangels Masse“ abgelehnt. Dann können die Gläubiger nur noch durch gerichtliche Einzelverfahren versuchen, ihre Rechte durchzusetzen. Mit der Antragstellung darf der Schuldner nicht mehr über sein Vermögen verfügen. Den Gläubigern ist es ab jetzt untersagt, Zwangsvollstreckungen gegen den Schuldner zu beantragen.

3. Eröffnung des Insolvenzverfahrens

Ist ausreichend Vermögen vorhanden, eröffnet das Gericht das Insolvenzverfahren. Es ernennt einen Insolvenzverwalter. Dieser verwaltet das Vermögen des Unternehmens und führt für die Dauer des Insolvenzverfahrens die Geschäfte des Unternehmens weiter. Gleichzeitig werden die Gläubiger über die Insolvenzeröffnung informiert und vom Insolvenzverwalter aufgefordert, ihre Forderungen innerhalb einer bestimmten Frist anzumelden. Nach Anmeldung der Gläubigerrechte erstellt der Insolvenzverwalter ein Inventarverzeichnis aller Vermögensgegenstände (der Insolvenzmasse) und aller Forderungen der Gläubiger. Hat er sich einen Überblick verschafft, lädt er alle Gläubiger zum Berichtstermin ein.

4. Berichtstermin

Beim Berichtstermin informiert der Verwalter die Gläubiger in der Gläubigerversammlung über die genaue wirtschaftliche Lage des betroffenen Unternehmens. Er stellt dar, ob für das Unternehmen in Teilen oder im Ganzen Aussicht auf Gesundung besteht. Wird diese Möglichkeit in Betracht gezogen, werden die daraus resultierenden Folgen bezüglich der Rückzahlung der Gläubigerforderungen aufgezeigt. Letztendlich entscheidet die Gläubigerversammlung, ob ein Unternehmen saniert (Sanierung: Weiterführung und Gesundung) oder liquidiert (Liquidation: Auflösung) wird.

5. Aufstellung eines Insolvenzplans

Kommt die Gläubigerversammlung zum Schluss, dass eine Fortführung der Unternehmung sinnvoll erscheint, wird ein Insolvenzplan erstellt, mit dem der Erhalt des Unternehmens erreicht werden soll. Dieser enthält Maßnahmen der Sanierung und/ oder des Vergleichs (siehe oben). Hat sich die Gläubigerversammlung für eine Sanierung des Unternehmens entschlossen, kann neues Eigenkapital zugeführt werden sowie Gläubiger zur Stundung (Zahlung der Schulden zu einem späteren Zeitpunkt) oder gar zum teilweisen Erlass von Forderungen bewogen werden.

6. Verteilung der Vermögenswerte

Bei einer zweiten Versammlung der Gläubiger, dem Prüfungstermin, werden die angemeldeten Forderungen der Gläubiger auf ihre Berechtigung überprüft. Hat sich die Gläubigerversammlung zur Liquidation des Unternehmens entschieden, werden die Vermögenswerte des Unternehmens auf die Gläubiger verteilt (Schlussverteilung). Bei der Verteilung der Insolvenzmasse muss eine bestimmte Reihenfolge eingehalten werden, in der die unterschiedlichen Gläubigertypen bedient werden. Dadurch steht für die „normalen" Gläubiger meist nur ein kleiner Teil der ursprünglichen Masse zur Verfügung, so dass im Regelfall die Gläubiger nur einen Teil ihrer Forderungen zurückbekommen.

Exkurs: Reihenfolge der Gläubiger eines Insolvenzverfahrens

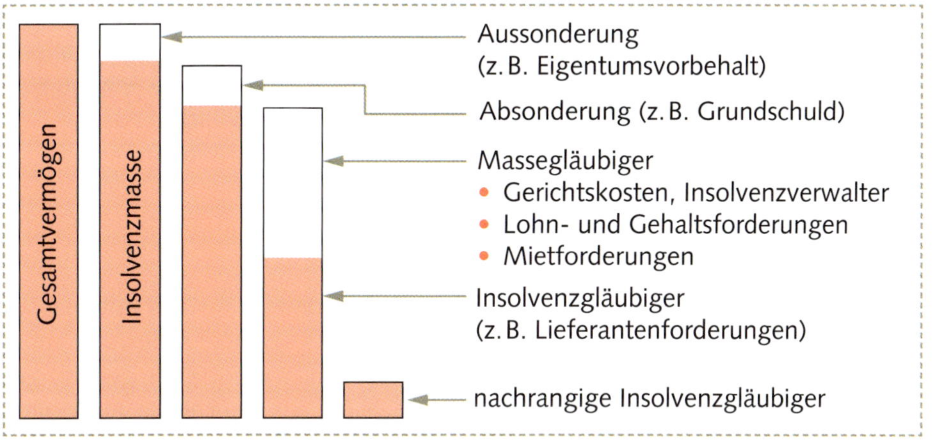

Aussonderungs-berechtigte Gläubiger	Befinden sich in der Insolvenzmasse Gegenstände, die nicht zum Eigentum des Schuldners gehören, hat der tatsächliche Eigentümer ein Aussonderungsrecht. Das heißt, er kann sein Eigentum zurückfordern. Dies sind z. B. Waren, die unter Eigentumsvorbehalt geliefert wurden, oder geleaste Maschinen und Fahrzeuge.
Absonderungs-berechtigte Gläubiger (Besicherte Gläubiger)	Besicherte Gläubiger, die durch ein Sicherungsrecht an einem Gegenstand der Insolvenzmasse vorab befriedigt werden, sind absonderungsberechtigt. Solche Gegenstände sind z. B. Grundstücke, Gebäude oder andere von Banken gesicherte Gegenstände, wie z. B. Maschinen. Der Insolvenzverwalter wird diese Gegenstände in einer öffentlichen Versteigerung verwerten und damit zunächst die Forderungen der besicherten Gläubiger befriedigen.
Masse-gläubiger	Massegläubiger erwerben ihre Forderung erst nach der Eröffnung des Insolvenzverfahrens, aber vor allen anderen Insolvenzgläubigern. Typische Masseforderungen resultieren aus Miet- oder Arbeitsverträgen, die einer Kündigungsfrist unterliegen und den Kosten des Insolvenzverfahrens, also Ansprüche aus Verträgen, die erst nach Insolvenzeröffnung entstanden sind.
Insolvenz-gläubiger	Wer zum Zeitpunkt der Insolvenzeröffnung einen ungesicherten Vermögensanspruch gegen das insolvente Unternehmen hat, ist Insolvenzgläubiger. Die Insolvenzgläubiger werden gleichrangig behandelt, das heißt, sie erhalten bei der Verteilung alle den gleichen Anteil, sofern sie ihre Forderungen beim Insolvenzverwalter schriftlich anmelden. Nicht angemeldete Forderungen werden im Insolvenzverfahren nicht geprüft und auch nicht bei der Verteilung der Insolvenzmasse berücksichtigt.

nachrangige Gläubiger	Nachrangig sind Insolvenzgläubiger, wenn deren Forderung erst dann befriedigt werden kann, wenn alle Forderungen der anderen Insolvenzgläubiger getilgt wurden (§ 39 InsO). In der Praxis können nachrangige Forderungen in einem Insolvenzverfahren häufig nicht bedient werden, weil die Insolvenzmasse dazu nicht ausreicht.

7. Ende des Insolvenzverfahrens

Mit dem Ende des Insolvenzverfahrens verliert der Insolvenzverwalter automatisch seine Verwaltungs- und Verfügungsbefugnis über das Vermögen des Insolvenzschuldners. Verbleibende Forderungen können von den Gläubigern geltend gemacht werden. Nach der Schlussverteilung beschließt das Gericht die Aufhebung des Verfahrens und gibt diese bekannt. Juristische Personen werden danach im Handelsregister gelöscht.

Wenn sich ein Unternehmen in einem Insolvenzverfahren befindet und deshalb die Löhne seiner Mitarbeiter ganz oder teilweise nicht mehr bezahlen kann, besteht ggf. ein Anspruch auf Insolvenzgeld. Dieses kann für maximal 3 Monate vom Arbeitnehmer bei der zuständigen Arbeitsagentur beantragt werden. Die Arbeitsagentur ersetzt dann mit dem Insolvenzgeld das ausgefallene Arbeitsentgelt.

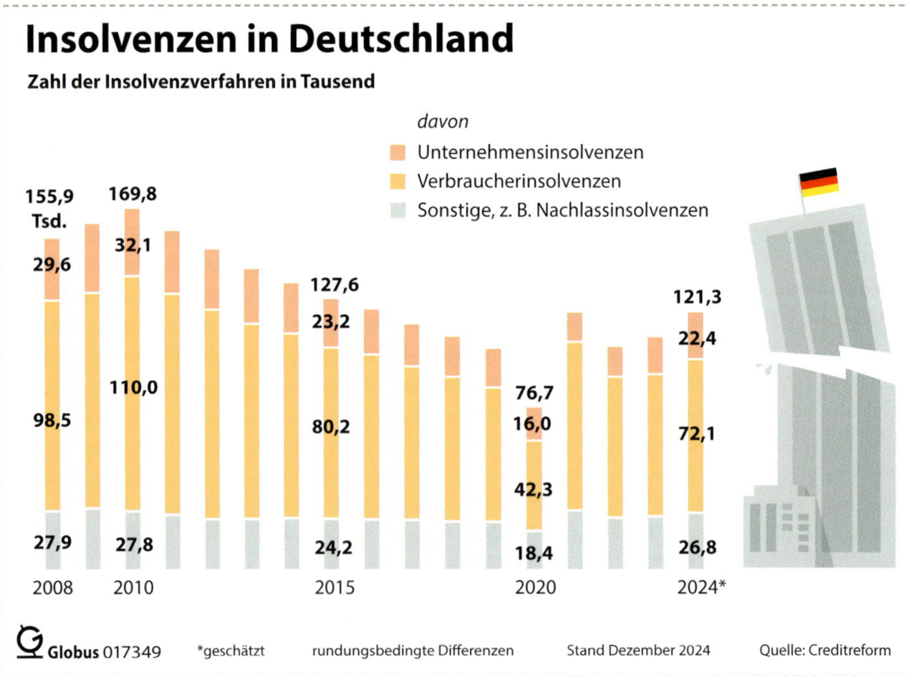

Übersicht Insolvenzverfahren

Antrag auf Eröffnung des Insolvenzverfahrens durch

Schuldner
- Zahlungsunfähigkeit
- Drohender Zahlungsunfähigkeit
- Überschuldung

oder

Gläubiger
- Zahlungsunfähigkeit

Prüfung durch das Insolvenzgericht → **Abweisung „mangels Masse“**

Eröffnungsbeschluss
- Entzug des Verfügungsrechts des Schuldners über das Vermögen
- Bestellung eines **Insolvenzverwalters**
- Aufforderung an die Gläubiger zur Anmeldung der Forderungen
- Aufstellung eines Inventarverzeichnisses

Berichtstermin
- Darstellung der Unternehmenssituation
- Einberufen der Gläubigerversammlung

Regelinsolvenz oder **Insolvenzplan**

Regelinsolvenz:

Verteilung der Insolvenzmasse
- Aussonderungsberechtigte Gläubiger
- Absonderungsberechtigte Gläubiger
- Massegläubiger
- Insolvenzgläubiger
- Nachrangige Gläubiger

→ **Auflösung des Unternehmens**

Insolvenzplan:

→ **Sanierung des Unternehmens**

7.4 Exkurs Verbraucherinsolvenz

Juristische Personen können ein Insolvenzverfahren beantragen, wenn Zahlungsunfähigkeit oder eine drohende Zahlungsunfähigkeit besteht. Auch natürlichen Personen, die keine selbstständige wirtschaftliche Tätigkeit ausüben, haben die Möglichkeit, einen Antrag auf Eröffnung eines Insolvenzverfahrens zu stellen, wenn sie überschuldet sind.

© Thomas Reimer – stock.adobe.com

Verschuldung liegt immer dann vor, wenn ein Mensch Schulden hat. Die Höhe der Schulden sowie die objektive und subjektive Belastung spielen dabei keine Rolle.

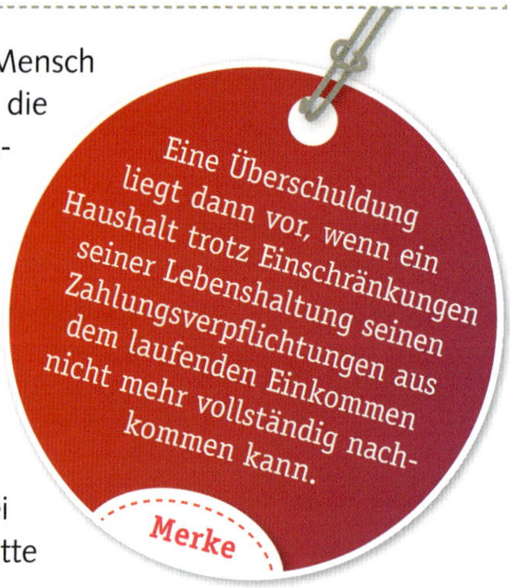

Die Insolvenzordnung (§ 304 – § 314 InsO) bietet überschuldeten Verbrauchern die Möglichkeit, sich innerhalb von sechs Jahren von ihren Schulden vollständig zu befreien, selbst wenn während der gesamten Verfahrenslaufzeit kein pfändbares Einkommen oder Vermögen erzielt werden kann. Bei einer Verbraucherinsolvenz sind folgende Schritte zu beachten:

1. Außergerichtlicher Einigungsversuch

Zunächst muss der Schuldner versuchen, sich mit den Gläubigern über die Rückzahlung der Schulden außergerichtlich zu einigen. An diesem Einigungsversuch muss eine Beratungsstelle, z. B. die Schuldnerberatung oder ein Rechtsanwalt, mitwirken. Die Schuldnerberatung stellt zunächst ein Vermögensverzeichnis aller noch vorhandenen Vermögenswerte und Einkommen auf, außerdem ein Gläubigerverzeichnis, in dem alle Schulden eintragen sind. Darüber hinaus ist ein Schuldenbereinigungsplan aufzustellen, aus dem hervorgeht wann, welche Beträge an wen zurückgezahlt werden. Gelingt eine Einigung nicht, kann der Schuldner einen Antrag auf Eröffnung des Insolvenzverfahrens beim zuständigen Gericht beantragen.

2. Eröffnung des Verbraucherinsolvenzverfahrens

Der Antrag auf Verbraucherinsolvenz ist beim zuständigen Amtsgericht zusammen mit dem Hinweis über das Scheitern des außergerichtlichen Einigungsversuchs einzureichen. Außerdem kann der Schuldner einen Antrag auf Restschuldbefreiung stellen.

© MQ-Illustrations – stock.adobe.com

Nach der Eröffnung des Insolvenzverfahrens versucht das Insolvenzgericht, sich zunächst mit den Gläubigern zu einigen. Gelingt dies, wird ein Schuldenbereinigungsplan aufgestellt und das Insolvenzverfahren ist beendet. Wenn dieser Versuch ebenfalls scheitert, beginnt das vereinfachte Insolvenzverfahren.

3. Vereinfachtes Insolvenzverfahren

Das Gericht beruft einen Treuhänder, der nach Feststellung der Vermögens- und Schuldensituation die noch vorhandenen pfändbaren Vermögenswerte versteigert und an die Gläubiger auszahlt. Durch das Insolvenzverfahren fallen Gerichtskosten und die Kosten des Treuhänders an, die vom Schuldner beglichen werden müssen.

4. Wohlverhaltensphase

Im Anschluss an das Insolvenzverfahren beginnt die Wohlverhaltensphase, die 6 Jahre dauert. Während dieser Zeit muss der Schuldner das pfändbare Einkommen an den Treuhänder abtreten. Außerdem unterliegt der betroffene Schuldner einer Informations- und Mitwirkungspflicht. Hat er in den sechs Jahren der Wohlverhaltensphase nicht gegen diese Auflagen verstoßen, werden ihm vom Gericht kraft Gesetzes die restlichen Schulden erlassen.

5. Restschuldbefreiung

Am Ende der Privatinsolvenz steht die Restschuldbefreiung. Der Betroffene ist dann wieder schuldenfrei und hat sein gesamtes Vermögen wieder zur freien Verfügung. Gläubiger können ihm gegenüber keine alten Forderungen mehr geltend machen.

Verfahrensverkürzung

Die Verbraucherinsolvenz dauert im Regelfall sechs Jahre. Um eine Verfahrensverkürzung zu erreichen, muss ein Antrag auf Restschuldbefreiung beim Insolvenzgericht gestellt werden. Die Verfahrensdauer kann unter bestimmten Voraussetzungen auf fünf bzw. auf drei Jahre verkürzt werden.

Die Verfahrenslaufzeit kann auf fünf Jahre reduziert werden, wenn man bis dahin alle Verfahrenskosten (Gerichtskosten, Treuhänder, ggf. Rechtsanwälte) beglichen hat.
Werden neben den Verfahrenskosten auch noch 35 Prozent der Gläubigerforderungen getilgt, kann das Verfahren auf drei Jahre verkürzt werden.

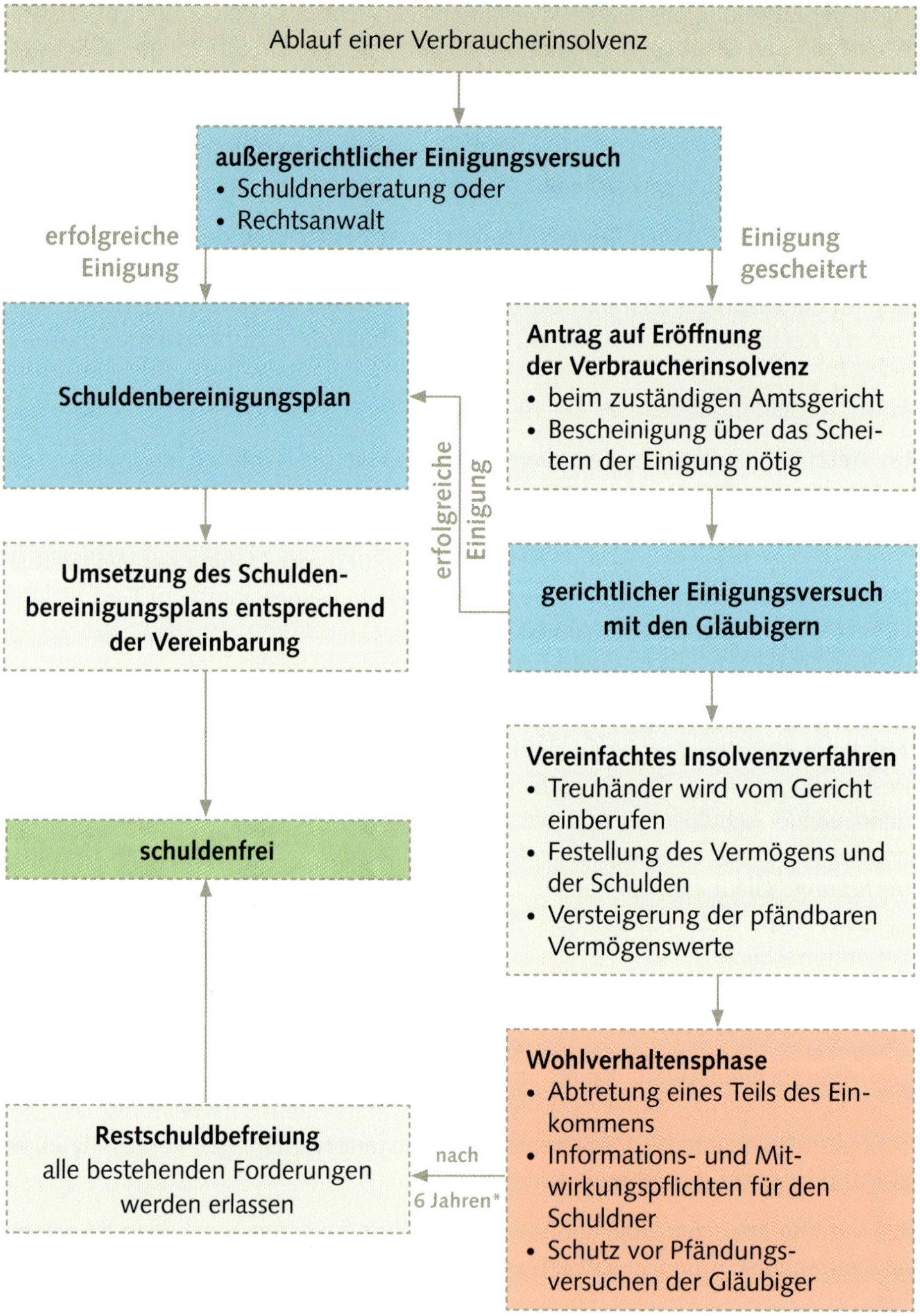

* Verkürzung des Verfahrens auf Antrag auf 5 bzw. 3 Jahre möglich

Aufgaben

1. Nennen Sie innerbetriebliche und außerbetriebliche Gründe für eine Unternehmenskrise.
2. Beschreiben Sie, welche Merkmale zu den vier Phasen einer Unternehmenskrise gehören.
3. Unterscheiden Sie die Begriffe: Sanierung, Insolvenz und Liquidation eines Unternehmens.
4. Beschreiben Sie die Schritte eines gerichtlichen Insolvenzverfahrens.
5. Was bedeutet eine Restschuldbefreiung bei einer Privatinsolvenz? Wie kann man eine Privatinsolvenz verhindern?
6. Interpretieren Sie die folgende Infografik.

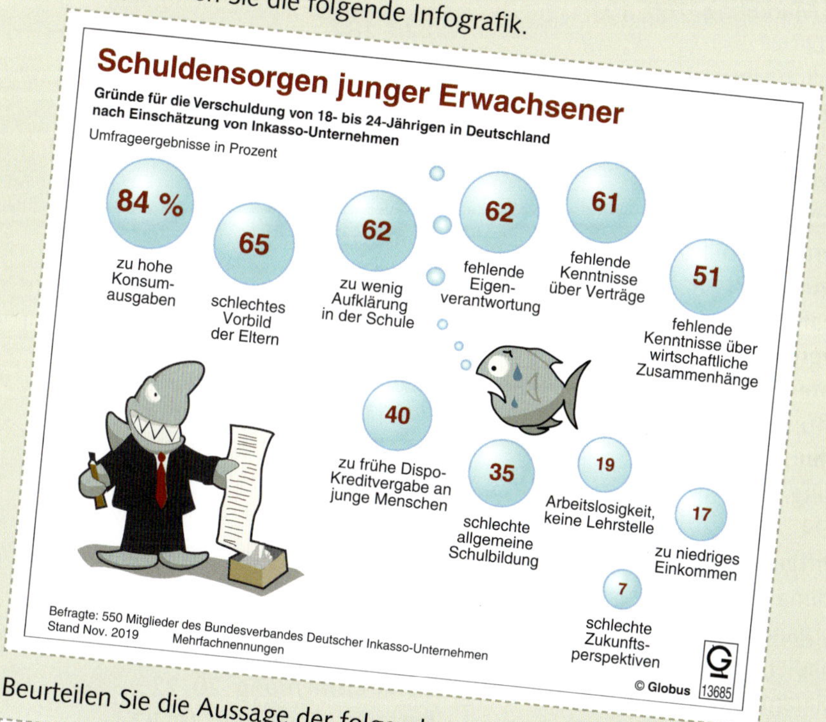

7. Beurteilen Sie die Aussage der folgenden Karikatur!

Quelle Karikatur: www.friedenspädagogik.de/images/bilddatenbank/10050.jpg

Sachwortverzeichnis

A

B

C

D

E

F

G

L

M

N

O

V

W

Z